KÖNIGREICH
DER TIERE

KÖNIGREICH DER TIERE

800 Tierarten aus aller Welt
mit über 2000 farbigen Illustrationen

Weltbild

© 1988 Arnoldo Mondadori Editore S.p.A. Milano

© 1980, 1981, 1982 für die Fotografien und Texte
bei Kondansha – Europa Verlag

© 1993 für die deutschsprachigen Rechte bei
Bechtermünz Verlag GmbH, Eltville am Rhein

Übersetzung und Redaktion: Dr. Martin Baehr, München
Deutsche Bearbeitung: Maasburg GmbH, München

Gesamtherstellung: Artes Gráficas di Toledo, Spanien
ISBN 3 86047 060 4
D.L.TO:842-1993

INHALT

VORWORT

Der Erfolg eines jeden naturhistorischen Buches hängt von der Qualität der Illustrationen ab. Ein hervorragendes Beispiel dafür ist das Werk von John James Audubon, des großen amerikanischen Ornithologen und unübertroffenen Tiermalers, dessen Vogelaquarelle allgemein als klassisch, sowohl in wissenschaftlicher wie in künstlerischer Hinsicht, angesehen werden.

Bereits in der Renaissance suchten die Botaniker, welche die ersten illustrierten Prachtbände über wichtige Heil- und Giftpflanzen herausgaben, immer die Hilfe von erfahrenen Malern, die in der Lage waren, lebensechte Porträts einzelner Arten herzustellen. Vor allem wegen dieser Illustrationen erzielen solche alten Bücher heutzutage höchste Preise.

Illustrierte naturhistorische Werke haben von den Fortschritten des Farbdruckes und heutzutage auch der Fotografie profitiert. Doch selbst heute ist es fast unmöglich, den hohen Standard bestimmter klassischer Werke des 18. und 19. Jahrhunderts zu übertreffen, zum Beispiel Sibylla Merians südamerikanische Schmetterlinge oder die Abbildungen indonesischer Tiere von Hermann Schlegel. Und auch heute noch werden Zeichnungen oder Farbabbildungen häufig der Fotografie vorgezogen, und zwar nicht nur, weil damit bestimmte anatomische Details genauer dargestellt werden können, sondern auch, weil sie ein lebensechteres Bild des Tieres in seiner natürlichen Umwelt vermitteln können.

Aus diesen Gründen haben wir uns für diese Methode in dem vorliegenden Band KÖNIGREICH DER TIERE entschieden. Die Farbabbildungen sind bemerkenswert wegen ihrer Realitätsnähe und ihrer Detailgenauigkeit, und der knappe und klare Begleittext bietet die neuesten Erkenntnisse über die Lebensumstände von Hunderten repräsentativer Arten aus dem gesamten Tierreich.

Infolge der Art des Aufbaues und der Präsentation wendet sich das KÖNIGREICH DER TIERE an zwei Leserschichten. Die zahlreichen Abbildungen mit ihren kurzen Texten sind sicherlich für alle Leser gleichermaßen von Interesse, während diejenigen Leser, die eine intensivere Beschäftigung mit dem Stoff wünschen, detailliertere Informationen im Text finden, der die Illustrationen vorzüglich ergänzt.

EINFÜHRUNG

Die Benennung von Tieren und der Vergleich verschiedener Tierarten datieren bis ins Altertum zurück; allerdings begann erst verhältnismäßig spät die Anwendung wirklich wissenschaftlicher Methoden bei der Beobachtung und Erforschung der Tierwelt.

Um die Mitte des 18. Jahrhunderts begründete der bedeutende schwedische Naturforscher Carl von Linné oder Carolus Linnaeus (1707-1778) eine allgemeine Methode der Klassifikation aller bis dahin bekannter lebender Arten, und sein System legte den Grundstein für alle nachfolgenden Fortschritte auf dem Gebiet der Zoologie.

Allerdings kannte Linnaeus nur einige tausend Arten – ein sehr kleiner Anteil der zahllosen Arten, die noch ihrer Beschreibung harren.

In kaum mehr als zwei Jahrhunderten hat sich unsere Kenntnis in so gewaltigem Ausmaß vermehrt, daß heutzutage die Beschreibungen von etwa 1.200.000 Tierarten vorliegen.

Dennoch ist das Ziel der Klassifikation aller Arten noch längst nicht erreicht. Tatsächlich werden jedes Jahr 10.000 bis dahin unbekannte Arten neu beschrieben, und man schätzt, daß mehr als 10 Millionen Tierarten, vielleicht sogar an die 30 Millionen Arten, tatsächlich auf der Erde existieren.

Um einen Eindruck von der Diversität der Tierarten zu erhalten, ist es gottlob nicht nötig, sie zu zählen. Viele Arten sind ja einander so ähnlich, daß nur der erfahrene Spezialist sie auseinanderhalten kann.

Ähnlichkeit und Unterschiedlichkeit sind in der Tat fundamentale Aspekte in der Biologie. Warum haben zum Beispiel manche Tiere sechs oder acht Beine, andere nur zwei oder vier, und wieder andere gar keine? Warum besitzen nicht alle Tiere Zähne? Warum sind unter denen, die Zähne besitzen, einige mit kleinen, spitzen Zähnen ausgerüstet und andere mit kräftigen Mahlzähnen? Und warum besitzen einige Vögel einen langen, dünnen Schnabel, andere aber einen kurzen, breiten und kräftigen?

Um diese und ähnliche Fragen beantworten zu können, müssen wir wenigstens folgende Dinge von jeder Art wissen: einmal ihre Herkunft, ihre Verwandtschaftsverhältnisse und ihre Entstehungsgeschichte, die oftmals viele tausend Jahre zurückreicht; und zweitens die Eigenschaften der sie umgebenden Umwelt, ihre Nahrung, die Gefahren, mit denen sie sich dauernd auseinandersetzen muß, und ihr Fortpflanzungsverhalten und Familienleben.

Der Schnabel eines Flamingos zum Beispiel ist eine Art Filter oder Sieb, mit dem diese stattlichen Vögel große Mengen von Kleinstlebewesen (Algen und mikroskopisch kleine Tiere) aus den Seen und Lagunen ausfiltern, in denen sie leben. Daher ist ihr Schnabel ganz verschieden von demjenigen eines Adlers, der wiederum zum Schneiden von Fleisch geeignet ist, oder von dem eines Papageis, der ideal zum Aufbrechen der großen, hartschaligen Samen tropischer Waldbäume ist.

Jede Vogelart besitzt also einen speziell geformten Schnabel, je nach den Erfordernissen ihrer Lebensweise.

Allerdings gibt es an den Ufern der Seen, in denen die Flamingos umherwaten, oder im dichten Blätterdach, das Scharen kreischender Papageien als Unterschlupf dient, viele andere Tiere, die weder einen Schnabel noch ein Federkleid besitzen. Schlangen zum Beispiel besitzen einen langgestreckten Körper, ein reichbezahntes Maul, aber keine Beine; manche halten sich im Flachwasser zwischen der Sumpfvegetation auf, andere klettern gut, indem sie sich einer Liane gleich um die Zweige winden, und sind dabei fähig, peitschenartig auf einen vorbeifliegenden Vogel

oder eine unaufmerksame Echse herabzustoßen und sie zu packen. Die verschiedenen Schnabelformen bilden somit Anpassungen der Vögel an das Leben in unterschiedlicher Umwelt, insbesondere an die unterschiedlichsten Formen des Nahrungserwerbs. Andere Tiere jedoch, die im gleichen Biotop leben, haben ebenfalls verschiedenartige, aber abweichende Anpassungen entwickelt, die ihnen den Nahrungserwerb und das Überleben sowie die Verteidigung gegen Feinde ermöglichen.

In den letzten Jahrhunderten haben die Naturforscher insbesondere zwei Fragestellungen interessiert. Sie haben einmal die Frage der Anpassungen an die Umwelt untersucht, nämlich die Bedeutung verschieder morphologischer Strukturen und Verhaltensmuster bei den Tieren, sowie die Gründe, weshalb diese abweichenden Verhaltensmuster es Tieren ermöglichen, in unterschiedlicher Umwelt zu überleben.

Zum zweiten haben die Naturforscher versucht, die Verwandtschaftsbeziehungen zwischen den verschiedenen Arten aufzuklären; sie versuchten, die Übereinstimmungen zu erkennen, die oftmals zwischen Arten bestehen, selbst wenn diese in unterschiedlicher Umwelt leben und sich daher in ihrem äußeren Erscheinungsbild beträchtlich unterscheiden.

Das Ergebnis dieser Forschung ist ein System, das für jede Tierart eine eigene Kategorie je nach seinem Verwandtschaftsgrad enthält.

Verwandte *Arten* werden demnach in die gleiche *Gattung* und verwandte Gattungen in die gleiche *Familie* gestellt; miteinander verwandte Familien gehören in die gleiche *Ordnung*, Ordnungen in die gleiche *Klasse*, und Klassen in den gleichen *Stamm*. Arten, Gattungen, Familien, Ordnungen, Klassen und Stämme erhalten einen *bestimmten lateinischen Namen*; jedes einzelne Tier besitzt somit einen sogenannten wissenschaftlichen Namen, an dem es jederzeit einwandfrei identifiziert werden kann, in welchem Land und in welcher Sprache auch immer.

Der Koyote zum Beispiel trägt den wissenschaftlichen Namen *Canis latrans* und ist somit eine Art der Gattung *Canis*, wie der Wolf (*Canis lupus*) und der Haushund (*Canis familiaris*). Die Gattung *Canis* ist ein Teil der Familie der Hundeartigen (mit dem wissenschaftlichen Namen *Canidae*), gemeinsam mit verschiedenen anderen Gattungen wie *Vulpes* (Füchse) und *Lycaon* mit dem Afrikanischen Wildhund (*Lycaon pictus*). Die Canidae sind wiederum eine der Familien, die zusammen die Ordnung Carnivora ausmachen, zu denen außerdem die Ursidae (Bären), Felidae (Katzen, Löwen, Tiger, Luchse u. a.), Mustelidae (Dachse, Otter, Marder u. a.) und einige weitere Familien gehören.

Auf einer noch höheren Ebene der zoologischen Klassifikation werden die Carnivora in die Klasse Mammalia eingereiht, gemeinsam mit anderen Ordnungen wie die Primates (Affen und Menschen), Rodentia (Mäuse, Hamster, Hörnchen, Biber u. a.), Artiodactyla (Hirsche, Antilopen, Kühe, Giraffen, Kamele, Schweine u. a.) und einer ganzen Reihe weiterer Ordnungen.

Säugetiere (Mammalia), Vögel (Aves), Kriechtiere (Reptilia), Lurche (Amphibia), Knochenfische (Osteichthyes) und Knorpelfische (Chondrichthyes) bilden den Unterstamm der Wirbeltiere (Vertebrata); und dieser bildet gemeinsam mit zwei meeresbewohnenden Tiergruppen (Tunicata und Cephalochorda) den Stamm Chordata, einen von etwa 30 Stämmen, die zur Zeit unterschieden werden.

Auf den folgenden Seiten bilden wir eine Anzahl von repräsentativen Arten für die wichtigsten Stämme, Klassen und Ordnungen des Tierreiches ab, beginnend mit den am einfachsten organisierten Formen, den

Einzellern (Protozoa), die auch als Urtierchen bezeichnet werden. Dies sind winzige Lebewesen, die aus einer einzigen Zelle bestehen. Daher werden die Protozoen häufig nicht als echte Tiere angesehen, sondern als Angehörige einer Gruppe von Organismen, die sich nicht nur von den Pflanzen und Tieren unterscheiden, sondern ebenfalls von zwei weiteren Gruppen niederer Organismen, den Bakterien und Blaualgen (Monera) und den Pilzen (Fungi).

Die traditionelle Systematik klassifiziert die Tiere oberhalb der Einzeller als Metazoa (Vielzeller), deren Körper aus zahlreichen Zellen besteht. Die einfachsten Metazoen sind die Schwämme (Porifera), deren Körper eigentlich nur ein Sack mit porendurchsetzten Wänden ist, die jedoch meist ein Stützskelett aus elastischen Fasern oder aus netzartig angeordneten Kalk- oder Silikatnadeln enthalten.

Die Hohltiere (Coelenterata) sind aquatische (meist marine) Organismen, die in zwei Grundformen auftreten: dem festsitzenden, einer fleischigen Blume ähnlichen Polyp, und der durchsichtigen, frei beweglichen Qualle. Die marinen Rippenquallen (Ctenophora) ähneln den normalen Quallen und sind ebenso empfindliche Gebilde.

Es folgen die Plattwürmer (Plathelminthes), von denen sehr viele Arten freilebend im Wasser und an Land vorkommen, deren parasitische Vertreter, wie die Bandwürmer und Hakenwürmer, jedoch weit besser bekannt sind.

Alle zu den Mesozoa, Nematomorpha und Acanthocephala gehörigen Arten sind Parasiten, während die Nemertina, Rotifera, Gastrotricha und Kinorhyncha freilebende, mehr oder weniger wurmförmige, wasserlebende Formen sind.

Die Entoprocta, Bryozoa und Phoronida leben ebenfalls im Wasser, meist im Meer, und sehen wie Polypen aus.

Die Rundwürmer (Nematoda) mit ihrem zylindrischen, unsegmentierten Körper ohne Körperanhänge sind äußerst verschiedenartig in ihrer Biologie und enthalten eine große Anzahl von Parasiten bei Pflanzen und Tieren neben solchen, die frei im Wasser oder an Land leben.

Weitere wurmartige Meeresbewohner von unsicherer Verwandtschaft sind die Priapulida, Sipunculida, Echiurida und Pogonophora, von denen einige mit den Ringelwürmern (Annelida) verwandt sein könnten. Die letzteren sind die typischen segmentierten Würmer, die in einer Vielzahl von Habitaten (Meer, Süßwasser, Land) vorkommen. Sie werden in verschiedene Klassen unterteilt, darunter die Meeresringelwürmer, Regenwürmer und Blutegel.

Es folgen die Weichtiere (Mollusca), ein sehr artenreicher Stamm mit etwa 100.000 Arten, die sowohl im Meer vorkommen, aber auch im Süßwasser und an Land reichlich vertreten sind. Der kleine, ausschließlich marine Stamm der Armfüßer (Brachiopoda) zeigt einige Übereinstimmungen mit den Muscheln.

Den weitaus artenreichsten Stamm bilden die Gliederfüßer (Arthropoda). Sie umfassen allein annähernd eine Million bekannter Arten, vor allem Insekten (Insecta), aber auch Krebse, Skorpione, Spinnen und Tausendfüßer. Mit den Arthropoden nah verwandt sind die kleinen Stämme Tardigrada, Onychophora und Pentastomida.

Die eigenartig gebauten Angehörigen des Stammes Echinodermata leben alle im Meer: dazu gehören die Seelilien, Seesterne, Seeigel und Seegurken. Trotz ihrer fremdartigen Gestalt sind die Echinodermata, zusammen mit den kleinen, gleichfalls marinen Gruppen Chaetognatha und Hemichordata, recht nah verwandt mit den Chordata, diesem wichtigen Stamm, der, wie bereits erwähnt, auch die Wirbeltiere enthält.

Gemäß der heutigen Klassifikation gebührt die Bezeichnung "Tier" eigentlich nur den Metazoa. Wir sind jedoch der alten Tradition gefolgt und beginnen unsere Reise durch das Tierreich mit einem raschen Blick auf die Einzeller.

Bei ihnen können wir bereits beobachten, wie ein Organismus alle wichtigen Erfordernisse des täglichen Kampfes ums Dasein meistert.

Allem anderen übergeordnet ist die Frage des Nahrungserwerbs. Tiere besitzen nicht die unschätzbare Fähigkeit, sich ihre Nahrung selbst herzustellen, nämlich die hochkomplexen organischen Moleküle, aus denen ihr Körper besteht, aus einfachsten anorganischen Stoffen wie Wasser und Kohlendioxid unter dem Einfluß der überall verfügbaren Energiequelle, der Sonne, zu synthetisieren. Ganz im Gegenteil müssen sie ihre Nahrung in fertigem organischem Material aus den Geweben von Pflanzen und anderen Tieren suchen, oder in den mehr oder weniger aufgeschlossenen Resten anderer Organismen.

Um seinen täglichen Nahrungsbedarf zu decken, muß sich ein Tier gewöhnlich bewegen, denn die Nahrung wächst ihm nicht ins Maul hinein. Die Fähigkeit, sich zu bewegen, ist daher eine Grundvoraussetzung für die allermeisten Tiere, vor allem für den Nahrungserwerb.

Selbst die winzigen Protozoen haben in ihrer einzigen Zelle spezielle Fortbewegungsorgane entwickelt; es sind langgestreckte Fortsätze, sogenannte Geißeln oder Wimpern. Manche besitzen nur eine oder zwei Geißeln, bei anderen ist die gesamte Zelle dicht mit Hunderten von regelmäßig angeordneten Wimpern besetzt. In beiden Fällen bewirkt der Schlag der Geißeln oder Wimpern eine schnelle Bewegung im Wasser, auf der Suche nach Nahrung, nach einer günstigeren Umgebung oder nach einem Geschlechtspartner, dann nämlich, wenn Protozoen ihre hochkomplizierten, aber selten stattfindenden Paarungsmanöver ausführen.

Bestimmte Protozoen können sich allerdings ohne Hilfe von Geißeln oder Wimpern bewegen, nämlich die Amöben, die sehr langsam, allein durch Gestaltveränderung kriechen. Auch die Leukozyten (weiße Blutkörperchen) sind übrigens zu dieser Art von Fortbewegung befähigt.

Mit dem Übergang vom Einzeller zum mehrzelligen Organismus reichten derartige Methoden der Fortbewegung nicht mehr aus. Nur einige winzig kleine Würmer und wasserlebende Larven können sich noch durch den Wimperschlag ihrer Epidermiszellen fortbewegen.

Die vielzelligen Organismen besitzen dagegen eine Vielzahl von Entwicklungsmöglichkeiten. Jedes Tier besteht aus vielen Zellen, deren Aufgaben sehr unterschiedlich sind: einige bilden die schützende Körperhülle, einige dienen der Fortbewegung, andere sind mit der Aufnahme und Verdauung der Nahrung befaßt, und wieder andere dienen der Fortpflanzung und der Arterhaltung.

Bei den Metazoen geschieht die Fortbewegung durch Muskelfasern, die sich nach Bedarf verkürzen oder verlängern können und in der Regel von Nervenfasern gesteuert werden.

Für ein effektives Funktionieren müssen die einzelnen Gewebebündel einen festen Ansatz an bestimmten Punkten haben. Aus diesem Grund muß der Körper eine definierte Form besitzen und erhalten. Dies wird durch ein Skelett erreicht, das im Fall der Krebse oder Insekten als Außenskelett, im Fall der Wirbeltiere als Innenskelett ausgebildet ist.

In das Skelett sind oft Mineralsalze in verschiedener Verteilung eingelagert, etwa Kalziumkarbonat (Krebse) oder Kalziumphosphat (Wirbeltiere); das typische Insektenskelett besteht allerdings nur aus organischen Substanzen. Manche Tiere haben andererseits ein Skelett entwickelt, das nur aus einem flüssigkeitsgefüllten Sack ohne weitere Stützelemente besteht: zum Beispiel die Regenwürmer und andere wurmartige Wirbellose.

Mit der Entwicklung von Muskeln und einem Skelett war der Weg für weitere Spezialisierungen bereitet: zum Beispiel die Entstehung von Laufbeinen, Schwimmflossen und Flügeln.

Manche Tiere sind allerdings sessil und sind doch in der Lage, Nahrung zu finden. Es sind ausschließlich Wasserbewohner, etwa Schwämme und Austern. Sie ernähren sich durch das Ausfiltern von Kleinstorganismen oder Detritusteilchen aus dem Wasser, in dem diese in erstaunlicher Menge vorhanden sind. Das Filtrieren geschieht mit Hilfe einer Art Sieb, das bei der Auster durch die Kiemen selbst gebildet wird.

Diese Lebensweise ist natürlich außerhalb des Wassers nicht möglich, denn es müßte viel zuviel Energie aufgewendet werden, um die dafür notwendigen gewaltigen Mengen von Luft zu filtern, ganz zu schweigen von der Unmöglichkeit, die winzigen Spuren organischer Materie aus der Luft auszufiltern.

Die Mehrzahl der Tiere ernährt sich allerdings nicht durch Filtrieren von Kleinstpartikeln. Als Nahrung können bewegliche Beutetiere dienen, die nur durch hochentwickelte Jagdtaktiken wie Lauern oder Verfolgen überwältigt werden können; oder die Nahrung besteht aus Blättern, Blüten oder Samen, die aufgesucht, ausgewählt und gekaut, zernagt oder aufgesaugt werden müssen, entsprechend der Ausrüstung der jeweiligen Konsumenten. Schließlich gibt es noch Parasiten, die zwar ausreichende Nahrung bei ihrem Wirt finden, aber das Problem haben, diesen erst einmal selbst oder für ihre Nachkommen zu finden.

Auch die Fortpflanzungs- und Wachstumsstrategien sind bei den verschiedenen Tierarten sehr unterschiedlich.

Unter den Protozoen geschieht die Fortpflanzung fast immer durch Zweiteilung der Zelle. Bestimmte molekulare Prozesse bewirken, daß jede Tochterzelle eine vollständige Kopie der Information erhält, die im Erbgut der Elternzelle gespeichert war. Manchmal entstehen sogar Neukombinationen des Erbgutes, wobei einige Merkmale eines Individuums mit denen eines anderen der gleichen Art kombiniert werden. Derartige normale sexuelle Vorgänge sind bei den Protozoen jedoch recht selten.

Bei den Mehrzellern besitzt jedes Individuum zwei unterschiedliche Zelltypen: Die einen bilden den Körper mit all seinen Organen (z. B. Gehirn, Verdauungsorgane, Muskeln), die anderen bilden die Gameten, nämlich die Zellen, die der Fortpflanzung dienen.

Alle Arten der Metazoen besitzen zwei unterschiedliche, aber komplementäre Gameten: die kleinen männlichen Spermatozoen und die großen weiblichen Eizellen. Die Vereinigung der männlichen und weiblichen Gameten ergibt eine Zygote (das befruchtete Ei), aus dieser entwickelt sich dann das neue Individuum.

Bei sehr vielen Tieren (zum Beispiel fast allen Wirbeltieren und Insekten) werden die beiden Gametentypen von verschiedenen Individuen gebildet. Zoologen haben dafür den Fachausdruck *gonochorisch* erfunden, das heißt zweigeschlechtlich, nämlich mit Männchen, die Spermatozoen bilden, und Weibchen, die Eier bilden. Nicht selten ist auch der *hermaphroditische* Zustand, bei dem das gleiche Individuum beide Typen von Gameten hervorbringen kann. Unter den Tieren sind fast alle Landschnecken, Regenwürmer, Egel, und selbst einige Fischarten Hermaphroditen.

Unter der Vielzahl von Fortpflanzungsmethoden im Tierreich gibt es auch Fälle, bei denen Nachkommen nicht aus der Zygote entstehen.

Bei manchen Tieren kann sich das weibliche Ei ohne Befruchtung durch ein Spermatozoon entwickeln. Diese Art der Fortpflanzung wird als *Parthenogenese* bezeichnet. Sie ist ziemlich häufig und kann regelmäßig mit normaler bisexueller Fortpflanzung abwechseln. Bei den Blattläusen und den Wasserflöhen (Daphnia) folgen im Sommer sehr schnell mehrere parthenogenetische Generationen aufeinander, die gewöhnlich nur aus Weibchen bestehen, während im Herbst befruchtete Eier entstehen, aus denen sich sowohl Männchen wie die neue Generation entwickeln.

Echte vegetative Fortpflanzung, bei der Nachkommen aus vegetativen Zellen entstehen, sind unter den Tieren selten. Sie findet sich aber bei den Schwämmen, den Polypen (zum Beispiel beim Süßwasserpolyp Hydra) und in verschiedenen anderen Gruppen niederer Tiere.

Somit entstehen bei fast allen Tieren die Nachkommen aus einem befruchteten Ei. Dieses ist eine hochspezialisierte Zelle, oft von enormer Größe, wie wir es am Vogelei beobachten können (zum Beispiel beim Strauß). Die ungewöhnliche, jedoch von Gruppe zu Gruppe sehr unterschiedliche Größe beruht darauf, daß das Ei reiche Nährstoffvorräte enthält, die allmählich beim Aufbau des neuen Organismus aufgebraucht werden. Es sei aber daran erinnert, daß das befruchtete Ei selbst eine Zelle ist, die sich wie alle anderen Zellen auch in zwei Tochterzellen teilen kann.

Der Vorgang der Teilung wird so lange wiederholt, bis die ehemalige große Einzelzelle in eine große Menge kleiner Zellen umgewandelt ist; diese Zellen werden als *Blastomeren* bezeichnet und bilden zusammen den *Embryo*. Dieser stellt eine einfache Version des zukünftigen Tieres dar und wächst und verändert sich schnell, bis das neue Individuum fähig ist, ein selbständiges Leben zu führen.

In den meisten Fällen verläuft die Embryonalentwicklung außerhalb des Körpers der Mutter. Zuweilen, etwa bei Vögeln und bei manchen anderen Wirbeltieren, sorgt die Mutter (seltener der Vater oder beide Eltern) für die Eier, wenigstens bis zum Schlüpfen der Jungen; weit häufiger jedoch, insbesondere bei den Wirbellosen, werden die Eier sich selbst überlassen. Alle derartigen Tiere werden daher als *ovipar* bezeichnet, als solche, die Eier legen.

In seltenen Fällen werden die Eier zum Schutz der Embryonen im mütterlichen Körper behalten. Die Jungtiere haben nach der Geburt jedoch keine besonders engen Beziehungen zur Mutter. Dies trifft für viele Schlangen, Haie, Skorpione und einige andere Gruppen zu, die daher als *ovovivipar* bezeichnet werden, d. h. als solche, deren Junge bereits im mütterlichen Körper aus dem Ei schlüpfen.

Die Mehrzahl der Säugetiere (und einige andere Tiere) haben eine kompliziertere Methode entwickelt, die dem Embryo im mütterlichen Körper nicht nur Schutz gewährt, sondern ihn auch mit Nährstoffen versorgt, so daß das Jungtier bei der Geburt bereits ziemlich weit entwickelt ist. Solche Tiere sind *vivipar*, das bedeutet lebendgebärend.

Bei der Geburt gleichen viele Tiere bereits vollständig den Erwachsenen: Sie müssen nur wachsen und geschlechtsreif werden. Zur Geschlechtsreife gehört die Entwicklung verschiedener Merkmale, die wichtig für das Erkennen des Geschlechtspartners oder für den Konkurrenzkampf um die Weibchen sind (Farbenpracht, Kämme, Hörner u. a.).

Bei einigen Tieren ist das Jungtier beim Schlüpfen allerdings gänzlich verschieden vom zukünftigen Erwachsenen. Beispiele dafür sind die Schmetterlinge, Bienen, Fliegen, Käfer und viele andere Insekten, die als flügellose und meist wurmförmige Larven schlüpfen und sich sehr vom späteren geflügelten Insekt unterscheiden. Ähnliches geschieht auch bei den Fröschen und Kröten, die ihr Leben als beinlose Kaulquappen beginnen, jedoch einen langen Schwanz besitzen, der im Lauf der Zeit reduziert wird. Der Prozeß der Umwandlung der Larve zum Erwachsenen wird als *Metamorphose* bezeichnet. Ein Tier, das als Larve schlüpft und sich dann in das Erwachsenenstadium umwandelt, macht eine *indirekte Entwicklung* durch, ein Tier, das als kleines Ebenbild des Erwachsenen geboren wird, hat eine *direkte Entwicklung*.

Tiere kommen auf der ganzen Erde vor, wo auch nur eine Möglichkeit des Überlebens besteht. Selbst auf den Gletschern der höchsten Berge und am Rand der trostlosen Eiswüste der Antarktis kann man eine Reihe von Lebensformen finden.

Die Verbreitung der verschiedenen Arten hat naturgemäß ihre eigenen Gesetze; man kann unterscheiden zwischen der Fauna, die in unterschiedlicher Umwelt lebt, und derjenigen, die verschiedene geographische Regionen besiedelt.

Vom tiergeographischen Standpunkt aus können die Kontinente in eine bestimmte Anzahl zoogeographischer Regionen eingeteilt werden.

Die Holarktische Region umfaßt den größten Teil der Landfläche der nördlichen Hemisphäre: Nordamerika südlich bis ins nördliche Mexiko (die Nearktische Subregion), ganz Europa, Afrika nördlich der Sahara und das nördliche Asien südlich bis zum Himalaya (die Paläarktische Subregion). Die Neotropische Region umfaßt das restliche Amerika, etwa vom Isthmus von Tehuantepec bis ins südlichste Feuerland.

Die Paläotropische Region umfaßt den größten Teil Afrikas (die Äthiopische Subregion) und Süd- und Südostasien (die Orientalische Subregion).Die Ozeanische Region schließlich umfaßt Australien und die meisten Inselgruppen des Pazifischen Ozeans.

EINZELLER
(PROTOZOA)

Fast alle Protozoen sind einzellige Organismen, deren Zytoplasma in unterschiedlicher Weise differenziert ist und einen oder mehrere Zellkerne enthält. Der Stamm umfaßt allerdings auch einige Formen, die sich zwar wie ein einzelner Organismus verhalten, aber aus mehreren, manchmal sogar verschiedenartigen Zellen bestehen. Durch Zellteilung entstehen zunächst zwei Tochterzellen, dann vier und so fort, und diese bleiben alle bis zu einem gewissen Grad miteinander verbunden.

Gestalt und Größe des Zellkörpers der Protozoen können sehr unterschiedlich sein. Jede Art hat ihre bestimmte Form, die nicht von der Größe abhängt, sich aber bei manchen Arten wechselnden Umweltbedingungen anpaßt. Als einzelliger Organismus besteht ein Protozoon aus einem Zellkern und dem Zytoplasma, außerdem besitzt es eine Zellmembran, die derjenigen der Metazoenzelle gleicht. Außerdem treten weitere Membranen auf, die zuweilen eine recht feste Außenhaut, die Pellicula, bilden.

Zusätzlich lagern verschiedene Phytoflagellaten Zellulose als Schuppen oder Platten in der Pellicula ab. Bei anderen Arten werden Kiesel- oder Kalkschüppchen in die Pellicula eingebaut und verleihen ihr damit beträchtliche Festigkeit. Außenskelette aus anorganischer Materie finden sich bei den Chrysomonadina und Sarcodina mit Ausnahme der Amöben. Der Bau dieser Schalen ist sehr unterschiedlich, meist bestehen sie aus Kalk oder Kieselsäure, im Fall der Acantharia besteht die Schale jedoch aus Strontiumsulfat.

Die kontraktile Vakuole ist eine Zytoplasmastruktur, die sich vor allem bei Süßwasserformen, seltener bei marinen oder parasitischen Formen findet. Sie dient vor allem der Entfernung überschüssigen Wassers aus der Zelle.

Protozoen besitzen einen oder mehrere Zellkerne. Bei den Formen mit mehreren Kernen unterscheiden sich diese nur bei den Ciliata und manchen Foraminifera in Bau und Funktion.

Auch unter den Protozoen findet sexuelle Fortpflanzung statt. Sie ist durch die Verschmelzung der Zellkerne (Karyogamie) charakterisiert und kann von der Verschmelzung des Zytoplasmas von verschieden differenzierten Zellen (sogenannten Gameten) begleitet sein. Karyogamie ist immer mit einer meiotischen Teilung (Reduktionsteilung) der Kerne

Der Stamm Protozoa enthält die am einfachsten organisierten und zugleich kleinsten Tiere. Er ist seit der Erfindung des Mikroskopes ein bevorzugtes Studienobjekt. Ein Tropfen Wasser aus einem Tümpel oder einem Sumpf unter dem Mikroskop betrachtet, zeigt dem Beobachter eine große Anzahl von Protozoen. Die größten messen bis 1 mm, während die kleinsten nur ein paar Mikrometer lang sind. Der abgebildete Wassertropfen enthält einige der häufigsten im Süßwasser lebenden Protozoen: *Paramecium*, *Vorticella*, *Stentor*, *Amoeba proteus*, *Trichodina pediculus* und *Volvox*.

verbunden, in ganz ähnlicher Weise wie bei den Metazoa.

Protozoen bewohnen sehr unterschiedliche Habitate. Freilebende Formen sind in allen Arten von Gewässern häufig, selbst in Pfützen, im Bodenwasser und in feuchtem Moos. Manche Arten können sich enzystieren, wenn die Umweltbedingungen sich verschlechtern.

Die farblosen (chlorophyllfreien) Protozoen stellen die Primärkonsumenten dar und ernähren sich von allen organischen Substanzen, seien diese im umgebenden Medium gelöst oder seien es Kleinpartikel, etwa organischer Detritus (die Überbleibsel anderer Organismen), Bakterien, Algen, andere Protozoen oder kleinste Metazoen.

Die Sarcodina verschlingen die recht verschiedenartigen Nahrungspartikel gewöhnlich mit Hilfe von Pseudopodien, die außerdem zur Fortbewegung dienen. Die Art der Nahrungsaufnahme ist bei den einzelnen Untergruppen der Sarcodina unterschiedlich. Foraminiferen zum Beispiel produzieren ein dichtes Netz aus feinen Reticulopodien, in dem sich bewegliche Beute wie Algen, Ciliaten und Bakterien fangen. Die Verdauung der Nahrung geschieht im Netz, und die Nahrungsstoffe werden durch das ständig in den Reticulopodien hin und her fließende Protoplasma zum Zytoplasma transportiert. Im Zytoplasma selbst werden die Verdauungsprodukte dann assimiliert.

Protozoen sind dauernd aktiv und bewegen sich ständig oder, wie bei den festsitzenden Formen, verändern dauernd ihre Gestalt. Die Bewegung geschieht mit Hilfe von Bewegungsorganellen, die zum Teil hochdifferenziert sind und wie bei den Metazoen Energie benötigen. Die Bewegungsweisen sind so unterschiedlich, daß sie für jede Gruppe getrennt behandelt werden. Die amöboide Bewegung der Sarcodina, zu denen auch die echten Amöben gehören, geschieht mit Hilfe von Pseudopodien. Kontraktion und Erschlaffung von Zytoplasmaausstülpungen werden auch beim Nahrungserwerb angewandt, sei es durch Pinozytose oder Phagozytose. Die Ciliata bewegen sich mit Hilfe von Wimpern und die Flagellata mit einer oder mehreren Geißeln. Beide Bewegungsweisen ähneln sich weitgehend.

Die ursprünglichste Gruppe der Protozoen sind die Mastigophora oder Flagellata. Während des größten Teiles ihres Entwicklungszyklus tragen sie eine oder mehrere Geißeln. Sie lassen sich in koloniebildende und in einzellebende Arten einteilen und pflanzen sich gewöhnlich asexuell durch Längsteilung fort. Sexuelle Fortpflanzung ist seltener, aber bei

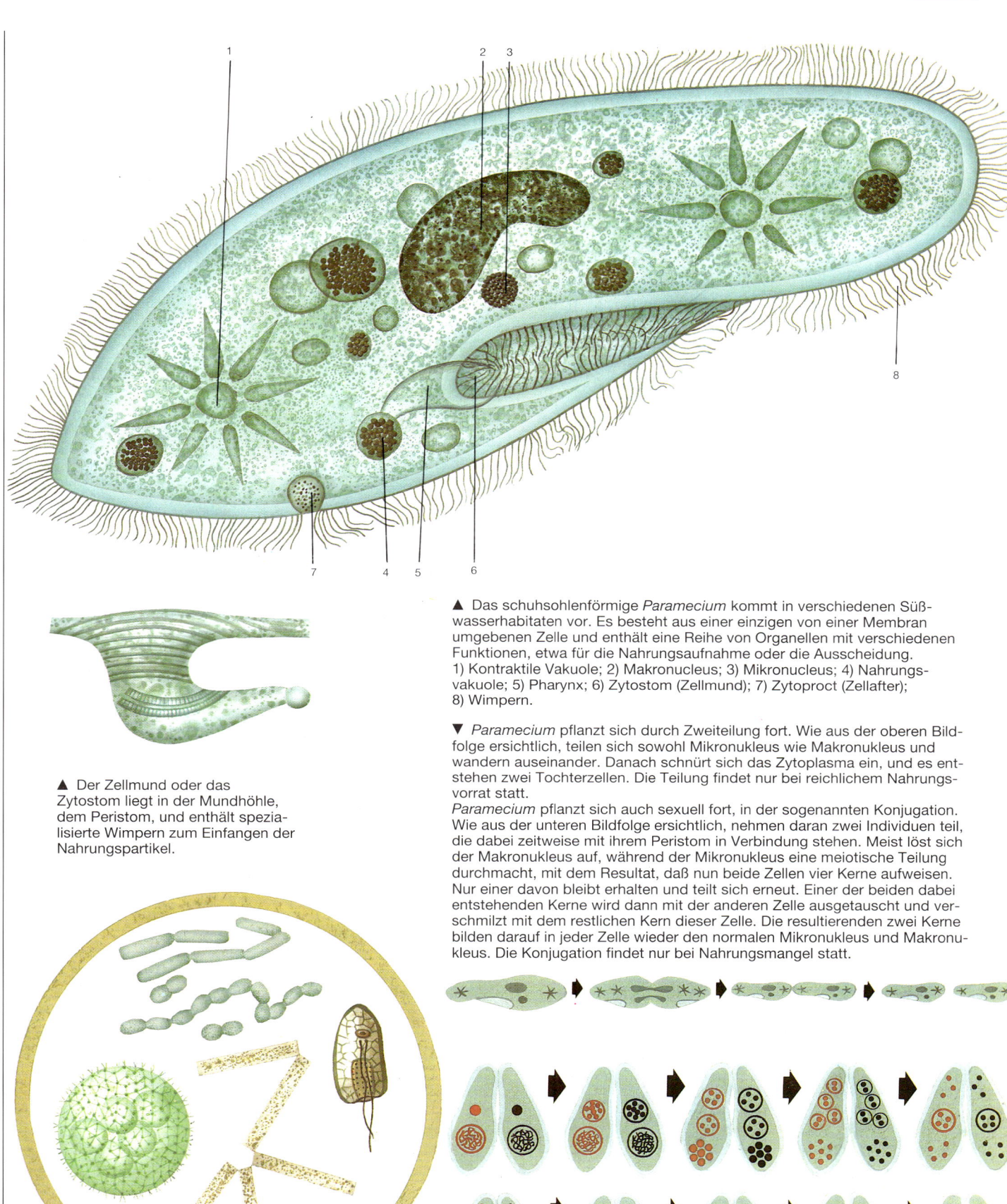

▲ Der Zellmund oder das Zytostom liegt in der Mundhöhle, dem Peristom, und enthält spezialisierte Wimpern zum Einfangen der Nahrungspartikel.

▲ Das schuhsohlenförmige *Paramecium* kommt in verschiedenen Süßwasserhabitaten vor. Es besteht aus einer einzigen von einer Membran umgebenen Zelle und enthält eine Reihe von Organellen mit verschiedenen Funktionen, etwa für die Nahrungsaufnahme oder die Ausscheidung. 1) Kontraktile Vakuole; 2) Makronucleus; 3) Mikronucleus; 4) Nahrungsvakuole; 5) Pharynx; 6) Zytostom (Zellmund); 7) Zytoproct (Zellafter); 8) Wimpern.

▼ *Paramecium* pflanzt sich durch Zweiteilung fort. Wie aus der oberen Bildfolge ersichtlich, teilen sich sowohl Mikronukleus wie Makronukleus und wandern auseinander. Danach schnürt sich das Zytoplasma ein, und es entstehen zwei Tochterzellen. Die Teilung findet nur bei reichlichem Nahrungsvorrat statt.

Paramecium pflanzt sich auch sexuell fort, in der sogenannten Konjugation. Wie aus der unteren Bildfolge ersichtlich, nehmen daran zwei Individuen teil, die dabei zeitweise mit ihrem Peristom in Verbindung stehen. Meist löst sich der Makronukleus auf, während der Mikronukleus eine meiotische Teilung durchmacht, mit dem Resultat, daß nun beide Zellen vier Kerne aufweisen. Nur einer davon bleibt erhalten und teilt sich erneut. Einer der beiden dabei entstehenden Kerne wird dann mit der anderen Zelle ausgetauscht und verschmilzt mit dem restlichen Kern dieser Zelle. Die resultierenden zwei Kerne bilden darauf in jeder Zelle wieder den normalen Mikronukleus und Makronukleus. Die Konjugation findet nur bei Nahrungsmangel statt.

einigen Gruppen bekannt. Die Flagellata werden in zwei Klassen eingeteilt, die Phytomastigophorea und die Zoomastigophorea. Die Arten der ersten Gruppe enthalten Plastiden, die den Zellen eine gelbe, grüne oder braune Färbung verleihen. Wie die höheren Pflanzen können sie aus Kohlendioxid und Wasser Zucker synthetisieren. Alle sind freilebend. Diese Klasse umfaßt zehn Ordnungen, von denen die meisten im Süßwasser oder im Meer leben. Bekannte Gattungen sind *Euglena*, *Chlamydomonas* und *Volvox*. Die Zoomastigophorea sind farblos, enthalten keine Plastiden und besitzen eine einzige bis zahlreiche Geißeln. Viele leben symbiontisch, manche aber auch parasitisch. Die Klasse umfaßt neun Ordnungen, darunter verschiedene amöbenartige Formen mit oder ohne Geißel. Sexuelle Fortpflanzung ist besonders bei den Hypermastigida bekannt.

Die wichtige Ordnung Kinetoplastida trägt ihren Namen nach dem Kinetoplast (oder Blepharoplast), der sich in der Nähe des Basalkörpers der Geißel im Zytoplasma befindet. Es ist wohl ein großes Mitochondrion und besitzt eine doppelte Membran, deren innerer Teil stark gefaltet ist. Diese Ordnung enthält zahlreiche parasitische Formen und verschiedene Krankheitserreger; *Leishmania donovani* erregt die "Kala Azar" oder Eingeweideleishmaniose, während *L. tropica* für die Orientbeule oder Hautleishmaniose verantwortlich ist. *Trypanosoma gambiense* und *T. rhodesiense* rufen die Schlafkrankheit beim Menschen hervor, sie werden durch *Glossina palpalis* und *G. morsitans* übertragen. Diese Fliegen übertragen auch *Trypanosoma brucei*, den Erreger der Naganaseuche der Haustiere in Afrika. In Mittel- und Südamerika ruft *T. cruzi* die Chagaskrankheit hervor; sie wird durch Wanzen der Gattung *Triatoma* übertragen.

Eine zweite wichtige Gruppe der Protozoen, die Opalinata, besteht ausschließlich aus Parasiten, die im Enddarm von Fischen und Amphibien, seltener Reptilien leben. Die bestbekannte Art ist *Opalina ranarum*. Sie verbringt einen Teil ihrer Entwicklung im erwachsenen Frosch, den anderen in der Kaulquappe.

Die dritte wichtige Gruppe, die Sarcodina, können Pseudopodien oder Axopodien bilden, eine besondere Form der Pseudopodien. In bestimmten Entwicklungsstadien können auch Geißeln auftreten. Die asexuelle Fortpflanzung geschieht durch Zwei- oder Mehrfachteilung. Sexuelle Fortpflanzung wurde nur bei den Foraminifera und Heliozoa beobachtet. Die erste Untergruppe der Sarcodina sind die Amöben, deren Zellkör-

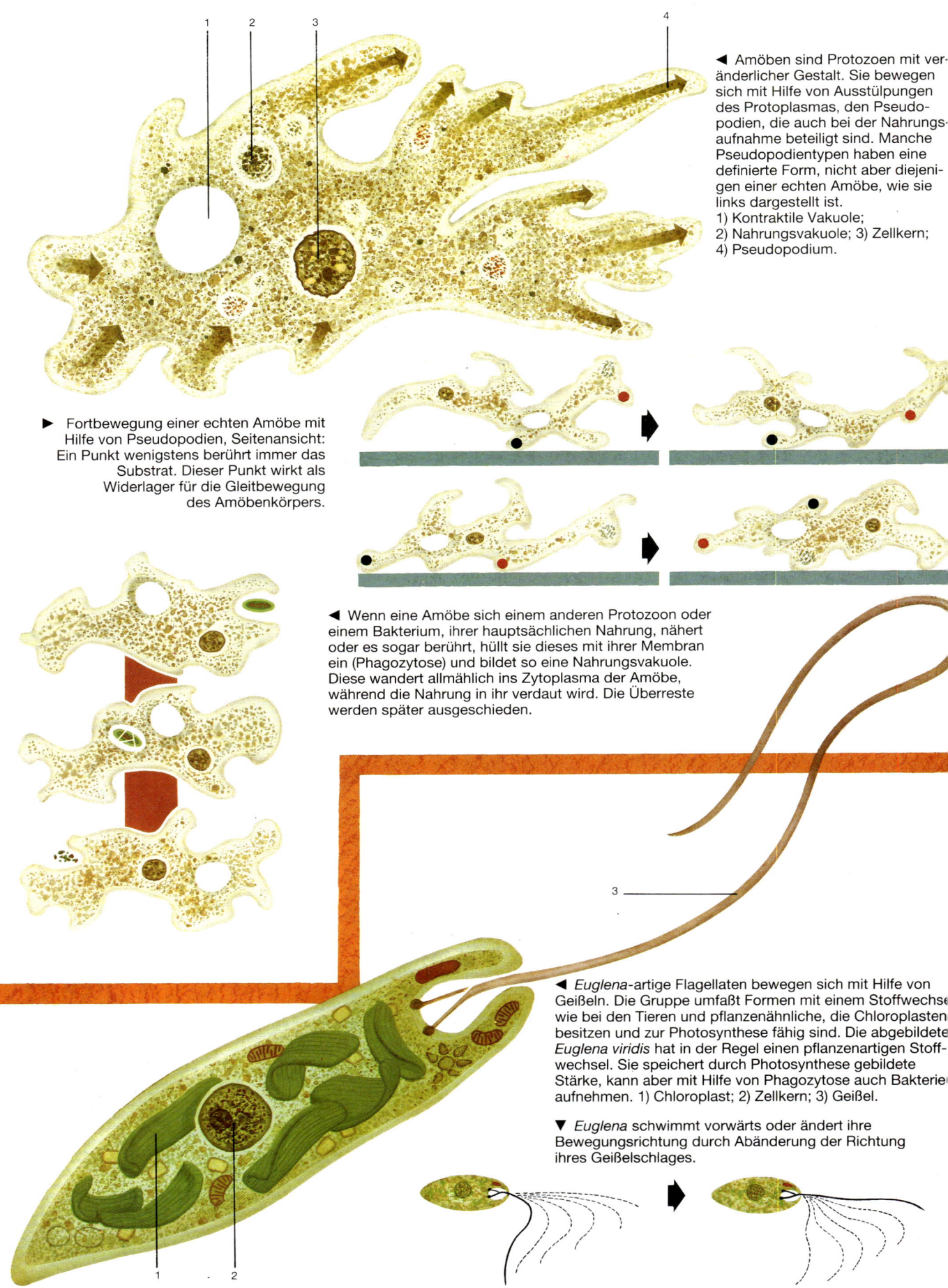

◄ Amöben sind Protozoen mit veränderlicher Gestalt. Sie bewegen sich mit Hilfe von Ausstülpungen des Protoplasmas, den Pseudopodien, die auch bei der Nahrungsaufnahme beteiligt sind. Manche Pseudopodientypen haben eine definierte Form, nicht aber diejenigen einer echten Amöbe, wie sie links dargestellt ist.
1) Kontraktile Vakuole;
2) Nahrungsvakuole; 3) Zellkern;
4) Pseudopodium.

► Fortbewegung einer echten Amöbe mit Hilfe von Pseudopodien, Seitenansicht: Ein Punkt wenigstens berührt immer das Substrat. Dieser Punkt wirkt als Widerlager für die Gleitbewegung des Amöbenkörpers.

◄ Wenn eine Amöbe sich einem anderen Protozoon oder einem Bakterium, ihrer hauptsächlichen Nahrung, nähert oder es sogar berührt, hüllt sie dieses mit ihrer Membran ein (Phagozytose) und bildet so eine Nahrungsvakuole. Diese wandert allmählich ins Zytoplasma der Amöbe, während die Nahrung in ihr verdaut wird. Die Überreste werden später ausgeschieden.

◄ *Euglena*-artige Flagellaten bewegen sich mit Hilfe von Geißeln. Die Gruppe umfaßt Formen mit einem Stoffwechsel wie bei den Tieren und pflanzenähnliche, die Chloroplasten besitzen und zur Photosynthese fähig sind. Die abgebildete *Euglena viridis* hat in der Regel einen pflanzenartigen Stoffwechsel. Sie speichert durch Photosynthese gebildete Stärke, kann aber mit Hilfe von Phagozytose auch Bakterien aufnehmen. 1) Chloroplast; 2) Zellkern; 3) Geißel.

▼ *Euglena* schwimmt vorwärts oder ändert ihre Bewegungsrichtung durch Abänderung der Richtung ihres Geißelschlages.

per bei der Fortbewegung ständig seine Form ändert. Die meisten Amöben leben frei im Bodenschlamm von Gewässern, viele Formen leben aber auch als Kommensalen oder Parasiten im Darm von Tieren. *Entamoeba histolytica*, der Erreger der Dysenterie, kommt gemeinsam mit der harmlosen *E. coli* im Dickdarm des Menschen vor.

Eine zweite Untergruppe der Sarcodina, die Foraminifera, erhielt ihren Namen wegen der zahlreichen Öffnungen (foramina), die die Kammern der "Schale" verbinden, die ihr Zytoplasma umhüllt. Die Schale hat eine organische Grundstruktur aus Mukoproteinen. In diese werden Kalzium- und Magnesiumkarbonat, seltener auch Sandkörnchen eingelagert. Die Größe der Schalen variiert von weniger als einem zehntel Millimeter zu mehreren Zentimetern.

Zu den Sarcodina gehören auch die Radiolaria, planktonische Meeresorganismen, deren leuchtende Farben durch symbiontische, photosynthetische Algen hervorgerufen werden. Radiolarien leben einzeln oder seltener in Kolonien, die bis 3 cm groß werden können. Gewöhnlich besitzen sie ein sehr feines Silikatskelett. Eine weitere wichtige Gruppe der Protozoen sind die ausschließlich parasitischen Sporozoa. Sie leben sowohl innerhalb von Zellen als auch in den Körperhöhlen verschiedenster Tiere, von anderen Protozoen bis hin zu den Säugetieren.

Die Wimpertierchen (Ciliata) bilden die letzte wichtige Gruppe der Protozoen. Diese besonders homogene Gruppe enthält über 7.200 Arten hochdifferenzierter Protozoen. Sie kommen in allen aquatischen Lebensräumen, aber auch im feuchten Boden vor.

Eine Auswahl aus dem Formenreichtum der Protozoen

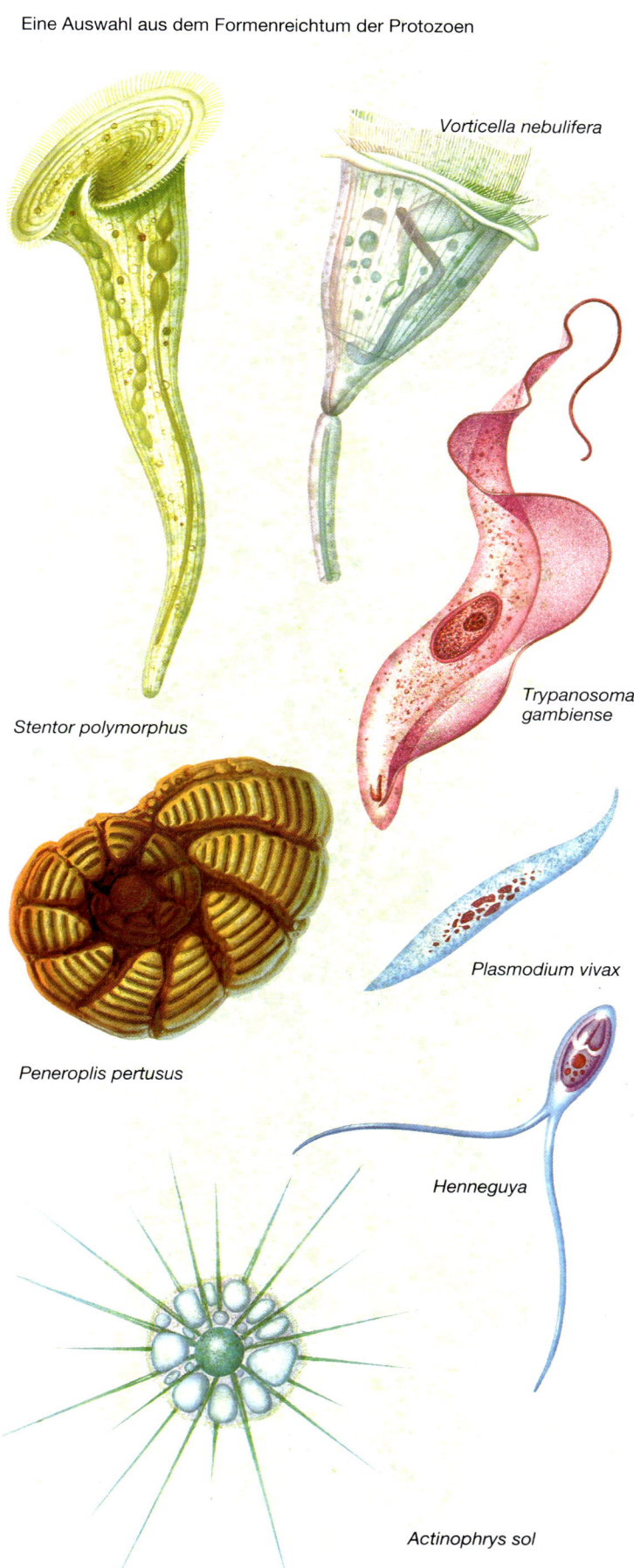

Vorticella nebulifera

Stentor polymorphus

Trypanosoma gambiense

Peneroplis pertusus

Plasmodium vivax

Henneguya

Actinophrys sol

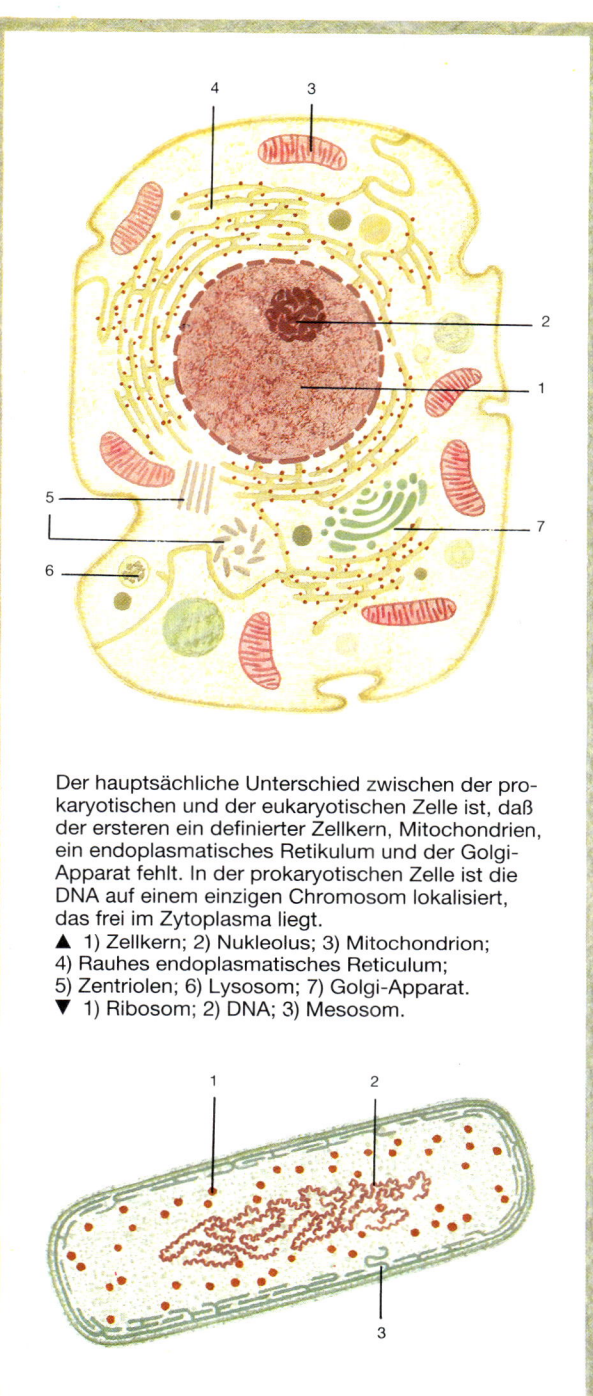

Der hauptsächliche Unterschied zwischen der prokaryotischen und der eukaryotischen Zelle ist, daß der ersteren ein definierter Zellkern, Mitochondrien, ein endoplasmatisches Retikulum und der Golgi-Apparat fehlt. In der prokaryotischen Zelle ist die DNA auf einem einzigen Chromosom lokalisiert, das frei im Zytoplasma liegt.
▲ 1) Zellkern; 2) Nukleolus; 3) Mitochondrion; 4) Rauhes endoplasmatisches Reticulum; 5) Zentriolen; 6) Lysosom; 7) Golgi-Apparat.
▼ 1) Ribosom; 2) DNA; 3) Mesosom.

Protozoen haben sich in verschiedene Richtungen entwickelt. Als einzellige Organismen wurde diese Evolution durch die Spezialisierung von Teilen des Protoplasten bewirkt, oder in anderen Worten, durch die Evolution von Zellorganellen. Von der einzelligen Organisationsform abgesehen gibt es keine anderen Gemeinsamkeiten, mit denen der *Stamm* charakterisiert werden könnte. Denn seine Angehörigen weisen alle Symmetrieformen und eine große Menge von Strukturen und Anpassungen an die verschiedensten Umweltbedingungen auf. Protozoen leben überall, wo sich auch nur kleinste Ansammlungen von Wasser finden, im Meer, im Süßwasser und im Boden. Es gibt Kommensalen, Symbionten und Parasiten. Die Mehrzahl der Protozoen lebt einzeln, einige aber auch in Kolonien.

SCHWÄMME
(PORIFERA)

Die Schwämme bilden einen artenreichen Stamm sehr primitiver Tiere, deren Organisation von der aller anderen Vielzeller abweicht. Daher werden sie oft in eine eigene Gruppe, Parazoa, gestellt. Der Unterschied liegt darin, daß bei ihnen die Zellen keine Gewebe und Organe bilden, sondern relativ unabhängig voneinander und verhältnismäßig beweglich sind. Außerdem fehlen ihnen das Nervensystem, Muskelzellen und Sinnesorgane. Die erwachsenen Schwämme sitzen fest am Substrat und bewegen sich kaum mehr. Daher wurden sie bis ins 18. Jahrhundert hinein als Zoophyten (Pflanzentiere) bezeichnet.

Die Angehörigen dieses Stammes sind durchweg aquatisch und leben überwiegend im Meer. Bei den meisten Schwämmen ist der Körper von Poren durchsetzt, durch die der Nahrungswasserstrom zirkuliert. Schwämme ernähren sich vor allem von Bakterien, aber auch von anderen Mikroorganismen und von organischem Detritus. Anscheinend können sie auch gelöste organische Stoffe aufnehmen. Das Wasser gelangt durch die Poren in den Schwamm hinein. Diese vereinigen sich zu immer größeren Kanälen, die schließlich in unzutreffend Oscula genannte Ausströmöffnungen münden. Schwämme sind sehr effiziente Filtrierer, die mehrere hundert Liter Wasser oder m³ Substrat pro Tag ausfiltern können, wobei sie praktisch alle Partikel von Bakteriengröße zurückhalten.

Die Choanozyten, einer ihrer Zelltypen, verbinden sich zu einer Zellschicht, dem Choanoderm, welche die meisten Hohlräume im Schwamm auskleidet. Das Choanoderm ist allerdings kein echtes Gewebe. Ein anderer Zelltyp, die Pinakozyten, bildet eine lückenlose Bedeckung der gesamten Oberfläche des Schwammes sowie seines Kanalsystems. Die Oberfläche enthält außerdem noch spezialisierte Zellen, die Porozyten, welche die Ostien umhüllen und ihren Durchmesser bestimmen. Eine Zwischenschicht, Mesohyl genannt, befindet sich zwischen dem Pinakoderm und dem Choanoderm.

Mit wenigen Ausnahmen besitzen die Schwämme ein Skelett. Dieses besteht meist aus mineralischen Bauteilen unterschiedlicher Gestalt, den Spikulae, die in Megaskleren und Mikroskleren eingeteilt werden. Die ersteren bauen das Skelett auf, während die Mikroskleren spezialisierte Aufgaben wie den Schutz der Ober-

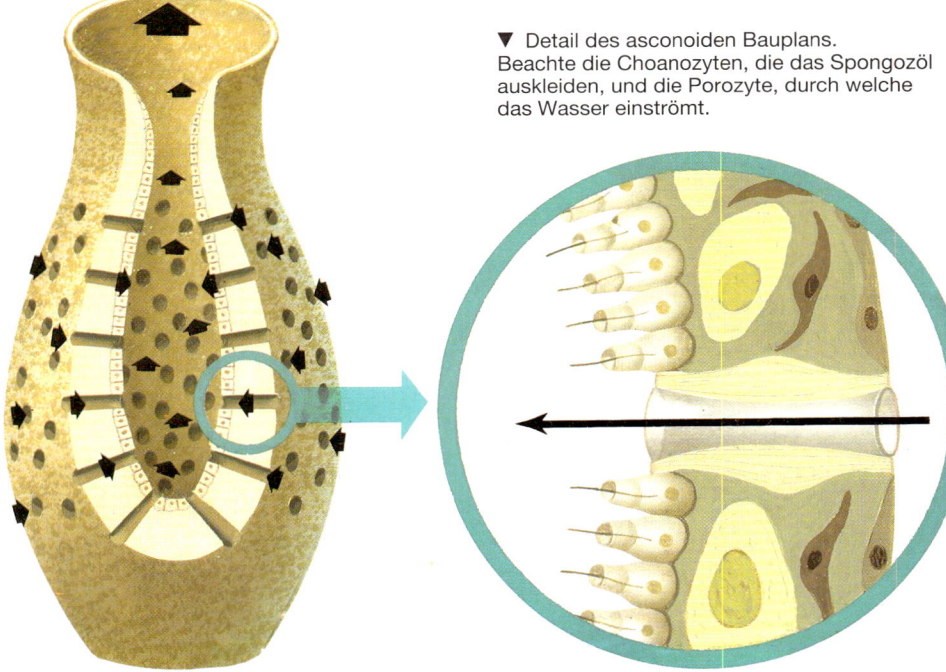

▲ Eine Kolonie von *Halichondria panicea* in einem felsigen Habitat der mittleren Strandzone.

▶ Der asconoide Bauplan. Die Pfeile geben die Richtungen an, in denen das Wasser durch den Schwamm fließt. Es tritt durch die Poren ein und strömt durch das Oskulum aus.

▼ Detail des asconoiden Bauplans. Beachte die Choanozyten, die das Spongozöl auskleiden, und die Porozyte, durch welche das Wasser einströmt.

fläche oder die Verbindung der Megaskleren übernehmen. Das mineralische Skelett kann durch ein Skleroprotein, das Spongin, verknüpft werden, indem das Spongin sich manschettenartig um die Spikulae legt, sie miteinander verbindet und dadurch dem Skelett Festigkeit und Elastizität verleiht. Manchmal ist das mineralische Skelett gänzlich durch hornige Sponginfasern ersetzt, die allerdings bei den meisten Arten durch Sandkörnchen verstärkt sind. Nur bei sehr wenigen Arten wie *Spongia officinalis, S. zimocca, S. agaricina* und *Hippospongia equina* sind die Fasern völlig frei von Fremdkörpern; darauf beruht ihre Elastizität und schließlich auch ihr kommerzieller Wert als Badeschwämme.

Tiefwasserschwämme, vor allem solche aus der Klasse *Hexactinellida* (Glasschwämme), besitzen sehr feine, spitzenartig durchbrochene Skelette aus Silikatnadeln. An der Basis des Schwammes formen die Spikulae einen langen Stiel, mit dem der Schwamm am schlammigen Meeresboden befestigt ist. Die Hornschwämme leben dagegen im seichten Wasser, wobei ihre Elastizität sie vor dem Wellenschlag schützt.

Schwämme pflanzen sich sowohl sexuell durch Eier und Spermatozoen fort, aber auch asexuell; die letztere Form ist besonders häufig bei den süßwasserlebenden Spongillidae. Bestimmte marine Arten, etwa aus den Gattungen *Tethya* und *Suberites*, bilden entweder an der Außenseite oder im Inneren des Schwammes Brutknospen.

Die meisten Meeresschwämme leben auf Felsboden in der Litoralzone bis in Tiefen von 200 m. Nicht wenige Arten gehen jedoch bis 2000 m herunter. In noch größerer Tiefe kommen spezialisierte Formen aus den Ordnungen Tetractinellida und Monaxonida der Demospongia und aus der Klasse Hexactinellida vor. Einige der über 5.000 existierenden Arten der Schwämme kommen sogar noch in 8.000 m Tiefe vor.

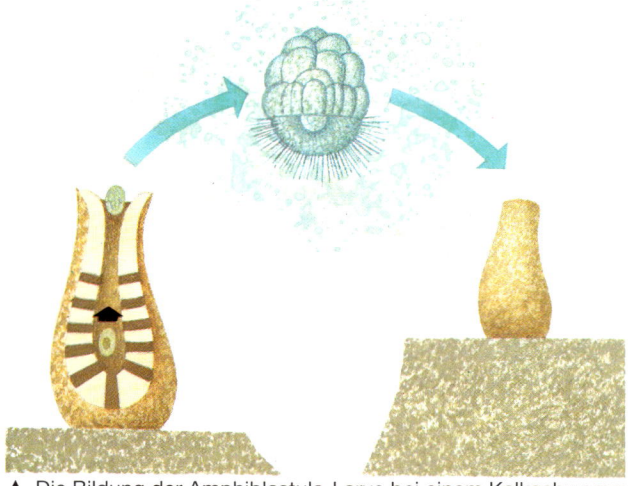

▲ Die Bildung der Amphiblastula-Larve bei einem Kalkschwamm. Diese Larve setzt sich später fest und wächst zu einem neuen Schwamm heran.

Der hexactinellide Schwamm *Euplectella aspergillum* oder Venuskörbchen mit einem Paar kommensalischer zehnfüßiger Krebse.
Unten: Sein Kieselsäureskelett.

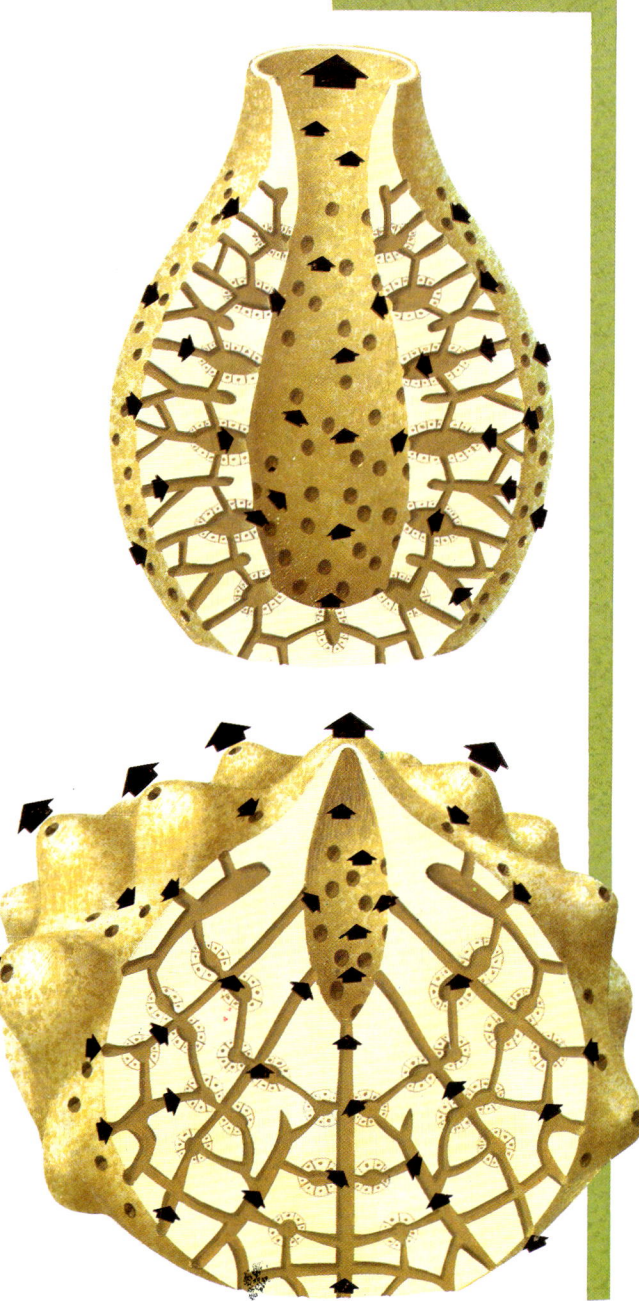

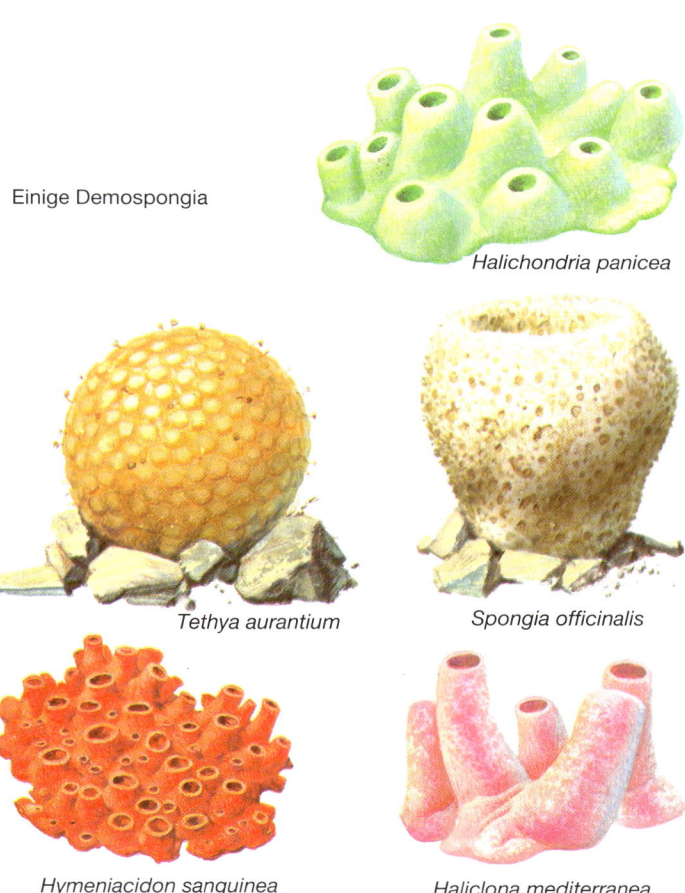

Einige Demospongia

Halichondria panicea

Tethya aurantium

Spongia officinalis

Hymeniacidon sanguinea

Haliclona mediterranea

◄ Oben: Der syconoide Bauplan. Das Wasser tritt durch die Poren in die Kanäle ein, die sich in Choanozytenkammern öffnen. Diese münden in das Spongozöl, und das Wasser strömt schließlich durch das Oskulum aus.
Unten: Der leuconoide Bauplan. Die Choanozytenkammern liegen im Körper und stehen durch ein System von Känalen mit dem Spongozöl in Verbindung. Es gibt zahlreiche Oskula, durch die das Wasser den Schwamm verläßt.

NESSELTIERE
(CNIDARIA)

Der Bauplan der Cnidaria ist äußerst einfach. Die Körperwand besteht aus zwei Lagen von Epithelgewebe, zwischen denen eine wasserhaltige, gelatinöse Schicht (ein Eiweißgel) eingelagert ist. Diese ist sowohl viskös wie elastisch und dient als Versteifung für den Körper und als Ansatzpunkt für die Muskelzellen. Durch die Mundöffnung kann Wasser in das Zölenteron (auch Gastrovaskularhöhle) einströmen, und der Turgor dieses wassergefüllten Hohlraumes verleiht dem Körper Festigkeit. Die äußere Zellschicht wird als Epidermis bezeichnet, die innere als Gastrodermis. Die einzelnen Zellen beider Schichten sind kaum differenziert, und die meisten haben mehrere Funktionen. Es gibt nur eine einzige Gruppe hochspezialisierter Zellen, nämlich die Nesselzellen oder Knidoblasten. Diese kommen nur bei den Cnidaria vor und dienen zugleich dem Nahrungserwerb und der Verteidigung. Etwa 10.000 Arten von Nesseltieren sind bislang beschrieben.

Nesseltiere können in zwei sehr verschieden gestalteten Formen auftreten, dem Polypen und der Meduse. Jede Form ist an eine bestimmte Lebensweise angepaßt. Der Polyp ist sessil oder kaum beweglich (benthisch), er ist zylindrisch und sitzt mit der Fußplatte dem Substrat auf, während die Mundöffnung in der Mitte des Apikalteiles gelegen ist, inmitten von symmetrisch angeordneten, hohlen Fangarmen. Diese sind mit zahlreichen Nesselzellen besetzt und fangen die Beute und führen sie zum Mund.

Die Meduse schwimmt oder treibt frei im Wasser (planktonisch) und gleicht einem abgeflachten und breiten, umgedrehten Polypen. Sie erinnert an einen Pilz oder einen Schirm, und ihr Körper wird tatsächlich als Umbrella (lat. Schirm) bezeichnet, wobei die konvexe Oberseite Exumbrella und die konkave Unterseite Subumbrella genannt wird. Mit ihrer abgeflachten Körperform ist die Meduse tatsächlich hervorragend zum Schwimmen geeignet. Im Gegensatz zum Polypen sitzt die Mundöffnung bei der Meduse an der Unterseite, am Ende einer Vorstülpung im Zentrum der Subumbrella, dem Manubrium. Die Fangarme hängen vom Rand der Umbrella herab. Ihre Nesselzellen werden zum Beutefang benutzt.

Die unterschiedliche Anordnung von Mundöffnung und Fangarmen bei Polyp und Meduse spiegeln die verschiedenen

Die Nesseltiere sind wasserlebende Wirbellose von eigentümlicher Gestalt und sehr unterschiedlicher Lebensweise. Korallen, Seeanemonen und Quallen sind die wichtigsten Vertreter. Einige Arten treten nur in der Polypenform auf, andere nur in der Medusenform, doch bei vielen wechseln beide Stadien ab. Die Medusen leben gewöhnlich einzeln freischwimmend, die Polypen meist festsitzend und einzeln oder in Kolonien. Es gibt jedoch auch festsitzende Medusen, freischwimmende Polypen und schließlich planktonische Kolonien, die aus Medusen und Polypen bestehen.

Ohrenqualle (*Aurelia aurita*)

Hydromeduse (*Obelia*)

Edelkoralle (*Corallium rubrum*)

Gewöhnliche Seeanemone (*Anemonia sulcata*)

Seeanemone (*Anthopleura xanthogrammica*)

Arten des Nahrungserwerbs wider. Der Polyp lebt am Grund und fängt vorbeitreibende Nahrung, während die Meduse an der Wasseroberfläche treibt und Beute unter ihr fängt. Die Meduse ist hervorragend für das planktonische Leben ausgerüstet, denn ihre Mesogloea ist mächtig entwickelt (beim Polypen nur schwach ausgebildet), und sie besitzt Sinnesorgane (der Polyp nicht). Die Mesogloea gibt der Umbrella Form und Halt, und ihre geringe Dichte verleiht ihr Auftrieb. Weil die Meduse freibeweglich ist, muß sie sich im Raum orientieren können, zum Beispiel erkennen, aus welcher Richtung das Licht kommt und wie stark es ist. Dafür sind zwei Typen sehr primitiver Sinnesorgane ringförmig am Rand der Umbrella angeordnet, nämlich die Statozysten als Gleichgewichtssinnesorgane und die Ozellen als Lichtsinnesorgane.

Einige Nesseltiere verbringen ihr ganzes Leben als Polypen, andere als Medusen, doch wechseln bei vielen Arten beide Stadien miteinander ab, wobei die Meduse auf asexuellem Weg aus dem Polypen entsteht. Trotz ihrer einfachen Organisation zeigen die Cnidaria doch eine große Vielfalt in ihren Bautypen und ihrer Lebensweise, denn sie können benthisch oder planktonisch, solitär oder kolonial sein. Im allgemeinen sind die Medusen planktonisch und solitär, die Polypen benthisch und solitär oder auch kolonial. Es gibt jedoch auch benthische Medusen, planktonische Polypen und sogar planktonische Kolonien, die aus beiden, medusen- und polypenartigen, Individuen bestehen.

Der *Stamm* Cnidaria wird in drei Klassen eingeteilt: **Hydrozoa** mit dem Süßwasserpolypen und zahlreichen Meeresbewohnern; **Scyphozoa** mit den meisten gut bekannten Medusen; und **Anthozoa** mit den Seeanemonen und Korallen.

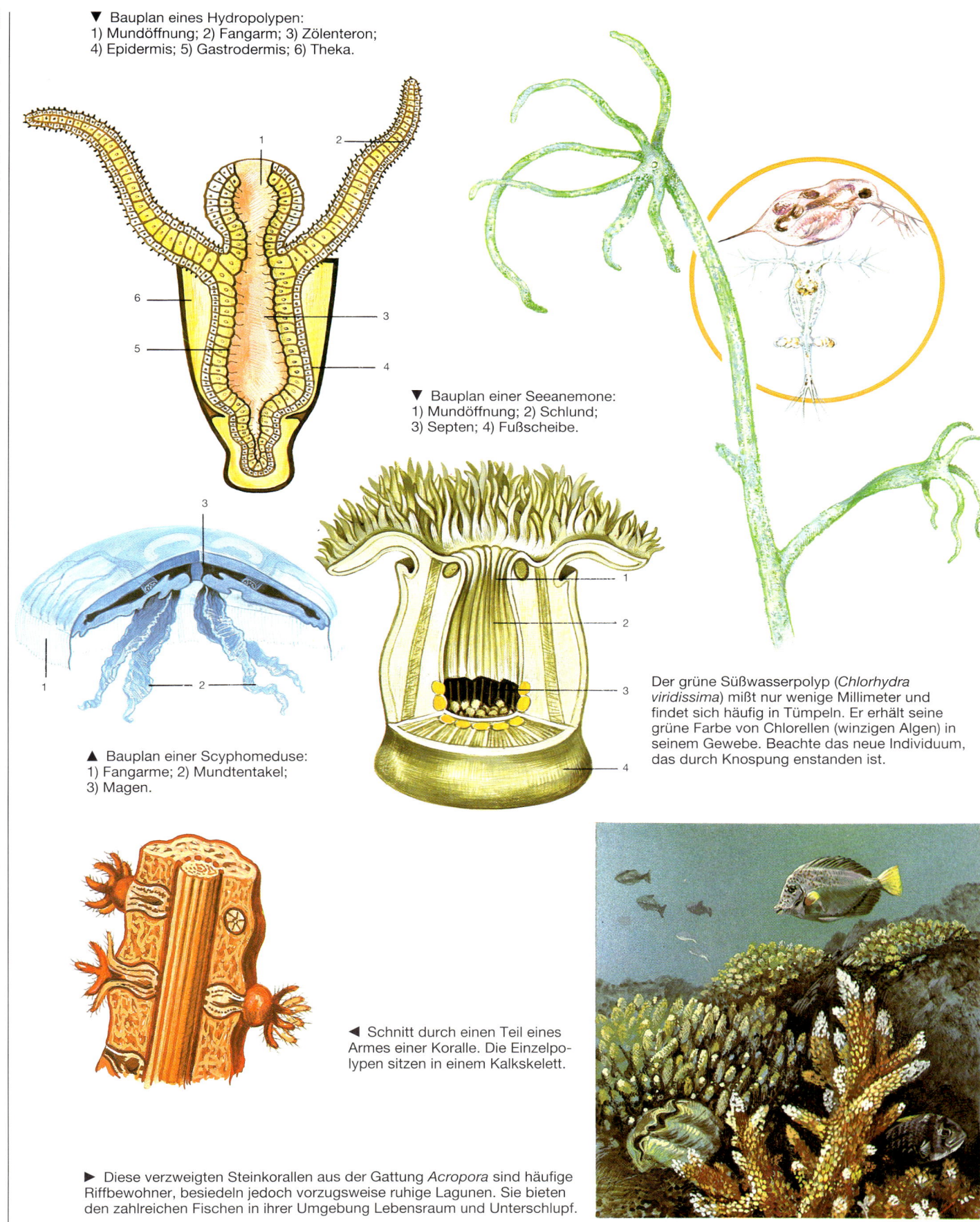

▼ Bauplan eines Hydropolypen:
1) Mundöffnung; 2) Fangarm; 3) Zölenteron;
4) Epidermis; 5) Gastrodermis; 6) Theka.

▼ Bauplan einer Seeanemone:
1) Mundöffnung; 2) Schlund;
3) Septen; 4) Fußscheibe.

▲ Bauplan einer Scyphomeduse:
1) Fangarme; 2) Mundtentakel;
3) Magen.

Der grüne Süßwasserpolyp (*Chlorhydra viridissima*) mißt nur wenige Millimeter und findet sich häufig in Tümpeln. Er erhält seine grüne Farbe von Chlorellen (winzigen Algen) in seinem Gewebe. Beachte das neue Individuum, das durch Knospung entstanden ist.

◄ Schnitt durch einen Teil eines Armes einer Koralle. Die Einzelpolypen sitzen in einem Kalkskelett.

► Diese verzweigten Steinkorallen aus der Gattung *Acropora* sind häufige Riffbewohner, besiedeln jedoch vorzugsweise ruhige Lagunen. Sie bieten den zahlreichen Fischen in ihrer Umgebung Lebensraum und Unterschlupf.

RINGELWÜRMER
(ANNELIDA)

Anneliden sind wurmförmige Lebewesen mit einem Hohlraum zwischen dem Verdauungssystem und der Körperwand, der von einem Peritoneum ausgekleidet ist. Dieser Hohlraum wird als Zölom bezeichnet und ist in Segmente oder Metameren unterteilt, in denen die paarig angeordneten Exkretionsorgane und die Blutgefäße liegen. Das Zölom enthält eine Flüssigkeit, die als hydrostatisches Skelett wirkt. Aus den Eiern der ursprünglich marinen Ringelwürmer schlüpfen bewimperte, freischwimmende Larven, die als Trochophora bezeichnet werden.

Der ursprüngliche Bauplan der Annelida ist der eines wurmförmigen Tieres, das aus identischen Segmenten besteht und ein hydrostatisches Skelett besitzt. Dem Druck dieses hydrostatischen Skelettes wirkt eine äußere Kutikula entgegen. Das Nervensystem besteht aus zwei ventralen Nervensträngen, die durch Kommissuren mit den beiden Zerebralganglien in Verbindung stehen.

Die Ringelwürmer besitzen chitinöse Borsten, die Chaetae, die bei der Fortbewegung eine Rolle spielen, sofern diese als Schlängelbewegung oder peristaltische Wellenbewegung stattfindet. Die Muskulatur der Körperwand besteht üblicherweise aus zwei Lagen, einer äußeren Ring- und einer inneren Längsmuskulatur. Kontraktion der Längsmuskulatur verkürzt den Körper, Kontraktion der Ringmuskulatur verlängert ihn, weil die Zölomflüssigkeit zum Vorder- und Hinterende verdrängt wird. Grabende Ringelwürmer (Regenwürmer, Pierwürmer) bewegen sich in ihren Röhren, die nur wenig breiter sind als sie selbst, indem sie ihren Körper anschwellen lassen und diese Schwellungen wellenförmig von vorn nach hinten oder umgekehrt über den Körper laufen lassen.

Die wichtigsten Klassen der Annelida sind die Polychaeta (Borstenwürmer) und die Clitellata (Regenwürmer und Egel). Die Polychaeta sind Meeresbewohner, die an jedem Körpersegment ein Paar Anhänge oder Parapodien tragen, nur am ersten und letzten Segment nicht. Die Parapodien werden durch kräftige Borsten verstärkt. Der Kopf der Borstenwürmer ist meist mit mehreren verschiedenartigen Anhängen besetzt. Sie sind getrenntgeschlechtlich und besitzen eine freischwimmende Trochophora-Larve.

Die meisten Polychaeta vermehren sich mittels äußerer Befruchtung. Aus ihren Eiern schlüpft eine freischwimmende

▲ Regenwürmer haben einen zylindrischen Körper mit einer großen Anzahl von Segmenten und leben überwiegend im Boden. Bei der Nahrungsaufname fressen sie sich durch die Erde oder durch verrottendes Laub und scheiden die Erde anschließend durch den After wieder aus. Ein durchgeschnittener Regenwurm kann den hinteren Körperbereich wieder regenerieren.

◄▼ Regenwurm mit dem charakteristischen Clitellum. Ein verkürzt dargestellter Querschnitt zeigt die Muskelstränge, Borsten, Nephridien, das Bauchgefäß (rot) und den Nervenstrang (schwarz). Die Falte in der Darmwand vergrößert die absorbierfähige Oberfläche des Darmes.

Trochophora-Larve, die längere Zeit im offenen Wasser umhertreibt und sich schließlich an einem geeigneten Substrat anheftet, wo sie sich in den jungen Wurm umwandelt.

Freilebende Borstenwürmer kriechen über den Meeresboden oder graben sich gelegentlich im Sand ein. Einige sind pelagisch, andere bewohnen ihr Leben lang eine Röhre im Boden. Die meisten sind räuberisch, doch einige ernähren sich von Algen, und die kleineren Arten suchen im Sandlückensystem nach Mikroorganismen. Die sessilen Polychäten haben stark vereinfachte, häufig sehr kurze und borstenlose Parapodien. Einige von ihnen sind hochspezialisiert und weiden am Meeresboden Kleinstorganismen und organischen Detritus ab. Andere nehmen Sand oder Schlick auf und verdauen die organische Substanz darin, ganz ähnlich wie die Regenwürmer. Manche pumpen Wasser durch ihre Wohnröhre und filtern das Mikroplankton aus. Schließlich gibt es noch Arten mit Tentakelkronen am Kopfteil, mit denen sie im freien Wasser nach Kleintieren fischen.

Die Angehörigen der Ordnung Clitellata sind sehr verschiedenartig in Aussehen und Lebensweise. Sie umfassen die Oligochaeta, unter denen die Regenwürmer am besten bekannt sind, und die Hirudinea, die Egel. Sie leben vor allem im Süßwasser und im Boden. Um in diesen Lebensräumen überleben zu können, haben sie die innere Befruchtung und Zweigeschlechtlichkeit entwickelt, aber zugleich die pelagische Larve verloren. Eine weitere Anpassung der Clitellata an ihren ungünstigeren Lebensraum ist die Ablage der Eier in einem schützenden Kokon, in dem die Embryonalentwicklung abläuft. Im Unterschied zu den Polychaeta besitzen die Clitellata keine Parapodien mehr, und ihre Borsten sind gewöhnlich kleiner und in geringerer Anzahl vorhanden.

Die Angehörigen der Unterklasse Oligochaeta (Regenwürmer und Verwandte) fressen pflanzlichen Detritus und Mikroorganismen, die sie gewöhnlich mit Schlamm oder Erde aufnehmen. Einige wenige Süßwasserformen sind räuberisch. Die aquatischen Oligochäten legen nur eine geringe Anzahl von ziemlich großen Eiern ab, die den Kokon bereits als kleine Würmer verlassen. Die Unterklasse Hirudinea enthält hochspezialisierte Räuber oder Ektoparasiten.

▲ Ein Blutegel (*Hirudo*) hat sich mit seinem hinteren Saugnapf festgeheftet.

◄ Der Mund eines Blutegels ist mit drei Zähnen besetzt und von einem Saugnapf umgeben.

▼ Die spannerartige Bewegungsweise eines Blutegels.

▲ Ein Meeresringelwurm der Gattung *Nereis* in seiner selbstgegrabenen Röhre am Meeresgrund.

▼ Vorderende von *Nereis* von oben (links) und von unten (rechts). Das Prostomium trägt vier Augen und zwei sehr kurze Palpen. Das Peristomium trägt mehrere Paare von Zirren.

▲ Der Sandpierwurm ist ein mariner Borstenwurm, der wie ein Regenwurm lebt.

▲ Der Vorderkörper eines filtrierenden Röhrenwurms der Familie Sabellidae mit der charakteristischen Tentakelkrone, die aus der Chitinröhre herausragt, in dem der Wurm sich versteckt hält.

◄ Ein Meeresringelwurm der Gattung *Eunice*, dessen hinterer Körperabschnitt, die epitoke Region, voll mit Gameten ist und bald abgestoßen werden kann.

KREBSE
(CRUSTACEA)

Die Krebse sind eine der artenreichsten Tierklassen. Ein Krebs besteht aus einer Reihe von Segmenten, von denen jedes ein Paar gegliederter Anhänge (Extremitäten) trägt, und ist von einer dicken, kalkigen Kutikula (dem Exoskelett) bedeckt. Die Anhänge sind zweiästig und bestehen aus dem Protopoditen, der sich in einen Endopoditen und einen Exopoditen verzweigt. Das erste und letzte Segment trägt keine Anhänge. Die ersten sechs Segmente sind zu einem Kopf verwachsen. Am zweiten Segment entspringen die Antennulae, am dritten die Antennen, am vierten die Mandibeln, am fünften die erste Maxille und am sechsten die zweite Maxille.

Manchmal sind die hinter dem Kopf gelegenen Anhänge umgestaltet und unterstützen die Mundwerkzeuge, dann werden sie als Maxillipeden bezeichnet. Häufig verschmelzen auch mehrere Segmente hinter dem Kopf mit diesem zu einem eigenen Körperabschnitt, dem Cephalothorax. Eine Falte im Exoskelett, der Carapax, umschließt häufig einen Teil des Körpers, selten den gesamten Körper. Wahrscheinlich enstanden die Krebse im Meer, heutzutage jedoch leben sie in allen aquatischen Lebensräumen. Wenn sie ein spezielles Atemsystem besitzen, besteht dieses in der Regel aus Kiemen. Das erste Larvenstadium, der winzige Nauplius, ist sehr charakteristisch und weist drei Paar Anhänge und ein einfach gebautes, unpaares Auge auf.

Die Branchiopoda sind eine der urtümlichsten Krebsgruppen. Bei ihnen ist der Bau der Extremitäten charakteristisch. Sie besitzen abgeflachte Blattfüße (Phyllopodien), die durch inneren Turgordruck versteift werden. Manche Branchiopoda, die Notostraca, besitzen einen breiten, abgeflachten Carapax, der einen Teil des Körpers umschließt und nur den hinteren, extremitätenlosen Bereich und die beiden langen Äste der Furca am Hinterende unbedeckt läßt. Die vom Carapax umhüllten Segmente tragen breite Blattbeine, die ständig bewegt werden. Die Notostraca können ziemlich groß werden und erreichen über 10 cm Länge.

Die Angehörigen dieser Ordnung bilden einen wichtigen Teil des Fauna temporärer Gewässer. Sie können zwei Typen von Eiern bilden, nämlich dünnwandige Eier mit sehr rascher Entwicklung, die unter günstigen Bedingungen abgelegt werden, z. B. wenn der Tümpel mit Wasser gefüllt ist.

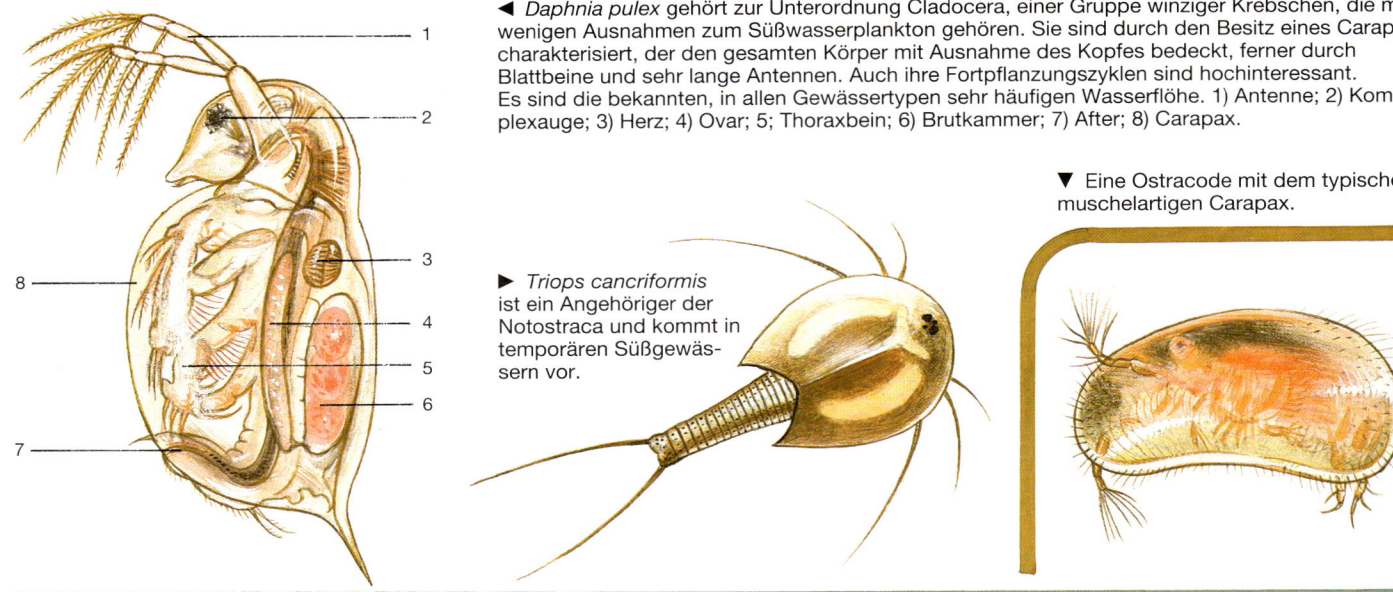

◄ *Daphnia pulex* gehört zur Unterordnung Cladocera, einer Gruppe winziger Krebschen, die m wenigen Ausnahmen zum Süßwasserplankton gehören. Sie sind durch den Besitz eines Carap charakterisiert, der den gesamten Körper mit Ausnahme des Kopfes bedeckt, ferner durch Blattbeine und sehr lange Antennen. Auch ihre Fortpflanzungszyklen sind hochinteressant. Es sind die bekannten, in allen Gewässertypen sehr häufigen Wasserflöhe. 1) Antenne; 2) Komplexauge; 3) Herz; 4) Ovar; 5; Thoraxbein; 6) Brutkammer; 7) After; 8) Carapax.

▼ Eine Ostracode mit dem typische muschelartigen Carapax.

► *Triops cancriformis* ist ein Angehöriger der Notostraca und kommt in temporären Süßgewässern vor.

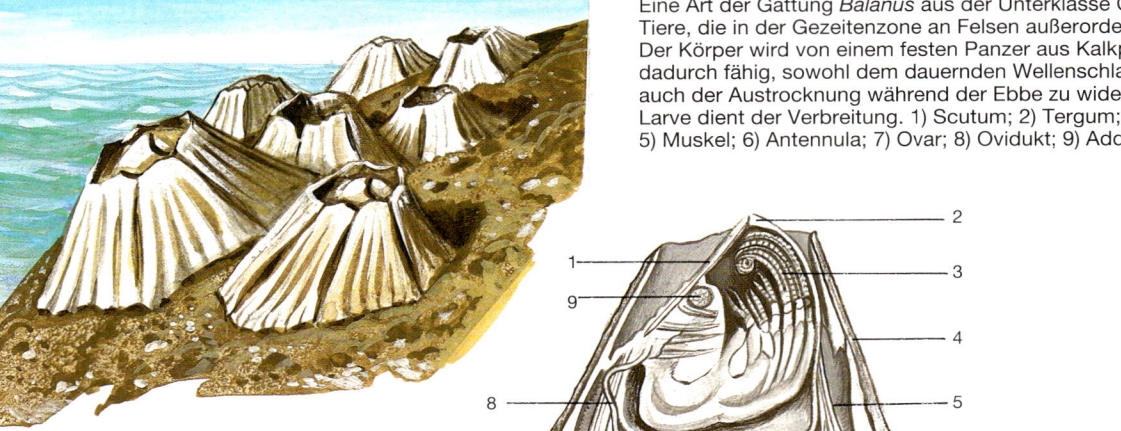

Eine Art der Gattung *Balanus* aus der Unterklasse Cirripedia. Sie sind sessile Tiere, die in der Gezeitenzone an Felsen außerordentlich häufig sein können. Der Körper wird von einem festen Panzer aus Kalkplatten geschützt und ist dadurch fähig, sowohl dem dauernden Wellenschlag, selbst bei Sturm, als auch der Austrocknung während der Ebbe zu widerstehen. Die planktische Larve dient der Verbreitung. 1) Scutum; 2) Tergum; 3) Zirren; 4) Schale; 5) Muskel; 6) Antennula; 7) Ovar; 8) Ovidukt; 9) Adduktormuskel.

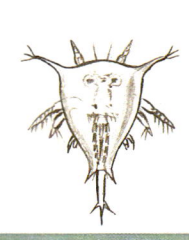

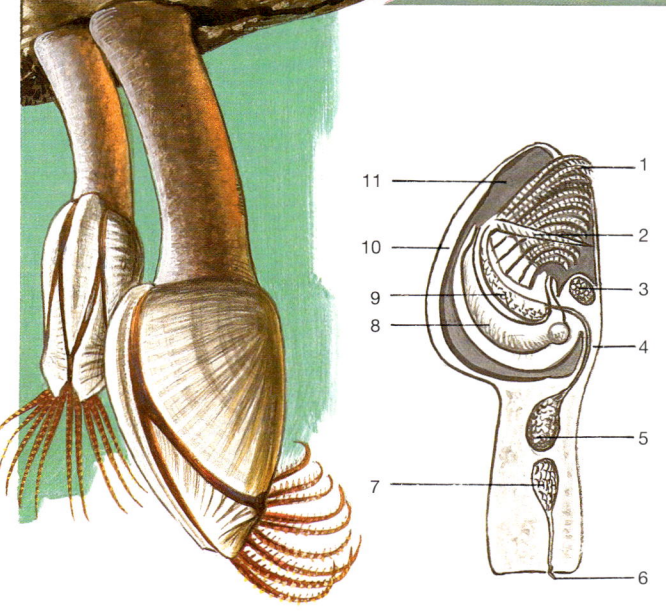

Dieser Rankenfüßer gehört zur Gattung *Lepas* und ist an seinem fleischigen Stiel erkennbar. Entenmuscheln sind sessile, zweigeschlechtliche Tiere, die wie die Seepocken ein planktisches Larvenstadium durchlaufen, bevor sie sich an große Meerestiere oder andere treibende Gegenstände anheften. 1) Zirren; 2) Penis; 3) Adduktormuskel; 4) Ovidukt; 5) Ovar; 6) Antennula; 7) Zementdrüse; 8) Darm; 9) Samengang; 10) Carina; 11) Mantelhöhle.

Die sogenannten Wintereier – der andere Eityp – entwickeln sich zunächst nicht und sinken zum Grund des Tümpels. Wenn der Tümpel ausgetrocknet ist, warten sie dort auf erneute günstige Lebensbedingungen.

Eine andere interessante und wichtige Gruppe der Branchiopoda sind die Cladocera (Wasserflöhe). Sie sind sehr kleine, außerordentlich häufige Bewohner aller Arten von Süßgewässern. Bei den Wasserflöhen bedeckt der Carapax den gesamten Körper mit Ausnahme der eigenartig gestalteten Kopfregion, die ein wenig an einen Vogelkopf erinnert. Die Anzahl der Blattfüße ist stark reduziert, und die Körpersegmentierung ist nur noch undeutlich erkennbar. Die zweite Antenne ist meist sehr groß und dient zum Schwimmen.

Die Arten einer weiteren wichtigen Krebsgruppe, der Ostracoda (Muschelkrebse), besitzen einen zweiklappigen Carapax, der den gesamten Körper umschließt. Die Segmentierung des Körpers ist stark reduziert, und die Tiere werden selten länger als ein paar Millimeter. Die Mehrzahl der Arten lebt benthisch und ernährt sich vom Detritus am Grund der Gewässer. Die Muschelkrebse leben im Meer wie im Süßwasser, einige Arten besiedeln selbst temporäre Kleinstgewässer, andere fanden sich bis in sehr großer Tiefe im Pazifik.

Eine andere wichtige Krebsgruppe sind die Copepoda (Ruderfußkrebse). Es sind winzige Tierchen, die kaum größer als wenige Millimeter werden. Sie gehören wohl zu den häufigsten Kleintieren in fast allen Lebensgemeinschaften, sei es im Meer oder im Süßwasser, an der Wasseroberfläche oder am Boden, besonders zahlreich sind sie jedoch im Plankton. Ihre Besiedlungsdichte kann erstaunliche Ausmaße erreichen, so daß die Nahrungskette in allen Lebensräumen des freien Wassers hauptsächlich auf ihnen beruht. Der Körper der Ruderfußkrebse ist langgestreckt und trägt einen wohlausgebildeten Kopf mit sehr langen Antennen. Das letzte Segment endet in einer Furca. Das unpaarige Mittelauge ist auf der Oberseite der Vorderkopfes gelegen und ist tatsächlich nichts anderes als ein Naupliusauge.

Eine weitere Gruppe sind die Cirripedia (Rankenfüßer). Die erwachsenen Tiere sind sessil, festgeheftet am Substrat gleich Seeanemonen oder Schwämmen. Diese für einen Krebs ungewöhnliche Lebensweise hat zu weitgehenden Veränderungen im Körperbau geführt.

Die Entenmuscheln gehören zu den weniger stark umgestalteten Rankenfüßern. Eine Entenmuschel besitzt einen langen,

Die bekanntesten Tiere aus der Untergruppe Anomura der zehnfüßigen Krebse sind die Einsiedlerkrebse der großen Familie Paguridae. Sie besitzen ein weichhäutiges, nach rechts gewundenes Abdomen, dem das schützende Exoskelett fehlt. Einsiedlerkrebse leben normalerweise in leeren Schneckenschalen, und das letzte Paar Abdominalanhänge dient zum Festhalten an der Columella der Schneckenschale. Wenn ein Krebs zu groß für seine Schale wird, zieht er in eine neue um. Einsiedlerkrebse leben oft amphibisch und kommen häufig zur Nahrungssuche an den Strand.

Birgus latro, der Palmendieb (links), ist eine eigenartiger Einsiedlerkrebs, der sich vor allem vom Fruchtfleisch der Kokusnuß ernährt. Um die Nüsse zu ernten, klettert er geschickt die Palmen hoch, außerdem kann er lange Zeit an Land verbringen, weil seine große Kiemenhöhle viel Wasser speichert. Obwohl der Palmendieb ein großes, weichhäutiges Abdomen besitzt und dieses unter den Körper schlägt, braucht er als erwachsener Krebs keine Schale mehr, weil er ein sehr festes Exoskelett besitzt. Zu den Anomura gehören verschiedene andere Formen außer den Einsiedlerkrebsen, bei allen ist aber das letzte Schreitbeinpaar reduziert, und das große Abdomen wird unter den Körper umgeschlagen.

fleischigen Stiel, mit dem es am Substrat festsitzt. Am Ende des Stieles befindet sich eine glänzende Kalkschale, die der Schale einer Muschel ähnelt, aber aus fünf Platten besteht. Diese umschließen den gesamten Körper, lassen aber am Ende einen Spalt frei, durch welchen die Zirren oder Rankenfüße ausgestreckt werden. Die Zirren sind umgewandelte Extremitäten, die einen Wasserstrom erzeugen und daraus Kleinpartikel ausfiltern und zur Mundöffnung führen. Die Larve der Entenmuscheln ist ein typischer Nauplius mit drei Paar Anhängen. In der Tat ist es hauptsächlich die Nauplius-Larve, die beweist, daß es sich um einen Krebs handelt. Entenmuscheln befestigen sich an schwimmenden Gegenständen und werden daher mit den Meeresströmungen verdriftet.

Die Seepocken sind noch weiter umgestaltete Rankenfüßer. Sie besiedeln vor allem die Gezeitenzone von Felsküsten und bilden dort zuweilen so dichte Krusten, daß das Gehen mit bloßen Füßen unmöglich ist. Der Stiel ist bei ihnen reduziert, und der Körper (das Capitulum) sitzt direkt dem Substrat auf.

Zur Unterklasse Malacostraca gehören zwei Drittel aller Krebse. Der Körper eines Malakostraken weist drei unterschiedliche Abschnitte auf: den Kopf, den Thorax (oder Pereion), der aus acht Segmenten besteht, und das Abdomen (oder Pleon) mit sieben Segmenten. Das letzte Abdominalsegment, das Telson, trägt keine Anhänge.

Die wichtigste Ordnung der Malacostraca sind die Decapoda (zehnfüßige Krebse), so genannt nach dem Besitz von zehn Beinen. Das erste dieser fünf Beinpaare ist jedoch oft zu einer Schere umgewandelt. Die drei ersten Thorakalextremitäten sind als Maxillipen entwickelt. Die Decapoda werden in zwei Gruppen eingeteilt, die Natantia und Reptantia.

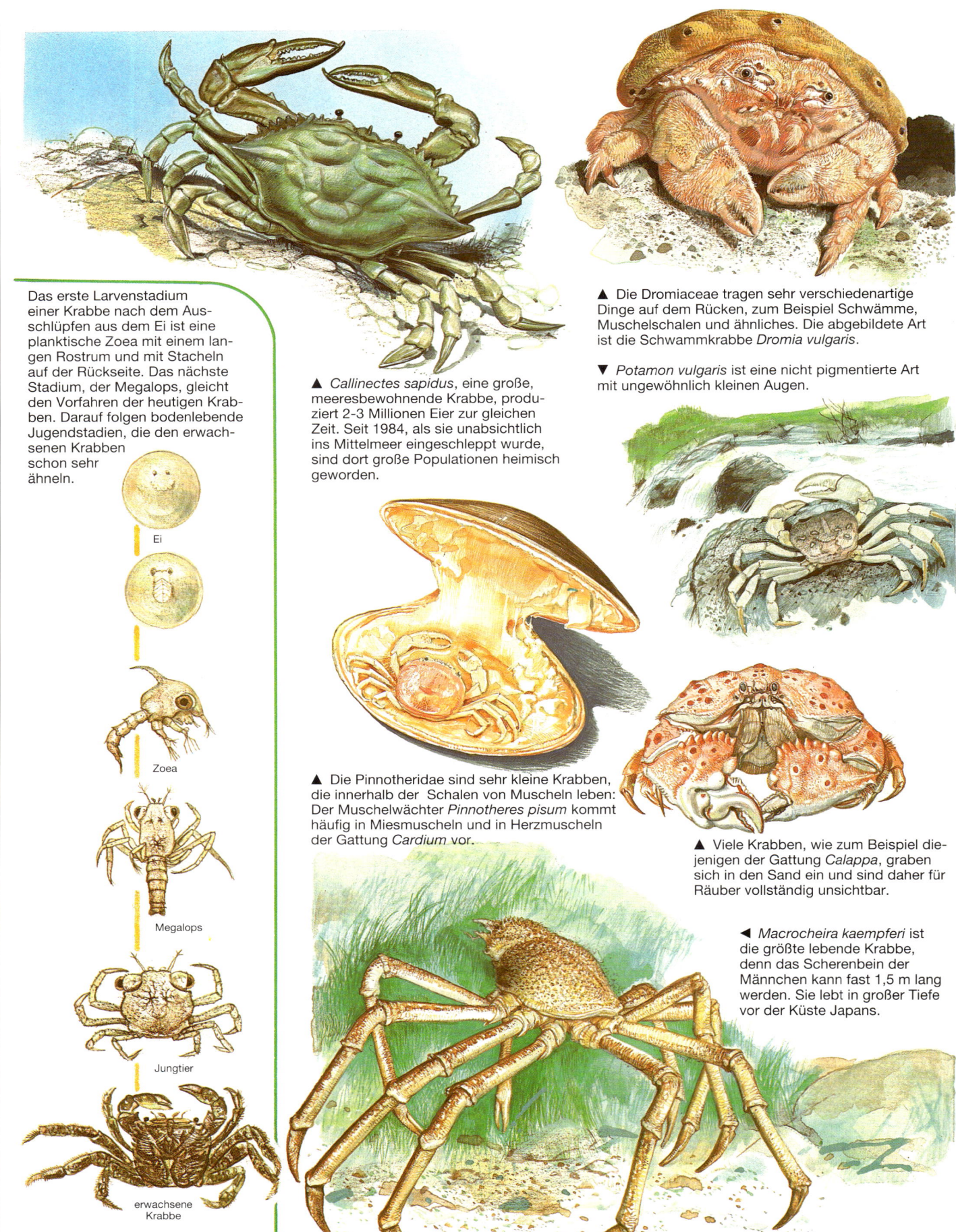

Das erste Larvenstadium einer Krabbe nach dem Ausschlüpfen aus dem Ei ist eine planktische Zoea mit einem langen Rostrum und mit Stacheln auf der Rückseite. Das nächste Stadium, der Megalops, gleicht den Vorfahren der heutigen Krabben. Darauf folgen bodenlebende Jugendstadien, die den erwachsenen Krabben schon sehr ähneln.

Ei

Zoea

Megalops

Jungtier

erwachsene Krabbe

▲ *Callinectes sapidus*, eine große, meeresbewohnende Krabbe, produziert 2-3 Millionen Eier zur gleichen Zeit. Seit 1984, als sie unabsichtlich ins Mittelmeer eingeschleppt wurde, sind dort große Populationen heimisch geworden.

▲ Die Dromiaceae tragen sehr verschiedenartige Dinge auf dem Rücken, zum Beispiel Schwämme, Muschelschalen und ähnliches. Die abgebildete Art ist die Schwammkrabbe *Dromia vulgaris*.

▼ *Potamon vulgaris* ist eine nicht pigmentierte Art mit ungewöhnlich kleinen Augen.

▲ Die Pinnotheridae sind sehr kleine Krabben, die innerhalb der Schalen von Muscheln leben: Der Muschelwächter *Pinnotheres pisum* kommt häufig in Miesmuscheln und in Herzmuscheln der Gattung *Cardium* vor.

▲ Viele Krabben, wie zum Beispiel diejenigen der Gattung *Calappa*, graben sich in den Sand ein und sind daher für Räuber vollständig unsichtbar.

◄ *Macrocheira kaempferi* ist die größte lebende Krabbe, denn das Scherenbein der Männchen kann fast 1,5 m lang werden. Sie lebt in großer Tiefe vor der Küste Japans.

SKORPIONE
(ARACHNIDA)

Skorpione bestehen scheinbar aus einem Körper und einem Schwanz. In Wirklichkeit aber umfaßt der einheitlich erscheinende Körper das Prosoma, auf dessen Oberseite die Augen liegen, und den vorderen Abschnitt des Abdomens (das Mesosoma), während der Schwanz den hinteren Teil des Abdomens darstellt (das Metasoma). Gefäßsystem, Nervensystem und Darm reichen in den Schwanz hinein, und dieser endet im After direkt unterhalb des Stachels oder Telsons. Die Chelizeren sind klein und scherenförmig, die großen Skorpionscheren werden von den Pedipalpen gebildet. Die Geschlechtsöffnung liegt am Vorderrand des Abdomens, hinter ihr befinden sich zwei eigenartige Gebilde, die Kämme. Es sind sicherlich Sinnesorgane, aber ihre genaue Funktion ist noch nicht bekannt. Hinter den Kämmen sind am Abdomen vier Paar Tracheenöffnungen zu sehen.

Alle Skorpione sind Einzelgänger und zeigen eine deutliche Tendenz zum Kannibalismus. Gewöhnlich verbergen sie sich den Tag über in verschiedenartigen Schlupflöchern, die sie manchmal selbst graben. Nachts wandern sie auf der Suche nach Nahrung umher. Sie ergreifen ihre Beute mit den Scheren, halten sie von sich weg und stechen sie dann mit dem Giftstachel. Da sie kräftige Scheren und Gift besitzen, kommt es selten zu einem heftigen Kampf mit ihren Beutetieren. Das Gift wird in der großen Giftdrüse im Telson produziert. Ganz im Gegensatz zum Volksglauben sind Skorpione in der Regel nicht aggressiv und stechen nur selten Tiere, die größer sind als sie selbst. Normalerweise erbeuten sie andere Arthropoden.

Nur während der Fortpflanzungszeit suchen die Skorpione Artgenossen auf. Sie vollführen einen eigenartigen Hochzeitstanz, bei dem sich zwei Tiere an den Scheren fassen und vorwärts und rückwärts schreiten. Dabei setzt das Männchen eine Spermatophore am Erdboden ab und führt das Weibchen über diese hinweg. Die weiblichen Eierstöcke enthalten eine eigenartige Struktur, die in ihrer Funktion einer Babyflasche ähnelt. Die winzigen neugeborenen Skorpione setzen sich daran mit ihren rudimentären Chelizeren fest und saugen eine Nahrungsflüssigkeit, die von der Mutter abgegeben wird. Skorpione sind lebendgebärend, und die Jungtiere werden bis zu ihrer ersten Häutung auf dem Rücken der Mutter herumgetragen.

► Skorpione sind entfernt mit den Spinnen verwandt, und sie sind in den Tropen und Subtropen recht häufig. Sie erbeuten mit ihren großen Scheren Insekten und Spinnen und töten sie mit dem Giftstachel am Schwanzende. Das Gift einiger Arten kann sogar für Menschen tödlich sein.

◄ Eine charakteristische Phase im Hochzeitstanz, bei dem zwei Skorpione sich an den Pedipalpen fassen und vor und zurück schreiten.

◄ Die Jungtiere werden lebend geboren, und die Mutter übt regelrechte Brutpflege, indem sie sie bis zur ersten Häutung auf ihrem Rücken trägt.

SPINNEN
(ARACHNIDA)

Der Körper der Spinnen weist eine deutliche Zweiteilung in ein Prosoma und ein Opisthosoma auf. Beide sind durch einen manchmal sehr auffälligen Stiel verbunden. Das Prosoma ist in seiner Form sehr verschiedenartig. Es wird vollständig von einem Carapax bedeckt und trägt gewöhnlich 6 oder 8 Augen, allerdings gibt es einige blinde, boden- oder höhlenbewohnende Formen. Auch das Abdomen ist sehr unterschiedlich gestaltet, nur bei den urtümlichen Lipistiomorphae ist es noch erkennbar segmentiert. Die Chelizeren sind ziemlich einfach gebaut und bestehen aus einem Basalglied und der Klaue, die wie ein Taschenmesser einklappbar ist. Abgesehen von einigen Uloboridae besitzen alle Spinnen Giftdrüsen. Bei der Gattung *Scytodes* bildet die Giftdrüse ein klebriges Sekret, mit dem die Spinnen ihre Beute fesseln. Die Pedipalpen der Weibchen sind wie Beine gebaut, aber kleiner, in seltenen Fällen sind sie reduziert oder fehlen ganz. Bei den Männchen ist das Endglied zu einem eigenartigen sekundären Kopulationsorgan umgewandelt, dem Bulbus.

Die Spinnen besitzen eine extraintestinale Verdauung. Dabei werden die sehr unterschiedlich wirksamen Verdauungssäfte über die Beute ausgespien, und die verflüssigte Nahrung wird dann eingesaugt. Es sind mehrere Typen von Spinndrüsen bekannt, die unterschiedliche Sorten von Spinnseide produzieren (klebrige, nicht klebrige, gekräuselte u. a.), die sogar unterschiedlich gefärbt sein können. Spinnseide ist ein Protein, das an der Luft härtet.

Mit der möglichen Ausnahme einiger weniger Arten, die in Ameisennestern leben, sind alle Spinnen räuberisch. Prinzipiell zeigen sie drei Methoden des Beutefanges: aktives Jagen, Lauern und Beutefang mit Hilfe eines Netzes. Im Gegensatz zur weit verbreiteten Meinung bauen weniger als die Hälfte der Arten ein Netz, und nur eine Minderheit legt die wohlbekannten radiärsymmetrischen Netze an. Beim Bau eines solchen zweidimensionalen Radnetzes legt die Spinne zuerst einen drei- oder viereckigen Rahmen zwischen Ästen oder im Gebüsch an. Dann werden durch diesen Rahmen diagonale Fäden gezogen, die sich alle an einem Punkt treffen, wie die Speichen eines Rades in der Nabe. Die Speichen werden dann mit einer Spirale aus Klebfäden verbunden. Bei vielen Arten sitzt die Spinne in der Netzmitte, bei anderen versteckt

▼ Erwachsenes Weibchen von *Argiope bruennichi* (unten in natürlicher Größe), eine häufige Art der Radnetzspinnen, die von Europa bis Japan vorkommt.

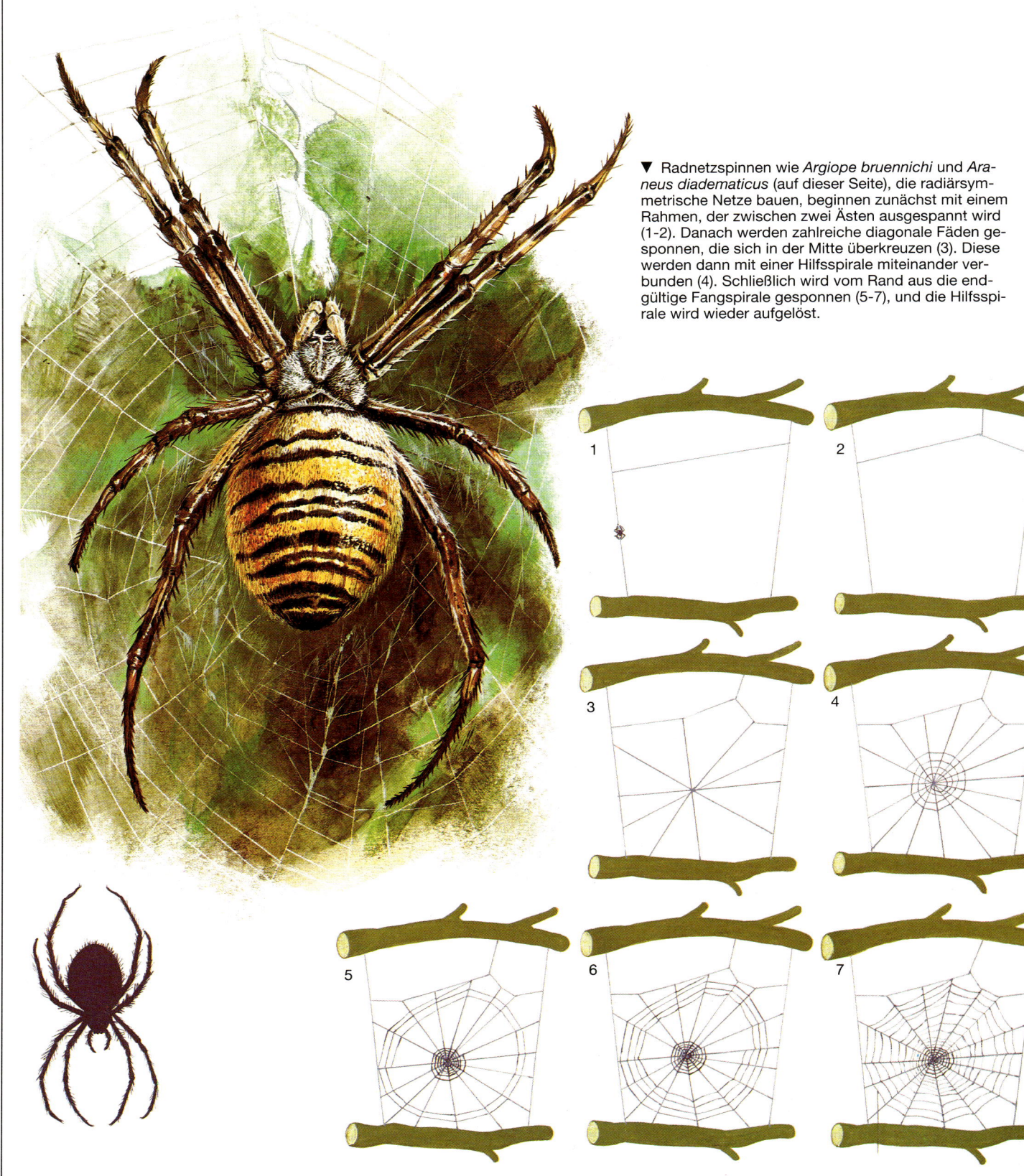

▼ Radnetzspinnen wie *Argiope bruennichi* und *Araneus diadematicus* (auf dieser Seite), die radiärsymmetrische Netze bauen, beginnen zunächst mit einem Rahmen, der zwischen zwei Ästen ausgespannt wird (1-2). Danach werden zahlreiche diagonale Fäden gesponnen, die sich in der Mitte überkreuzen (3). Diese werden dann mit einer Hilfsspirale miteinander verbunden (4). Schließlich wird vom Rand aus die endgültige Fangspirale gesponnen (5-7), und die Hilfsspirale wird wieder aufgelöst.

sie sich in einer Ecke und hält über einen Signalfaden Fühlung mit dem Netz. Daneben werden verschiedene andere ungewöhnliche Arten des Beutefanges angewandt. Dinopidae halten sich mit den Hinterbeinen an Pflanzen fest und fischen mit einem kleinen Netz, das sie zwischen den Vorderbeinen halten, nach kleinen Insekten. Arten der Gattung *Mastophora* erbeuten Kleintiere, indem sie mit den Vorderbeinen einen Faden kreisen lassen, an dessen Ende ein Klebetröpfchen sitzt. Dieses Verhalten gab ihnen den Namen Bolaspinnen. Den größten Anteil an der Beute von Spinnen machen kleine bis mittelgroße fliegende Insekten wie Fliegen, Hautflügler, Schmetterlinge, Käfer, Heuschrecken u. a. aus, außerdem andere Arthropoden wie Spinnentiere, Asseln und Tausendfüßer. Einige große Arten jagen am Wasser und erbeuten ziemlich regelmäßig Kaulquappen und kleine Fische, andere Wirbeltiere werden aber nur höchst selten gefangen.

Die meisten Spinnen sind ihr Leben lang Einzelgänger. Dennoch gibt es eine Reihe von Arten, die in lockeren Verbänden leben, andere besitzen eine komplexe Brutfürsorge oder dulden Jungtiere oder Männchen in ihrem Netz. Die Jungspinnen verbreiten sich oft durch Flugfäden, die wir als Altweibersommer bezeichnen. Sie klettern dabei auf Äste oder Grasspitzen und spinnen einen Faden, an dem sie sich festhalten. Wenn der Faden lang genug und der Wind kräftig genug ist, lassen sie los und werden wie ein Drachen fortgeweht.

Spinnen lieben im allgemeinen Wärme und Feuchtigkeit, daher kommt die Mehrzahl der Arten in tropischen und gemäßigten Waldgebieten vor. In den Wäldern leben zahlreiche Arten in der Blattstreu am Boden, andere besiedeln die Vegetation und finden sich manchmal in großer Höhe. Einge Arten leben im Moos, unter Rinde, in Höhlungen, in totem Holz, unter Steinen oder in selbstgegrabenen Gängen in der Erde. Auch alle Arten von Höhlen, sowohl natürliche (Höhlen, Nagerbauten u. a.) wie künstlich angelegte (Stollen, Keller u. a.) haben eine reichhaltige Spinnenfauna.

Argyroneta aquatica ist eine gänzlich wasserlebende Spinne. Sie kann dadurch unter Wasser atmen, daß sie sich eine Wohnglocke spinnt, in die sie regelmäßig Luft von der Wasseroberfäche schafft. Sie muß dies allerdings gar nicht so häufig tun, weil sie außerdem ein Luftreservoir unter Wasser angelegt hat.

▲◀ *Araneus diadematicus*, die Kreuzspinne der europäischen Häuser und Gärten, oben in natürlicher Größe.

▲ Ein Männchen von *Philaeus chrysops* beim Aussaugen einer Fliege. Sie gehört zu den sehr artenreichen Springspinnen (Salticidae), die recht beachtliche Sprünge ausführen können. Die Pedipalpen sind auffällig weiß behaart. Sie hat acht Augen, von denen vier in einer Reihe am Vorderrand des Prosoma angeordnet sind.

◀ *Heteropoda venatoria* mit einer frisch gefangenen Schabe. Sie ist eine große, überall in den Tropen vorkommende Spinne, die oft mit Bananenstauden nach Europa eingeschleppt wird (rechts in natürlicher Größe).

▲ Ein *Atypus*, eine entfernt mit den tropischen Vogelspinnen verwandte Art, lebt in einer mit Seide ausgesponnenen Grube im Boden.

Die Spinnen (Araneae) sind uns als einzige Ordnung der Chelicerata so gut vertraut, daß jeder schon einmal eine gesehen hat. Sie sind zugleich eine der artenreichsten Chelizeratengruppen. Vor allem die Radnetzspinnen sind uns vertraut, weil sie überall, selbst in den saubersten Häusern vorkommen. Nur sehr wenige Spinnenarten können dem Menschen gefährlich werden.

▲ Eine große Tarantel (*Lycosa*) mit dem an ihrem Abdomen angehefteten Eikokon. Es ist eine räuberische Art, deren acht Augen in drei Reihen angeordnet sind. Die Tarantel ist eigentlich für den Menschen harmlos, doch im Mittelmeerraum steht ihr Biß mit vorchristlichen, magisch-religiösen Bräuchen in Zusammenhang. Ein wichtiger Teil dieser Rituale ist ein rasender Tanz, der die hypermotorischen Bewegungen nachahmt, die Menschen zeigen, die von einer anderen, wirklich gefährlichen Spinne, der Schwarzen Witwe (*Latrodectus*), gebissen worden sind.

URINSEKTEN
(APTERYGOTA)

Die obersten Bodenschichten beherbergen eine Fülle von Kleintieren, unter denen die Urinsekten zu den häufigsten gehören. Die gemeinsamen Merkmale der Urinsekten sind ihre primäre Flügellosigkeit und das Fehlen einer Metamorphose. Das Tier, das aus dem Ei schlüpft, unterscheidet sich vom erwachsenen Tier nur durch die geringere Größe. Dies wird als Ametabolie bezeichnet. Zu den Apterygota gehören die Collembola, Diplura, Protura und Thysanura. Die Collembola oder Springschwänze sind die häufigsten und am weitesten verbreiteten Urinsekten. Sie sind sehr klein, und manche messen kaum mehr als einige Zehntel Millimeter, andere können einige Millimeter lang werden. Am Kopf sitzen zwei Antennen, auf denen verschiedene Sinnesorgane angeordnet sind. Die Mundwerkzeuge sind kauend.

Springschwänze unterscheiden sich von allen anderen Insekten darin, daß sie nur sechs Abdominalsegmente besitzen. Auf der Bauchseite des ersten Segments befindet sich eine große Ausstülpung, der sogenannte Ventraltubus. Er ist ein Haftorgan, mit dem die Tiere sich auch an den glattesten Flächen, selbst senkrechten, anheften können, denn der Ventraltubus trägt am Ende zwei Bläschen, die mit einem klebrigen Sekret versehen sind. An der Bauchseite des dritten Segments sitzt ein zweiästiges Organ, das Tenaculum, das zur Verankerung der Sprunggabel dient. Diese, auch Furcula genannt, ist ein Anhang des vierten Abdominalsegmentes.

Springschwänze sind lichtscheue Tiere und mit wenigen Ausnahmen, wie z. B. *Seira domestica*, leben sie an feuchten und dunklen Orten, die reich an organischem Detritus sind. Manche Arten, wie *Anurida* und *Actaletes*, besiedeln die Küste. Die meisten Springschwänze ernähren sich von Pilzhyphen, Sporen und Bakterien.

Die Protura (Beintastler) sind eine eigenartige Gruppe sehr kleiner Tiere, die erst zu Beginn unseres Jahrhunderts von dem italienischen Entomologen Silvestri entdeckt wurden. Sie erreichen nur selten 2 mm Länge. Im Unterschied zu allen anderen Insekten haben sie weder Augen noch Antennen. Dafür dient das erste Beinpaar nicht der Fortbewegung, sondern wird wie ein Fühler nach vorn gestreckt und dient auch tatsächlich als Fühler, denn es ist mit zahlreichen Sinnesborsten besetzt. Das Abdomen der

Die Apterygota sind kleine bis winzige flügellose Insekten, die unter Rinde, unter Steinen und in organischem Detritus in der Streuschicht leben. Manche, wie das zu den Thysanura gehörige Silberfischchen (*Lepisma,* unten), kommen häufig in Häusern vor und ernähren sich zuweilen von Nahrungsresten und alten Büchern, häufiger jedoch von Bakterien und Pilzen. Das Abdomen endet bei ihnen in einer Art dreigabligem Schwanz, der aus den zwei langen Cerci und dem mittleren Terminalfilum besteht.

ausgewachsenen Tiere besteht aus zwölf statt der elf sonst üblichen Segmente. Ebenfalls abweichend von allen anderen Insekten schlüpfen die Protura mit nur neun Abdominalsegmenten, und die fehlenden Segmente kommen erst nach und nach bei den folgenden Häutungen dazu. Auch dies ist einmalig unter den Insekten und wird als Anamorphose bezeichnet. Auch die Protura sind lichtscheu und leben in feuchter Umgebung, die reich an organischem Material ist.

Die Diplura (Doppelschwänze) besitzen einen langen, abgeflachten Körper. Auch sie sind recht klein (2-10 mm), außerdem blind und, abgesehen von wenigen Arten, unpigmentiert. Das Abdomen endet in zwei Anhängen, den Cerci, die bei den Japygidae und Campodea verschieden gestaltet sind. Bei den Japygidae bilden sie eine starke Zange, bei den Campodea dagegen sind sie sehr lang und dünn, bestehen aus zahlreichen Segmenten und enthalten Sinnesorgane. Die Mundwerkzeuge sind wie bei den Collembola und Protura in einer Mundhöhle verborgen. Die ersten Abdominalsegmente tragen ausstülpbare Bläschen an ihrer Ventralseite. Diese sind für die dünnhäutigen Tiere enorm wichtig, denn sie können Wasser aufnehmen, ähnlich wie die entsprechenden Bläschen der Thysanura. Diplura kommen in allen Breiten und in jedem Biotop vor, soweit genügend Feuchtigkeit vorhanden ist. Einige leben sogar in Höhlen.

Die Campodea sind Allesfresser und ernähren sich von Pilzmyzelien, Blättern und Rinde verschiedener Bäume und Teilen anderer bodenbewohnender Arthropoden. Die Japygidae sind räuberisch und fressen Milben und Käferlarven.

Die Thysanura sind vermutlich die am besten bekannten Urinsekten. Im Unterschied zu den behandelten Apterygota sind die Thysanura ektognath, das heißt ihre Mandibeln und Maxillen sind von außen sichtbar. Sie sind mittelgroß und können bis 2 cm lang werden. Der Körper der Zygentoma (Lepismatidae) ist abgeflacht, bei den Microcoryphia (Machilida) ist er mehr oder weniger zylindrisch. Am Kopf sitzen zwei sehr lange Antennen, die denen der höheren Insekten gleichen, und die Augen. Die drei am Thorax ansetzenden Beinpaare sind Lauf- und Springbeine.

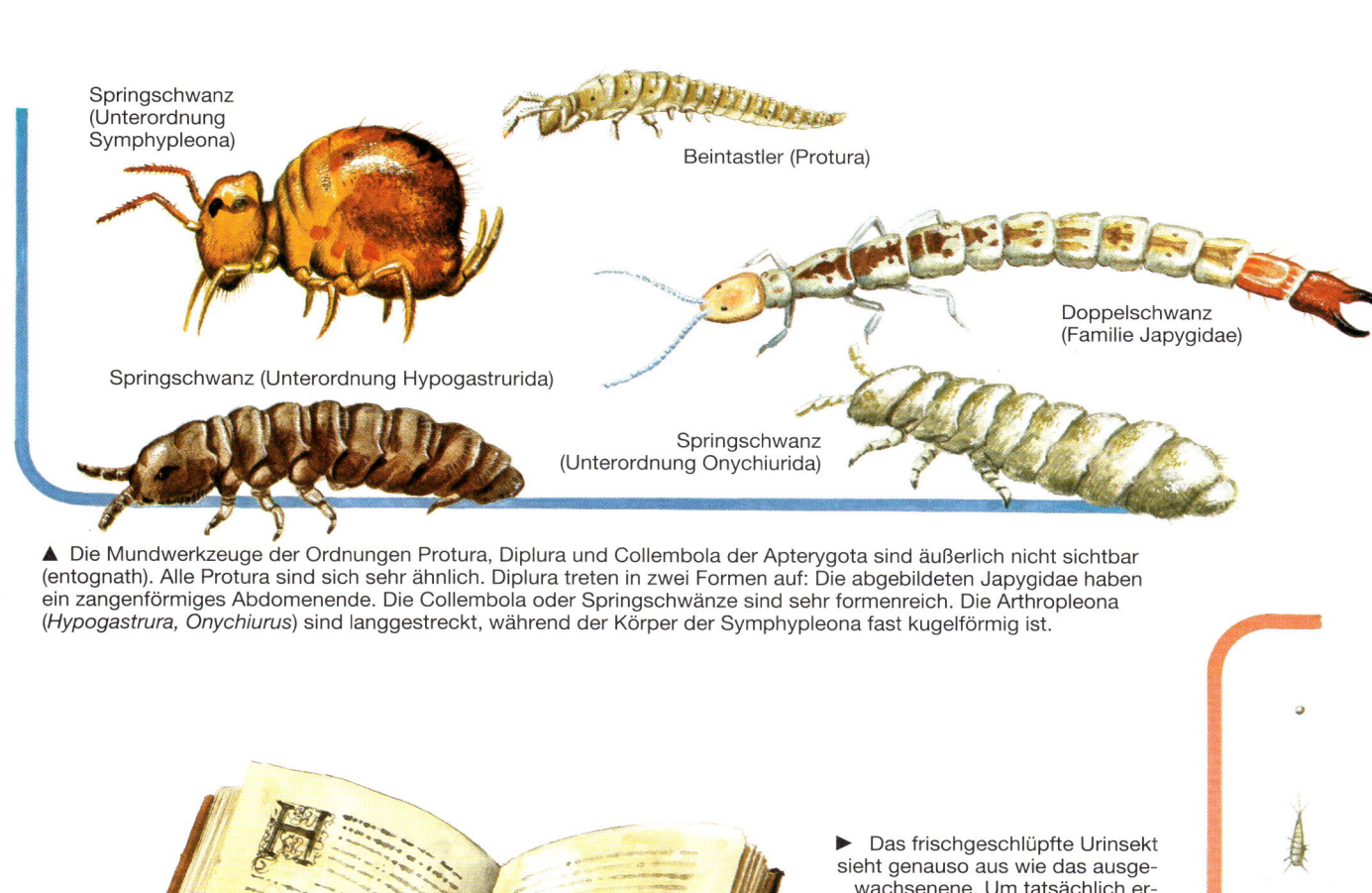

Springschwanz (Unterordnung Symphypleona)

Beintastler (Protura)

Doppelschwanz (Familie Japygidae)

Springschwanz (Unterordnung Hypogastrurida)

Springschwanz (Unterordnung Onychiurida)

▲ Die Mundwerkzeuge der Ordnungen Protura, Diplura und Collembola der Apterygota sind äußerlich nicht sichtbar (entognath). Alle Protura sind sich sehr ähnlich. Diplura treten in zwei Formen auf: Die abgebildeten Japygidae haben ein zangenförmiges Abdomenende. Die Collembola oder Springschwänze sind sehr formenreich. Die Arthropleona (*Hypogastrura, Onychiurus*) sind langgestreckt, während der Körper der Symphypleona fast kugelförmig ist.

▶ Das frischgeschlüpfte Urinsekt sieht genauso aus wie das ausgewachsene. Um tatsächlich erwachsen zu werden, benötigt es eine Reihe von Häutungen.

◀ Manche Thysanura wie diejenigen der Gattung *Lepisma* fressen an alten Büchern und Papieren und können zuweilen sehr schädlich werden.

◀▲ Collembola leben vor allem in den obersten Bodenschichten, wo sie sich von Bakterien und Pilzen ernähren. Viele können erstaunlich weite Sprünge vollführen, wobei sie allerdings die Richtung nicht steuern können. Sie benutzen dafür ihre Sprunggabel (Furcula), die im Ruhezustand unter das Abdomen geklappt ist.

EINTAGSFLIEGEN
(EPHEMEROPTERA)

Die Ephemeroptera oder Eintagsfliegen sind eine sehr ursprüngliche Insektenordnung. Ihre Größe ist sehr unterschiedlich und beträgt bei den kleinsten Arten nur 2-3 mm, bei den größten jedoch 5 cm. Bei vielen Arten sind die Schwanzanhänge so lang wie der Körper oder sogar noch länger; bei *Palingenia longicauda* zum Beispiel ist der Körper 3 cm lang, die Cerci aber erreichen 7 cm.

Die Eintagsfliegen sind weltweit verbreitet und fehlen nur auf einigen ozeanischen Inseln. Sie sind Süßwassertiere, die so gut wie nie im Meer oder im Brackwasser vorkommen. Die Nymphen leben in allen Gewässertypen von Quellen bis zu stehenden Gewässern, die meisten bevorzugen jedoch schnellfließende, saubere Bäche, die auch im Sommer kühles Wasser garantieren. Die meisten Eintagsfliegenlarven ernähren sich von pflanzlicher Nahrung, die wenigen räuberischen Arten verzehren Kleinkrebse und Mückenlarven.

Die erwachsene Eintagsfliege besitzt kurze, unsegmentierte Antennen. Die Mundwerkzeuge sind zurückgebildet, daher nehmen sie im Erwachsenenstadium keinerlei Nahrung mehr zu sich. Der Darm ist mit Luft gefüllt und bildet ein aerostatisches Organ. Fast alle Arten besitzen zwei Paar Flügel. Die Larven tragen zwei sehr lange, gegliederte Cerci und ein unpaares Terminalfilum. Bei vielen Arten sind die Schwanzanhänge beborstet und dienen zum Schwimmen. Das Abdomen besteht aus zehn Segmenten, von denen die ersten sieben im allgemeinen seitliche Kiemen tragen. Die meisten Larven leben in fließendem Wasser und müssen sich mit einer Reihe von Umweltbedingungen auseinandersetzen, vor allem mit der starken Strömung. Daher können wir die verschiedenen Larventypen an ihrer Lebensweise und den Anpassungen an diese erkennen.

Grabenden Larven, wie diejenigen der Palingeniidae, Polymitaridae und Ephemeridae, leben in stehendem oder langsam fließendem Wasser. Sie graben Röhren in die schlammigen oder tonigen Ufer, in denen sie leben und nach Nahrung suchen. Der Kopf ist mit einem Paar starken, speziell an das Graben angepaßten Mandibeln versehen, und auch die kräftigen Beine dienen zum Graben in Sand oder Ton. Die dicht verzweigten Kiemen sind über dem Rücken zusammengelegt. Die abgeflachten Larven von *Ecdyonurus, Epeorus* und *Rhithrogena* sind an das

Schlüpfreife Eintagsfliegenlarven häuten ihre Larvenhaut (Exuvie) und verwandeln sich die Subimago, das erste geflügelte Stadium. Die Subimago fliegt nur kurze Strecken von ihrem Schlüpfgewässer weg und lebt je nach Art nur wenige Minuten bis 36 Stunden lang, bevor sie eine weitere Häutung durchmacht und sich in die geschlechtsreife Imago verwandelt. Die geflügelten Stadien besitzen zurückgebildete Mundwerkzeuge und nehmen keine Nahrung mehr auf. Erwachsene Eintagsfliegen haben meist drei Schwanzanhänge (zwei Cerci und einen Paracercus), die Baetidae besitzen doch nur zwei. In der Ruhe werden die Flügel wie bei den Schmetterlingen über dem Rücken zusammengelegt.

Leben in der Strömung angepaßt. Sie leben überwiegend in Gebirgsbächen oder kleineren Flüssen, aber auch an den Schotterufern großer Seen. Ihr gesamter Körper ist auffällig dorsoventral abgeplattet, und die Tarsen tragen kräftige Klauen, mit denen sich die Larven am Grund der Gewässer festhalten können.

Schwimmlarven sind schlank und besitzen stromlinienförmige Körper und ziemlich schwache Beine. Hierzu gehören zum Beispiel die Leptophlebiidae, Siphlonuridae und Baetidae. Manche leben in stehendem Wasser, andere kommen auch in mäßig fließendem Wasser oder an ruhigen Stellen in Bächen und Flüssen vor. Am Boden frei herumlaufende Larven finden sich vor allem in langsam fließenden und stehenden Gewässern mit Schlamm- oder Sandgrund, aber auch zwischen Wasserpflanzen. In Fließgewässern halten sie sich meist auf der vor der Strömung geschützten Seite auf. Beispiele sind die Potamanthidae, Ephemerellidae und Caenidae.

Die Dauer des Larvenstadiums variiert von Art zu Art. Die winzigen, frisch geschlüpften Larven besitzen noch keine Kiemen, sondern atmen durch die Haut. Sie häuten sich 20-30 mal im Lauf ihrer Entwicklung, bevor sie das Imaginalstadium erreichen.

Eintagsfliegen verbringen den größten Teil ihres Lebens im Wasser, während der Lebensabschnitt als fliegendes Insekt nur wenige Tage, bei manchen Arten nur wenige Stunden dauert. Das erste geflügelte Stadium schlüpft aus der voll entwickelten Larve, der Nymphe. Dennoch ist dieses Stadium, die "Subimago" noch nicht geschlechtsreif. Nach dem Schlüpfen aus der Exuvie fliegt die Subimago in das Blattwerk von Büschen am Ufer, in benachbarte Felder und Wiesen oder in die Wipfel von weiter entfernten Bäumen oder Wäldern. Die Lebensdauer der Subimago ist bei den einzelnen Arten unterschiedlich und kann nur wenige Sekunden, einige Stunden, aber auch 2-3 Tage betragen. Die Mundwerkzeuge sind zurückgebildet, und von jetzt an nehmen Eintagsfliegen keine Nahrung mehr auf. Dies gilt auch für die Imago, die nach einiger Zeit aus der Subimago schlüpft. Der einzige Zweck des Imaginalstadiums ist die Fortpflanzung. Die Männchen bilden Schwärme, die zuweilen sehr individuenreich sein können, und die Weibchen besuchen die Männchen im Schwarm. Die Paarung findet im Flug statt und dauert in der Regel nur wenige Sekunden.

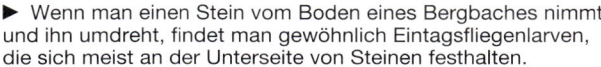

▲ Eintagsfliegenlarven leben ausschließlich im Süßwasser. Ihre Mundwerkzeuge sind wohlentwickelt, und sie ernähren sich von Pflanzengewebe, Algen und organischem Detritus. Es sind nur wenige räuberische Arten bekannt.

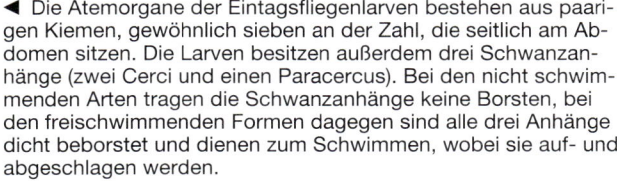

► Wenn man einen Stein vom Boden eines Bergbaches nimmt und ihn umdreht, findet man gewöhnlich Eintagsfliegenlarven, die sich meist an der Unterseite von Steinen festhalten.

◄ Die Atemorgane der Eintagsfliegenlarven bestehen aus paarigen Kiemen, gewöhnlich sieben an der Zahl, die seitlich am Abdomen sitzen. Die Larven besitzen außerdem drei Schwanzanhänge (zwei Cerci und einen Paracercus). Bei den nicht schwimmenden Arten tragen die Schwanzanhänge keine Borsten, bei den freischwimmenden Formen dagegen sind alle drei Anhänge dicht beborstet und dienen zum Schwimmen, wobei sie auf- und abgeschlagen werden.

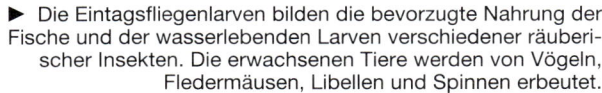

► Die Eintagsfliegenlarven bilden die bevorzugte Nahrung der Fische und der wasserlebenden Larven verschiedener räuberischer Insekten. Die erwachsenen Tiere werden von Vögeln, Fledermäusen, Libellen und Spinnen erbeutet.

LIBELLEN
(ODONATA)

Die Odonata oder Libellen sind eine Insektenordnung mit unvollständiger Metamorphose. Wir kennen etwa 5.000 Arten, die mit Ausnahme der Polargebiete in der ganzen Welt zu finden sind, allerdings am häufigsten in den gemäßigten und warmen Zonen. Im Erwachsenenstadium sind Libellen Landtiere, d. h. geflügelte Insekten, ihre Larven sind jedoch wasserlebend. Alle Stadien sind räuberisch. Die Erwachsenen sind mittelgroße bis große Insekten mit einer Länge von 18-130 mm und Spannweiten von 18-140 mm. Die meisten Arten fliegen sehr gut. Obwohl die Ordnung Odonata recht homogen erscheint, kann sie in drei recht gut definierte Unterordnungen eingeteilt werden: die Zygoptera, die Anisozygoptera und die Anisoptera.

Der Kopf der Zygoptera (Kleinlibellen) ist verbreitert, und die Augen sitzen an den seitlichen Enden, der Kopf der Anisoptera (Großlibellen) ist dagegen rund. Dies ist die Folge der enormen Entwicklung der Komplexaugen, die mit 10.000 bis über 28.000 Ommatidien je Auge zu den größten Insektenaugen gehören. Die membranösen Flügel sind von einem dichten Adernetz durchzogen und gewöhnlich durchsichtig, bei einigen Arten jedoch auffällig gefärbt. Das Abdomenende trägt einige Anhänge, die bei der Paarung eine wichtige Rolle spielen.

Die Larven der Anisoptera haben einen langgestreckten, etwa zylindrischen und recht kräftigen, oder sogar einen eiförmigen Körper, während dieser bei den Zygoptera ziemlich schlank ist. Besonders auffällig ist die enorme Entwicklung des Labiums, das zu einem Greiforgan, der sogenannten Fangmaske, umgewandelt ist. Diese kann vorgeschnellt und zurückgezogen werden und dient zum Beutefang.

Libellenlarven kommen in einer Vielzahl von aquatischen Lebensräumen vor, sowohl in Fließgewässern wie in stehendem Wasser. Viele tropische Arten legen ihre Eier in temporäre Regenwassertümpel oder in wassergefüllte Höhlen in Baumstümpfen oder gar in die becherartigen Höhlungen, die von den überlappenden Blattbasen der Bromeliaceen gebildet werden. Bei manchen Arten findet die Larvalentwicklung sogar im Brackwasser von küstennahen Lagunen statt. Zwei Ausnahmen bilden die australische *Petalura gigantea*, deren Larven sich in sehr feuchtem Boden entwickeln, und eine Art der Gattung *Megalagrion* aus Ha-

▲ Alle Libellen sind ausgezeichnete Flieger und ausnahmslos räuberisch. Sie fangen ihre Beute im Flug und jagen vorzugsweise tagsüber. Die Abbildung zeigt *Anostogaster sieboldii* bei der Verfolgung eines Schmetterlings.

▶ Die enorme Entwicklung der Augen, die bis 28.000 Ommatidien enthalten können, läßt den Kopf der Großlibellen aufgetrieben erscheinen. Hinter den kurzen Antennen befinden sich noch drei Einzelaugen.

◀ Der Umriß von *Anostogaster sieboldii* in Lebensgröße.

◀ Das Abdomenende der Männchen der Anisoptera endet in zwei dorsalen Cerci und einem ventralen Paracercus, während die Weibchen oft einen wohlentwickelten Legebohrer besitzen.

waii, die tatsächlich ganz terrestrisch geworden ist. Die Larven sind gewöhnlich nicht sehr aktiv und ziehen es vor, am Grund ruhend oder im Schlamm versteckt oder senkrecht an einen Stengel einer Wasserpflanze gepreßt auf Beute zu lauern, die in die Reichweite ihrer Fangmaske gelangt. Bei den Zygoptera dauert die Entwicklung der Larven ein paar Wochen bis ein Jahr, bei den Anisoptera dauert sie gewöhnlich 2-3 oder noch mehr Jahre. Während dieser Zeit häutet sich die Larve 10-15 mal, und vor jeder Häutung läßt ihre Aktivität nach, und sie hört auf zu fressen. Kurz vor der Metamorphose beginnt sie, allmählich das Wasser zu verlassen.

Die Paarung kann von speziellen Balzflügen (Paraden) begleitet werden. Bei der Paarung selbst hakt das Männchen den Thorax des Weibchens mit seinen Cerci ein, und beide fliegen ein kurzes Stück gemeinsam. Später setzen sie sich an einem Pflanzenstengel fest. Wenn dies noch nicht vorher geschehen ist, biegt das Männchen sein Abdomen nach vorn und berührt mit der Geschlechtsöffnung sein Kopulationsorgan, um die Spermatophoren aufzunehmen, die den Samen enthalten. Danach biegt das Weibchen sein Abdomen um und bringt seine Geschlechtsöffnung in Kontakt mit dem Kopulationsorgan des Männchens. Die vereinigten Abdomina beider Libellen bilden nun ein charakteristisches sogenanntes Paarungsrad. Nach der Begattung findet die Eiablage statt. Die Eier werden entweder im Pflanzengewebe abgelegt oder einfach ins offene Wasser abgeworfen. Aus dem Ei schlüpft eine Pronymphe, die sich nach kurzer Zeit in die eigentliche Larve verwandelt. Das Wachstum wird durch eine Reihe von Häutungen ermöglicht.

Die ersten Larvenstadien ernähren sich von Einzellern und Kleinkrebsen, später fangen sie alle Arten von Wassergetier, die sie überwältigen können. Die großen Larven der Anisoptera sind sogar imstande, Kaulquappen, Jungfische und sogar kleinere Fische zu verzehren.

Kurz vor der letzten Häutung, der Imaginalhäutung, verläßt die Larve das Gewässer, in dem sie bisher gelebt hat. Die Larven vieler Arten steigen an Wasserpflanzen empor oder klettern auf Schwimmblätter von Pflanzen oder auf ufernahe Steine. Andere machen weite Wanderungen in die Umgebung und häuten sich in nahegelegenen Wiesen.

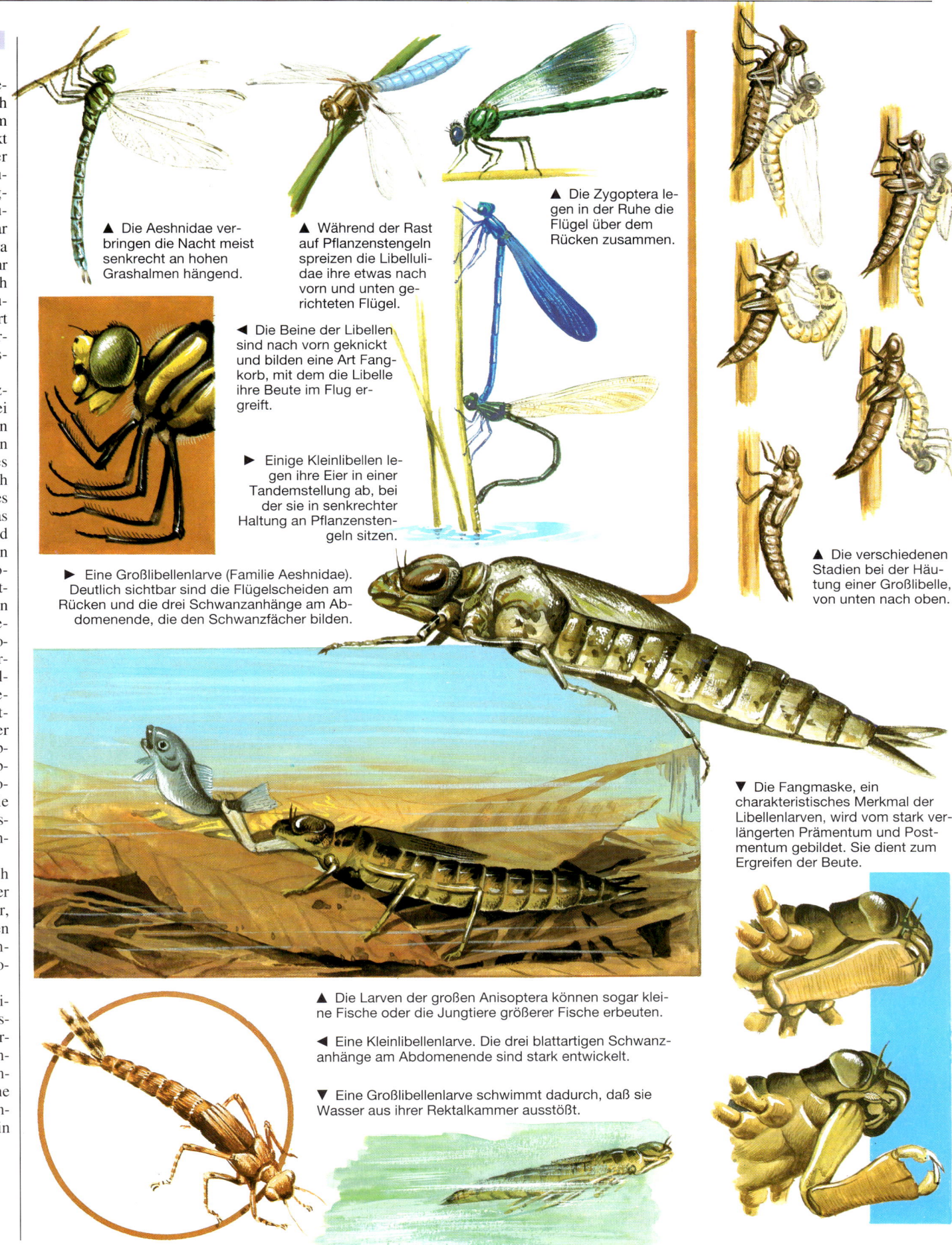

▲ Die Aeshnidae verbringen die Nacht meist senkrecht an hohen Grashalmen hängend.

▲ Während der Rast auf Pflanzenstengeln spreizen die Libellulidae ihre etwas nach vorn und unten gerichteten Flügel.

▲ Die Zygoptera legen in der Ruhe die Flügel über dem Rücken zusammen.

◄ Die Beine der Libellen sind nach vorn geknickt und bilden eine Art Fangkorb, mit dem die Libelle ihre Beute im Flug ergreift.

► Einige Kleinlibellen legen ihre Eier in einer Tandemstellung ab, bei der sie in senkrechter Haltung an Pflanzenstengeln sitzen.

► Eine Großlibellenlarve (Familie Aeshnidae). Deutlich sichtbar sind die Flügelscheiden am Rücken und die drei Schwanzanhänge am Abdomenende, die den Schwanzfächer bilden.

▲ Die verschiedenen Stadien bei der Häutung einer Großlibelle, von unten nach oben.

▼ Die Fangmaske, ein charakteristisches Merkmal der Libellenlarven, wird vom stark verlängerten Prämentum und Postmentum gebildet. Sie dient zum Ergreifen der Beute.

▲ Die Larven der großen Anisoptera können sogar kleine Fische oder die Jungtiere größerer Fische erbeuten.

◄ Eine Kleinlibellenlarve. Die drei blattartigen Schwanzanhänge am Abdomenende sind stark entwickelt.

▼ Eine Großlibellenlarve schwimmt dadurch, daß sie Wasser aus ihrer Rektalkammer ausstößt.

FANGSCHRECKEN
(MANTODEA)

Diese Ordnung umfaßt ungefähr 1.800 Arten mittelgroßer bis großer räuberischer Insekten, die vor allem in den Tropen und Subtropen vorkommen. Sie zeigen besonders verschiedenartige Körpergestalt und haben seit der Antike die Aufmerksamkeit des Menschen erregt, vor allem wegen ihrer ungewöhnlichen Vorderbeine. Diese dienen nicht der Fortbewegung, sondern dem Beutefang und werden daher in einer für Insekten sehr ungewöhnlichen Haltung getragen. Die Lauerstellung der Fangschrecken sieht aus wie das Falten der Hände zum Gebet, und dies gab ihnen den Namen Gottesanbeterinnen.

Der Körper der Fangschrecken ist meist ziemlich langgestreckt und grün oder braun gefärbt, obwohl die verschiedensten Sonderbildungen in Körperbau und Färbung zum Zweck der Tarnung vorkommen. Einige baumbewohnende Fangschrecken mit abgeflachtem und lebhaft gefärbtem Körper (*Theopompa, Liturgusa*) ahmen Rinde und die darauf wachsenden Flechten nach, während andere mit langem, schlankem Körper wie kleine Äste oder Zweige aussehen. Viele Arten imitieren Blätter, sogar verwelkte und vertrocknete (*Deroplatys, Acanthops, Toxodera*). Neben Grün sind verschiedene Schattierungen von Braun und Ockergelb häufig und herrschen bei Arten vor, die am Boden oder auf trockenen Gräsern leben. Daher ist die Färbung im allgemeinen bemerkenswert einheitlich. Bei einigen Arten kommt allerdings ein Farbpolymorphismus vor, der wohl eher auf verschiedenen Umweltbedingungen beruht als auf irgendwelchen genetischen Mechanismen.

Manche Arten können die auffällig gefärbten Innenflächen ihrer vorgestreckten Vorderhüften vorweisen, andere imitieren Blüten, um blütenbesuchende Insekten anzulocken (*Gongylus gongyloides*). Zahlreiche Fangschrecken tragen an verschiedenen Körperteilen Fortsätze oder Stacheln, zum Beispiel an den Augen (*Oxyothespis, Toxodera*), am Scheitel (*Empusa, Phyllocrania, Sybilla*) oder am Pronotum (*Junodia, Pseudocreobotra*). Andere haben plattenartige Fortsätze an den Rändern ihrer Beine, am Pronotum oder gar am Abdomen (*Deroplatys, Choeradodis, Idolomantis*).

Der Kopf der Fangschrecken ist ziemlich klein, dreieckig und nach allen Seiten sehr beweglich. Die Fühler sind normalerweise lang und dünn, und die Mund-

Die Ordnung Mantodea umfaßt etwa 1.800 Arten mittelgroßer bis großer räuberischer Insekten, die vor allem in den Tropen und Subtropen häufig sind. Fangschrecken zeigen eine ungewöhnliche Formenfülle in Körperbau und Färbung und haben die Aufmerksamkeit des Menschen schon seit der Antike auf sich gezogen, vor allem wegen des ungewöhnlichen Baues ihrer Vorderbeine. Diese sind keine Laufbeine, sondern Fangbeine, und daher weicht die Körperhaltung der Fangschrecken sehr von der anderer Insekten ab. Die Abbildung zeigt ein Tier der bei uns vorkommenden *Mantis religiosa* in ihrer charakteristischen Haltung. Im hohen Gras ist sie gut getarnt, und ihre Vorderbeine sind jederzeit dazu bereit, vorzuschnellen und ein Beutetier zu ergreifen. Als Beute dienen in der Regel Insekten aus den verschiedensten Ordnungen.

werkzeuge sind kauend. Die hohe Beweglichkeit des Kopfes wird durch die sehr verlängerte Halsregion unterstützt. Der lange Prothorax mit dem dazugehörigen ersten Beinpaar ist daher auch das wichtigste Merkmal der Fangschrecken. Die Vorderbeine sind als Fangbeine gestaltet, und ihre Gelenkung am Prothorax erlaubt ihnen große und sehr schnelle Beweglichkeit nach allen Seiten.

Eine weitere Anpassung der Fangbeine ist die auffällige Verlängerung der Coxa, die oft genauso lang wie das Femur ist. Die beiden unteren Ränder des Femur tragen je eine Reihe starker Dornen, die zum Teil sehr lang sein können. Die Tibia kann taschenmesserartig gegen das Femur eingeklappt werden, und auch sie ist mit zwei Dornenreihen besetzt. Die Stacheln verzahnen sich mit denjenigen des Femur und bilden zusammen einen kraftvollen Schraubstock, mit dem die Beute festgehalten wird und aus dem kein Entkommen möglich ist. Der Griff wird noch weiter verstärkt durch einen kräftigen, gekrümmten, hakenförmigen Fortsatz am Ende der Tibia, der bei geschlossenem Bein in eine Vertiefung an der Innenfläche des Femur hineinpaßt.

Fangschrecken besitzen zwei Sorten von Flügeln: Das vordere Paar ist gewöhnlich lederartig als Tegmina ausgebildet, und nur in seltenen Fällen ist es membranös wie das hintere Flügelpaar. Reduktion der Flügel kommt bei den Fangschrecken häufig vor und kann entweder nur beim Weibchen (*Ameles, Iris*) oder bei beiden Geschlechtern auftreten (*Eremiaphila*). Das Abdomen steht in breiter Front mit dem Thorax in Verbindung und ist mäßig abgeflacht. Weil das Weibchen ein Männchen als Beute ansehen und fressen würde, geschehen die Annäherungsversuche eines paarungswilligen Männchens mit äußerster Vorsicht.

Die Bildung der Oothek, in der die Eier abgelegt werden, ist ebenfalls ein sehr komplizierter Vorgang. In trockener Umgebung haben die Ootheken gewöhnlich eine dünne, poröse Oberfläche, in feuchteren Klimabereichen ist diese jedoch fester und glatt. Die Jungtiere sind nach dem Schlüpfen sogleich sehr aktiv und räuberisch und fallen sofort übereinander her. Die Metamorphose ist unvollständig und wird bei den flügellosen Arten als Pseudometabolie, bei den geflügelten als Paurometabolie bezeichnet.

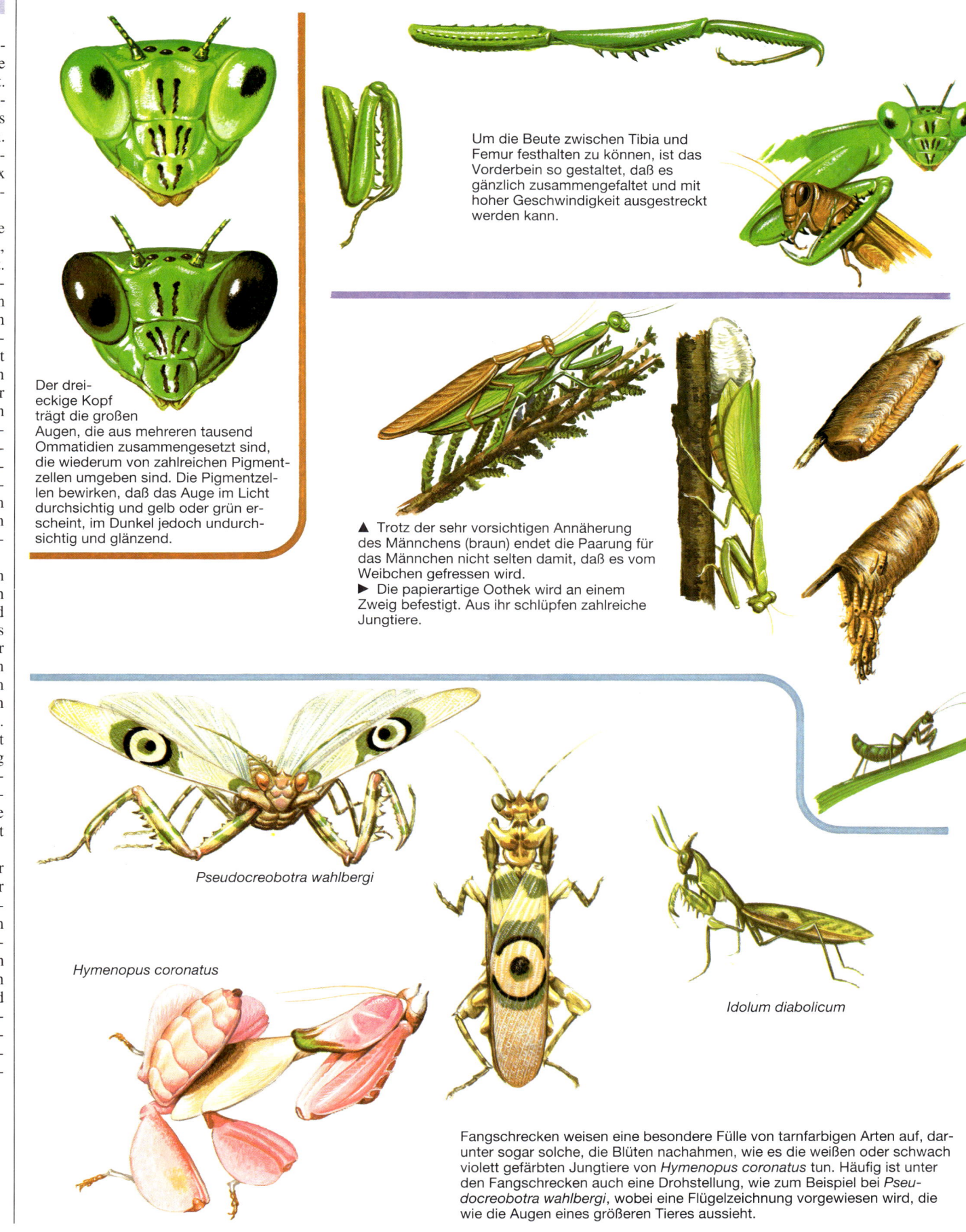

Der dreieckige Kopf trägt die großen Augen, die aus mehreren tausend Ommatidien zusammengesetzt sind, die wiederum von zahlreichen Pigmentzellen umgeben sind. Die Pigmentzellen bewirken, daß das Auge im Licht durchsichtig und gelb oder grün erscheint, im Dunkel jedoch undurchsichtig und glänzend.

Um die Beute zwischen Tibia und Femur festhalten zu können, ist das Vorderbein so gestaltet, daß es gänzlich zusammengefaltet und mit hoher Geschwindigkeit ausgestreckt werden kann.

▲ Trotz der sehr vorsichtigen Annäherung des Männchens (braun) endet die Paarung für das Männchen nicht selten damit, daß es vom Weibchen gefressen wird.
▶ Die papierartige Oothek wird an einem Zweig befestigt. Aus ihr schlüpfen zahlreiche Jungtiere.

Pseudocreobotra wahlbergi

Hymenopus coronatus

Idolum diabolicum

Fangschrecken weisen eine besondere Fülle von tarnfarbigen Arten auf, darunter sogar solche, die Blüten nachahmen, wie es die weißen oder schwach violett gefärbten Jungtiere von *Hymenopus coronatus* tun. Häufig ist unter den Fangschrecken auch eine Drohstellung, wie zum Beispiel bei *Pseudocreobotra wahlbergi*, wobei eine Flügelzeichnung vorgewiesen wird, die wie die Augen eines größeren Tieres aussieht.

TERMITEN
(ISOPTERA)

Die Isoptera (Termiten) sind eine soziale Insektenordnung, deren Gemeinschaften aus verschiedenen Kasten bestehen. Die Ordnung ist mit den Schaben (Blattaria) verwandt und umfaßt mehr als 2.000 Arten großenteils tropischer Insekten, die in sechs Familien eingeteilt werden.

Das auffälligste Merkmal der sozialen Organisation der Termiten ist ihr Kastenpolymorphismus, der zu auffälliger Spezialisierung der Funktion der einzelnen Kasten führt. Gewöhnlich werden vier Hauptkasten unterschieden.

Geflügelte Tiere dienen der Verbreitung der Art. Sie entwickeln sich nur zu bestimmten Zeiten und verlassen dann das Nest in ungeheuren Schwärmen in einem Verbreitungsflug, im Laufe dessen sie neue Kolonien bilden und selbst zu primären Königinnen der neuen Staaten werden.

Sekundäre Königinnen sind neotäne Geschlechtstiere, die sich aus Jugendstadien entwickeln und gewisse Jugendmerkmale erhalten. Sie entwickeln sich innerhalb des Staates und bleiben dort als eierlegende Geschlechtstiere.

Der Kopf und die Mandibeln der Soldaten sind stark verändert je nach der Funktion, die sie bei der Verteidigung haben. Soldaten sind immer unfruchtbar, und ihre Geschlechtsorgane bleiben unreif. Manchmal bilden beide Geschlechter Soldaten (*Kalotermes*), manchmal nur die Männchen (*Trinervitermes*) oder nur die Weibchen (*Bellicositermes bellicosus*). Sie bilden einen konstanten Anteil an der Population, der immer gleich bleibt.

Nur in der Familie Termitidae bilden die Arbeiter eine gut definierte Kaste, sind aber oft in zwei Unterkasten differenziert, die Großen und die Kleinen Arbeiter. Ob es in den anderen Familien eigentliche Arbeiter gibt, ist umstritten. Sicher fehlen sie bei den Kalotermitidae, Hodotermitidae und Mastotermitidae, bei denen ihre Rolle durch die "Pseudergaten" übernommen wird. Das sind Jungtiere, welche die Fähigkeit erhalten haben, sich in jede der vorhandenen Kasten zu verwandeln. Arbeiter sind unfruchtbar, und ihre Geschlechtsorgane bleiben unreif. Die Arbeiter führen alle wichtigen Tätigkeiten aus. Sie errichten das Nest, betreuen und füttern die Königinnen und Soldaten, sorgen für die Eier usw.

Geflügelte Geschlechtstiere entstehen zu bestimmten Jahreszeiten und dienen der Verbreitung der Art. Nach der Metamor-

Eine physogastrische Königin und ein König mit einigen Arbeitern, Larven und einem Soldaten.

Bei relativ wenigen Arten wird die primäre Königin physogastrisch, das heißt, ihr Abdomen schwillt zu gewaltiger Größe an um die enorme Entwicklung der Ovarien und der Königinnenzellen zu ermöglichen. Das primäre Männchen macht kein derartiges Wachstum durch, bleibt aber gewöhnlich bei der Königin in der Königinnenzelle. Das Königspaar spielt eine sehr wichtige Rolle für den Termitenstaat. Es ist allein für die Vermehrung verantwortlich und damit für die Vergrößerung und das Überleben des Staates. Außerdem konditioniert es die Aktivität der Soldaten und Arbeiter, die die Aufgaben der Verteidigung, Reinigung, Nahrungsbeschaffung und Pflege der Eier und Larven zu erledigen haben.

Königin
König
Arbeiter
Soldat

phose bleiben die geflügelten Tiere noch eine Zeitlang im Nest. Dann wandern sie allmählich in die Kammern am Nestrand, bis die Arbeiter schließlich Öffnungen in der Nestwand herstellen, aus denen sie ausfliegen können.

Am Ende ihres Fluges und gewöhnlich kurz vor der Paarung werfen Männchen und Weibchen die Flügel an einer vorgeformten Bruchstelle ab. Vor der eigentlichen Paarung führen Männchen und Weibchen einen Paarungstanz aus. Danach suchen sie einen geeigneten Ort für das neue Nest. Bei den meisten Arten arbeiten beide Geschlechter beim Nestbau zusammen, bei *Zootermopsis* allerdings gräbt das Weibchen allein, während das Männchen Wache steht, vielleicht um die Annäherung anderer Männchen abzuwehren. Das Gründerpaar muß zunächst alle Arbeiten selber erledigen, Nesterweiterung, Sorge um die Eier, Füttern der Larven usw. Wenn der Staat sich vergrößert, werden diese Aufgaben nach und nach von den sterilen Kasten übernommen.

Bei den niederen Termiten nimmt das Gründerpaar noch Nahrung zu sich, verzehrt Eier und lebt von den Nahrungsreserven, die aus dem Fettkörper und aus der Auflösung der Flugmuskulatur stammen. Später werden diese Speicherprodukte abgelöst durch eine Nahrung aus dem Speichel der Larven und Pseudergaten. Der Speichel der Larven, der sehr proteinreich ist, führt zu starker Entwicklung der Ovarien der Königin und vergrößert ihre Fruchtbarkeit. Diese kann so groß sein, daß das Abdomen der Königin auf das 200-300fache der ursprünglichen Größe anschwillt. Die Anzahl der jährlich produzierten Eier liegt zwischen 200-300 bei einigen Kalotermitidae bis 30 Millionen bei *Odontotermes obesus*.

Die Nester der holzfressenden Termiten sind meist sehr einfach gebaut und bestehen aus einer anscheinend regellosen Anzahl von Galerien, die ins Holz hineingefressen worden sind. Dieses bietet den Termiten also sowohl Nahrung wie Unterkunft. Viele Termitenarten errichten dagegen sehr komplizierte und ungewöhnlich große Bauten.

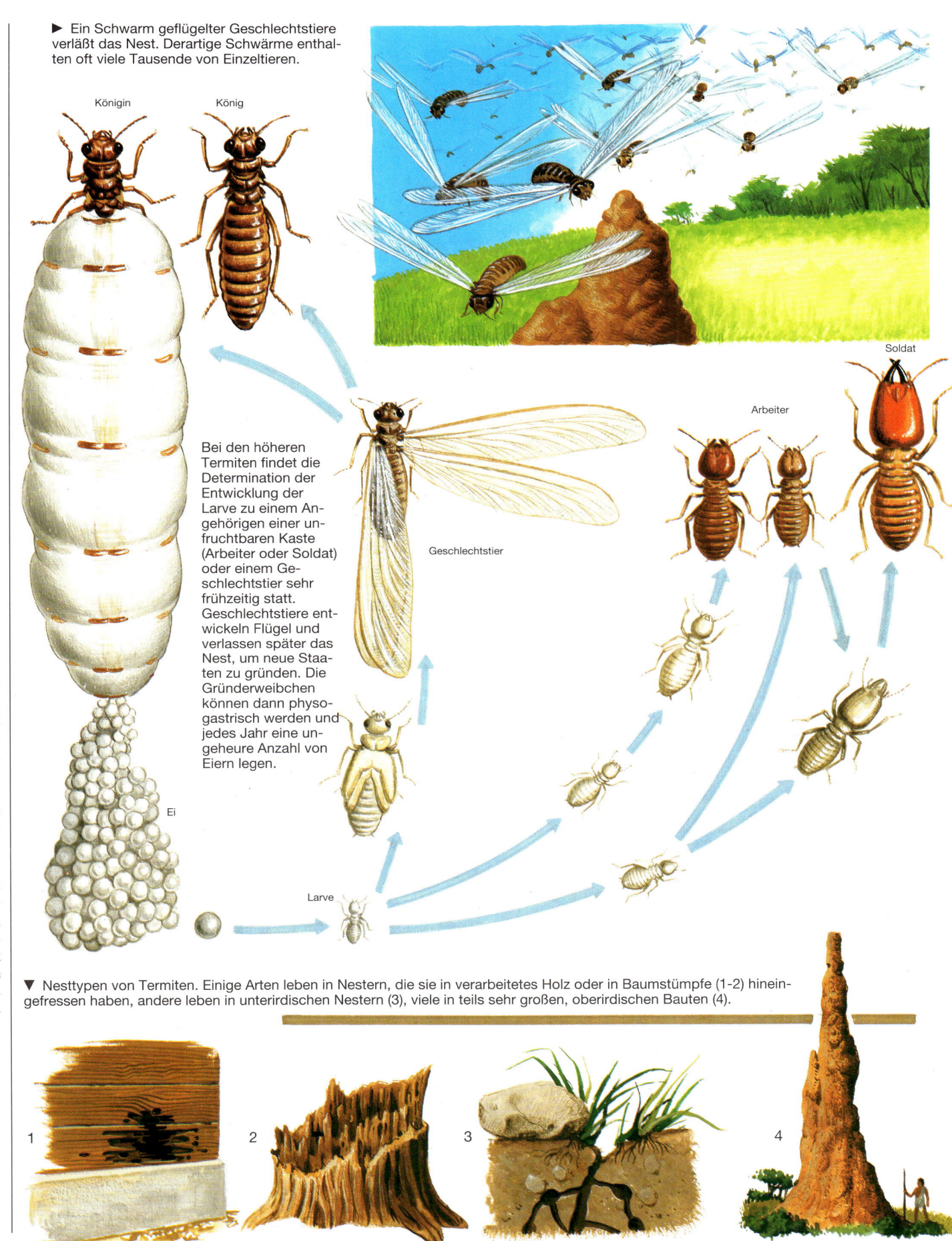

► Ein Schwarm geflügelter Geschlechtstiere verläßt das Nest. Derartige Schwärme enthalten oft viele Tausende von Einzeltieren.

Königin

König

Soldat

Arbeiter

Geschlechtstier

Bei den höheren Termiten findet die Determination der Entwicklung der Larve zu einem Angehörigen einer unfruchtbaren Kaste (Arbeiter oder Soldat) oder einem Geschlechtstier sehr frühzeitig statt. Geschlechtstiere entwickeln Flügel und verlassen später das Nest, um neue Staaten zu gründen. Die Gründerweibchen können dann physogastrisch werden und jedes Jahr eine ungeheure Anzahl von Eiern legen.

Ei

Larve

▼ Nesttypen von Termiten. Einige Arten leben in Nestern, die sie in verarbeitetes Holz oder in Baumstümpfe (1-2) hineingefressen haben, andere leben in unterirdischen Nestern (3), viele in teils sehr großen, oberirdischen Bauten (4).

1

2

3

4

HEUSCHRECKEN
(ORTHOPTERA)

Die Orthoptera (Heuschrecken und Grillen) sind durch ihr Sprungvermögen und den Besitz von Stridulations- und Gehörorganen ausgezeichnet. Sie sind größtenteils terrestrisch, und nur wenige Arten leben semiaquatisch. Der Körper ist langgestreckt und fast zylindrisch oder seitlich abgeplattet oder seltener dorsoventral abgeflacht. Ihre Länge liegt zwischen wenigen Millimetern bei den Arten der Gattung *Myrmecophila* bis 15 cm bei *Tropidacris*.

Der Kopf ist gewöhnlich groß und rundlich, kann jedoch bei den Conocephalidae und Pyrgomorphidae konisch sein. Die Mundwerkzeuge sind kräftig und zum Kauen geeignet. Die Antennen entspringen zwischen den Augen und sind normalerweise langgestreckt. Sie können aus nur wenigen bis 500 Gliedern bestehen und sind bei den Caelifera (Kurzfühler- oder Feldheuschrecken) kurz, bei den Ensifera (Langfühlerschrecken, Laubheuschrecken und Grillen) mäßig bis extrem lang.

Das erste Thorakalsegment, der Prothorax, ist beweglich und immer größer als die übrigen Segmente. Er wird von einem großen Pronotum überdeckt, das verschieden weit nach hinten reicht, bei den Tetrigidae sogar das Abdomenende überragt.

Die Vorderflügel sind meist schmal und langgestreckt und gleichen in der Färbung dem übrigen Körper. Es sind Tegmina, sie sind also mäßig sklerotisiert und von kräftigen Adern durchzogen. Bei fast allen Ensifera sind sie, oder Teile von ihnen, zu einem Stridulationsorgan umgewandelt. Die Hinterflügel sind membranös, durchsichtig oder auffällig gefärbt, und stark verbreitert infolge der mächtigen Entwicklung des Analfeldes. In der Ruhelage sind sie fächerartig unter den Tegmina zusammengefaltet, von denen sie normalerweise vollständig bedeckt werden. Tegmina und Hinterflügel sind oft reduziert, nicht selten in verschiedenem Ausmaß bei den Geschlechtern, oder sie fehlen völlig.

Die Beine sind sehr gut entwickelt und haben verlängerte Tibien und Femora, die oft mit Dornen besetzt sind. Das erste und das zweite Beinpaar sind meist recht ähnlich; bei den grabenden Gryllotalpidae und Cylindrachetidae sind die Vorderbeine allerdings zu Grabschaufeln umgewandelt. Die meisten Ensifera besitzen ein Gehör- oder Tympanalorgan an der Basis jeder Vordertibia. Die Hinterbeine

Die Heuschrecken sind eine alte Insektengruppe, deren Angehörige größtenteils durch das Vorkommen eines Stridulations- und eines Gehörorgans charakterisiert sind sowie durch die besondere Entwicklung der Hinterbeine.

Bei der Unterordnung Ensifera sind die Fühler lang oder sehr lang und bestehen aus einer großen Anzahl von Gliedern (bisweilen mehr als 500). Das Stridulationsorgan wird durch die teilweise umgewandelten Tegmina gebildet, und das Gehörorgan liegt an der Basis der Vordertibia. Ensifera besitzen drei oder vier Tarsenglieder. Abgesehen von den wenigen Ausnahmen mit sekundär reduziertem Legebohrer besitzen die Weibchen der Ensifera einen wohlentwickelten, schwertförmigen, geraden oder gebogenen Legebohrer (Kreis unten). Die Färbung ist sehr unterschiedlich. Die Abbildung zeigt *Metrioptera brachyptera* (Tettigoniidae).

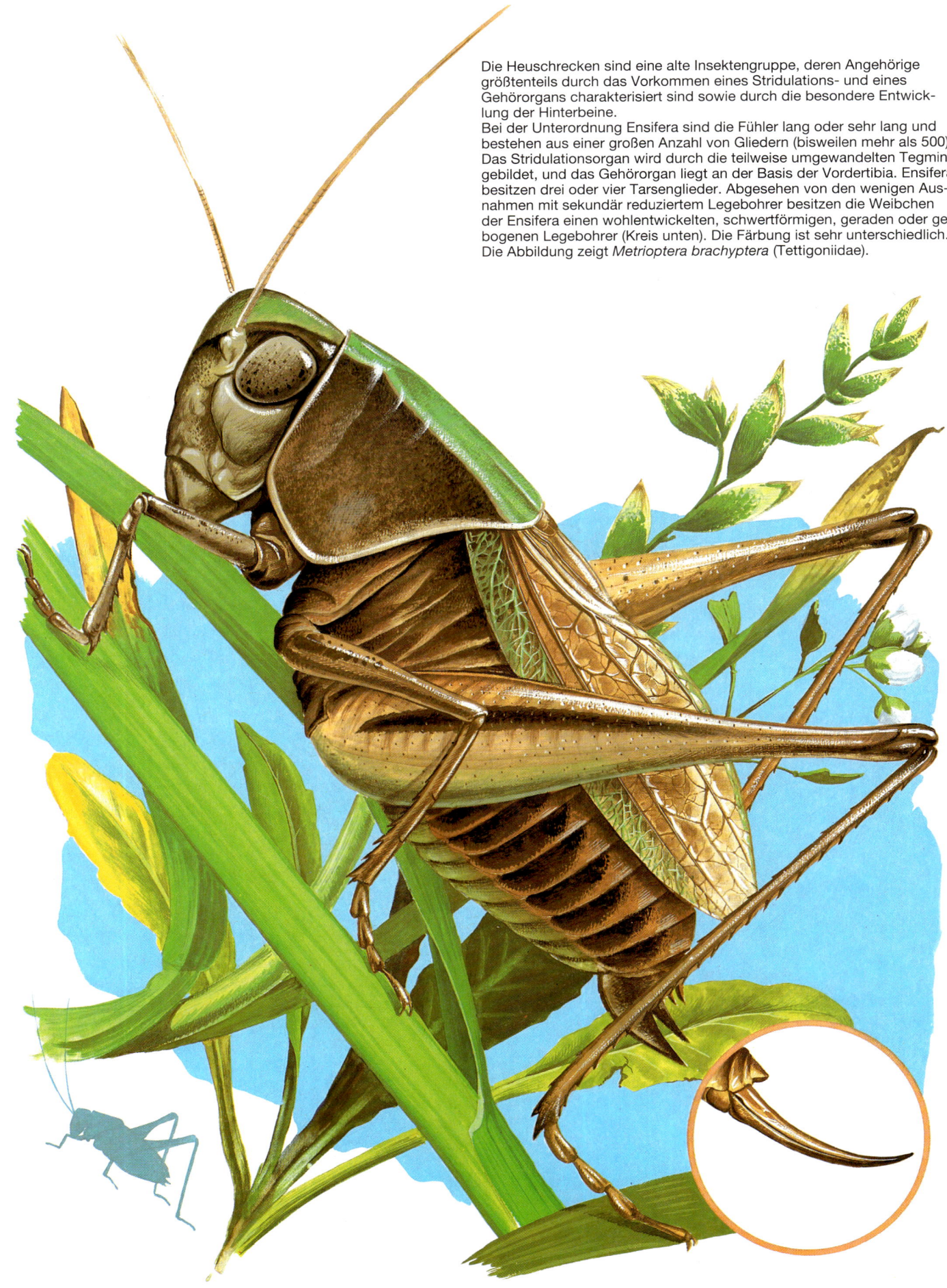

sind typische Sprungbeine und sind immer viel länger als die vorderen Beinpaare. Bei vielen Arten der Feldheuschrecken (Caelifera, Acridoidea) trägt die Innenfläche des Hinterfemur eine Reihe kleiner Höckerchen, die einen Teil des Stridulationsapparates bilden.

Die Weibchen der meisten Ensifera besitzen einen wohlentwickelten Legebohrer, der seitlich abgeflacht und schwertförmig (ensiform), gerade, aufwärts gebogen oder seltener abwärts gerichtet ist. Zuweilen erreicht er eine ungewöhnliche Länge, bei *Copiphora* und *Eurepa* zum Beispiel kann er die doppelte Körperlänge erreichen. Caelifera besitzen gewöhnlich nur einen kurzen, dreieckigen Legebohrer. Bei den meisten Arten findet die Eiablage nur in einem kurzen Zeitraum, meist am Ende des Sommers, statt. Einige Arten legen allerdings ihre Eier im späten Frühling, und synanthrope, in Häusern lebende Arten legen das ganze Jahr über Eier. Diese werden immer an geschützten Stellen verborgen, entweder unter Rinde, im Pflanzengewebe oder in selbstgegrabenen Erdlöchern.

Eine der bestbekannten und charakteristischsten Eigenschaften der Heuschrecken ist ihr Gesang. In den meisten Fällen sind es nur die Männchen, die singen. Dabei benutzen sie spezialisierte sogenannte Stridulationsorgane. Bei den Ensifera sind Teile der Tegmina zur sogenannten Feile, Schrillader und dem Spiegel umgestaltet, und die Heuschrecken stridulieren, indem sie die Tegmina schnell aneinander reiben.

Das Stridulationsorgan der Caelifera ist ganz abweichend gebaut. Selbst innerhalb der Unterordnung gibt es Unterschiede, und nicht alle Arten produzieren die Töne mit Hilfe der Tegmina. Bei der Mehrzahl der Caelifera besteht das Schrillorgan in einer Reihe spitzer Höckerchen an der Innenseite des Hinterfemur und aus der Radialader der Tegmina. Der Ton ensteht durch die Reibung der Höckerchen gegen die Ader.

Fast alle Heuschrecken zeigen eine gewisse Tendenz zum Aggregationsverhalten, aber nur bei verhältnismäßig wenigen Arten ist dieses Verhalten so ausgeprägt, daß es zu wirklichen Schwarmbildungen mit Wanderzügen kommt. Die echten Wanderheuschrecken gehören zu den Acridoidea unter den Caelifera. Besonders bekannt sind *Locusta migratoria* (Südeuropa, tropisches Afrika, Asien), *Locustana pardalina* (Südafrika), *Schistocerca gregaria* (Afrika, Westasien), *Schistocerca paranensis* (Südamerika) und *Nomadacris septemfasciata* (Zentralafrika).

◄ Die Tegmina eines Männchens von *Gryllus campestris*: 1) Spiegel; 2) Schrilleiste; 3) Feile.

▼ *Acheta domestica*, das Heimchen, kommt häufig in Häusern vor.

▼ Die Gattung *Gryllotalpa* umfaßt mehrere Arten, die manchmal nur durch ihren Chromosomensatz unterscheidbar sind. Alle leben in selbstgegrabenen Bauten im Boden. Zum Graben benutzen sie ihre kräftigen, verbreiterten Grabbeine.

▼ Ein Weibchen von *Tettigonia viridissima*, eine Laubheuschrecke, die über die gesamte Paläarktische Region verbreitet ist.

▼ *Microcentrum*, eine Gattung der Sichelschrecken (Phaneropteridae) aus Amerika.

▼ Ein Weibchen von *Saga pedo*; die kräftigen Dornen an den beiden ersten Beinpaaren dienen zum Festhalten der Beute.

▲ Ein Männchen von *Gryllus campestris*, der Feldgrille, einer der häufigsten europäischen Grillen der Familie Gryllidae.

▲ Stridulation ist eine der bemerkenswerten Eigenschaften der Heuschrecken, wird jedoch bei den beiden Unterordnungen auf verschiedene Weise erzeugt. Die Acridoidea unter den Caelifera reiben den Hinterfemur gegen die Tegmina, während die Ensifera die Tegmina gegeneinander reiben.

▼ Ein Weibchen von *Anabrus simplex*.

▲ Ein Weibchen aus der Familie Raphidophoridae, einer Gruppe höhlenbewohnender, zu den Gryllacridoidea gehöriger Ensifera.

▼ *Stenopalmatus fuscus*, eine grabende Art der Gryllacridoidea.

▲ Ein Männchen von *Ephippiger vitium*, einer Art, die in den Weinbergen Mitteleuropas häufig anzutreffen ist.

Ensifera sind weit verbreitet und haben sehr unterschiedliche Lebensräume besiedelt. Viele leben im Gras, im Gebüsch und auf Bäumen, manche Arten bewohnen aber auch Häuser, selbstgegrabene Erdbauten und Höhlen.

STAB-HEUSCHRECKEN
(PHASMIDA)

Diese mittelgroßen bis sehr großen Insekten können zuweilen enorme Größen erreichen, wie etwa das Weibchen von *Phoboetus fruhstorferi* aus Indochina, das 30 cm lang wird und eines der größten heutigen Insekten ist. Der Körper der Phasmida kann sehr dünn und langgestreckt sein und wie ein Stöckchen oder ein Zweig aussehen (*Bacillus, Carausius*) oder breit und abgeflacht blattartig (*Phyllium*). Daher sind sie allgemein unter den Namen Stabheuschrecken oder Wandelnde Blätter bekannt. Viele Arten besitzen einen zwar langen, aber kräftigen Körper. Die Weibchen sind im allgemeinen größer als die Männchen.

Viele Phasmida besitzen wohlentwickelte Flügel, sind aber dennoch keine guten Flieger. Reduktion oder völliger Verlust der Flügel ist daher häufig. Die ledrigen, als Tegmina bezeichneten Vorderflügel tragen kräftige Adern und sind deutlich kürzer als die Hinterflügel. In vielen Fällen sind sie sogar zu kleinen Schuppen reduziert (*Orthomeria*) oder sie fehlen völlig (*Aschiphasma* u. a.). Die Hinterflügel sind zuweilen auffällig gefärbt, und sie können sehr unterschiedlich entwickelt, manchmal sogar ganz reduziert sein. Sie bestehen aus einem schmalen, gut sklerotisierten vorderen Bereich, dem Remigium, und einem breiten, membranösen hinteren Bereich, der in der Ruhe fächerartig zusammengefaltet ist.

Normalerweise pflanzen sich die Stabheuschrecken sexuell fort, bei vielen Arten findet sich jedoch Parthenogenese. Sie findet in der Regel nur gelegentlich statt (*Carausius morosus* u. a.), doch bei *Bacillus rossii* ist geographische Parthenogenese bekannt. Bei dieser Art sind nämlich die nördlichen Populationen parthenogenetisch, während die südlichen sich sexuell fortpflanzen. In den meisten Fällen entstehen bei der Parthenogenese Weibchen (Thelytokie), selten Männchen (Arrhenotokie). Daher sind bei manchen Arten Männchen sehr selten, und bei *Carausius morosus* zum Beispiel schätzt man, daß auf ein Männchen mehrere tausend Weibchen kommen.

Die Eier sind rund, eiförmig oder vieleckig und besitzen eine dicke Haut, das Chorion, die in unterschiedlicher Weise mit Leisten und Buckeln besetzt ist. Die Eier sind ziemlich groß, sind mit einem Deckel versehen und gleichen in ihrer Färbung oft Pflanzensamen. Gewöhnlich

Viele Phasmida werden als Stabheuschrecken bezeichnet, weil sie einen dünnen, stabförmigen Körper besitzen. Ihr Kopf ist klein, rundlich, oft auch abgeflacht, prognath oder hypognath, und manchmal mit einem oder mehreren langen Dornen bewehrt. Die Fühler sind entweder kurz mit kurzen Gliedern oder sehr lang und bestehen aus acht bis 100 Segmenten. Die Flügel fehlen häufig, und die Beine, die nur als Schreitbeine ausgebildet sind, sind lang und dünn und tragen zwei Krallen und ein unpaares Haftorgan (das Arolium) zwischen den Krallen am Ende der Tarsen. Viele Arten, wie der abgebildete *Carausius morosus* können unter dem Einfluß verschiedener Umweltreize die Färbung wechseln.

lassen die Weibchen die Eier einzeln zu Boden fallen oder streuen sie unter Bewegungen ihres Abdomens aus. In wenigen Fällen werden die Eier in Ritzen an Bäumen abgelegt oder einzeln oder in kleinen Gruppen am Substrat festgeheftet. Je nach Art legt jedes Weibchen zwischen 100 und 400 Eiern. Die Entwicklung dauert lange, zuweilen mehr als ein Jahr. Die Jungtiere gleichen den Erwachsenen sehr, insbesondere bei den ungeflügelten Arten.

Stabheuschrecken sind überwiegend Nachttiere und leben vor allem auf Gebüsch, wo ihre Körpergestalt sie hervorragend tarnt. Sie sind nicht sehr beweglich und fliehen in der Regel nicht, wenn sie angegriffen werden. Anstelle dessen nehmen sie eine eigenartige Drohhaltung ein, wobei sie die Vorderbeine nach vorn richten und zusammenpressen, während die beiden hinteren Beinpaare lang ausgestreckt an das Abdomen gepreßt werden. In dieser Haltung können sie ohne die geringste Bewegung vier oder fünf Stunden lang ausharren. Eine andere Art der Schutzes ist die Fähigkeit mancher Arten, ihre Körperfärbung schnell und rhythmisch zu verändern. So sind sie tagsüber hell und werden bei Sonnenuntergang dunkel.

Auch Autotomie der Beine ist ein sehr häufiges Abwehrverhalten der Phasmida. Bei zu starker Störung wird das Bein durch eine plötzliche Muskelkontraktion abgeworfen, und dies geschieht, mit Ausnahme weniger Arten, stets an einer vorgeprägten Bruchstelle zwischen Trochanter und Femur. Ein Diaphragma erlaubt an dieser Stelle nur den Nerven und Tracheen den Durchlaß und vermindert dadurch den Verlust an Hämolymphe. Das fehlende Bein wird anschließend wieder regeneriert, außer wenn auch die Coxa verlorengegangen ist. In diesem Fall findet keine Regeneration mehr statt. Auch abgebrochene Fühler können regeneriert werden. Ist allerdings die Basis des Antennennervs geschädigt, wird anstelle des Fühlers ein Bein regeneriert.

▶ Wenn eine Stabheuschrecke an einem Bein gepackt wird, kann dieses an einer vorgeprägten Bruchstelle abgeworfen und in der darauffolgenden Häutung regeneriert werden.

▲ Junge Stabheuschrecken gleichen den Erwachsenen sehr, und ihre weitere Entwicklung ist pseudometabol oder paurometabol.

◀ Stabheuschrecken sind überwiegend Nachttiere. Sie leben im Gebüsch oder in Bäumen, wo ihre stabförmige Körperform sie zwischen dem Astwerk hervorragend tarnt.

▲ Bei Belästigung fliehen Stabheuschrecken nicht, sondern erstarren und verharren lange Zeit bewegungslos in dieser Haltung.

Phyllium siccifolium

Extatosoma tiaratum

Anchiola maculata

Phasmida beitzen einen dünnen stab- oder zweigartigen Körper, wie z. B. *Bacillus* oder *Carausius*, oder sie sind breit und abgeflacht und gleichen Blättern, wie *Phyllium*. Bei manchen Arten jedoch ist der Körper zwar ziemlich langgestreckt, aber recht kräftig.

WANZEN
(HETEROPTERA)

Wanzen oder Heteroptera bilden eine der großen Insektenordnungen und sind durch ihre stechenden Mundwerkzeuge charakterisiert, mit denen sie alle Arten von Flüssigkeiten aufsaugen können, sowie durch die Umwandlung der Vorderflügel in die sogenannten Hemielytren, deren basale Hälfte ähnlich wie die Käferelytren stark verhärtet sind. Wir können hier nur wenige Wanzenfamilien behandeln.

Die Bettwanzen (Cimicidae) sind eine besonders gut bekannte Familie, da sie zeitweilige Parasiten von Warmblütern sind. Sie haben einen ovalen, abgeflachten und leicht behaarten Körper von etwa 5-6 mm Länge und einen ziemlich kurzen Stechrüssel (Rostrum). Die Vorderflügel sind bis auf winzige Stummel reduziert, und die Hinterflügel fehlen gänzlich. Sowohl Erwachsene wie Jungtiere geben ein sehr schlecht riechendes Sekret aus den Abwehrdrüsen ab.

Die Weibchen legen ihre Eier an einer Vielzahl von Örtlichkeiten ab, vor allem in Spalten in Bettstellen oder anderen Möbeln, oder in Mauerritzen oder unter Tapeten; dabei meiden sie jedoch kühle und feuchte Orte. Bereits die Larven saugen Blut, und sie benötigen wenigstens eine Mahlzeit vor jeder Häutung.

Die Cimicidae umfassen weltweit etwa 70 Arten. Die meisten sind Vogelparasiten. *Cimex lectularius*, der überall bis 65°-70° N vorkommt, und *Cimex hemipterus* aus den Tropen sind jedoch Parasiten des Menschen. *Cimex lectularius* saugt allerdings auch an allen anderen warmblütigen Tieren, die es im Hause findet, zum Beispiel Hunde, Katzen, Kaninchen, Mäuse, Hühner, Sperlinge und Schwalben. Eine Gruppe ausgehungerter Bettwanzen kann eine Maus, die ihnen nicht entkommen kann, durchaus töten. Haben Bettwanzen lange Zeit gehungert, fallen sie selbst frischtote Geckos und Amphibien an, vorausgesetzt die Umgebungstemperatur ist hoch genug.

Die Bettwanze *Cimex lectularius* ist lichtscheu und verbirgt sich tagsüber in ihrem Versteck und kommt auch nachts nur in den Lichtkreis von künstlichem oder natürlichem Licht, wenn der Hunger sie treibt. Sie kann sehr gut laufen und in der Stunde mehr als 70 m zurücklegen, und sie überwindet auch größere Hindernisse durch Klettern. Manchmal läßt sie sich einfach von der Decke auf das Bett ihres Opfers fallen, wobei sie sehr genau das Gesicht trifft, denn sie orientiert sich an dem Strom der warmen

Viele Wanzen sind phytophag und leben auf Nutzpflanzen, an denen sie oft Schäden verursachen. Sie besitzen einen abgeflachten Körper, sind oft lebhaft gefärbt, und viele Arten geben ein schlecht riechendes Sekret ab. Die Mundwerkzeuge bestehen aus einem Stechrüssel, mit dem sie pflanzliche und tierische Säfte saugen können. Einige Arten sind Blutsauger und attackieren auch den Menschen. Die Abbildung rechts zeigt *Carpocoris mediterraneus* beim Anstechen eines Blattes. Diese polyphage Art ist in Südeuropa weit verbreitet und verursacht manchmal Schäden an Nutzpflanzen, ähnlich wie ihre Verwandte *Carpocoris pudicus*.

▲ Die Mundwerkzeuge einer Baumwanze (Pentatomidae) von unten.

▲ Eines der auffälligsten Merkmale ist die dorsoventrale Abflachung des Körpers.

▼ *Graphosoma lineatum italicum* ist eine der auffälligsten und am leichtesten erkennbaren Wanzen der europäischen Fauna.

Die Mundwerkzeuge einer Wanze und die Art, wie ihr Stechborsten in pflanzliche und tierisches Gewebe eindringen: 1) Die Stechborsten werden auf die Oberfläche aufgesetzt; 2-3) die mandibularen Stechborsten dringen in die Nahrungsquelle ein; 4) die maxillaren Stechborsten werden hinter den mandibularen Stechborsten her eingeführt.

1   2   3   4

Atemluft, der zur Decke emporsteigt. Bettwanzen stechen ihre Opfer nicht selten mehrmals und injizieren überdies ihren juckenden Speichel, entweder auf der Suche nach Kapillargefäßen oder weil ihre Mahlzeit durch die unbewußten Bewegungen des Schläfers gestört wird. Nach dem Stich bildet sich eine rötliche Schwellung. Diese ist zunächst schmerzhaft, später beginnt sie zu jucken, und ihre Größe hängt sehr von der Empfindlichkeit des Gebissenen ab.

Der Mensch hat die Bettwanze über die ganze Welt verbreitet – es gilt als sicher, daß sie vor der Entdeckung Amerikas durch die Europäer dort nicht vorkam –, und in vielen Ländern ist sie zu einer Plage geworden. Obwohl sie wahrscheinlich keine Krankheiten überträgt, sollte sie bei Ausbrüchen von Infektionskrankheiten in Betracht gezogen werden, denn eine tropische Art, *Cimex rotundatus*, ist der Überträger der Beulenpest.

Die Raubwanzen (*Reduviidae*) sind eine weit artenreichere Familie und umfassen etwa 3.000 beschriebene Arten. Zu ihnen gehören die wichtigsten räuberischen Arten der gesamten Ordnung. Sie sind vor allem in den Tropen zahlreich.

Raubwanzen sind vornehmlich nachtaktiv, und ihr Stich ist fast immer sehr schmerzhaft. Die einzigen Ausnahmen bilden einige gelegentlich blutsaugende Arten, deren Speichel wahrscheinlich anästhetisierende Substanzen enthält.

Manche Raubwanzen fangen ihre Beute, indem sie bewegungslos lauern, und sie stechen, wenn sie in ihre Nähe kommt. Andere jagen aktiv. Sie können in einer einzigen Mahlzeit erstaunlich große Mengen an Körpersäften aufnehmen, und die Larve von *Rhodnius prolixus* zum Beispiel kann ihr Gewicht um das Zehn- bis Zwölffache vermehren. Manche Arten setzen ihre Eier in Ootheken ab, während andere, wie *Rhinocoris albopilosus*, Brutpflege üben. Raubwanzen sind für den Menschen nützlich, indem sie Schadinsekten vertilgen, sie sind jedoch schädlich, insofern sie Krankheiten übertragen, wie das bei den Triatominae geschieht.

Mit mehr als 6.000 Arten ist die Familie Pentatomidae wohl die artenreichste und am besten bekannte Wanzenfamilie. Ihre Angehörigen sind ausgezeichnet durch den etwa fünfeckigen Körper, fünfgliedrige Fühler, meist lebhafte Färbung und, in manchen Fällen, die starke Entwicklung ihres Scutellum. Die Familie umfaßt sowohl phytophage wie zoophage Arten, und viele sind biologisch, aber auch ökonomisch von Bedeutung.

◄ *Graphosoma linatum italicum*, eine phytophage Art, die vor allem auf wildwachsenden Umbelliferen der Gattung *Daucus* lebt, hier beim Anstechen eines Stengels.

▲ *Eurydema oleraceum* ist eine Baumwanze mit einer Vorliebe für wildwachsende oder kultivierte Kreuzblütler. Sie saugt aber auch an Nachtschattengewächsen und sogar an Insekteneiern.

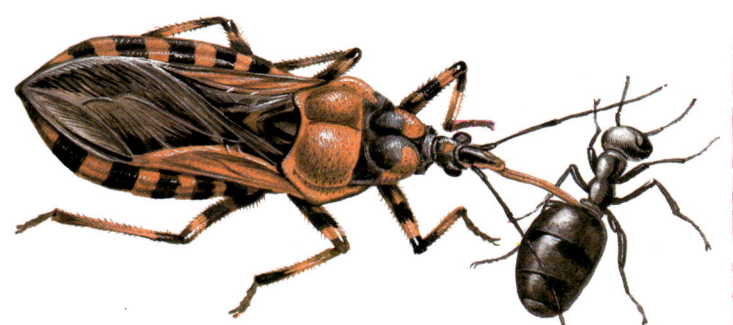

▼ *Rhinocoris iracundus* ist eine typische räuberische Wanze, die sich von Insekten und ihren Eiern ernährt. Sie findet sich bevorzugt an trockenen, sonnigen Standorten, vor allem im Mittelmeergebiet, wo sie sich auf den Blüten und an den Stengeln krautiger Pflanzen findet. Sie ist jedoch recht selten.

Cimex lectularius saugt nicht nur am Menschen, sondern an verschiedenen anderen warmblütigen Hausgenossen des Menschen. Die Bettwanze ist lichtscheu und kommt nur nachts heraus, wenn sie nicht durch starken Hunger genötigt wird, auch bei Licht auf Nahrungssuche zu gehen. Nach dem Stich bildet sich an der Einstichstelle eine rötliche, stark juckende Schwellung, deren Größe von der Empfindlichkeit des Gebissenen abhängt. *Cimex lectularius* wurde durch den Menschen über die ganze Welt verbreitet und in manchen Ländern stellt sie ein echtes Problem dar. Obwohl die Bettwanze wohl kein Krankheitsüberträger ist, sollte sie beim Ausbruch von Infektionskrankheiten nicht außer acht gelassen werden. Eine tropische Art, *Cimex rotundatus*, ist vermutlich der Überträger der Beulenpest.

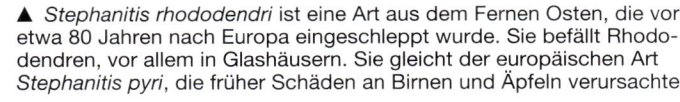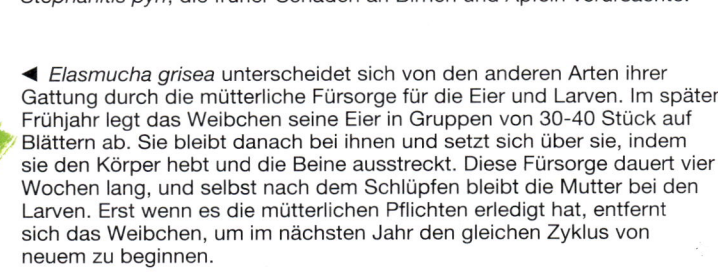

▲ *Stephanitis rhododendri* ist eine Art aus dem Fernen Osten, die vor etwa 80 Jahren nach Europa eingeschleppt wurde. Sie befällt Rhododendren, vor allem in Glashäusern. Sie gleicht der europäischen Art *Stephanitis pyri*, die früher Schäden an Birnen und Äpfeln verursachte.

◄ *Elasmucha grisea* unterscheidet sich von den anderen Arten ihrer Gattung durch die mütterliche Fürsorge für die Eier und Larven. Im späten Frühjahr legt das Weibchen seine Eier in Gruppen von 30-40 Stück auf Blättern ab. Sie bleibt danach bei ihnen und setzt sich über sie, indem sie den Körper hebt und die Beine ausstreckt. Diese Fürsorge dauert vier Wochen lang, und selbst nach dem Schlüpfen bleibt die Mutter bei den Larven. Erst wenn es die mütterlichen Pflichten erledigt hat, entfernt sich das Weibchen, um im nächsten Jahr den gleichen Zyklus von neuem zu beginnen.

ZIKADEN UND VERWANDTE
(HOMOPTERA, AUCHENOR RHYNCHA)

Die Mitglieder der großen Ordnung Homoptera besitzen stechend-saugende Mundwerkzeuge wie die Wanzen, aber ihre Vorderflügel sind nicht zu Hemielytren umgestaltet. Alle Arten sind phytophag, und es finden sich zahlreiche berüchtigte landwirtschaftliche Schädlinge darunter, wie die Blattläuse (Aphidoidea) und Schildläuse (Coccidoidea). Die Ordnung wird in zwei Unterordnungen eingeteilt, die Sternorrhyncha (Pflanzenläuse) und die Auchenorrhyncha (Zikaden). Wir behandeln im folgenden nur die letzteren.

Die Auchenorrhyncha oder Zikaden enthalten kleine, mittelgroße oder große Arten, die im allgemeinen Pflanzensäfte saugen. Das Rostrum oder Labium entspringt bei ihnen vor den Vorderbeinen, während es bei den Sternorrhyncha dahinter ansetzt. Die Hinterbeine der Zikaden sind Sprungbeine, mit denen manche Arten beträchtliche Sätze ausführen können.

Zur Familie der Echten oder Großzikaden (Cicadidae) gehören etwa 1.500 Arten, die in aller Welt bekannt sind wegen des Lärmes, den die Männchen an sonnigen Sommertagen veranstalten. Am Kopf der erwachsenen Tiere sind drei große Einzelaugen in einem Dreieck angeordnet, er trägt ferner die großen, vorragenden Komplexaugen und das große, nach hinten verlängerte Rostrum. Die Vorderschenkel sind verbreitert und gezähnt. Sowohl Vorderflügel wie Hinterflügel sind meist durchsichtig und membranös und weisen eine kräftige Aderung auf. Das Abdomen der Weibchen ist mit einem kräftigen, sägeartig bezahnten Legebohrer ausgerüstet, und die Männchen besitzen ein spezielles lauterzeugendes Organ. Die Larven haben Grabbeine und leben im Boden, wo sie an Wurzeln saugen. Die Großzikaden sind besonders in den Tropen und Subtropen weit verbreitet, und die Größe der Imagines reicht von knapp 1,5 cm bei der europäischen *Cicadetta brullei* bis 8 cm bei *Pomponia adusta* aus Java. Die meisten Arten sind grau oder gelblich mit schwarzen Flekken, aber einige zeigen auch lebhafte Färbung.

Das lauterzeugende Organ, für das die Zikaden berühmt sind, findet sich nur bei den Männchen. Es besteht aus je einer Membran an der Seite des ersten Abdominalsegments. Der Ton wird durch die

Die Großzikaden, die im Sommer so erstaunlichen Lärm vollführen, kommen auf allen Kontinenten vor. Der Kopf der erwachsenen Tiere trägt auf dem Scheitel drei in einem Dreieck angeordnete Einzelaugen, große, vorstehende Komplexaugen, und das Rostrum. Weitere Kennzeichen der Zikaden sind der verbreiterte und bedornte Vorderschenkel und die meist transparenten, membranösen, stark geäderten Vorder- und Hinterflügel. Die durchdringenden Töne, welche die Männchen produzieren, werden durch eine Art Lautsprecher noch verstärkt. Die Lebensdauer der Imago ist kurz und währt etwa 30 Tage, während die Entwicklungszeit der langlebigen Larven mehrere Jahre, ja sogar siebzehn Jahre beträgt. Sowohl Erwachsene wie Larven ernähren sich von Pflanzensäften. Die Abbildung zeigt *Pomponia imperatoria*.

▲ Die stechenden Mundwerkzeuge.

▶ Die Beine sind mit kräftigen, gebogenen Krallen bewehrt.

◀ Das Abdomen des Weibchens endet in einem kräftigen, zähnchenbewehrten Legebohrer. Das Männchen besitzt statt dessen ein lauterzeugendes Organ.

Schwingung dieser Membran, des Typanums, erzeugt. Außen sind die Tympana etwas gewölbt und werden von elastischen Verdickungen überkreuzt. Die Innenseite steht mit einem kräftigen Muskel in Verbindung, dessen rhythmische Kontraktionen die Schwingungen erzeugen. Es entsteht dabei ein knatternder Ton, der demjenigen gleicht, der entsteht, wenn man den Deckel einer Blechdose schnell eindellt und wieder losläßt.

Jede der zahlreichen Zikadenarten besitzt ihren eigenen Paarungsgesang, durch den die artgleichen Weibchen erregt und angelockt werden. Die Weibchen erkennen die richtige Frequenz mit Hilfe ihres Tympanalorgans, das im zweiten Abdominalsegment liegt. In der Tat unterscheiden sich die anscheinend monotonen Gesänge der Zikaden von Art zu Art.

Das Weibchen legt mehrere hundert langgestreckte, spindelförmige Eier in das lebende Gewebe von Ästen. Die Larven schlüpfen im Sommer, oft wenn es regnet oder taut. Sie fallen zu Boden und graben sich ein, wobei ihnen die kräftigen Grabbeine gute Hilfe leisten. Die Dauer der Larvenentwicklung ist nur von wenigen Arten bekannt, liegt aber meist bei zwei bis drei Jahren. Bei der nordamerikanischen *Magicicada septemdecim*, der nach ihrem regelmäßigen Fortpflanzungsrhythmus so benannten Siebzehnjährigen Zikade, dauert die Larvalentwicklug tatsächlich siebzehn Jahre.

Die gesamte Larvalentwicklung verläuft in der Erde. Am Ende dieser Periode graben sich die Larven zur Erdoberfläche durch und bauen sich Kammern, in denen sie so lange abwarten, bis die Bedingungen an der Oberfläche günstig für das Schlüpfen sind. Das Ausschlüpfen geschieht bei jeder Art gewöhnlich schlagartig und simultan und ist zuweilen ein sehr auffälliges Ereignis, denn Tausende weißer Larven kommen am Morgen oder Abend aus einer nur wenige Quadratmeter großen Fläche aus dem Boden, und Minuten später sind Büsche und Bäume mit ihnen übersät.

Die 1.500 Arten der Familie Cercopidae sind großenteils wärmeliebend. Ihre Larven umgeben sich mit einer Schaumhülle, die sie selbst abscheiden, ein Verhalten, das ihnen den Namen Schaumzikaden eingetragen hat. Die erwachsenen Tiere sind zwischen 5 mm und 1 cm lang und zikadenförmig gestaltet.

Imago von *Philaenus spumarius.*

▲ Im April und Mai findet man an Grasstengeln oder an Ästen Massen von weißem Schaum. Sie enthalten die Larven von Schaumzikaden, die nah mit den Großzikaden verwandt sind. Wie diese saugen sie Pflanzensäfte mit Hilfe ihrer Stechborsten. Beide Geschlechter durchlaufen innerhalb des Schaumnestes zahlreiche Häutungen. Das Schaumnest wird bei der letzten Häutung aufgelöst, und das erwachsende Insekt kommt hervor.

◄ Eine junge Schaumzikade von unten gesehen sowie schematisch im Querschnitt. Der weiße Schaum entsteht, indem ein durchsichtiges, visköses Sekret mit Luft vermischt wird, die durch eine röhrenförmige Trachee im Abdomen hineingeblasen wird. Allmählich umgibt sich so die gesamte Larve mit Schaum.

NETZFLÜGLER
(NEUROPTERA)

Die Neuroptera sind Insekten mit wohlentwickelten Flügeln, die eine komplexe, netzartige Aderung aufweisen. Die Ordnung umfaßt recht verschiedenartige Gruppen. Wir behandeln hier die beiden wichtigsten Untergruppen, die Raphidoidea und die Planipennia.

Die Raphidoidea (Kamelhalsfliegen) sind nur mittelgroß. Die Imagines besitzen einen auffällig verlängerten Prothorax und ein deutliches Pterostigma (Flügelfleck) an den Flügeln. Die Weibchen tragen einen langen Legebohrer. Kamelhalsfliegen sind Waldbewohner. Ihre langgestreckten und abgeflachten Larven sind sehr beweglich und – wie die Imagines – räuberisch.

Die Unterordnung Planipennia (Hafte) enthält winzige Arten mit einer Flügelspannweite von nur 5 mm, aber auch mittelgroße und sogar sehr große Arten mit einer Spannweite von bis zu 16 cm. Die Mundwerkzeuge der Larven sind charakteristische Saugzangen. Die Metamorphose findet in einem aus Seide bestehenden Kokon statt.

Die Angehörigen der Familie Mantispidae (Fanghafte) sind mäßig große Arten mit stark verlängertem Prothorax und mit zu Raubbeinen umgestalteten Vorderbeinen, die denen der Gottesanbeterinnen (Mantidae) gleichen.

Die Arten der Familie Chrysopidae (Florfliegen) sind weit verbreitete, mittelgroße Insekten, die fast auf der ganzen Welt zu finden sind. Sie sind gelbbraun, rötlichbraun oder grün gefärbt und weisen manchmal charakteristische schwarze Punkte auf. Die langgestreckten Eier werden gewöhnlich auf einem langen Stiel abgesetzt. Die Saugzangen der Larven sind verlängert und gekrümmt. Sie ernähren sich von anderen Insekten und Milben.

Die Angehörigen der Myrmeleontidae (Ameisenjungfern) sind mittelgroß bis groß und erreichen Flügelspannweiten von 16 cm. Sie werden auch als Ameisenlöwen bezeichnet, weil sich die Larven einiger Arten von Ameisen ernähren. Sie sind zwar weit verbreitet, jedoch in warmen, trockenen Gebieten weitaus am häufigsten. Die Larven einiger Arten haben spezielle Techniken entwickelt, um die wohlbekannten Trichterfallen zum Fangen ihrer Beute zu errichten. Sie graben sich am Grund des Trichters ein, so daß nur noch die Saugzangen herausragen, und ergreifen alle Beutetiere, die zu ihnen herunterrutschen, und saugen sie anschließend aus.

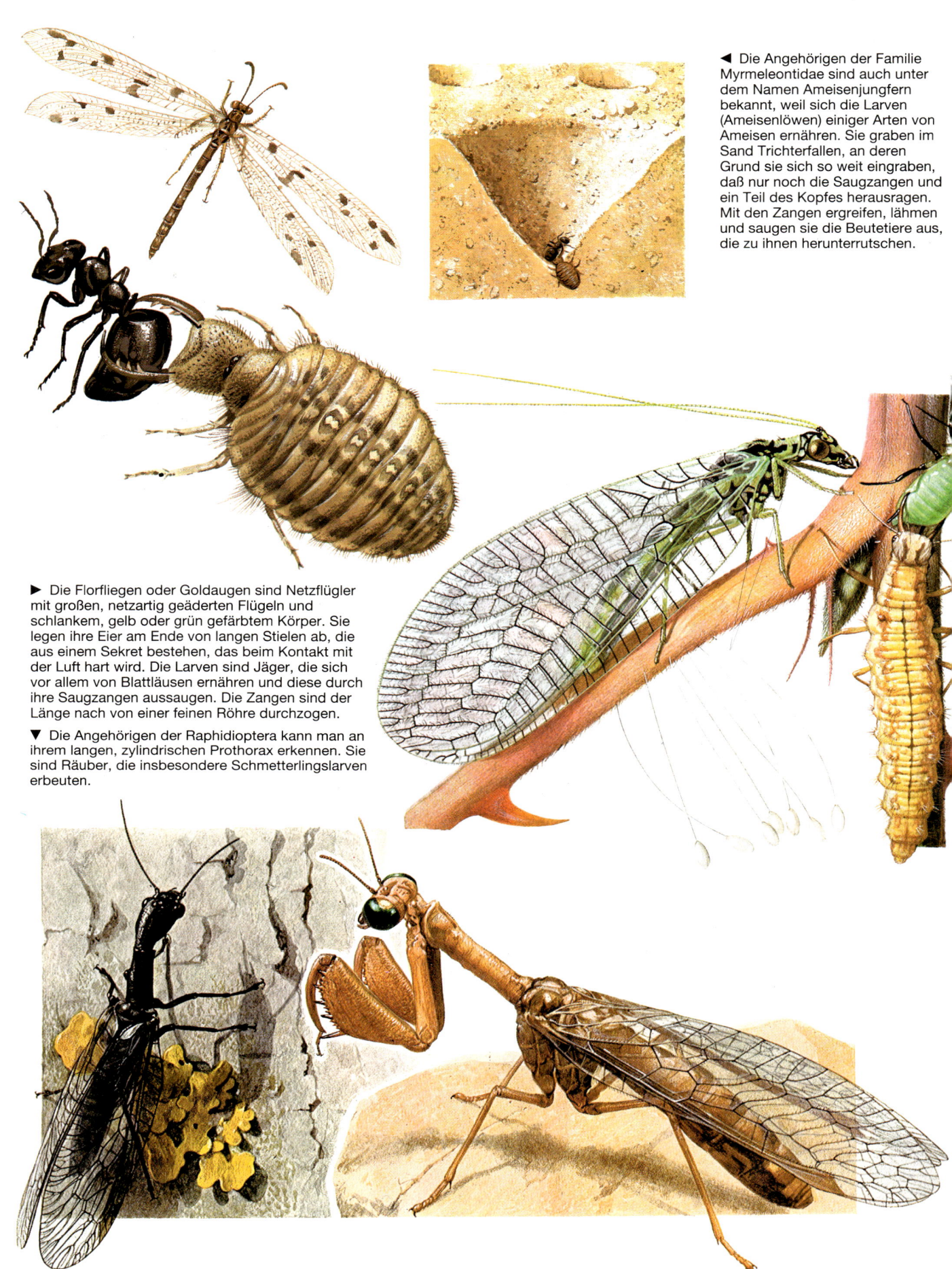

◄ Die Angehörigen der Familie Myrmeleontidae sind auch unter dem Namen Ameisenjungfern bekannt, weil sich die Larven (Ameisenlöwen) einiger Arten von Ameisen ernähren. Sie graben im Sand Trichterfallen, an deren Grund sie sich so weit eingraben, daß nur noch die Saugzangen und ein Teil des Kopfes herausragen. Mit den Zangen ergreifen, lähmen und saugen sie die Beutetiere aus, die zu ihnen herunterrutschen.

► Die Florfliegen oder Goldaugen sind Netzflügler mit großen, netzartig geäderten Flügeln und schlankem, gelb oder grün gefärbtem Körper. Sie legen ihre Eier am Ende von langen Stielen ab, die aus einem Sekret bestehen, das beim Kontakt mit der Luft hart wird. Die Larven sind Jäger, die sich vor allem von Blattläusen ernähren und diese durch ihre Saugzangen aussaugen. Die Zangen sind der Länge nach von einer feinen Röhre durchzogen.

▼ Die Angehörigen der Raphidioptera kann man an ihrem langen, zylindrischen Prothorax erkennen. Sie sind Räuber, die insbesondere Schmetterlingslarven erbeuten.

KÖCHERFLIEGEN
(TRICHOPTERA)

Erwachsene Köcherfliegen sind klein oder mittelgroß. Der Kopf ist ziemlich klein und trägt die wohlentwickelten Augen und die langgestreckten, dünnen Fühler. Die vier großen, membranösen Flügel sind mit einem mehr oder weniger dichten Haarfilz bedeckt, der ihnen ihren wissenschaftlichen Namen verliehen hat, denn Trichoptera bedeutet Haarflügel. Es gibt jedoch Formen fast oder ganz ohne Haare (Macronematidae). Die Flügel sind dunkelgelb, braun, grau oder schwarz gefärbt, und nur wenige Arten zeigen metallische Farben oder sind gefleckt. Die erwachsenen Köcherfliegen nehmen kaum noch Nahrung zu sich. Gewöhnlich verbringen sie den Tag versteckt in der Ufervegetation des Baches oder Sees, in dem sie als wasserlebende Larve gelebt haben. Die meisten erwachsenen Köcherfliegen sind Dämmerungs- oder Nachttiere, die häufig ans Licht kommen. Besonders Bergbäche sind sehr artenreich, manche Arten sind aber auch typisch für stehende Gewässer. Die Eiablage kann in dreierlei Weise vor sich gehen. Manche Arten legen ihre Eier direkt an Steine im Wasser ab, andere befestigen sie an Steinen, Hölzern oder Pflanzen am Gewässergrund mit Hilfe eines Klebstoffes, der sich im Wasser nicht löst. In beiden Fällen benutzen die Weibchen ihre verbreiterten Mittelbeine zum Schwimmen. Im dritten Fall werden die Eier mit einer gelatinösen Masse umhüllt und an Blätter von Uferpflanzen angeheftet oder im Flug über dem Wasser abgeworfen. Die Larven der Köcherfliegen sind wasserlebend. Sie lassen sich einteilen in campodeiforme Larven, die keine beweglichen Köcher bauen, und in cruciforme, die dies tun.

Die Fähigkeit der Köcherfliegenlarven, sich einen Köcher zu errichten, ist das charakteristische Merkmal der gesamten Ordnung. Einige Larven bauen einen beweglichen Köcher aus Sandkörnchen, der wie eine Kaffeebohne gestaltet ist und von winzigen Gängen für die Wasserzirkulation durchbrochen ist. Andere Arten weben Netze zwischen Wasserpflanzen und Steinen, mit denen sie Algen und Kleinlebewesen aus dem Wasserstrom ausfiltern. Die am besten bekannten und auffälligsten Köcher sind die Röhren, mit denen die Larven ihr großes, weiches Abdomen schützen. Diese Röhren sind beweglich, so daß die Larve sich beim leisesten Anzeichen von Gefahr darin zurückziehen kann.

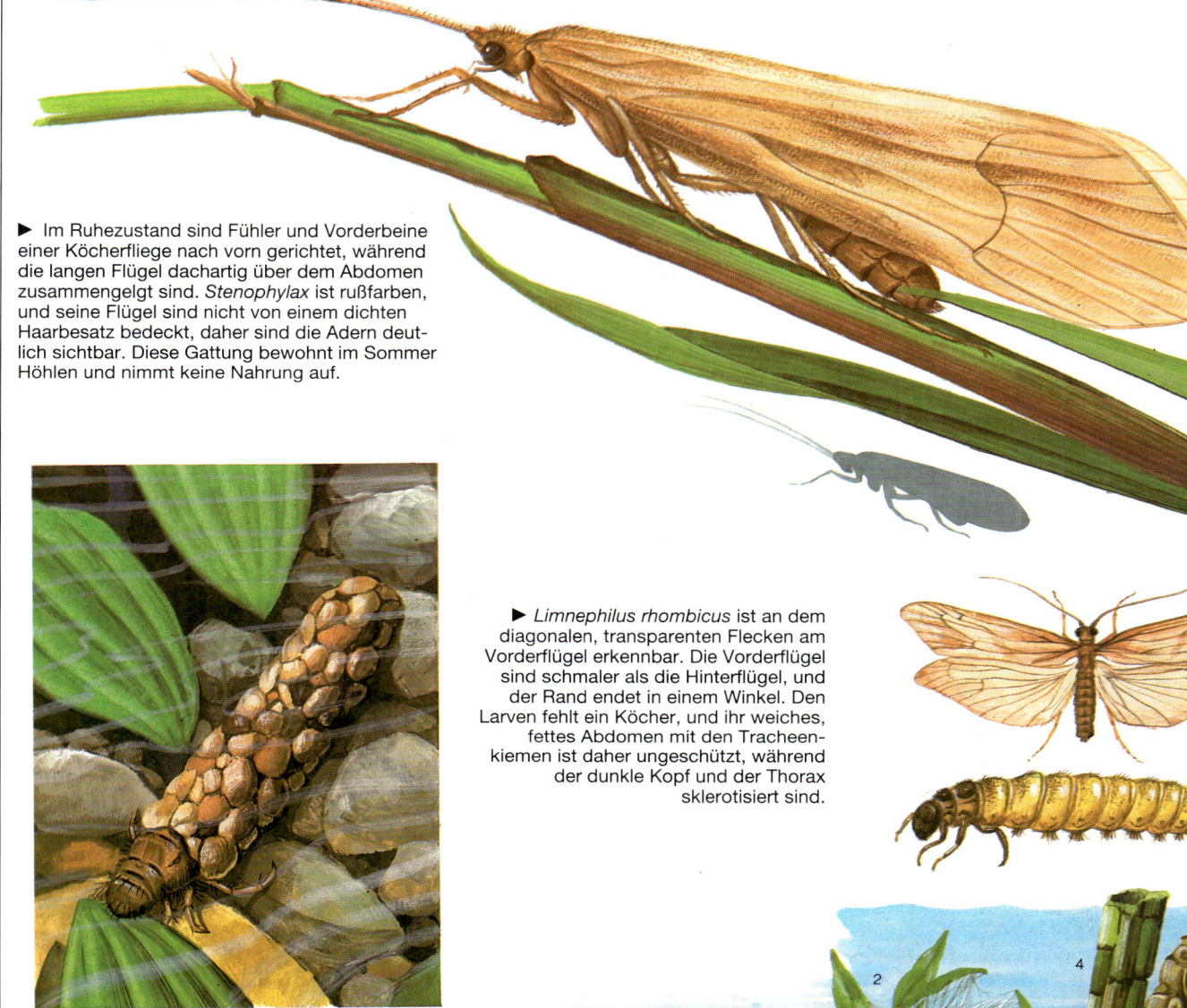

▶ Im Ruhezustand sind Fühler und Vorderbeine einer Köcherfliege nach vorn gerichtet, während die langen Flügel dacharlig über dem Abdomen zusammengelgt sind. *Stenophylax* ist rußfarben, und seine Flügel sind nicht von einem dichten Haarbesatz bedeckt, daher sind die Adern deutlich sichtbar. Diese Gattung bewohnt im Sommer Höhlen und nimmt keine Nahrung auf.

▶ *Limnephilus rhombicus* ist an dem diagonalen, transparenten Flecken am Vorderflügel erkennbar. Die Vorderflügel sind schmaler als die Hinterflügel, und der Rand endet in einem Winkel. Den Larven fehlt ein Köcher, und ihr weiches, fettes Abdomen mit den Tracheenkiemen ist daher ungeschützt, während der dunkle Kopf und der Thorax sklerotisiert sind.

▲ Die Larve von *Potamophylax cingulatus* mit ihrer Schutzhülle aus Steinchen nagt an Blättern am Gewässerboden, bevor sie sich an einen Stein anheftet, um sich auf die Puppenhäutung vorzubereiten.

▼ In fließenden Gewässern leben die Larven von *Hydropsyche* in einem Netz, das aus Seide gesponnen und zwischen Vegetation und Steinen am Grund angebracht wird. Damit erbeuten sie Kleintiere und Algen, die sich im Netz verfangen.

▲ Köcherfliegenlarven verfertigen sehr effiziente Fangnetze und fangen darin enorme Mengen wasserlebender Kleintiere. Die Netze können hornförmig sein (1: *Neureclipsis bimaculata*), schüsselartig (2: *Polycentropus flavomaculatus*) oder bestehen aus einer Reihe von nebeneinanderliegenden Röhren (3: *Hydropsyche angustipennis*). Andere Larven bauen sich im Wasser Köcher aus spiralig abgeschnittenen Blatteilen (4: *Phryganea grandis*) oder kleinen Schneckenschalen und Stückchen von Schilfstengeln (5: *Limnephilus rhombicus*), die ihnen als eigentümliche, aber effiziente Schutzgehäuse dienen.

SCHMETTERLINGE
(LEPIDOPTERA)

Die Schmetterlinge der Ordnung Lepidoptera sind Insekten mit vollständiger Metamorphose (holometabol). Sie besitzen als Larve kauende Mundwerkzeuge, aber als erwachsene Falter mit wenigen Ausnahmen leckend-saugende. Die Flügel sind mit kleinen, wie Dachziegel überlappenden Schuppen bedeckt, und danach hat die Ordnung auch ihren wissenschaftlichen Namen erhalten, denn Lepidoptera bedeutet Flügel mit Schuppen. Die Fühler der Schmetterlinge sind schnurförmig, gezähnt, gesägt oder sogar gefiedert.

Die Flügelschüppchen der Schmetterlinge sind eigentlich modifizierte Haare, und sie sind verantwortlich für die vielgestaltige Zeichnung und Färbung der Flügel. Die Mundwerkzeuge sind hochspezialisiert und gewöhnlich vom leckendsaugenden, nur sehr selten vom beißendkauenden Typ. Dieses hochspezialisierte Saugorgan wird als Proboscis oder Rüssel bezeichnet und ermöglicht es den Schmetterlingen, zuckerhaltige Säfte zu saugen. In der Ruhestellung ist der Rüssel spiralig unter dem Kopf aufgerollt, doch ausgestreckt kann er länger als der Falter selbst sein und bei manchen Schwärmern 25 cm Länge erreichen.

Der Entwicklungszyklus besteht aus vier Stadien: Ei, Raupe, Puppe und Imago. Das Ei ist in einer Kapsel mit festen, undurchdringlichen Wänden eingeschlossen, aus ihm schlüpft die Larve oder Raupe. Schmetterlingseier sind sehr verschiedenartig gestaltet und können spindelförmig, rund oder abgeflacht sein.

Die Larven der Schmetterlinge werden als Raupen bezeichnet und haben meist einen rundlichen Körper, der aus dem Kopf und einer Reihe von Segmenten besteht, jedes mit einer seitlichen Tracheenöffnung. Die Mundwerkzeuge sind kauend und mit großen Mandibeln bewehrt. Die Thoraxsegmente tragen drei Paar gegliederte Beine, die denen der Erwachsenen gleichen. Einige Abdominalsegmente, normalerweise die ersten vier und das letzte, tragen ungegliederte, fleischige, wulstförmige Beine, die Abdominalbeine, die mit kleinen Krallen versehen sind. Die Raupen sind in der Regel phytophag.

Das Exoskelett einer Raupe besteht aus einer harten, festen Kutikula, die an den Nähten gegeneinander beweglich ist. Die periodischen Häutungen finden statt, wenn die Kutikula kein Wachstum mehr erlaubt. Wenn die Larve ausgewachsen

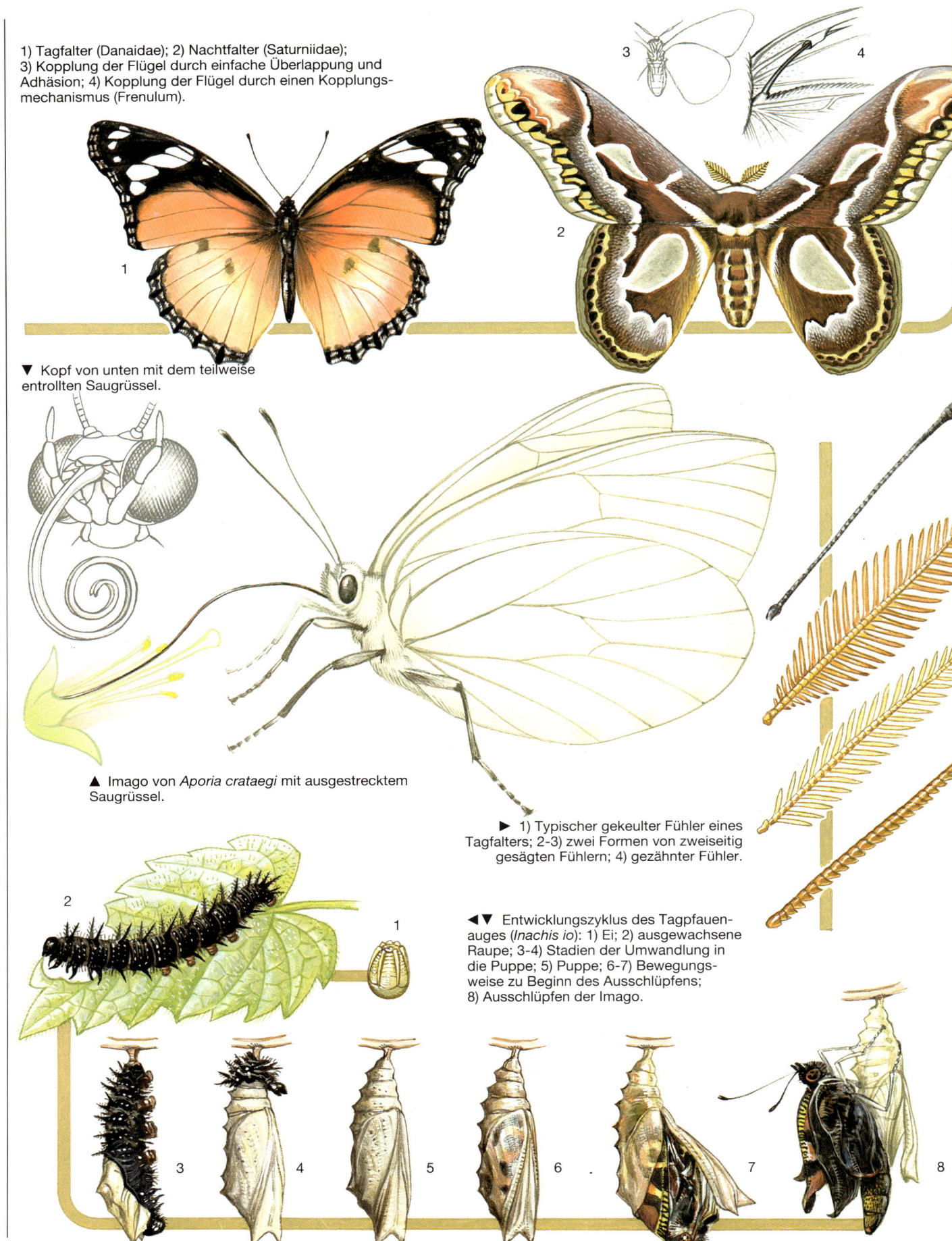

1) Tagfalter (Danaidae); 2) Nachtfalter (Saturniidae); 3) Kopplung der Flügel durch einfache Überlappung und Adhäsion; 4) Kopplung der Flügel durch einen Kopplungsmechanismus (Frenulum).

▼ Kopf von unten mit dem teilweise entrollten Saugrüssel.

▲ Imago von *Aporia crataegi* mit ausgestrecktem Saugrüssel.

► 1) Typischer gekeulter Fühler eines Tagfalters; 2-3) zwei Formen von zweiseitig gesägten Fühlern; 4) gezähnter Fühler.

◄▼ Entwicklungszyklus des Tagpfauenauges (*Inachis io*): 1) Ei; 2) ausgewachsene Raupe; 3-4) Stadien der Umwandlung in die Puppe; 5) Puppe; 6-7) Bewegungsweise zu Beginn des Ausschlüpfens; 8) Ausschlüpfen der Imago.

ist, findet die letzte Larvalhäutung statt, und es schlüpft die Puppe. Dabei reißt die Larvenhaut am Rücken infolge der Ausdehnung und Krümmung der Thoraxsegmente auf. Manche Puppen, wie die vieler Tagfalter, befestigen sich an einem Substrat, während andere, zum Beispiel die der Eulenfalter, frei am Boden liegen. Wieder andere, wie der Seidenspinner, spinnen sich einen Kokon.

Nach etwa einem Monat, manchmal auch mehreren Monaten der Puppenruhe schlüpft der Falter unter dem Einfluß von Häutungshormonen (Ecdyson) aus. Um die Puppenhaut zu durchbrechen, pumpt der schlüpfende Falter Hämolymphe in den Kopf und den Thorax, so daß beide anschwellen und der vordere Teil der Puppenhaut platzt. Der Falter schlüpft, indem er zunächst seine Beine und dann das Abdomen herauszieht. Schließlich gibt er die bei der Metamorphose entstandenen Abfallprodukte in Form von Tröpfchen ab. In diesem Stadium ist der Falter noch feucht und hängt sich daher an einer Stütze kopfüber auf, was ihm die Entfaltung der Flügel erleichtert.

Mit Ausnahme einiger kurzflügliger Weibchen besitzen alle Schmetterlinge wohlentwickelte Flügel und fliegen im allgemeinen gut.

Die Ordnung Lepidoptera wird in zwei Unterordnungen eingeteilt, Homoneura und Heteroneura. Die Homoneura enthalten ursprüngliche Schmetterlinge mit ähnlicher Aderung in beiden Flügelpaaren und ebenso großen Vorder- wie Hinterflügeln. Die Heteroneura umfassen höher entwickelte Arten, deren Vorderflügel größer sind als die Hinterflügel und auch eine abweichende Flügeladerung aufweisen.

Die Heteroneura werden weiter unterteilt in die Monotrysia und die Ditrysia. Die Weibchen der Ditrysia, zu der bei weitem die Mehrzahl der Schmetterlingsarten gehört, besitzen zwei Geschlechtsöffnungen, eine zur Paarung, die andere für die Eiablage, während die Monotrysia nur eine einzige Öffnung haben. Die Arten einiger Familien mit Flügelspannweiten von nur wenigen Millimetern werden allgemein als Microlepidoptera bezeichnet, im Gegensatz zu den Macrolepidoptera, die alle größeren Arten enthalten. Obwohl diese Einteilung sehr populär ist, hat sie keine wissenschaftliche Grundlage und wird daher in unterschiedlicher Weise angewandt.

Eine weitere populäre Einteilung ist diejenige in Tagschmetterlinge (Rhopalocera) und Nachtschmetterlinge (Heterocera). In der Ruhestellung halten die Tagfalter ihre Flügel im rechten Winkel zu ihrer Körperachse, während Nachtfalter

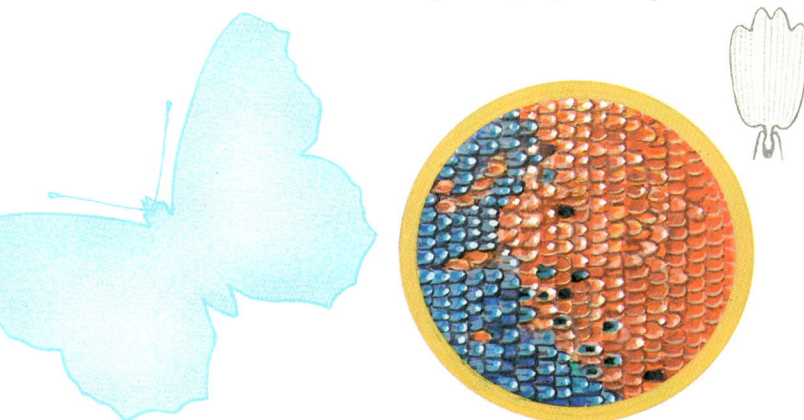

▼ Verschiedene Formen normaler Flügelschuppen, stark vergrößert.

▲ Ein erwachsenes Tagpfauenauge (*Inachis io*). Die *Vanessa*-Verwandten (Nymphalinae) sind die schönsten und am lebhaftesten gefärbten Falter der Familie Nymphalidae. Mit über 2.500 Arten ist diese zugleich die größte Familie der Rhopalocera. Die Flügel der *Vanessa*-Verwandten sind eckig oder haben gezähnte Ränder. Die Oberseite ist lebhaft gefärbt, und die graue Unterseite ist fein gestreift. In der Ruhe schließt der Falter die Flügel wie ein Buch und wird fast unsichtbar, denn er nimmt die Färbung eines trockenen Blattes an. Mit seinen lebhaft gefärbten Augenflecken ist das Tagpfauenauge einer der schönsten europäischen Schmetterlinge. Er ist im Bergland häufig und lebt vor allem an Brennesseln.

sie in einem anderen Winkel anlegen. Tagfalter besitzen ferner gekeulte Fühler mit einer runden Verdickung am Ende, die Fühler der Heterocera dagegen können sehr verschiedenartig sein. Bei den Männchen sind sie oft sehr kräftig, und die Fühlerglieder tragen seitliche Fortsätze.

Die wichtigsten Familien der Tagfalter sind folgende: Hesperiidae (Dickkopffalter), Papilionidae (Schwalbenschwänze, Apollos), Pieridae (Weißlinge, Gelblinge), Lycaenidae (Bläulinge, Feuerfalter), Nymphalidae (Scheckenfalter, Admirale, Kaisermäntel), Satyridae (Augenfalter) und Danaidae (Monarchfalter). Zu den Nachtfaltern gehören die Lymantriidae (Schwammspinner), Sphingidae (Schwärmer), Arctiidae (Bärenspinner), Noctuidae (Eulenspinner), Zygaenidae (Blutströpfchen), Lasiocampidae (Glukken) sowie die vier Familien, die im folgenden kurz behandelt werden.

Die Nachtfalter der Familie Saturniidae (Nachtpfauenaugen) gehören zu den Riesen in der Insektenwelt. Fast alle Saturniidae sind mittelgroße bis große Falter, und manche tropische Arten erreichen Flügelspannweiten von 25 cm. Die Fühler der Männchen sind viel stärker entwickelt als die der Weibchen. Die Weibchen vieler Nachtpfauenaugen haben Drüsen am Abdomenende, aus denen sie Duftstoffe (Pheromone) abgeben, durch die Männchen aus beträchtlicher Entfernung angelockt werden. Die Rezeptorzellen für diesen olfaktorischen Reiz liegen auf den großen Fühlern der Männchen.

Große und bunte außereuropäische Saturniidae sind *Platysamia cecropia* aus Nordamerika, *Coscinoscera hercules*, ein kräftig gebautes Nachtpfauenauge, dessen Hinterflügel in einen breiten, ziemlich kurzen Schwanz auslaufen, und *Attacus atlas* (der Atlasspinner), ein großer Nachtfalter aus Südostasien, der mit bis 25 cm Spannweite ein Riese unter den Insekten ist. *Rothschildia morana* sieht dem Atlasspinner sehr ähnlich, ist aber kleiner. Bei einer Reihe von Nachtpfauenaugen, zum Beispiel bei *Actias semele* aus Südostasien und *Argema mitrei* aus Madagaskar, laufen die Hinterflügel in einen langen, schmalen Schwanz aus.

Psychidae (Sackträger) sind kleine Nachtfalter mit meist dunklen Flügeln, zurückgebildeten Mundwerkzeugen – die Falter nehmen keine Nahrung auf – und auffälligem Sexualdimorphismus. Die Männchen haben meist gekämmte Fühler und voll ausgebildete Flügel, während diese bei den Weibchen reduziert sind oder sogar fehlen. Die Weibchen besitzen außerdem weder Augen noch Fühler, ja manchmal nicht einmal Beine, und leben meist

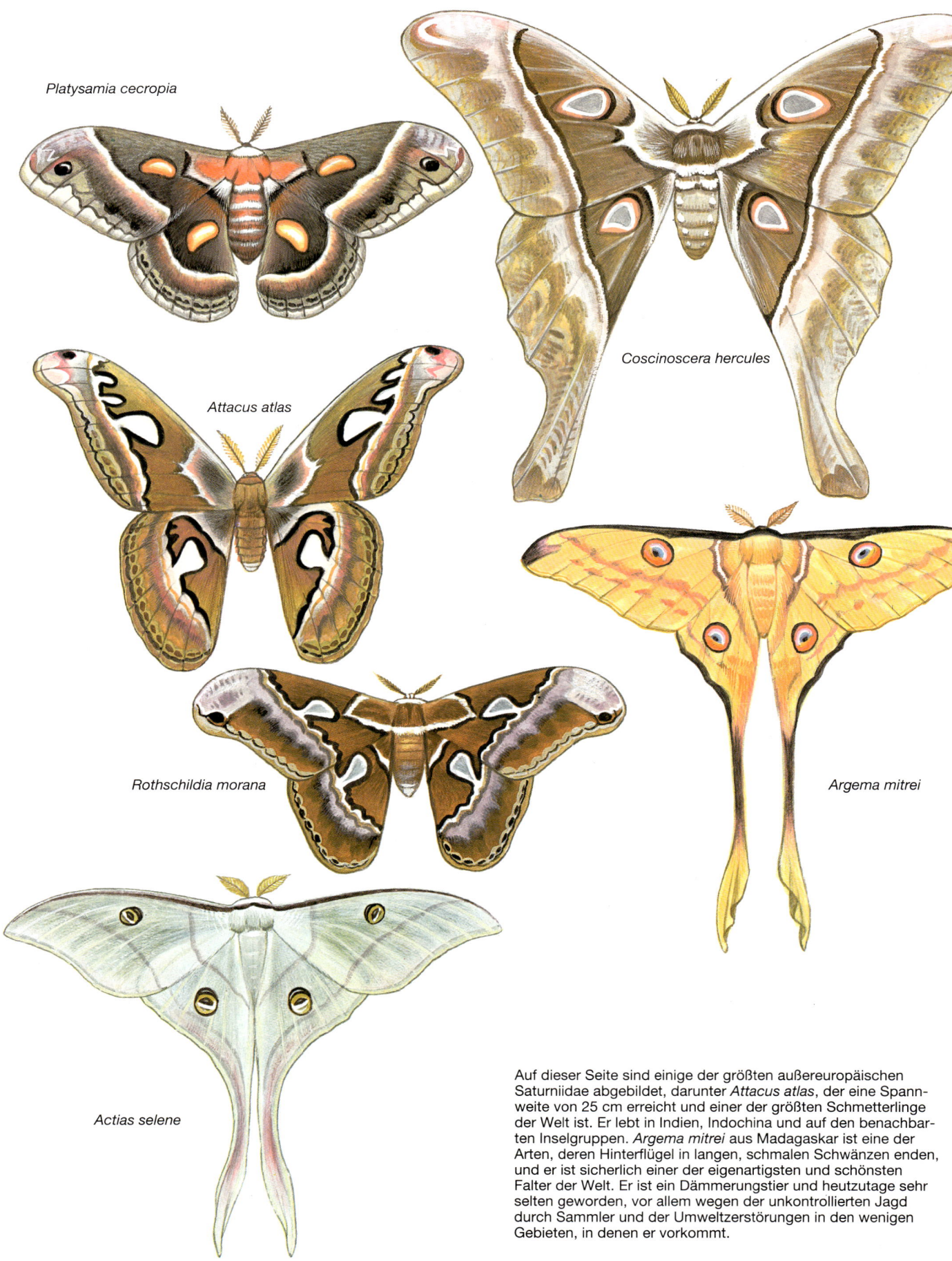

Platysamia cecropia

Coscinoscera hercules

Attacus atlas

Rothschildia morana

Argema mitrei

Actias selene

Auf dieser Seite sind einige der größten außereuropäischen Saturniidae abgebildet, darunter *Attacus atlas*, der eine Spannweite von 25 cm erreicht und einer der größten Schmetterlinge der Welt ist. Er lebt in Indien, Indochina und auf den benachbarten Inselgruppen. *Argema mitrei* aus Madagaskar ist eine der Arten, deren Hinterflügel in langen, schmalen Schwänzen enden, und er ist sicherlich einer der eigenartigsten und schönsten Falter der Welt. Er ist ein Dämmerungstier und heutzutage sehr selten geworden, vor allem wegen der unkontrollierten Jagd durch Sammler und der Umweltzerstörungen in den wenigen Gebieten, in denen er vorkommt.

in dem Larvensack, den sie niemals verlassen, nicht einmal zur Paarung. Dieser Sack wird aus den verschiedensten Materialien gefertigt – z. B. Blattstücke, trockenes Gras, Erde und feiner Sand –, die durch Seidenfäden zusammengehalten werden. Die Säcke sind sehr unauffällig und tarnen die Larve vollständig in ihrer Umgebung (Homomorphismus) und schützen sie unter bestimmten Umständen vor Feinden. Sackträgermotten sind normalerweise Dämmerungs- oder Nachttiere, die nur gelegentlich tagsüber beobachtet werden. Ihr Flug ist langsam und unsicher – schon ein leiser Windhauch zwingt sie zur Landung.

Der am besten bekannte Vertreter der Familie Bonbycidae (Seidenspinner) ist zweifellos der Seidenspinner selbst. Er wurde um das Jahr 552 n. Chr. für die Herstellung von Seide von China nach Europa eingeführt und ist heutzutage nicht mehr aus freier Natur bekannt, obwohl er in der ganzen Welt gezüchtet wird. Der erwachsene Seidenspinner ist mittelgroß und hat eine Spannweite von etwa 3,5 cm. Die Flügel sind gelblich, und die Geschlechter sind sich recht ähnlich – beide haben ebenfalls gekämmte Fühler. Der Rüssel fehlt ihnen. Seidenspinner fliegen schlecht und nur über kurze Entfernungen, obwohl der Flügelschlag insbesondere der Männchen kräftig ist.

Die Geometridae (Spanner) bilden eine Familie kleiner bis mittelgroßer Nachtfalter mit unauffälligen, meist grauen oder sonstwie dunkel gefärbten Flügeln. Die Mundwerkzeuge sind noch funktionsfähig, und die Falter ernähren sich von zuckerhaltigen Säften. Spanner sind Dämmerungs- oder Nachttiere und kommen gern und manchmal in großer Menge zum Licht. Die Larven besitzen nur zwei Paar Abdominalbeine, nämlich das anale und das präanale Paar. Bei der Fortbewegung halten sie sich mit den Thoraxbeinen fest, dann biegen sie den Körper nach oben und ziehen das anale Beinpaar nach vorn, das nun nach einem Halt greift. Danach lassen die Thoraxbeine los, und der Vorderkörper bewegt sich nach vorn. Diese eigenartige Fortbewegungsweise, bei der die Raupen den Boden auszumessen scheinen, hat ihnen den deutschen Namen Spanner bzw. den wissenschaftlichen Namen Geometridae ("Feldmesser") eingebracht.

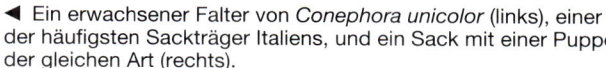

◀ Ein erwachsener Falter von *Conephora unicolor* (links), einer der häufigsten Sackträger Italiens, und ein Sack mit einer Puppe der gleichen Art (rechts).

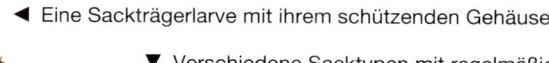

◀ Eine Sackträgerlarve mit ihrem schützenden Gehäuse.

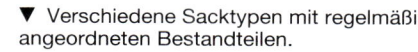

▼ Verschiedene Sacktypen mit regelmäßig angeordneten Bestandteilen.

◀ Falter und Larven des Seidenspinners. Er wird seit etwa 5.000 Jahren vom Menschen gezüchtet und hat seine Flugfähigkeit verloren. Es wird angenommen, daß er durch Zuchtwahl, die viele Jahrhunderte lang von den Chinesen angewandt wurde, von der verwandten *Theophila mandarina* abgeleitet worden ist. Von dieser Art leben noch Tiere in freier Natur in China.

▼ Der Kokon des Seidenspinners ist etwa 3,5 cm lang, eiförmig und in der Mitte leicht eingeschnürt. Die Kokons, aus denen die Männchen schlüpfen, weisen mehr Seide auf als die der Weibchen, weil die Weibchen größer sind und mehr Raum einnehmen.

◀ Falter und Larve von *Pseudopanthera macularia*, einem auffälligen, gelben, schwarz gefleckten Spanner.

◀◀ ▼ Bei Gefahr halten manche Spannerraupen den Gegenstand, an dem sie sitzen, meist einen Ast, mit den analen Abdominalbeinen sehr fest, richten den Vorderkörper fast im rechten Winkel dazu auf und verhalten sich bewegungslos.

▼ Spannerraupen bewegen sich fort, indem sie den Körper hochwölben, denn ihnen fehlen mehrere Abdominalbeine.

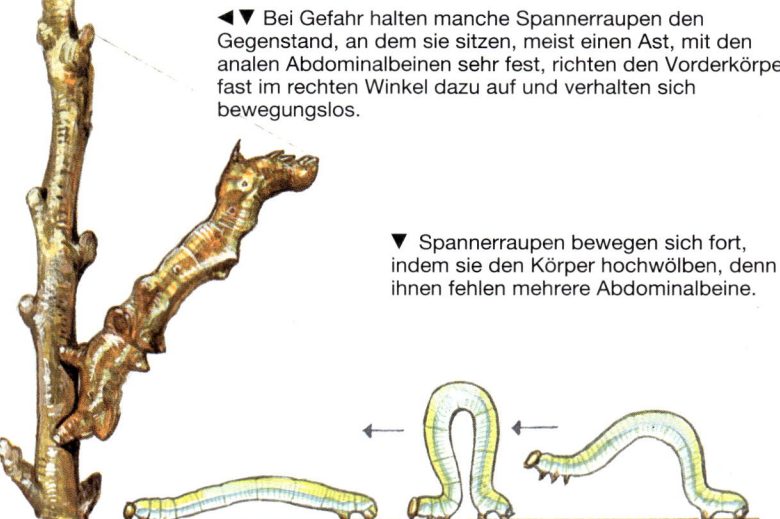

STECHMÜCKEN
(DIPTERA, CULICIDAE)

Der weltweit gebräuchliche Name für die Stechmücken, "Moskito", kommt aus dem Spanischen und bedeutet "kleine Fliege". Damit bezeichnet man die blutsaugenden Mitglieder der Fliegenfamilie Culicidae. Die größte Bedeutung haben die Moskitos, weil die Weibchen durch den Stich einige der gefährlichsten Krankheiten des Menschen übertragen können. Die Gefährlichkeit der Stechmücken wird noch gesteigert durch die Fähigkeit der Larven, sich auch in den kleinsten – selbst temporären – Wasseransammlungen zu entwickeln.

Die erwachsenen Stechmücken sind zarte, dünne Tiere mit langen Fühlern. Besondere Merkmale sind die Schüppchen auf ihrem Flügelgeäder und der lange Stechrüssel. Die Schüppchen sind umgewandelte Haare und bilden ein charakteristisches Muster aus Flecken und Streifen.

Stechmücken sind Nachttiere, viele Arten sind aber auch in der Dämmerung aktiv. Die wenigen tagaktiven Arten sind Waldbewohner. In den Tropen und Subtropen leben diese Arten häufiger in den Baumwipfeln und saugen an Affen und Vögeln.

Die Weibchen fast aller Arten müssen Blut saugen, um ihren Proteinbedarf zu decken, den sie für die Reifung der Eier benötigen. Nur wenige können sich jahrelang rein vegetarisch ernähren, ohne ein einziges Mal Blut zu saugen.

Die Larven der Stechmücken sind besonders an das Leben unterhalb der Wasseroberfläche angepaßt. Das besonderen Verhältnisse an dieser Grenzschicht erlauben es ihnen, atmosphärische Luft zu atmen, aber sich gleichzeitig gegen Austrocknung zu schützen und im Wasser nach Nahrung zu suchen.

Stechmückenlarven ernähren sich von Kleinstorganismen wie Kieselalgen, Protozoen u. a. Wegen der sehr geringen Größe ihrer Nahrungsorganismen ernähren sie sich durch Filtrieren. Ihre Mundwerkzeuge sind vom ursprünglichen kauenden Typ, und die Mandibeln bewegen sich in horizontaler Richtung. Zusätzlich besitzen sie zu Bürsten umgewandelte Teile der Mundwerkzeuge, mit denen sie Partikel zum Mund befördern. Die Larven der Gattung *Megarhinus* ernähren sich von größeren Wassertieren als die übrigen Arten und greifen selbst die Larven anderer Stechmückenarten an.

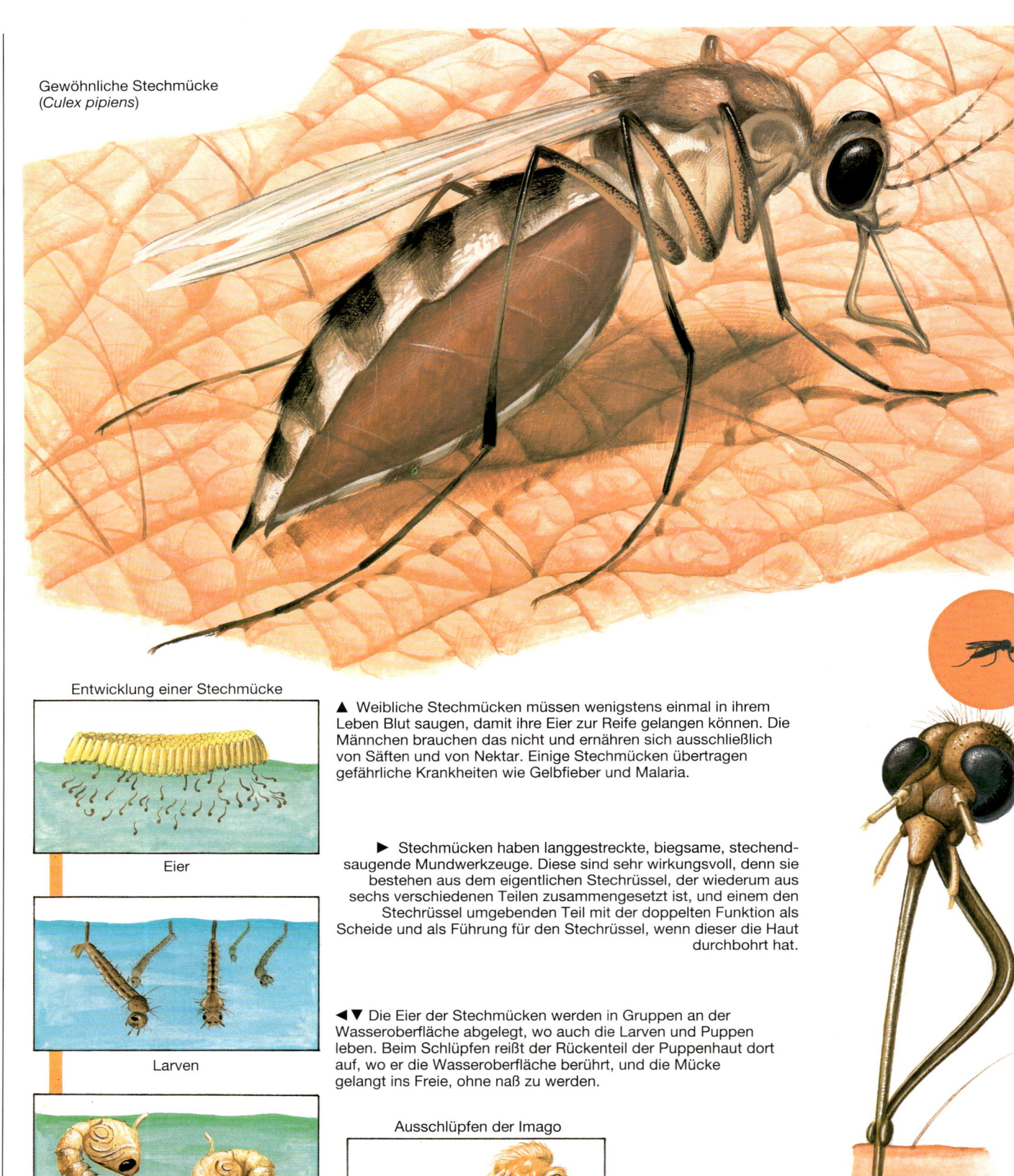

Gewöhnliche Stechmücke
(*Culex pipiens*)

Entwicklung einer Stechmücke

Eier

Larven

Puppen

Ausschlüpfen der Imago

▲ Weibliche Stechmücken müssen wenigstens einmal in ihrem Leben Blut saugen, damit ihre Eier zur Reife gelangen können. Die Männchen brauchen das nicht und ernähren sich ausschließlich von Säften und von Nektar. Einige Stechmücken übertragen gefährliche Krankheiten wie Gelbfieber und Malaria.

▶ Stechmücken haben langgestreckte, biegsame, stechendsaugende Mundwerkzeuge. Diese sind sehr wirkungsvoll, denn sie bestehen aus dem eigentlichen Stechrüssel, der wiederum aus sechs verschiedenen Teilen zusammengesetzt ist, und einem den Stechrüssel umgebenden Teil mit der doppelten Funktion als Scheide und als Führung für den Stechrüssel, wenn dieser die Haut durchbohrt hat.

◀▼ Die Eier der Stechmücken werden in Gruppen an der Wasseroberfläche abgelegt, wo auch die Larven und Puppen leben. Beim Schlüpfen reißt der Rückenteil der Puppenhaut dort auf, wo er die Wasseroberfläche berührt, und die Mücke gelangt ins Freie, ohne naß zu werden.

FLIEGEN
(DIPTERA)

Die echten Fliegen gehören zu den höchstentwickelten Angehörigen der Ordnung Diptera, der Zweiflügler. Der bei weitem wichtigste Repräsentant der Fliegen ist die jedem vertraute Stubenfliege. Diese Fliege saugt kein Blut, aber alle sonstigen Flüssigkeiten und auch feste Substanzen, zum Beispiel Zucker, die sie vorher mit ihrem Speichel verflüssigt. Sie hat es besonders auf stark riechende Dinge abgesehen, wie angefaulte Lebensmittel und Fleisch, wird aber auch von Geschwüren und blutenden Wunden bei Mensch und Tier angelockt. Auf dem Land finden sich die Larven der Stubenfliege bevorzugt in den Exkrementen von Schweinen, Pferden und vom Menschen, in Wohnungen leben sie jedoch in verfaulenden Lebensmitteln, tierischen Stoffen und sonstigem Hausabfall in den Abfalleimern. So versorgt der menschliche Haushalt die Stubenfliege mit allem, was sie braucht, um sich den Sommer hindurch mehrfach fortzupflanzen, und daher ist der Name Stubenfliege durchaus gerechtfertigt. Aufgrund ihrer Lebensweise in faulenden Stoffen ist die Stubenfliege vermutlich auch der Überträger verschiedener Krankheiten. Die Fruchtbarkeit der Stubenfliege ist sprichwörtlich. Das Weibchen kann jeden Tag etwa 100 Eier einzeln oder in Klumpen von mehreren Dutzend ablegen, insgesamt bis 1.000 Eier. Bei einer Umgebungstemperatur von 18°C braucht die Larve etwa 25 Tage zur Entwicklung. Bereits sechs bis zehn Tage nach dem Verlassen der Puppenhülle kann das Weibchen Eier legen. Stubenfliegen meiden in der Regel die pralle Sonne und halten sich lieber im Schatten auf. Daher finden sie sich im Haus bevorzugt in dunklen, feuchten Räumen, z. B. in Speisekammern und Toiletten. In großer Menge bevölkern sie auch Bauernhöfe, wo sie vor allem in den Ställen vorkommen und manchmal die Wände geradezu bedecken.

In den gemäßigten und kalten Breiten verschwinden die Stubenfliegen bei Wintereinbruch und erscheinen erst wieder im Frühjahr. Es ist nicht genau bekannt, wie sie den Winter überstehen, man weiß aber, daß nur wenige Fliegen überwintern, während die meisten die Kälte nicht aushalten. Die Stubenfliege ist ein wirklicher Kosmopolit, der in allen Kontinenten und in jeder Klimazone überall dort vorkommt, wo nur eben Menschen hingelangen.

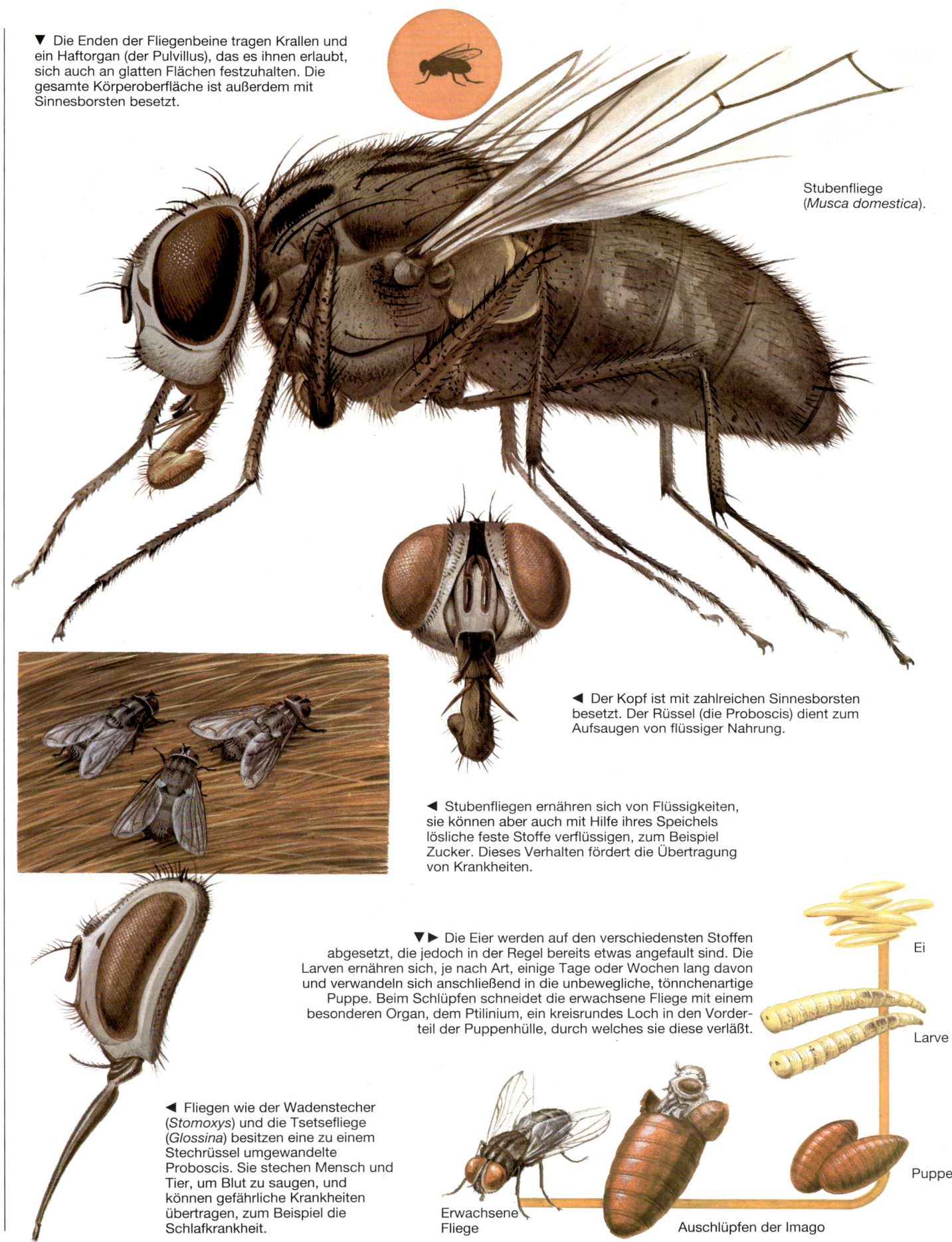

▼ Die Enden der Fliegenbeine tragen Krallen und ein Haftorgan (der Pulvillus), das es ihnen erlaubt, sich auch an glatten Flächen festzuhalten. Die gesamte Körperoberfläche ist außerdem mit Sinnesborsten besetzt.

Stubenfliege (*Musca domestica*).

◄ Der Kopf ist mit zahlreichen Sinnesborsten besetzt. Der Rüssel (die Proboscis) dient zum Aufsaugen von flüssiger Nahrung.

◄ Stubenfliegen ernähren sich von Flüssigkeiten, sie können aber auch mit Hilfe ihres Speichels lösliche feste Stoffe verflüssigen, zum Beispiel Zucker. Dieses Verhalten fördert die Übertragung von Krankheiten.

▼► Die Eier werden auf den verschiedensten Stoffen abgesetzt, die jedoch in der Regel bereits etwas angefault sind. Die Larven ernähren sich, je nach Art, einige Tage oder Wochen lang davon und verwandeln sich anschließend in die unbewegliche, tönnchenartige Puppe. Beim Schlüpfen schneidet die erwachsene Fliege mit einem besonderen Organ, dem Ptilinium, ein kreisrundes Loch in den Vorderteil der Puppenhülle, durch welches sie diese verläßt.

Ei

Larve

Puppe

◄ Fliegen wie der Wadenstecher (*Stomoxys*) und die Tsetsefliege (*Glossina*) besitzen eine zu einem Stechrüssel umgewandelte Proboscis. Sie stechen Mensch und Tier, um Blut zu saugen, und können gefährliche Krankheiten übertragen, zum Beispiel die Schlafkrankheit.

Erwachsene Fliege

Ausschlüpfen der Imago

KÄFER
(COLEOPTERA)

Die Käfer sind überwiegend Landtiere, die am oder im Boden, auf oder in Bäumen, auf oder in Blättern, auf Blüten und in Pilzen leben. Sie können Konsumenten erster, zweiter, oder dritter Ordnung sein, phytophag, xylophag, räuberisch, saprophag oder parasitisch. Außerdem gibt es eine Reihe von wasserlebenden Arten.

Ihre Größe bewegt sich zwischen den Extremen der winzigen Arten einiger Familien wie der Corylophidae oder Trichopterygidae, die weniger als 0,5 mm Länge erreichen, und einiger Angehöriger der Scarabaeidae und Cerambycidae, die mit über 16 cm Länge zu den Riesen unter den Insekten gehören.

Das auffälligste Merkmal der Käfer, das all die Hunderttausende von existierenden Arten auszeichnet, ist die Umwandlung der Vorderflügel in die mehr oder weniger stark sklerotisierten Flügeldecken, die auch als Elytra bezeichnet werden. Die Mundwerkzeuge sind nach vorn oder nach unten gerichtet und fast immer kauend. Die Form der Elytren ist sehr unterschiedlich. Bei einer Reihe von Arten sind sie verkürzt und lassen einige Abdominalsegmente, meistens zwei oder drei, unbedeckt. Das membranöse hintere Flügelpaar befindet sich unter den Elytren und wird gewöhnlich von diesen vollständig verdeckt. Recht häufig sind allerdings die Flügel mehr oder weniger stark zurückgebildet.

Die Larven sind sehr unterschiedlich gestaltet und durchlaufen eine Reihe von Häutungen, gewöhnlich drei; doch auch vier, fünf oder sechs Häutungen können vorkommen. Meist unterscheiden sich die einzelnen Larvenstadien geringfügig voneinander. Aus der Larve entsteht schließlich die Puppe, ein bewegungsunfähiges Stadium, das keine Nahrung zu sich nimmt. Während der Puppenruhe laufen die Umwandlungen ab, die schließlich den erwachsenen Käfer ergeben.

Die Käfer umfassen weit mehr als 100 verschiedene Familien, von denen jedoch nur einige der wichtigeren behandelt werden können.

Die Familie Cicindelidae (Sandlaufkäfer) wird oft als Unterfamilie der großen Familie Carabidae (Laufkäfer) angesehen. Sie umfaßt etwa 1.500 Arten, die in den gemäßigten und tropischen Zonen verbreitet sind. Die meisten Arten sind etwa 1-2 cm lang und lebhaft und auffällig, oft metallisch gefärbt oder mit einem Muster aus weißen Flecken versehen. Die

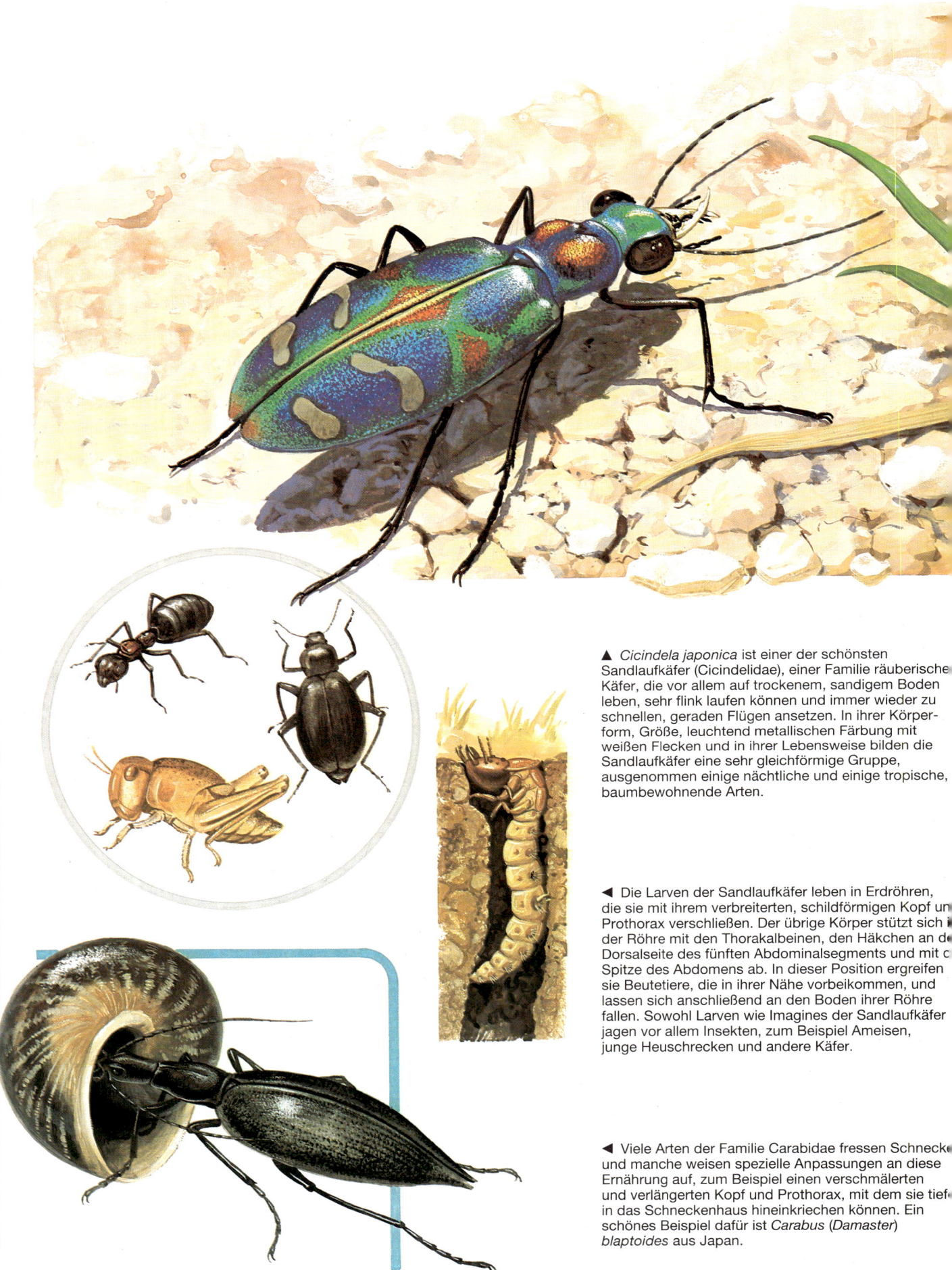

▲ *Cicindela japonica* ist einer der schönsten Sandlaufkäfer (Cicindelidae), einer Familie räuberische Käfer, die vor allem auf trockenem, sandigem Boden leben, sehr flink laufen können und immer wieder zu schnellen, geraden Flügen ansetzen. In ihrer Körperform, Größe, leuchtend metallischen Färbung mit weißen Flecken und in ihrer Lebensweise bilden die Sandlaufkäfer eine sehr gleichförmige Gruppe, ausgenommen einige nächtliche und einige tropische, baumbewohnende Arten.

◄ Die Larven der Sandlaufkäfer leben in Erdröhren, die sie mit ihrem verbreiterten, schildförmigen Kopf un Prothorax verschließen. Der übrige Körper stützt sich der Röhre mit den Thorakalbeinen, den Häkchen an de Dorsalseite des fünften Abdominalsegments und mit d Spitze des Abdomens ab. In dieser Position ergreifen sie Beutetiere, die in ihrer Nähe vorbeikommen, und lassen sich anschließend an den Boden ihrer Röhre fallen. Sowohl Larven wie Imagines der Sandlaufkäfer jagen vor allem Insekten, zum Beispiel Ameisen, junge Heuschrecken und andere Käfer.

◄ Viele Arten der Familie Carabidae fressen Schnecke und manche weisen spezielle Anpassungen an diese Ernährung auf, zum Beispiel einen verschmälerten und verlängerten Kopf und Prothorax, mit dem sie tief in das Schneckenhaus hineinkriechen können. Ein schönes Beispiel dafür ist *Carabus (Damaster) blaptoides* aus Japan.

Beine sind lang und schlank, daher können Sandlaufkäfer sehr flink laufen, aber auch kurze und schnelle Flüge ausführen. Sandlaufkäfer sind eifrige Räuber mit langen, sichelförmigen Mandibeln, und sie jagen bevorzugt in trockenen, sandigen Gebieten, an Flußufern, Tümpeln, an der Meeresküste und auf heißen, sonnigen Flächen.

Die Nahrung der Sandlaufkäfer bilden vor allem andere Insekten, zum Beispiel kleinere Heuschrecken, Käfer und Ameisen, die sie mit großer Geschwindigkeit verfolgen und mit ihren Mandibeln packen und zerbeißen.

Die Larven sind sehr ungewöhnlich gestaltet und zeigen ein hochspezialisiertes Verhalten. Der Kopf ist mächtig und stark sklerotisiert. Er trägt lange, sichelförmige Mandibeln, und die Ozellen sind so ausgerichtet, daß das Gesichtsfeld sehr weit ist. Auch der Prothorax ist mächtig entwickelt und als stark sklerotisierte Platte ausgebildet. Diese eigenartigen Larven leben im selben Habitat wie die erwachsenen Käfer, jedoch in Röhren, die sie sich selbst in den Boden gegraben haben, oder in Felsritzen und Spalten in der Rinde oder im Holz.

Einige Laufkäfer der Familie Carabidae ernähren sich von Samen und anderen Pflanzenteilen, fast alle Arten dieser riesigen Familie jedoch sind echte Räuber. Sie kommen auf der ganzen Welt vor, in allen Höhenstufen, und sogar im Boden und in Höhlen. Sie sind weit variabler in ihren Körperformen als die Sandlaufkäfer. Obwohl die meisten ziemlich schnelle Läufer sind, besitzen doch nur verhältnismäßig wenige Arten funktionstüchtige Flügel, und bei vielen sind die Elytra miteinander verwachsen. Im Gegensatz zu den Sandlaufkäfern sind die meisten Arten Nachttiere. Die Mehrzahl der Arten ist schwarz gefärbt, doch zeigen viele leuchtend metallischen Glanz.

Die Unterfamilie Carabidae mit den Gattungen *Calosoma*, *Carabus* und *Cychrus* enthält überwiegend große und lebhaft gefärbte Arten. Eine der am besten bekannten Arten ist *Calosoma sycophanta*, der Puppenräuber. Er kommt in ganz Europa und Asien vor und wurde selbst nach Nordamerika eingeführt, zur Bekämpfung bestimmter Schmetterlingsraupen, die dort gefährliche Forstschädlinge sind. Die große Gattung *Carabus* enthält etwa 600 große, räuberische Arten. Im allgemeinen jagen sie lebende Beute, doch nehmen sie auch faulende Pflanzenteile und insbesondere zuckerhaltige organische Stoffe. Zu ihren Beutetieren gehören Heuschrecken, andere Käfer und Schmetterlings- und Fliegenlarven, in erster Linie aber fressen sie Regenwürmer und

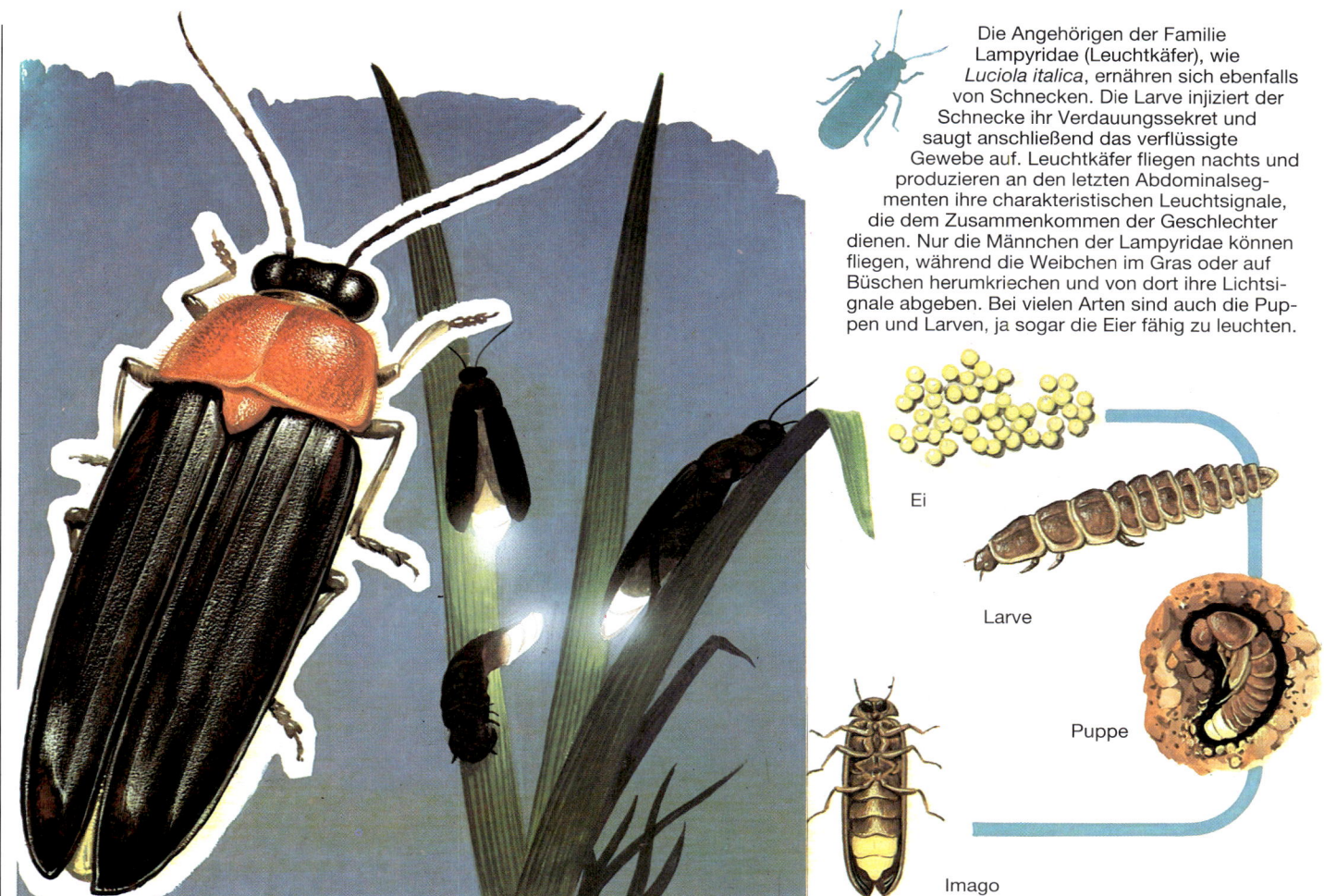

Die Angehörigen der Familie Lampyridae (Leuchtkäfer), wie *Luciola italica*, ernähren sich ebenfalls von Schnecken. Die Larve injiziert der Schnecke ihr Verdauungssekret und saugt anschließend das verflüssigte Gewebe auf. Leuchtkäfer fliegen nachts und produzieren an den letzten Abdominalsegmenten ihre charakteristischen Leuchtsignale, die dem Zusammenkommen der Geschlechter dienen. Nur die Männchen der Lampyridae können fliegen, während die Weibchen im Gras oder auf Büschen herumkriechen und von dort ihre Lichtsignale abgeben. Bei vielen Arten sind auch die Puppen und Larven, ja sogar die Eier fähig zu leuchten.

Ei

Larve

Puppe

Imago

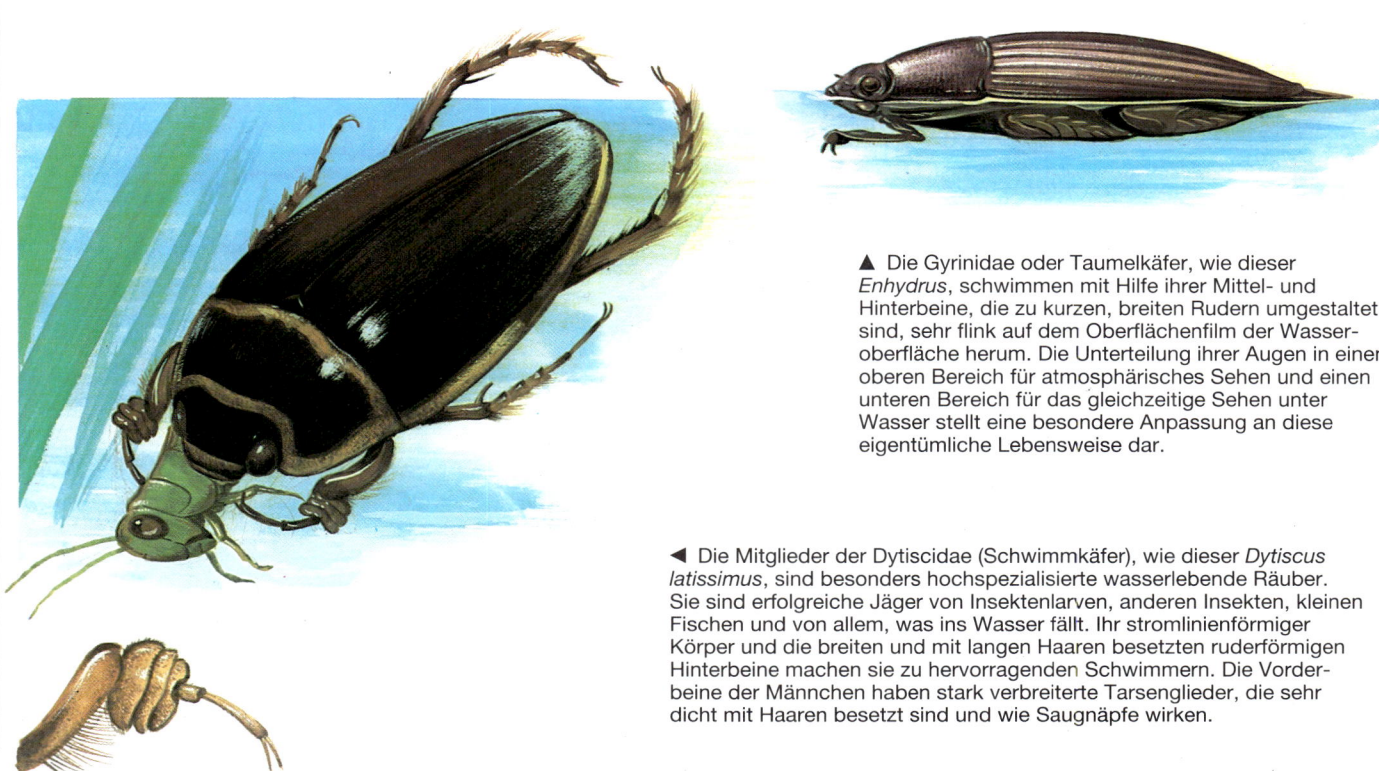

▲ Die Gyrinidae oder Taumelkäfer, wie dieser *Enhydrus*, schwimmen mit Hilfe ihrer Mittel- und Hinterbeine, die zu kurzen, breiten Rudern umgestaltet sind, sehr flink auf dem Oberflächenfilm der Wasseroberfläche herum. Die Unterteilung ihrer Augen in einen oberen Bereich für atmosphärisches Sehen und einen unteren Bereich für das gleichzeitige Sehen unter Wasser stellt eine besondere Anpassung an diese eigentümliche Lebensweise dar.

◄ Die Mitglieder der Dytiscidae (Schwimmkäfer), wie dieser *Dytiscus latissimus*, sind besonders hochspezialisierte wasserlebende Räuber. Sie sind erfolgreiche Jäger von Insektenlarven, anderen Insekten, kleinen Fischen und von allem, was ins Wasser fällt. Ihr stromlinienförmiger Körper und die breiten und mit langen Haaren besetzten ruderförmigen Hinterbeine machen sie zu hervorragenden Schwimmern. Die Vorderbeine der Männchen haben stark verbreiterte Tarsenglieder, die sehr dicht mit Haaren besetzt sind und wie Saugnäpfe wirken.

Schnecken. Die Angehörigen einiger Untergattungen besitzen einen sehr großen Kopf und besonders starke Mandibeln, mit denen sie die Schneckenschalen aufbrechen können. Bei anderen dagegen, zum Beispiel den Arten aus den Untergattungen *Procerus* und vor allem *Damaster*, sind Prothorax, Kopf und Mundwerkzeuge schmal und stark verlängert und ermöglichen es ihnen, mit dem Vorderkörper tief in die Schneckenschale hineinzukriechen.

Zu den Hydradephaga gehören etwa 3.500 Arten wasserbewohnender räuberischer Käfer, die in fünf oder sechs Familien eingeteilt werden, von denen die Dytiscidae (Schwimmkäfer) und Gyrinidae (Taumelkäfer) die wichtigsten sind. Es sind Verwandte der Laufkäfer, die sich ans Wasserleben angepaßt haben, einen stromlinienförmigen, kompakten, spindel- oder bootförmigen Körper besitzen und die Beine in unterschiedlicher Weise zu Schwimmbeinen umgewandelt haben. Alle leben sowohl als Käfer wie als Larven im Wasser, die Puppen verwandeln sich jedoch an Land, in der Regel in einer Puppenkammer, die sie sich im Boden graben oder zwischen Pflanzenwurzeln am Ufer anlegen.

Die Schwimmkäfer (Dytiscidae) sind die artenreichste Familie der Hydradephaga. Sie sind weltweit verbreitet, aber auf der Nordhalbkugel anscheinend artenreicher. Ihre Größe reicht von etwa 1 mm bis 4 cm, der Körper ist ziemlich flach, manchmal geradezu scheibenförmig. Schwimmkäfer finden sich in allen Arten von Süßgewässern und im Brackwasser, in heißen Quellen, Gebirgsbächen, Seen, Flüssen und temporären Pfützen, besonders zahlreich sind sie jedoch in kleinen, pflanzenreichen Tümpeln. Sie können gut fliegen, und die Besiedlung neuer Lebensräume geschieht durch Anflug.

Auch die Taumelkäfer (Gyrinidae) und ihre Larven sind räuberische Wasserkäfer, doch unterscheiden sie sich von den Dytiscidae auf den ersten Blick durch ihre sehr kurzen Fühler, die ziemlich langen Vorderbeine und die kurzen Mittel- und Hinterbeine, die zu kurzen, breiten Ruderbeinen umgestaltet sind. Sehr ungewöhnlich ist der Bau ihrer Augen, denn diese sind vollkommen in einen oberen und einen unteren Bereich unterteilt, so daß sie zu gleicher Zeit oberhalb und unterhalb der Wasseroberfläche sehen können. Die Larven sind normale Wasserbewohner, doch die erwachsenen Käfer schwimmen auf der Oberfläche stehender oder langsam fließender Gewässer herum. Im Sonnenlicht schimmert ihre glänzend glatte Oberseite, wenn sie, meist in größeren Gruppen, ständig und sehr

◄ *Cetonia aurata* ist ein blütenbesuchender Rosenkäfer, der in der gesamten Paläarktischen Region vorkommt.

▲ ▼ Der Maikäfer *Melolontha melolontha* ist ein Angehöriger de[r] Familie Scarabaeidae, der wegen seiner Schädlichkeit wohlbekannt ist. Der erwachsene Käfer ernährt sich von Blättern und befällt oft Obstbäume. Alle drei oder vier Jahre treten die Maikäfer in große[n] Massen auf, denen nicht einmal ih[re] unbarmherzigsten Feinde, etwa di[e] Stare, Herr werden. Die Maikäferlarven leben im Boden und fresse[n] Pflanzenwurzeln und können groß[en] Schaden an Gemüse und Futterpflanzen anrichten.

◄ Die Rosenkäfer (Unterfamilie Cetoniinae) werden von Pflanzensäften angelockt, die in der warmen Jahreszeit an verletzten Stellen der Borke ausfließen.

rasch in Kreisen oder zickzackartig auf der Oberfläche herumschwimmen – daher auch ihr deutscher Name Taumelkäfer. Die Leuchtkäfer (Lampyridae) sind systematisch weit von den bisher behandelten Gruppen entfernt. Da sich aber alle Larven der Lampyridae von Schnecken ernähren, ist ihr Verhalten dem vieler Carabidae recht ähnlich. Durch einen Kanal in ihren Mandibeln injizieren die Larven eine Verdauungsflüssigkeit, dadurch wird die Schnecke gelähmt, und das verflüssigte Gewebe kann aufgesaugt werden. Leuchtkäfer sind nächtliche, mittelgroße Käfer. Die Männchen sind fast immer geflügelt, die Weibchen sind jedoch kurzflüglig oder ganz ungeflügelt und oft wurmförmig. Die Männchen besitzen in der Regel große Augen und gut entwickelte Fühler, während die Augen der Weibchen häufig reduziert und die Fühler kurz sind. Die letzten Abdominalsegmente der Männchen und, noch ausgeprägter, die der Weibchen geben charakteristische Lichtsignale ab, bei vielen Arten leuchten auch die Larven und sogar die Eier. Das Licht, vor allem seine Frequenz, dient zur Partnererkennung und signalisiert die Paarungsbereitschaft.

Die Hirschkäfer (Lucanidae) sind eine weltweit verbreitete Familie von etwa 750 Arten, die den Blatthornkäfern (Scarabaeidae) nahesteht. Wichtigstes Merkmal sind die enorm vergrößerten Mandibeln der Männchen. Der Hirschkäfer *Lucanus cervus*, so benannt wegen seiner riesigen, geweihförmigen Mandibeln, ist der größte europäische Käfer, denn er kann 8 cm Länge erreichen. Er lebt in Laubbäumen (Eichen, Nußbaum, Ahorn u. a.), an denen man ihn an warmen Sommerabenden anfliegen sehen kann.

Zahlreiche Blatthornkäfer (Familie Scarabaeidae) tragen am Kopfschild und Pronotum merkwürdige, sklerotisierte, hornartige Auswüchse, die seit jeher die Aufmerksamkeit der Wissenschaftler, Sammler und auch der Eingeborenen auf sich gezogen haben. Derartige Fortsätze zeichnen vor allem die Männchen aus; wenn sie aber bei den Weibchen vorkommen, sind sie in der Regel kleiner und weniger stark entwickelt (Sexualdimorphismus). Viele Blatthornkäfer erreichen bedeutende Größen und sind oft leuchtend metallisch gefärbt.

Die Cetoniinae bilden eine artenreiche Unterfamilie der Familie Scarabaeidae und enthalten auch die gewaltigen afrikanischen Goliathkäfer. Bei ihnen sitzen am Kopf nach oben gerichtete Fortsätze, die kleine Hörner bilden. Die Beine sind lang und sehr kräftig, denn sie müssen ja das Gewicht dieser schweren Käfer tragen (die zu den größten heutigen Insek-

▲ ▶ Der Hirschkäfer *Lucanus cervus* zeigt einen bemerkenswerten Sexualdimorphismus. Die enormen Mandibeln der Männchen werden als Waffen während der Paarungskämpfe benutzt. Der Gewinner wirft das besiegte Männchen vom Baum. Die Larve des Hirschkäfers entwickelt sich im Holz alter Bäume und benötigt mehrere Jahre für ihre Entwicklung.

◀ Die kotfressenden Käfer der Gattung *Scarabaeus* formen große Kugeln aus Dung, die sie mit Hilfe der Hinterbeine wegrollen. Später vergraben sie sie und fressen sie auf. Dieses Verhalten ist eine Anpassungsstrategie mit dem Ziel, Konkurrenz mit anderen Dungkäfern zu vermeiden, die direkt am Dunghaufen fressen. In den alten Mittelmeerkulturen, zum Beispiel bei den Ägyptern, Etruskern und Phöniziern, galt der Scarabäus als Symbol für die Schöpfungskraft der Natur, den Kreislauf der Sonne und die Auferstehung. Darstellungen von Scarabäen spielten eine Rolle bei hohen Festen und Begräbnissen, und sie finden sich auf den Siegeln wichtiger politischer und religiöser Dokumente.

ten gehören), wenn sie an Baumstämmen emporklettern. Die Larven leben in sich zersetzenden pflanzlichen Stoffen, z. B. in moderndem Holz am Boden tropischer Regenwälder. *Goliathus goliathus* aus West- und Zentralafrika ist die größte Art und kann über 10 cm lang werden.

Die Unterfamilie Scarabaeidae umfaßt eine der am besten bekannten Gruppen der Blatthornkäfer, nämlich die etwa 90 Arten der Tribus Phanaeini, die einen typischen Bestandteil der Fauna der Neuen Welt darstellen. Das große Horn der Männchen und die leuchtend metallischen Färbungen in verschiedenen Farbtönen von Gold, Blau oder Grün haben seit jeher das Interesse der Sammler geweckt. Diese Gruppe kommt in den südöstlichen USA vor – wo allerdings nur wenige Arten leben – und im gesamten Südamerika mit Ausnahme des äußersten Südens. Trotz ihrer prächtigen Färbung ist ihr Nahrungserwerb für uns recht abstoßend. Verschiedene Arten der Gattung *Coprophanaeus* sind nekrophag und finden sich nachts an frischen Kadavern ein. Die Mehrzahl der Phanaeini jedoch (die Gattungen *Phanaeus*, *Oxysternon*, *Diabroctis* u. a.) sind koprophag.

Die Bockkäfer der Familie Cerambycidae sind besonders auffällige Tiere wegen ihrer langen, häufig knotig verdickten Fühler, die ihnen auch ihren deutschen Namen verliehen, denn die Fühler gleichen den Hörnern von Steinböcken. Die Länge der Fühler ist sehr unterschiedlich, meist erreichen sie jedoch Körperlänge und sind im allgemeinen bei den Weibchen kürzer als bei den Männchen. Manche Arten besitzen ungewöhnlich lange Antennen; bei den Männchen des Zimmermannsbockes (*Acanthocinus aedilis*) zum Beispiel können sie fast die fünffache Körperlänge erreichen.

Beim Männchen von *Cerambyx cerdo*, dem Heldbock, sind die Fühler etwa zweimal so lang wie der Körper. Der Heldbock ist mit bis zu 5 cm Länge eine große Art. Er ist glänzend braun-schwarz und hat einen gerunzelten Prothorax mit zwei spitzen seitlichen Dornen.

Die Unterfamilie Clytinae umfaßt unter anderen die Gattungen *Clytus*, *Clytanthus* und *Plagionotus*, die eine auffällige Zeichnung aus gelblichen Streifen auf dunklem Grund oder dunklen Streifen auf hellem Grund zeigen. Die erwachsenen Käfer ernähren sich von Pollen, während die Larven im toten Holz oder in krautigen Pflanzen oder Sträuchern leben.

Die auffälligsten aasfressenden Käfer sind sicherlich die *Silphidae*, mittelgroße bis große, längliche Käfer mit kräftigen Beinen und gekeulten Fühlern. Sie können einfarbig sein oder auf den schwarzen

◄ Ein erwachsener Heldbock *Cerambyx cerdo* an dem Baumstamm, der seine Larven beherbergt (beachte das Ausflugloch). Die Cerambycidae oder Bockkäfer umfassen etwa 20.000 Arten. Sie sind entweder einfarbig metallisch gefärbt oder weisen sehr vielfältige Zeichnungsmuster auf.

▼ Der Kopf eines Bockkäfers ist mit sehr langen Fühlern und kräftigen, oft sehr stark entwickelten Mandibeln ausgerüstet.

◄ Puppe eines Bockkäfers in ihrer Puppenwiege.

Die wichtigsten Aaskäfer sind die Silphidae. Die Abbildung zeigt Angehörige einer *Necrophorus*-Art am Kadaver einer Maus. Sie wird später von einem Pärchen der Käfer eingegraben und dient als Nahrung für die Larven.

▲ Dieser Bockkäfer ernährt sich von Pollen und besitzt auffällig gezeichnete Flügeldecken.

◄ Der Kartoffelkäfer (*Leptinotarsa decemlineata*) gehört zur Familie der Blattkäfer (Chrysomelidae). Er ist wegen der enormen Schäden berüchtigt, die er an Kartoffelpflanzen anrichtet. Aus seiner ursprünglichen Heimat, den westlichen USA, wurde er im 19. Jahrhundert nach Europa eingeschleppt.

◄ Die für den Kartoffelkäfer charakteristischen Tarsenglieder, von oben und unten.

Elytren rote Flecken tragen. *Ablattaria laevigata* jagt Schnecken, denen sie beim Biß ihren Verdauungssaft einspritzt. Daraufhin zieht sich die Schnecke in ihr Haus zurück und sondert Schleim ab. Dieser wird aber durch die Verdauungssekrete des Käfers gelöst, und jetzt kann der Käfer in die Schale hineinkriechen und beginnt an der Schnecke zu fressen.

Andere Aaskäfer ernähren sich von toten Wirbeltieren, von anderen Arthropoden und von Würmern. Die erwachsenen Käfer der Gattung *Necrophorus* besitzen einen besonders hochentwickelten Geruchssinn, der sie, oftmals in großer Anzahl, zu den Kadavern kleiner Wirbeltiere führt. Beide Geschlechter kämpfen auf dem Kadaver, bis schließlich ein Pärchen übrigbleibt. Dies zieht nun den Kadaver an einen günstigen Platz und vergräbt ihn in der Erde. Die Paarung geschieht im Boden, doch zuvor werden mit Hilfe der kräftigen Mandibeln Fell oder Federn entfernt, und der Kadaver wird in eine rundliche Form gebracht.

Vor der Eiablage gräbt das Weibchen eine Galerie unterhalb des Aasklumpens und legt die Eier einzeln in Seitenkammern der Galerie ab. Nach dem Schlüpfen kommen die Larven zum Aas und werden zunächst von der Mutter mit ausgewürgtem Nahrungsbrei gefüttert. Dieses Verhalten ist nicht nur ein Beispiel für Nestbau, der auch bei anderen Käferfamilien vorkommt, sondern für echte Brutpflege, die allerdings bei Insekten sehr selten ist.

Die Blattkäfer (Chrysomelidae) sind eine sehr artenreiche Familie phytophager Käfer mit weltweit etwa 33.000 beschriebenen Arten. Fast alle Blattkäfer sind leuchtend gefärbt. Eine wohlbekannte Art ist *Leptinotarsa decemlineata*, der Kartoffelkäfer. Er ist berüchtigt wegen des großen Schadens, den er an Kartoffeln anrichtet. Er verbreitete sich erst vor wenigen Jahrzehnten aus seiner ursprünglichen Heimat, den westlichen USA und Mexiko, wo er auf Pflanzen der Gattung *Solanum* lebt, über die ganze Welt. Der erwachsene Käfer überwintert in etwa 50 cm Tiefe im Boden und kommt im Frühling heraus. Ein Weibchen kann im Laufe ihres Lebens bis 2.000 Eier legen, die in Gruppen an die Unterseite der Blätter angeheftet werden. Nach einer Woche bereits schlüpfen die orange-gelben Larven und beginnen ihren Blattfraß. In etwa 20 Tagen durchlaufen sie vier Larvenstadien, verpuppen sich im Erdboden und schlüpfen nach kurzer Zeit als neuer Käfer.

◄ Der Haselnußbohrer (*Curculio elephas*) aus der Familie Curculionidae besitzt einen extrem langen Rüssel, mit dem er Haselnüsse anbohrt. Weltweit sind etwa 40.000 Rüsselkäferarten bekannt. Sowohl erwachsene Käfer wie Larven ernähren sich von Pflanzen, und viele Arten sind schädlich.

▲ Die Larve von *Curculio elephas* entwickelt sich in Haselnüssen.

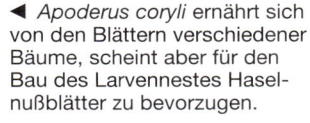

◄ *Apoderus coryli* ernährt sich von den Blättern verschiedener Bäume, scheint aber für den Bau des Larvennestes Haselnußblätter zu bevorzugen.

▶ Der Eichenblattroller, *Attelabus nitens*, benutzt Eichenblätter, aus denen er mit einer hochspezialisierten Technik charakteristische, zigarrenförmige Nester für seine Larven rollt.

HYMENOPTERA TEREBRANTIA

Die Terebrantia oder Parasitica sind eine artenreiche Insektengruppe, die zu der Ordnung Hymenoptera (Hautflügler) gehört. Die Größe der Weibchen der Terebrantia bewegt sich zwischen einigen zehntel Millimetern und den 9 cm von *Rhyssa persuasoria*. Das Abdomen trägt den Legestachel, der bei ihnen auch als Terebra bezeichnet wird. Damit können die Hymenoptera ihre Eier tief in das Pflanzengewebe oder den Körper ihrer Wirtstiere versenken. Bei manchen Arten ist der Legestachel sehr kurz, während er bei anderen Arten, deren Wirte in Pflanzengallen, Ästen, Früchten u. ä. leben, mehrere Zentimeter lang sein kann, zum Beispiel 5 cm bei *Rhyssa persuasoria*.

Die meisten Terebrantia sind Parasiten anderer Insekten, es gibt jedoch auch Arten, deren Larven sich von Pflanzen ernähren. Ein Beispiel dafür sind die eigenartigen kleinen Erzwespen der Familie Agaonidae, deren Larven sich in den Blüten der Gattung *Ficus* entwickeln, nachdem sie diese zu Gallen umgewandelt haben. Verschiedene Arten aus den Familien Torymidae, Eurytomidae und Eulophidae durchlaufen ihre Entwicklung in Samen, Früchten und anderen Pflanzenteilen.

Die bedeutendsten Unterfamilien der Terebrantia sind die Ichneumonoidea, Proctotrupoidea, Cynipoidea und Chalcidoidea. Die Ichneumonoidea (Schlupfwespen) parasitieren zahllose Insekten und Spinnen. Die Rhyssini sind eine Tribus großer Schlupfwespen, deren Larven Außenparasiten der Larven verschiedener holzbewohnender Insekten (Coleoptera, Hymenoptera) sind. Die Weibchen besitzen einen sehr langen Legebohrer, der bei *Rhyssa persuasoria* 4-6 cm erreichen kann, einem bekannten Parasiten der holzbewohnenden Larve der Riesenholzwespe *Urocerus gigas* (Siricidae). Eine weitere wichtige Gruppe der Ichneumonoidea sind die Braconidae, einzeln lebende oder gruppenbildende Primärparasiten von Schmetterlingen, Käfern, Fliegen, Hautflüglern und Wanzen. *Apanteles* ist eine typische Gattung von Innenparasiten bei Schmetterlingen. Die Weibchen dieser Gattung legen ihre Eier in die Jugendstadien ihrer Wirte, in denen sie sich zu Larven entwickeln. Nach der Reife verlassen diese ihren Wirt und fertigen einen Seidenkokon an, der in Form und Färbung recht unterschiedlich sein kann, und verwandeln sich in diesem zum fertigen Insekt.

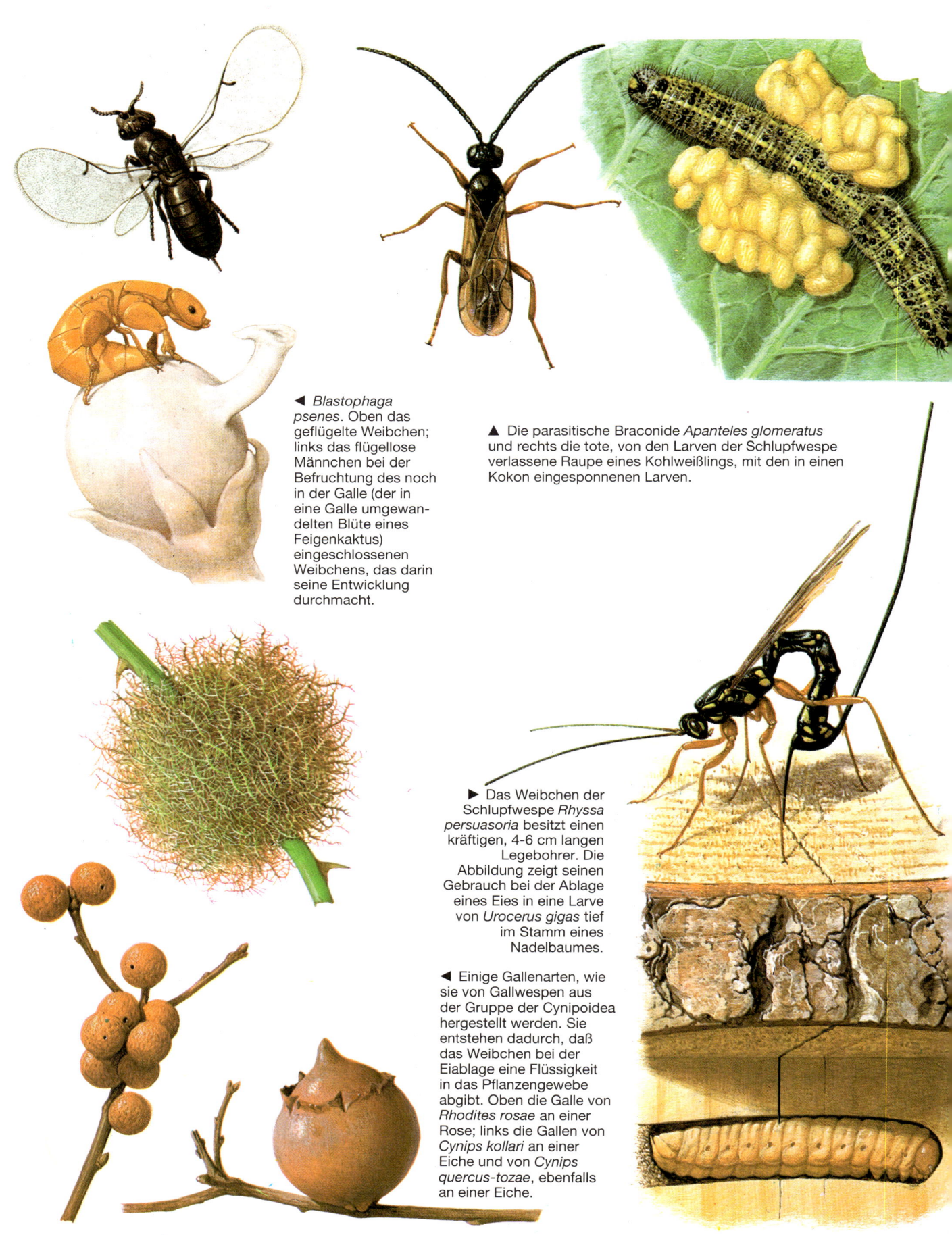

◄ *Blastophaga psenes*. Oben das geflügelte Weibchen; links das flügellose Männchen bei der Befruchtung des noch in der Galle (der in eine Galle umgewandelten Blüte eines Feigenkaktus) eingeschlossenen Weibchens, das darin seine Entwicklung durchmacht.

▲ Die parasitische Braconide *Apanteles glomeratus* und rechts die tote, von den Larven der Schlupfwespe verlassene Raupe eines Kohlweißlings, mit den in einen Kokon eingesponnenen Larven.

► Das Weibchen der Schlupfwespe *Rhyssa persuasoria* besitzt einen kräftigen, 4-6 cm langen Legebohrer. Die Abbildung zeigt seinen Gebrauch bei der Ablage eines Eies in eine Larve von *Urocerus gigas* tief im Stamm eines Nadelbaumes.

◄ Einige Gallenarten, wie sie von Gallwespen aus der Gruppe der Cynipoidea hergestellt werden. Sie entstehen dadurch, daß das Weibchen bei der Eiablage eine Flüssigkeit in das Pflanzengewebe abgibt. Oben die Galle von *Rhodites rosae* an einer Rose; links die Gallen von *Cynips kollari* an einer Eiche und von *Cynips quercus-tozae*, ebenfalls an einer Eiche.

BIENEN
(HYMENOPTERA)

Bienen sind hochentwickelte Insekten, die meist ein sehr kompliziertes Sozialleben zeigen.

Hummeln (Gattung *Bombus*) sind große, stark behaarte, im Flug laut brummende Bienenverwandte, die man überall antreffen kann, besonders häufig jedoch in den gemäßigten Zonen. Wir kennen etwa 200 Arten, die alle wichtige Bestäuber für ihre Futterpflanzen sind. Das Nest wird von einem einzigen Weibchen gegründet, das im vorhergehenden Herbst befruchtet worden ist und den Winter in einem zufällig gefundenen Versteck oder in einer selbstgegrabenen unterirdischen Kammer überdauert hat. Im nächsten Frühling erforscht das Weibchen die Umgebung und sucht nach einer natürlichen Höhlung, die für die Anlage des Nestes geeignet ist. Dort errichtet sie die ersten Brutzellen aus dem Wachs ihrer Abdominaldrüsen.

Während sich die Eier entwickeln, aber auch längere Zeiträume hindurch während der Entwicklung der Larven, bleibt das Weibchen im Nest und bewacht die Brut. Die Mutter hilft den Töchtern beim Ausschlüpfen, und dies ist der Anfang der Arbeitsteilung im Nest, denn die Königin legt von nun an nur noch Eier, während die frischgeschlüpften Weibchen im Nest arbeiten bzw. auf die Nahrungssuche ausfliegen. So wächst das Nest kontinuierlich den Sommer hindurch und kann schließlich mehrere hundert Tiere umfassen. Erst im Herbst erscheinen fruchtbare Männchen und Weibchen. Nach der Paarung, die meist auf Blüten stattfindet, löst sich das Nest allmählich auf.

Eine andere Bienengruppe sind die Holzbienen, mittelgroße bis große Arten mit sehr stark behaartem Körper und oft metallischer Färbung. Sie kommen vor allem in den wärmeren Regionen vor. Wir kennen etwa 800 Arten, die in die drei Gattungen *Lestis*, *Proxylocopa* und *Xylocopa* eingeteilt werden. Die meisten Arten bauen ihr Nest in trockenem Holz und nur gelegentlich in lebenden Pflanzen. In den gemäßigten Breiten haben sie nur eine Generation im Jahr, in den Tropen jedoch bis vier Generationen.

Das befruchtete Weibchen einer typischen solitären Art überwintert in irgendeinem Unterschlupf oder aber im gleichen Nest, in dem sie ausgeschlüpft ist. Im darauffolgenden Frühjahr gräbt sie ihr eigenes Nest mit Hilfe ihrer Mandibeln und legt eine Reihe von Zellen an.

▼ Hummeln legen ihr Nest meist in Erdgängen an und verfertigen Waben aus Wachs und Erde. Die Waben dienen der Aufzucht der Larven oder als Vorratsbehälter.

▲ Hummeln sind stark behaarte, verschiedenartig gefärbte, Honig produzierende Hymenoptera und zugleich die größten Bienenartigen. Man sieht sie häufig von einer Blüte zur anderen fliegen, Nektar saugen und Pollen sammeln, mit dem sie ihre Jungen füttern. Daher sind sie sehr wichtige Bestäuber ihrer Nahrungspflanzen. Sie bilden eusoziale Staaten, die allerdings weniger hoch entwickelt sind als diejenigen der Honigbiene.

▼ Die oftmals sehr großen Holzbienen bauen ihr Nest meist in Höhlungen im Holz. Die meisten Arten leben solitär, manche aber auch sozial.

▼ Holzbienen errichten in jedem Nest eine bestimmte Anzahl von Brutzellen. Diese sind voneinander durch Scheidewände aus zerkautem Holzmehl getrennt und meist spiralig angeordnet. Jede Zelle ist mit einem Gemisch aus Pollen und Nektar versehen und wird mit einem Ei bestückt. Meist schlüpfen zuerst die Bienen aus den äußeren Zellen, selbst wenn sie jünger als diejenigen in den inneren Zellen sind.

Jede Zelle ist von der nächsten durch eine Scheidewand aus zerkautem Holzmehl getrennt, und meistens sind die Zellen spiralförmig angelegt. Jede Zelle wird mit einem Gemisch aus Pollen und Nektar versehen, auf das schließlich ein Ei gelegt wird. Danach verläßt das Weibchen ihr Nest und stirbt. Nach dem Schlüpfen ernähren sich die Larven von dem Futtervorrat, verpuppen sich und verwandeln sich schließlich in erwachsene Männchen und Weibchen. Nach der Paarung und der Überwinterung beginnen die Weibchen im nächsten Frühjahr mit einem neuen Zyklus.

Bei der Honigbiene (*Apis mellifica*) enthält jeder Stock ein Weibchen, die Königin, eine sehr unterschiedliche Anzahl von Arbeiterinnen (zwischen 30 und 60.000 oder sogar noch mehr) und zu bestimmten Zeiten eine kleine Zahl von Männchen oder Drohnen. Die Königin ist die Mutter aller anderen Tiere im Stock, die Arbeiterinnen sind verantwortlich für den Bau der Waben, die Reinigung des Stockes, das Sammeln von Nektar und Pollen, die Versorgung der Jungtiere und die Verteidigung des Stockes. In einer Reihe von Merkmalen unterscheidet sich die Königin deutlich von den Arbeiterinnen. Obwohl sie wie diese einen Stachel besitzt, fehlt ihr der Sammelapparat der Arbeiterinnen (Kämme und Körbchen an den Hinterbeinen). Die Königin paart sich mit mehreren Männchen während der Hochzeitsflüge und kann vier oder fünf Jahre alt werden, während die Arbeiterinnen nach wenigen Monaten sterben. Bei gutem Wetter kann sie innerhalb von 24 Stunden bis 2.000 Eier legen, aus denen entweder Arbeiterinnen (unfruchtbare Weibchen), Männchen (Drohnen) oder von Zeit zu Zeit Königinnen (fruchtbare Weibchen) schlüpfen. Dies hängt von der Größe der Zellen ab, in denen die Eier abgelegt wurden. Denn die Zellengröße bestimmt anscheinend das Geschlecht der Embryonen, indem sie die Königin veranlaßt, entweder ein befruchtetes Ei zu legen, das sich zu einem Weibchen entwickelt, oder ein unbefruchtetes, das zu einem Männchen wird. Art und Menge der Nahrung, die die Larve erhält, bestimmen darüber hinaus, ob seine Gonaden steril werden oder nicht. Etwa 2-3 Milligram Gelée Royale und eine größere Menge an minderwertiger Nahrung ergibt eine Arbeiterin, während für die Entwicklung zu einer Königinnenlarve 100-300 Milligramm Gelée Royale – aber keine weitere Nahrung – benötigt werden.

Bienenstöcke werden mehrere Jahre alt und vermehren sich durch Schwärmen. Dabei verläßt die alte Königin mit etwa

◄ Die Wachsdrüsen, die in der Bauchregion des Abdomens der Arbeiterinnen gelegen sind, produzieren ein flüssiges Wachs, das an der Luft verfestigt und zum Bau der Waben dient. Die Mundwerkzeuge der Bienen sind zu einem Saugrüssel umgestaltet, der ausgefahren wird, wenn eine Arbeiterin eine Blüte anfliegt, um Nektar zu saugen. Der Nektar wird zunächst im Kropf gespeichert. Ein Teil wird später wieder abgegeben und in den Speicherzellen im Stock aufbewahrt, der Rest dient als Nahrung für die Arbeiterin. Die seitlichen Pharynxdrüsen, die das Gelée Royale produzieren, liegen im Kopf der Arbeiterin und haben eine Verbindung zu den Mundwerkzeugen. 1) Ösophagus; 2) Kropf; 3) Mitteldarm; 4) Enddarm; 5) Wachsdrüsen; 6) laterale Pharynxdrüsen.

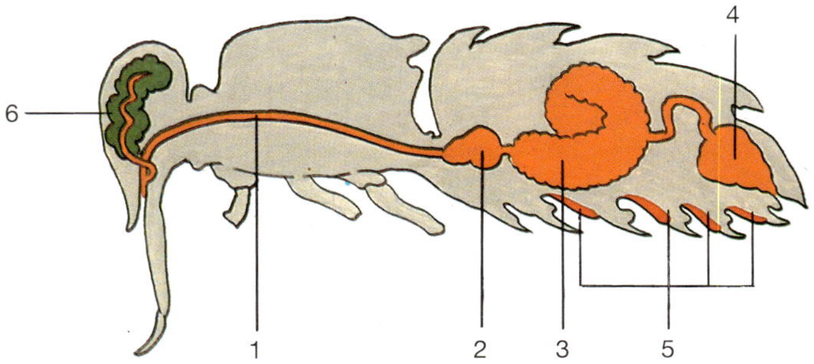

◄ Der Sammelapparat befindet sich auf dem dritten Beinpaar der Arbeiterinnen und besteht aus Kämmen und Körbchen, an denen der Pollen in dicken Klumpen festklebt.

▼ Der Bienenstachel steht mit einer Giftdrüse in Verbindung.

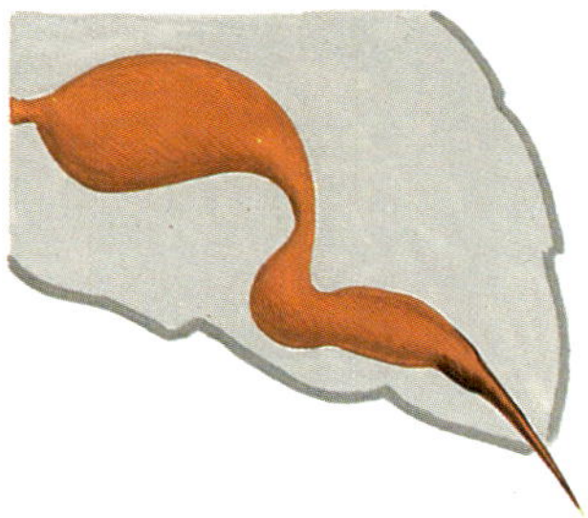

▲ Eine Bienenkönigin im Stock, umgeben von Arbeiterinnen.

Bienenkönigin   Arbeiterin   Männchen oder Drohne

der Hälfte der Arbeiterinnen den Stock und läßt sich an einem neuen Platz nieder, der zuvor von Kundschaftern ausgesucht worden ist. Die Königin bewahrt den Samen, den sie beim Hochzeitsflug von den Männchen erhalten hat, in einem Samenbehälter (Spermathek) auf, der im Abdomen gelegen ist und mit dem Eileiter in Verbindung steht. Dieser Samen reicht mehrere Jahre lang für die Befruchtung der Eier.

Die Königin, die ja das einzige fruchtbare und zugleich das einzige befruchtete Weibchen im Bienenstock ist, übt eine außerordentlich wirksame Kontrolle über die Arbeiterinnen aus. Die ständig von ihr abgegebenen Kontrollstoffe, sogenannte Pheromone, stimulieren "Gruppeneffekte", die für die Zusammenarbeit im Stock von größter Wichtigkeit sind. Die Arbeiterinnen unterscheiden sich zwar morphologisch nicht, es hat sich aber eine Arbeitsteilung herausgebildet, die vom Alter der Arbeiterinnen und von den augenblicklichen Bedürfnissen des Stockes abhängt. Obwohl die verschiedenen Aufgaben nicht gänzlich vom Alter der Arbeiterinnen bestimmt werden, durchlaufen diese doch normalerweise eine bestimmte Abfolge. Sie leben etwa einen Monat lang und reinigen in den ersten paar Tagen nach dem Schlüpfen die Waben. Danach versorgen sie die Junglarven und füttern sie mit Gelée Royale, das in dieser Periode von ihren Drüsen abgegeben wird. Später füttern sie die fast erwachsenen Larven mit Honig und Pollen. Nach etwa zehn Tagen bilden sich die Gelée Royale produzierenden Drüsen zurück, und die Wachsdrüsen entwickeln sich. Jetzt übernimmt die Arbeiterin wiederum eine neue Tätigkeit und beginnt Waben zu bauen, sie mit Nahrung zu füllen, altes Wachs zu entfernen, den Stock zu säubern oder Abfälle nach draußen zu schaffen. Nun verläßt sie auch zum ersten Mal den Stock, um die Umgebung kennenzulernen. Wenn eine Arbeiterin einmal eine Futterpflanze gefunden und ihren Geruch kennengelernt hat, ist sie imstande, derartige Pflanzen wiederzufinden. Nach etwa zwanzig Tagen übernimmt sie die Funktion des Wächters, der alle Individuen, die den Stock verlassen oder betreten, kontrolliert, um Eindringlinge abzuwehren.

Eine der aufregendsten wissenschaftlichen Entdeckungen dieses Jahrhunderts war die Bestätigung, daß Bienen sich verständigen können und Informationen über Nahrungsquellen austauschen. Vor einigen Jahren erhielt der deutsche Forscher Karl von Frisch für seine viele Jahre andauernde Erforschung der "Bienensprache" den Nobelpreis.

▲ Larven, die sich in isolierten Zellen bei ausschließlicher Ernährung mit Gelée Royale entwickeln, werden zu Königinnen.

▲ Wenn zwei Königinnen zur gleichen Zeit schlüpfen, bekämpfen sie sich so lange, bis eine getötet wird.

▲ Die neue Königin verläßt den Stock mehrmals, um sich mit mehreren Männchen zu paaren, bevor sie mit der Eiablage beginnt. Der in ihrer Spermathek gespeicherte Samen reicht ihr ganzes Leben lang.

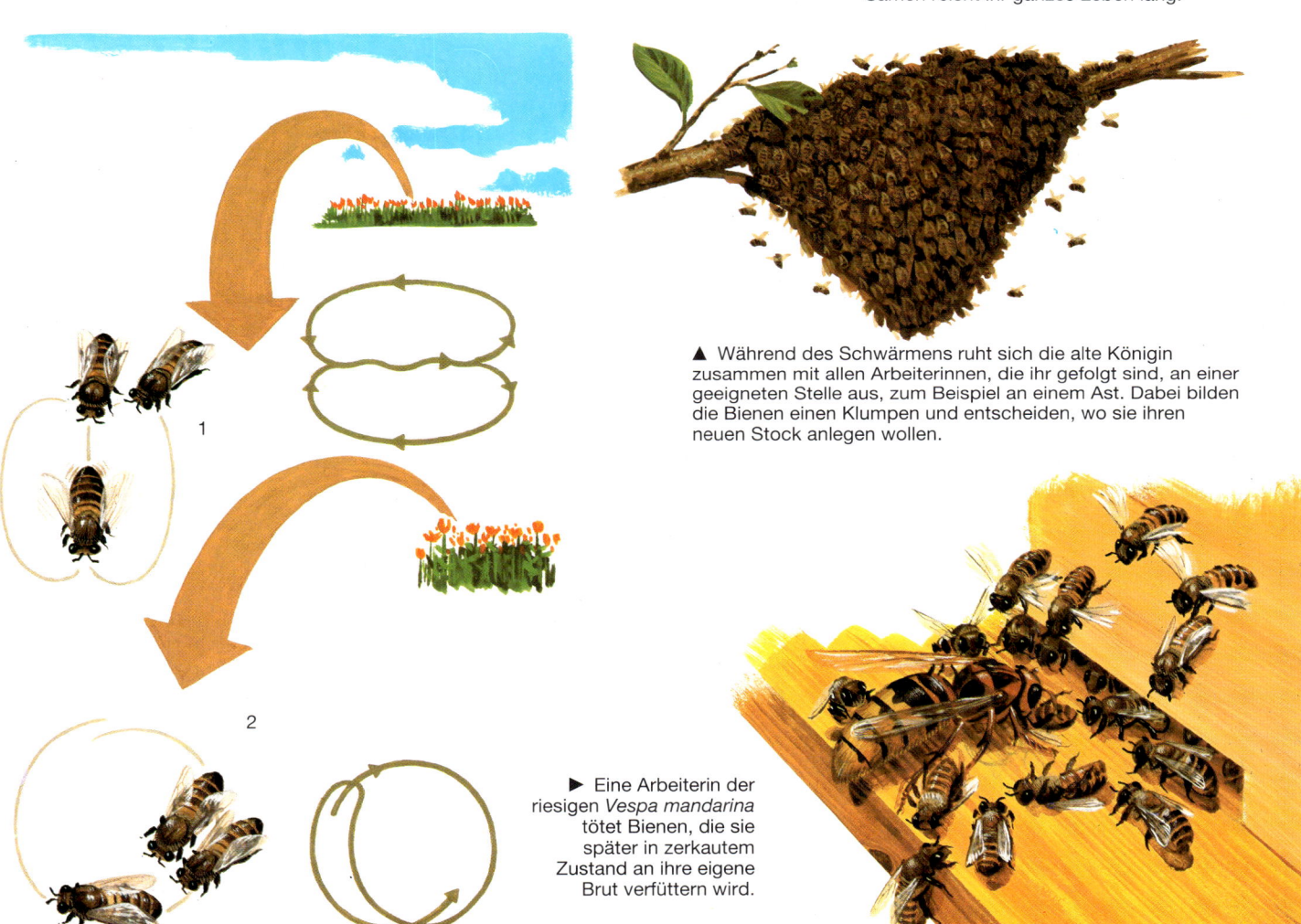

▲ Während des Schwärmens ruht sich die alte Königin zusammen mit allen Arbeiterinnen, die ihr gefolgt sind, an einer geeigneten Stelle aus, zum Beispiel an einem Ast. Dabei bilden die Bienen einen Klumpen und entscheiden, wo sie ihren neuen Stock anlegen wollen.

▶ Eine Arbeiterin der riesigen *Vespa mandarina* tötet Bienen, die sie später in zerkautem Zustand an ihre eigene Brut verfüttern wird.

◀ Die Waben im Bienenstock setzen sich aus einer großen Anzahl von Zellen zusammen, die zur Aufzucht der Brut und zum Speichern von Nektar und Pollen dienen. Die Königin ist das einzige Individuum, das Eier legt, während die Arbeiterinnen je nach ihrem Alter den Stock reinigen, die Jungen versorgen, neue Zellen bauen, auf Nahrungssuche fliegen, den Stock verteidigen und ventilieren, wenn die Temperatur zu hoch ist.

▲ Zurückkehrende Bienen zeigen den Ort einer Nahrungsquelle, die sie entdeckt haben, durch einen Tanz auf den Waben an. Beim Rundtanz (2) beschreibt die Biene eine Reihe von Kreisen und ändert häufig ihre Richtung. Sie berichtet damit den anderen Bienen, daß die Nahrungsquelle innerhalb einer Entfernung von etwa 100 Metern vom Stock liegt. Beim Schwänzeltanz (1) beschreibt die Biene eine Achterfigur. Dies zeigt ihren Stockgenossinnen, daß die Nahrungsquelle weiter als 100 m vom Stock entfernt ist. Die genaue Entfernung wird durch die Geschwindigkeit des Tanzes angezeigt – je langsamer der Tanz, um so weiter ist die Nahrungsquelle entfernt. Die Richtung wird durch den Winkel der Geraden zwischen den beiden Kreisen bezeichnet. Befindet sich die Nahrungsquelle in der gleichen Richtung wie die Sonne, tanzt die Biene senkrecht von unten nach oben, liegt sie in entgegengesetzter Richtung, von oben nach unten. Wenn sich die Nahrungsquelle links von der Sonne befindet, wird auch die Gerade nach links gekippt, liegt sie rechts von der Sonne, entsprechend nach rechts.

FALTENWESPEN
(VESPOIDEA)

Faltenwespen sind Hautflügler aus der Überfamilie Vespoidea mit einem besonderen Merkmal, nämlich der Fähigkeit, das vordere Flügelpaar der Länge nach zu falten. Bei uns werden sie meist einfach als Wespen bezeichnet. Ungefähr 15.000 Arten sind bekannt.

Die Unterfamilie Vespinae enthält die größten Arten, vor allem aus den Gattungen *Vespa* und *Vespula*. Ihre Nester sind leicht zu erkennen, weil die Waben mit einer schützenden Hülle umkleidet sind. Die Vespinae sind eusozial und bilden einjährige Staaten, die von einem einzigen Weibchen gegründet werden und in ihrer Organisation etwas weiter entwickelt sind als diejenigen der Hummeln. Einige Arten, zum Beispiel *Vespula austriaca*, sind Sozialparasiten.

Das Wespennest wird im Frühling von einem einzigen, im Herbst zuvor befruchteten Weibchen gegründet, das den Winter über in einer Winterruhe an einem geschützten Ort verbracht hat. Nachdem das Weibchen die erste Blütennahrung zu sich genommen hat, sucht es einen geeigneten Nistplatz. Das kann ein hohler Baum sein, ein verlassenes Haus (*Vespa crabro*, die Hornisse), ein Ast, die Decke eines dunklen Raumes oder eine Höhle (*Vespula germanica* und *V. vulgaris*, *Dolichovespula media* und *D. saxonia*).

Hat das Weibchen einen günstigen Platz gefunden, legt es die erste kleine Wabe aus nur wenigen Zellen an. Sie wird mit einem Stiel befestigt und oberseits mit einer Schutzschicht aus einer grauen, papierähnlichen Substanz bedeckt, die aus zerkautem Holz oder sonstigem Pflanzenmaterial besteht. Danach legt das Weibchen an den Boden jeder der sechseckigen Zellen ein Ei. Nach dem Schlüpfen werden die ersten Larven mit von der Mutter zerkauten Insekten gefüttert. Die reifen Larven spinnen sich einen Kokon in ihrer Zelle und durchlaufen dort die Metamorphose. Wenn dann Arbeiterinnen vorhanden sind, beendet die Königin alle anderen Aktivitäten und konzentriert sich ausschließlich auf die Eiablage. Währenddessen vergrößern die Arbeiterinnen das Nest, verstärken die schützende Hülle, sammeln Nektar und jagen Insektenlarven, wobei die Gattung *Vespa* Honigbienen bevorzugt.

Wenn der Staat allmählich wächst, werden die Waben vergrößert und vermehrt und die mehrschichtige Schutzschicht wird abgebaut und neu errichtet. Anders

Ein Nest von *Polistes gallicus*. Die Aufgabe der Königin ist es, Eier in die Brutzellen zu legen, während die Arbeiterinnen das Nest vergrößern, wobei sie eine papierartige Substanz aus zerkautem Holz herstellen. Die einzige Aufgabe der Männchen ist die Paarung. Das Ei wird an die Innenwand der Brutzelle geklebt, und die Larve, die von den Arbeiterinnen versorgt wird, entwickelt sich in der Zelle. Kurz vor der Metamorphose umhüllt sie sich mit einem Kokon, aus dem sie als erwachsene Wespe schlüpft.

◀ Die Arbeiterinnen jagen Insekten, schneiden sie mit ihren Mandibeln in Stücke, formen daraus Nahrungsbällchen und füttern damit die Larven.

◀ Die erwachsenen Wespen ernähren sich von zuckerhaltigen Flüssigkeiten, die sie an Blumen oder aus reifen Früchten saugen

als bei den Bienen sind bei den Wespen die Waben einschichtig, und ihre Öffnungen sind nach unten gerichtet. Die Waben sind horizontal angelegt und hängen an Stielen aus Papier, durch die sie miteinander in Verbindung stehen.

Die Unterschiede der Kasten sind bei den Wespen gut ausgebildet und beruhen wahrscheinlich auf unterschiedlicher Nahrung. Diejenigen Larven, die später zu Königinnen werden, liegen in größeren Zellen und bekommen mehr Nahrung als die zukünftigen Arbeiterinnen. In der Zusammensetzung ist die Nahrung allerdings gleich und besteht vornehmlich aus zerkauten Insekten, Nektar und Fruchtfleisch. Die Arbeitsteilung in diesen Staaten ist wohl ziemlich einfach. Es scheint, daß die Arbeiterinnen wenigstens in den ersten Tagen nach dem Schlüpfen vor allem beim Nestbau beschäftigt sind und noch nicht zur Nahrungssuche ausfliegen oder die Jungen betreuen, und erst die etwas größeren Arbeiterinnen sammeln Nektar.

Die Mehrzahl der Wespen gehört zur Unterfamilie Polistinae. Die Gattung *Polistes* ist kosmopolitisch. Bei vielen Arten wird das Nest von einem einzigen Weibchen, bei anderen von mehreren gegründet. Die Papiernester bestehen aus einer einzigen flachen oder etwas gewölbten Wabe, die mit einem festen Stiel an einer horizontalen oder schrägen Basis, etwa einem Felsen, einem Baum oder einer Mauer, angeheftet wird. Obwohl die Nester niemals sehr groß sind, werden sie ständig vergrößert. Im Herbst bricht die Population wie bei den Vespidae zusammen. Die befruchteten Weibchen und manchmal auch einige Arbeiterinnen überwintern in einer gut geschützen Unterkunft.

Im Nest von *Polistes gallicus* agiert nur eine aus der Gruppe der befruchteten Weibchen als Königin, da sie die Entwicklung der Ovarien der anderen durch ihr aggressives Verhalten unterdrückt und sie dadurch zu Arbeiterinnen macht. Arten der Gattung *Polistes* füttern ihre Jungen wie die Vespinae zunächst mit zuckerhaltigen Säften oder mit Eiern, und erst später mit tierischer Kost (Insekten, Spinnen u. ä.), die entweder zu einem Brei zerkaut wird, oder in Form unzerkauter Nahrungsteile. Wird das Innere des Nestes zu heiß, senken *Polistes*-Arten wie alle anderen Wespen die Temperatur durch Flügelschlagen, wodurch sie einen Luftzug erzeugen, oder durch Aussprühen von Wassertröpfchen über die Wabe. Andere mit den Vespinae übereinstimmende Verhaltensweisen sind gelegentlicher Kannibalismus und der Austausch von Nahrung.

▼ Die Angehörigen der Gattungen *Vespa* und *Vespula* sind oft äußerst aggressiv anderen Insekten gegenüber, die sie als Nahrung für ihre Larven brauchen, aber auch größeren Tieren und dem Menschen gegenüber. Ihr Stich kann sehr schmerzhaft sein, und *Vespa mandarina* aus Asien ist besonders gefährlich. Diese Art ist der wichtigste Feind der Honigbienen, die als Nahrung für ihre Brut dienen.

◄ Die Nester von *Vespa* und *Vespula* bestehen, anders als diejenigen von *Polistes*, aus mehreren Waben, die durch einen mehrschichtigen Überzug aus Papier geschützt sind, und sie werden sowohl im Boden wie im Freien angelegt. Die horizontalen Waben stehen durch Papiersäulen miteinander in Verbindung. Die Größe der Nester ist vom Alter des Staates abhängig.

► Der Kopf einer Wespe mit den mächtigen Mandibeln.

AMEISEN
(FORMICIDAE)

Ameisen (Formicidae) kommen in allen Teilen der Welt vor und können in vielerlei Hinsicht als die wichtigsten sozialen Insekten angesehen werden, sowohl in Hinsicht auf ihre Individuenzahl, als auch auf ihre Artenzahl (über 7.000). Ihr Nahrungserwerb ist oft hochspezialisiert und zahlreiche Insekten fallen ihnen zum Opfer. Manche Ameisen bevorzugen die Samen verschiedener Pflanzen, andere ernähren sich von Termiten, Springschwänzen oder den Eiern verschiedener Insekten. Eine Anzahl von Arten parasitiert andere Ameisen und einige ernähren sich vom Honigtau, der von den Blattläusen ausgeschieden wird. Einige tropische Arten, zum Beispiel die Attini, ernähren sich von Pilzen, die sie anbauen, indem sie die Myzelien auf einen Nährboden aus zerkauten Resten verschiedener Pflanzen versetzen.

Die überwältigende Mehrzahl der Ameisen errichtet ein Nest im Boden, manche nisten jedoch in Bäumen und gehen eine solch enge Beziehung zu ihrer Wirtspflanze ein, daß diese ohne sie nicht mehr existieren kann. Alle Ameisen leben in eusozialen Gemeinschaften oder sind Sozialparasiten. Ameisenstaaten sind langlebig, homogen oder heterogen, und können ein einziges Weibchen oder mehrere Weibchen enthalten. Die Staaten können ohne Mithilfe anderer Ameisen gegründet werden, oder aber sie brauchen eine derartige Hilfe. Dies führt zu unterschiedlich engen symbiontischen Beziehungen, die schließlich sogar schädlich oder gefährlich für einen Partner werden können.

Bestimmte Ameisen legen ihre Nester in sackartigen Gebilden an, die sie selbst aus Seide gewoben haben oder die aus Blättern oder sonstigen Pflanzenresten bestehen und durch Seidenfäden zusammengehalten werden, die entweder aus Spinnennetzen stammen oder von den eigenen Larven erzeugt werden, wie bei *Oecophylla smaragdina*. Bei dieser Art werden die Larven wie Weberschiffchen benutzt, indem die Arbeiterinnen sie mit den Mandibeln umfassen, sie dazu stimulieren, einen Faden auszuscheiden, und damit Pflanzenteile zusammennähen, die andere Arbeiterinnen währenddessen aneinander halten. Das Resultat ist ein sackartiges Gebilde, in das der Ameisenstaat schließlich einzieht.

Blattläuse ernähren sich von Pflanzensäften, deren zuckrige Bestandteile sie später in leicht umgewandelter Form als

► Ameisen der Gattung *Oecophylla* während des Nestbaues. Dabei halten sie ihre Larven zwischen den Mandibeln und benutzen sie als Weberschiffchen, indem sie sie dazu stimulieren, Seidenfäden abzuscheiden, mit denen sie Blätter zusammennähen. Diese werden von anderen Arbeiterinnen aneinandergehalten.

◄ Ernteameisen der Gattung *Messor* speichern Getreidekörner in ihrem Nest.

◄ Blattschneiderameisen der Gattung *Atta*.

► Die Arbeiterinnen der Gattung *Myrmecocystus* können ihr Abdomen enorm ausdehnen, so daß es als Vorratsbehälter für zuckerhaltige Flüssigkeiten (daher Honigtopfameisen) dienen kann, von denen sich andere Arbeiterinnen ernähren.

sogenannten Honigtau wieder abscheiden. Dieser wird von verschiedenen Arten höherer Ameisen, vor allem aus den
Unterfamilien Myrmicinae und Formi-
cinae, sehr geschätzt. Die Ameisen sammeln ihn vom Boden, von Blättern, oder
aber von den Produzenten selbst, indem
sie die Blattläuse zur Abgabe stimulieren. Bei *Formica rufa*, der Roten Wald-
ameise, zum Beispiel stellt Honigtau
mehr als die Hälfte der Nahrung dar, während viele andere Arten ihn nur gelegentlich aufnehmen. Die Abhängigkeit
vom Honigtau erreicht ihr höchstes Maß
bei gewissen amerikanischen Ameisen,
die völlig von Blattläusen abhängig sind
und diese halten wie Bauern ihr Vieh.
Wie alle anderen sozialen Insekten haben auch Ameisen Kasten verschiedenartig ausgebildeter Weibchen entwickelt,
doch im Unterschied zu anderen Hymenoptera besitzen sie deren drei, nämlich
fruchtbare Weibchen oder Königinnen,
Arbeiterinnen und Soldaten. Bei manchen
Arten gibt es keine Arbeiterinnen mehr,
bei anderen wurden die Königinnen durch
Formen ersetzt, die den Arbeiterinnen
sehr ähnlich sind.
Die Funktion der Königin im Ameisenstaat verändert sich mit ihrem Alter. Nach
der Paarung gründet sie einen neuen Staat
und muß all die Aufgaben erledigen, die
später den Arbeiterinnen zufallen. Noch
später beschränkt sie sich auf die Eiablage und die Aufnahme von Nahrung, die
entweder aus vorgekautem Nahrungsbrei
oder aus Eiern besteht. In manchen Fällen ist diese Reihenfolge reversibel.
Die Aufgabe der Soldaten ist die Verteidigung des Nestes, daher besitzen die Angehörigen dieser Kaste besonders umgestaltete oder große Mandibeln zum Stechen, Schneiden oder Klemmen. Manchmal können sie auch andere Aufgaben
übernehmen, etwa den Nahrungstrans-
port oder die Umwandlung in lebende
Vorratsbehälter.
Alle anderen Aufgaben im Ameisenstaat
werden von den Arbeiterinnen übernommen, und deren Größe ist daher oft ihrer
Tätigkeit angepaßt. Kleine Arbeiterinnen
gehen häufig auf Nahrungssuche, während große Arbeiterinnen häufiger im Nest
beschäftigt sind. Gelegentlich, wie bei *Oecophylla longinoda*, hat sich diese Arbeitsteilung umgekehrt. Die jüngeren Arbeiterinnen bleiben normalerweise zunächst im Nest, während die älteren mehr
Zeit außerhalb verbringen. Die sogenannte
Trophallaxis spielt eine sehr bedeutende
Rolle im Sozialleben. Es ist der Nah-
rungsaustausch zwischen erwachsenen
Tieren, bzw. ein indirekter oder direkter
Austausch zwischen Erwachsenen und
Larven.

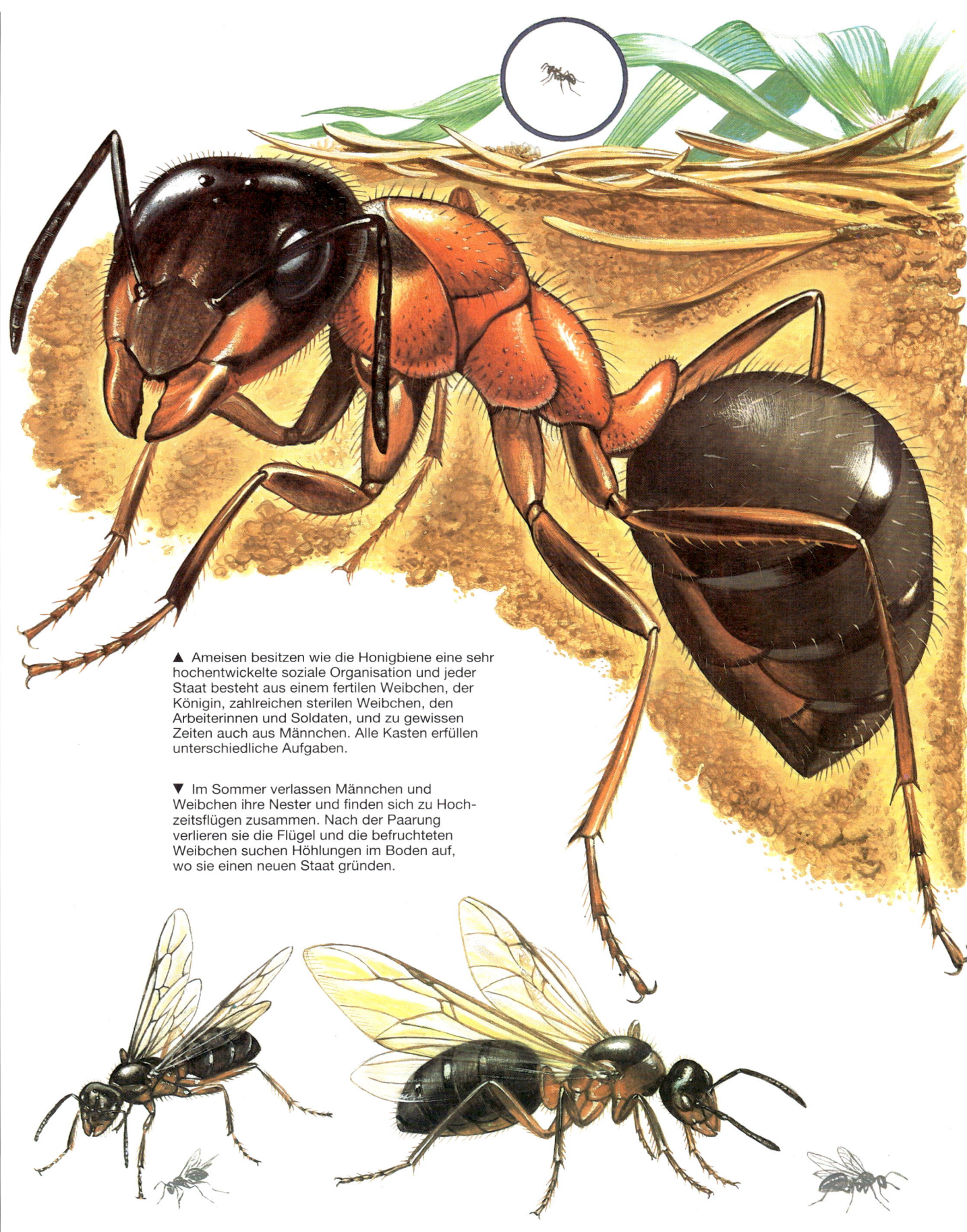

▲ Ameisen besitzen wie die Honigbiene eine sehr
hochentwickelte soziale Organisation und jeder
Staat besteht aus einem fertilen Weibchen, der
Königin, zahlreichen sterilen Weibchen, den
Arbeiterinnen und Soldaten, und zu gewissen
Zeiten auch aus Männchen. Alle Kasten erfüllen
unterschiedliche Aufgaben.

▼ Im Sommer verlassen Männchen und
Weibchen ihre Nester und finden sich zu Hoch-
zeitsflügen zusammen. Nach der Paarung
verlieren sie die Flügel und die befruchteten
Weibchen suchen Höhlungen im Boden auf,
wo sie einen neuen Staat gründen.

WEICHTIERE
(MOLLUSCA)

Die Mollusca sind einer der wichtigsten, aber zugleich auch einer der artenreichsten Stämme des Tierreichs und nehmen mit mehr als 100.000 Arten bereits den zweiten Platz hinter den Arthropoda ein. Sie sind auch einer der verschiedenartigsten Stämme, denn im Lauf der Evolution haben sich die Weichtiere in sehr verschiedene Richtungen entwickelt.

Der Körper der Weichtiere kann in fünf hauptsächliche Bereiche eingeteilt werden: den Fuß, den Kopf, den Eingeweidesack, den Mantel und die Schale. Der Fuß ist sehr muskulös und dient der Fortbewegung. Seine Form ist in allen Gruppen unterschiedlich, denn sie ist den verschiedenen Substraten angepaßt, auf denen sich Mollusken bewegen, und gleichfalls der Art, wie sie sich bewegen. In manchen Fällen – zum Beispiel bei Landschnecken – befindet sich der Kopf vor dem Fuß und hat oft zwei Stiele, auf denen die Augen sitzen, entweder an der Basis, oder an der Spitze, oder irgendwo dazwischen.

Oberhalb des Fußes befindet sich der Eingeweidesack, der die Verdauungs-, Exkretions-, Kreislauf- und Fortpflanzungsorgane enthält. Der Eingeweidesack wird von einer Epithelschicht umhüllt, die an der Basis des Eingeweidesacks als seitliche Falte ausgebildet ist, den Mantel. Diese Hautfalte umgibt den Kopf und den ganzen Körper und außerdem einen Hohlraum zwischen Mantel und dem übrigen Körper, die Mantelhöhle. Wie später erläutert werden wird, hängt das Verhältnis eines Weichtieres zu seiner Umwelt in großem Maß von seiner Mantelhöhle ab, bzw. von den Organen, die in ihr liegen.

Mollusken atmen durch ein Paar Kiemen oder Ctenidia in der Mantelhöhle. Das zweiästige Ctenidium ist die ursprünglichste Kiemenform. Es besteht aus einer Mittelachse mit zwei seitlichen Reihen von Kiemenfilamenten, die wie bei einer Feder angeordnet sind. Der Sauerstoffaustausch geschieht in den Filamenten. Der Mantel bildet außerdem die bekannte Kalkschale, die bei den meisten Angehörigen dieses Stammes vorhanden ist. Mollusken sind entweder hermaphroditisch oder getrenntgeschlechtlich. Offensichtlich bietet aber Hermaphroditismus, wenn die Selbstbefruchtung unmöglich ist, günstigere Voraussetzungen für die Fruchtbarkeit als Getrenntgeschlechtlichkeit, denn jedes Zusammentreffen von zwei paarungsbereiten Individuen kann

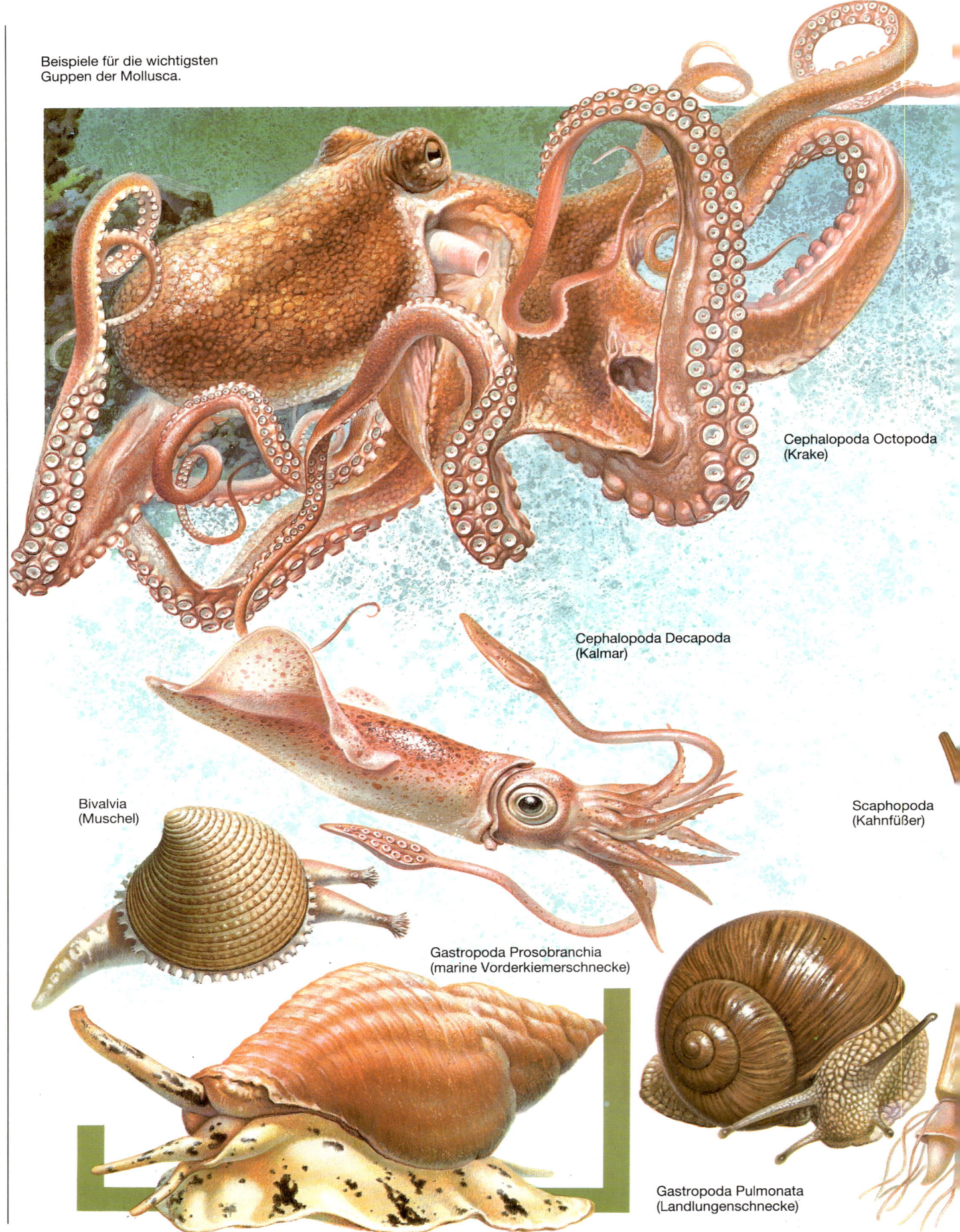

Beispiele für die wichtigsten Guppen der Mollusca.

Cephalopoda Octopoda (Krake)

Cephalopoda Decapoda (Kalmar)

Scaphopoda (Kahnfüßer)

Bivalvia (Muschel)

Gastropoda Prosobranchia (marine Vorderkiemerschnecke)

Gastropoda Pulmonata (Landlungenschnecke)

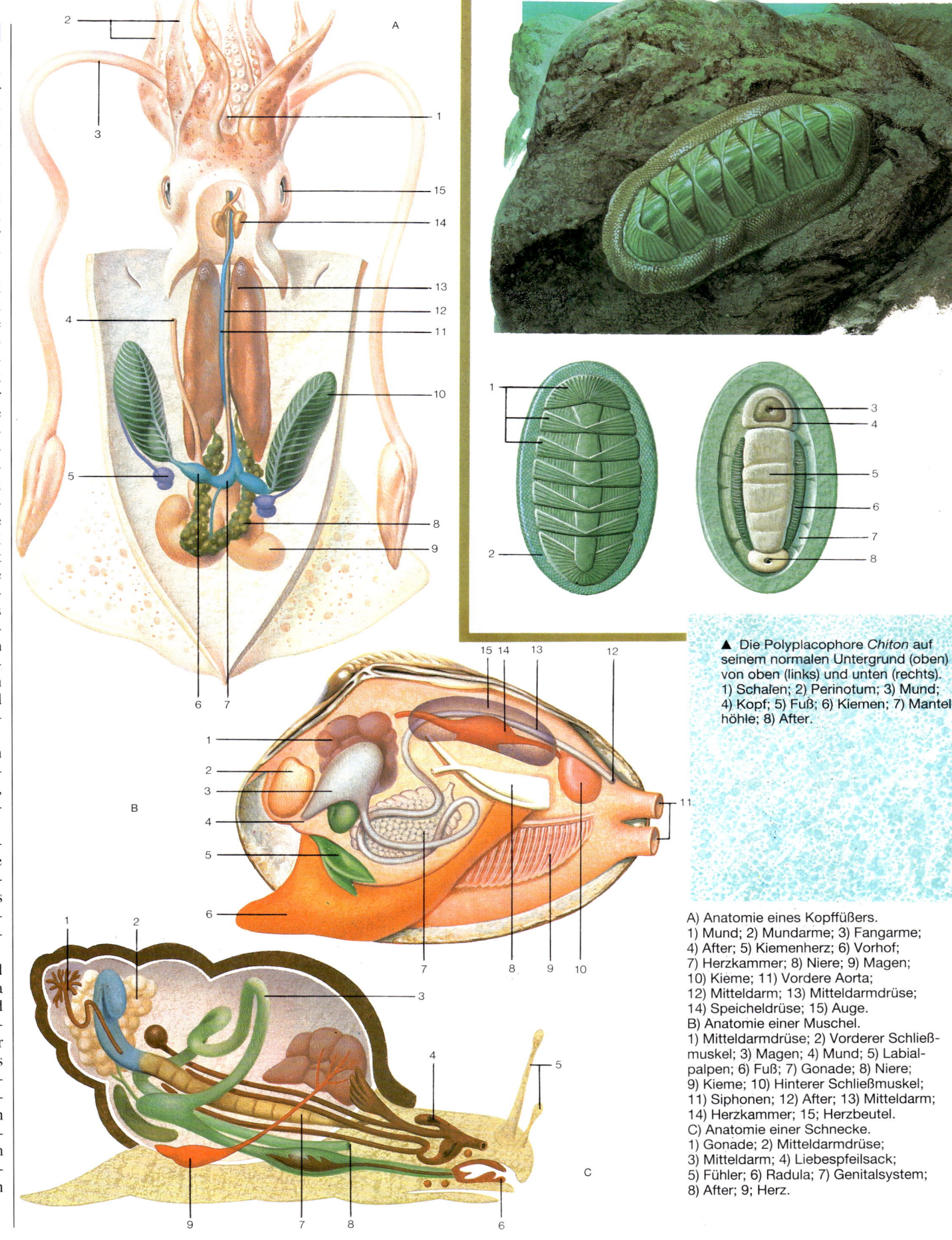

zur Befruchtung führen, während bei Getrenntgeschlechtlichkeit die Chance für die Befruchtung nur 50 % beträgt. Es sollte allerdings hervorgehoben werden, daß bei Hermaphroditen nur selten gleichzeitig die männlichen und weiblichen Geschlechtsorgane funktionstüchtig sind. Wenn dies dennoch der Fall ist, sind in der Regel Vorkehrungen getroffen, um Selbstbefruchtung zu verhindern. Daher werden zur sexuellen Fortpflanzung immer zwei Individuen benötigt.

Das Ei entwickelt sich in der Eihülle und ergibt in der Regel eine Larve, die nach dem Schlüpfen weit verdriftet wird. Die ursprünglichste Larvenform ist die Trochophora, welche den Larven der Anneliden sehr ähnlich ist. Die Trochophora verläßt aber oft die Eischale nicht mehr und wandelt sich gleich in eine zweite Larvenform um, den Veliger. Diese Larvenform ist charakteristisch für die Mollusca und sie weist bereits bestimmte Teile des Körpers der Erwachsenen auf, zum Beispiel den Fuß, den Mantel, die von einer Schalendrüse abgeschiedene larvale Schale und eine Art Kopf, der aus zwei oder mehr großen Loben besteht, die mit winzigen Geißeln besetzt sind. Die Geißeln dienen zugleich der Fortbewegung und dem Transport winziger, aus dem Wasser ausgefilterter Nahrungspartikel in den Mund. Beide Larventypen sind aquatisch und finden sich fast ausschließlich bei meeresbewohnenden Weichtieren, bei allen terrestrischen und den meisten süßwasserlebenden Mollusken fehlen sie dagegen.

Der Stamm Mollusca enthält die Klassen Solenogastres, Caudofoveata, Polyplacophora, Monoplacophora, Gastropoda, Pelycopoda, Scaphopoda und Cephalopoda.

Solenogastres und Caudofoveata sind primitive, wurmartige Mollusca ohne eine echte Schale. Polyplacophora, die Käferschnecken, leben im Meer, meistens an Felsküsten. Die Monoplacophora bilden eine kleine Klasse napfschneckenartiger Tiere.

Die Gastropoda sind die artenreichste und verschiedenartigste Klasse der Mollusca und enthalten Meeres-, Süßwasser- und Landschnecken. Pelycopoda oder Bivalvia (Muscheln) sind festsitzende oder kaum bewegliche Tiere, deren Schale aus zwei beweglichen Klappen besteht. Scaphopoda besitzen langgestreckte, stoßzahnartige, konische Gehäuse und leben auf sandigen Meeresböden. Cephalopoda sind die am höchsten entwickelten Mollusca, ihnen fehlt die Schale oft gänzlich und sie sind ans Leben im offenen Meer angepaßt.

▲ Die Polyplacophore *Chiton* auf seinem normalen Untergrund (oben) von oben (links) und unten (rechts).
1) Schalen; 2) Perinotum; 3) Mund; 4) Kopf; 5) Fuß; 6) Kiemen; 7) Mantelhöhle; 8) After.

A) Anatomie eines Kopffüßers.
1) Mund; 2) Mundarme; 3) Fangarme; 4) After; 5) Kiemenherz; 6) Vorhof; 7) Herzkammer; 8) Niere; 9) Magen; 10) Kieme; 11) Vordere Aorta; 12) Mitteldarm; 13) Mitteldarmdrüse; 14) Speicheldrüse; 15) Auge.
B) Anatomie einer Muschel.
1) Mitteldarmdrüse; 2) Vorderer Schließmuskel; 3) Magen; 4) Mund; 5) Labialpalpen; 6) Fuß; 7) Gonade; 8) Niere; 9) Kieme; 10) Hinterer Schließmuskel; 11) Siphonen; 12) After; 13) Mitteldarm; 14) Herzkammer; 15) Herzbeutel.
C) Anatomie einer Schnecke.
1) Gonade; 2) Mitteldarmdrüse; 3) Mitteldarm; 4) Liebespfeilsack; 5) Fühler; 6) Radula; 7) Genitalsystem; 8) After; 9) Herz.

KOPFFÜSSER
(CEPHALOPODA)

Bei den modernen Kopffüßern ist die Schale zu einem Auftrieb erzeugenden Organ umgewandelt worden. Nach den neuesten Theorien stammen die Cephalopoda direkt von den Monoplacophora ab und haben nur ihre Schale stärker eingerollt. Der Endbereich des Eingeweidesackes dieser primitiven Weichtiere soll sich danach allmählich eingerollt haben und der ihn bedeckende Mantel soll eine Reihe von inneren, kalkigen Scheidewänden (Septen) abgegeben haben, die gasgefüllte Hohlräume begrenzen. Dadurch wurden die Cephalopoda im Lauf ihrer Evolution immer leichter, bis das Gas das Gewicht des Körpers und der Schale kompensierte. Nun konnten sie frei im Wasser schweben und sich ohne Mühe vom Meeresgrund erheben, auf den sie vorher beschränkt gewesen waren. Nach einer anderen Theorie wurden die zunächst pflanzenfressenden Kopffüßer in einem frühen Stadium ihrer Evolution zu Räubern und entwickelten Kopftentakel, die dem Beutefang dienten. In dem Maße, wie sich die Tentakel vergrößerten, wurde der Fuß reduziert. Auch als die Cephalopoda frei schweben konnten, blieb das Problem der Fortbewegung im freien Wasser. Es war der Fuß, das einfachste, aber vielseitigste Organ der Mollusken, der eine neue Form und Funktion erhielt. Da er nicht länger zum Kriechen gebraucht wurde, wandelte er sich in ein Paar beweglicher Falten um, die sich teilweise überlappen und sich am Eingang zur Mantelhöhle zu einem Trichter zusammenlegen können. Mit Hilfe von rhythmischen Kontraktionen des Trichters kann der Kopffüßer recht zielgerichtet schwimmen, außerdem wird dadurch Wasser in die tiefe Mantelhöhle gepumpt.

Die Schale, die bei den Kopffüßern ursprünglich eine wichtige Rolle spielte, ist bei den modernen Formen fast ganz (Kalmare und Tintenfische - Decapoda) oder völlig reduziert (Kraken - Octopoda). Sie liegt meist im Inneren und ist stark umgewandelt. Die einzigen lebenden Cephalopoda mit einer wohlentwickelten äußeren Schale sind die Arten der Gattung *Nautilus* im westlichen Indopazifik. Die Nahrung wird unterschiedlicher Weise gefangen. Tintenfische zum Beispiel schwimmen dicht über dem Grund von küstennahen Gewässern und fangen Garnelen und kleinere Fische. Dabei wühlen sie den Sand am Boden mit einem Wasserstrahl ihres Trichters auf, um Beute-

▲ Der bekannte Gemeine Krake, *Octopus vulgaris* (Octopoda), mit dem deutlich sichtbaren Trichter.

◄ Alle Kopffüßer leben im Meer. Manche leben am Boden, andere, wie die Kalmare, sind hervorragende Schwimmer. Alle sind räuberisch und benutzen ihre Fangarme zum Beutefang.

▼ Detailabbildung der Mundregion eines Tintenfisches. Die großen Kiefer, die einem Papageienschnabel gleichen, sind deutlich zu erkennen.

tiere aufzuscheuchen. Dann werden die Fangarme blitzartig aus Taschen beiderseits des Mundes ausgestreckt, um die Beute zu ergreifen (diese Taschen liegen innerhalb des Ringes der Mundtentakel). Diese Art des Beutefanges ist angeboren und junge Tintenfische fangen zunächst Kleinkrebse, bevor sie sich an größere Krebse und Fische wagen. Dennoch lernen sie erst allmählich, wie sie sich an die verschiedenen Beutetiere anschleichen müssen.

Kraken, die ebenfalls Krebse erbeuten, greifen sie blitzartig von oben mit ihren Armen. Die Beute wird sodann mit dem Schnabel gebissen und mit Gift aus den Speicheldrüsen getötet oder gelähmt. Dann wird sie mit den Armen umschlungen, während Verdauungssäfte injiziert werden. Nach einigen Stunden wird die Beute, zum Beispiel eine Krabbe, äußerlich unversehrt entlassen, tatsächlich ist aber nur das Außenskelett übrig, während das Fleisch vollständig verflüssigt und aufgesaugt wurde – ein Beispiel für die extraintestinale oder äußere Verdauung.

Das Nervensystem der Kopffüßer ist ungewöhnlich hoch entwickelt. Die Zerebralganglien sind fast vollständig zu einem Gehirn verschmolzen, das von einer mehrfach durchbrochenen Knorpelkapsel umgeben ist. Seitlich steht das Gehirn mit den außerordentlich großen optischen Loben in Verbindung, wo die sehr reichhaltigen visuellen Informationen gesammelt werden. Das Hirn besteht aus zwei Teilen, dem größeren Oberschlundganglion und dem unterhalb des Schlundes gelegenen Unterschlundganglion.

Auch die Sinnesorgane sind sehr kompliziert und leistungsfähig. Das Auge ist sehr groß und kommt dem Wirbeltierauge an Leistungsfähigkeit gleich. Abweichend von fast allen anderen Weichtieren erkennen die Kopffüßer Beutetiere oder Feinde vor allem optisch, während ihr Geruchssinn schwächer entwickelt ist. Alle Cephalopoda sind getrenntgeschlechtlich. Die Eier werden meist in Gruppen an festem Untergrund abgelegt. Manche Arten pflegen ihre Brut. *Octopus* zum Beispiel reinigt die Eier mit den Fangarmen oder mit Wasserstrahlen. Bei *Argonauta* entwickeln sie sich in einer papierdünnen Schale, die von einem Paar modifizierter Mundtentakel produziert wird. Die Eier sind groß und dotterreich und die Embryonen ernähren sich von einem Dockersack.

▼ Farbvariationen beim Kraken.

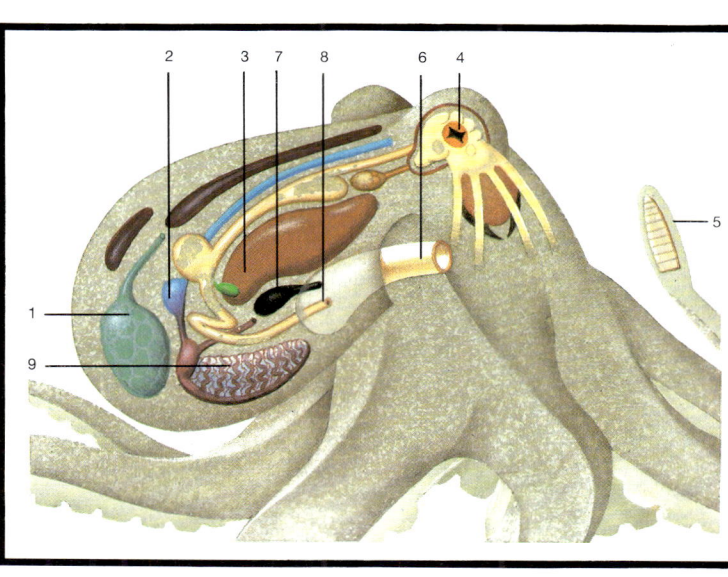

▲ Darstellung der Anatomie eines Kraken: 1) Gonade; 2) Herz; 3) Leber; 4) Auge; 5) Hectocotylus (zum sekundären Begattungsorgan umgewandelter Fangarm des Männchens); 6) Trichter; 7) Tintenbeutel; 8) After; 9) Kieme. Mit Ausnahme von *Nautilus* können alle Kopffüßer eine dichte "Tintenwolke" ausstoßen, wenn sie gestört werden. Die Tinte wird von einer speziellen Drüse erzeugt.

Gemeiner Tintenfisch (*Sepia officinalis*)

Schulp eines Tintenfisches

Gemeiner Kalmar (*Loligo vulgaris*)

▼ Detailabbildung der Saugnäpfe an einem Mundarm eines Kalmars. Man beachte den hornigen, gezähnten Ring am jedem Saugnapf.

Stadien in der Entwicklung eines Kraken. Die Eier werden in Schnüren an das Dach der Wohnhöhle angeheftet. Die Embryonen entwickeln sich innerhalb der Eier und ernähren sich von einem Dottersack, der ganz aufgebraucht ist, wenn die Jungen schlupfreif sind.

STACHELHÄUTER
(ECHINODERMATA)

Seesterne und Seeigel sind die bekanntesten Angehörigen des Stammes Echinodermata, einer Gruppe von Wirbellosen, die in allen Weltmeeren vom Strand bis in die tiefsten Tiefen der Ozeane zu finden sind. Infolge ihrer Vielgestaltigkeit und ihrer leuchtenden Farben gehören sie zu den attraktivsten Meerestieren. Echinodermata sind durch drei wichtige Merkmale charakterisiert. Erstens ist der Körper äußerlich radiärsymmetrisch und alle Teile gruppieren sich um eine Mittelachse. Allerdings gilt dies nicht für die inneren Organe, die in der Tat bilateralsymmetrisch angeordnet sind. Dennoch spricht man allgemein von einer Radiärsymmetrie bei den Echiodermata. Der bekannte, fünfarmige Seestern ist dafür ein gutes Beispiel. Sein Körper zeigt zwar äußerlich eine fünfstrahlige Symmetrie, kann aber in zwei symmetrische Hälften geteilt werden, wenn man einen Schnitt durch je einen der fünf Arme zur gegenüberliegenden Seite legt. Äußerlich sind die Echinodermata in der Regel fünfstrahlig, denn um die zentrale Achse sind alternierend fünf radiale und fünf interradiale Zonen angeordnet, während die zentrale Achse durch den Mund verläuft. Ein zweites wichtiges Merkmal der Echinodermata ist ihr Panzer aus Kalkplatten. Diese sind in unterschiedlicher Weise angeordnet und bilden einen unterschiedlich festen Panzer, der keinen eigentlichen Außenpanzer darstellt, weil er noch von einer Außenhaut, bestehend aus einem Epithel und einer Hautschicht, überdeckt ist. Häufig tragen die Platten Körnchen, Höcker oder Stacheln, die in erheblichem Grad die Gestalt der Stachelhäuter bestimmen.

Das dritte Merkmal ist der Besitz eines inneren Wassergefäßsystems aus flüssigkeitsgefüllten Kanälen. Ein Ringkanal umgibt den Darm kurz hinter der Mundöffnung, und von ihm ausgehende Kanäle durchziehen alle Radialzonen. Die Kanäle stehen mit zahlreichen kleinen und sehr beweglichen, innen hohlen Tentakeln oder Ambulakralfüßchen in Verbindung, die in zwei oder mehr Reihen in jeder Radialzone angeordnet und oft am Ende mit Saugnäpfen versehen sind. Daher werden die Radialzonen oft einfach als Ambulacra bezeichnet, im Gegensatz zu den dazwischenliegenden Interambulacra. Aus dem Ringkanal des Wassergefäßsystems entspringt außerdem ein Kanal, der zur Madreporenplatte führt. Diese vielfach durchbrochene

▲ Der Seestern *Luidia ciliaris* ist leuchtend orangerot gefärbt und lebt bis in Tiefen von 400 m im Mittelmeer und Ostatlantik, wo er auf sandigen Böden vorkommt.

Seeigel

◄ Bei den meisten Seesternen zeigt der Körper eine fünfstrahlige Symmetrie um eine zentrale Achse herum, in der die Mundöffnung liegt.

Seegurke

Platte ist gewöhnlich an der Körperoberseite gelegen und verbindet das Wassergefäßsystem mit der Außenwelt. Manchmal ist mehr als eine Madreporenplatte vorhanden.

Die Körperhöhle, das Zölom, kann verschieden groß sein und enthält ein röhrenförmiges und gewundenes oder sackförmiges Verdauungssystem. Im letzteren Fall kann dies zusätzlich noch Aussackungen besitzen. Auch der After kann zuweilen fehlen. Ein Blutgefäßsystem fehlt, aber ein System flüssigkeitsgefüllter Hohlräume oder Lakunen ist vorhanden. Das Nervensystem ist einfach gebaut und nicht mit Ganglien ausgestattet, und gut entwickelte Sinnesorgane fehlen. Die Größe der Echinodermata ist sehr unterschiedlich, manche Arten messen nur wenige Millimeter, andere, wie die schlangenförmige Synapta, werden mehrere Meter lang. Stachelhäuter bilden weder Kolonien, noch sind sie Parasiten. Alle Arten leben im Meer und bilden eine wichtige Komponente der Lebensgemeinschaften sowohl in tropischen, wie in polaren Meeren. Zahlreiche Stachelhäuter sind an das Leben in großer Tiefe angepaßt. Ihre Nahrung ist sehr verschiedenartig. Besonders die Seesterne sind räuberisch und verschlingen selbst Tiere, die ihnen an Größe gleichkommen. Der wichtigste Schutz der Stachelhäuter ist das Hautskelett, ein Kalkpanzer, der bei vielen Arten mit Stacheln besetzt ist.

Die Geschlechtsorgane der Echinodermata sind sehr einfach gebaut. In der Regel sind die Stachelhäuter getrenntgeschlechtlich und zeigen keinen Sexualdimorphismus. Die Eier werden einfach ins Wasser abgegeben und dort befruchtet. Aus ihnen schlüpfen winzige, bilateralsymmetrische Larven. Während fast alle erwachsenen Stachelhäuter Bodenbewohner (benthisch) sind, schwimmen die planktonischen Larven mit Hilfe ihrer zahlreichen Zilien frei im Wasser. Die Dauer der Larvalentwicklung ist unterschiedlich, am Ende aber sinken die Larven zu Boden und wandeln sich hier zum erwachsenen Tier um. Fast alle Arten haben eine derartige indirekte Entwicklung mit einer pelagischen, bilateralsymmetrischen Larve und einem benthisch lebenden, gewöhnlich radiärsymmetrischen Erwachsenenstadium. Es gibt allerdings wenige Ausnahmen mit direkter Entwicklung oder mit Hermaphroditismus und selbst Arten mit Brutfürsorge.

Die fünf heute noch existierenden Klassen der Echinodermata sind die Haarsterne (Crinoidea), Seegurken (Holothuroidea), Seesterne (Asteroidea), Schlangensterne (Ophiuroidea) und Seeigel (Echinoidea).

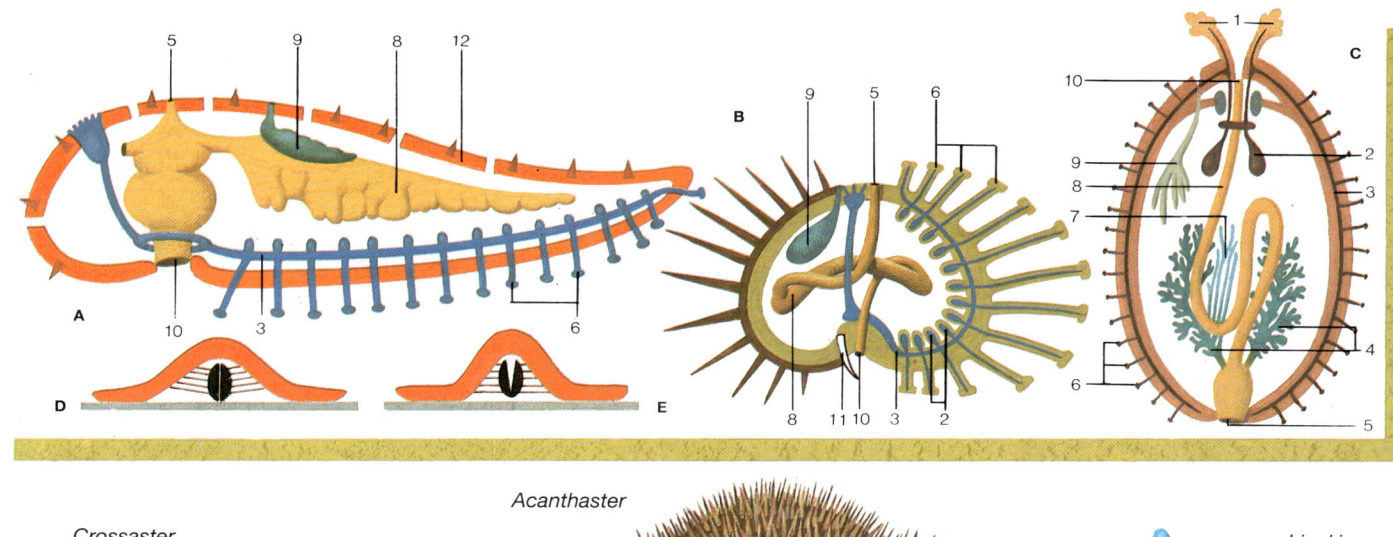

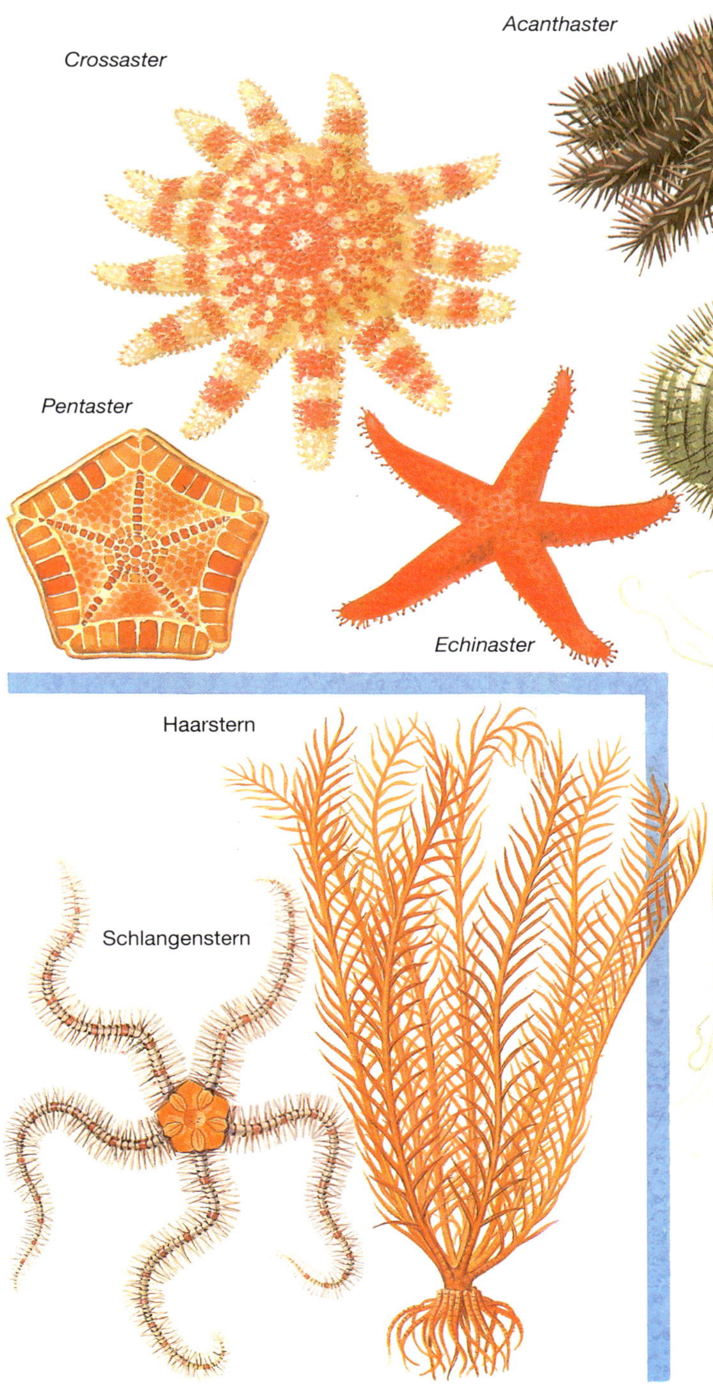

Crossaster

Acanthaster

Linckia

Pentaster

Echinus

Echinaster

Seegurke mit einem Bündel
Cuvier'scher Schäuche

Heterocentrotus

Haarstern

Schlangenstern

Diese Seite zeigt einige Angehörige des großen Stammes Echinodermata, die in ihrer Vielgestaltigkeit und Schönheit zu den interessantesten Meerestieren gehören.
Oben: senkrechter Schnitt durch einen Seestern (A); Anatomie eines Seeigels (B); und Anatomie einer Seegurke (C).
In allen Abbildungen: 1) Oraltentakel; 2) Ampullen der Tentakel; 3) Ringkanal des Wassergefäßsystems; 4) Kiemenbäumchen; 5) After; 6) Füßchen; 7) Cuvier'sche Schläuche; 8) Mitteldarm; 9) Gonade; 10) Mundöffnung; 11) Zähne; 12) Skelettplatte mit Stachel.
D-E) Zwei Stadien des Öffnens einer Muschel durch einen Seestern mit Hilfe seiner Füßchen.

MANTELTIERE UND LANZETT-FISCHCHEN
(TUNICATA UND CEPHALOCHORDATA)

Die Tunicata und Cephalochordata sind zwei Gruppen mariner Tiere, die mit den Wirbeltieren nah verwandt sind und gemeinsam mit diesen den Stamm Chordata bilden. Dieser Stamm enthält Tiere, die wenigstens zeitweilig einen festen, elastischen Skelettstab besitzen. Er besteht aus flüssigkeitsgefüllten Zellen, die unter Turgordruck stehen und von einer festen Hülle umgeben sind. Diese Struktur wird als Chorda dorsalis oder Notochord bezeichnet. Sie liegt in der Mitte des Tieres unter dem Neuralrohr, aber oberhalb des Darmes. Dennoch ist die Chorda bei den meisten Gruppen der Chordata kaum zu erkennen, da sie, mit Ausnahme der Cephalochordata, meist während der Jugendentwicklung reduziert wird.

Der Stamm Chordata wird in drei Unterstämme eingeteilt. Der erste umfaßt die Tunicata oder Urochordata, bei denen die Chorda nur im Schwanz der Larven und der erwachsenen Tiere erhalten ist, wenn diese noch einen besitzen. Der zweite Unterstamm wird von den Acrania oder Cephalochordata gebildet, bei denen die Chorda das gesamte Tier durchzieht und das ganze Leben lang erhalten bleibt. Der dritte Unterstamm umfaßt die Vertebrata, bei denen die Chorda während der Embryonalentwicklung vorhanden ist, beim Erwachsenen aber gewöhnlich durch die Wirbelsäule ersetzt wird.

Tunicata oder Manteltiere sind Meeresbewohner und gekennzeichnet durch ihren Mantel oder die Tunica. Der Mantel besteht aus einer zelluloseartigen Substanz und eingestreuten Zellen. Abweichend von den anderen Chordaten die Manteltiere nicht segmentiert. Wir unterscheiden drei Klassen: Ascidiacea, Thalicea und Larvacea.

Ascidiacea (Seescheiden) sind sessil, haben aber eine freischwimmende Larve. Viele leben einzeln, manche aber auch in Kolonien. Der sackartige Körper hat zwei runde Öffnungen, die zu kurzen Röhren ausgezogen sind, der Oralsipho und der Atrialsipho. Der Oralsipho führt in den sackförmigen Pharynx oder Kiemendarm, dessen Wände von sehr zahlreichen Kiemenöffnungen durchbrochen sind, so daß er oft auch als "Kiemenkorb" bezeichnet wird. Nach hinten öffnet sich der Kiemendarm in den Ösophagus und weiter

Halocynthia papillosa

▲ Schnitt durch eine solitäre Seescheide. Die Hülle ist braun gefärbt, der Mantel beige, das Endostyl blau. 1) Mundöffnung; 2) Kiemendarm; 3) Mitteldarm; 4) After.

▼ Das Lanzettfischchen *Branchiostoma lanceolatum* (früher *Amphioxus*, Cephalochordata). 1) Schwanz; 2) Mundzirren; 3) Kiemendarm; 4) Gonaden; 5) Mitteldarm; 6) Atrioporus; 7) After.

in den Magen, den S-förmigen Mitteldarm und den Enddarm. Dieser öffnet sich in die Peribranchialkammer oder das Atrium, das er auch teilweise umgibt. Das Atrium steht durch den Atrialsiphon mit der Außenwelt in Verbindung.

Seescheiden sind Filtrierer, die einen ständigen Wasserstrom durch den Oralsipho in die Kiemenkammer treiben. Das Wasser verläßt die Kiemenkammer durch die Kiemenöffnungen und den Atrialsipho. Seescheiden sind zweigeschlechtlich. Die Larven schwimmen mehrere Stunden lang frei im Wasser, dann heften sie sich an einem festen Substrat an und verwandeln sich zum erwachsenen Tier. Der Schwanz mit all seinen Organen wird resorbiert und die Siphonen brechen durch. Die Klasse Thaliaceae (Salpen) besteht ausschließlich aus freischwimmenden Tieren, deren innere Anatomie derjenigen der Seescheiden sehr ähnlich ist. Der Mantel ist wie der gesamte Körper meist durchsichtig und nur der Darm und die Gonaden sind gefärbt. Alle Arten weisen abwechselnd asexuelle und sexuelle Generationen auf. Die Thaliaceae bestehen aus drei Ordnungen, den Pyrosomidea, Doliolidea und Salpidea.

Die Pyrosomoidea oder Feuerwalzen sind kolonial und zeigen auffallende Lumineszenz, die von zwei Organen zu beiden Seiten der Kiemenregion unmittelbar unter dem Oralsipho hervorgebracht wird. Die Doliolidea (Tonnensalpen) sind kleine, tonnenförmige Salpen von wenigen Millimeter bis ausnahmsweise Zentimeterlänge. Wie alle anderen Salpen sind auch die Salpidea freischwimmende Filtrierer, an deren durchsichtigem Körper der kräftig gefärbte Darmtrakt auffällt.

Die Larvacea oder Appendicularia schließlich sind ebenfalls freischwimmende Manteltiere, bei denen die typische Chorda das ganze Leben lang erhalten bleibt. Der meist durchsichtige Körper besteht aus einem eiförmigen Rumpf und einem Schwanzteil. Sie erinnern sehr an die Larven der Seescheiden, daher ihr Name Larvacea.

Cephalochordata sind marine Tiere von geringer Größe (5-7 cm) und fischähnlicher Gestalt. Ihre Name nimmt Bezug auf die Tatsache, daß die Chorda vom Kopf bis zum Schwanz durchgeht und auch bei den erwachsenene Tieren erhalten ist. Der Körper ist fast durchsichtig und etwas zusammengedrückt und ähnelt einer Lanzette, daher der deutsche Name Lanzettfischchen. Man kennt nur zwei Gattungen. Lanzettfischchen leben im Flachwasser auf Sandboden und filtrieren kleine organische Partikel.

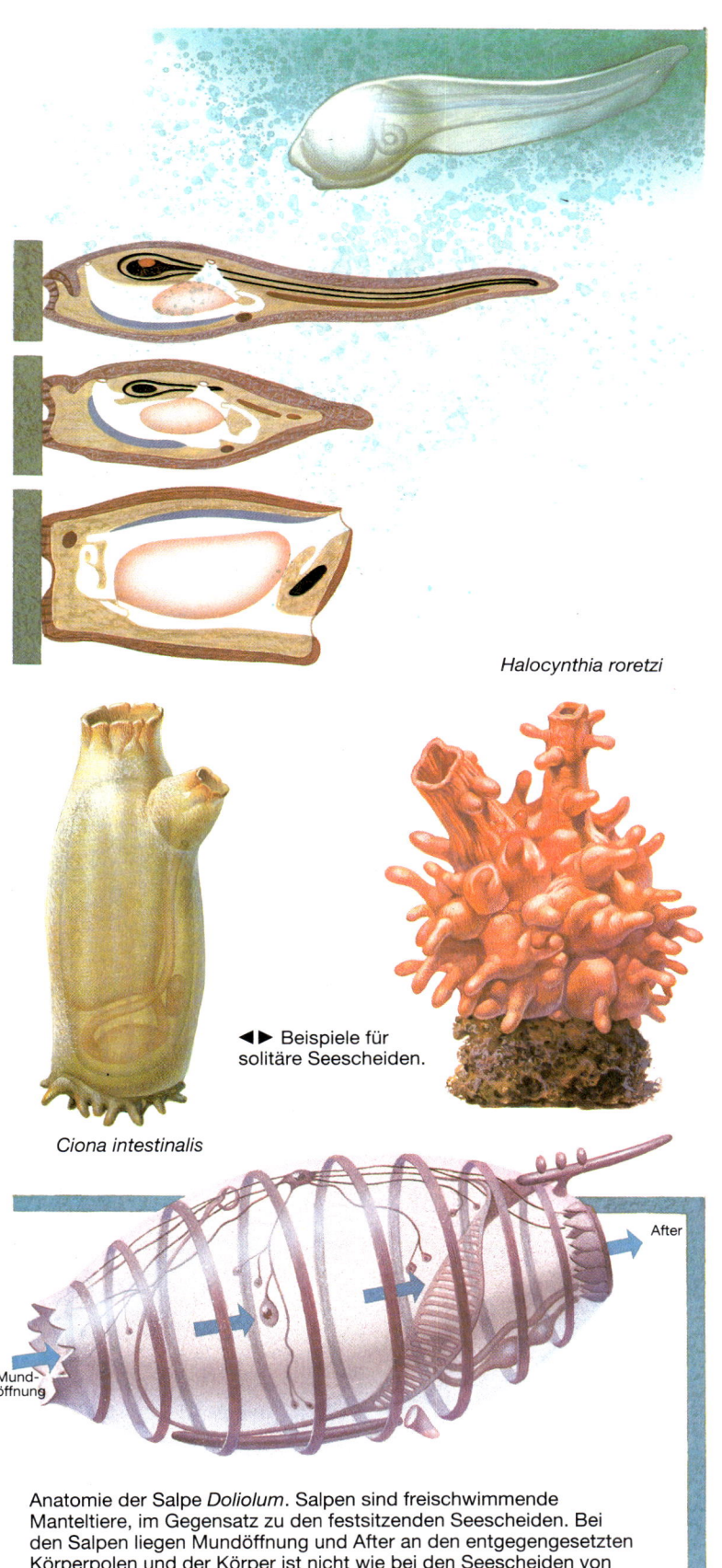

Halocynthia roretzi

Ciona intestinalis

◀▶ Beispiele für solitäre Seescheiden.

Anatomie der Salpe *Doliolum*. Salpen sind freischwimmende Manteltiere, im Gegensatz zu den festsitzenden Seescheiden. Bei den Salpen liegen Mundöffnung und After an den entgegengesetzten Körperpolen und der Körper ist nicht wie bei den Seescheiden von einer stabilen Hülle umschlossen, sondern durchsichtig und zart. Die Tiere schwimmen durch Kontraktion der Muskelringe, die rings um den Körper verlaufen.

Mundöffnung

After

◀ Stadien der Metamorphose einer Seescheidenlarve. Nachdem sie sich mit ihren Anheftungspapillen am Substrat befestigt hat, wird der Schwanz der kaulquappenähnlichen Larve resorbiert. Währenddessen entwickeln sich die inneren Organe weiter und drehen sich, bis sie ihre endgültige Lage erreicht haben.

▼ Ein Beispiel für eine koloniebildende Seescheide, *Botryllus schlosseri*. Die Art ist in der Nordsee weit verbreitet und häufig. Die Hüllen der verschiedenen Individuen der Kolonie verschmelzen zu einer gelatinösen Masse. In der Mitte der Kolonie liegt eine gemeinsame Kammer, das Atrium, die zur Abgabe der Exkrete dient.

MEERNEUNAUGE
(PETROMYZON MARINUS)

Klasse Cyclostomata
Ordnung Petromyzontiformes
Familie Petromyzontidae
Länge 80-90 cm
Gewicht 1,5-2,5 kg
Wichtige Merkmale Saugmund, keine paarigen Flossen, aber Schwanzflosse und Rückenflosse vorhanden, diese beim Erwachsenen unterteilt
Färbung Rücken und Seiten weiß mit dunklen Flecken, die sich am Rücken der Erwachsenen manchmal zu einem Gitter vereinigen; die Jungtiere sind hellgrau, gelb oder bräunlich
Fortpflanzung Wandert im Frühjahr in die Flüsse und pflanzt sich von Mai bis Juli des folgenden Jahres fort
Eier 20.000-240.000; 1 mm im Durchmesser
Geschlechtsreife Nach 5-6 Jahren

Der Körper des aalähnlichen Meerneunauges ist von einer schuppenlosen, drüsenreichen Haut bedeckt und fühlt sich daher sehr schleimig an. Am Kopfende befindet sich der Saugmund, der mit einer Reihe von Hornzähnen besetzt ist. Der Schlund mündet in der Mitte des Saugmundes und auch die Zunge ist mit Hornzähnen versehen, die zum Durchbohren und Aufraspeln der Haut und des Gewebes der Beutetiere dient. Die Augen sind wohlentwickelt und der Gesichtssinn ist wohl das wichtigste Sinnesorgan bei dieser Art, denn das Meerneunauge ist imstande, Fische mit erstaunlicher Geschwindigkeit zu verfolgen und anzugreifen.

Die Atmung geschieht durch Kiementaschen, die in einer Reihe seitlich des Schlundes angeordnet sind und jeweils einer Kiemenspalte entsprechen. Das sauerstoffreiche Atemwasser wird nicht durch die Mundöffnung zu den Kiemen geführt, sondern durch die sieben Kiemenöffnungen, die sich durch rhythmische Bewegungen des ganzen Kiemenkorbes öffnen und schließen.

Die Larve des Meerneunauges, die Ammocoetes-Larve, benötigt drei bis fünf Jahre für ihre Entwicklung. Die endgültige Umwandlung dauert etwa drei Monate. Das junge Neunauge wandert sodann ins Meer (bzw. in Nordamerika in die großen Seen), wo es sich meist in den flachen, küstennahen Gewässern aufhält und sich von Dorschen, Makrelen, Meerforellen und Lachsen ernährt, gelegentlich auch von Meeressäugetieren. Nach einem Aufenthalt von drei bis fünf Jah-

▲ Meerneunaugen verbringen einen Teil ihres Lebens im Meer und ernähren sich von Fischen, zum Beispiel Lachsen. Sie saugen sich mit Hilfe ihres Saugmundes und mit ihren Hornzähnchen am Körper des Beutefisches fest und raspeln die Haut mit ihrer ebenfalls mit Hornplättchen besetzten Zunge auf. Dann fressen sie das Blut und die Muskulatur ihrer Beute, nicht jedoch die inneren Organe. Der angefallene Fisch stirbt gewöhnlich an den erhaltenen Wunden, nachdem das Neunauge ihn wieder losgelassen hat.

▼ Die wichtigsten Beutefische des Meerneunauges sind, neben dem Lachs, die Makrele, der Dorsch und die Meerforelle.

▼ Junge Meerneunaugen kurz nach der Umwandlung haben noch eine durchgehende Rückenflosse und auch die Kiemenöffnungen scheinen noch nicht völlig getrennt zu sein.

ren im Meer werden die Neunaugen geschlechtsreif und wandern zu Beginn des Frühjahrs die Flüsse hinauf. Während dieser Zeit nehmen sie keine Nahrung mehr zu sich und die Hornzähnchen im Saugmund bilden sich zurück. Während der Wanderung machen Männchen und Weibchen einige morphologische Umwandlungen durch: Die Rückenflosse der Weibchen vergrößert sich und in der Analregion treten Hautschwellungen auf. Auch beim Männchen wird die zweite Rückenflosse größer und die Analpapille wandelt sich in ein Begattungsorgan um.

Kurz vor Beginn ihrer Rückwanderung in die Flüsse zeigen die Neunaugen eine positive Lichtreaktion und verlassen daher die dunklen Bereiche, die sie bisher im Meer bevorzugten. Dieser Wandel im Verhalten ist wichtig, denn die Fortpflanzung findet an solchen Stellen in den Flüssen statt, die dem Sonnenlicht ausgesetzt sind. An den Laichplätzen darf das Wasser nicht zu kalt sein, muß jedoch sauber und gut mit Sauerstoff versorgt sein. Hier suchen die Männchen eine ruhige Stelle mit sandigem oder kiesigem Grund auf, wo das Wasser etwa 80-120 cm tief ist, und bauen dort ihr Nest, indem sie eine runde Mulde von etwa 60 cm Durchmesser graben und dabei den Saugmund zum Wegschaffen von Steinen und anderem Material benutzen.

Nach Fertigstellung des Nestes befestigt sich das Weibchen an irgendeinem Gegenstand am Rand des Nestes, etwa einem Zweig oder einem Stein, während das Männchen sich mit dem Saugmund an der Kiemenregion des Weibchen festsaugt. Dann preßt es den Bauch des Weibchens, um die Abgabe der Eier zu stimulieren, und befruchtet diese, bevor sie ins Nest hinabsinken. Danach verläßt das Weibchen das Nest, um sich mit weiteren Männchen zu paaren, während das Männchen die befruchteten Eier sogleich bedeckt. Die Entwicklung der Eier dauert 10 bis 20 Tage, je nach der Wassertemperatur. Gleich nach dem Ausschlüpfen verzehren die Larven den Dottersack (die Nahrungsquelle der frühesten Stadien nach dem Schlüpfen) und suchen Gebiete mit schlammigem Grund auf, wo sie sich etwa körperlange Röhren im Boden graben. Ihr Vorderkörper ragt aus dieser Röhre heraus und der Saugmund ist gegen den Wasserstrom gerichtet, so daß aus dem aufgenommenen Wasser mit Hilfe der feinen Kiemenlamellen leicht Kleinstpartikel ausgefiltert werden können. Weil die Mundzähne der Erwachsenen während der Laichwanderung reduziert worden sind, können sie keine Nahrung mehr aufnehmen und sterben bald nach der Eiablage.

▲ Das Meerneunauge wandert im Frühjahr bis in die mittleren Bereiche der Flüsse empor.

▲ Der Saugmund und die Zunge sind mit Hornzähnchen besetzt, die zum Aufraspeln der Haut und der Muskulatur ihrer Beute dienen.

▼ Die Ammocoetes-Larve lebt in engen Röhren, die es sich selbst in den Bodenschlamm gegraben hat. Dabei ragt nur der Kopf heraus und der Saugmund ist gegen den Wasserstrom gerichtet, um die Nahrungsaufnahme zu erleichtern.

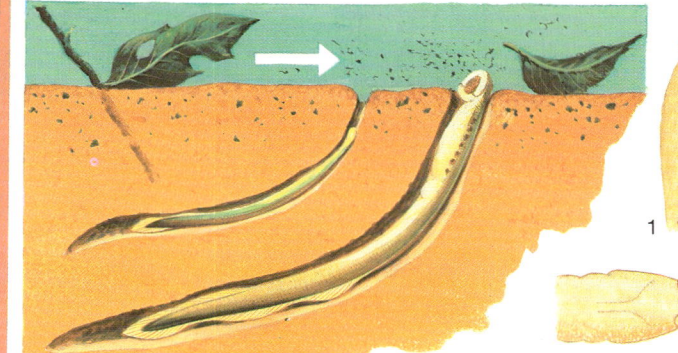

▼ Beim Paarungsritual befestigt sich das Weibchen am Nestrand, das Männchen wiederum saugt sich an seiner Kiemenregion fest. Dabei bildet es mit seiner Schwanzregion einen Ring um das Weibchen, mit dem es die Abgabe der Eier erleichtert. Diese werden sogleich befruchtet.

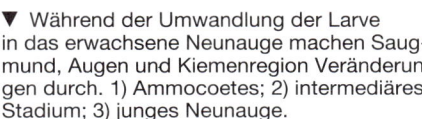

▼ Während der Umwandlung der Larve in das erwachsene Neunauge machen Saugmund, Augen und Kiemenregion Veränderungen durch. 1) Ammocoetes; 2) intermediäres Stadium; 3) junges Neunauge.

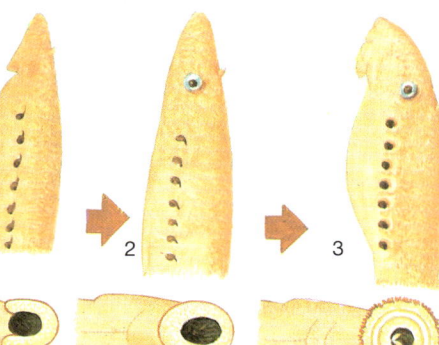

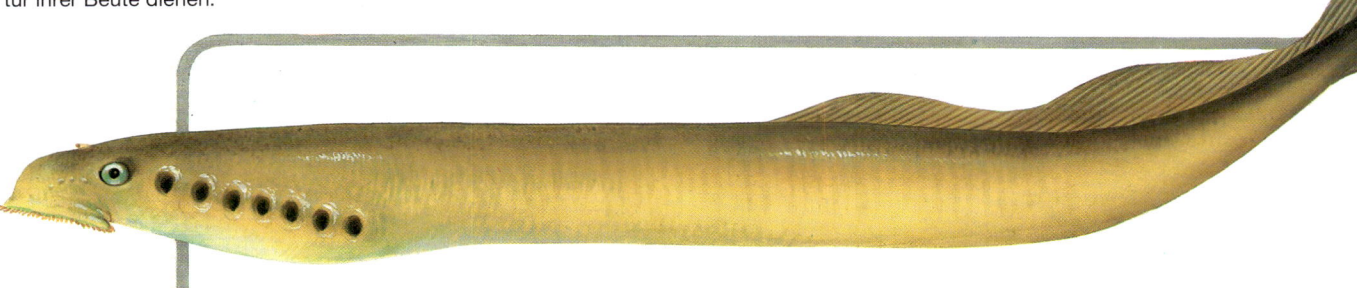

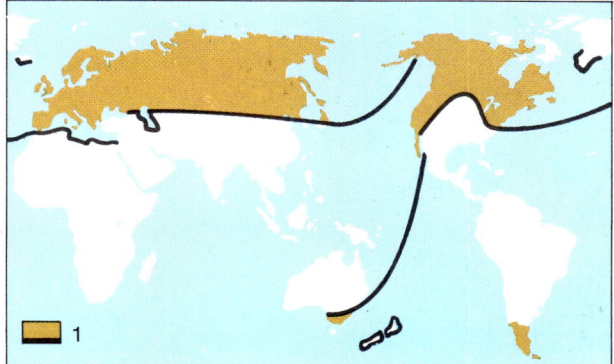

▲ Die Jungtiere aller Neunaugen gleichen sich sehr in Gestalt und Färbung. Sie werden an der Zahl und Anordnung der Hornzähne im Saugmund unterschieden.

◀ Die Verbreitung der Familie Petromyzontidae ist sehr ungleichmäßig, denn die Familie ist auf die kalten und gemäßigten Breiten beider Erdhalbkugeln beschränkt. Dieser Verbreitungstyp wird als "bipolar" bezeichnet. Die schwarzen Linien zeigen die mutmaßlichen Wege an, entlang derer sich die primitiven Formen während der Eiszeiten verbreiteten und in die Meere einwanderten. Neunaugen sind kältepräferent und konnten die tropischen Meeresgebiete und den Äquator nur entlang kalter Meeresströmungen in großen Tiefen überwinden.

HAIE
(SQUALIFORMES)

Der typische Hai besitzt einen eleganten, stromlinienförmigen Körper, der in der Mitte am dicksten ist, eine spitze Schnauze, zwei Rückenflossen und eine sichelförmige Schwanzflosse.

Die Schnauzenregion ist meist abgeflacht, die Nasenöffnungen sind ventral angeordnet und jede besitzt eine Öffnung, im Gegensatz zu fast allen Knochenfischen. Die Nasenlöcher gehen in eine ziemlich große sackartige Erweiterung über, deren Wände mit zahlreichen, parallel angeordneten Falten besetzt sind. Die Nasenklappen sind gleichfalls Hautfalten von unterschiedlicher Form in der Nähe der Nasenlöcher, die manchmal über einen Mund-Nasengang mit dem Maul in Verbindung stehen. Infolge der räuberischen Lebensweise sind die Zähne sehr gut entwickelt und stehen in mehreren Reihen auf Ober- und Unterkiefer. Ihre Gestalt ist recht unterschiedlich und entspricht oft der bevorzugten Beute der jeweiligen Haiart, doch stehen die Zähne meist dicht an dicht, haben eine oder mehrere Spitzen und scharfe, glatte oder gesägte Kanten. Allerdings kann sich ihr Aussehen sogar im Ober- und Unterkiefer der gleichen Art unterscheiden. Sie stehen gewöhnlich in vier bis sechs Reihen hintereinander, von denen in der Regel nur die ersten Reihen funktionsfähig sind, während die Ersatzzähne auf der Hinterseite der Kiefer liegen und erst in dem Maß aufgerichtet werden und in Funktion kommen, wie die vorderen Zähne sich abnutzen und ausfallen. Fossile Haizähne findet man oft in hervorragendem Zustand, daher läßt sich die Verwandtschaft der heute lebenden Arten mit denjenigen Arten, die früher die Meere bevölkerten, sehr gut beurteilen. Generell ist die Bezahnung so wichtig, weil sie die besten Merkmale für die Unterscheidung der Arten liefert.

Je mehr Kenntnisse wir allgemein von den Haien erwerben, umso klarer treten die Unterschiede zu den Knochenfischen hervor, deren Körperoberfläche ganz von Schuppen bedeckt ist, die nur eine Kiemenspalte an jeder Seite besitzen, und deren Flossen durch Flossenstrahlen gestützt werden wie bei einem Fächer. Es gibt allerdings verschiedene weitere Merkmale (anatomische, physiologische und embryologische), in denen sich die Haie von den Knochenfischen und der Unterklasse Actinopterygii (Strahlflosser) im besonderen unterscheiden,

Einer der größten, am weitesten verbrei-

Der große Menschenhai oder Weiße Hai *Carcharodon carcharias* zeigt die typische Gestalt eines Haies.

teten und gefährlichsten Haie ist zweifellos der riesige Weiße Hai (*Charcarodon carcharias*) aus der Familie Isuridae (Makrelenhaie). *Carcharodon* ist eine der größten Haiarten und das größte jemals gemessene Exemplar wurde bei Kuba gefangen und maß 6,5 Meter und wog etwa 3 1/4 Tonnen. Der Weiße Hai ist glatthäutig und hat nur sehr kleine, dreispitzige Hautzähnchen. Die Zähne sind dreieckig, sehr groß und am Rand gesägt. Er besitzt zwei Rückenflossen, von denen die erste allerdings viel größer als die zweite ist, und eine Längskante an der Schwanzbasis. Die Schwanzflosse ist halbmondförmig, weil der untere Teil ebenfalls sehr groß ist. Der Weiße Hai ist oberseits grau bis fast schwarz, doch die Bauchseite ist weiß. Dieser mächtige Hai kommt in den warmen und gemäßigten Bereichen aller Weltmeere vor, jedoch selten in größerer Anzahl. Er lebt im offenen Meer, kommt aber periodisch an die Küste, wo er normalerweise selten gesichtet wird. Dies geschieht manchmal im Mittelmeer, relativ häufig jedoch an den australischen Küsten.

Eine andere, besonders erwähnenswerte Art ist der Walhai, nicht nur wegen seiner außergewöhnlichen Größe, sondern auch, weil er eine Reihe von so ungewöhnlichen und einzigartigen Merkmalen aufweist, daß er als einziger Vertreter in eine eigene, gut begründete Familie Rhincodontidae gestellt wird, deren Name von seinem wissenschaftlichen Namen *Rhincodon typus* abgeleitet ist.

Der Walhai besitzt eine langgestreckte, abgeflachte und abgerundete Schnauzenspitze und das breite Maul befindet sich an der Spitze, d. h. terminal, anstatt an der Unterseite (ventral) wie bei den meisten anderen Haien. Die Zähne sind sehr klein, nur einspitzig, und in mehr als 100 Reihen in jedem Kiefer angeordnet, davon sind aber jeweils nur die ersten 10-12 Reihen funktionstüchtig. Noch eigenartiger sind wohl die zahlreichen dünnen, hornigen Anhänge an jedem Kiemenbogen, die den Kiemenfäden gegenüberstehen und einen Filterapparat darstellen, mit dessen Hilfe der Walhai Kleintiere aus dem Wasser ausseiht.

Der Walhai ist braun, dunkelgrau oder sogar schwarz gefärbt, aber mit zahlreichen gelben oder weißen Flecken gemustert. Der Bauch ist jedoch rein weiß oder gelb. Er ist der größte rezente Fisch und trägt seinen deutschen Namen völlig zu Recht, denn er kann 18 Meter Länge erreichen und mehr als 10 Tonnen wiegen. Er findet sich überwiegend in warmen Gewässern, besucht aber gelegentlich auch höhere Breiten und taucht dann selbst auf der Höhe von New York auf.

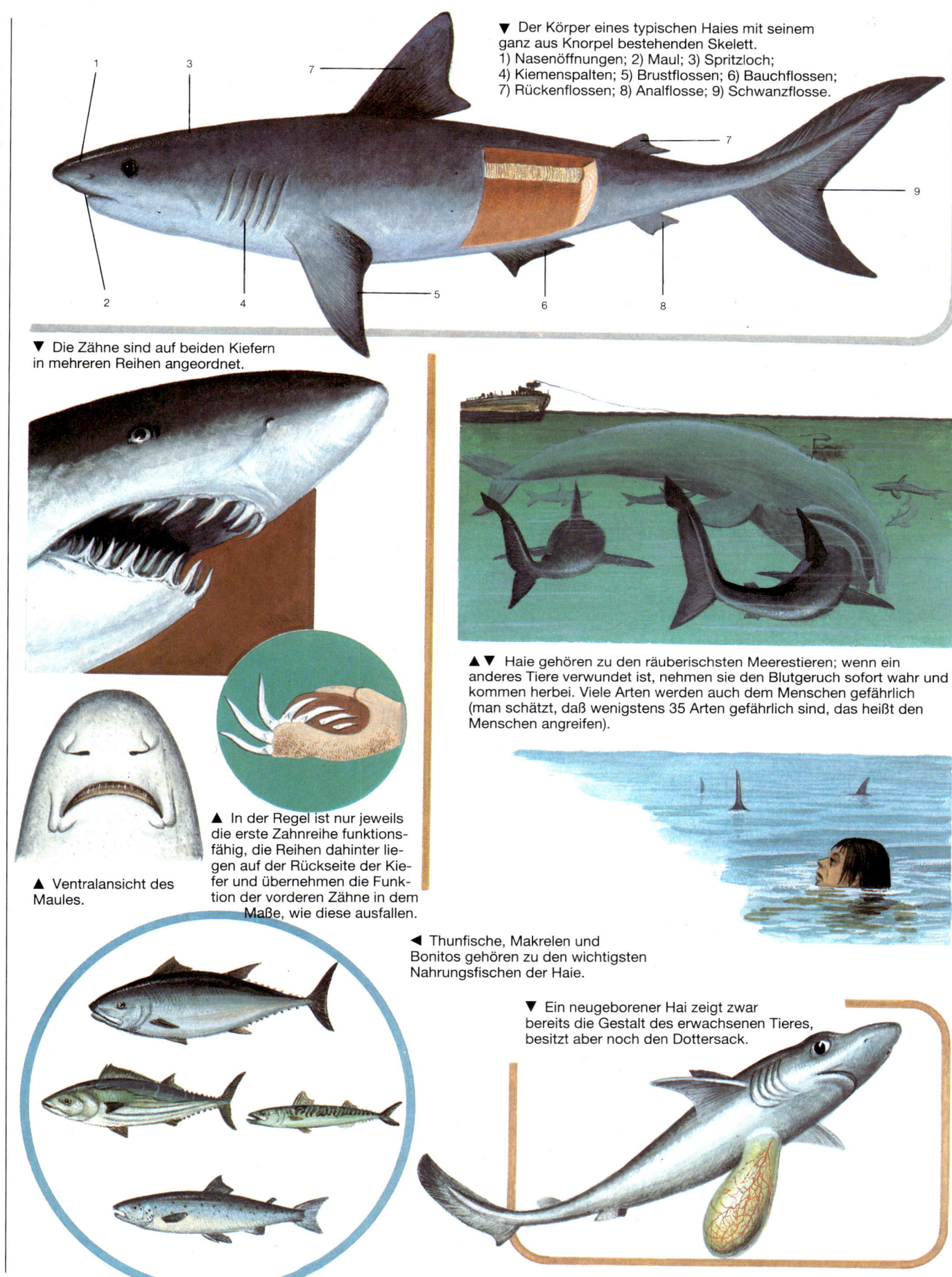

▼ Der Körper eines typischen Haies mit seinem ganz aus Knorpel bestehenden Skelett.
1) Nasenöffnungen; 2) Maul; 3) Spritzloch;
4) Kiemenspalten; 5) Brustflossen; 6) Bauchflossen;
7) Rückenflossen; 8) Analflosse; 9) Schwanzflosse.

▼ Die Zähne sind auf beiden Kiefern in mehreren Reihen angeordnet.

▲ Ventralansicht des Maules.

▲ In der Regel ist nur jeweils die erste Zahnreihe funktionsfähig, die Reihen dahinter liegen auf der Rückseite der Kiefer und übernehmen die Funktion der vorderen Zähne in dem Maße, wie diese ausfallen.

▲▼ Haie gehören zu den räuberischsten Meerestieren; wenn ein anderes Tier verwundet ist, nehmen sie den Blutgeruch sofort wahr und kommen herbei. Viele Arten werden auch dem Menschen gefährlich (man schätzt, daß wenigstens 35 Arten gefährlich sind, das heißt den Menschen angreifen).

◄ Thunfische, Makrelen und Bonitos gehören zu den wichtigsten Nahrungsfischen der Haie.

▼ Ein neugeborener Hai zeigt zwar bereits die Gestalt des erwachsenen Tieres, besitzt aber noch den Dottersack.

ROCHEN
(RAJIFORMES)

Die zahlreichen Arten von Knorpelfischen, die am Meeresboden leben, sind ebenso bemerkenswert in ihrer Lebensweise wie die Haie. Die klassischen Beispiele dafür sind die Rochen.

Rochen besitzen im Unterschied zu den Haien immer fünf Paar Kiemenspalten an der Unterseite, das Spritzloch ist vorhanden, jedoch in unterschiedlicher Größe, und die Analflosse fehlt.

Einige sehr eigenartig Fische sind nahe Verwandte der echten Rochen, zum Beispiel der Sägefisch (*Pristis*), der Geigenrochen (*Rhinobatos*) und der Torpedorochen (*Torpedo*).

Einer der am besten bekannten Rochen ist der riesige Manta. Das Wort "Manta" bedeutet im Spanischen "Decke", dies ist eine sehr angebrachte Bezeichnung für den riesigen Rochen *Manta birostris*, der einer etwas kleineren Art, dem Teufelsrochen (*Mobula mobular*) ziemlich ähnlich sieht. Der letztere kommt sogar im Mittelmeer vor. Beide Arten zeichnen sich insbesondere durch die beiden Mundlappen aus, die an beiden Seiten des breiten Maules wie Hörner nach vorn abstehen. Oberseits ist der Manta braun, rötlich, olivgrün oder schwarz, die Bauchseite aber ist weiß. Das Maul ist endständig und nimmt mehr als die Hälfte der Kopfbreite ein. Die großen, abgerundeten Mundlappen können nach hinten zurückgeschlagen werden. Der Körper ist breiter als lang, weil die Brustflossen außerordentlich breit sind. Der Manta kann eine Länge von 7 Meter erreichen und bis 1 1/2 Tonnen schwer werden.

Dieser riesige und seltsam gestaltete Fisch kommt in den tropischen Bereichen aller Meere vor, findet sich aber im Sommer auch in warm-gemäßigten Gebieten. Mantas schwimmen langsam, kommen oft in kleineren Gruppen vor und werden häufig von Schiffshaltern aufgesucht. Ihre Nahrung besteht aus kleinen Fischen, Krebsen und einer Vielzahl von Planktonorganismen, die mit dem Filterapparat im Maul erbeutet werden. Der Manta ist ovovivipar, das heißt, er bringt jeweils nur ein lebendes Junges zur Welt, das bei der Geburt bereits 1,5 m breit sein kann.

Weitere interessante Vertreter der Rochenartigen sind die Stechrochen, vor allem die Arten der Gattung *Dasyatis*, die auf dem Schwanz einen spitzen Stachel tragen, mit dem sie äußerst schmerzhafte Wunden schlagen können. Die Wunden sind einmal wegen des Stiches selbst so schmerzhaft, aber auch infolge des sehr

Dasyatis pastinaca

Stechrochen gehören zu den am besten bekannten Vertretern der Rajiformes, das heißt derjenigen Knorpelfische, deren Körperbau verschiedene Anpassungen an die benthische Lebensweise aufweist. Sie zeigen eine normale rochenartige Gestalt und unterscheiden sich nur durch den Besitz des Giftstachels auf dem Schwanz. Dieser Stachel befindet sich auf der Oberseite des Schwanzes in unterschiedlicher Entfernung von der Basis und stellt eine äußerst wirksame Waffe für Angriff und Verteidigung dar. Gelegentlich findet man auch zwei hintereinanderstehende Stacheln. Der Stachel ist abgeplattet, und mit einer feinen Hautschicht überzogen und ist an beiden Kanten mit rückwärts gerichteten Zähnchen besetzt. Er ist außerdem mit kleinen Muskeln versehen, die ihm ein gewisses Maß an Beweglichkeit verleihen, und mit parallelen Rinnen entlang der gesamten Rückseite. Zwischen diesen Rinnen befindet sich das Drüsengewebe, das das Gift produziert. Das Gift fließt zur Spitze des Stachels und wird daher beim Stich sofort injiziert. Die gefährliche Wirkung des Stiches war schon in der Antike bekannt und wurde von mehreren Schriftstellern erwähnt, allerdings nicht ohne eigene Zusätze und Ausschmückungen. Der Körper der Stechrochen ist mehr oder weniger viereckig oder an den Kanten leicht abgerundet, der Schwanz ist lang und dünn und trägt weder Rückenflossen noch Schwanzflossen, aber oft längsgerichtete Hautfalten. Die Zähne sind klein und sehr zahlreich.

kräftigen Giftes, das in die Wunde gelangt. Das Gift kann Wundbrand und Wundstarrkrampf hervorrufen, und es sind verschiedene Todesfälle bekannt geworden. Von Zeit zu Zeit wirft der Stechrochen den Stachel ab und ein neuer entsteht dahinter, daher sind Exemplare mit zwei oder gar drei Stacheln hintereinander nicht selten. Stechrochen fressen Fische und Wirbellose und sind wahrscheinlich lebendgebärend (ovovivipar). Die bestbekannte Art ist der Gewöhnliche Stechrochen *Dasyatis pastinaca*, der im Mittelmeer, im Schwarzen Meer und an den Küsten des Atlantik von Norwegen bis nach Angola überall häufig vorkommt. Er ist gewöhnlich oberseits olivgrünlich gefärbt, der Bauch ist weiß mit graubraunen Rändern, die manchmal zu Flecken aufgelöst sind. Er kann bis 1,4 m messen und über 20 kg schwer werden. Zahlreiche Stechrochenarten sind euryhalin, das heißt, sie tolerieren geringeren Salzgehalt und finden sich daher auch im Brackwasser. Andere Stechrochen leben ausschließlich in Flüssen, gehören aber einer anderen Gattung an (*Potamotrygon*). Sie können beachtliche Größen erreichen und kommen ausschließlich in Südamerika östlich der Anden vor.

Bei einer weiteren Gruppe der Rochenartigen, den Adlerrochen (Gattung *Myliobates*), enden die Brustflossen kurz vor dem Kopf, so daß Platz für die Augen und das Spritzloch ist, die bei den Adlerrochen auf den Seiten des Kopfes gelegen sind anstatt auf dem Rücken wie bei den meisten anderen Rochen. Anstatt kleiner, mehrspitziger Zähne besitzen die Adlerrochen je eine Zahnplatte in jedem Kiefer, die sich durch die Verschmelzung von mehreren Reihen flacher, vieleckiger Zähne gebildet hat. Der Schwanz ist sehr lang und endet in einem langen, fadenförmigen Anhang. Entweder besitzen Adlerrochen eine kleine Rückenflosse oder einen Giftstachel auf dem Schwanz, ähnlich dem der Stechrochen. Die am besten bekannten Arten sind *Myliobates aquila* aus dem Mittelmeer und dem Ostatlantik und *M. tobijei* aus den Gewässern um China, Korea und Japan. Beide Arten werden über 1 m lang und sind einheitlich braun.

Adlerrochen sind keine richtigen Bodenbewohner, denn sie schwimmen schnell und häufig an der Wasseroberfläche, wo man sie oft aus dem Wasser springen sieht. Sie bilden oft sehr große Schulen und ernähren sich in erster Linie von Mollusken, deren Schalen sie ohne Mühe mit ihren Zahnplatten knacken. Auch die Adlerrochen sind ovovivipar.

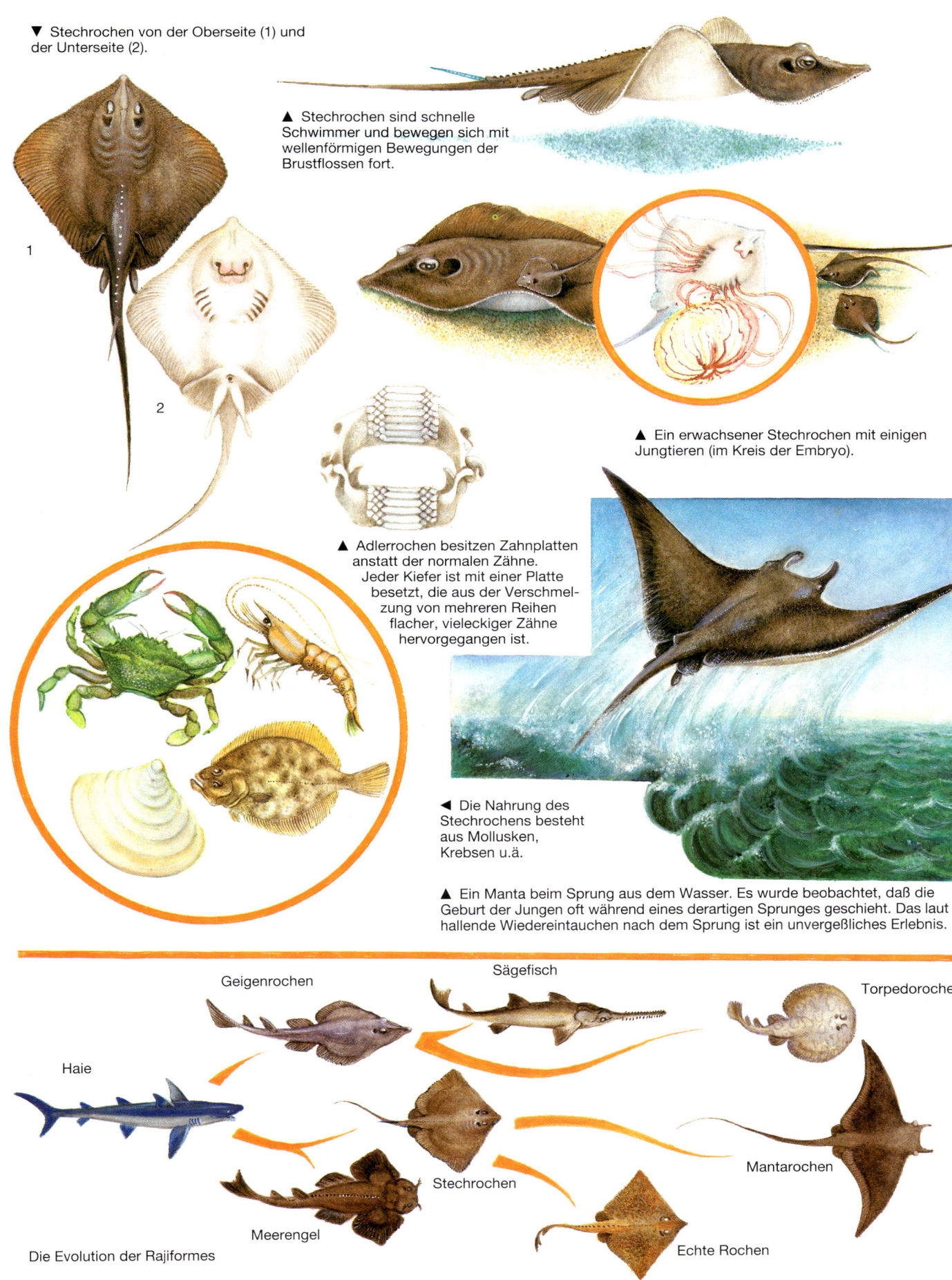

▼ Stechrochen von der Oberseite (1) und der Unterseite (2).

▲ Stechrochen sind schnelle Schwimmer und bewegen sich mit wellenförmigen Bewegungen der Brustflossen fort.

▲ Ein erwachsener Stechrochen mit einigen Jungtieren (im Kreis der Embryo).

▲ Adlerrochen besitzen Zahnplatten anstatt der normalen Zähne. Jeder Kiefer ist mit einer Platte besetzt, die aus der Verschmelzung von mehreren Reihen flacher, vieleckiger Zähne hervorgegangen ist.

◀ Die Nahrung des Stechrochens besteht aus Mollusken, Krebsen u.ä.

▲ Ein Manta beim Sprung aus dem Wasser. Es wurde beobachtet, daß die Geburt der Jungen oft während eines derartigen Sprunges geschieht. Das laut hallende Wiedereintauchen nach dem Sprung ist ein unvergeßliches Erlebnis.

Geigenrochen

Sägefisch

Torpedorochen

Haie

Mantarochen

Stechrochen

Meerengel

Echte Rochen

Die Evolution der Rajiformes

FLÖSSELHECHT ODER NILHECHT
(POLYPTERUS SENEGALUS)

Ordnung Polpyteriformes
Familie Polypteridae
Länge Bis 50 cm
Gewicht Bis 1,2 kg
Merkmale Zylindrischer Körper, 8-11 Flösselchen, 53-61 Schuppen in Längsrichtung, 14-21 prädorsale Schuppen, 33-40 quere Schuppenreihen
Farbe Bei erwachsenen Tieren einheitlich oliv-grau, Bauch weißlich
Fortpflanzung Während der Regenzeit in Überschwemmungsgebieten
Eier 2.900 und 4.150 bei zwei 18,5 cm bzw. 23,5 cm langen Tieren
Geschlechtsreife Mit einem Jahr
Höchstalter Mindestens 6 Jahre in freier Wildbahn; in Gefangenschaft darüber

Die Familie Polypteridae umfaßt nur zwei Gattungen: *Polypterus* mit acht Arten und *Calamoichthys* (Flösselaal) mit einer einzigen Art. Die Arten der Gattung *Polypterus* kann man an der Form des Körpers und des Kopfes erkennen: Beide sind ziemlich kräftig und entweder zylindrisch oder abgeplattet. Auch an einigen anderen Merkmalen lassen sich die Arten unterscheiden: die Färbung, die entweder einheitlich oder gesprenkelt ist, die Anzahl der Schuppen und der Rückenflösselchen, die geographische Verbreitung und die Vorliebe für bestimmte Habitate. Der langgestreckte, zylindrische Körper des Nilhechtes (*Polypterus senegalus*) ist vollständig mit knöchernen, rhombischen Schuppen bedeckt, die miteinander verbunden, sowie mit einer Schicht Ganoin überzogen sind, einer Substanz, die dem Zahnschmelz vergleichbar ist. Der ziemlich kleine Kopf ist lückenlos von dicken Knochenplatten umgeben. Insgesamt gleicht das Skelett zwar demjenigen anderer heute lebender Fische, aber ein Teil des Innenskelettes bleibt auch bei den Erwachsenen noch knorpelig und das Dermalskelett bildet einen sehr stark verknöcherten Außenpanzer.
Die Rückenflosse besteht aus zwei Teilen: Der vordere Teil ist in 8-11 Flösselchen gegliedert, von denen jedes aus einem Hautlappen besteht, der von einem starken Knochenstrahl gestützt wird; der hintere, nicht stachelige Bereich bildet einen Teil der Schwanzflosse. Die Brustflossen sind rundlich und bestehen aus einer Reihe von Flossenstrahlen, die von einer fleischigen Basis ausgehen. Diese durch Knochen gestützte Flossenbasis ist

Kongo-Flösselhecht (*Polypterus ornatipinnis*)

Der Nilhecht ist überwiegend nachtaktiv. Tagsüber steht er meist regeungslos dicht unter der Wasseroberfläche und läßt sich von der Sonne aufwärmen, oder er liegt am Grund und stützt sich dabei auf die fächerartig ausgebreiteten Brustflossen. Wenn er nicht aufgeschreckt wird, bewegt er sich langsam, entweder nur mit den Brustflossen oder unter langsamen Schwanzbewegungen. Der Nilhecht ist räuberisch, wie man an dem großen Maul und den kräftigen, mit kleinen, spitzen Zähnen besetzten Kiefern erkennen kann. Die Nahrung besteht überwiegend aus Insektenlarven und kleinen Wirbellosen, seltener aus kleinen Fischen. In unregelmäßigen Abständen steigt der Nilhecht zur Wasseroberfläche empor und atmet atmosphärische Luft. Dabei gibt er aus der äußeren Kiemenöffnung (hinter dem Kiemendeckel) eine Luftblase ab, wobei der kleine Knochen, der das Spritzloch bedeckt, angehoben wird. Diese Atembewegungen finden etwa 2,9 mal in der Stunde statt. Die Frequenz verkürzt sich jedoch in dem Maße, wie sich die Aktivität des Nilhechtes steigert, bzw. wie der Sauerstoffgehalt des Wassers abnimmt. Das zahlenmäßige Verhältnis der Geschechter ist ausgeglichen. Die Weibchen wachsen schneller als die Männchen und werden im Durchschnitt 35-40 cm lang. Das längste, jemals gemessene Exemplar aus dem Tschadsee wog 1,17 kg und maß 50 cm und war eine große Ausnahme. Ein 1954 in Mali gefangenes Exemplar lebte im Aquarium von Paris bis zum Jahr 1974 und erreichte damit das biblische Alter von über 20 Jahren.

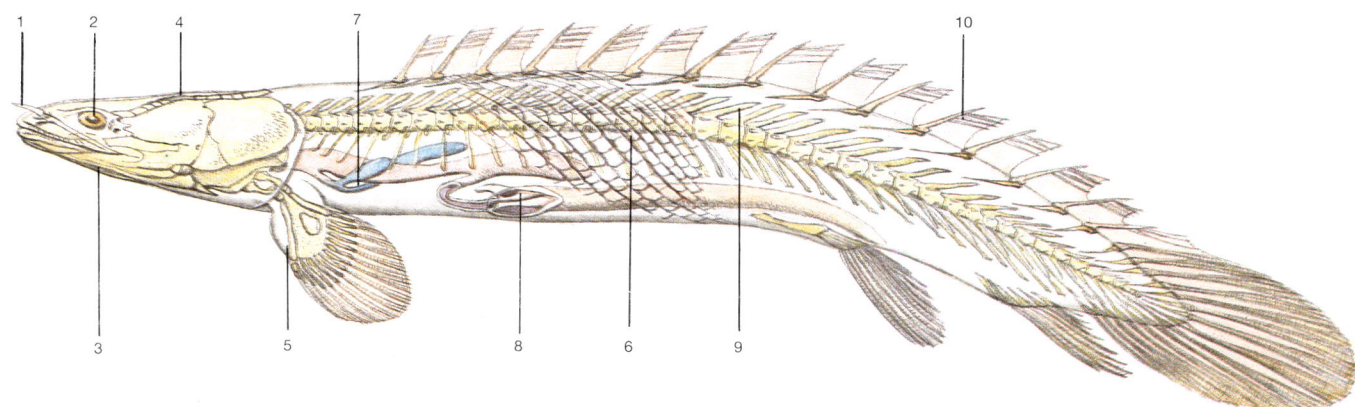

eines der auffälligsten und wichtigsten Merkmale der Flösselhechte. Die gesamte Struktur wird als Brachiopterygium bezeichnet. Die Bauchflossen und die Analflosse sind dagegen normal gestaltet.

Die Schwimmblase ist in zwei aneinanderstoßende Bereiche geteilt, die verschieden groß sein können. Sie steht mit dem ventralen Teil (nicht dem dorsalen!) des Schlundes in Verbindung. Die Wand der Schwimmblase ist von zahlreichen Gefäßen durchzogen, die es der Schwimmblase ermöglichen, fast wie eine Lunge zu arbeiten. Es existiert außerdem ein funktionsfähiges Spritzloch, das an der Oberseite des Kopfes austritt. Der Darm besitzt eine Spiralfalte wie bei den Lungenfischen, den Quastenflossern und den Knorpelfischen.

In der Sudan- und der Sahelzone, die der Nilhecht vor allem bewohnt, findet die Fortpflanzung während der Regenzeit statt. Wenn der Wasserstand der Flüsse steigt, kann man den Nilhecht oft an der Wasseroberfläche in der Nähe der Flußufer sehen, wie er versucht, in die Überschwemmungsgebiete einzudringen. In dieser Zeit erleichtert ein gewisser Sexualdimorphismus die Unterscheidung der Geschlechter. Die Analflosse der Männchen ist dicker und länger als die der Weibchen und ihr Schwanzstiel ist deformiert und auf beiden Seiten angeschwollen. Bei den Weibchen ist dagegen das Abdomen verdickt. Bei der Paarung nähert sich das Männchen dem Weibchen und lehnt sich gegen dessen Flanke, wobei es die Analflosse wie eine Muschelschale über den Bauch des Weibchens faltet. Die runden und etwa 0,9 mm messenden Eier werden sofort befruchtet und sinken zur Vegetation hinunter, an der sie sich locker anheften. Bei einer Temperatur von 28°C brauchen die Larven 60 Stunden zum Schlüpfen. Die zunächst nicht schwimmfähige Larve liegt am Grund und atmet mit ihren äußeren Kiemen. Unterhalb der Augen hat sie zwei Organe, mit denen sie sich festhalten kann. Nach acht Tagen beginnt die nun etwa 4 mm lange Larve zu fressen und sieht dann wie eine Kaulquappe aus. Nach 15 Tagen beginnt der junge Nilhecht Jagd auf kleine Beutetiere zu machen, seine unpaaren Flossen sind jedoch noch nicht differenziert. Die Entwicklung der Flösselchen beginnt am Ende des ersten Lebensmonats und zwar von vorn nach hinten. Die äußeren Kiemen bilden sich allmählich zurück, wenn der Nilhecht etwa 7,5 cm lang ist. Sie sind bereits am Ende des ersten Lebensjahres verschwunden, wenn der Nilhecht geschlechtsreif wird.

▲ Anatomie der Flösselhechte. 1) Der Nilhecht besitzt eine röhrenförmige Nase und einen sehr feinen Geruchssinn; 2) die Augen sind dagegen klein und nicht sehr tüchtig; 3) die Kehlplatten auf der Unterseite des Maules sind typisch für die Flösselhechte; 4) das funktionsfähige Spritzloch mündet an der Oberseite des Kopfs; 5) die Brustflossen sind abgerundet und bestehen aus einer Reihe von Flossenstrahlen, die aus einer fleischigen Basis entspringen. Die Brustflosse ist damit eines der hervorstechendsten Merkmale der Polypteridae; 6) die knöchernen, rhombenförmigen Schuppen stehen miteinander in Verbindung und sind von einer Ganoinschicht überzogen; 7) die Schwimmblase ist in zwei unterschiedlich große, benachbarte Bereiche geteilt; 8) der Darm besitzt eine Spiralfalte; 9) das Skelett ist zwar dem anderer heutiger Fische vergleichbar, aber ein Teil des Innenskelettes bleibt lebenslang knorpelig; 10) die Rückenflosse ist zweigeteilt: der vordere Teil ist in zahlreiche Flösselchen gegliedert, die jeweils aus einem Hautlappen bestehen, der durch Flossenstrahlen gestützt wird; der hintere, nicht stachlige Teil bildet einen Teil der Schwanz- oder Kaudalflosse.

▲ Die Nilhecht ruht die meiste Zeit am Boden, wobei er sich auf die Brustflossen stützt. Auf der Nahrungssuche schwimmt er jedoch mit Hilfe der Schwanzflosse und verläßt sich dabei vor allem auf seinen vorzüglichen Geruchssinn.

Bau der Flossen
1) Flossenstrahl der Rückenflosse;
2) membranöser Teil der Rückenflosse;
3) die Schwanzflosse besteht aus dem hinteren Teil der Rückenflosse und aus der Kaudalflosse.

▶ Ein Nilhecht in einem Papyrussumpf; er kann 3-4 Stunden außerhalb des Wassers verbringen und atmosphärische Luft atmen.

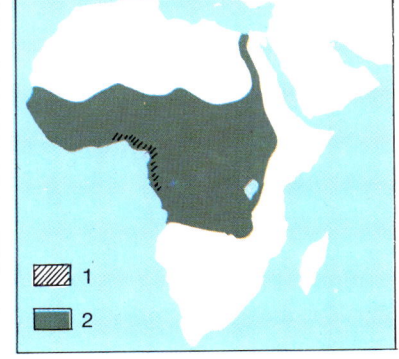

◀ Larve der Gattung *Polypterus*.

◀ Geographische Verbreitung der Polypteridae:
1) Gattung *Calamoichthys* (Flösselaal);
2) Gattung *Polypterus*.

KNOCHENHECHTE
(LEPISOSTEIFORMES)

Die zu dieser Ordnung gehörigen Fische sind langgestreckt und fast zylindrisch. Die sehr lange Schnauze, bei der die Nasenlöcher an der Spitze liegen, gleicht einer Krokodilsschnauze, daher auch der Name Alligatorhecht.

Der Oberkiefer besteht aus 6-8 mit Zähnen besetzten Hautknochen, die sich vom Präorbitalbereich herleiten. Die Zähne sind spitz und verschieden groß. Die größten Zähne stehen in regelmäßigem Abstand und passen in Lücken im gegenüberliegenden Kiefer. Diese Lücken sind am Grund mit sehr kleinen Zähnchen besetzt.

Knochenhechte kommen heutzutage nur noch in Nordamerika, Mexiko und Kuba vor und sieben Arten sind bekannt. Der Kopf von *Lepisosteus oculatus* aus dem Gebiet zwischen den Großen Seen und dem Mississippital und Mexiko, und zwischen Florida und Texas nimmt etwa eine Mittelstellung ein zwischen dem sehr langgestreckten Kopf des Langschnauzenhechtes *L. osseus* und dem kürzeren, breiteren Kopf von *L. spatula*, dem Alligatorhecht. *L. osseus* hat einen besonders langen und dünnen Schnabel. Er besitzt auch das größte Verbreitungsgebiet, das vom St. Lorenzstrom bis zu den Großen Seen und von Florida bis Texas reicht. Er kann 1,5 Meter Länge erreichen und ist die häufigste Art im Mississippital, wo er besonders in schlammigen Stillwasserzonen vorkommt, denn er bevorzugt warme, flache Gewässer. Im Norden seines Verbreitungsgebietes lebt er allerdings in klaren Seen und Flüssen.

Der Alligatorhecht *L. spatula* ist der größte Vertreter der Knochenhechte. Den bisherigen Größenrekord stellte ein 3 m langes und 135 kg schweres Exemplar dar. Der Alligatorhecht ist ein gewaltiger Räuber, der alles frißt, was er bewältigen kann, und auch Aas nicht verschmäht.

Bei *L. osseus* findet die Eiablage im späten Frühling und im Frühsommer im Flachwasser statt. Die grünlichen Eier haben einen Durchmesser von 2-3 cm. Die Befruchtung ist äußerlich. Nach der Eiablage überlassen die Eltern die Eier ihrem Schicksal. Die Larven sind mit einem Saugorgan an der Unterseite des Kopfes ausgerüstet, mit dem sie sich an jedweden Gegenständen anheften können. Sie bleiben solange inaktiv, bis ihr Dottervorrat aufgebraucht ist. Danach zeigen sie eine sehr große Aktivität und schwimmen lebhaft auf der Nahrungssuche herum, wie die erwachsenen Tiere.

Langschnauzenhecht (*Lepisosteus osseus*)

◄ Die Knochenhechte (Lepisosteiformes) weisen gemeinsame Merkmale mit den Kahlhechten (Amiiformes) auf. Obwohl sie den echten Hechten recht ähnlich sehen, sind sie mit ihnen nicht näher verwandt. Die zahlreichen fossilen Knochenhechte bezeugen, daß sie einstmals überall auf der Welt im Süßwasser verbreitet waren. Heutzutage kommen sie nur noch in Nordamerika und einigen benachbarten Gebieten vor, wo sie zuweilen auch im Brackwasser leben. In letzter Zeit wurden in Europa zahlreiche Fossilien verschiedener Lepisosteiformes gefunden. Sie weisen Merkmale sowohl der Knorpelfische, wie der Amphibien auf.

▼ Die Nahrung der Knochenhechte besteht aus Krebsen, Froschlurchen und kleineren Fischen.

◄ Die Schwanz- oder Kaudalflosse der Knochenhechte ist asymmetrisch, denn Ober- und Unterlappen sind verschieden gestaltet. Dieses Merkmal findet sich auch bei der Gattung *Amia* und bei den Stören.

KAHLHECHT
(AMIA CALVA)

Ordnung Amiiformes
Familie Amiidae
Größe 45-60 cm, selten bis 90 cm
Gewicht Normalerweise 1-1,5 kg, manchmal bis 3 kg. Der absolute Rekord ist wohl 6,8 kg
Fortpflanzungszeit Spätes Frühjahr
Eier 20.000-60.000 je nach Größe des Weibchens; die Larven schlüpfen nach etwa 10 Tagen aus
Geschlechtsreife Nach 3-5 Jahren
Höchstalter In freier Wildbahn 12 Jahre, in Gefangenschaft 25-30 Jahre

Der Kahlhecht ist mäßig lang und kräftig gebaut, der schuppenlose Kopf ist sehr groß. Auch heutzutage kann man freilebende Exemplare von 45-60 cm Länge und 1-1,5 kg Gewicht beobachten.
Der Kahlhecht bewohnt ruhige Gewässer und kommt in Nordamerka vor, insbesondere im Ostteil des Kontinentes von den Großen Seen bis zur Mündung des St. Lorenzstromes, und von Virginia bis nach Florida und Texas.
Amia calva ist ein widerstandsfähiger Fisch, der selbst in sehr sauerstoffarmen Wasser leben kann, denn er benutzt seine Schwimmblase als Atmungsorgan.
Die Fortpflanzung geschieht im Frühjahr, je nach der Breitenlage von April bis Juni, im Süden früher, im Norden später. Während dieser Zeit wandern die Männchen in vegetationsreiches Flachwasser ein und errichten dort eine rundliche Nistgrube von 30-90 cm Durchmesser. Sie verteidigen das Territorium rings um ihr Nest gegen andere Männchen, wobei sie ihre Flossen in Abwehrhaltung aufrichten. Das Weibchen legt 20.000-60.000 Eier, die etwa 2-3 mm groß sind. Nach der Eiablage und der Befruchtung bewacht das Männchen die Eier und versorgt sie durch regelmäßige Bewegungen der Brustflossen mit Sauerstoff. Die Jungen schlüpfen nach 8-10 Tagen aus den Eiern, dann sind sie etwa 8 mm lang und werden weiterhin vom Männchen bewacht.
Der Kahlhecht ist räuberisch und frißt Wasserinsekten, andere Fische, Amphibien, Süßwasserkrebse u.ä.

Kahlhecht (*Amia calva*)

▶ Die Amiidae hatten ihre Blütezeit vor über 100 Millionen Jahren in der Jura- und Kreidezeit. Heutzutage wird die Familie nur mehr durch eine einzige Art repräsentiert: den Kahlhecht *Amia calva*, der somit eigentlich ein lebendes Fossil darstellt. Er lebt in Sumpfgebieten und langsam fließenden Flüssen und bewohnt die mittleren und südlichen Teile Nordamerikas.

AALE
(ANGUILLIFORMES)

Wir kennen 16 Arten von Aalen (*Anguilla*). Am besten bekannt sind die folgenden Arten: der Europäische Aal (*Anguilla anguilla*), der über ganz Europa von Island bis nach Nordafrika und von den Kanarischen Inseln bis zum Schwarzen Meer verbreitet ist; der Amerikanische Aal (*Anguilla rostrata*), der das Gebiet vom nördlichen Südamerika und der Karibik über fast die gesamten Vereinigten Staaten und Kanada bis nach Südgrönland bewohnt; und der Japanische Aal (*Anguilla japonica*) aus den Flüssen Chinas, Japans und der benachbarten, der Küste vorgelagerten Inseln.

Ihr Fortpflanzungsverhalten und ihre Jugendentwicklung gehören zu den interessantesten Merkmalen der Aale. Die verschiedenen Arten besitzen unterschiedliche Laichgebiete, aber Fortpflanzungsverhalten und Jugendentwicklung sind, soweit bekannt, bei allen gleich. Zur Veranschaulichung der Grundtatsachen haben wir den Europäischen Aal ausgewählt. Seit mehreren Jahrhunderten bilden Aale eine wichtige Nahrungsquelle. Während dieser Zeit wurden zahllose Aale ausgenommen und für die Tafel zugerichtet, doch bei keinem Aal wurden jemals Eierstöcke oder Hoden gefunden. Dies änderte sich erst im Jahre 1777, als Professor Mondini von der Universität Bologna bei einem weiblichen Aal sich entwickelnde Eierstöcke fand. Die Ovarien waren an den Kanten gekräuselt und enthielten unreife Eier, und sie lagen am Dach der Bauchhöhle. Erst ein ganzes Jahrhundert später, im Jahr 1874, fand man bei einem mittelgroßen Aal Hoden. Die Frage wurde erst 1897 gelöst, als die beiden Italiener Grassi und Calundruccio in der Staße von Messina ein fortpflanzungsbereites Weibchen fingen und die Beobachtungen Mondini's bestätigten, daß es sich bei dem Organ mit den gekräuselten Kanten um die Ovarien handelte. Sechs Jahre später, im Jahr 1903, wurde ein geschlechtsreifes Männchen bei Norwegen gefangen. So war es klar, daß die Eier im Meer abgelegt werden mußten, aber was zwischen dem Ausschlüpfen der Larven aus dem Ei und dem Zeitpunkt geschah, an dem sie die Größe von etwa 15 cm erreicht hatten, war unbekannt.

Tatsächlich aber war die Aallarve längst beschrieben worden. Gronovius veröffentlichte im Jahre 1763 eine Beschreibung und eine Abbildung eines kleinen, durchsichtigen, blattförmigen Fisches,

Alle süßwasserbewohnenden Aale gehören zur Gattung *Anguilla*. Obwohl sie in der Tiefsee zur Welt kommen, verbringen sie ihr Leben als erwachsene Aale im Süßwasser, und zwar sowohl in Seen, wie in Flüssen. Sie sind imstande, sauerstoffarmes und auch mäßig verschmutztes Wasser auszuhalten. Aale verzehren alle Arten von Tieren, soweit sie sie überwältigen können. Sie sind vorzugsweise nachtaktiv und ruhen tagsüber zwischen Steinen oder im Boden eingegraben im Schlamm oder Sand, wobei nur der Kopf herausschaut. Alle Arten der Gattung *Anguilla* sind sich sehr ähnlich und sind kaum unterscheidbar, wenn ihre Herkunft nicht bekannt ist.

den er *Leptocephalus* benannte. Dessen wahre Natur wurde allerdings nicht erkannt. Erst Grassi und Calundruccio hatten 1896 das Glück, in der Straße von Messina zwei Leptocephali lebend zu fangen. Sie hielten sie lebend im Aquarium, wo die Leptocephali sich zu ihrer größten Überraschung bald in junge Aale verwandelten.

Es blieb aber noch eine wichtige Frage. Wo findet die Eiablage statt? Aber auch die Antwort auf diese Frage wurde bald gefunden. Bei Fangfahrten durch den Atlantik und das Mittelmeer zeigte es sich, daß die kleinsten Leptocephali im westlichen Mittelmeer vorkamen, die größen im Ostteil. Das war ein Hinweis darauf, daß das Brutgebiet im Atlantik liegen müsse. Johannes Schmidt untersuchte die Proben und fand, daß die Größe der Leptocephali nach Westen hin abnahm. So kam er schließlich zu der Entdeckung der Brutplätze im Sargassomeer zwischen 20° und 30°N und 48°und 65°W. In diesem Gebiet wurden dicht an der Wasseroberfläche die kleinsten Leptocephali von etwa 10 mm Länge gefunden.

Heute wissen wir, daß beide, der Europäische und der Amerikanische Aal sich in der Sargassosee fortpflanzen. Dennoch wurden weder geschechtsreife erwachsene Aale, noch Eier jemals in diesem Gebiet gefunden. Trotzdem wird mit einigem Recht angenommen, daß die Laichplätze in größerer Tiefe liegen, denn die Augen vergrößern sich bei den erwachsenen Aalen, wenn sie ins Meer zurückwandern. Außerdem werden die wandernden Aale nur in größerer Tiefe gefangen und die kleinsten Larven finden sich in größerer Tiefe als die größeren Larven.

Auf Grund von Laborversuchen kann man annehmen, daß die Eiablage in mäßiger Tiefe und bei Temperaturen von etwa 20°C stattfindet. Die Sargassosee ist einer der wenigen Plätze auf der Erde, wo solche Bedingungen vorhanden sind, denn sie stellt ein Becken dar, in dem höhere Temperaturen weiter in die Tiefe reichen, als es sonst der Fall ist. Ein Blick auf die Verbreitung der Arten der Gattung *Anguilla* zeigt, daß sie im Südatlantik und Ostpazifik fehlen, wo es keine derartigen warmen Tiefengewässer gibt. Nach dem Ausschlüpfen treiben die Leptocephalus-Larven mit dem Golfstrom an die europäischen Küsten und benötigen für diese Reise etwa drei Jahre. In den flachen, kühleren und salzärmeren Küstengewässern werden sie zu Blankaalen und wandern die Flüsse und Bäche hinauf, wo sie heranwachsen, bis sie imstande sind, sich auf die 6.000 km lange Reise ins Sargassomeer zu machen.

▼ 1) Die erwachsenen Aale wandern einmal im Jahr aus den Flüssen und Seen ins Meer, von wo sie zu ihrer Wanderung in die Sargassosee aufbrechen.
2) In den Tiefen der Sargassosee schlüpfen aus den Eiern durchsichtige, weidenblattförmige Leptocephalus-Larven. Diese wachsen auf ihrer Rückwanderung heran, bis sie die europäischen Küsten erreicht haben. In den flachen, salzärmeren Küstengewässern wandeln sie sich in die farblosen sogenannten Glasaale um, die den erwachsenen Aalen bereits gleichen.
3) Die Glasaale wandern die Flüsse aufwärts und entwickeln dabei Pigmente.
4) Blankaale. Nun sind sie kleine Ebenbilder der Erwachsenen und wandern in riesigen Schwärmen stromauf. Bevor die Flüsse so verschmutzt waren wie heute, war die Zahl der wandernden Blankaale so groß und die Schwärme waren so dicht, daß sie in großen Mengen gefangen und als Nahrung, aber auch als Düngemittel für die Felder benutzt wurden.

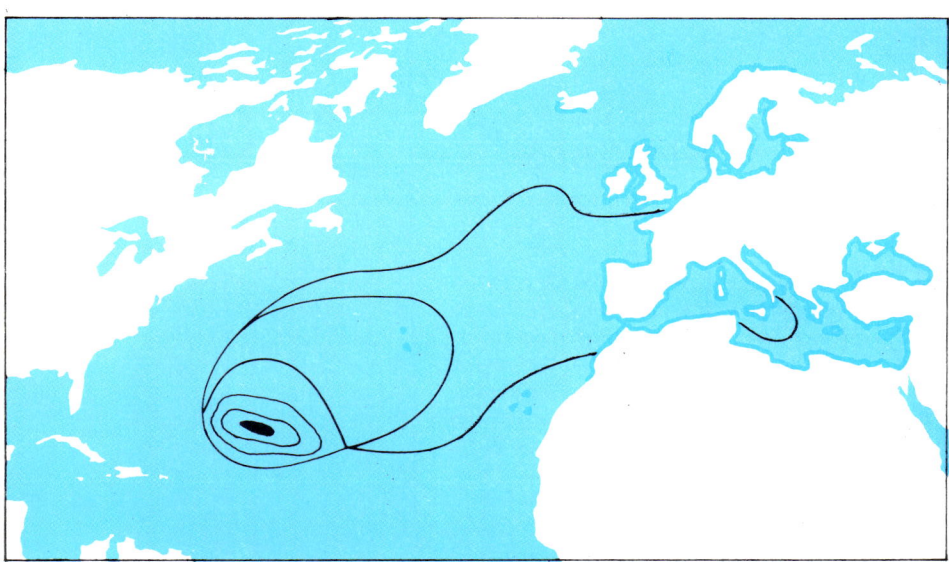

▲ Laichgebiet und Wanderung der Larven des europäischen Aales.

TIEFSEE-STACHELAALE
(NOTACANTHIFORMES)

Drei Familien dieser bizarren Tiefseefische sind bekannt, die Monognathidae, Saccopharyngidae und Eurypharyngidae. Es könnte jedoch sein, daß die Monognathidae nichts anderes als die Jugendstadien der Saccopharyngidae darstellen. Saccopharyngidae sind Tiefseeaale mit einem riesigen Maul, einem extrem dehnbaren Magen, einem langen, peitschenartigen Schwanz und bezahnten Kiefern. Schuppen, Schwimmblase und Beckengürtel fehlen ihnen. Manche Arten können bis 2 m lang werden und sind daher die Riesen unter den Tiefseefischen, jedoch macht der Schwanz einen Großteil ihrer Länge aus. Die Entwicklung des riesigen Maules bewirkte einige anatomische Besonderheiten. Die Kiemenbögen befinden sich zum Beispiel weit hinter dem Schädel und haben überhaupt keine Verbindung mehr mit ihm. Die beiden Hälften eines jeden Kiemenbogens sind deutlich getrennt. Der Kiemendeckel fehlt und die Kiemenkammern sind nur zum Teil mit Haut bedeckt. Daher weicht die Atemtechnik sehr von derjenigen der anderen Fische ab.

Wahrscheinlich gibt es vier Arten der Gattung *Saccopharynx*. Ihr Körper ist glänzend schwarz und das erste gefangene Exemplar – 128 cm lang – wurde beschrieben als "eine längliche, schwarze Wurst infolge eines großen, noch unverdauten Fisches, der sich im Magen befand". Obwohl das Tier aus 1.700 m Tiefe heraufgeholt wurde, war es an der Wasseroberfläche noch lebendig, vermutlich weil es sich mit seinen langen Zähnen im Netz verwickelt hatte und daher nicht vom Gewicht der anderen Fische erdrückt worden war.

Der Oberkiefer trägt zwei Reihen gerader und gekrümmter Zähne. Auf dem Unterkiefer befindet sich nur eine Reihe abwechselnd langer und kurzer Zähne. Der längste Zahn ist etwa 2,5 mm lang.

Alle Saccopharyngidae besitzen ein kompliziert gebautes Leuchtorgan am Schwanz. Dieses Organ, wie überhaupt die Anordnung des Leuchtgewebes ist höchst eigenartig. Von der Oberseite des Kopfes gehen zwei Rinnen mit erhöhten Seitenrändern aus, die bis etwa 50 cm vor die Schwanzspitze reichen. Auf dem Rücken liegen sie näher beieinander, werden aber auf dem Schwanz durch die Rückenflosse getrennt. Jede Rinne ist mit einer weißen, leuchtenden Substanz ge-

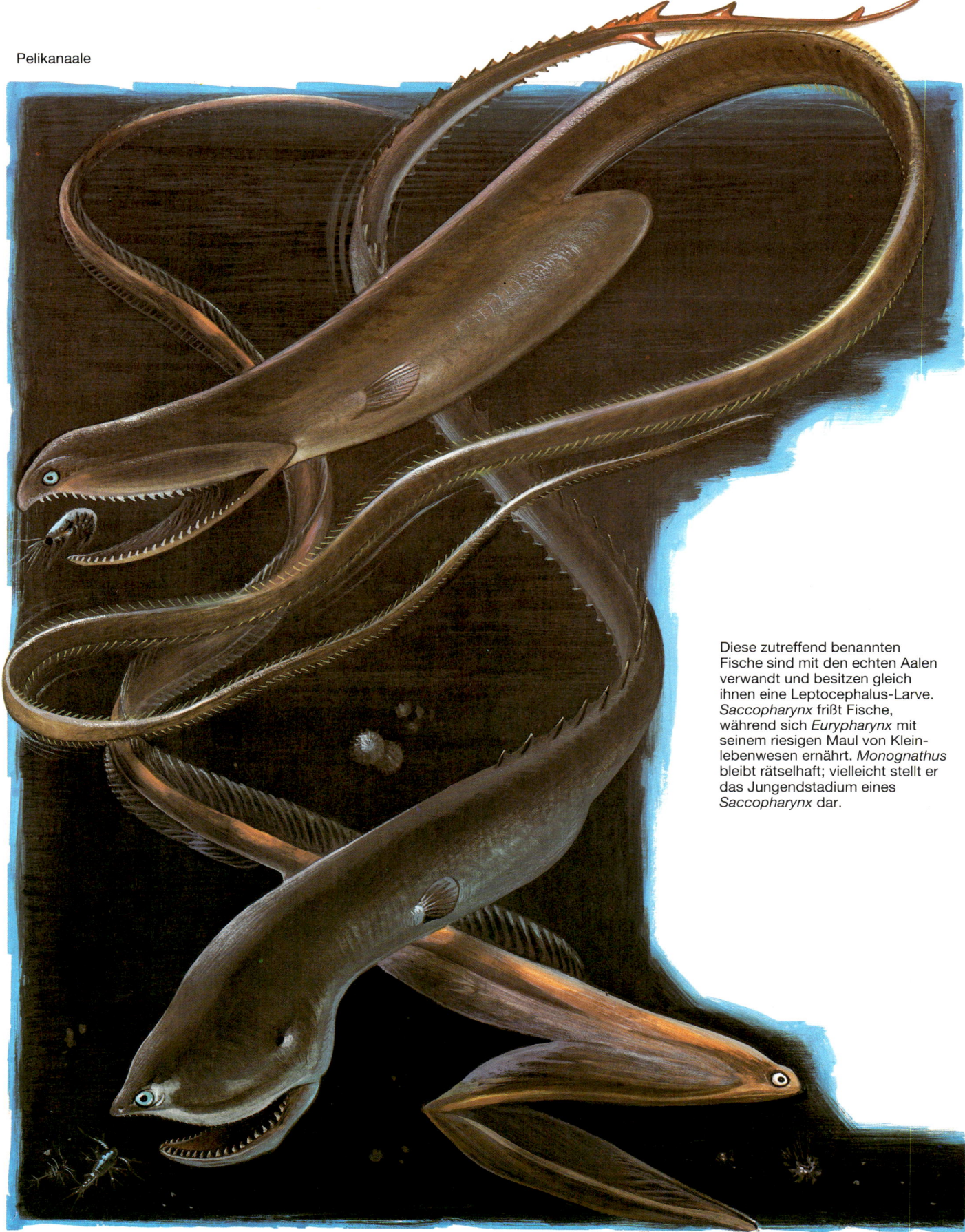

Pelikanaale

Diese zutreffend benannten Fische sind mit den echten Aalen verwandt und besitzen gleich ihnen eine Leptocephalus-Larve. *Saccopharynx* frißt Fische, während sich *Eurypharynx* mit seinem riesigen Maul von Kleinlebenwesen ernährt. *Monognathus* bleibt rätselhaft; vielleicht stellt er das Jugendstadium eines *Saccopharynx* dar.

füllt, die, wenigstens im vorderen Teil der Rinnen, in fahlem Licht leuchtet. Jeder Flossenstrahl der Rückenflosse trägt eine Paar schräger Kerben, die ebenfalls eine weiße Substanz enthalten.

Das Schwanzorgan beginnt etwa 15 cm vor dem Schwanzende. Weit hinter dem letzten Flossenstrahl befindet sich ein spindelförmiger rosa Fortsatz, der an der Ventralseite einen verbreiterten Knopf trägt. An dieser Stelle ist der Fisch am dünnsten und nur 2 mm hoch, denn der Schwanz ist hier zusammengedrückt. Etwa 6 cm weiter hinten wird der Schwanz rundlich und breiter und an der Ober- und Unterkante sitzen 13 rote Warzen (oben sechs, unten sieben), jeweils auf der Spitze eines farblosen Buckels. Noch weiter hinten befindet sich das eigentliche Leuchtorgan. Es ist eine seitlich zusammengedrückte, blattförmige, durchscheinende Zone mit einem sehr dichten Netzwerk von Blutgefäßen.

Welchem Zweck dieses Organ dient, kann nur vermutet werden. *Saccopharynx* erbeutet ziemlich große Fische. Zwei Fische, beide fast 30 cm lang, wurden im Magen von *S. harrisoni* gefunden. Es ist unwahrscheinlich, daß das Leuchtorgan zum Anlocken der Beute dient. Trotz des langen, dünnen Schwanzes müßte der Fisch sich stark krümmen oder im Kreis schwimmen, wenn das Leuchtorgan der Anlockung dienen sollte.

Die Familie Eurypharyngidae (Pelikanaale) umfaßt nur eine einzige Art *Eurypharynx pelecanoides*, der in allen tropischen und subtropischen Meeren in Tiefen bis 8.000 m zu finden ist. Das größte bekannte Exemplar maß fast 1 Meter. Das Maul ist gewaltig und die Länge der Kiefer beträgt etwa ein Viertel der gesamten Körperlänge. Zwischen den beiden Unterkieferästen und im hinteren Bereich der Mundseiten befindet sich eine elastische Membran. Auf den Kiefern sitzen sehr kleine, irregulär angeordnete Zähnchen. Die winzige Brustflosse setzt in einiger Entfernung vom Kopf an. Der Körper ist samtschwarz, abgesehen von einer weißen Rinne jederseits entlang der Basis der Rückenflosse. Ein kleines Schwanzorgan ist vorhanden, aber es ist nicht bekannt, ob es sich um ein Leuchtorgan handelt. Über die Lebensweise des Pelikanaales ist kaum etwas bekannt. Vielleicht ernährt er sich von Plankton und kleinen Fischen.

Eine weitere verwandte Familie sind die Giganturidae. Wir kennen zwei Arten dieser in mittlerer Tiefe lebenden Fische, nämlich *Bathyleptus* mit drei Arten – je eine in den tropischen Bereichen der drei großen Ozeane – und *Gigantura* mit zwei Arten im tropischen Atlantik.

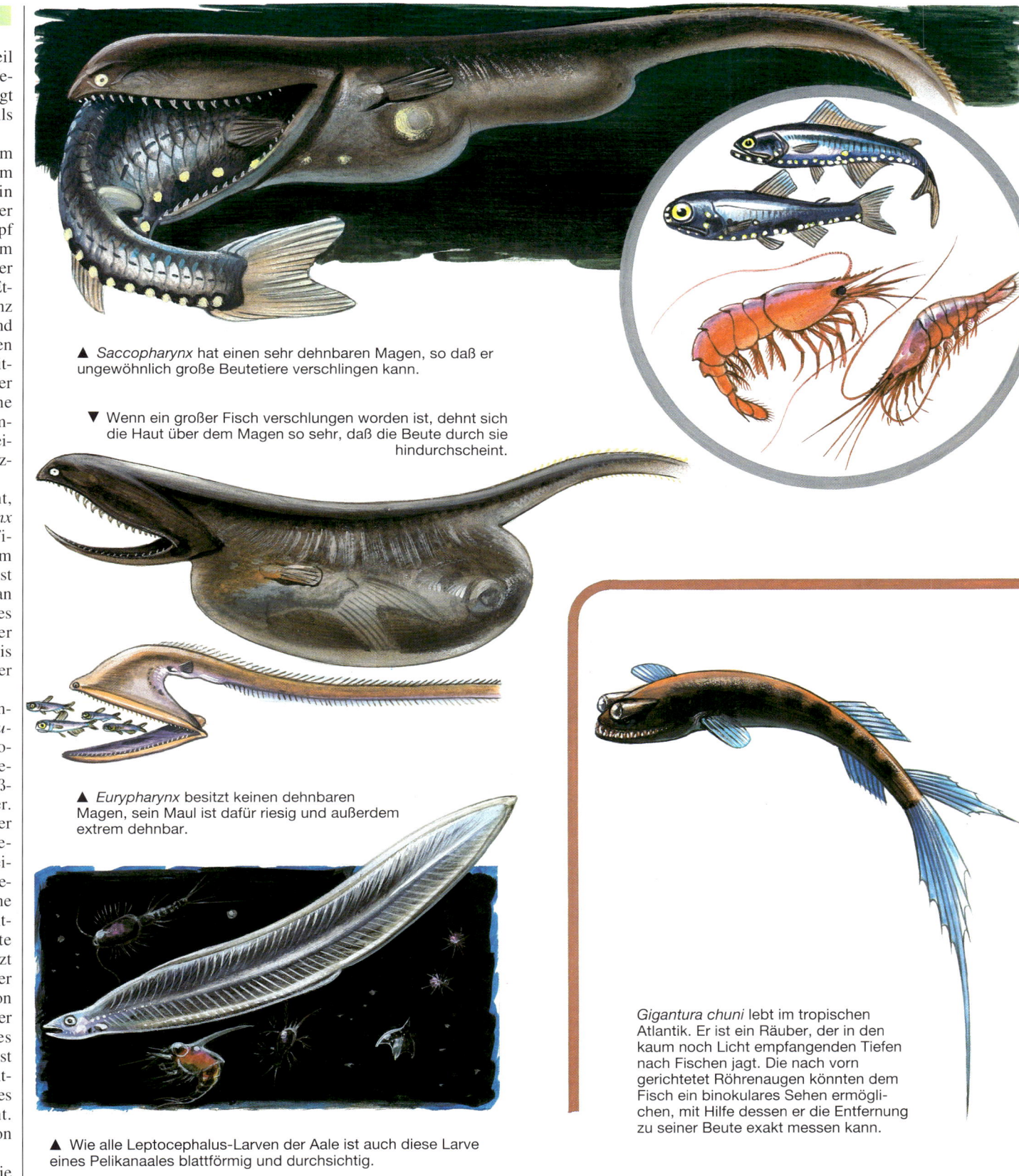

▲ *Saccopharynx* hat einen sehr dehnbaren Magen, so daß er ungewöhnlich große Beutetiere verschlingen kann.

▼ Wenn ein großer Fisch verschlungen worden ist, dehnt sich die Haut über dem Magen so sehr, daß die Beute durch sie hindurchscheint.

▲ *Eurypharynx* besitzt keinen dehnbaren Magen, sein Maul ist dafür riesig und außerdem extrem dehnbar.

▲ Wie alle Leptocephalus-Larven der Aale ist auch diese Larve eines Pelikanaales blattförmig und durchsichtig.

Gigantura chuni lebt im tropischen Atlantik. Er ist ein Räuber, der in den kaum noch Licht empfangenden Tiefen nach Fischen jagt. Die nach vorn gerichtetet Röhrenaugen könnten dem Fisch ein binokulares Sehen ermöglichen, mit Hilfe dessen er die Entfernung zu seiner Beute exakt messen kann.

LACHSE
(*ONCORHYNCHUS* UND *SALMO*)

Die Lachse sind auf die kalten Bereiche der Nordhalbkugel beschränkt und werden in zwei Gattungen eingeteilt: *Oncorhynchus* und *Salmo*.

Die Gattung der Pazifiklachse (*Oncorhynchus*) enthält sechs Arten, die beide Seiten des Nordpazifik bewohnen. Eine weitere Art besiedelt das Gebiet zwischen dem Amur in Sibirien und der Insel Formosa.

Der Chinook oder Königslachs (*Oncorhynchus tshawytscha*) ist der größte Pazifiklachs und kann 1,5 m Länge und 45 kg Gewicht erreichen. Die im Meer lebenden erwachsenen Tiere halten sich im zentralen Nordpazifik auf und überschreiten selten die Grenzen der Beringsee im Norden und der Japansee im Süden.

Der Buckellachs (*Oncorhynchus gorbusha*) wird selten länger als 60-70 cm und schwerer als 5-7 kg. Die erwachsenen Tiere kommen sowohl in arktischen Gewässern, wie im Nordpazifik und in der Japansee vor.

Der Ketalachs (*Oncorhynchus keta*) hat ebenso wie die vorhergehende Art einen geringeren kommerziellen Wert. Er gleicht jenem auch in Größe und Gewicht. Das Verbreitungsgebiet dieser Art reicht vom nördlichen Eismeer, wo er von der Mündung der Lena in Sibirien bis zum Mackenzie River in Alaska vorkommt, nach Süden bis zur Japansee und zum Sacramento River in Kalifornien.

Der Kisutch oder Silberlachs (*Oncorhynchus kisutch*) ist die wichtigste Lachsart vom kommerziellen Standpunkt aus. Nur sehr selten überschreitet er 80 cm Länge und 3 kg Gewicht. Sein Verbreitungsgebiet umfaßt den zentralen Nordpazifik und seine Nebenmeere südlich der Beringstraße, und die Südgrenze liegt in Kalifornien auf der amerikanischen Seite und in der Japansee auf der asiatischen Seite.

Der Blaurückenlachs (*Oncorhynchus nerka*) tritt in zwei verschiedenen Ökotypen auf: eine anadrom wandernde Form und eine zweite, die ständig im Süßwasser lebt. Die Wanderform erreicht nur eine mittlere Größe um 60 cm Länge und 2-3 kg Gewicht, wenn sie ins Süßwasser zurückwandert. Die stationäre Süßwasserform erreicht nicht einmal 40 cm Länge. Beide Formen kommen in einander überschneidenden Gebieten von Point Hope in Alaska bis zum Klamath River in Kalifornien und vom Nordteil der Insel Hok-

Der Ketalachs (*Oncorhynchus keta*) ist unter den Pazifiklachsen eine der Arten mit dem besten Heimfindungsvermögen. Nach einem Aufenthalt von drei oder vier Jahren im Meer machen sich die erwachsenen Lachse auf den Weg zu ihrem Geburtsort und nehmen während dieser Zeit überhaupt keine Nahrung mehr auf. Sie machen während der Wanderungsphase außerdem auffällige morphologische und physiologische Veränderungen durch. Bei den Männchen verlängern und krümmen sich die Kiefer, bis sie das Maul gar nicht mehr schließen können. Die Lachse überwinden auf ihrer Wanderung Stromschnellen und Wasserfälle und springen dabei manchmal 3 Meter hoch in die Luft und über 8 Meter weit. Ihre Wanderung führt sie zuweilen mehr als 2.000 km weit, wobei sie pro Tag etwa 40-50 km zurücklegen.

kaido in Japan bis zum Anadyr in Sibirien vor.

Der Masulachs (*Oncorhynchus masou*) ist im allgemeinen anadrom, aber kann auch zum ständigen Bewohner von Binnengewässern werden. Er überschreitet selten 70 cm Länge und 7-8 kg Gewicht. Die Gattung *Salmo* umfaßt Arten, die vor allem im Atlantik und seinen Nebenmeeren vorkommen. Die einzige wandernde Form ist der Atlantiklachs (*Salmo salar*). Wie die anderen Lachse, Forellen und Saiblinge besitzt auch der Atlantiklachs eine wandernde (anadrome) Form und eine stationäre Süßwasserform. Die letztere bleibt kleiner als die Wanderform, deren mittleres Gewicht 4-5 kg beträgt, etwas mehr als bei der Süßwasserform.

Die Lachse schlüpfen in der oberen Region der Flüsse, wo sie auch ihre Jugend verbringen, ehe sie die Wanderung ins Meer antreten. Nach einer Wachstumsperiode von mehreren Jahren finden sie ihren Weg zurück zu der gleichen Stelle, wo sie geboren wurden.

Das Paarungsverhalten der Pazifiklachse und des Atlantiklachses ist recht ähnlich. Nach der Rückkehr zu ihrem Geburtsort, gleich ob nach einer langen Rückwanderung aus dem Meer oder einer kurzen aus einem See, suchen die erwachsenen Tiere eine für Eiablage und Befruchtung geeignete Stelle auf. In jedem Fall ziehen sie Bereiche vor, an denen der Grund sandig oder kiesig ist. Haben sie eine solche Stelle gefunden, beginnt das Weibchen mit dem Bau der Nestmulde. Diese Aufgabe wird allein vom Weibchen erfüllt, während das Männchen alle Eindringlinge vertreibt. Nach der Fertigstellung des Nestes läßt sich das Weibchen in seiner Mitte nieder und wird nun erst vom Männchen besucht, das sich daneben legt. Eier und Sperma werden von beiden Partnern unter heftigem Zucken des Körpers abgegeben. Die befruchteten Eier am Boden der Nestmulde werden nun vom Weibchen mit Sand und Kies bedeckt. Die Eier können beim Königslachs bis 7 mm groß werden, bei den kleineren Arten messen sie 4-5 mm.

▲ Die Jungtiere des Ketalachses wandern sogleich nach Verlassen der Nestgrube zum Meer, auf genau dem gleichen Weg wie ihre Eltern. Im Meer angekommen, verweilen sie einige Monate in der Nähe der Küste, danach wandern sie hinaus ins offene Meer, wo sie heranwachsen.

▼ Im Lauf seiner Wachstumszeit im Meer wird der Ketalachs zu einem großen Räuber, der andere Fische verzehrt.

▲ Ein See kann das Meer als Lebensraum ersetzen; in diesem Fall wandern die erwachsenen Lachse in gleicher Weise die Flüsse hinauf und machen die gleichen physiologischen Veränderungen durch wie die im Meer lebenden Formen.

Entwicklung: 1) befruchtetes Ei; 2) das Auge wird beim Embryo sehr früh angelegt und in diesem Stadium sind die Eier sehr widerstandsfähig und gegen Bewegungen unempfindlich; 3) Ausschlüpfen der Larve; 4) Junglarven mit verschiedenen Stadien der Resorption des Dottersacks; 5) und 6) verschiedene Jugendstadien; 7) erwachsenes Männchen im Hochzeitskleid.

ARAPAIMA ODER PIRARUCU
(ARAPAIMA GIGAS)

Ordnung Osteoglossiformes
Familie Osteoglossidae
Länge Bis 2,5 m
Gewicht Bis 135 kg
Merkmale Der mächtige Körper ist mit großen, dicken Schuppen bedeckt; die Schwanzflosse ist klein und rundlich; die Dorsal- und Analflossen nehmen das hintere Körperdrittel ein
Farbe Vorderrücken und Seiten stahlgrau mit bläulichem Schein; in der hinteren Körperhälfte haben die Schuppen einen rötlichen Rand, der nach hinten zu breiter wird
Fortpflanzungszeit Wenn der Wasserstand steigt
Eier Jeweils 40.000-50.000
Geschlechtsreife Nach 4-5 Jahren, wenn der Arapaima etwa 1,7 m lang ist und 40-45 kg wiegt

Der Arapaima ist mehr oder weniger über das ganze Amazonasbecken verbreitet, soweit es unter 200 m liegt. Er ist räuberisch und überwältigt Tiere aller Art. Sein kräftiger, langgestreckter Körper ist mit großen, dicken Schuppen besetzt. Der schuppenlose Kopf ist von einem sehr massiven Hautknochenpanzer bedeckt. Die Färbung des Arapaima ist stahlgrau mit bläulichem Schimmer. Die Schuppen der hinteren Körperhälfte sind rot gerandet, dieser Rand wird zum Schwanz hin breiter und auffälliger.
Das Maul des Arapaima ist sehr breit und die Kiefer tragen kleine, konische Zähne. Die Schwimmblase funktioniert wie eine Lunge und ermöglicht es ihm, auch atmosphärische Luft zu atmen. Er kann bis 2,5 m lang werden und ein Gewicht von 135 kg erreichen.
Wenn der Wasserstand nach den ersten Regenfällen der Regenzeit steigt, errichtet der Arapaima sein Nest, eine runde, etwa 20 cm tiefe Mulde, die er sorgfältig reinigt. Wenn die Larven aus dem Ei schlüpfen, sind sie gut 10 cm lang. Sie besitzen einen sehr großen Dottersack und sind in den ersten 4-5 Tagen nicht bewegungsfähig. Vom neunten Tag an beginnen sie an der Wasseroberfläche atmosphärische Luft zu atmen. Diese Gewohnheit, an der Wasseroberfläche zu atmen, behält der Arapaima sein ganzes Leben lang bei. Die erwachsenen Tiere tun dies etwa alle 10-15 Minuten, dabei verursachen sie ein charakteristisches, ziemlich lautes Geräusch.

Arapaima (*Arapaima gigas*)

Unter den Süßwasserfischen des Amazonasbeckens in Südamerika ist der Arapaima zweifellos einer der größten, er ist aber heutzutage leider sehr selten geworden. Der Arowana oder Gabelbart dagegen ist viel kleiner und auch noch häufiger anzutreffen. Einige Vertreter der gleichen Familie kommen in Afrika, Südasien und Australien vor. Dieses Verbreitungsmuster, das demjenigen der Lungenfische (Dipnoi) gleicht, ist eines der Argumente für die Theorie der Kontinentaldrift - der Theorie, die annimmt, daß die Südkontinente ursprünglich in einer einzigen großen Landmasse, dem Gondwanakontinent, vereinigt waren.

Arowana oder Gabelbart
(*Osteoglossum bicirrhosum*)

PIRANHAS
(SERRASALMIDAE)

Die Piranhas oder Sägesalmler sind süßwasserbewohnende Fische Südamerikas, die in der Wissenschaft wie in der breiten Öffentlichkeit vor allem deshalb bekannt sind, da zu ihnen der legendäre, räuberische Piranha gehört. In Wirklichkeit umfaßt die Familie eine große Zahl gänzlich harmloser Arten und wird auf Grund ihrer Nahrungsgewohnheiten in drei Unterfamilien eingeteilt.

Die Unterfamilie Serrasalminae enthält unter anderem die Echten Piranhas, die alle zur Gattung *Serrasalmus* gehören. Die Kiefer der Piranhas sind mit Reihen scharfer, mehrspitziger Zähne bewehrt, die imstande sind, Stücke Fleisch aus dem Körper der Beutetiere zu reißen. Zu dieser Gattung gehört der gefürchtete Echte Piranha *Serrasalmus piraya*, der nur im Becken des Rio Sao Francisco vorkommt, *Serrasalmus ternetzi* aus dem Rio Paraguay, und der Rote Piranha (*Serrasalmus nattereri*), der im Amazonas und Orinoko häufig ist.

Piranhas treten meist in Scharen auf, die nicht selten verschiedene Arten enthalten. Die räuberischen Arten kommen in allen Bereichen der Flüsse vor, bevorzugen aber die Ufernähe in Flußschlingen. Ihre Nahrung besteht fast ausschließlich aus anderen Fischen, wenn jedoch keine Fische vorhanden sind, fallen sie auch andere Beutetiere an, zum Beispiel kleinere Säugetiere, oder, in seltenen Fällen, auch badende Menschen und andere Großsäuger.

Ob die Piranhas angreifen oder nicht, hängt in den beiden letzten Fällen sehr von dem Gesundheitszustand des Angegriffenen ab, sowie von seiner ersten Reaktion auf den Angriff. Bei gesunden Menschen oder Großtieren sind die Verwundungen im allgemeinen nur gering, weil die Abwehrbewegungen des Angegriffenen die Fische verwirren. Ist der Angegriffene aber krank, verwundet oder dem Ertrinken nahe, sind die Angriffe der Piranhas viel gefährlicher und das Beutetier kann sprichwörtlich bis auf die Knochen aufgefressen werden. Dieses Verhalten ist verschiedenen Indianerstämmen am Amazonas und Orinoko wohlbekannt, die nicht in der Lage sind, ihre Toten angemessen zu bestatten, weil sie in Sumpfgebieten leben. So werfen sie die Toten den Piranhas zum Entfleischen vor und verzieren später die übrigbleibenden Knochen mit Zierat und Ornamenten, bevor sie sie an ihren hochgelegenen Begräbnisstätten beisetzen.

▲ ◄ *Serrasalmus (Pygocentrus) piraya* ist eine der drei Arten der Echten Piranhas und kommt nur im Stromgebiet des Rio Sao Francisco in Südbrasilien vor. Piranhas sind gesellig und bevorzugen die ufernahen Bereiche der großen Flüsse und ihrer Nebenflüsse, vor allem dort, wo dichte Vegetation wächst. Hier suchen sie ihre Nahrung, die vor allem aus Fischen besteht. Unter Umständen fallen sie auch andere Wirbeltiere an, zum Beispiel wasserbewohnende Nagetiere.

◄ Das Maul des Piranha ist mit dreispitzigen Zähnen bewehrt, die in einer Reihe auf den Kieferknochen sitzen. Auch die Gaumenknochen tragen Zähne.

▼ Die Piranhas des Rio Sao Francisco sind gefürchtet wegen ihrer Angriffe auf große Pflanzenfresser, die ins Wasser fallen, aber auch auf Menschen.

▼ Piranhas treiben Brutpflege und bewachen ihre frischgeschlüpften Jungen.

BLINDER MEXIKANISCHER HÖHLENSALMLER
(ANOPTICHTHYS JORDANI)

Die Bezeichnung "Tetra" wird im allgemeinen Sprachgebrauch für die Arten der Unterfamilie Tetragonopterinae benutzt, eine der zwölf Unterfamilien der riesigen Familie Characidae. Ihr wichtigstes diagnostisches Merkmal ist der Besitz einer doppelten Zahnreihe auf den oberen Maxillarbögen, während bei den anderen Unterfamilien in der Regel nur eine Reihe oder aber drei Zahnreihen auftreten. Außerdem fehlt ihnen fast immer der prädorsale Stachel. Der Körper ist meist langgestreckt spindelförmig, die Bauchregion aber oft nach unten erweitert, so daß der Körperumriß rundlich ist. Bei vielen Arten ist die Analflosse recht groß, nicht jedoch die Rückenflosse.

Zu den bekanntesten Arten gehören die Angehörigen der Gattung *Hyphessobrycon*, vor allem der Rosa Tetra (*H. rosaeus*), der Rote Tetra (*H. flammeus*), der Fahnentetra (*H. heterorhabdus*) und weitere, bekannt sind ebenfalls der Glanztetra (*Hemigrammus erythrozonus*), der Diamanttetra (*Moenkhausia pittieri*) und der Neonfisch.

Die einzigen Salmler, die nach Norden über Mittelamerika bis nach Mexiko vorgedrungen sind, sind *Astyanax* und die blinden Formen, die sich von ihm abgeleitet haben. Diese mexikanischen Salmler leben in einem sehr stark verkarsteten Gebiet, in dem sich manche Flüsse so sehr eingetieft haben, daß sie schließlich unterirdisch weiterfließen. Einige Populationen von *Astyanax* machten diese Reise in die Unterwelt mit, und wenn die oberirdischen Flußbetten schließlich ausgetrocknet waren, mußten sie sich an die unterirdische Umgebung anpassen. Im Lauf ihrer Evolution in diesen lichtlosen und sehr nahrungsarmen Gewässern verloren sie allmählich die Pigmentierung sowie die Augen.

Die erste blinde Form wurde in der Cueva Chica entdeckt. Inzwischen wurden andere, mehr oder weniger gut an die Höhlen angepaßte Formen in etwa dreißig Höhlensystemen in einem Gebiet von etwa 7.000 m² im Bereich der Sierra del Guatemala, der Sierra de Nicolas Perez, der Sierra de Colmena und der Sierra de El Abra entdeckt.

Anoptichthys jordani

Astyanax fasciatus mexicanus

▲ Der Blinde Mexikanische Höhlensalmler (*Anoptichthys jordani*) wird heute nicht mehr für eine eigene Art gehalten, denn er kreuzt sich mit der oberirdischen Form *Astyanax fasciatus mexicanus*, von dem er auch abstammt. Die allmähliche Reduktion der Augen, die in den frühen Jungenstadien noch vorhanden sind, führte zur besseren Ausbildung der anderen Sinne, vor allem des Tastsinnes und des Geruchs, die ja in völlig lichtloser Umgebung auch viel nützlicher sind. Die Nahrung der blinden Formen besteht aus allem, was zufällig in die Höhlensysteme gerät, während sich die oberirdischen Formen ausschließlich von tierischen Organismen ernähren.

◀ 1) Der Blinde Mexikanische Höhlensalmler kommt in einem unterirdischen Gewässersystem vor, das eine Fläche von etwa 7.000 km² im südlichen Mexiko einnimmt.
2) Die echten Piranhas finden sich überall in den größeren Flußsystemen des tropischen Südamerika, jedoch nicht im Gebiet westlich der Anden.

ZITTERAAL
(ELECTROPHORUS ELECTRICUS)

Der Zitteraal, in Brasilien auch als Poraque bekannt, ist über die Tropen Südamerikas verbreitet und besiedelt vor allem das Orinoko- und Amazonasgebiet. Seine Fähigkeit, sehr starke elektrische Entladungen abzugeben, hat diesem Fisch seit dem 18. Jahrhundert Berühmtheit eingebracht. Die genaue Funktion der elektrischen Zellen wurde jedoch erst 1953 von Keynes, Martins-Ferreira und Altamirano aufgeklärt. Der Zitteraal kann zwei verschiedene Arten elektrischer Impulse aussenden, eine mit geringer Spannung (unter 10 Volt), die wichtig für seine Orientierung ist, und eine zweite mit hoher Spannung (100 Volt bei Exemplaren von 10 cm Länge, bis 500 Volt bei solchen über 1 m Länge). Diese Impulse nutzt der Zitteraal für Abwehr und Beutefang.

Morphologisch ist der Zitteraal den echten Aalen sehr ähnlich, vor allem wegen des langgestreckten Körpers und des Fehlens der Bauchflossen. Die innere Anatomie unterscheidet sich jedoch sehr. Die elektrischen Organe sind im Schwanz gelegen, der etwa vier Fünftel der Gesamtlänge des Tieres einnimmt, während die inneren Organe mit Ausnahme der Schwimmblase (das einzige Organ, das in den Schwanz hineinreicht) viel weiter vorn gelegen sind, so daß sich der After unmittelbar hinter den Brustflossen befindet. Die Rückenflosse fehlt und Schwanz- und Analflosse gehen nahtlos ineinander über.

Der Schwanz regeneriert sich sehr schnell, sogar wenn er gänzlich verloren gegangen ist. Diese Eigenschaft besitzen alle Gymnotoidei, die anderen Arten sind allerdings nicht in der Lage, eine so hohe Spannung zu erzeugen wie der Zitteraal. Sie besitzen zwar elektrische Zellen, geben jedoch nur Stromstöße von 1-2 Volt ab, die vor allem zur Orientierung benutzt werden. Der Zitteraal hat in der Tat keine Feinde, denn er kann sich sehr erfolgreich mit seinem elektrischen Organ verteidigen und wird daher nur selten angegriffen oder verletzt.

Eine verwandte, in Südamerika weit verbreitete Art ist der Carapus (*Gymnotus carapus*), eine dem Zitteraal vor allem in der Kopfform und im Besitz großer, spitzer Zähne ähnliche Art. Er unterscheidet sich jedoch durch die Beschuppung des Körpers und die kleine Schwanzflosse.

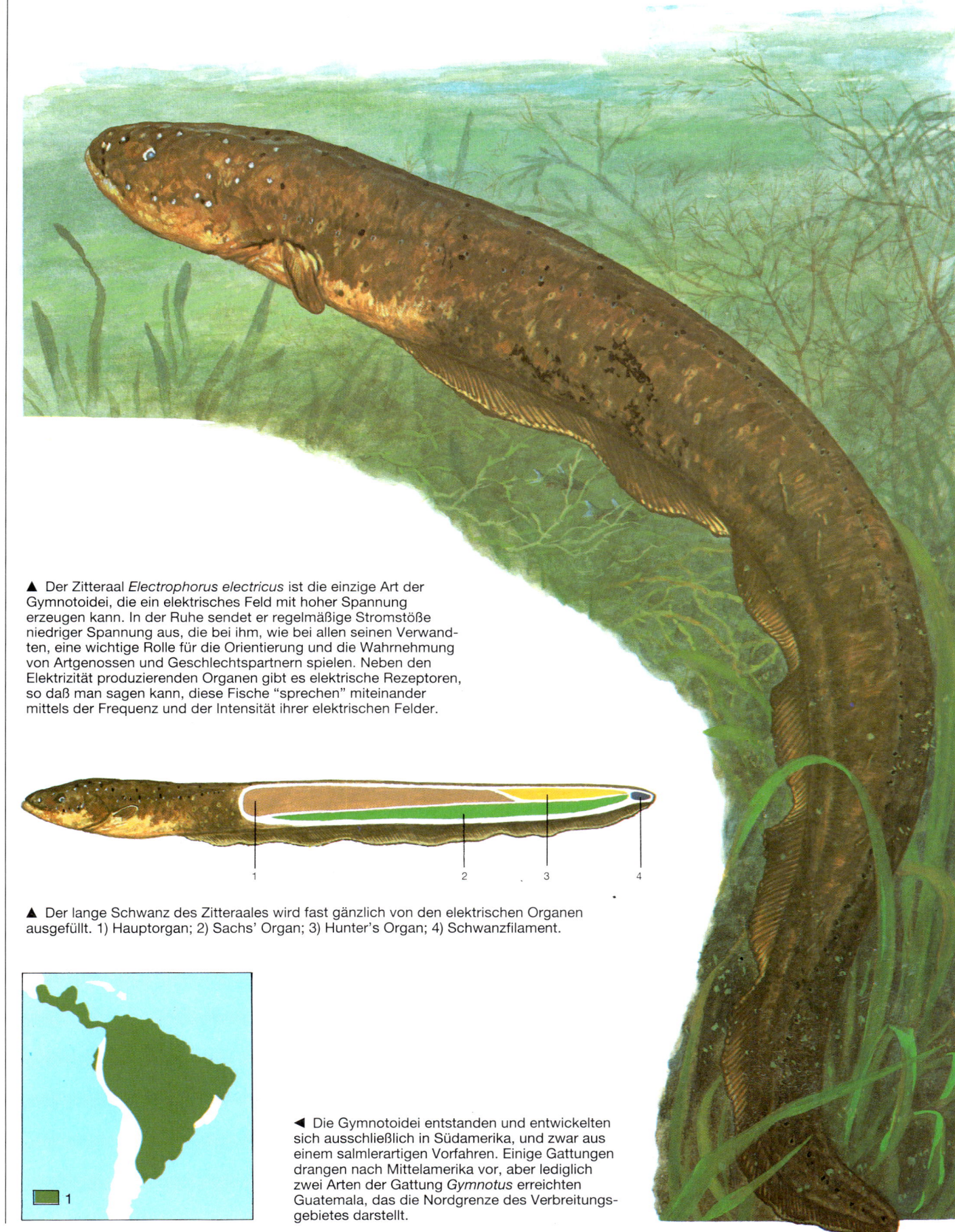

▲ Der Zitteraal *Electrophorus electricus* ist die einzige Art der Gymnotoidei, die ein elektrisches Feld mit hoher Spannung erzeugen kann. In der Ruhe sendet er regelmäßige Stromstöße niedriger Spannung aus, die bei ihm, wie bei allen seinen Verwandten, eine wichtige Rolle für die Orientierung und die Wahrnehmung von Artgenossen und Geschlechtspartnern spielen. Neben den Elektrizität produzierenden Organen gibt es elektrische Rezeptoren, so daß man sagen kann, diese Fische "sprechen" miteinander mittels der Frequenz und der Intensität ihrer elektrischen Felder.

▲ Der lange Schwanz des Zitteraales wird fast gänzlich von den elektrischen Organen ausgefüllt. 1) Hauptorgan; 2) Sachs' Organ; 3) Hunter's Organ; 4) Schwanzfilament.

◄ Die Gymnotoidei entstanden und entwickelten sich ausschließlich in Südamerika, und zwar aus einem salmlerartigen Vorfahren. Einige Gattungen drangen nach Mittelamerika vor, aber lediglich zwei Arten der Gattung *Gymnotus* erreichten Guatemala, das die Nordgrenze des Verbreitungsgebietes darstellt.

FROSCHFISCHE
(ANTENNARIIDAE)

Zur Familie Antennariidae (Froschfische) gehören tropische Meeresfische, die in Korallenriffen oder in treibenden Seegraswiesen leben. Ihre vorzügliche Tarnung verbirgt sie völlig in ihrer sehr vielfältig und oftmals auch farbenprächtigen Umgebung. Ihr schwerfälliger Körper ist rundlich oder seitlich leicht abgeflacht, der Kopf ist breit, das Maul steht schräg und der Unterkiefer kann beim Beutefang vorgestreckt werden. Bei *Histrio* und *Histiophryne* ist der Körper unbeschuppt, bei *Phrynelox* und *Fowlerichthys* ist er mit kleinen Stacheln besetzt, die ihm eine rauhe Oberfläche verleihen, und bei *Antennarius* ist er samtig.

Die Umgebung des Maules und die Stacheln am Kopf sind entlang der Schleimgänge mit zahlreichen bäumchenartigen Verzweigungen besetzt. Über dem Maul hängt ein Anhang, das sogenannte Illicium, das am Ende eine Angel trägt, die in jeder Gattung verschieden gestaltet ist. Dahinter stehen zwei dicke, kräftige Stacheln, deren hinterer mit einem Häuterer versehen ist. Diese Stacheln sind bei *Antennarius* besonders auffällig, bei *Histiophryne* dagegen nur klein. Bei *Histrio* können sie wie die Hörner eines Nashorns aufgestellt werden und sind mit verzweigten Hautauswüchsen besetzt.

Die Antennariidae können sich mit Hilfe von Muskelschichten der Unterhaut aufblähen, wobei die eine Schicht aus Längsfasern besteht, die andere aus strahlenförmigen Fasern. Ein starkes Muskelband zwischen Brustflossen und Bauchflossen verhindert die Überdehnung des verbindenden Gewebes, wenn ein sehr großes Beutestück verschlungen wird.

Die Froschfische leben in Strand- oder wenigstens Küstennähe in flachen tropischen Gewässern, wo sie sich vor allem in Korallenriffen aufhalten. Durch ihre bemerkenswert gute Tarnung verschmelzen sie völlig mit ihrer Umgebung. Sie verbringen die meiste Zeit bewegungslos und versuchen, durch leichte Bewegungen der Angel kleine Fische, Mollusken oder Krebse anzulocken.

Froschfische zeigen einen bemerkenswerten Sexualdimorphismus, vor allem in der Färbung: Die Männchen sind hell und weisen zahlreiche rundliche oder verästelte Flecke auf; die Weibchen dagegen sind dunkel, oft ganz schwarz, und kaum gefleckt.

▲ *Phrynelos tridens* gehört zu den Antennariidae (Froschfische) in der Ordnung Pediculati und weist mehr primitive Merkmale auf als andere Arten. Er ist hochgradig mimetisch und seine Körperform verschwimmt daher völlig mit seiner Umgebung, vor allem im Seegras. Diese Art zeigt einen bemerkenswerten Sexualdimorphismus, denn das Weibchen ist viel dunkler gefärbt als das Männchen. *Phrynelox* lockt durch Brewegungen seiner "Angel" kleine Fische und Krebse an und verschlingt sie sodann. Er liegt meist bewegungslos am Grund, kann aber "auf allen Vieren" über die Felsen gehen, indem er abwechselnd Brustflossen und Bauchflossen vorwärts bewegt.

◄ Um Beute anzulocken, bewegt der Fisch das Vexillum des Illiacum leicht hin und her, dieses wirkt dabei wie eine Angel. Wenn sich ein Beutetier nähert, senkt der Fisch die Angel vor das Maul, "springt" von seinem Ruheplatz auf und verschlingt es. Während der Verdauung klappt er die Rückenstacheln nach hinten in die Ruhelage.

FLIEGENDE FISCHE
(EXOCOETIDEA)

Die Fliegenden Fische kann man leicht am eigenartigen Bau ihrer Brustflossen erkennen, außerdem am Bau des unteren Lobus der Schwanzflosse und der Bauchflossen. Alle Flossen sind so umgestaltet, daß sie ihnen den Gleitflug über der Wasseroberfläche ermöglichen. Ziemlich viele Arten fliegender Fische sind bekannt, insgesamt gehören sie zu sechs verschiedenen Gattungen. Fliegende Fische leben an der Oberfläche aller tropischen und subtropischen Meere.

Alle Fliegenden Fische gleiten über die Wasseroberfläche. Sie können jedoch in zwei Gruppen eingeteilt werden: die "zweiflügligen", also Arten, die nur mit Hilfe der Brustflossen fliegen; und die "vierflügligen", bei denen Brust- und Bauchflossen zu Flugorganen umgestaltet sind. Wir wollen nun dem Flug eines "vierflügligen" Fisches, etwa aus der Gattung *Cypselurus* folgen.

Vor dem Start schwimmt der Fisch sehr schnell dicht unterhalb der Wasseroberfläche, wobei die Brustflossen und Bauchflossen an den stromlinienförmigen Körper angelegt sind. Wenn er eine bestimmte Geschwindigkeit erreicht hat, hebt der Fisch den Körper aus dem Wasser, spreizt die Brustflossen und hält sie steif ausgebreitet. Er schlägt nun sehr schnell mit der Schwanzflosse, bis er eine Geschwindigkeit von etwa 20 m pro Sekunde oder 70 km/h erreicht hat. In dieser Phase ist nur noch die Schwanzflosse im Wasser. Im selben Augenblick, da der Schwanz das Wasser verläßt, breitet er seine Bauchflossen aus und gleitet nun ohne jeden Kontakt mit dem Wasser über die Oberfläche. Allmählich nimmt dann die Geschwindigkeit ab, bis der Fisch wieder ins Wasser eintaucht.

Die Eier werden an der Wasseroberfläche abgelegt. Die Eier der Gattung *Exocoetus* treiben frei an der Oberfläche. Sie sind in eine glatte Haut eingeschlossen, besitzen kein Filament und messen etwa 1,7-2,9 mm im Durchmesser. Bei anderen Arten sinken die Eier zu Boden, besitzen oft ein Filament und sind kleiner als die pelagischen Eier.

Die Nahrung der Fliegenden Fische besteht aus Kleinkrebsen und Fischlarven. Nachts wandern die Arten der offenen See in die Nähe der Küste und kehren in der Morgendämmerung ins offene Meer zurück, wo sie sich tagsüber aufhalten.

▲ Fliegende Fische fliegen in Wirklichkeit nicht, sondern gleiten nur über die Wellen. Sie leben an der Oberfläche warmer Meere und kommen in allen Ozeanen vor. Wenn sich ein Feind oder ein Schiff nähert, verlassen sie das Wasser und gleiten durch die Luft. Einige Arten, wie *Cypselurus*, können auf diese Weise Entfernungen bis 400 Meter zurücklegen und in einer Höhe von 5-6 Meter über der Wasseroberfläche gleiten.

▼ Der Fliegende Fisch der Gattung *Exocoetus* besitzt nur ein Paar "Flügel", die Brustflossen; er fliegt wie unten abgebildet: Die Schwanzflosse, die den "Motor" des Fliegens darstellt, schlägt von links nach rechts zunehmend schneller. Der Fisch erhebt sich sodann aus dem Wasser, streckt seine Flossen aus und hält sie fest ausgebreitet. So gleitet er eine zeitlang über die Wellen, bis er wieder ins Meer zurücksinkt.

▲ Die Nahrung der Fliegenden Fische besteht aus Zooplankton.

▶ Im Unterschied zur Gattung *Exocoetus* besitzt die rechts abgebildete Art zwei Paar "Flügel", die Brustflossen und die Bauchflossen. Sie besitzt außerdem einen stromlinienförmigen Körper und sieht tatsächlich wie ein Segelflugzeug aus.

ANGLERFISCHE
(CERATIOIDEA)

In dieser Gruppe von Tiefseefischen, die mit den normalen Angerfischen (*Lophius* spp.) der Küstengewässer verwandt sind, finden sich einige der auffälligsten Tiergestalten unter allen Wirbeltieren. Ein charakteristisches Merkmal dieser Unterordnung ist auch bei ihren im Flachwasser lebenden Verwandten zu sehen. Die drei ersten Strahlen der Rückenflosse haben sich vom Rest der Flosse gelöst und sind allmählich nach vorn gewandert. Der erste Strahl ist verlängert und seine Spitze trägt einen fleischigen Anhang. Er ist mit Muskeln versehen, die ihn zu einer außerordentlich beweglichen Angel machen. Der fleischige Anhang wird vor dem Maul hin und her bewegt in der meist richtigen Annahme, daß vorbeischwimmende Fische ihn mit Futter verwechseln. Dann wird die Angel dem Maul genähert und die Beute verschlungen.

Dieser angelartige Rückenflossenstrahl wird als Illicium bezeichnet und der Köder als Esca. In der Tiefsee gibt es jedoch kein Licht, daher würde ein Köder, der einem leckeren Bissen oder einem kleinen Fisch gleicht, ohne Licht ziemlich nutzlos sein. Diese Nachteil wurde dadurch ausgeglichen, daß die Esca ein Leuchtorgan trägt. Außerdem haben manche Arten bewegliche und verzweigte Barteln am Kinn, die, wenigstens bei einigen Arten, ebenfalls leuchten und als Köder benutzt werden.

Wenn das Beutetier sich erst einmal für den Köder interessiert, wird die gesamte Angel eingezogen oder so gehalten, daß die Beute möglichst dicht an das Maul herangebracht wird. Dieses wird dann plötzlich aufgerissen, so daß der Fisch mit dem Sog ins Maul gezogen wird. Die langen und sehr spitzen Zähne verhindern jedes Entkommen und die Beute wird verschlungen. Der Magen der Anglerfische ist wie bei sehr vielen Tiefseefischen extrem dehnbar, so daß er selbst Fische aufnehmen kann, die größer sind als der Anglerfisch selbst.

Die Nahrung der Anglerfische besteht nicht ausschließlich aus Fischen. Untersuchungen des Mageninhaltes von Tiefseeanglern haben Kalmare, verschiedenste Tiefseekrebse, Pfeilwürmer und zahllose andere Tiefseefische ergeben.

Die Tiefseeangler sind im allgemeinen schuppenlos, obwohl einige Arten (z. B. die Gattungen *Himantolophus* und *Ceratias*) Hautverknöcherungen besitzen. Bei der Gattung *Spiniphryne* ist die Haut mit zahlreichen kleinen, dicht stehenden

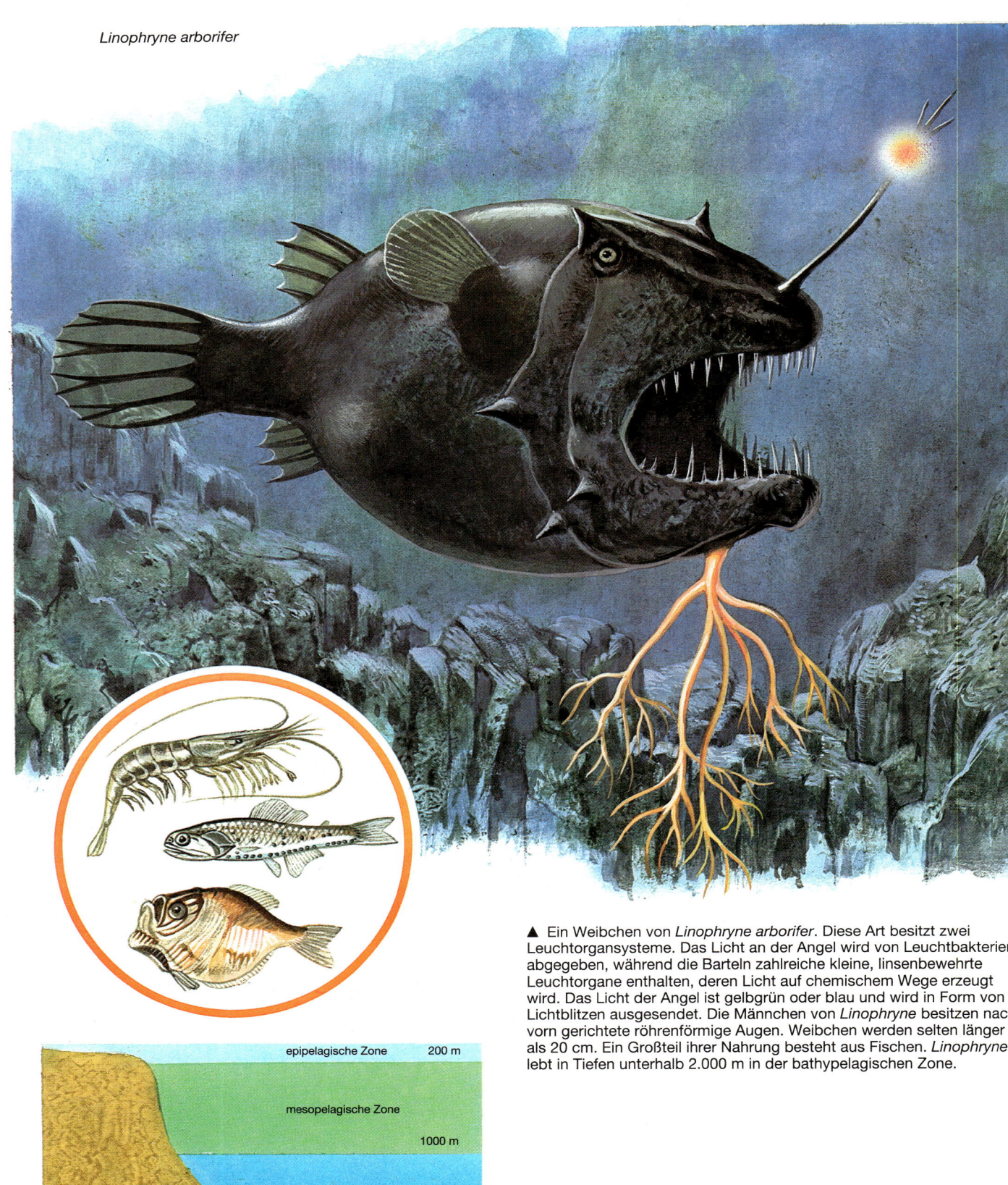

Linophryne arborifer

epipelagische Zone — 200 m
mesopelagische Zone
1000 m
bathypelagische Zone
4800 m

▲ Ein Weibchen von *Linophryne arborifer*. Diese Art besitzt zwei Leuchtorgansysteme. Das Licht an der Angel wird von Leuchtbakterien abgegeben, während die Barteln zahlreiche kleine, linsenbewehrte Leuchtorgane enthalten, deren Licht auf chemischem Wege erzeugt wird. Das Licht der Angel ist gelbgrün oder blau und wird in Form von Lichtblitzen ausgesendet. Die Männchen von *Linophryne* besitzen nach vorn gerichtete röhrenförmige Augen. Weibchen werden selten länger als 20 cm. Ein Großteil ihrer Nahrung besteht aus Fischen. *Linophryne* lebt in Tiefen unterhalb 2.000 m in der bathypelagischen Zone.

◀ Die Meere können in verschiedene Tiefenzonen eingeteilt werden. Auch die letzten Spuren des Sonnenlichtes verschwinden selbst im reinsten Wasser bei etwa 1.000 m Tiefe, und dies markiert die Trennung in die mesopelagische und die bathypelagische Zone. Die Oberflächenzone erhält genügend Licht für die Photosynthese und reicht bis etwa 200 m Tiefe. Sie wird daher als epipelagische oder euphotische Zone bezeichnet.

Stacheln besetzt, die sogar die Flossen-
basen bedecken. Die Rückenflosse und
die Analflosse stehen direkt übereinander und weisen nur wenige Strahlen auf.
Die fächerförmige Schwanzflosse besteht
nur aus wenigen, sehr kräftigen Strahlen.
Die Brustflossen sind sehr verschiedenartig gestaltet, enthalten aber ebenfalls
nur wenige, ziemlich dicke Strahlen. Bei
manchen Arten entspringt die Brustflosse auf einer fleischigen Basis. Bauchflossen fehlen, aber bei manchen Arten
sind die Beckenknochen noch unter der
Haut vorhanden. Die Augen sind bei den
erwachsenen Weibchen sehr klein. Die
Männchen der meisten Arten besitzen dagegen ziemlich große, manchmal sogar
röhrenförmige Augen, nur bei *Gigantactis* sind sie klein. Das Skelett ist bei allen
Arten sehr stark reduziert und die Knochen sind nur schwach verkalkt. Ein
Großteil des Skelettes ist knorpelig und
viele Knochen sind nur noch stabförmig.
Der Kiemendeckel (Operculum) ist bei
den Anglerfischen der Familie Oneirodi-
dae bis auf einen V-förmigen Knochen
zurückgebildet. Obwohl die Kieferknochen im Vergleich zu den übrigen Schädelknochen noch gut entwickelt sind, sind
sie doch viel schwächer als bei den meisten anderen Fischen. Fast alle Arten sind
dunkelbraun oder schwarz.

Mit Ausnahme der Gattung *Neoceratias*
besitzen alle erwachsenen Weibchen der
Anglerfische ein Illicium mit einer Esca
am Ende, die, abgesehen von *Caulo-
phryne*, mit einem Leuchtorgan ausgerüstet ist. Das Licht wird durch Kolonien
von Leuchtbakterien erzeugt, die sich in
der Esca eingenistet haben.

Die Fortpflanzungsstrategien variieren
bei den Anglerfischen sehr und reichen
von normaler Fortpflanzung wie bei den
Arten der flacheren Gewässer bis zu den
abenteuerlichsten Methoden – etwa parasitischen Zwergmännchen, die am
Weibchen festsitzen. Die Weibchen besitzen ein funktionsfähiges Illicium, das
den Männchen fehlt. Die wichtigsten Unterschiede bestehen im weiteren Schicksal der Männchen. Nach der Metamorphose sind die Männchen praktisch unfähig, Nahrung aufzunehmen, daher müssen sie möglichst schnell ein Weibchen
finden. Bei freilebenden Männchen sind
die Hoden bereits vor der Metamorphose entwickelt. Danach bekommen sie pin-
zettförmige Kiefer, mit denen sie während
der Befruchtung der Eier an der Haut der
Weibchen zupfen, die aber wohl kaum
zum Nahrungserwerb geeignet sind. Oft
verwächst der Körper der Zwergmännchen mit dem der Weibchen; so lebt das
Männchen als Parasit oder als bloßer Kör-
peranhang seines Partners.

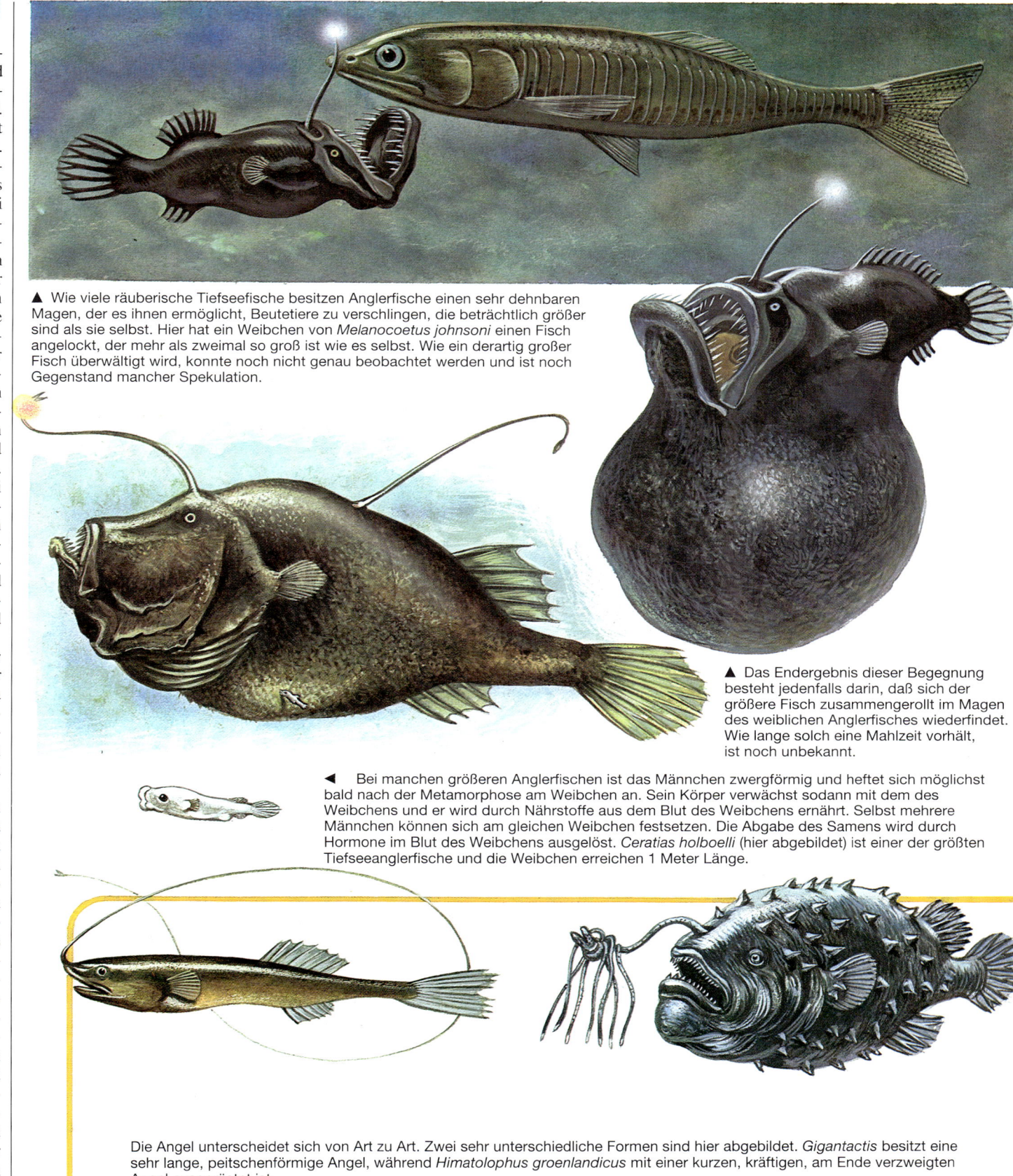

▲ Wie viele räuberische Tiefseefische besitzen Anglerfische einen sehr dehnbaren
Magen, der es ihnen ermöglicht, Beutetiere zu verschlingen, die beträchtlich größer
sind als sie selbst. Hier hat ein Weibchen von *Melanocoetus johnsoni* einen Fisch
angelockt, der mehr als zweimal so groß ist wie es selbst. Wie ein derartig großer
Fisch überwältigt wird, konnte noch nicht genau beobachtet werden und ist noch
Gegenstand mancher Spekulation.

▲ Das Endergebnis dieser Begegnung
besteht jedenfalls darin, daß sich der
größere Fisch zusammengerollt im Magen
des weiblichen Anglerfisches wiederfindet.
Wie lange solch eine Mahlzeit vorhält,
ist noch unbekannt.

◄ Bei manchen größeren Anglerfischen ist das Männchen zwergförmig und heftet sich möglichst
bald nach der Metamorphose am Weibchen an. Sein Körper verwächst sodann mit dem des
Weibchens und er wird durch Nährstoffe aus dem Blut des Weibchens ernährt. Selbst mehrere
Männchen können sich am gleichen Weibchen festsetzen. Die Abgabe des Samens wird durch
Hormone im Blut des Weibchens ausgelöst. *Ceratias holboelli* (hier abgebildet) ist einer der größten
Tiefseeanglerfische und die Weibchen erreichen 1 Meter Länge.

Die Angel unterscheidet sich von Art zu Art. Zwei sehr unterschiedliche Formen sind hier abgebildet. *Gigantactis* besitzt eine
sehr lange, peitschenförmige Angel, während *Himatolophus groenlandicus* mit einer kurzen, kräftigen, am Ende verzweigten
Angel ausgerüstet ist.

ZAHNKÄRPFLINGE
(CYPRINODONTOIDEA)

Die Unterordnung Cyprinodontoidea umfaßt kleine Fische, die im Aussehen den Karpfenfischen (Cyprinidae) gleichen. Die sieben Familien mit etwa 100 Gattungen und 500 Arten kommen in allen Kontinenten vor, jedoch nicht in Australien sowie der Arktis und Antarktis. Cyprinodontidae, Poeciliidae und Anablepidae sind die wichtigsten und am besten bekannten Familien.

Die Rückenflosse der Zahnkärpflinge besteht nur aus Weichstrahlen und ist in der hinteren Körperhälfte gelegen. Das Maul ist endständig, oft nach oben gerichtet und kann vorgestreckt werden. Die Kiefer sind wie bestimmte Knochen des Gaumens und des Schlundes mit kleinen, konischen oder mehrspitzigen Zähnen besetzt. Der langgestreckte Körper ist seitlich ziemlich abgeflacht, der Kopf oberseits abgeplattet. Sehr viele Arten zeigen einen auffälligen Sexualdimorphismus, wobei insbesondere die Männchen eine farbenfrohe Tracht besitzen, während die Weibchen ziemlich eintönig gefärbt sind. Zahnkärpflinge sind überwiegend kleine, selten mehr als 10 cm messende und häufig sehr aggressive Fische. Die meisten der etwa 60 bekannten Gattungen kommen in den Tropen der Alten und der Neuen Welt vor und leben im Süßwasser, dringen aber auch ins Brackwasser ein.

Die Fortpflanzung findet vom Frühjahr bis zum Spätherbst statt und beginnt damit, daß die Männchen den Schwarm verlassen und eigene Territorien besetzen. Wenn die Weibchen paarungsbereit sind, sondern sie sich ebenfalls von der Gruppe ab und besuchen die Territorien der Männchen, von denen sie zur Paarung eingeladen werden. Das Weibchen gibt ein einziges Ei ab, dieses wird vom Männchen befruchtet und sinkt dann zu Boden. Die Eier brauchen nur wenige Tage, bis die Jungen schlüpfen, die dann 3-4 mm lang sind.

Bei manchen südamerikanischen Arten aus den Gattungen *Austrofundulus*, *Cynolebias* und *Rivulus* beträgt die Lebensdauer nur eine Season. Es sind "annuelle" Zahnkärpflinge, die im Sommer austrocknende Tümpel bewohnen und das Überleben der folgenden Generation dadurch sichern, daß sie dickschalige "Sommereier" am Boden des Tümpels ablegen. Selbst in der Trockenzeit können diese Eier am Boden des trockengefallenen Tümpels Trockenheit und zuweilen auch mechanische Beanspruchung über-

▲ Die Anablepidae oder "Vieraugen" führen ihren Namen wegen des eigenartigen Baues ihrer Augen, der es ihnen ermöglicht, gleichzeitig unter und über Wasser zu sehen. Die häufigste Art – *Anableps anableps* – lebt in Süßwasserhabitaten in Südamerika, am liebsten in flachen Stillwasserzonen der Mündungen großer Flüsse oder an Stellen mit schwach strömendem oder stagnierendem Wasser, wo der schlammige Grund reiches Pflanzenwachstum ermöglicht. Seine Nahrung besteht aus kleinen aquatischen Wirbellosen und auf der Wasseroberfläche lebenden Insekten.

◀ Das sehr große Auge sitzt weit oben am Kopf und erinnert an das Auge eines Frosch

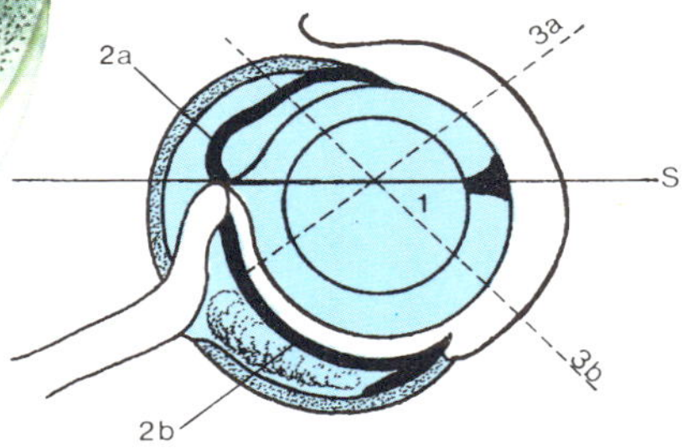

▲ Ein Querschnitt durch das Auge illustriert die zweifache Sehfähigkeit:
1) die kristalline Linse; 2a) und 2b) die beiden verschiedenen Teile der Netzhaut, die das Bild empfangen; 3a) die Sehrichtung außerhalb des Wassers; 3b) die Sehrichtung innerhalb des Wassers; s) Wasseroberfläche.

◀ Die Familie Anablepidae entwickelte sich erst vor kurzer Zeit, denn wir besitzen keine Fossilien, die älter sind als das Pleistozän. Es ist sehr wahrscheinlich, daß die Familie in Mittelamerika entstand, von wo aus sie dann in die nördlichen Teile Südamerikas einwanderte.

stehen. Dennoch beginnt die Entwicklung des Embryos sofort nach der Eiablage, manchmal mehrere Monate vor der nächsten Regenzeit. Daher muß das Wachstum in einem bestimmten Stadium eingestellt werden, damit der Jungfisch nicht zu ungünstiger Zeit ausschlüpft. Sobald aber die ersten Regen den Tümpel wieder füllen, öffnen sich die Eier und entlassen die Jungfische, die alsbald schnell heranwachsen.

Die zweite artenreiche Familie nach den Cyprinodontidae sind die Poeciliidae, die lebendgebärenden Zahnkarpfen, deren Mitglieder lebende Junge zur Welt bringen.

Die Poeciliidae haben sich in Mittelamerika entwickelt, von wo aus sie sich später nach Nordamerika und Südamerika verbreitet haben. Sie bilden eine dominante Fischgruppe in einer Vielzahl von Gewässern, süßen sowohl wie brackigen. Poeciliidae sind gewöhnlich klein und überschreiten selten 10-15 cm Länge. Einige Arten sind prachtvoll gefärbt und leicht zu halten und zu vermehren. Sie pflanzen sich ausschließlich durch lebende Junge fort. Zu ihnen gehören *Poecilus reticulata*, der Guppy, sowie die Mollies, zum Beispiel der Amazonasmolly (*Poecilus formosa*) und der Segelflossenmolly (*P. latipinna*).

Eine weitere, ziemlich artenreiche Gattung ist *Xiphiphorus*, zu der verschiedene Arten der Schwertträger gehören, darunter der Spiegelkärpfling (*Xiphophorus maculatus*) aus den Küstengebieten der Atlantikküste von Mexiko bis nach Honduras, sowie einer der bekanntesten Schwertträger, der Grüne Schwertträger *Xiphophorus helleri*. Am nördlichen Rand des Verbreitungsgebietes der Familie finden wir die Gattung *Gambusia* mit 34 Arten, die entlang der nordamerikanischen Atlantikküste sowie überall in Mittelamerika verbreitet sind. In Amerika ist *G. affinis* wohlbekannt als eifriger Vertilger von Stechmückenlarven. Die Art kommt in allen Gewässertypen vor, selbst in extrem flachem Wasser oder in dichten Wasserpflanzen.

Die Anablepidae stellen eine sehr kleine Familie dar, die nur aus der Gattung *Anableps* mit 5 oder 6 Arten besteht. Die Augen dieser lebendgebärenden Fische sind an das gleichzeitige Sehen unter und über Wasser angepaßt.

▼ Geographische Verbreitung der Cyprinodontidae.

▲ Einige Arten der Cyprinodontidae und Atherinoidea:
1) Argentinischer Perlfisch *Cynolebias belloti* (Männchen: 7 cm; Weibchen: 4-5 cm). 2) Bei den lebendgebärenden Arten sind die Jungen bei der Geburt schon weit entwickelt und fähig, sich selbst zu versorgen. 3) Männchen von *Epiplatys dageti* (5,5 cm), eine afrikanische Art der Cyprinodontidae. 4) Männchen des Floridakärpflings *Jordanella floridae* (6 cm); die Männchen dieser Gattung betreuen ihre Eier. 5) *Aphyosemion australe*, eine afrikanische Art aus Gabun (6 cm). 6) *Aphyosemion nigerianum* (4 cm), eine weitere afrikanische Art. 7) Regenbogenfisch *Melanotaenia maccullochi* (7 cm), ein süßwasserbewohnender Angehöriger der Atherinoidea aus Australien. 8) *Dermogenys pusillus*, der Halbschnäbler, ein weiterer Angehöriger der Atherinoidea aus Südostasien (8 cm). 9) Beim Grünen Schwertträger *Xiphiphorus helleri* (12 cm) ist der Unterteil der Schwanzflosse stark verlängert. 10) *Poecilia nigrofasciata* kommt nur auf den Antillen und auf Haiti vor (4-5 cm). 11) Der Spiegelkärpfling *Xiphophorus maculatus* (6 cm) hat die gleiche geographische Verbreitung wie der Grüne Schwertträger.

RIEMENFISCH
(REGALECUS GLESNE)

Die Bandfische (Regalecidae) umfassen Fische mit einem bandartigen, schuppenlosen Körper. Die Rückenflosse ist so lang wie der Körper, die Analflosse und die Schwanzflosse fehlen dagegen fast immer. Die ersten Strahlen der Rückenflosse sind auffällig lang und aufrichtbar und gleichen einem Kamm.

Die bekannteste Art der Familie ist sicherlich der Riemenfisch oder Heringskönig (*Regalecus glesne*). Er bildete vermutlich die Ursache für den Glauben an die Seeschlange, die in den Tiefen des Ozeans lauert und ganze Schiffsbesatzungen bedroht, wenn sie jemals an die Oberfläche kommt – wie es hier und da bezeugt wurde. Der Riemenfisch kann 7 Meter Länge erreichen und das erklärt zugleich, weshalb ein derartig riesiges Wesen nicht ein einfacher Fisch sein kann und daß sich Legenden um ihn ranken müssen.

Der Riemenfisch ist in allen Weltmeeren verbreitet, er wird jedoch am häufigsten im Nordatlantik gesichtet.

Sein zweiter Name bezieht sich darauf, daß er von Fischern häufiger in der Nähe von Heringsschwärmen gesehen wurde. So dauerte es nicht lange, bis er als "Heringskönig" bezeichnet wurde, der den Heringsschwärmen bei ihrer Wanderung den Weg zeigt.

Der Körper des Riemenfisches ist sehr langgestreckt und seitlich außerordentlich zusammengedrückt. Die Farbe des Körpers ist silbrig, die Flossen sind jedoch orangerot. Der verhältnismäßig kleine Kopf trägt ein vorstreckbares Maul, das senkrecht nach oben gerichtet und vollständig unbezahnt ist. Die Augen sind rund und sehr groß. Auf der Oberseite des Kopfes befindet sich eine leuchtend gefärbte Krone aus den ersten, verlängerten Strahlen der Rückenflosse.

Der Riemenfisch ist sehr selten und die meisten bekannten Exemplare wurden tot an Stränden angespült oder sterbend in flachem, strandnahem Wasser gefunden. Über das Fortpflanzungsverhalten des Riemenfisches ist kaum etwas bekannt. Seine Eier und Larven wurden zwischen Juli und Dezember in der Straße von Messina entdeckt.

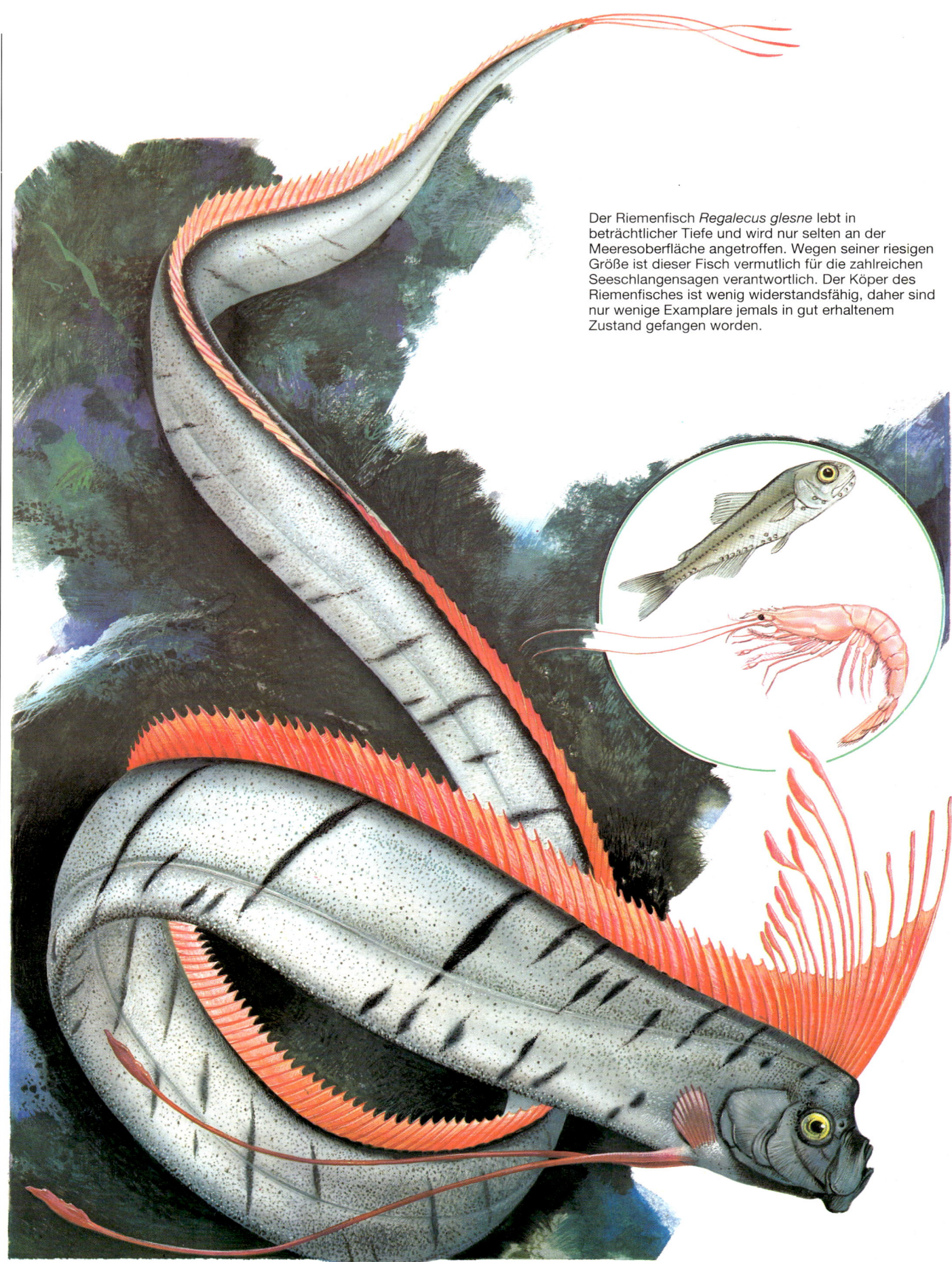

Der Riemenfisch *Regalecus glesne* lebt in beträchtlicher Tiefe und wird nur selten an der Meeresoberfläche angetroffen. Wegen seiner riesigen Größe ist dieser Fisch vermutlich für die zahlreichen Seeschlangensagen verantwortlich. Der Köper des Riemenfisches ist wenig widerstandsfähig, daher sind nur wenige Examplare jemals in gut erhaltenem Zustand gefangen worden.

SEEPFERDCHEN
(SYNGNATHIDAE)

Die zur Ordnung Syngnathiformes gehörigen Fische besitzen ein röhrenförmiges verknöchertes Maul, das sie wie eine Pipette benutzen, um mit dem Wasserstrom Nahrung einzusaugen. Der Körper ist insgesamt oder nur teilweise mit Knochenplatten bedeckt; bei den Syngnathidae (Seepferdchen und Verwandte) bilden diese einen kompakten, knöchernen Panzer, der ringförmig um Körper und Schwanz angeordnet ist.

Beim Seepferdchen (*Hippocampus hippocampus*) ist der Körper von 11 Ringen umgeben, der Schwanz von 34-35 Ringen. Die Rückenflosse enthält 17 Strahlen. Die Brustflosse besteht aus 14-15 Flossenstrahlen. Die Länge des röhrenförmigen Maules macht 40 % der Kopflänge aus und das gesamte Tier kann bis 16 cm lang werden. Die Platten des Körperpanzers sind mit scharfen Ecken versehen, die Verletzungen zufügen können. Die Färbung ist schwärzlich oder dunkelbraun mit weißen Flecken oder Punkten. Das Maul ist vollkommen zahnlos. Seepferdchen kommen an der Küste des Mittelmeeres und des Atlantiks in Europa südlich bis Algerien vor und leben auf Sand- oder Schlickboden in Tiefen zwischen 8 und 45 Metern. Sie bevorzugen Seegrasrasen (*Posidonia*) oder dichte Algenbestände, an denen sie sich mit ihrem Greifschwanz festhalten. Mit ihren sehr beweglichen Augen können sie den Bewegungen ihrer Beute folgen, die sie langsam und vorsichtig beschleichen. Beim schnelleren Schwimmen nehmen sie eine horizontale Lage ein, die Rückenflosse nach oben gerichtet. Sie können auch in senkrechter Position schwimmen, dabei halten sie den Kopf nach oben oder unten oder rollen ihn ein. Alle diese Haltungen werden durch Bewegungen des Gases in ihrer Schwimmblase kontrolliert.

Die Fortpflanzung findet zwischen Mai und August statt. Das Weibchen legt 318-500 Eier in den Brutbeutel des Männchens, wo sie ausgebrütet werden. Die Jungen schlüpfen dann im August und September. Die Geschlechtsreife wird mit ungefähr einem Jahr erreicht, denn die Seepferdchen können sich im darauffolgenen Mai bereits paaren. Die meisten Tiere sterben nach der ersten Eiablage ab, nur wenige überleben und können sich ein weiteres Mal fortpflanzen.

Das Seepferdchen hat zahlreiche Verwandte in allen gemäßigten und warmen Meeren.

▲ Das Seepferdchen (*Hippocampus hippocampus*) gehört wie die Seenadel zur Familie Syngnathidae. Sein Körper ist von 11 Ringen aus Knochenplatten bedeckt, der Schwanz von 34-35 Ringen. Seepferdchen leben auf sandigem oder schlickigen Grund in Tiefen zwischen 8 und 45 Meter. Sie bevorzugen Rasen des Seegras *Posidonia* oder dichte Algenbestände, wo sie sich mit ihrem Greifschwanz an den Stengeln der Pflanzen festhalten. Sie können in horizontaler Haltung recht schnell schwimmen, dabei ist die Rückenflosse nach oben gerichtet. Ihre Nahrung, meistens Krebse, beschleichen sie, bis der nach unten gesenkte Kopf sich über der Beute befindet, dann saugen sie diese mit einer schnellen Bewegung ihres röhrenförmigen Maules ein.

◄ Der Körper des Seepferdchens ist seitlich zusammengedrückt und der Kopf ist vom Körper durch einen als Hals bezeichneten Bereich getrennt. Die Augen sind groß und rund. Die Kiemenöffnungen sind klein, ebenso wie die Brustflossen, die hinter ihnen entspringen.

▼ Die Fortpflanzung findet zwischen Mai und August statt. Die Eier werden in den Brutbeutel des Männchens gelegt. Ihre Entwicklung dauert den Juni und Juli hindurch und die Jungen schlüpfen im August und September. Bereits im darauffolgenden Mai können sie sich fortpflanzen.

SCHIFFSHALTER
(ECHENEIDAE)

Die zu dieser Familie gehörigen Fische sind langgestreckt-spindelförmig. Der Kopf ist auf der Oberseite mit einem langen Haftapparat versehen – eine Art Saugscheibe bestehend aus zwei Reihen von Lamellen – mit der sich diese mittelgroßen Fische an andere Fische festheften.

Die Färbung der Schiffshalter ist sehr auffällig: der Rücken ist weiß oder silbrig, während der Bauch dunkler gefärbt ist. Am häufigsten sind die Seiten von Kopf und Bauch dunkelbraun oder dunkelblau. Man unterscheidet vier Gattungen: *Echeneis*, *Phteirichthys*, *Remora* und *Remorina*. Sie unterscheiden sich vor allem in ihrer Körperform, der Form der Brustflossen, die rund oder spitz sein können, in der Art, wie der Unterkiefer an der Schnauzenspitze endet und an der Anzahl der Lamellen in der Saugplatte am Kopf.

Schiffshalter legen runde, durchsichtige Eier, die am vegetativen Pol einen Öltropfen enthalten. Beim Kopfsauger (*Echeneis naucrates*) sind sie etwa 2,5 mm im Durchmesser und bereits nach drei Tagen schlüpfen aus ihnen die Larven.

Es gibt zahlreiche Beobachtungen über die wichtige Rolle als "Putzer", die die Schiffshalter für ihre Gastgeber spielen. Magenuntersuchungen ergaben große Mengen an parasitischen Krebsen und Fischen, vor allem Pilotenfischen. Die Nahrung der verschiedenen Arten der Schiffshalter muß jedoch recht unterschiedlich sein, denn ihre Größe variiert beträchtlich. Während der Kopfsauger (*Echeneis naucrates*) 60 cm Länge überschreiten kann, wird der Echte Schiffshalter (*Remora remora*) niemals länger als 35 cm. Erstaunlicherweise fanden sich verschiedene Arten von Schiffshaltern angesaugt am Gaumen oder an den Kiemenbögen großer Knochenfische oder Knorpelfische. Die Anzahl der großen Fischarten, die von Schiffshaltern aufgesucht werden, ist beträchtlich. Den Echten Schiffshalter (*Remora remora*) finden wir vor allem an Haien; *R. brachyptera* und *R. osteochir* zeigen eine Vorliebe für Histiophoridae und Xiphiidae (Schwertfische u. a.); und *Remorina albescens* sucht vor allem die großen Rochen der Gattung *Manta* auf.

▲ Echeneidae ist eine Familie barschartiger Fische, die durch die Umwandlung der ersten, hartstrahligen Rückenflosse zu einer Saugscheibe ausgezeichnet sind. Diese Saugscheibe besteht aus zwei Reihen quer angeordneter Lamellen. In der Regel sind die Fische mit ihrer Saugscheibe am Bauch anderer großer Fische festgeheftet, zum Beispiel an einem Hai, wie oben dargestellt. Die Saugkraft der Saugscheibe ist beträchtlich und der Schiffshalter bleibt oft selbst noch im Tode angesaugt. Die Schiffshalter sind typische Bewohner der tropischen Meere, können aber mit ihren Wirten in ziemlich hohe Breiten gelangen. Von den übrigen Flossen sind die zweite Rückenflosse und die Afterflosse lang und stachellos, die Schwanzflosse ist entweder gegabelt oder abgerundet, die Brustflossen sind nach oben gedreht, und die Bauchflossen setzen sehr weit vorn am Rumpf an und liegen dicht beieinander.
Die Echeneidae werden in vier Gattungen eingeteilt, je nach der Körperform (die sich in der relativen Länge unterscheidet), der Form der Brustflossen (die rundlich oder zugespitzt sein können), der Form der Unterkieferspitze und der Form der Lamellen in der Saugscheibe auf der Oberseite des Kopfes. Die vier Gattungen sind: *Echeneis*, *Phteirichthys*, *Remora* und *Remorina*. Die erste Gattung enthält die oben abgebildete Art *Echeneis naucrates*, den Kopfsauger, der über 60 cm lang werden kann. Der Durchmesser seiner Eier ist etwas geringer als 2,5 mm; die Larven schlüpfen bereits am dritten Tag nach der Eiablage. Die Anzahl der Lamellen in der Saugscheibe beträgt 20-24. Die bevorzugten Wirte dieser Art sind Haie.

◄ Die Abbildung links zeigt die Entwicklung der Saugscheibe beim Echten Schiffshalter (*Remora remora*). Die genaue Entwicklung ist bei verschiedenen anderen Arten dieser Familie noch nicht bekannt. 1) Bei einer Körperlänge von 6,5 mm sind noch keine Spuren einer Saugscheibe zu beobachten; 2) bei 10 mm Länge tritt hinter dem Kopf eine ovale Struktur auf; 3) bei 12 mm Länge wird diese deutlicher, aber es sind noch keine Lamellen sichtbar; 4) bei 18 mm Länge ist die Entwicklung der Saugscheibe bereits recht fortgeschritten.; 5) bei 25 mm Länge ist die Saugscheibe mehr oder weniger vollständig entwickelt.

SCHÜTZENFISCHE
(TOXOTIDAE)

Die sechs beschriebenen Arten der Schützenfische sind vor allem wegen der ungewöhnlichen Weise ihrer Jagd bekannt, bei der sie ihr Maul wie ein Blasrohr benutzen. Der recht langgestreckte Körper ist seitlich stark zusammengedrückt. Die Augen sind wohlentwickelt und sitzen an den Seiten des Kopfes ziemlich weit vorn. Diese relativ kleinen Fische, die zwischen 11,5 und 27 cm messen, leben in brackigen, küstennahen Gewässern und in Flußmündungen und Flüssen. Sie kommen in Südostasien, im Indomalayischen Archipel, an den Küsten Nordaustraliens, auf den Philippinen, den Salomonen und den Neuen Hebriden vor.

Die am weitesten verbreitete Art ist *Toxotes jaculator*, der Gemeine Schützenfisch. Seine bevorzugten Lebensräume sind brackige Flußmündungen und Mangrovensümpfe. Abgesehen von seiner Jagdtechnik, die unten beschrieben und heutzutage recht gut verstanden wird, ist fast nichts von seiner Lebensweise bekannt.

Das bei weitem interessanteste Merkmal der Schützenfische ist ihre Fähigkeit, Beute außerhalb des Wassers dadurch zu jagen, daß sie einen kräftigen Wasserstrahl aus dem Maul spritzen.

Den Tag über lieben es die Schützenfische, knapp unterhalb der Wasseroberfläche zu stehen, von wo aus sie mit Adleraugen ihre Umgebung beobachten und dabei ihre typische schräge Lauerstellung einnehmen. Sie warten auf ein Beutetier, etwa ein Insekt oder eine Spinne, die den verhängnisvollen Fehler macht, ihr Netz zu dicht am Wasser zu bauen. Wenn er die Beute erkannt hat, zielt der Fisch nach ihr und bewegt sich dabei lautlos vor und zurück, wobei die Schnauzenspitze knapp aus dem Wasser herausragt; dann spritzt er überraschend seinen Wasserstrahl, der das Beutetier trifft und es auf die Wasseroberfläche hinunterreißt, wo es rasch gepackt wird. Höchst selten verfehlt der Schützenfisch seine Beute; wenn diese etwas weiter entfernt ist und beim ersten Versuch verfehlt wurde, versucht er es ein zweites Mal und ist dann in der Regel erfolgreich. Dieses erstaunliche Verhalten findet sich jedoch noch nicht bei den Jungfischen, die wohl eine gewisse Übung benötigen, bevor sie die Treffsicherheit der Erwachsenen erreichen.

▶ Die Mundhöhle der Arten der Gattung *Toxotes* ist eng und langgestreckt. Die Zunge ist groß, fleischig an der Basis und unbeweglich; an der Spitze ist sie dagegen sehr schmal.

▲ Die Familie Toxotidae – die Schützenfische – umfaßt sechs Arten, die alle zur Gattung *Toxotes* gehören. Diese Fische besitzen die außergewöhnliche Fähigkeit, Tiere außerhalb des Wassers mit Hilfe eines Wasserstrahles zu erbeuten, den sie auf Grund bestimmter Anpassungen im Bau ihres Maules ausspritzen können. Der abgebildete Fisch gehört zu der am weitesten verbreiteten und am besten bekannten Art, dem Gemeinen Schützenfisch *Toxotes jaculator*.

▼ Tiere, die auf der Wasseroberfläche sitzen oder dicht über ihr fliegen, kann der Schützenfisch durch rasches Herausschnellen aus dem Wasser erbeuten.

◀ Das Verbreitungsgebiet der Schützenfische umfaßt ein sehr großes Areal in der indopazifischen Region. Diese Fische leben in küstennahen Gewässern mit niedrigem Salzgehalt und in brackigen Flußmündungen und Flüssen. In diesen Lebensräumen steht der Schützenfisch unbeweglich knapp unter der Wasseroberfläche und lauert auf Beutetiere, die er mit seinem Wasserstrahl abschießen kann. Der Mechanismus, der es dem Schützenfisch gestattet, den Wasserstrahl auszustoßen, ist dem einer Wasserpistole recht ähnlich: das im Maul gesammelte Wasser (das Wasserreservoir der Wasserpistole) wird durch die Kontraktion der Kiemendeckel und des Mundbodens zusammengepreßt (der Tauchkolben der Wasserpistole). Am Munddach befindet sich eine kleine Grube von etwa 2 mm Durchmesser, die dem unter Druck stehenden Wasser die Richtung gibt (der Lauf der Pistole) und dafür sorgt, daß es das Maul in einem kräftigen Strahl durch eine kleine Öffnung verläßt, die bei geschlossenem Maul von der Symphyse der Maxillen gebildet wird (die Mündung der Pistole). Entfernung und Stärke des Wasserstrahles kann vom Fisch variiert werden (entsprechend dem auf den Abzug ausgeübten Druck und dessen Dauer bei der Wasserpistole).

PUTZERFISCH
(LABROIDES DIMIDIATUS)

Ordnung Perciformes
Familie Labridae
Länge 8-10 cm
Gewicht 10-15 g
Merkmale Proterogyner Hermaphrodit. Besitzt 52-53 Schuppen entlang der Seitenlinie
Farbe Blau, am Bauch in weiß übergehend. Vom Kopf bis zum Schwanz verläuft ein schwarzes Seitenband
Fortpflanzungzeit Das ganze Jahr über

Der Putzerfisch ist der am besten bekannte Vertreter derjenigen Fische, die den Körper anderer Fische von Parasiten brfreien.

Bei dieser Art gleichen sich beide Geschlechter; die Grundfarbe ist blau, das am Bauch in weiß übergeht. Von der Kopfspitze bis zur Schwanzspitze zieht sich ein breites, schwarzes Band. Zur Laichzeit erscheint ein zweiter, rosa-brauner Streifen am Kopf des Weibchens.

Der Putzerfisch kommt in allen tropischen Meeren vor, auch im Atlantik und im Pazifik, besonders häufig ist er jedoch an den Küsten des Indischen Ozeans und des Roten Meeres zu finden. Sein bevorzugter Lebensraum sind die Steilabfälle der Korallenriffe, die von Spalten und natürlichen Höhlen durchsetzt sind, in denen er sich seine Wohnhöhlen sucht. Er bevorzugt oberflächennahes Wasser, findet sich aber gar nicht selten bis in 50 m Tiefe, insbesondere in solchen Gebieten, wo er wegen der jahreszeitlichen Klimaschwankungen in größerer Tiefe geeignetere Bedingungen findet.

Meist besetzen mehrere Putzerfische jeweils eigene, aber benachbarte Territorien und bilden Kolonien, die geradezu als "Putzpraxis" bezeichnet werden können und regelmäßig von zahlreichen anderen Fischarten besucht werden. Diese versammeln sich dort und warten darauf, von den kleinen Putzerfischen bedient zu werden.

Die soziale Organisation besteht bei den *Labroides dimidiatus* aus Harems, die mehrere Jahre lang stabil bleiben können und jeweils aus einem Männchen und 6-7 erwachsenen Weibchen bestehen. Die Beziehungen zwischen den einzelnen Gruppenangehörigen werden von einer genauen hierarchischen Ordnung bestimmt, in der die größeren Fische höhere Ränge einnehmen. Jedes Weibchen besetzt sein eigenes Territorium, in dem es sein Putzgeschäft ausführt und alle kleineren und daher unterlegenen Weibchen

▼ Der Putzerfisch (*Labroides dimidiatus*) ist wohl die am besten untersuchte Art derjenigen Fischarten, die andere Fische von ihren Parasiten befreien.

▼ Winzige Ruderfußkrebse, die sich in die Haut einbohren und auf den Kiemen zahlreicher Fische festsetzen, bilden die Hauptnahrung der Putzerfische.

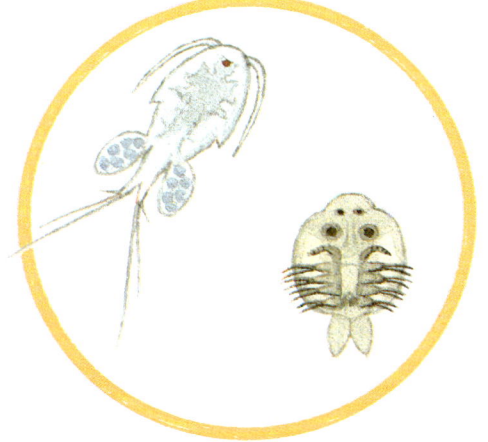

◀▲ Der kleine Putzerfisch besitzt eine einzige Rückeflosse, eine rundliche, am Ende angestutzte Schwanzflosse, ein endständiges Maul und gut entwickelte Lippen. Er zeigt keine Furcht bei der Annäherung an Fische, die weitaus größer sind als er selbst, wie Schnapper und Zackenbarsche. Diese halten still, wenn der kleine Putzerfisch ihren gesamten Körper absucht und kleine parasitische Krebse absammelt und verzehrt. Der Steilhang von Korallenriffen bildet seinen bevorzugten Lebensraum, in dessen Spalten und natürlichen Höhlen er seine Wohnhöhle findet.

▼ Das Maul von *Labroides dimidiatus* ist mit vier langen Eckzähnen bewehrt. Sie bilden die Werkzeuge, mit denen der Putzerfisch die Parasiten vom Körper seiner Besucher absammelt.

vertreibt. Das Männchen dominiert die gesamte Gruppe und kann ungestört in die Territorien der Weibchen eindringen, obwohl es auch ein eigenes Territorium besitzt.

Wie viele andere Angehörigen der Familie Labridae ist der Putzerfisch ein protogyner Hermaphrodit, doch wird die für diese Familie typische Geschlechtsumwandlung in seinem Fall durch die Hierarchie in der Gruppe reguliert.

Wenn das Männchen stirbt, macht das größte und zugleich ranghöchste Weibchen eine Geschechtsumwandlung durch und übernimmt die Rolle des Männchen in der Gruppe.

Die Eier sind planktonisch und die daraus ausschlüpfenden Larven machen ihre Entwicklung im freien Wasser durch. Die Beziehungen zwischen den Putzerfischen und ihren Besuchern wird von den Verhaltensforschern als eine "Putzsymbiose" bezeichnet; diese Symbiose ist für beide Teile vorteilhaft, denn der Putzerfisch erhält Nahrung und der Klient wird von seinen Parasiten befreit. Der Putzerfisch lockt seine Klienten durch eine Reihe festgelegter Bewegungen an, den sogenannten "Putztanz". Im Gegenzug laden die Klienten den Putzerfisch dadurch zum Putzen ein, daß sie eine bestimmte Haltung einnehmen, die sich artlich unterscheidet. Manche bauen sich bewegungslos und den Kopf nach unten gesenkt vor dem Putzerfisch auf, andere öffnen das Maul weit, wieder andere weisen ihre Flanken vor.

Die Putzerfische werden nicht nur von den Bewohnern des benachbarten Riffes aufgesucht, sondern viele Fischarten, die normalerweise im freien Wasser leben, kommen regelmäßig zu den Putzstuben und nicht selten kann man ganze Schwärme von "Schlange stehenden" Fischen in ihrer Nähe beobachten.

Ein anderer Fisch, der kleine Schleimfisch *Aspidontus taeniatus* (Blenniidae), sieht dem Putzerfisch *Labroides dimidiatus* täuschend ähnlich, obwohl er in eine ganz andere Familie gehört. Diese Mimikri ist so weitgehend, daß *Aspidontus taeniatus* sogar die Bewegungsweise und das Verhalten des Putzerfisches nachahmt und damit erreicht, daß er sich größeren Fischen gefahrlos nähern kann. Doch der Schleimfisch ist kein Putzer, sondern er greift den arglosen Fisch an und reißt ihm Flossenteile und Fleischstücke heraus, von denen er sich ernährt.

▲ *Labroides dimidiatus* dringt in die Kiemenspalten der von ihm geputzten Fische ein. Diese Bereiche sind oft die Stellen, an denen sich besonders viele Parasiten angesiedelt haben.

Aspidontus taeniatus

Dieser kleine Schleimfisch stellt in Aussehen und Verhalten eine genau Kopie von *Labroides dimidiatus* dar. Damit gelingt es ihm, sich arglosen Fischen zu nähern und ihnen Flossenstücke auszureißen, von denen er sich ernährt.

▲▼ Wie in der Abbildung zu sehen ist, zeigt der Putzerfisch keine Furcht, sogar wenn er sich zwischen den Kiefern gewaltiger Räuber zu schaffen macht.

▲ Es scheint, daß der Putzerfisch und sein Klient sich kennenlernen können. Tatsächlich sind bestimmte Signale, wie der Putztanz des Putzerfisches, weniger häufig zu sehen, wenn zwei Tiere bereits einmal zu einer Putzstunde zusammengekommen waren.

◄ Diese Abbildung scheint das Ende eines Putzerfisches zu zeigen, das trifft aber nicht zu. Der kleine Fisch ist in Wirklichkeit in keiner Gefahr, weil es für den Klienten sehr schwierig ist, ihn anzugreifen und zu verletzen. Der große Fisch zeigt seine Absicht, die Sitzung abzubrechen dadurch, daß er den Kopf schüttelt oder sein Maul halb schließt und die Kiemen wiederholt öffnet.

ANEMONENFISCHE
(GATTUNG *AMPHIPRION*)

Die kleinen Anemonenfische sind Riffbewohner. Sie wagen sich ungern ins offene Wasser hinaus und finden sich immer in unmittelbarer Nähe von Seeanemonen, mit denen sie vergesellschaftet sind. In die Anemonen ziehen sie sich auch bei Gefahr zurück, ohne daß sie von den Nesselzellen ihrer Wirte verletzt werden.

Die Färbung der Anemonenfische ist sehr auffallend und besteht meist aus breiten, senkrechten, weißen Streifen mit schwarzem Rand, die auffällig mit der gewöhnlich orangeroten Grundfarbe des Körpers kontrastieren.

Ungefähr 25 Arten von Anemonenfischen sind bekannt, die alle die Korallenriffe in warmen Meeren bewohnen. Sie kommen von der Westküste Afrikas bis zum Pazifik vor, die meisten Arten finden sich jedoch in dem Gebiet zwischen Indonesien, Australien und Mirkonesien.

Manche Arten der Anemonenfische haben eine besonders enge Beziehung zu bestimmten Anemonengattungen (in vielen Fällen zur Gattung *Stoichactis*), während andere in Gesellschaft verschiedener Gattungen leben können.

Während der Fortpflanzungszeit besetzt jedes Paar ein eigenes Territorium und verteidigt dieses gegen artgleiche Eindringlinge. Die Eier werden in unmittelbarer Nähe der Wirtsanemone abgelegt und von den Eltern, in jedem Fall vom Vater, bis zum Ausschlüpfen der Jungfische bewacht.

Es wird angenommen, daß diese Art der Vergesellschaftung beiden Partnern Vorteile bringt, wobei der Fisch seine Wirtsanemone mit Nahrung versorgt. Tatsächlich schafft der Anemonenfisch Nahrung heran, es sind aber in aller Regel sehr große Brocken, die erst von der Anemone in kleinere Teile zerlegt werden müssen, bevor der Fisch sie verzehren kann. Dieses Verhalten ist daher nicht so uneigennützig, wie es den Anschein hat.

Es wird ebenfalls angenommen, daß der Anemonenfisch seine Anemone gegen räuberische Fische verteidigt, daß er zum Beispiel Schmetterlingsfische vertreibt, die sich in der Tat von Anemonen ernähren.

Die Tatsache, daß die Nesselzellen der Anemonen den Anemonenfischen nicht schaden, führt man darauf zurück, daß die Fische sich mit dem Schleim der Anemone überziehen. Anemonenfische, denen dieser Überzug fehlt, oder verletzte Fische werden jedenfalls erbeutet.

▲ Die Fische der Gattung *Amphiprion* werden üblicherweise als Anemonenfische bezeichnet. Sie besitzen die allgemein bekannte Eigenschaft, bei Gefahr zwischen den Fangarmen von Seeanemonen Schutz zu suchen. Die giftigen Nesselzellen verschiedener Anemonen bedeuteten eine tödliche Gefahr für alle Fische mit Ausnahme derjeniger der Gattung *Amphiprion*. Es wurde tatsächlich nachgewiesen, daß die Nesselzellen den Anemonenfischen nicht schaden. Man nimmt an, daß sie ihre Haut mit einer dünnen, von der Anemone stammenden Schleimschicht überziehen, die als Schutz gegen die Nesselzellen dient. Die Gattung *Amphiprion* gehört zur Familie Pomacentridae (Korallenfische), die wiederum zur Unterordnung Percoidei oder Perciformes (Barschartige) gerechnet werden. Alle Anemonenfische sind auffallend gefärbte Arten geringer Größe, sie sind sehr häufig im Korallenriff und bevorzugte Pfleglinge der Aquarianer.
Die Angehörigen der Gattung *Premnas* gleichen den Arten der Gattung *Amphiprion* sehr, unterscheiden sich aber von ihnen durch den Besitz von zwei Stacheln unter den Augen und durch die kleineren Schuppen. Sie werden ebenfalls als Anemonenfische bezeichnet. Wegen ihrer geringen Größe und der Schwierigkeit, sie in größeren Mengen zu fangen, werden die *Amphiprion*-Arten nicht kommerziell genutzt, obwohl sie eßbar sind. Sie werden aber als Aquarienfische lebend exportiert.

◄ Die Fangarme der Seeanemone sind mit giftigen Nesselzellen besetzt. Das Gift lähmt das Beutetier und ermöglicht es der Anemone, es zur Mundoffnung zu befördern und zu verschlingen. Sie erbeutet auch Anemonenfische, wenn sie verletzt sind oder wenn ihnen der Schleimüberzug fehlt; gewöhnlich aber toleriert die Anemone den Fisch und läßt ihn zufrieden.

BLAUER PAPAGEIENFISCH
(SCARUS COERULEUS)

Ordnung Perciformes
Familie Scaridae
Länge Meist etwa 30 cm
Merkmale Zähne zu Zahnplatten verschmolzen. Kein vorstreckbares Maul. Unterbrochene Seitenlinie. 22 Längsreihen von Cycloidschuppen
Farbe Blau, je nach Alter verschieden

Beim Blauen Papageienfisch sind, wie bei allen Scaridae, die Zähne im Ober- und Unterkiefer zu zwei Zahnplatten verschmolzen, die einen "Schnabel" bilden. Bei geschlossenem Maul überragt die obere Platte die untere geringfügig. Das Maul ist wie bei allen Scaridae nicht vorstreckbar.

Der Blaue Papageienfisch kommt überall im Westatlantik entlang der amerikanischen Küsten vor, zusammen mit etwa 20 verwandten Arten. Er bewohnt auch die Küsten Floridas und Brasiliens und findet sich in den Korallenriffen, welche die Inseln der Karibik säumen.

Es ist sehr einfach, die Jungfische in den flachen Gewässern zu beobachten, die normalerweise von den Papageienfischen bewohnt werden. Die erwachsenen Fische sind jedoch schwieriger zu finden, denn sie halten sich meist in größerer Tiefe auf.

Nachts umgibt sich der Blaue Papageienfisch wie seine Verwandten mit einer kugelförmigen Schleimhülle. Zur Herstellung dieser Hülle braucht er etwa 30 Minuten. Vermutlich verhindert dieser Kokon, daß räuberische Fische auf den Geruch des Papageienfisches aufmerksam werden, seine genaue Funktion ist jedoch noch ungeklärt. Der Blaue Papageienfisch schläft auf dem Boden oder auf Felsen. Morgens, nach dem Verlassen seiner nächtlichen Unterkunft, sind seine Bewegungen eine zeitlang unkoordiniert: der Fisch kollidiert mit Hindernissen und schwimmt sehr unbeholfen. Wird er dabei zu sehr gestört, legt er sich wieder schlafen.

Wie seine Familienangehörigen frißt der Blaue Papageienfisch Korallen, verzehrt aber auch andere Kleintiere wie Schnekken, Krebse, Seeigel, und sogar Algen; er ist somit ein sprichwörtlicher "Allesfresser".

Der Blaue Papageienfisch (*Scarus coeruleus*) ist ein Bewohner von Korallenriffen der tropischen und subtropischen Gebiete des Westatlantik. Seine Zähne sind zu zwei Zahnplatten verschmolzen, die eine sichtbare Naht in der Mitte aufweisen: sie bilden den "Schnabel". Wegen dieser eigenartigen Mundbildung und wegen der schönen Farben haben er und seine Verwandten den Namen Papageienfische erhalten. Bei ihnen ist Sexualdimorphismus ziemlich häufig: die erwachsenen Männchen, nicht jedoch die Weibchen, weisen einen Stirnbuckel auf. Die Papageienfische knabbern an Korallen und knacken ebenfalls die Skelette von Seeigeln; außerdem ernähren sie sich von Algen und anderen Meerespflanzen.

SCHLAMM-SPRINGER
(PERIOPHTHALMIDAE)

Die Schlammspringer sind ziemlich kleine Fische mit einer Reihe von eigenartigen Merkmalen, die auf das Leben außerhalb des Wassers zurückgehen. Der Körper ist langgestreckt, vorn sehr dick und hinten leicht zusammengedrückt. Das Profil des großen Kopfes ist fast rechteckig und das große Maul ist vorn etwas abgeflacht. Wie bei den meisten Gobiidae sind die Bauchflossen zu einem Saugnapf verwachsen.

Die eigenartige Lebensweise, nämlich die meiste Zeit außerhalb des Wassers zu verbringen, führte zu zahlreichen Veränderungen und Anpassungen in der Struktur der Flossen. Die Brustflossen, mit denen der Fisch auf dem Land herumhüpft und die zugleich das gesamte Körpergewicht zu tragen haben, sind sehr kräftig und sitzen auf einem fleischigen Stiel. Sie arbeiten wie ein kleiner Arm, der in einer breit gefingerten "Hand" endet. Tatsächlich enthält die Flossenbasis Knochen, die kräftiger und stärker entwickelt sind als bei den anderen Gobiidae. Da sie mit je einem getrennten Adduktor- und Abduktormuskel an der Innenseite bzw. Außenseite ausgerüstet ist, ist die Flosse beweglicher und kann eine ganze Reihe verschiedenartiger Bewegungen ausführen.

Das Leben an der freien Luft, das die Schlammspringer führen, hatte noch andere Anpassungen im Gefolge, unter anderem im Bau der Augen und der Atmungsorgane, die in einem ungewöhnlichen Milieu funktionieren müssen. Die Augen sind sehr eigenartig und zeigen eine gewisse Übereinstimmung mit den Augen der Amphibien. Sie liegen dicht nebeneinander und springen weit hervor. Da sie auf einer Art Augenstiel sitzen, sind sie sehr beweglich und können, wie bei den Plattfischen, sogar noch ausgefahren werden, um wie eine Art Periskop zu arbeiten. Wenn nötig, können sie aber auch in die Basis zurückgezogen werden und sind dann fast vollständig von schützenden Hautfalten überdeckt.

Schlammspringer können lange Zeit hindurch atmosphärische Luft atmen. Dies liegt daran, daß die Innenfläche von Maul und Schlund von zahlreichen Blutgefäßen durchzogen wird und daß die Oberfläche der Kiemen relativ gering ist. denn die Kiemen müssen die ganze Zeit hindurch feucht bleiben. Außerdem können die Schlammspringer ihre Kiemenhöhle be-

Gemeiner Schlammspringer
Periophthalmus koelreuteri

◄ Schlammspringer leben an sandigen Stränden. Das Profil des großen Kopfes ist fast rechteckig und das Maul ist vorn leicht abgestutzt. Die Bauchflossen sind zu einem Saugnapf verschmolzen, ein Merkmal, das die meisten Gobiidae, zu denen die Schlammspringer gehören, ebenfalls aufweisen. Die Schwimmblase ist stark zurückgebildet oder fehlt gänzlich. Die Schuppen sind sehr klein und kaum erkennbar. Schlammspringer verbringen während der Ebbe viel Zeit außerhalb des Wassers und hüpfen mit erstaunlicher Geschwindigkeit auf dem Sand herum.

▼ Die Augen können weit herausgestreckt werden, was dem Fisch ein sehr gutes Sehvermögen verleiht, sowohl auf dem Land wie im Wasser.

▲ Schlammspringer ernähren sich von Kleintieren, die im Schlamm leben.

trächtlich vergrößern, dabei die Oberfläche für den Gasaustausch vergrößern und die Kiemenspalten schließen.

Diese Art der Atmung hat sich so weit fortentwickelt, daß Schlammspringer sie, wenigstens teilweise, selbst im Wasser benutzen. Tatsächlich nehmen Schlammspringer im Wasser eine schräge Körperhaltung ein und halten dabei den Kopf höher als den Körper. Sie erweitern die Kiemenhöhle stark (deren hinterer Teil Wasser enthält), so daß die hinteren Kiemen ständig feucht gehalten werden, während im vorderen Teil atmosphärische Luft gespeichert wird. Daher werden die vorderen Kiemen nur in geringem Maß mit Wasser befeuchtet und dieses wird von den Kapillaren resorbiert.

Schlammspringer bewohnen die tropischen Gebiete Afrikas, sowohl an der Westküste wie an der Ostküste, Madagaskar, und die tropischen Küsten Asiens bis nach Nordaustralien. Wo geeignete Lebensräume existieren, sind sie häufig und sehr zahlreich. Sie bevölkern vor allem Mangrovensümpfe und bei Ebbe trockenfallende Sandflächen, finden sich aber auch an Stränden, Ufern von Lagunen und Sumpfgebieten und Salzwassertümpeln, die sich bei Ebbe in Flußmündungen bilden. Sie sind in der Tat fähig, beträchtliche Schwankungen im Salzgehalt des Wassers zu ertragen.

Schlammspringer graben sich eine mehr oder weniger komplizierte Wohnhöhle im weichen Boden und benutzen dabei das herausgeschaffte Material, um einen Wall rings um die Mündung ihrer Höhle zu errichten. In diese Höhle ziehen sie sich bei Gefahr zurück. Zuweilen finden sie sich draußen, wo sie hocherhobenen Kopfes und auf die Brustflossen gestützt sitzen und die Augen herumrollen. Dieses Verhalten dient sicherlich dazu, den Schleimüberzug feucht zu halten, der sonst in der Luft trocknen würde.

Schlammspringer können sich mit einer für einen Fisch erstaunlichen Geschwindigkeit auf dem Land fortbewegen. Bei Ebbe sind sie sehr aktiv und versammeln sich oft zu großen Gruppen, in denen es immer wieder Drohgebärden oder echte Kämpfe zu beobachten gibt.

Ihre Nahrung besteht aus Kleintieren, die im Schlamm oder Sand leben, aber sie fressen auch flugfähige Insekten und besonders gern Spinnen.

▲ Die Brustflossen sitzen auf einem Stiel und werden wie Beine benutzt, wenn die Fische sich auf dem Trockenen bewegen.

▲ Diese Fische können springen und auf Felsen und auf den Luftwurzeln der Mangroven herumklettern.

▲ Schlammspringer ruhen am liebsten in aufrechter Haltung, den Vorderkörper außerhalb des Wassers und die Schwanzflosse untergetaucht.

► Die Wohnhöhlen, die von den Schlammspringern in den Boden gegraben werden, sind unterschiedlich kompliziert. Sie haben aber immer einen ringförmigen Wall um die Mündung herum, der aus dem herausgeschafften Material besteht und vom Fisch selbst geformt wird.

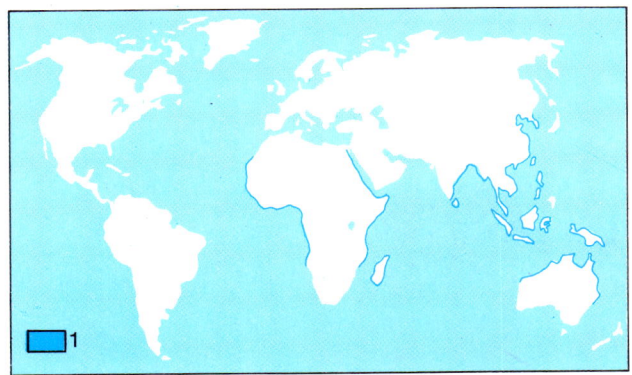

◄ 1) Schlammspringer besiedeln die äquatornahen und tropischen Gebiete Afrikas, sowohl auf der Ostseite wie auf der Westseite, dazu Madagaskar, und die entsprechenden Gebiete in Asien bis nach Nordaustralien. In geeigneten Lebensräumen sind sie sehr häufig und individuenreich, und sie bevölkern vor allem Mangrovensümpfe und bei Ebbe trockenfallende Sandflächen. Auch Flußmündungen werden soweit besiedelt, wie der Einfluß der Gezeiten reicht.

SCHWERTFISCH
(XIPHIAS GLADIUS)

Ordnung Perciformes
Familie Xiphiidae
Länge Über 4 m
Gewicht 500 kg oder mehr
Merkmale Der verlängerte Oberkiefer bildet ein abgeflachtes, spitzes Rostrum
Farbe Rücken schwarzgrau, Bauch weiß
Fortpflanzungszeit Frühjahr bis Sommer
Eier Im Mittel 16 Millionen

Der Schwertfisch ist einer der größten Knochenfische und leicht zu erkennen an seinem langen, abgeflachten, vorn spitzen, an den Seiten scharfkantigen Rostrum, das ein Drittel seiner gesamten Körperlänge ausmacht. Dieses "Schwert" ist der überentwickelte Oberkiefer; der Unterkiefer ist weit kürzer, aber ebenfalls etwas verlängert und vorn zugespitzt. Das Maul ist sehr groß und bei den erwachsenen Fischen nicht bezahnt. Der Rücken ist einheitlich schwarzgrau, der Bauch weiß.

Der Schwertfisch ist eine kosmopolitische Art, die in der Tat sämtliche gemäßigte und tropische Meere bewohnt. Im Atlantik lebt er auf hoher See und zieht am Ende des Sommers und im Frühherbst nordwärts und wird dann gelegentlich vor der Küste der Britischen Inseln und in der Nordsee gefangen. Obwohl er vor beiden Küsten der Vereinigten Staaten sehr häufig ist, wird er dort nicht kommerziell gefischt; er ist allerdings ein bevorzugter Fisch für alle Sportangler.

In Japan ist er dagegen von beträchtlichem ökonomischen Wert, ebenso im Mittelmeer, wo der Fang des Schwertfisches eine lange Tradition seit der Antike hat.

Der Schwertfisch ist ein pelagischer Wanderfisch, dennoch vereinigt er sich nicht einmal in der Laichzeit zu größeren Schwärmen. In dieser Zeit führt er oft lange Reisen auf fetgelegten Routen aus, hält aber selbst dabei Abstand zu seinen Artgenossen. Dieses Verhalten steht im Einklang mit dem einzelgängerischen, aggressiven Verhalten des Schwertfisches, wie es typisch für große räuberische Tiere ist, und es soll wohl den Kontakt zu Artgenossen oder anderen großen Fischen verhindern, die potentielle Nahrungskonkurrenten darstellen könnten.

Es gibt zahlreiche Fänge von Walen mit Resten von Rostren des Schwertfisches tief eingebohrt in die Muskulatur; das scheint die Überlieferungen von der tie-

Schwertfisch
(Xiphias gladius)

Der Schwertfisch ist ein sehr großer Fisch, der alle gemäßigten und tropischen Weltmeere bewohnt. Er ist wegen seines langen, abgeflachten und spitzen Rostrums bemerkenswert, das durch eine übermäßige Entwicklung des Oberkiefers entstanden ist. Er kann über 4 m lang werden, doch ein Drittel der Gesamtlänge nimmt das "Schwert" ein. Trotz seiner Größe ist der Schwertfisch ein eleganter und schneller Schwimmer und vermutlich eines der schnellsten Meerestiere überhaupt. Der Körper ist stromlinienförmig und sehr kräftig und im Querschnitt fast rund. Die Weibchen werden im allgemeinen größer als die Männchen. Das große Maul ist unbezahnt. Die Seitenlinie ist zwar vorhanden, aber schlecht zu erkennen. Der Rücken ist einheitlich schwarzgrau gefärbt, der Bauch schmutzig weiß. Die Rückenflosse ist hoch, doch viel niedriger als bei den verwandten Histiophoridae. Der Schwanzstiel trägt auf jeder Seite einen einzigen starken Kiel. Schuppen fehlen völlig. Der Schwerfisch ist ein aggressiver Einzelgänger, wie es für alle großen Räuber typisch ist. Dieses Verhalten verhindert das Zusammentreffen mit Artgenossen oder mit anderen großen Fischen, die Nahrungskonkurrenten sein könnten. Die einzige Ausnahme in diesem einzelgängerischen Leben findet während der Laichzeit statt. Dann ist die Beziehung zwischen den Geschlechtspartnern so eng, daß, wenn ein Partner von Fischern gefangen wird, der andere an Ort und Stelle bleibt und das Schiff fortwährend umkreist, so als suche er seinen Partner.

fen Feindschaft dieser beiden Giganten und ihren mörderischen Kämpfen zu rechtfertigen.

Daher ist die schreckliche Waffe des Schwertfisches sicherlich keine reine Dekoration, sondern sie dient dem täglichen Nahrungserwerb: wenn der Schwertfisch eine Beute ausgemacht hat, schlägt er ihr mit den Hieben seines Schwertes tiefe Wunden oder zerstückelt sie, bevor er sie verschlingt. Er jagt sowohl tagsüber wie in der Nacht und bevorzugt als Nahrung, je nach den Umständen, Mollusken, Tintenfische und Hochseefische wie Sardinen, Makrelen u. a.

Die einzige Ausnahme in diesem ungeselligen Leben bildet die Laichzeit: dann ist die Beziehung zum Partner sehr eng und nicht selten kann man dann ein Paar Schwertfische dicht beieinander an der Oberfläche schwimmen sehen.

Messungen haben gezeigt, daß es der Schwertfisch beim Schwimmen auf erstaunliche Geschwindigkeiten bringen kann: Er kann tatsächlich 100 km/h erreichen und ist damit eines der schnellsten Meerestiere.

Die Laichzeit des Schwertfisches reicht vom Ende des Frühjahrs bis in den Spätsommer und das Weibchen setzt mehrmals Eier ab. Die Anzahl der Eier variiert je nach Größe des Weibchens von 10 bis 20 Millionen. Die Eier sind freischwimmend und etwa 1,6-1,8 mm groß. Zweieinhalb Tage nach der Befruchtung erscheint die etwa 4 mm lange Larve, die nach vier Tagen des Maul öffnen kann und sogleich mit dem Fressen beginnt.

In diesem frühen Stadium unterscheidet sich der Jungfisch noch sehr vom Erwachsenen und erst wenn beide Kiefer sich in eine Art Schnabel verwandelt haben, läßt sich das endgültige Aussehen erahnen. Dennoch gibt eine Reihe von Unterschieden, wie die vereinigten Rücken- und Afterflossen, das Vorhandensein von Zähnen in beiden Kiefern, und der Besitz von kleinen Körperschuppen. Mit dem Wachstum verschwinden Zähne und Schuppen, nur der Oberkiefer wächst weiter, und beide Rückenflossen und die Afterflossen teilen sich.

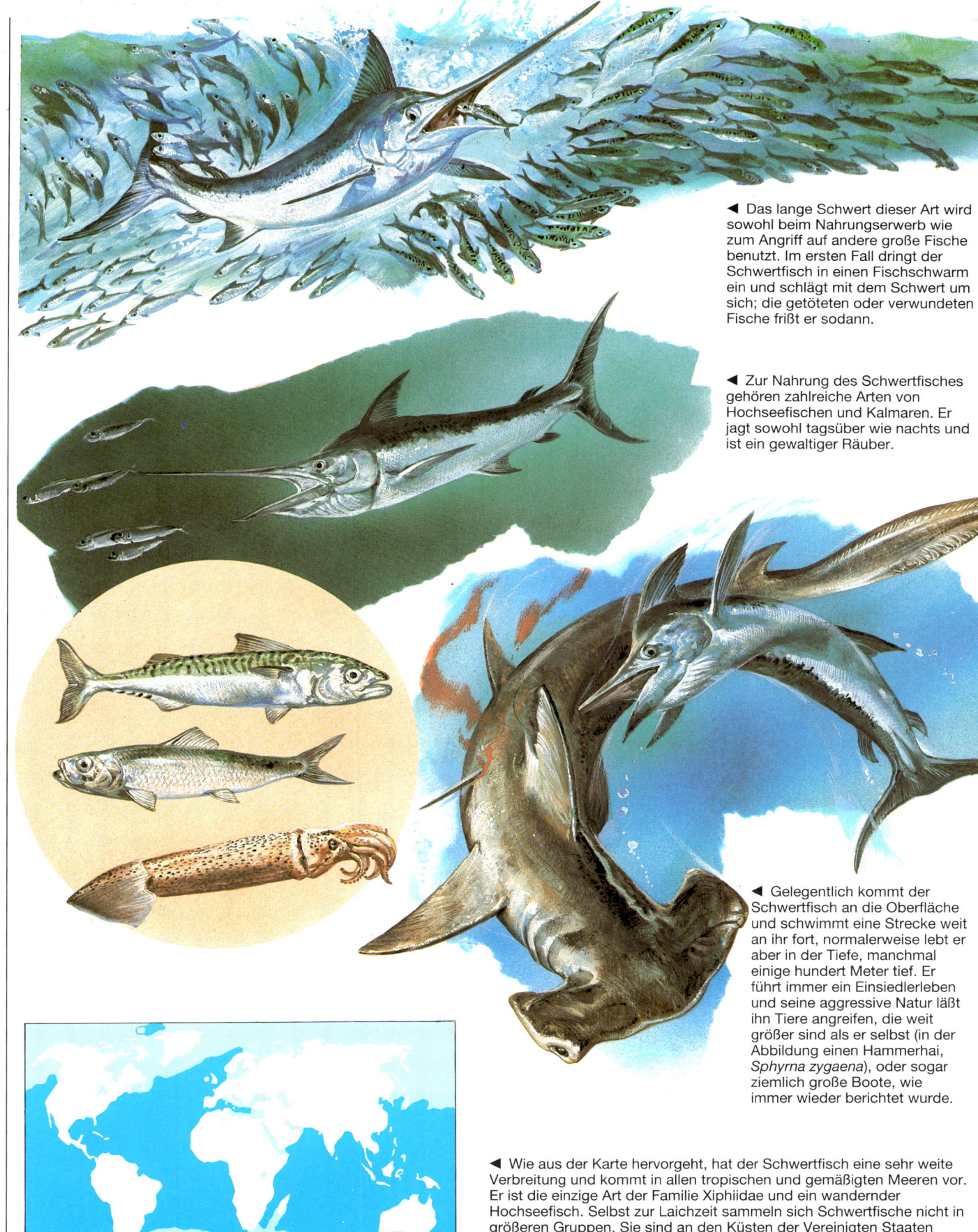

◄ Das lange Schwert dieser Art wird sowohl beim Nahrungserwerb wie zum Angriff auf andere große Fische benutzt. Im ersten Fall dringt der Schwertfisch in einen Fischschwarm ein und schlägt mit dem Schwert um sich; die getöteten oder verwundeten Fische frißt er sodann.

◄ Zur Nahrung des Schwertfisches gehören zahlreiche Arten von Hochseefischen und Kalmaren. Er jagt sowohl tagsüber wie nachts und ist ein gewaltiger Räuber.

◄ Gelegentlich kommt der Schwertfisch an die Oberfläche und schwimmt eine Strecke weit an ihr fort, normalerweise lebt er aber in der Tiefe, manchmal einige hundert Meter tief. Er führt immer ein Einsiedlerleben und seine aggressive Natur läßt ihn Tiere angreifen, die weit größer sind als er selbst (in der Abbildung einen Hammerhai, *Sphyrna zygaena*), oder sogar ziemlich große Boote, wie immer wieder berichtet wurde.

◄ Wie aus der Karte hervorgeht, hat der Schwertfisch eine sehr weite Verbreitung und kommt in allen tropischen und gemäßigten Meeren vor. Er ist die einzige Art der Familie Xiphiidae und ein wandernder Hochseefisch. Selbst zur Laichzeit sammeln sich Schwertfische nicht in größeren Gruppen. Sie sind an den Küsten der Vereinigten Staaten besonders häufig, dennoch werden sie dort nicht kommerziell befischt. In Japan und im Mittelmeergebiet sind sie jedoch von beträchtlichem ökonomischen Wert.

BLAUER MARLIN
(MAKAIRA NIGRICANS)

Die Marline der Familie Histiophoridae lassen sich an ihrem verlängerten Oberkiefer erkennen, der in einen langen, knöchernen, lanzenförmigen Stachel ausgezogen ist.

Es sind Hochseefische, die in allen Ozeanen sowie im Mittelmeer vorkommen. Sie bewohnen die oberflächennahen Gewässer und bevölkern vor allem die hohe See, einige Arten nähern sich jedoch auch der Küste. Sie sind wärmebedürftig und einige Arten sind auf die wärmsten Bereich der Tropen beschränkt; andere halten es auch in gemäßigten Breiten aus oder suchen diese sogar auf.

Der langgestreckte, sich nach hinten verjüngende, stromlinienförmige Körper, im Verein mit anderen morphologischen Anpassungen macht sie zu schnellen und unermüdlichen Schwimmern, die ruhelos auf der Suche nach Fischschwärmen umherschwimmen. Zuweilen springen sie hoch aus dem Wasser oder greifen ohne ersichtlichen Grund Schwimmer oder Boote an, wobei sie ihren Stachel tief in das Objekt hineinstoßen.

Beim Blauen Marlin werden der blauschwarze Rücken und die silbrige Bauchseite durch eine Linie entlang der Seiten getrennt. Der Rücken trägt oft Querstreifen, die an die Zeichnung des Gestreiften Marlins erinnern, doch sind sie viel undeutlicher und verschwinden nach dem Tod sehr rasch. Der Körper ist bei ihm außerdem stämmiger, das Vorderteil der Rückenflosse ist am Ende spitzer und die Flosse nach hinten zu viel niedriger. Der Stachel ist langgestreckt und ziemlich spitz.

Der Blaue Marlin ist ein Hochseefisch, der nur selten in Küstennähe gesichtet wird, und jagt insbesondere Bonitos. Er ist von allen Marlinen am stärksten auf die tropischen Gewässer beschränkt und bevorzugt sehr warmes Wasser. Daher überschreitet er regelmäßig den Äquator, um sowohl im Norden wie im Süden den Sommer auszunutzen. Abgesehen von derartigen Wanderungen auf der Suche nach warmem Wasser zieht der Blaue Marlin zu seinen Laichgründen, die anscheinend genau festgelegt sind.

Der Blaue Marlin wird sehr groß und scheint eine Maximallänge von etwa 5,5 m, bei einem Gewicht von 700 kg zu erreichen. Weil er leider sehr überfischt worden ist, sind derartig große Exemplare heute sehr selten und das Normalgewicht liegt bei etwa 100 kg. Die Männchen werden größer als die Weibchen.

Der Blaue Marlin (*Makaira nigricans*) gehört zur Familie Histiophoridae. Er ist ein besonders populärer Sportfisch und erinnert in verschiedener Hinsicht sehr an den Schwertfisch. Von diesem unterscheidet er sich allerdings in der Form seines Rostrums, das rund und nicht abgeflacht ist, und durch den Besitz von zwei ventralen Flossen.

KLETTERFISCH
(ANABAS TESTUDINEUS)

Ordnung Perciformes
Familie Anabantidae
Länge Bis 25 cm in freier Wildbahn, im Aquarium weniger
Merkmale Lange Rücken- und After-flossen, die erstere aus 16-19 Strahlen bestehend, die letztere aus 9-11 Strahlen, beide von Weichstrahlen begleitet. Abgerundete Schwanzflosse
Farbe Erwachsene einfarbig braungrau oder grünlich mit hellerem oder silbrigem Bauch; die Jungen tragen einen Augenfleck auf dem Schwanzstiel
Fortpflanzungszeit Während der Regenzeit, in Indien von Juni bis Juli
Geschlechtsreife Nach 8-9 Monaten im Aquarium, nach einem Jahr im Freien

Der Körper des Kletterfischs ist seitlich zusammengedrückt, besonders deutlich in der Schwanzregion. Die Rücken- und Afterflossen bestehen aus einem längeren hartstrahligen, stachligen Abschnitt, auf den ein weichstrahliger Teil folgt. Die Schwanzflosse ist rundlich. Kopf und Körper sind von Ctenoidschuppen besetzt. Das große Maul ist auf den Kiefern mit kleinen, konischen Zähnen versehen. Die Hinterkanten des Operculum und des Suboperculum sind mit kräftigen Stacheln besetzt. Oberhalb des ersten Kiemenbogens befindet sich ein Labyrinthorgan, bestehend aus Knochenplatten, die mit einer stark durchbluteten Hautschicht bedeckt sind. Dieses Organ gestattet es dem Kletterfisch auch atmosphärische Luft zu atmen.
Der Kletterfisch kann infolge dieses spezialisierten Atmungsorgans lange Zeit außerhalb des Wassers leben und ist bekannt für seine Fähigkeit, sich auf dem Land fortzubewegen. Er benutzt dazu die Stacheln am Kiemendeckel, mit denen er sich am Boden oder an sonstigen Hindernissen festhält. Dann biegt er den Körper durch, wobei er sich auf den Schwanz stützt, fixiert die Stacheln weiter vorn und wiederholt diese Prozedur. In dieser Weise kann er sich überraschend schnell fortbewegen.
Der Kletterfisch bewohnt Südchina, Vietnam, Kambodja, Thailand, Burma, Indien, Malaysia, Indonesien und die Philippinen. Er besiedelt sowohl süße als auch brackige Gewässer und kommt vor allem in stehenden Gewässern mit reichem Bestand an Wasserpflanzen vor.

Kletterfisch
(*Anabas testudineus*)

▼ Der Kletterfisch überdauert die Trockenzeit im Schlamm oder in feuchtem Boden. Er wartet dort auf den Beginn der Regenzeit, während seine Lebensfunktionen deutlich herabgesetzt sind.

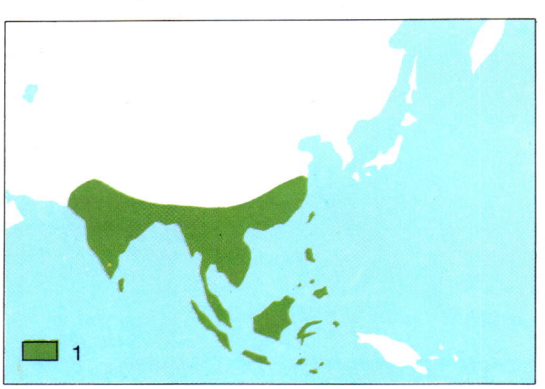

▼ 1) Verbreitungsgebiet des Kletterfischs (*Anabas testudineus*).

▲ Der Kletterfisch gehört zur Familie Anabantidae, die, außer der asiatischen Gattung *Anabas*, noch die beiden Gattungen *Ctenopoma* und *Sandalia* aus Afrika umfaßt. *Ananbas testudineus* besitzt einen länglichen, seitlich zusammengedrückten Körper, insbesondere in der Schwanzregion. Die erwachsenen Fische sind düster gefärbt, entweder einfarbig graunbraun oder grünlich, der Bauch ist etwas heller oder silbrig. Bei den Jungfischen trägt der Schwanzstiel einen hell gerandeten, schwarzen Fleck, manchmal weist auch der Kiemendeckel einen schwarzen Fleck auf. Wegen ihrer Größe, Häufigkeit und ihres wohlgeschmeckenden Fleisches werden die Kletterfische überall eifrig gefangen und sie sind so widerstandsfähig, daß sie sich über weite Strecken lebend in Krügen oder Körben transportieren lassen. Auf den Märkten im Fernen Osten findet man sie überall, doch müssen die Händler sie regelmäßig mit Wasser begießen, damit sie nicht austrocknen, und sie müssen acht geben, damit sie nicht aus den Körben entkommen. In vielen Gegenden pflegen die Fischer den gefangenen Kletterfischen daher mit einem Biß den Nacken zu zerbrechen, um ein Entkommen zu verhindern. Es besteht dabei jedoch die Gefahr, daß der zappelnde Fisch dem Fischer in der Kehle stecken bleibt und wegen der Stacheln am Kiemendeckel nur unter Schwierigkeiten herausgezogen werden kann. Ohne sofortige chirurgische Hilfe kann dies durchaus zum Tode führen. Derartige Todesfälle bei Kindern und Erwachsenen werden regelmäßig aus Indien und Thailand berichtet.

▲ Der Kletterfisch kann mehrere hundert Meter übers Land wandern, um von einem Wasserloch zum nächsten zu gelangen. Er stützt sich auf die Brustflossen und bewegt sich mit Hilfe von Schwanzschlägen fort. Er kann mehrere Stunden außerhalb des Wassers überleben, weil er ein zusätzliches Atmungsorgan besitzt, das sogenannte Labyrinthorgan, mit dem er atmosphärische Luft atmen kann. Dieses Organ ist in einer Höhlung oberhalb der Kiemen gelegen. Seine Wände sind mit einer sehr stark durchbluteten Hautschicht ausgekleidet.

PLATTFISCHE
(PLEURONECTIFORMES)

Unter den Knochenfischen sind die Platt-fische (Pleuronectiformes) die einzigen Fische, die auf einer Seite, der Blindsei-te (fast immer farblos) abgeflacht sind, während beide Augen auf der anderen Seite (gewöhnlich pigmentiert) gelegen sind. Wir werden jedoch bei der Be-handlung der Larven der Plattfische se-hen, daß diese normal gebaut sind und auf jeder Körperseite ein Auge tragen, und erst im Lauf der Metamorphose asymmetrisch werden.

Plattfische kommen in allen Meeren vor, abgesehen vom nördlichen Eismeer (in das der Heilbutt jedoch gelegentlich ein-dringt). Viele Arten sind so gut getarnt, wenn sie auf einem gesprenkelten Un-tergrund liegen, daß ihr Körperumriß mit bloßem Auge kaum zu erkennen ist. Der Fisch paßt sich jedoch nicht nur der Far-be des Meeresgrundes an, sondern imi-tiert genauestens die Struktur und selbst Besonderheiten seiner unmittelbaren Um-gebung. Es ist hochinteressant, den Me-chanismus dieses Phänomens zu unter-suchen.

In der Haut der Fische liegen spezielle Zellen, die Chromatophoren, die jeweils Pigmentkörnchen enthalten – Erythro-phoren für rote, Xanthophoren für gelbe, Melanophoren für schwarze und Leuco-phoren für weiße Pigmente. Diese Zellen sind für alle Farben und Muster bei den Fischen verantwortlich. Sie sind stern-förmig verästelt, aber von unveränderli-cher Form. Lediglich die Pigmentkörn-chen können ihre Lage in der Zelle ver-ändern und damit auch die Färbung. Die Chromatophoren sind bei derartigen Ver-änderungen zwei verschiedenen Befeh-len unterworfen, einem neuralen und ei-nem hormonalen.

Obwohl Plattfische ihre Farbe verändern können, besitzt jede Art ihre eigentümli-che Tracht, an der sie auch erkannt wer-den kann. Untersuchungen an verschie-denen Plattfischen (*Pleuronectes, Micro-stomus, Arnoglossus, Zeugopterus, Pset-ta, Solea* u. a.) haben gezeigt, daß die Pig-mentierung bei allen Arten ähnlich ver-teilt ist. Einige Arten, wie *Limanda li-manda*, stehen dem urprünglichen Mu-ster ziemlich nahe, andere unterscheiden sich jedoch in unterschiedlicher Weise im Vorhandensein oder im Verlust be-stimmter Flecken, Zeichnungen u. a. Es soll auch darauf hingewiesen werden, daß nicht alle Plattfische die gleichen mime-tischen Fähigkeiten besitzen. Die Schol-le zum Beispiel kompensiert ihre un-

◀▲ Die Fische der Ordnung Pleuronectiformes, umgangssprachlich als Plattfische bezeichnet, sind in allen Ozeanen und fast weltweit verbreitet. Sie unterscheiden sich von anderen Fischen auf den ersten Blick durch ihre Körperform. Tatsächlich sind sie die einzigen Fische, die auf einer Seite (der unpigmentierten Blindseite) abgeflacht sind und bei denen beide Augen auf einer Seite gelegen sind, der pigmentierten Okularseite. Je nach Gruppenzugehörigkeit sitzen die Augen auf der rechten Seite (Pleuronectidae – Schollen und Soleidae – Seezungen) oder auf der linken Seite (Bothidae – Butte und Cynoglossidae – Hundszungen) oder auf einer oder der anderen Seite (Psettodidae). Alle Plattfische sind räuberisch und ernähren sich unter anderem von Krebsen, Tintenfischen und marinen Wirbellosen.

▶ Nach dem Schlüpfen gleicht die Larve der Plattfische anderen Fischlarven (oben) und führt die gleiche Lebensweise. Sie hat also auf beiden Seiten je ein Auge und schwimmt bauchunten. Allmählich (wie es die Abbildungen von oben nach unten veranschaulichen) macht sie eine Metamorphose durch, deren eigenartigstes Phänomen die Wanderung eines Auges zur anderen Seite darstellt, je nach Familienzugehörigkeit auf die rechte oder linke Seite. Nachdem der Plattfisch bisher ein freischwimmendes Leben geführt hat, wird er nun zum Bodenbewohner und seine Blindseite wird zur physiologischen Unterseite.

vollständige Tarnung dadurch, das sie sich mit Hilfe der Flossen mit einer dünnen Sandschicht überdeckt. Nur die Augen ragen aus dem Sand heraus und beobachten aufmerksam die Umgebung. Die Larve der Plattfische gleicht derjenigen anderer Fische. Man kann in der Larvalentwicklung eine Reihe von Stadien unterscheiden: Embryo, Prälarve, Larve, Postlarve und Imago. Im letzten Stadium weist das Tier bereits alle Merkmale des Erwachsenen auf.

Embryo, Prälarve und Larve entwickeln sich wie die Larven anderer Fische auch, sind normal bilateralsymmetrisch und haben ein Auge auf jeder Seite. Sie sind freischwimmend und leben, je nach Artzugehörigkeit, entweder an der Wasseroberfläche oder in einiger Tiefe, immer aber in einiger Entfernung vom Grund. Am Ende der Larvenzeit, während des Postlarvalstadiums, beginnt die Metamorphose. Das wichtigste Ergebnis ist die Wanderung eines Auges von der späteren Blindseite auf die Oberseite; dies kann, je nach Familienzugehörigkeit, die rechte oder die linke Seite sein. Bevor das Auge zu wandern beginnt, wird sein Weg durch die Auflösung des Kopfknorpels vorgezeichnet. Die Wanderung kann in unterschiedlicher Weise vor sich gehen, dies hängt nämlich von der Lage der Basis der Rückenflosse ab. Wenn bei Beginn der Wanderung die Basis der Rückenflosse hinter den Augen ansetzt, wandert das Auge von der späteren Blindseite quer über den Hinterkopf auf die Okularseite. Wenn die Basis der Rückenflosse zu dieser Zeit über oder vor den Augen liegt, wandert das Auge quer durch die Gewebe des Schädels und durch die Flosse. Nach abgeschlossener Umformung des Auges wandert, vor allem im ersteren Fall, die Basis der Rückenflosse nach vorn und erreicht erst jetzt ihre endgültige Lage. Die Wanderung des Auges von einer Seite zur anderen hat tiefgreifende anatomische Veränderungen im Gefolge, die hier nicht näher besprochen werden können. Kurz angedeutet, betreffen sie die Augennerven (ihre Überkreuzung) und die Bildung einer Augenhöhle für das wandernde Auge. Die Wanderung des Auges wird außerdem begleitet von der Wanderung einer Nasenöffnung, der Deformierung des Maules und der Entwicklung von Pigmenten, allerdings nur auf der Okularseite. Die Metamorphose ist von kurzer Dauer, vor allem im Vergleich zur Länge der freischwimmenden Larvenzeit, die mehrere Monate, manchmal sogar ein Jahr währen kann. Während der Metamorphose gibt der Fisch die pelagische Lebensweise auf und wird zum Bodenbewohner.

▲ ▶ Plattfische bewohnen im allgemeinen unstabile Sand- oder Schlickgründe. Sie benutzen ihre Flossen, um sich mit Sediment zu bedecken, so daß nur noch der Kopf herausragt (oben). Dort lauern sie bewegungslos, bis ein Beutetier (etwa ein Fisch, siehe rechts) sich nähert. Dann schießen sie hervor und verschlingen ihn, worauf sie sich sogleich wieder in den Sand oder Schlamm eingraben.

Wachstum eines Plattfisches

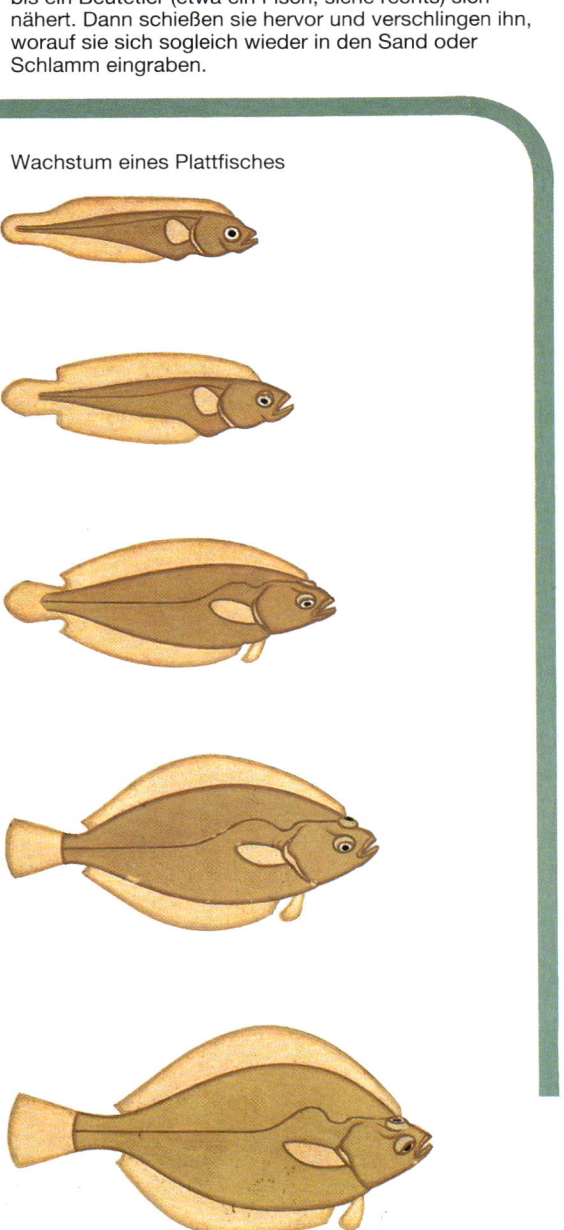

Wandlungsfähigkeit der Tarnfärbung bei einem Plattfisch.

▲ Alle Pleuronectiformes besitzen eine bemerkenswerte Fähigkeit zur Mimese, denn die Färbung ihrer Oberseite ahmt das Substrat hervorragend nach. Wenn daher ein Plattfisch, der auf Sandgrund (oben) geruht hat, sich auf Kiesgrund (unten) niederläßt, vergrößern sich die hellen Flecken auf dem Rücken. Die Flecken ahmen aber nicht nur die Größe der benachbarten Kiesel oder Steine nach, sondern auch ihre Form. Es wurde im Verlauf von Experimenten an verschiedenen Arten erwiesen, daß Plattfische, die auf einen künstlichen, schwarz-weißen Untergrund gesetzt wurden, im Verlauf einer halben Stunde eine ähnliche Färbung annehmen und weiße Flecken bekommen, die denen im Experiment in Größe und Gestalt gleichen.

DRÜCKERFISCHE
(BALISTIDAE)

Bei den faszinierenden Angehörigen der Familie Balistidae ist der Körper oval oder länglich und mit dicken Schuppen besetzt, die sich infolge von Stacheln oder Höckern rauh anfühlen. Die wenigen konischen, eckzahnartigen Zähne sind in ein bis zwei Reihen auf den Kiefern angeordnet. Der Kopf weist eine charakteristische Gestalt auf, weil die Augen weit vom kleinen Maul entfernt sind. Die erste Rückenflosse enthält zwei oder drei kräftige, stachelartige Strahlen.

Die zahlreichen Arten der Balistidae werden insgesamt als Drückerfische bezeichnet. Dieser eigenartige Name leitet sich von der einzigartigen Funktion der Rückenstacheln ab. Der erste Flossenstrahl kann sich infolge eines speziellen Mechanismus an der Basis des zweiten Strahles aufrichten und in dieser Position einrasten. Erst wenn dieser Mechanismus gelockert wird durch Absenken des zweiten Strahls, gewinnt der erste Strahl seine Beweglichkeit wieder oder kann eingeklappt werden. So kann sich der Fisch bei aufgerichtetem ersten Flossenstrahl fest in Spalten in Korallen oder Felsen verkeilen, von wo er nur schwer zu entfernen ist.

Die meisten Drückerfischarten sind sehr bunt gefärbt und gezeichnet, daran kann man sie gut unterscheiden. Alle leben im Meer und besiedeln die Küsten, allerdings mit sehr verschiedenartigen ökologischen Bedürfnissen: Manche bevorzugen offenes Wasser, andere halten sich immer in der Nähe von Felsen oder in Korallenriffen auf. Die meisten sind Einzelgänger, die unter undulierender Bewegung der zweiten Rückenflosse und der Afterflosse langsam herumschwimmen. Bei schnellerem Schwimmen schlagen sie allerdings mit dem Schwanz. Ihre Nahrung besteht aus Tieren oder Pflanzen. Manche Arten, wie der große *Pseudobalistes flavimarginatus* – eine häufige Art im Roten Meer und in vielen anderen Gebieten im Indopazifischen Raum – fressen selbst die sehr langstachligen Diademseeigel (*Diadema sp.*): Sie drehen die Seeigel um und brechen den Panzer auf der Bauchseite mit ihren starken Kiefern und Zähnen auf und schlürfen sodann den Inhalt auf. Drückerfische haben auch eine bemerkenswerte Fähigkeit zur Lauterzeugung, indem sie ihre Schwimmblase kontrahieren. Insbesondere wenn sie aus dem Wasser genommen werden, geben sie ein hörbares Knurren von sich. Ebenso eigenartig ist ihre Fähigkeit, die Augen unabhängig

▲ Die Familie Balistidae oder Drückerfische gehört zur Ordnung Tetraodontiformes. Drückerfische besitzen einen ovalen, länglichen Körper, der von dicken Schuppen bedeckt ist. Die Kopfform ist eigentümlich und beruht auf der Stellung der Augen, die sehr hoch und weit vom Maul gelegen sind. *Balistoides conspicillum*, der Picassofisch, ist eine der am leichtesten erkennbaren Arten der Familie und wohl auch die farbenprächtigste Art. Aus diesem Grund wird er in Aquarianerkreisen teuer gehandelt, obgleich er in Gefangenschaft meist nicht lange aushält. Seine maximale Länge beträgt 50 cm.

◄ *Balistoides conspicillum* kommt im Indischen und im Pazifischen Ozean vor. Er lebt in Korallenriffen und ernährt sich von verschiedenen Wirbellosen, die er am Meeresgrund erbeutet. Er ist ein Einsiedler, und wie die meisten Drückerfische, sehr standorttreu. Außerdem zerbeißt er mit seinen kräftigen Kiefern Korallenstöcke und Kalkalgen, deren organische Bestandteile er verzehrt.

voneinander zu bewegen, genauso wie Chamäleons.

Die Drückerfische sind im allgemeinen von geringem kommerziellen Nutzen, und ihr Fleisch wird als giftig angesehen. Manche Arten werden allerdings gegessen und sind sogar hochgeschätzte Speisefische.

Einer der am leichtesten erkennbaren Drückerfische ist der Picassofisch *Balistoides conspicillum*, der bis 50 cm groß werden kann. Er besitzt das typische Aussehen eines Drückerfisches und trägt ein Kleid aus dicken, fast plattenartigen Schuppen. Vor dem Auge befindet sich eine Grube, andere, kleinere Knochenplatten liegen hinter den Kiemenöffnungen. Entlang des Schwanzstieles verlaufen zweieinhalb Reihen von Höckern, die den natürlichen Schutz des Tieres verstärken. Die erste Rückenflosse besteht aus drei stachelförmigen Strahlen, von denen der dritte wohlentwickelt ist. Die zweite Rückenflosse und die Afterflosse sind vorn nicht höher, die Schwanzflosse ist hinten gerade abgestutzt. Manche dieser Merkmale finden sich auch bei anderen Drückerfischen, nicht jedoch die höchst eigentümliche Färbung, die den Fisch unverwechselbar macht. Wegen dieser außerordentlich farbenfrohen Zeichnung wird er manchmal als der schönste Fisch der Welt angesehen und daher häufig abgebildet.

B. conspicillum besitzt eine "somatolytische" (körperauflösende) Zeichnung, die in der Tat die Umriße der Körperteile auflöst. Der Picassofisch ist ein Riffbewohner und hält sich immer in der Nähe von Korallen auf. Er ist ein Einzelgänger und wie alle Drückerfische, sehr seßhaft. Wird er erschreckt, flüchtet er in eine Spalte, aus der er sich kaum herausgeholen läßt, so fest verkeilt er sich mit Hilfe des geschilderten Aufrichtmechanismus des ersten Flossenstrahles.

▲ Bei der Nahrungssuche nimmt der *Balistoides conspicillum* oft eine senkrechte Stellung ein.

Bau und Funktion der ersten Rückenflosse.

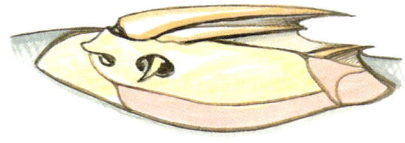

Bei den Balistidae besteht die erste Rückenflosse aus drei stachelförmigen Strahlen. Wie die Bildfolge zeigt, können sie aufgerichtet werden und dienen dann dem Fisch dazu, sich in Felsspalten zu verkeilen.

▲ Wenn der Picassofisch (*Balistoides conspicillum*) erschreckt wird, flüchtet er meist in einen Spalt, aus dem er kaum herausgezogen werden kann, denn er verkeilt sich darin mit Hilfe der Flossenstacheln seiner Rückenflosse.

▲ Zusammen mit anderen Fischen schwimmen die Drückerfische gern nah am Grund. Sie bewegen sich langsam unter undulierender Bewegung der zweiten Rückenflosse und der Afterflosse. Soll es schneller voran gehen, schlagen sie seitlich mit dem Schwanz.

▲ In der Ruhestellung liegt der *Balistoides conspicillum* flach auf dem Grund, meist in den Zwischenräumen zwischen Korallenblöcken. Die Färbung dieser Art löst die Konturen der verschiedenen Körperteile auf.

MONDFISCHE
(MOLIDAE)

Zu den großen Fischen, deren Fang für erwähnenswert gehalten wird, gehören auch die sogenannten Mondfische der Familie Molidae. Das auffälligste Merkmal dieser Fische ist ihre Größe, daher können die Mondfische für sich beanspruchen, zu den seltsamsten Meerestieren überhaupt zu gehören. Ihr Körper ist rund und hoch oder länglich, seitlich abgeflacht und hinten eigentümlich verkürzt: es scheint, als bestünde er nur aus dem Kopf. Der ganze Hinterrand wird von einer Flosse eingenommen, die man wie selbstverständlich für die Schwanzflosse halten würde. Es ist jedoch eine eigentümliche Struktur, die deshalb entsteht, weil in der Ontogenese die eigentliche Schwanzflosse verschwindet und an ihrer Stelle eine sekundäre Schwanzflosse, auch Clavus genannt, entsteht, und zwar aus der Verschmelzung der hinteren Bereiche der Rücken- und Afterflossen. Daher stammen die Strahlen im oberen Teil der sekundären Flosse aus der Rückenflosse, diejenigen im unteren Teil aus der Afterflosse. Die Haut fühlt sich rauh an, da sie mit Dörnchen oder kleinen Plättchen besetzt ist. Der Mund ist sehr klein und die Kiefer sind unbezahnt, tragen aber sehr starke Kauplatten, so daß eine Art Schnabel entsteht. Die Dentalplatte der Kiefer ist in der Mitte nahtlos, daher ist der Schnabel zweiteilig. Die Kiemenöffnungen sind klein und die Opercularfortsätze reduziert und unter der Haut verborgen.

Es sind nur jeweils eine Rückenflosse und eine Afterflosse vorhanden, diese sind aber besonders bemerkenswert. Denn beide sind sehr hoch, schmal und gerade und stehen sich am Hinterende des Körpers genau gegenüber. Bauchflossen und Beckengürtel fehlen.

Das Skelett ist großenteils knorpelig. Der Schädel ist recht kurz und breit und sein oberer Teil wird vor allem von den Frontalknochen gebildet, die etwas seitlich abstehen. Infolge der geringen Körperlänge sind nur wenige Wirbel vorhanden, von den 16-20 Wirbeln sind 8 präkaudal. Die Neuralfortsätze des ersten präkaudalen Wirbels sind zweigeteilt. Der Bau der Muskulatur steht in engem Zusammenhang mit der eigenartigen Fortbewegungsweise dieser seltsamen Fische. Die Längsmuskeln, die einem Tier normalerweise Biegsamkeit verleihen, sind zurückgebildet, als Ausgleich dafür sind aber mächtige Muskeln entwickelt, welche die Rücken- und Afterflosse heben

Die Molidae oder Mondfische werden als die höchstentwickelten und am stärksten spezialisierten Mitglieder der Tetraodontidae angesehen. Ihre Gestalt ist unverwechselbar. Der Körper scheint hinten abgeschnitten zu sein und hier bildet eine sekundäre Schwanzflosse eine deutlich sichtbare Kante. Die Rücken- und die Afterflosse stehen sich genau gegenüber und sind völlig gleich gestaltet; sie dienen der Fortbewegung. Der hier abgebildete Mondfisch, *Mola Mola*, ist die bekannteste Art der Familie.

Mondfisch
(*Mola mola*)

und senken. Auch die Schwimmblase fehlt. Die After- und Geschlechtsöffnungen liegen direkt vor der Afterflosse. Heutzutage kennen wir drei Gattungen, die jeweils von einer einzigen Art repräsentiert werden: *Mola mola, Masturus lanceolatus* und *Ranzania laevis*. Alle Mondfische sind pelagisch und finden sich sowohl auf hoher See wie in Küstennähe, und alle drei Arten sind weit über die gemäßigten und tropischen Gebiete der Ozeane verbreitet und können daher mit Recht als Kosmopoliten bezeichnet werden. *Mola* und *Ranzania* kommen auch im Mittelmeer vor. Mondfische leben meist dicht an der Oberfläche, steigen aber auch in Tiefen von mehreren hundert Metern hinab. Sie schwimmen langsam unter seitlichen Schlägen der Rücken- und Afterflosse, während der Körper dabei steif gehalten wird. Sie ernähren sich von den verschiedensten Kleinlebewesen, vor allem von Plankton, aber auch von Pflanzen.

Der bekannteste und zugleich typischste Vertreter der Familie ist der Mondfisch *Mola mola*. Er ist wohl einer der größten Fische überhaupt, denn seine maximale Länge beträgt fast 3,5 m und sein Gewicht fast 2 Tonnen. Der Körper ist rundlich und silbergrau gefärbt; junge Tiere tragen oft runde, schwarze Flecken auf den Seiten. Die Rückenflosse enthält 16-20 Strahlen, die Afterflosse 14-18. Die Brustflossen sind abgerundet. Der Darm ist ziemlich lang.

Der Mondfisch ist ungewöhnlich fruchtbar, denn ein Weibchen enthält mindestens 300 Millionen unbefruchtete Eier. Die frischgeschlüpfte, winzige Larve (1,05-1,1 mm lang) gleicht einem Kugelfisch; der Kopf ist groß und der Hinterteil des Körpers ist mit einer durchgehenden echten Schwanzflosse versehen. Das zweite Larvenstadium ist das sogenannte "Kofferfischstadium". Bei diesem ist der Körper kürzer und trägt lange, hornartige Fortsätze und die Schwanzflosse wandelt sich allmählich in den Clavus um. Schließlich gibt es ein postlarvales Stadium, das dem entspricht, was man früher als eigene Gattung *Monacanthus* ansah und auch heute noch so bezeichnet. Dieses Stadium mißt etwa 1,5 cm, der Körper ist weiter verkürzt, sehr hoch und seitlich stark zusammengedrückt und der hintere Körperbereich ist reduziert. Die Haut ist mit winzigen Knochenplättchen versehen, die verschieden groß, ziemlich weit voneinander entfernt und jeweils mit einem kurzen, spitzen Dorn versehen sind. Von diesem Stadium an gleichen die Jungtiere zunehmend den Erwachsenen.

Ranzania laevis

▲ *Mola mola* führt unregelmäßige Wanderungen aus und in der Regel steht sein Auftreten in Küstennähe mit einer Invasion von Quallen (im Bild), Rippenquallen, Salpen oder anderen planktonischen Organismen im Zusammenhang, von denen er sich ernährt. Es gibt andererseits keinen Grund für die Annahme vieler Fischer, daß die Ankunft des Mondfisches ein unglückliches Vorzeichen für die Thunfischjagd sei. Zusätzlich zu den oben erwähnten Wirbellosen verzehren Mondfische auch große Mengen von Leptocephalus-Larven und – in küstennahen Gewässern – Krebse, Schlangensterne und andere Tiere, aber ebenso Seegras und Algen.

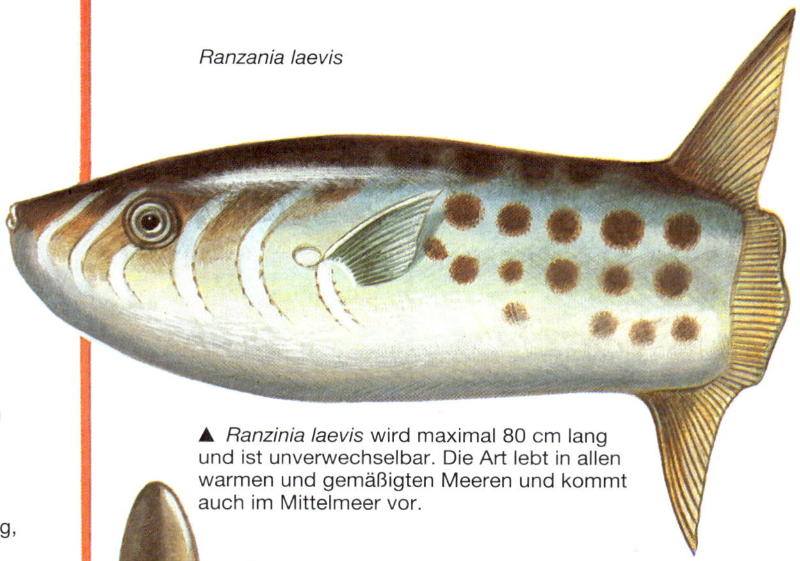

▲ *Ranzinia laevis* wird maximal 80 cm lang und ist unverwechselbar. Die Art lebt in allen warmen und gemäßigten Meeren und kommt auch im Mittelmeer vor.

▲ Vorderansicht von *Ranzinia*.

▶ Entwicklung der Larve (von oben nach unten) von *Ranzinia*.

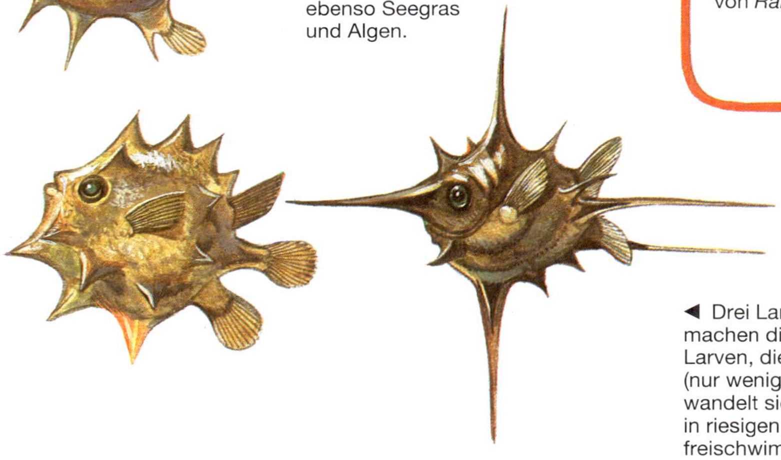

◀ Drei Larvenstadien von Mondfischen. Während des Wachstums machen diese Fische eine weitgehende Metamorphose durch. Die Larven, die früher für eine eigene Art gehalten wurden, sind sehr klein (nur wenige Millimeter lang). Sie sehen recht fremdartig aus, doch wandelt sich ihr Aussehen mit zunehmender Größe. Die Eier werden in riesigen Mengen abgegeben, sie sind klein, durchsichtig und freischwimmend.

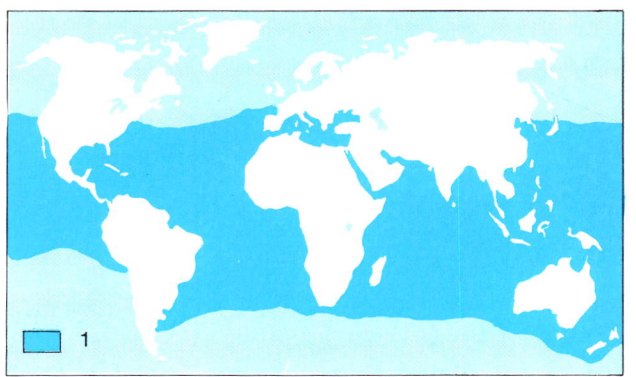

◀ Als Linnaeus dem Mondfisch seinen wissenschaftlichen Namen *Mola* gab, nahm er an, daß dieser im Mittelmeer lebt. Das war verständlich, weil der Mondfisch in den nordeuropäischen Meeresgebieten selten ist und nur gelegentlich im Skagerrak, vor der Küste Norwegens und bei Island auftaucht. Im Mittelmeer ist er dagegen recht häufig. Es werden aber meistens Jungtiere gefangen, die mehr in Schwärmen leben als die Erwachsenen und oft in größerer Anzahl an die Küste kommen. Selten werden wirklich große Exemplare gefangen, das ist immer ein erwähnenswertes Ereignis. Der Mondfisch ist sehr träge und steht oft regungslos dicht an der Wasseroberfläche, wobei manchmal seine Rückenflosse herausragt, oder tiefer unten in Bodennähe, wo ihn Taucher gelegentlich kopfunter schwebend beobachten. Obwohl *Mola* als Fisch der Wasseroberfläche angesehen wird, taucht er bis 300 Meter tief. 1) Verbreitung der Gattung *Mola*.

QUASTENFLOSSER
(CROSSOPTERYGII)

Während der sehr lange zurückliegenden Devonzeit im Erdaltertum waren Länder und Meere auf dem Globus ganz anders verteilt als heute. Auch die Fische des Devon glichen den heutigen kaum. Die Quastenflosser gehören zu den Fischen, die von den Paläontologen am eingehendsten studiert worden sind. Zu ihnen werden auch viele weniger altertümliche Arten gerechnet, vor allem aus dem Erdmittelalter. Lange Zeit glaubte man, daß diese Fischgruppe am Ende des Mesozoikum ausgestorben sei, doch 1939 ging der Bericht um die Welt, man habe im Meer vor der Küste Südafrikas einen eigenartigen Fisch gefangen und dieser Fisch sei sicher ein Crossopterygier.

Im Dezember 1938 fing die Besatzung eines Fischerbootes vor der südafrikanischen Küste in der Nähe der Mündung des Chalumna River bei East London einen Fisch, den sie, seiner eigentümlichen Gestalt wegen, an das Museum dieser Stadt übergab. Der Museumsdirektor Latimer erfaßte sofort die Bedeutung dieses Fundes und bat den Ichthyologen J. L. B. Smith um Hilfe. Dieser erkannte die sensationelle Neuigkeit und beschrieb und benannte den Fisch im Jahre 1939 als *Latimeria chalumnae*.

Latimeria chalumnae, der Quastenflosser oder Coelacanthide ist ein großer, plumper Fisch von unverwechselbarer Gestalt und ist wahrhaftig einmalig unter allen heute existierenden Fischen. Er kann bis 1,8 m lang werden und bis zu 80 kg wiegen. Die Weibchen sind größer als die Männchen. Während der größte Teil des Körpers recht fischartig aussieht, zieht der eigenartig geformte Schwanz sogleich die Aufmerksamkeit auf sich, denn vor der dreieckigen Schwanzflosse ist kein Schwanzstiel entwickelt.

Die Farbe ist bläulich stahlgrau und manchmal recht leuchtend, auf den Flanken befinden sich unregelmäßig verteilte hellere oder sogar weiße Flecken.

Der Körper ist relativ niedrig und langgestreckt und der Kopf nimmt fast ein Drittel der Gesamtlänge ein. Das Maul ist ziemlich groß. Sowohl Prämaxillar- wie Maxillarknochen fehlen (die ersteren sind jedoch durch einige kleine Zahnplatten ersetzt), doch ist der Mundrand mit einer Reihe kräftiger, spitzer Zähne besetzt. Kleinere Zähne sitzen auf den Gaumenknochen (Vomer und Palatinum) und die Oberkiefer tragen einige größere, die Unterkiefer kleinere Zähne. Die beiden Nasenöffnungen sitzen außen,

Latimeria chalumnae ist einer der interessantesten heutigen Fische, denn er ist der einzige überlebende Vertreter der Ordnung Coelacanthiformes, die zu den Quastenflossern (Crossopterygii) gehört. Er wurde erst Ende 1938 bei East London vor der Küste Südafrikas endeckt. Zahlreiche Untersuchungen ergaben, daß er sich in seinem Bau grundlegend von allen anderen Fischen unterscheidet. Er kann bis 1,8 m lang werden und 80 kg wiegen. Die Weibchen sind etwas größer als die Männchen.

denn *Latimeria* besitzt keine inneren Choanen.

Die beiden Rückenflossen sind weit voneinander getrennt. Die vordere, größere enthält acht starke Strahlen, die mit zahlreichen kleinen Stacheln besetzt sind. Die hintere Rückenflosse wird von einer fleischigen Basis getragen und enthält nur Weichstrahlen. Die Afterflosse gleicht der zweiten Rückenflosse und setzt genau unterhalb ihrer an. Die übrigen Flossen sind jedoch wichtiger, denn sie verleihen dem Fisch sein ungewöhnliches Aussehen.

Die Schwanzflosse zeigt den typischen Bau einer Coelacanthidenflosse, vor allem darin, daß sie aus drei Teilen besteht, wodurch sie eine sehr große Fläche erhält. Die oberen und unteren Teile sind gleichartig und symmetrisch, sie stoßen hinten an den Mittellobus, der auf einer fleischigen Basis sitzt und hinten abgerundet ist. Die Basis ist Teil eines nach außen gewölbten Bereiches im hinteren Körperdrittel. Die Wirbelsäule verläuft ganz gerade und endet im Basallobus der Schwanzflosse. Auf den ersten Blick scheint dieser kleine Mittellobus die ganze Schwanzflosse darzustellen, er ist aber in Wirklichkeit nur ihr mittlerer Bereich.

Die Paarflossen bestehen aus einer sehr großen fleischigen Basis, die einen Auswuchs der Körperwand darstellt und mit viel kleineren Schuppen bedeckt ist als die Flanken. Ihre Basis enthält eine Reihe von knorpeligen Elementen. Die Flossenstrahlen reichen in den äußeren Bereich der Basis hinein. Die großen Brustflossen setzen tief am Bauch, gleich hinter dem Unterrand des Kiemendeckels an. Die Basis der kleineren Bauchflossen befindet sich etwa in Höhe der Spitze der Brustflossen. Zwischen den Bauchflossen mündet die Kloake.

Die erste Rückenflosse mit ihren Hartstrahlen, die absolut symmetrische, dreiteilige Schwanzflosse und die übrigen, gestielten Flossen geben dem Fisch sein eigentümliches Gepräge, das sich von allen anderen heutigen Fischen unterscheidet.

Soweit inzwischen bekannt, ist *Latimeria* auf einen kleinen Teil des Indischen Ozeans in der Nähe der Inselgruppe der Komoren beschränkt, kommt jedoch gelegentlich außerhalb dieses Gebietes vor, wie seine Entdeckung bei Südafrika gezeigt hat. Meist wird der Fisch in 70-300 m Tiefe gefangen, zuweilen aber bis in 600 m Tiefe. Er lebt einzeln auf Felsgrund und ist lichtscheu.

▼ Bau der Brustflosse und der Skelettelemente in ihrer Basis bei *Latimeria chalumnae*.

▲ Die anatomische Untersuchung von *Latimeria* ergab eine Reihe von Merkmalen, die nicht nur einmalig unter den rezenten Fischen sind, sondern es den Wissenschaftlern auch ermöglichen, die ausgestorbenen Formen besser zu verstehen. Das Skelett ist großenteils knorpelig und weist eine Reihe von Rückbildungen gegenüber den früheren Coelacanthidae auf, deren Skelett mehr Knochen enthielt. Wie bei allen Quastenflossern ist der Schädel in zwei Bereiche unterteilt, einen vorderen und einen hinteren, die geringfügig gegeneinander beweglich sind. Die Beweglichkeit wird durch spezielle Muskeln ermöglicht. Der Schnauzenteil ist kurz. Es sind fünf Kiemenbögen vorhanden, doch ist der hinterste Bogen sehr klein. Die Wirbelsäule gleicht einer Röhre mit elastischer Wand, sie ist flüssigkeitsgefüllt und nirgendwo eingeschnürt. Es sind zwar keine Spuren von Wirbelkörpern zu erkennen, doch knorpelige Neuralbögen samt den dazugehörigen Neuralfortsätzen sind vorhanden. Rippen fehlen. Das Gehirn ist sehr klein (bei einem Exemplar von 40 kg wiegt es weniger als 3 g!) und nimmt nur einen kleinen Bereich im rückwärtigen Teil der Schädelhöhle ein. Der Rest ist mit Fett angefüllt. Die Hypophyse ist langgestreckt und horizontal angeordnet. Ihr drüsiger Bereich weist eine Grube auf, die zum Munddach führt und dort mündet. Von den Sinnesorganen, insbesondere Augen und Nase, ist wenig Interessantes zu sagen, abgesehen davon, daß der Nase die Choanen fehlen, innere Gänge, die bei vielen Crossopterygiern vorhanden sind, aber den Coelacanthidae fehlen. Der Magen ist groß und der Darm endet in einer Kloake, deren Öffnung zwischen den Bauchflossen gelegen ist. Wie bei den Haien und manchen urtümlichen Knochenfischen weist der Darm eine Spiralfalte auf und das Blut enthält ziemlich viel Harnsäure. Die Schwimmblase ist zurückgebildet und tritt als eine große Ansammlung von Fett in der Bauchhöhle in Erscheinung. Die Geschlechtsteile sind asymmetrisch, insbesondere beim Weibchen, bei dem nur der rechte Eierstock entwickelt ist. Auch beim Männchen ist der rechte Hoden viel größer als der linke. Die Fortpflanzung ist ovovivipar. Ein großes Weibchen kann bis 20 Eier mit einem Durchmesser von etwa 9 cm enthalten. Die Entwicklungsdauer beträgt etwa 13 Monate und die Jungen werden meist im Februar geboren. Bei der Geburt sind die Jungtiere bereits 32 cm lang.

◄ Die abgebildeten sehr altertümlichen Wirbeltiere repräsentieren verschiedene Stadien in der langen Entwicklung der Wirbeltiere. Von oben nach unten: ein urtümlicher Hai, ein Quastenflosser, *Ichthyostega*, *Eryops*. Die beiden letzten sind altertümliche Amphibien.

LUNGENFISCHE
(DIPNOI)

Obwohl alle Lungenfische Wasserbewohner sind, können sie zusätzlich zu dem im Wasser gelösten Sauerstoff auch atmosphärischen Sauerstoff atmen. Die sechs heute existierenden Arten leben allesamt im Süßwasser und werden in zwei verschiedene Familien eingeteilt: die Ceratodidae und die Lepidosirenidae. Die erstere Familie enthält nur die Gattung *Neoceratodus* mit einer australischen Art, die zweite die Gattungen *Protopterus* mit vier afrikanischen Arten und *Lepidosiren* mit einer Art aus Südamerika.

Lungenfische besitzen einen länglichen Körper, der zuweilen geradezu aalartig sein kann und mit weichen Cycloidschuppen bedeckt ist. Das Skelett ist größtenteils knorpelig. Anstelle der Zähne sind die Kiefer oberseits mit zwei großen Kauplatten versehen und unterseits mit zwei kammartigen Platten. Alle Unpaarflossen sind miteinander verbunden und bilden einen umlaufenden Flossensaum, der vom Rücken bis zum Bauch reicht. Die Paarflossen sind sehr ungewöhnlich gebaut. Sie enthalten ein zentrales Stützskelett aus mehreren kleinen Skelettelementen, das die gesamte Flosse durchzieht. An beiden Seiten sind dünne Flossenstrahlen wie die Strahlen einer Feder angeordnet, die bei manchen Arten aber auch fehlen können.

Das wichtigste Merkmal der Lungenfische ist ihre Fähigkeit, mit Hilfe einer Lunge atmosphärische Luft zu atmen. Die Lunge ist ein großes, sackförmiges Organ unterhalb des Darmes, das am Beginn des Schlundes mündet. Ihre Wände sind mit Bläschen bedeckt und reich mit Blutgefäßen versehen. Beim untergetauchten Lungenfisch funktionieren sowohl die Kiemen als auch die Lunge, an Land wird nur die Lunge zum Atmen benutzt.

Die australische Art *Neoceratodus forsteri* unterscheidet sich von allen anderen Arten durch die unpaare Lunge. Diese Art lebt zeitlebens im Wasser, kann aber auch atmosphärische Luft atmen, jedoch nicht ausschließlich. Sie ist silbergrau gefärbt und wird bis 1,8 m lang. Sie kommt in einigen Flüssen in Queensland vor, wo sie sich meist in Bodennähe aufhält und sich sehr langsam bewegt. Sie verschlingt große Mengen von im Wasser wachsenden Gräsern, vor allem jedoch, um die darin lebenden Kleinlebewesen zu verzehren. Die Fortpflanzung geschieht im August und September. Die Embryonalentwicklung dauert 10 Tage, ein Larvenstadium gibt es nicht.

Die Fische der Unterklasse Dipnoi, die sogenannten Lungenfische, besitzen einen langgestreckten, manchmal geradezu aalartigen Körper, der mit weichen Cycloidschuppen bedeckt ist. Das Skelett ist größtenteils knorpelig und Wirbelkörper fehlen. Die abgebildete Art *Protopterus amphibius* gehört zu einer der beiden Unterfamilien der Dipnoi, den Lepidosirenidae. Diese Art ernährt sich von Amphibien, Fischen, Krebsen, Insekten und Würmern, nimmt aber auch pflanzliche Stoffe zu sich.

Bei den übrigen Lungenfischen (Familie Lepidosirenidae) ist der Körper sehr langgestreckt und nur mit kleinen Schüppchen versehen, die aber mehr oder minder tief in die Haut eingebettet sind. Die Paarflossen sind fleischig. Die Lunge ist zweigeteilt und besteht aus zwei parallel angeordneten Säcken, die sich nach hinten verjüngen. Alle Arten dieser Familie leben zwar einen Teil des Jahres über im Wasser, die übrigen Monate verbringen sie jedoch an Land und graben sich dort in den Erdboden ein, um die Trockenzeit zu überdauern. Dabei benutzen sie ausschließlich ihre Lunge zum Atmen. Zu dieser Familie gehören die beiden Gattungen *Protopterus* und *Lepidosiren*.

Die Arten der Gattung *Protopterus* sind in den tropischen Gebieten weit verbreitet. Sie leben in Sümpfen, Überschwemmungsgebieten und in Seen. Ihre paarigen Flossen bestehen aus einem langen, schmalen, fleischigen Teil, auf den eine Region mit dünnen Flossenstrahlen folgt. Ihre Knochen sind zuweilen grünlich. Diese Fische besiedeln die Gewässer Afrikas von den Küsten bis ins Innere, östlich bis nach Somalia und Mozambique (Sambesibecken) und im Westen bis nach Senegal (Becken des Gambia) und nach Zaire (Kongobecken).

Zur gleichen Familie gehört auch der Südamerikanische Lungenfisch *Lepidosiren paradoxa*. Er besitzt einen noch längeren, schlangenförmigeren Körper, noch längere, fadenförmige Paarflossen, und überhaupt keine Flossenstrahlen mehr. Auch die Kiemen sind beim erwachsenen Fisch gänzlich reduziert. Er ist gelbgrau gefärbt und schwarz gesprenkelt und wird etwa 1 m lang, bewohnt vegetationsreiche Sumpfgebiete und kommt im größten Teil Südamerikas vor. Seine Nahrung besteht hauptsächlich aus Wasserschnekken, aber auch aus Algen, letztere vor allem während der Jugendzeit. Wie die afrikanischen Arten hält er während der Trockenzeit einen Trockenschlaf in einer Röhre, die er sich selbst in den Schlamm gegraben hat. Den Eingang verschließt er mit einem Schlammpfropf, der einige Luftlöcher aufweist. In dieser Röhre liegt der Lungenfisch S-förmig zusammengekrümmt mit dem Kopf nach oben.

Bald nach dem Einsetzen der Regenzeit beginnt das Laichgeschäft. Die Eier werden in eine Nestgrube abgelegt, die 1,5 m breit sein kann. Das Männchen bewacht die Eier und die frischgeschlüpften Larven und reichert das Wasser im Nest mit Sauerstoff an; dazu entwickelt es während dieser Zeit fädige Hautanhänge an den Bauchflossen, von denen Gasblasen abgegeben werden.

▲ Die Lepidosirenidae können das Wasser verlassen und kriechen dann unter schlangenartigen Wellenbewegungen über den Schlammboden und durch die Vegetation.

▲ Larvenstadium von *Protopterus* mit äußeren Kiemen.

▶ Bau der Brustflosse der Lepidosirenidae.

Körperhaltung von *Protopterus* bei seinem Trockenschlaf (links) und die Methode, wie er seine Röhre herstellt (oben).

Neoceratodus forsteri

▲ Zwei typische Vertreter der Dipnoi.

Lepidosiren paradoxa

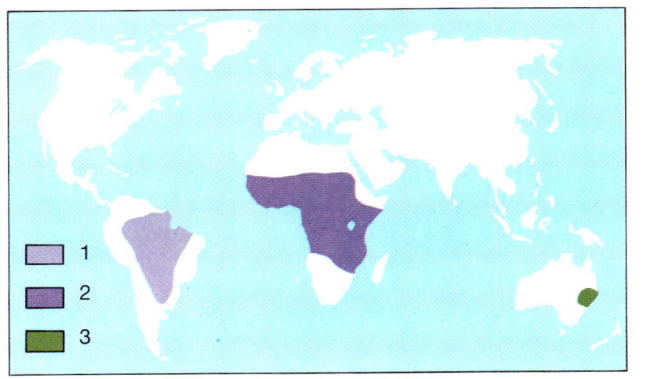

1
2
3

▲ Die Lungenfische leben in zeitweilig sehr sauerstoffarmen Gewässern, weshalb sie gezwungen sind, häufig an die Oberfläche aufzusteigen und durch das Maul zu atmen. Eine der eigentümlichsten Verhaltensweisen der Lungenfische ist ihr periodischer Trockenschlaf. Wenn mit Einsetzen der Trockenzeit die Gewässer austrocknen, graben die Lungenfische eine Röhre in den Schlammboden und verkriechen sich darin zusammengerollt. Der Kopf ist nach oben gerichtet, so daß der Fisch ungehindert Luft mit Hilfe der Lungen atmen kann. Die Wände der Röhre werden mit einem erhärtenden Schleim aus den Hautdrüsen des Lungenfisches ausgekleidet. Das um die Nieren und Geschlechtsorgane herum angesammelte Fett dient als Nahrungsreserve und die Muskeln zeigen eine Art Fettdegeneration. Verbreitung: 1) *Lepidosiren*; 2) *Protopterus*; 3) *Neoceratodus*.

JAPANISCHER RIESEN-SALAMANDER
(MEGALOBATRACHUS JAPONICUS)

Ordnung Urodela
Familie Cryptobranchidae
Länge Maximal 1,5 m
Gewicht Maximal 23 kg
Fortpflanzungszeit Einmal jährlich von Ende August bis September
Anzahl der Eier 800-1.000
Dauer der Larvalentwicklung Etwa 3 Jahre
Geschlechtsreife Nach 5-6 Jahren
Höchstalter Etwa 80 Jahre

Japanische Riesensalamander sind sehr große, eigentümliche Amphibien, die ihr ganzes Leben in Bergbächen Westjapans verbringen. Sie besitzen einen großen Kopf mit abgerundeter Schnauze und sind oberseits ziemlich stark abgeflacht. Die äußeren Nasenöffnungen sind klein und liegen an der Oberseite der Schnauzenspitze oberhalb der Oberlippe. Die Augen sind extrem klein und lidlos. Das Maul dagegen ist sehr groß und reicht weit nach hinten. Ober- und Unterkiefer sind mit zahlreichen Zähnchen versehen. Die Arme und Beine sind kurz und dick und etwas abgeflacht. Die Arme sind vierfingrig, die Hinterbeine fünffingrig. Der Schwanz ist viel kürzer als der Rumpf und in der hinteren Hälfte seitlich zusammengedrückt, wodurch er eine flossenartige Gestalt erhält. Auf dem Rücken ist der Riesensalander dunkelgrau und schwarz gepunktet, der Bauch ist heller gefärbt.

Die Lebensräume des Riesensalamanders liegen in Höhen zwischen 300 m und 1.000 m, wo er in kleineren Flüssen von bis 30 m Breite bis in kleine Gebirgsbäche von kaum einem Meter Breite lebt. Riesensalamander lassen sich selten tagsüber sehen, höchstens wenn es regnet. Bei Tag halten sie sich in ihrer Wohnhöhle verborgen und kommen erst nachts heraus und wandern dann am Boden des Flußbettes auf der Suche nach Nahrung herum. Das Nest wird meist in Höhlen in der Uferböschung oder unter großen Steinen angelegt. Manche Nester haben nur einen Einlaß, andere zwei. Die Umgebung ist meist baumbestanden und Äste und andere Pflanzen hängen über die Wasseroberfläche. Die Nesthöhle ist häufig von Wurzelgefecht durchzogen. Der Eingang ist eng, oft nur etwa 10 cm weit

Japanischer Riesensalamander
(*Megalobatrachus japonicus*)

Der Japanische Riesensalamander ist ein naher Verwandter des fossilen Europäischen Riesensalamanders aus dem Tertiär und stellt ein bekanntes "lebendes Fossil" dar. Riesensalamander verbringen ihr ganzes Leben im Wasser. Normalerweise bewohnen sie klare Bergbäche, werden aber auch manchmal in Entwässerungsgräben gefunden, wohin sie durch Überschwemmungen verdriftet worden sind. Sie können 80 Jahre alt werden.

und die Wohnhöhle selbst besteht aus dem Eingangstunnel, der 2-3 m lang sein kann, und dem eigentlichen Nest, das etwa 1 m im Durchmesser mißt. Die Mitte oder eine Seite ist in der Regel höher gelegen. Der Eingang ist so gestaltet, daß ständig Wasser hineinfließt und Nahrungstiere für den Riesensalamander mit sich führt. Wenn das Nest zwei Öffnungen aufweist, eine für das hineinfließende Wasser, die andere, durch die das Wasser wieder hinausströmt, benutzt in der Regel auch der Salamander die letztere als Ein- und Ausgang.

Der Japanische Riesensalamander ist ein Einzelgänger und findet sich selten zu mehreren Tieren zusammen. Vom Spätherbst bis zum ersten Frühjahr bleiben die Riesensalamander tief in ihrem Nest versteckt. Im Frühjahr und Sommer wandern sie zuweilen im Bachbett umher, verlassen ihr eigenes Nest und suchen andere Nester auf. Sie sind recht lichtscheu und ruhen vorzugsweise im Schatten.

Ihre Nahrung finden die Riesensalamander vor allem mit Hilfe des Tast- und Geruchssinnes. Das Zuschnappen geschieht mit erstaunlicher Geschwindigkeit. Die Untersuchung des Mageninhaltes ergab, daß ein kleiner Krebs (*Potamon dehaani*) bis 80% der Nahrung ausmacht, der Rest besteht aus kleinen Fischen, Fröschen, Insekten, Schnecken und Regenwürmern. Riesensalamander verschmähen darüber hinaus auch tote Frösche und Fische nicht.

Die Riesensalamander sind sehr gefräßig und neigen sogar zum Kannibalismus, denn größere Exemplare verschlingen ohne weiteres ihre kleinen Artgenossen oder verletzen gleich große Tiere durch Bisse in die Gliedmaßen oder in den Schwanz. Wenn sie erst einmal zugebissen haben, lassen sie kaum mehr los. Wenn nötig können sie mehrere Monate fasten.

Die Eier des Japanischen Riesensalamanders sind etwa 5 mm groß. Die Weibchen legen 800-1.000 Eier in zwei gelatinösen Schnüren ab. Nach der Eiablage verläßt das Weibchen das Nest, während das Männchen zurückbleibt und die Eier bewacht. Seine Bewegungen führen dazu, daß sich die Eier zu einer ballartigen Masse zusammenrollen. Das Männchen bleibt bei den Eiern und schützt sie vor Feinden wie Molchen, außerdem sorgt es dafür, daß ein ständiger Strom frischen Wassers über die Eier geleitet wird. Nach ungefähr 50 Tagen schlüpfen die Larven aus und sind dann etwa 2,5 cm lang. Sie machen nach 3 Jahren mit einer Länge von 20 cm ihre Metamorphose durch. Im Alter von 5-6 Jahren werden die Salamander geschlechtsreif und sind dann etwa 55 cm lang.

◀ Riesensalamander verbringen den Tag regungslos in ihrem Unterschlupf in den Uferböschungen sauberer Bergbäche. Nachts wandern sie auf der Suche nach Nahrung am Grund des Flußbettes herum. Sie fressen alles, was in ihre Nähe kommt.

▶ Ein Japanischer Riesensalamander verschlingt einen Frosch.

▲ Die Eischnüre werden durch eine gelatinöse Masse zusammengehalten. Die Larven schlüpfen nach etwa 50 Tagen aus und atmen bis zur Metamorphose durch äußere Kiemen.

Chinesischer Riesensalamander (*Megalobatrachus davidianus*)

Schlammteufel (*Cryptobranchus allaganiensis*)

◀ Das Verbreitungsgebiet der Familie Cryptobranchidae besteht aus isolierten Arealen in den Vereinigten Staaten und in Ostasien.

1

127

AALMOLCHE, GROTTENOLME UND ARMMOLCHE
(AMPHIUMIDAE, PROTEIDAE UND SIRENIDAE)

Die Amphiumidae (Aalmolche) haben einen langen, runden, aalartigen Körper und sehr kleine, fast rudimentäre Gliedmaßen mit zurückgebildeten Zehen. Der Kopf ist vorne spitz, die kleinen Augen sind lidlos und die Zunge fehlt. Sie besitzen jedoch eine Lunge und entwickeln sich mit einer unvollkommenen Metamorphose. Die erwachsenen Molche haben keine äußeren Kiemen.

Die Familie enthält nur die Gattung *Amphiuma* mit drei einander ziemlich ähnlichen Arten, die zwischen 30 cm und 1 m lang werden. Diese aalartigen Molche haben zeitlebens einige Larvalmerkmale erhalten. Sie sind am Rücken braun oder schwarz gefärbt, an den Seiten und am Bauch etwas heller. Sie kommen nur in den südöstlichen Vereinigten Staaten vor und leben in Sümpfen und Moorgebieten.

Die Fortpflanzung findet vom Januar bis Mai statt. Die etwa 350 Eier werden in Erdgruben oder unter Baumstümpfen abgesetzt, wo sie vom Weibchen ständig bewacht werden. Die Larven schlüpfen nach 5 Monaten aus, sind dann 4-6 cm lang und besitzen schon Gliedmaßen und Kiemen.

Die Familie Proteidae (Olme) ist durch einen langgestreckten Körper, das Fehlen von Augenlidern, kurze Gliedmaßen, äußere Kiemen und den zusätzlichen Besitz von Lungen ausgezeichnet. Die Familie umfaß zwei Gattungen, *Proteus* und *Necturus*, die sich vor allem durch die Gestalt der Augen unterscheiden: diese sind bei *Proteus* zurückgebildet und unter der Haut verborgen, bei *Necturus* aber wohlentwickelt, allerdings ebenfalls von Haut bedeckt.

Die Gattung *Proteus* enthält nur eine einzige Art, den Grottenolm, die Gattung *Necturus* dagegen drei bis fünf Arten. Der erwachsene Grottenolm (*Proteus anguinus*) ist ein Höhlenbewohner mit einem aalartigen Körper, unter der Haut verborgenen, zurückgebildeten Augen, drei Fingern an den Vordergliedmaßen und zwei Finger an den hinteren, und mit äußeren Kiemen. Er ist weißlich gefärbt und wird 20-30 cm lang.

In der Regel ist der Grottenolm ovipar. Zwei oder drei Tage vor der Eiablage sucht das Weibchen eine etwa 15-30 cm

Der Zweizehen-Aalmolch (*Amphiuma means*)

▲ Wenn der Zweizehen-Aalmolch (*Amphiuma means*) mit Schlängelbewegungen seines langen Körpers schwimmt, sieht er durchaus einem Aal sehr ähnlich.

◄ Die Nahrung der Aalmolche besteht vor allem aus Schnecken, Krebsen und Fischen.

► Wenn die Witterungsverhältnisse es erlauben, kriechen die Aalmolche ans Ufer und wandern auf der Nahrungssuche ein Stück weit hinaus aufs Land.

weite Mulde auf einem Felsen auf und setzt dort die nächsten drei bis vier Wochen hindurch 10-70 weiße, runde Eier ab, die 4-5 mm im Durchmesser groß sind. Männchen und Weibchen bewachen die Eier gemeinsam, aus denen nach 13-20 Wochen die Larven ausschlüpfen.

Die bekannteste Art der Gattung *Necturus* ist der Furchenmolch oder Mudpuppy (*Necturus maculosus*). Die Furchenmolche erreichen eine Höchstlänge von etwa 45 cm. Der Kopf ist vorn viereckig abgestutzt und der lange, flachgedrückte Körper weist eine Längsgrube in der Rückenmitte und 15 paarige Seitengruben auf. Der Schwanz ist am Ende seitlich zusammengedrückt. Die vier Gliedmaßen sind kurz und dick und tragen jeweils vier Finger. Der Furchenmolch verbirgt sich tagsüber in der Vegetation am Grund seines Tümpels oder vergräbt sich im Schlamm und wird erst am Abend und nachts aktiv. Die Geschlechter halten sich normalerweise getrennt, im Herbst jedoch treffen sie sich zum Laichgeschäft. Im Mai und Juni legt das Weibchen die blaßgelben, 5-6 mm messenden Eier unter Felsblöcken, Steinen, Baumstümpfen oder untergetauchten Hölzern ab und klebt sie sorgfältig aneinander. Bis zum Schlüpfen bewacht das Weibchen die Eier, in manchen Fällen sogar noch einige Tage länger.

Die Sirenidae (Armmolche) sind eine weitere Familie der Schwanzlurche, die als Erwachsene einige Larvalmerkmale erhalten haben. Auch bei ihnen ist der Körper sehr lang und schlank, es sind aber nur die Vordergliedmaßen erhalten, die klein und drei- bis vierfingrig sind. Die Augen sind winzig und lidlos, und auch die Erwachsenen haben noch äußere, büschelartige Kiemen. Die Familie umfaßt zwei Gattungen, *Siren* mit zwei Arten und *Pseudobranchus* mit einer einzigen Art. Der Große Armmolch (*Siren lacertina*) ist mit 70-100 cm Länge der Riese unter den Armmolchen. Er ist durch drei Paar Kiemenöffnungen, vierfingrige Gliedmaßen und die unvollständige Metamorphose gekennzeichnet.

Die Armmolche verbringen den Tag im Wasser, vor allem an Stellen mit reichem submersem Pflanzenwuchs, nachts kommen sie jedoch an Land, halten sich aber in der Nähe der Ufer auf. Das Weibchen legt bis 300 blasse Eier und befestigt sie an Wasserpflanzen oder an ins Wasser ragenden Wurzeln.

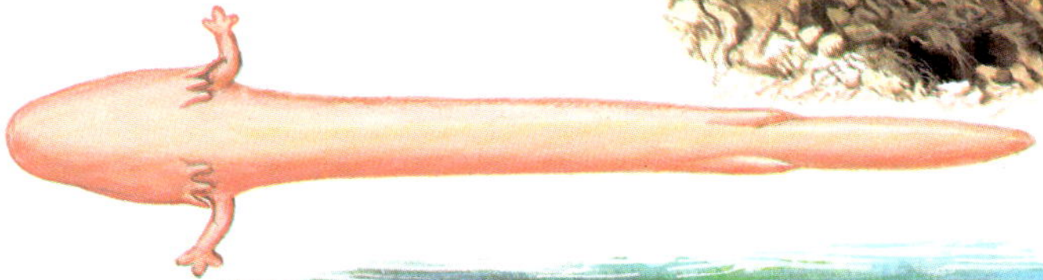

▼ ▶ Der Grottenolm (*Proteus anguinus*) ist hier als Erwachsener (rechts) und als Larve (unten) abgebildet. Er ist wohl der eigenartigste rezente Schwanzlurch und kommt in den unterirdischen Wasserläufen des dinarischen Karst bis in 300 m Tiefe vor. Die Larven des Grottenolms sind 16 -22 mm lang und besitzen gut entwickelte, dreizehige Vordergliedmaßen, während die hinteren Gliedmaßen erst als Schwellungen am Hinterleib angelegt sind. Die Augen sind im Alter von zwei Monaten recht gut zu erkennen.

◀ Der Furchenmolch oder Mudpuppy (*Necturus maculosus*) ist eigentlich eine permanente Larve, deren leuchtend rote Kiemen, je nach dem Sauerstoffgehalt im Wasser, mehr oder weniger büschelartig verzweigt sind.

▶ Der Große Armmolch (*Siren lacertina*) gehört zu einer Familie der Schwanzlurche, bei denen die Art der Fortpflanzung noch nicht geklärt ist. Manche Wissenschaftler glauben, daß innere Befruchtung stattfindet, doch sind die Männchen der Armmolche unfähig, eine Spermatophore abzusetzen und den Weibchen fehlt die Spermatheka.

◀ Die Amphiumidae und Sirenidae sind auf den Ostteil der Nearktischen Region beschränkt, während die Proteidae nicht nur in Nordamerika, sondern auch in Europa vorkommen, allerdings nur im dinarischen Karst. 1) Verbreitung der Gattung *Necturus*; 2) Verbreitung der Gattung *Proteus*; 3) Verbreitung der Familie Sirenidae; 4) Verbreitung der Familie Amphiumidae.

QUERZAHNMOLCHE
(AMBYSTOMATIDAE)

Der bekannteste unter den zahlreichen Arten der Familie Ambystomatidae ist der Tigerquerzahnmolch oder Tigersalamander *Ambystoma tigrinum*. Dieser Schwanzlurch kann bis 33 cm lang werden und ist ein ziemlich robustes Tier mit außerordentlich variabler Zeichnung. Seine neotenischen Larven findet man im Xochimilco-See, 20 km südöstlich von Mexico City.

Andere bekannte Arten der Gattung sind der Salzquerzahnmolch (*A. subsalsum*), der nur im See von Alchichica bei Orizaba (Puebla, Mexiko) lebt; der Maulwurfsquerzahnmolch (*A. talpoideum*) aus den südöstlichen USA; der Gebänderte Querzahnmolch (*A. opacum*) aus den östlichen USA; der Blaufleckige Querzahnmolch (*A. laterale*), der lange für artgleich mit dem Jefferson-Querzahnmolch gehalten wurde und in den östlich-zentralen USA von Pennsylvania und Virginia bis nach Missouri und Alabama vorkommt; der Gefleckte Querzahnmolch (*A. maculatum*) aus Südostkanada und den östlichen USA; der Gürtelquerzahnmolch (*A. cingulatum*) aus South Carolina, Florida und Alabama; der Schlanke Querzahnmolch (*A. gracile*) aus dem Gebiet zwischen Nordkalifornien und British Columbia in Kanada; der Texasquerzahnmolch (*A. texanum*) aus den zentralen und südlichen USA; und der Langzehenquerzahnmolch (*A. macrodactylum*) aus den Staaten der Westküste ostwärts bis Idaho und Montana.

Der Pazifische Riesensalamander (*Dicamptodon ensatus*) kommt in den Regenwäldern der westlichen USA vor. Der Olympquerzahnmolch (*Rhyacotriton olympicus*) bewohnt einen schmalen Streifen an der Pazifikküste der USA von den südlichen Olympic Mountains bis ins Humboldt County im nördlichen Kalifornien.

Die meisten der genannten Arten leben auf dem Land, meist in Verstecken im und am Boden. Nur zur Fortpflanzungszeit, im Winter und Frühjahr bei den Flachlandformen, im Sommer bei den Gebirgsbewohnern, gehen sie vorübergehend ins Wasser. Gelegentlich, jedoch nur bei Regen, kann man sie außerhalb ihrer Verstecke finden. Das betrifft natürlich nur die erwachsenen Tiere, denn die Larven kann man fast das ganze Jahr hindurch im Wasser finden. Je nach Artzugehörigkeit und nach den klimatischen Verhältnissen in ihrem Lebensraum verwandeln sich die Larven nach einem Jahr

Tigerquerzahnmolch
(*Ambystoma tigrinum*)

Der Tigerquerzahnmolch (*Ambystoma tigrinum*), oben als Larve und unten nach der Metamorphose, ernährt sich in erster Linie von Insektenlarven, Kaulquappen und Regenwürmern. Auf Grund komplizierter physiologischer Vorgänge, bei denen die Sekrete der Hypophyse und der Schilddrüse eine besondere Rolle spielen, kann dieser Schwanzlurch die Geschlechtsreife entweder über die normale Metamorphose erreichen oder dadurch, daß er die larvalen Merkmale und Verhaltensweisen behält (Neotenie). Welche Entwicklungsweise abläuft, hängt vor allem von den bioklimatischen Verhältnissen in seinem Lebensraum ab.

oder im Gebirge bzw. in den nördlichen Teilen ihres Verbreitungsgebietes nach zwei Jahren, oder sie erreichen die Geschlechtsreife noch als Larve, ein Vorgang, den man als Neotenie bezeichnet. Die wohl am besten untersuchte Art der ganzen Familie ist der Gefleckte Querzahnmolch (*Ambystoma maculatum*). Diese Art kann etwa 23 cm lang werden und wandert während der Fortpflanzungszeit nachts von ihrem Versteck zum Wasser. Binnen weniger Tage findet dort die Paarung und Eiablage statt. Sobald dies geschafft ist, kehren die Weibchen meist in Gruppen und auf dem gleichen Weg, auf dem sie gekommen sind, zu ihren Verstecken zurück.

Regen und Kälte lösen beim Maulwurfsquerzahnmolch (*A. talpoideum*) die Wanderschaft zu den Gewässern aus, in denen er sich fortpflanzt. Diese Wanderung geschieht in großen Gruppen und immer nachts. Im Laichgewässer angekommen verbergen sich die Molche am Boden des Tümpels und erst in der Dämmerung beginnen sie mit ihrem Paarungsritual, wobei Männchen und Weibchen im Kreis hintereinander herlaufen. Die Eiballen, die bis 400 Eier enthalten können, werden fast immer nachts abgesetzt.

Der Gebänderte Querzahnmolch (*A. opacum*) paart und pflanzt sich im Herbst fort, er setzt seine Eier im Gegensatz zu den anderen Arten aber am Boden ausgetrockneter Tümpel und Pfützen ab. Die Larven verlassen die Eier, sobald diese nach dem ersten kräftigen Regen mit Wasser bedeckt sind und der Wasserspiegel ansteigt. Die Larven besitzen beim Ausschlüpfen schon Kiemen, fadenartige Saugorgane und Hintergliedmaßen. Im August und September, wenn sie etwa 4-7,5 cm lang sind, beginnt die Umwandlung und die jungen Molche sind bereits im nächsten Frühjahr geschlechtsreif.

Die meisten Arten der Gattung *Ambystoma* erreichen die Geschlechtsreife über die normale Metamorphose. Die einzige Ausnahme bildet der Tigerquerzahnmolch, von dem verschiedene Populationen bekannt sind, in denen die geschlechtsreifen Tiere alle speziellen Larvenmerkmale erhalten haben, sich aber sehr viel schneller entwickeln als die normalen Tiere.

Wie bei vielen anderen Schwanzlurchen nehmen auch die Arten der Gattung *Ambystoma* eine charakteristische Abwehrhaltung ein, wenn sie bedroht oder zu sehr gereizt werden. Die Jungtiere des Jefferson-Querzahnmolchs zum Beispiel rollen ihren Schwanz über dem Rücken ein.

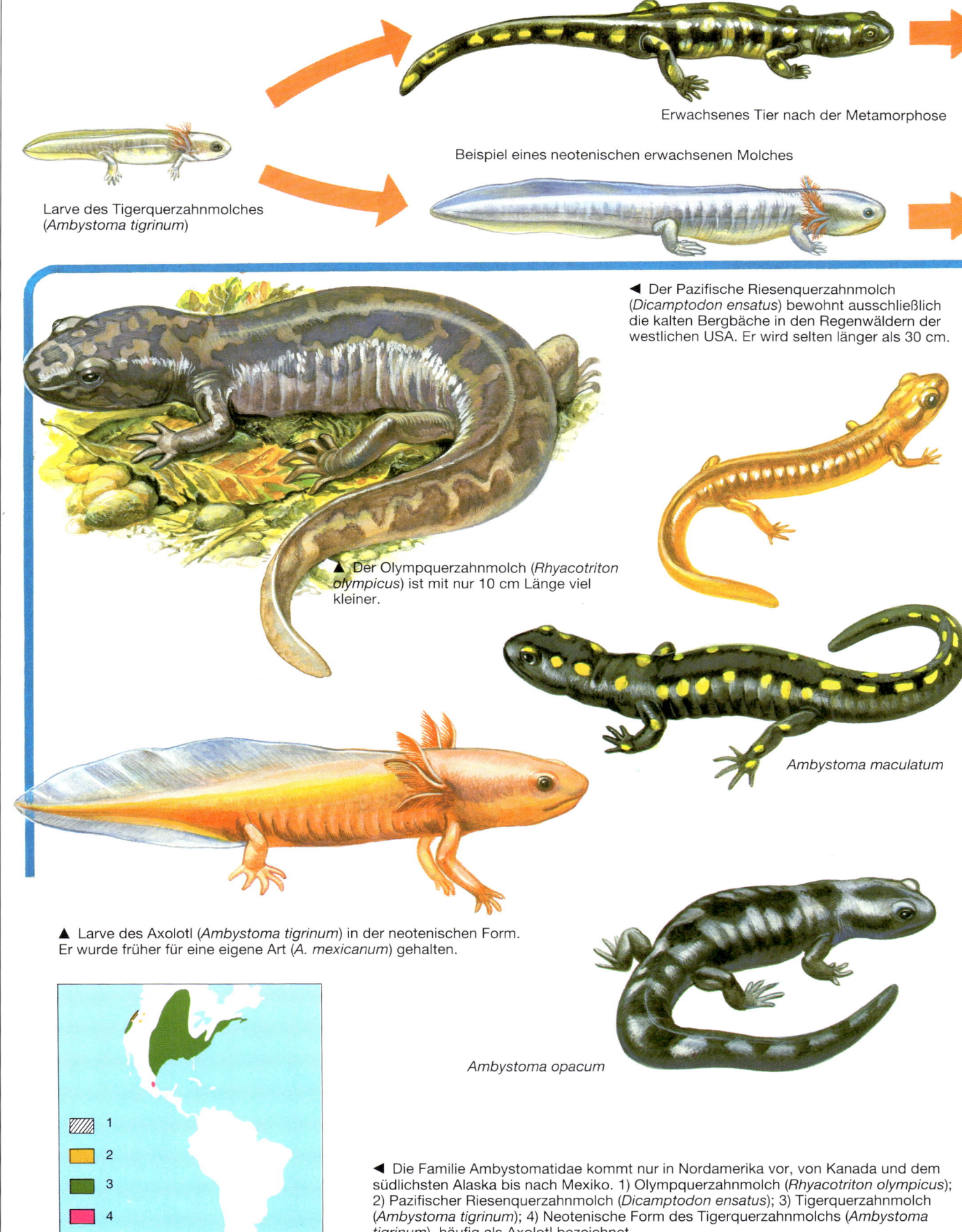

Erwachsenes Tier nach der Metamorphose

Beispiel eines neotenischen erwachsenen Molches

Larve des Tigerquerzahnmolches (*Ambystoma tigrinum*)

▷ Der Pazifische Riesenquerzahnmolch (*Dicamptodon ensatus*) bewohnt ausschließlich die kalten Bergbäche in den Regenwäldern der westlichen USA. Er wird selten länger als 30 cm.

▲ Der Olympquerzahnmolch (*Rhyacotriton olympicus*) ist mit nur 10 cm Länge viel kleiner.

Ambystoma maculatum

▲ Larve des Axolotl (*Ambystoma tigrinum*) in der neotenischen Form. Er wurde früher für eine eigene Art (*A. mexicanum*) gehalten.

Ambystoma opacum

1
2
3
4

◁ Die Familie Ambystomatidae kommt nur in Nordamerika vor, von Kanada und dem südlichsten Alaska bis nach Mexiko. 1) Olympquerzahnmolch (*Rhyacotriton olympicus*); 2) Pazifischer Riesenquerzahnmolch (*Dicamptodon ensatus*); 3) Tigerquerzahnmolch (*Ambystoma tigrinum*); 4) Neotenische Form des Tigerquerzahnmolchs (*Ambystoma tigrinum*), häufig als Axolotl bezeichnet.

LUNGENLOSE SALAMANDER
(PLETHODONTIDAE)

Die Lungenlosen Salamander der Familie Plethodontidae enthalten mit 23 Gattungen und mehr als 180 Arten etwa 60 % aller heute lebenden Schwanzlurche. Sie messen zwischen 4 und 20 cm und besitzen fast alle einen sehr langestreckten Körper und Schwanz. Die Gliedmaßen sind schwach entwickelt oder sogar fast ganz zurückgebildet und tragen vier Zehen vorn und vier oder fünf Zehen hinten. Nur selten besitzen die erwachsenen Salamander noch Kiemen. Die Zunge ist klein, frei beweglich und setzt vorn im Maul an. Die meisten Arten sind sehr lebhaft gefärbt, die Zeichnung ist jedoch gering entwickelt oder sehr fein.

Die Familie ist in Nordamerika sehr artenreich und kommt auch in Südamerika bis zum zwanzigsten südlichen Breitengrad vor. Nur eine Gattung lebt in Südeuropa – in den Meeralpen, dem nördlichen und zentralen Apennin und im südlich-zentralen Sardinien. Manche Arten leben ganz im Wasser, andere auf dem Land, aber einige auch in Höhlen.

Die Plethodontidae atmen fast ausschließlich durch die Haut und mit Hilfe der Schleim enthaltenden Auskleidung des Mundraumes. Die in ihrem Verhalten ursprünglichsten Arten sind diejenigen, die ihr Leben lang im Wasser bleiben, und diese besitzen zeitlebens Kiemen: es sind neotenische Formen. Die höhlenbewohnenden Arten sind so gut an die Dunkelheit angepaßt, daß sie eine vier- bis fünfwöchige Gewöhnungszeit brauchen, um ihre normale Aktivität wiederzuerlangen, wenn sie in einem beleuchteten Behälter gehalten werden.

Die meisten Arten der Gattung *Plethodon* leben in feuchten Waldgebieten, wo sie den Tag unter Rinde, im Moos oder unter Ästen oder verrottenden Baumstämmen verbringen und nur nachts oder bei Regenwetter herumlaufen. Auf der Oberseite des Schwanzes sitzen bei ihnen Giftdrüsen, die ein milchiges, klebriges Sekret abgeben, das einen guten Schutz gegen die meisten Feinde darstellt. Werden sie erschreckt oder angegriffen, nehmen die Angehörigen der Gattung *Plethodon* eine charakteristische Abwehrhaltung ein, strecken die Hinterbeine mit steif gehaltenen Zehen aus, halten den Kopf in waagerechter Position ausgestreckt, drücken den Körper nach unten durch und beugen den Schwanz nach oben, wobei sie ihn in Richtung auf den

Silber-Waldsalamander (*Plethodon glutinosus*)

◄▲ Der Silber-Waldsalamander (*Plethodon glutinosus*) wird zuweilen bis 18 cm lang und ist einer der am weitesten verbreiteten Lungenlosen Salamander in den Vereinigten Staaten. Er lebt vor allem in Waldgebieten und ernährt sich von Schnecken, Regenwürmern und Insekten.

◄ Ein wichtiges Merkmal der Plethodontidae ist die Drüse zur Geruchswahrnehmung, die sich bei erwachsenen Salamandern in einer schmalen Nasen-Lippengrube oder in zwei Gruben, Cirrhi genannt, an der Kante der Oberlippe befindet. Bei den Erwachsenen einiger bestimmter Gattungen ist sie besonders gut sichtbar.

▼ Die Kopfmuskulatur der Arten der Unterfamilie Desmognathidae ist teilweise zurückgebildet. Wenn sie das Maul öffnen wollen, müssen sie daher den Oberkiefer mitsamt dem ganzen Kopf heben.

▼ Die Lungenlosen Salamander der Tribus Bolitoglossinae besitzen eine pilzartig geformte Zunge, die auf einem muskulösen Stiel sitzt und beim Fang der Beute 5 cm weit herausgestreckt werden kann.

Angreifer zu hin und herbewegen. Manchmal werfen sie sogar den Schwanz ab und nutzen die Überraschung des Angreifers aus, um zu entkommen.

Die Arten der Gattung *Aneides* leben in der Nähe von Gewässern, können aber hervorragend klettern und steigen an Bäumen manchmal 10-20 m hoch. Sie können außerdem springen und mit erstaunlicher Geschwindigkeit laufen. Bei Gefahr nehmen sie eine ähnliche Abwehrstellung ein wie die Arten der Gattung *Plethodon* und *Ensatina* und geben ein Quieken von sich. Sie können sich aber auch durch Beißen verteidigen.

Vom biogeographischen Standpunkt aus gesehen ist *Hydromantes* die interessanteste Gattung, denn sie ist mit drei Arten in Kalifornien und einigen weiteren in Sardinien und in den Meeralpen und im nördlichen und zentralen Apennin in Italien vertreten. Die Arten dieser Gattung bewohnen fast auschließlich Höhlen, die sie nur bei Regenwetter oder bei hoher Luftfeuchtigkeit verlassen. *Hydromantes italicus* und *H. genei* bilden eine Ausnahme, denn sie halten sich manchmal im Wasser auf. Alle Arten sind recht langsam zu Fuß, können aber mit Hilfe ihres Greifschwanzes an Felsen und Mauern hochklettern. Die Eier werden bei dieser Gattung von den Weibchen sehr umsorgt.

Die Arten der Gattung *Batrachoseps* sind ebenfall recht ursprüngliche Lungenlose Salamander, die einen Großteil ihrer Lebenszeit unterirdisch verbringen und nur in der Regenzeit an die Oberfläche kommen. Sie kommen häufig gesellig vor, besitzen aber sicherlich keine Territorien und entfernen sich niemals mehr als höchstens 20 m von ihrem Schlupfwinkel. Erschreckt oder belästigt ringeln sie sich zu einem runden Ball oder einer Art Spirale zusammen und geben Harnsäure aus der Kloake ab, wobei sie sich bemühen, mit ihrem Schwanz irgenwo festen Halt zu bekommen.

Balzverhalten und Paarung werden vor allem von Geruchs- und Tastreizen bestimmt und sind in allen Gattungen recht ähnlich. Es werden jeweils etwa 12-22 Eier abgesetzt und die Jungen schlüpfen als Ebenbilder der erwachsenen Salamander. Die Eier werden in Höhlungen am Boden oder in faulen Baumstümpfen abgelegt und meistens vom Weibchen bewacht. Ohne diese mütterliche Fürsorge entwickeln sich die Eier in vielen Fällen nicht weiter. Bei einigen Arten, zum Beispiel *Plethodon cinereus*, wird das Gelege sogar regelrecht verteidigt. Die Jungen schlüpfen je nach Artzugehörigkeit und den klimatischen Verhältnissen des Lebensraumes nach 1-12 Monaten und werden mit zwei Jahren geschlechtsreif.

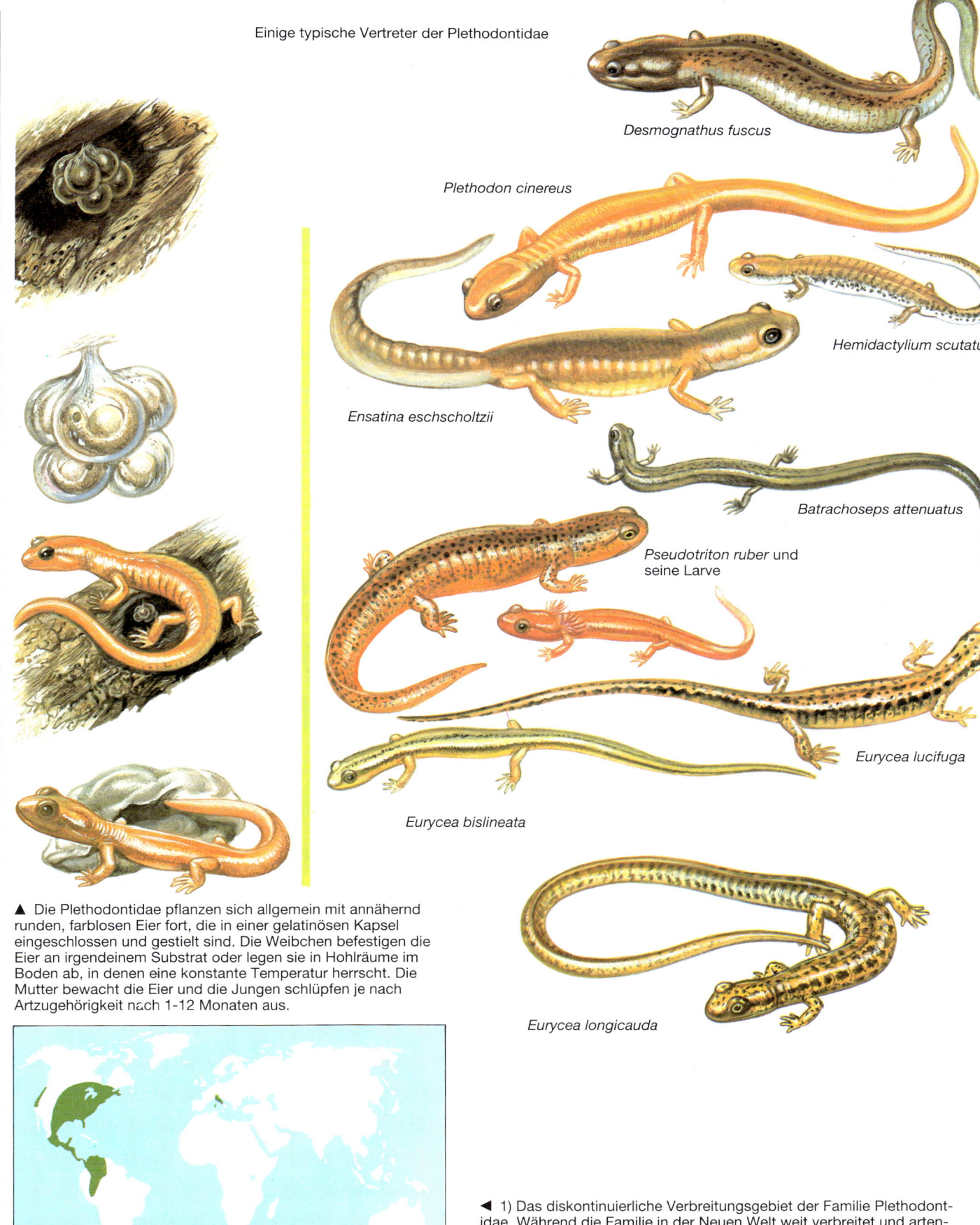

Einige typische Vertreter der Plethodontidae

Desmognathus fuscus

Plethodon cinereus

Hemidactylium scutatum

Ensatina eschscholtzii

Batrachoseps attenuatus

Pseudotriton ruber und seine Larve

Eurycea lucifuga

Eurycea bislineata

Eurycea longicauda

▲ Die Plethodontidae pflanzen sich allgemein mit annähernd runden, farblosen Eier fort, die in einer gelatinösen Kapsel eingeschlossen und gestielt sind. Die Weibchen befestigen die Eier an irgendeinem Substrat oder legen sie in Hohlräume im Boden ab, in denen eine konstante Temperatur herrscht. Die Mutter bewacht die Eier und die Jungen schlüpfen je nach Artzugehörigkeit nach 1-12 Monaten aus.

◄ 1) Das diskontinuierliche Verbreitungsgebiet der Familie Plethodontidae. Während die Familie in der Neuen Welt weit verbreitet und artenreich ist, kommt nur eine Gattung (Hydromantes) in Europa vor. Noch unbeschriebene Arten dieser Familie leben jedoch wahrscheinlich in Höhlen in Zentral- und Ostasien.

FROSCHLURCHE
(ANURA)

Auch die Froschlurche sind normalerweise vom Wasser abhängig, doch gehören zu ihnen zahlreiche recht trockenheitsresistente Arten, die sogar in den Wüsten vorkommen. Die erwachsenen Froschlurche bewegen sich durch Springen fort und selbst wenn sie, wie die Kröten, wieder zum Laufen übergegangen sind, führen sie dabei keine schlängelnden Bewegungen aus wie die Schwanzlurche.

Im Laufe ihrer Evolution verkürzte sich der Körper der Frösche und der Schwanz wurde reduziert, so daß Froschlurche auch vom Laien auf den ersten Blick zu erkennen sind. Lediglich die Jugendstadien der Froschlurche besitzen noch einen Schwanz, der bei den Larven, den Kaulquappen, zum Schwimmen dient.

Wie ein Blick auf ihren Körperbau zeigt, spielen die Gliedmaßen bei den Fröschen eine viel bedeutendere Rolle für die Fortbewegung als bei den Schwanzlurchen. Daher sind sie viel kräftiger entwickelt, vor allem die Hinterbeine, die viel länger als die Vorderbeine sind. Bei manchen gut springenden Arten sind die Hinterbeine sogar länger als Kopf und Rumpf zusammen.

Da jeder Wasserverlust des Froschkörpers ersetzt werden muß, Frösche aber nicht trinken können, müssen sie sich ins Wasser begeben, um Wasser durch die Haut aufzunehmen.

Die Atmung findet zum größten Teil durch die Haut statt. Die Lungen der Frösche sind daher nur mit so vielen Lungenbläschen ausgestattet, wie für den Gasaustausch gerade notwendig sind. Da Frösche keine Rippen besitzen, können sie nicht aktiv ein- und ausatmen und müssen die Luft sprichwörtlich in die Lungen hineinpumpen. Dies geschieht durch die Suprahyoidmuskulatur, die nach mehreren Pumpvorgängen erschlafft, so daß die Luft passiv aus den Lungen entweichen kann. Beim ruhig sitzenden Frosch kann man sehen, daß nur die Kehle pulsiert. Erst wenn er sehr aktiv wird, findet etwa nach jeweils zwei Kehlbewegungen ein Luftholen mit Hilfe der Lunge statt. Da die Atmung also nicht zentralisiert ist und keine so großen Mengen Sauerstoff mit dem Blut transportiert werden müssen, ist auch das Blutgefäßsystem nicht besonders effektiv. Der Darm der erwachsenen Froschlurche ist kurz, ein typisches Merkmal räuberischer Tiere. Die Kaulquappen dagegen besitzen eine langen Darm, denn sie ernähren sich von pflanzlichem Material.

▼ Froschlurche besitzen große, unterschiedlich gestaltete Augen mit zwei fast unbeweglichen Augenlidern und einem dritten Lid, der sogenannten Nickhaut, die von der Innenseite her schräg über das Auge gezogen werden kann.

▼ Froschlurche besitzen große Augen, mit denen sie ihre Beutetiere erkennen. Hinter dem Auge liegt das Trommelfell. Anders als bei den höheren Wirbeltieren ist es nicht ins Innere des Schädels verlagert. Die Nahrung der Froschlurche umfaßt alle Arten von Insekten und anderen Wirbeltieren, die sie durch blitzartiges Herausschnellen der klebrigen Zunge erbeuten. Manche Arten fressen sogar ihre Artgenossen.

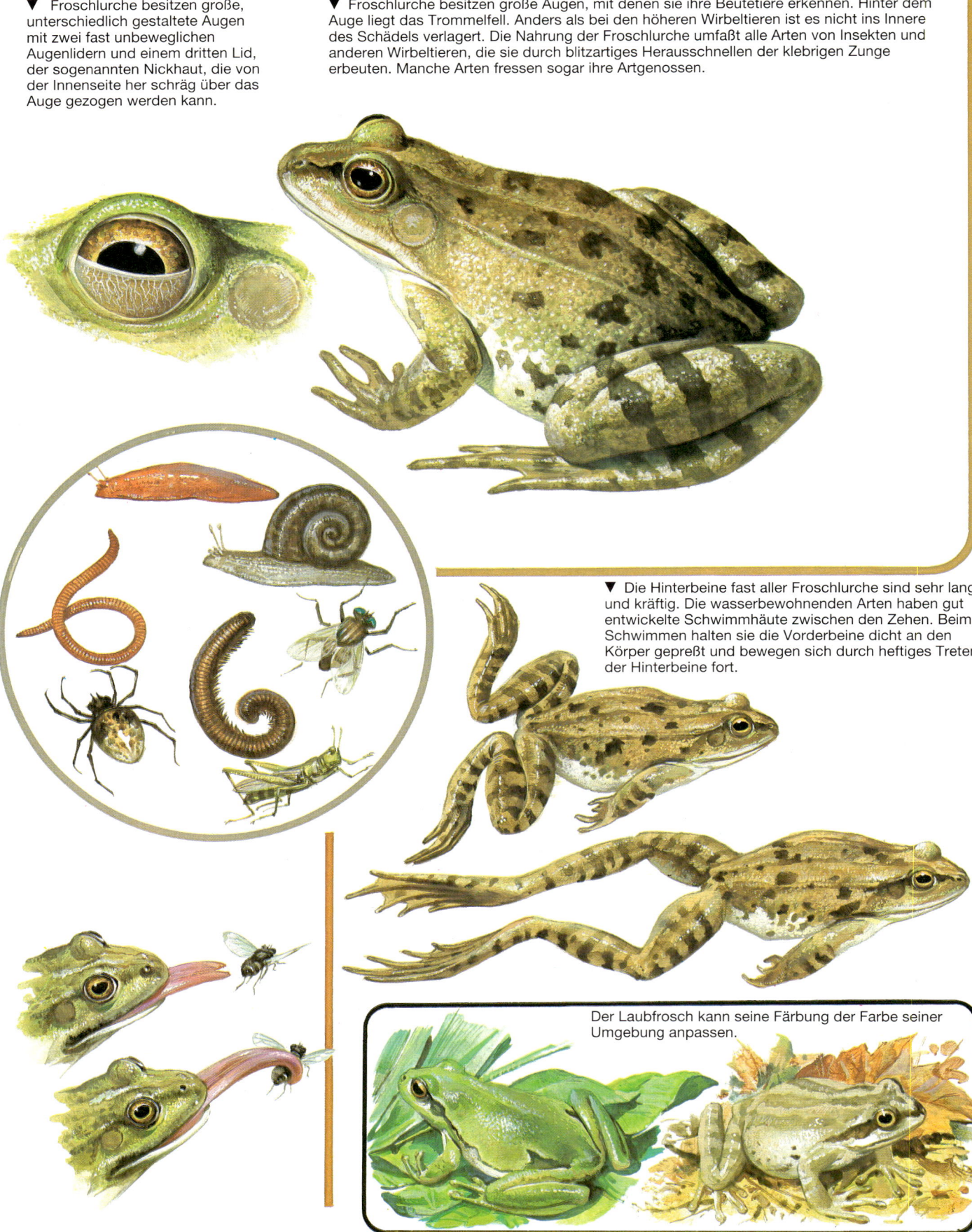

▼ Die Hinterbeine fast aller Froschlurche sind sehr lang und kräftig. Die wasserbewohnenden Arten haben gut entwickelte Schwimmhäute zwischen den Zehen. Beim Schwimmen halten sie die Vorderbeine dicht an den Körper gepreßt und bewegen sich durch heftiges Treten der Hinterbeine fort.

Der Laubfrosch kann seine Färbung der Farbe seiner Umgebung anpassen.

Bei den meisten Froschlurchen ist die Zunge vorn im Maul befestigt und ihre freies Ende ist in der Ruhelage nach hinten umgeklappt. Wenn der Frosch jedoch ein kleines Insekt sieht, schleudert er seine Zunge äußerst schnell aus, das Beutetier klebt daran fest und die Zunge wird ebenso rasch wieder zurückgezogen. Bei der Jagd lassen sich die Froschlurche in erster Linie durch den Gesichtssinn leiten, weniger durch Gehör und Geruchssinn.

Die Männchen der meisten Froschlurche, bei wenigen Arten auch die Weibchen, können Laute erzeugen. Die Rufe der Männchen dienen zum Anlocken der Weibchen zum Laichplatz und stimulieren zugleich andere Männchen, in den Chor einzufallen. Die Rufe dienen aber auch dazu, die Territorien der einzelnen Männchen festzulegen und den Abstand zu anderen Männchen zu erhalten. Dieser Abstand unterscheidet sich allerdings von Art zu Art beträchtlich. Wenn paarungsbereite Weibchen den arteigenen Gesang hören, suchen sie in gerader Linie das rufende Männchen auf.

Nimmt das Männchen das herankommende Weibchen wahr, springt es auf seinen Rücken und bald danach beginnt die Eiablage. Anders als bei vielen Schwanzlurchen haben die Froschlurche in der Regel eine äußere Befruchtung, mit der einzigen Ausnahme der Gattung *Ascaphus*. Die Eier sind durchsichtig, so daß man den Verlauf der Zellteilungen beobachten kann. Die Larve verläßt das Ei meist in einem Stadium, in dem sie noch äußere Kiemen besitzt, doch werden diese bald zurückgebildet und die Larve nimmt die typische Gestalt einer Kaulquappe an, mit inneren Kiemen, einem hochspezialisierten Mund und einem spiralig gedrehten Darm.

Die Ernährung der Kaulquappen unterscheidet sich sehr von der Ernährungsweise der erwachsenen Frösche. Entweder besitzen sie einen Kiemenfilterapparat zum Ausseihen von Plankton oder – bei der Mehrzahl der Arten – einen hochspezialisierten Mund mit mehreren Reihen kleiner Hornzähnchen und einem hornigen Schnabel zum Abweiden von Algen und anderer organischer Substanz. Etwa eine Woche braucht eine ausgewachsene Larve für die Umwandlung in den Jungfrosch. Kiefer, Mund und Darm werden vollständig umgewandelt, die Kiemen bilden sich zurück und die Vorderbeine wachsen durch die Kiemenkammer nach außen. Außerdem wandelt sich die spezialisierte Ernährungsweise der Kaulquappe in das nicht weniger spezialisierte Jagdverhalten des erwachsenen Frosches um.

◀▼ Die Rufe der Froschlurche haben verschiedene Funktionen, dienen aber meist dem Erkennen der Artgenossen oder stehen mit der Fortpflanzung in Verbindung. Die Rufe werden durch schnelles Ausstoßen der Luft aus den Lungen erzeugt. Viele Arten besitzen Schallblasen zur Verstärkung der Töne; sie können die Haut an der Kehle oder an den Wangen aufblähen, so daß sich Resonanzkörper bilden. Kröten und Laubfrösche besitzen nur eine Schallblase, echte Frösche auf jeder Seite eine. Die Rufe unterscheiden sich sehr von Art zu Art und stellen den wichtigsten Mechanismus für die Verhinderung von Bastardisierung dar.

▲ Während das Weibchen die Eier legt, umklammert das Männchen das Weibchen sehr fest mit den Vorderbeinen und befruchtet die Eier (äußere Befruchtung).

▶ Stadien der Entwicklung eines Frosches. Wenn die Kaulquappen aus dem Ei schlüpfen, haben sie noch äußere Kiemen und saugen sich an Wasserpflanzen fest. Erst wenn der Mund sich voll ausgebildet hat und die Kiemen in die Branchialkammern zurückgezogen worden sind, sind sie zum freien Herumschwimmen und zur Nahrungsaufnahme fähig.

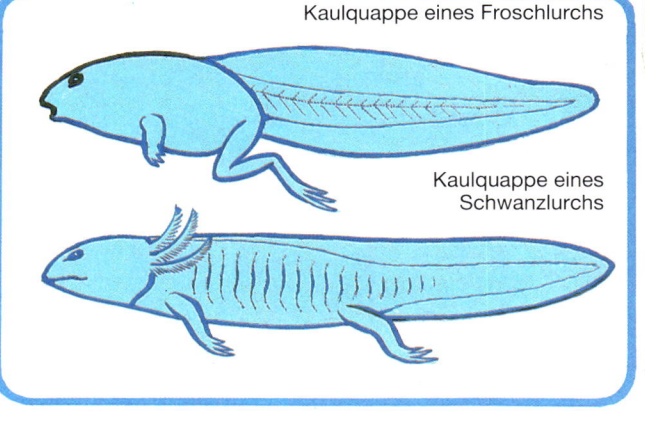

Kaulquappe eines Froschlurchs

Kaulquappe eines Schwanzlurchs

ZUNGENLOSE FRÖSCHE, SCHWANZ- UND URFRÖSCHE
(PIPIDAE, ASCAPHIDAE UND LEIOPELMATIDAE)

Die Zungenlosen Frösche (Familie Pipidae) sind wasserbewohnende Froschlurche, deren Zunge vollständig am Mundboden festgewachsen ist. Ihre Larven haben ein charakteristisches Aussehen. Während der Metamorphose brechen die Vorderbeine durch die Kiemenöffnungen durch und erschweren die Atmung. Daher entwickeln die Larven bereits früh funktionsfähige Lungen – bei der Larve von *Pipa carvalhoi* zum Beispiel, sobald sie die Hauttaschen der Mutter verlassen. Die Wabenkröten der Gattung *Pipa* können in zwei Gruppen eingeteilt werden. Zwei große Arten legen dotterreiche Eier, aus denen die Jungkröten bereits voll entwickelt schlüpfen. Die drei kleineren Arten haben Eier mit viel weniger Dotter, die tief in die Rückenhaut der Mutter eingesenkt werden. Aus ihnen schlüpfen Larven, die noch einen Filterapparat besitzen und denjenigen der Gattung *Xenopus* gleichen.

Die Gattung *Xenopus* ist südlich der Sahara verbreitet und überall zu finden, lebt jedoch vorzugsweise im Wasser. Wenn ihre Wohngewässer austrocknen, wandern die in der Savanne lebenden Arten entweder übers Land zu einem anderen stehenden Gewässer oder graben sich im Bodenschlamm oder unter Steinen ein und warten dort auf Regen.

Die Familie Ascaphidae enthält nur eine Gattung mit einer einzigen Art, *Ascaphus truei* aus Gebirgsbächen in den Rocky Mountains. Larven und erwachsene Frösche leben im gleichen Gewässer. Infolge des lauten Rauschens der reißenden Bäche spielt bei *Ascaphus* als einer der wenigen Ausnahmen unter den Froschlurchen der Ruf keine Rolle beim Balzverhalten und diese Art ist fast stumm. Die Larve besitzt einen besonders gut ausgebildeten Saugapparat und ist auffallend abgeplattet, beide Merkmale sind sicherlich Anpassungen an ihren Lebensraum. Die Familie Leiopelmatidae enthält heute nur mehr drei Arten in der Gattung *Leiopelma*. Ihre Eier legen sie im Moos ab, da in ihrem Lebensraum stehende Gewässer fehlen. *Ascaphus* und *Leiopelma* sind die ursprünglichsten lebenden Froschlurche.

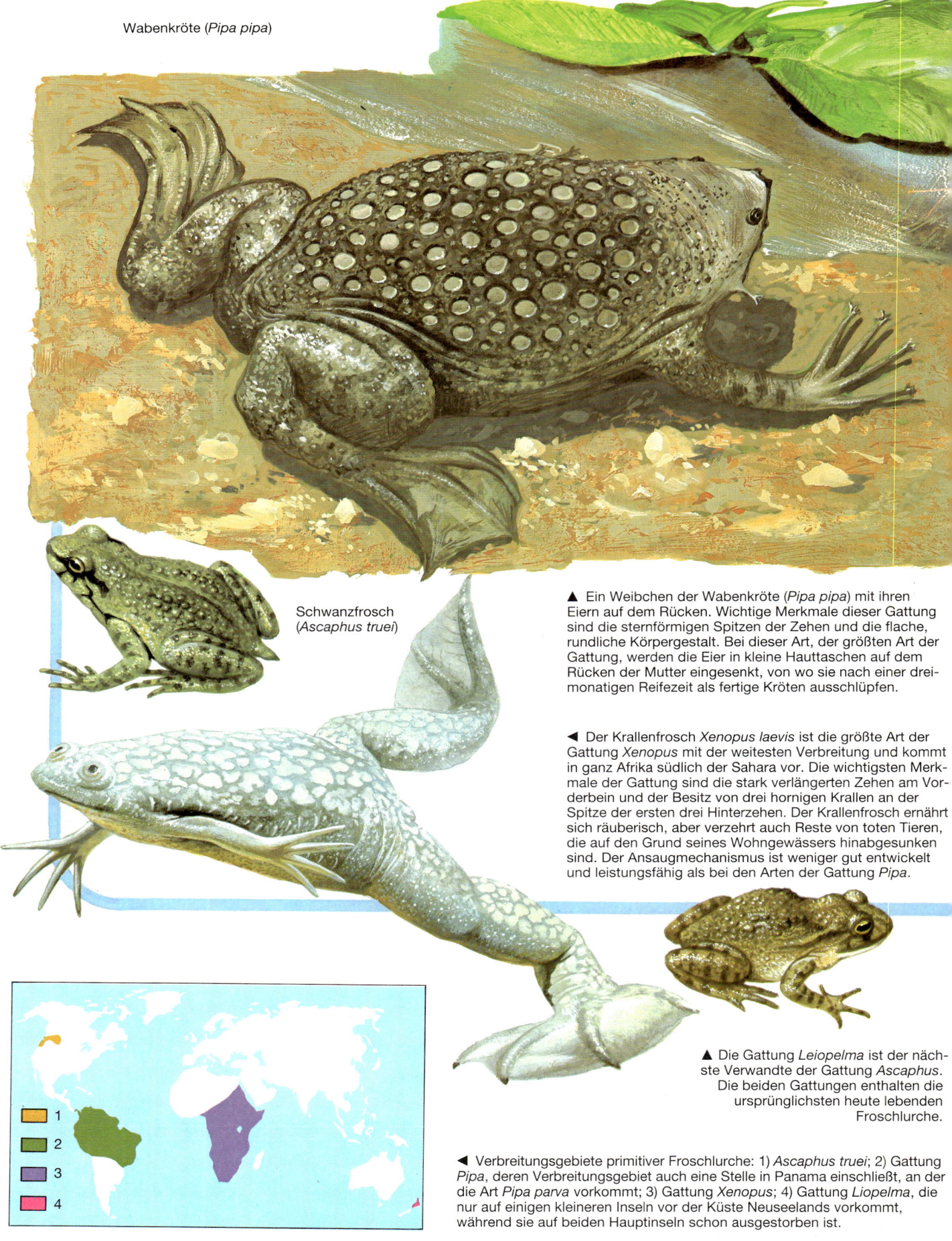

Wabenkröte (*Pipa pipa*)

Schwanzfrosch
(*Ascaphus truei*)

▲ Ein Weibchen der Wabenkröte (*Pipa pipa*) mit ihren Eiern auf dem Rücken. Wichtige Merkmale dieser Gattung sind die sternförmigen Spitzen der Zehen und die flache, rundliche Körpergestalt. Bei dieser Art, der größten Art der Gattung, werden die Eier in kleine Hauttaschen auf dem Rücken der Mutter eingesenkt, von wo sie nach einer dreimonatigen Reifezeit als fertige Kröten ausschlüpfen.

◄ Der Krallenfrosch *Xenopus laevis* ist die größte Art der Gattung *Xenopus* mit der weitesten Verbreitung und kommt in ganz Afrika südlich der Sahara vor. Die wichtigsten Merkmale der Gattung sind die stark verlängerten Zehen am Vorderbein und der Besitz von drei hornigen Krallen an der Spitze der ersten drei Hinterzehen. Der Krallenfrosch ernährt sich räuberisch, aber verzehrt auch Reste von toten Tieren, die auf den Grund seines Wohngewässers hinabgesunken sind. Der Ansaugmechanismus ist weniger gut entwickelt und leistungsfähig als bei den Arten der Gattung *Pipa*.

▲ Die Gattung *Leiopelma* ist der nächste Verwandte der Gattung *Ascaphus*. Die beiden Gattungen enthalten die ursprünglichsten heute lebenden Froschlurche.

◄ Verbreitungsgebiete primitiver Froschlurche: 1) *Ascaphus truei*; 2) Gattung *Pipa*, deren Verbreitungsgebiet auch eine Stelle in Panama einschließt, an die die Art *Pipa parva* vorkommt; 3) Gattung *Xenopus*; 4) Gattung *Liopelma*, die nur auf einigen kleineren Inseln vor der Küste Neuseelands vorkommt, während sie auf beiden Hauptinseln schon ausgestorben ist.

1
2
3
4

ECHTE FRÖSCHE
(RANIDAE)

Die Echten Frösche (Familie Ranidae) bilden eine der zahlreichsten Gruppen der Froschlurche, und zwar sowohl an Artenzahl, als auch an Individuendichte. Die Familie enthält Arten, die fast überall in Europa, Asien, Afrika und Nord- und Südamerika vorkommen.

Die Echten Frösche zeigen sehr unterschiedliche Ansprüche an ihren Lebensraum. Manche Arten halten sich ständig im Wasser auf, andere begeben sich nur kurz für Paarung und Laichgeschäft ins Wasser und leben sonst weit vom Wasser entfernt. Am arten- und zahlreichsten kommen sie in Afrika vor, doch liegt ihr Ursprung ohne Zweifel in Südasien.

Die Arten der Unterfamilie Astylosterninae leben in den westafrikanischen Regenwäldern. Zu ihnen gehört auch der Haarfrosch (*Astylosternus robustus*) mit seinen langen, dünnen Hautfäden an den Körperseiten und den Oberschenkeln, die reich durchblutet sind. Er ist eine der Arten mit scharfen Zehenkrallen, mit denen er selbst die menschliche Hand blutig kratzen kann. Seine stromlinienförmigen Kaulquappen können schnell schwimmen und leben in fließendem Wasser. Ihr Maul ist mit einem kräftigen Saugapparat bewehrt, nach der Metamorphose gehen sie aber an Land.

Die Gattung *Rana* ist durch die horizontalen Pupillen, die vorn am Unterkiefer angewachsene Zunge, freie Vorderzehen, aber mehr oder weniger ausgedehnte Schwimmhäute an den Hinterfüßen gekennzeichnet. Wir kennen mehr als 200 *Rana*-Arten, die weltweit verbreitet sind, jedoch im südlichen Teil von Südamerika und in Zentral- und Südaustralien, Neuseeland und einigen Inseln im Pazifischen Ozean fehlen. Sie kommen auch nicht in den Wüstengebieten oder in permanent vergletscherten Gebieten vor. Fast alle Arten können hervorragend springen und leben in Feuchtgebieten, manche verlassen das Wasser auch zeitlebens nicht. Doch alle müssen zum Wasser zurückkehren, um sich zu paaren und ihre Eier abzulegen. Die mittel- und südeuropäischen Arten werden gewöhnlich nach ihrer Lebensweise in zwei Gruppen eingeteilt: die wasserbewohnenden Arten, meist grün gefärbt und daher "Grünfrösche" genannt, und die braunen, in Wäldern oder Wiesen lebenden Arten, die "Braunfrösche", die nur zum Laichen ins Wasser zurückkehren. Ein Vertreter der Braunfrösche aus Nordamerika ist der Waldfrosch *Rana sylvatica*.

Einige Vertreter der Echten Frösche.

Wasserfrosch (*Rana esculenta*)

Waldfrosch (*Rana sylvatica*)

Leopardfrosch (*Rana pipiens*)

Moorfrosch (*Rana arvalis*)

Haarfrosch (*Astylosternus robustus*)

Rana hosii

Seefrosch (*Rana ridibunda*)

Goliathfrosch (*Conraua goliath*)

Nordmerikanischer Ochsenfrosch (*Rana catesbeiana*)

Rotohrfrosch (*Rana erythraea*)

DENDROBATES SILVERSTONEI

Ordnung Anura
Familie Dendrobatidae
Länge Weibchen 3,6-4,2 cm; Männchen etwas kleiner
Anzahl der Eier Bis 30
Dauer der Larvalzeit 2 Monate, einige Tage auf dem Rücken des Männchens mitgerechnet
Geschlechtsreife Nach einem Jahr

Dendrobates silverstonei ist ein leuchtend gefärbter kleiner Frosch aus dem Ostteil der Peruanischen Anden. Er bevorzugt die Höhenstufe zwischen 1.300 und 1.800 m und findet sich eher am Waldrand als mitten im Regenwald. Er lebt zeitlebens am Waldboden und klettert kaum jemals auf Bäume, ganz abweichend von den meisten anderen Arten seiner Gattung. Er sitzt gern auf Lichtungen am Boden und fängt dort Insekten, gern auch Ameisen.

Die Eier werden unter abgefallenen Blättern oder in Baumstümpfen abgelegt. Ein für die Denbrobatidae typisches Verhalten ist die Brutpflege des Männchens: Es bleibt in der Nähe der Eier und später klettern die Kaulquappen dann auf seinen Rücken. Es ist allerdings unbekannt, wie sich die Kaulquappen während dieser Zeit ernähren. Vielleicht stellt das Verhalten nur eine Möglichkeit dar, ein Gewässer zu erreichen, in dem sich die Larven weiterentwickeln können.

Eine verwandte Art, der Darwinfrosch (*Rhinoderma darwini*), ist ein sehr kleiner, nur 2,5 cm langer, schlanker Frosch mit einem dreieckigen Kopf und einem Hautauswuchs an der Spitze des Maules. Er bewohnt die gemäßigten Regenwälder Chiles und Argentiniens und lebt im Unterwuchs in der Nähe von Bächen.

Im Sommer versammeln sich die Männchen an bestimmten Plätzen, wo man ihr gemeinsames Pfeifkonzert hören kann, das der Anlockung der Weibchen dient. Die Eier werden am feuchten Boden oder im Moos abgelegt, dann verschwinden die Weibchen wieder und die Männchen übernehmen die weitere Brutpflege. Wenn die Entwicklung der Embryonen so weit fortgeschritten ist, daß ihre Bewegungen durch die gelatinöse Eihülle sichtbar sind, werden sie von den Männchen ins Maul genommen und in ihrer Schallblase untergebracht, aber nie verschluckt. Dort entwickeln sie sich weiter und verzehren von der Innenseite der Schallblase abgeschabte Teilchen.

◄▲ *Dendrobates silverstonii* ist mehr an das Leben am Waldboden angepaßt als seine Verwandten. Das Männchen bewacht die Eier und Kaulquappen, die nach dem Ausschlüpfen auf seinen Rücken klettern. Es trägt sie einige Tage lang mit sich herum, dann lädt es sie in einem Tümpel ab, wo sie ihre weitere Entwicklung durchmachen. Auf dem väterlichen Rücken sind die Kaulquappen gut geschützt, denn die Haut des Männchens enthält ein hochwirksames Gift. Die Hauptaufgabe der giftigen Ausscheidungen ist aber wohl die Abwehr von Mikroben und Pilzen, die sich auf der feuchten Haut ansiedeln und den Frosch schädigen könnten.

► Der maulbrütende Darwinfrosch (*Rhinoderma darwini*) lebt in den kühlen und gemäßigten Regenwäldern des südlichen Südamerika. Auch die Männchen dieser Art treiben Brutfürsorge. Sobald die Kaulquappen anfangen, sich in ihren Eihüllen zu bewegen, nehmen die Männchen sie in ihre Schallblasen auf und behalten sie dort, bis die Metamorphose beendet ist. Früher wurde die Gattung *Rhinoderma* in die Familie Dendrobatidae eingeschlossen und sie ist in der Tat nah mit ihr verwandt. Heute wird die Gattung als eigene Familie angesehen, deren wichtigste Merkmale der Besitz eines firmisternalen Schultergürtels, das Fehlen von Zähnen auf dem Palatinum und die Tendenz zur Verschmelzung der Wirbel sind.

MALAYISCHER FLUGFROSCH
(RHACOPHORUS REINWARDTI)

Ordnung Anura
Familie Rhacophoridae
Länge Weibchen bis 8 cm, Männchen
etwas kleiner

Dieser Flugfrosch besitzt einen abgeflachten, breiten Kopf, große Augen mit
horizontalen Pupillen und einen schlanken, sehr langbeinigen Körper. Die Spitzen von Fingern und Zehen tragen große
Haftlappen. Doch besonders auffallend
sind die großen Flughäute, die den gesamten Raum zwischen den Fingern und
den Zehen einnehmen. Eine weitere Haut
sitzt an der Außenseite des Armes und eine schmale Hautfalte zieht sich von der
Ferse des Hinterbeines bis zum After. Die
Färbung dieses Frosches variiert etwas,
meist ist er aber oberseits grün und unterseits gelblich. Die Schultern und die
Flughäute zwischen Fingern und Zehen
tragen blaue Flecken.
Rhacophorus reinwardti lebt auf Sumatra, Banka und Java, und bewohnt Bäume und Bambusdickichte im Regenwald.
Es wäre zwar übertrieben, zu behaupten,
daß dieser Frosch fliegen kann, denn im
eigentlichen Sinn kann er das nicht. Doch
befähigen ihn seine Flughäute, im Zusammenwirken mit dem abgeflachten,
breiten Körper, eine Art Gleitflug über
kurze Distanzen auszuführen, um etwa
von einem Ast auf den nächsten zu gelangen, und er kann während des Fluges
seine Richtung ändern.
Die Eiablage geschieht bei *Rhacophorus
reinwardti* in der gleichen Weise wie bei
den anderen Rhacophoridae. Das Männchen umklammert das Weibchen an den
Schultern. Wenn das Weibchen dann die
Eier abgibt und sie mit einem gelatinösen Schleim einhüllt, rührt das Männchen
durch heftige Bewegungen seiner Hinterbeine den Schleim auf, so daß er schau-
mig wird. In dieser Schaumhülle werden
die Eier auf Blättern befestigt, die über
dem Wasser hängen. Nach der Paarung
lösen sich die Frösche aus dem Schaum
und lassen ihn samt Eiern auf dem Blatt.
Später wird die Schaumhülle außen fest
und nimmt eine braune Farbe an; auf diese Weise werden die Embryonen vor der
Austrocknung geschützt. Wenn die Kaulquappen aus den Eiern geschlüpft sind,
verlassen sie das Schaumnest und fallen
ins Wasser darunter, wo sie sich weiter
entwickeln und schließlich die Metamorphose durchmachen.

◄▼ Der Malayische
Flugfrosch (*Rhacophorus
reinwardti*) ist ein typischer
Baumbewohner und
besonders gut an diese
Lebensform angepaßt. Er
kann nicht nur gut klettern,
sondern beide Gliedmaßen
sind außerdem mit großen
Flughäuten versehen, so
daß er eine Art Gleitflug
von Ast zu Ast ausführen
kann. Die Rhacophoridae
sind den Hylidae (Laub-
frösche) recht ähnlich,
weisen aber auch
Übereinstimmungen mit
den Echten Fröschen der
Familie Ranidae auf.

▲ Die Fähigkeit zum Gleitflug findet sich nicht nur bei den Flugfröschen (3),
sondern auch in anderen Tiergruppen, zum Beispiel beim Flugdrachen
(*Draco volans*) (1), bei dem die Flughäute von den Rippen getragen werden.
Manche Geckos (2) können ebenfalls Gleitflüge ausführen, zum Beispiel
Arten der Gattung *Ptychozoon*.

◄ Die Familie Rhacophoridae ist über Südostasien, die Philippinen, Japan, fast ganz Afrika und
Madagaskar verbreitet. Sie umfaßt wasserbewohnende und landlebende Arten, die meisten Arten sind
jedoch an das Baumleben angepaßt. 1) *Rhacophorus pardalis*; 2) *Rhacophorus reinwardti*;
3) *Rhacophorus nigropalmatus*; 4) *Rhacophorus schlegeli*.

SCHILDKRÖTEN
(TESTUDINES ODER CHELONIA)

Der Körper der Schildkröten (Testudines oder Chelonia) ist in einen Panzer von recht verschiedenartiger Gestalt eingehüllt, aus dem nur Kopf, Beine und Schwanz herausragen. Der Panzer besteht zum Teil aus Knochen des Innenskelettes, zum größten Teil jedoch aus großen, flachen Knochen, die durch Verknöcherung der Haut entstanden und mit den eigentlichen Skelettknochen verwachsen sind. Die Außenseite des Panzers ist mit Hornschilden bedeckt.

Ein Schildkrötenpanzer besteht aus zwei Teilen: Carapax (oben) und Plastron (unten). Beide sind entweder fest miteinander verwachsen oder nur durch ein elastisches Ligament verbunden und daher in gewissem Ausmaß gegeneinander beweglich. Die Hornschilde von Carapax und Plastron stoßen in der Regel an den Rändern aneinander oder überlappen sich. Die Kiefer der Schildkröten sind unbezahnt, doch sind sie sehr scharfkantig und ihre Kanten sind mit Hornschneiden besetzt, so daß eine Art Schnabel entsteht. Vor allem bei den Meeresschildkröten können Kopf, Hals, Gliedmaßen und Schwanz nicht oder nur zum Teil in den Panzer zurückgezogen werden. Wenn der Kopf in den Panzer zurückgezogen wird, geschieht dies entweder durch eine vertikale S-förmige Krümmung des Halses (so daß der Spitze des Kopfes nach vorn weist), oder aber durch eine horizontale Krümmung, so daß der Kopf in eingezogener Stellung nach rechts oder links gerichtet ist. Die Zunge ist fleischig und gewöhnlich nicht vorstreckbar.

Die Atmung ist bei den Schildkröten besonders interessant. Bei den Landschildkröten werden die Lungen durch kolbenartig wirkende Bewegungen des Halses und der Vorderbeine gefüllt und entleert, die von Bewegungen der Muskulatur des Zungenbeines und des Schlundes unterstützt werden. Bei den Wasserschildkröten und den großen Meeresschildkröten findet die Atmung mit Hilfe von zwei sackartigen Organen beiderseits der Kloake statt.

Die Schildkröten pflanzen sich durch runde oder elliptische Eier fort, die je nach Artzugehörigkeit tagsüber oder nachts in grabenen Höhlungen in feuchter Erde oder im Sand abgelegt werden. Die Anzahl der Eier unterscheidet sich bei den einzelnen Arten, sie kann bei Meeresschildkröten über Hundert betragen. Das Ausbrüten der Eier überlassen die Schildkröten fast immer der Wärme der Erde,

◀▲ Die Suppenschildkröte (*Chelonia mydas*) ist sicherlich die am besten erforschte Meeresschildkröte. Sie verbringt ihr ganzes Leben im Meer, legt ihre Eier aber in tiefen Gruben an Land ab. Im Meer kann sie mit Hilfe der paddelförmigen Gliedmaßen schnell und ausdauernd schwimmen, an Land bewegt sie sich dagegen sehr mühsam fort. Sie ernährt sich fast ausschließlich von Algen, während die anderen Meeresschildkröten überwiegend karnivor sind und Krebse, Quallen, Tintenfische, Mollusken, Stachelhäuter und Fische erbeuten.

◀ Die "Tränen" der Meeresschildkröten sind keine echten Tränen, sondern die Ausscheidungen von überschüssigem Salz aus den hinter den Augen gelegenen Salzdrüsen.

in die die Eier vergraben wurden. Die Schildkröten sind vermutlich die langlebigsten Wirbeltiere, denn manche Arten werden mehr als 200 Jahre alt.

Die am besten bekannte Familie der Schildkröten ist wohl die der Landschildkröten (Testudinidae), die einen hochgewölbten, stark verknöcherten, festen Panzer und kurze, kräftige, säulenförmige Beine mit verwachsenen Zehen besitzen, an denen nur die Krallen noch frei hervorragen. Die bekannteste Gattung *Testudo* enthält etwa 30 Arten und ist vielleicht die am besten erforschte Schildkrötengattung überhaupt.

Die Griechische Landschildkröte (*Testudo hermanni*) ist auf den ersten Blick zu erkennen: Sie besitzt zwei Supracaudalschilder und die Schwanzspitze ist mit einem kräftigen Hornschild bedeckt. Ihre Länge beträgt 20-30 cm bei einem Gewicht von 2-4,5 kg. Eine sehr ähnliche Art ist die Maurische Landschildkröte (*Testudo graeca*), die keinen hornigen Schild am Schwanz und nur ein Supracaudalschild besitzt. Dafür ist auf beiden Seiten des Schwanzes ein großer Höcker entwickelt und ihr Carapax ist gelblich oder oliv-braun mit dunklen Flecken. Die Breitrandschildkröte (*Testudo marginata*) wird größer als beide vorhergehenden Arten: 35 cm lang und 4-8 kg schwer. Auch ihr fehlt aber der Hornschild am Schwanz und sie besitzt ebenfalls nur ein Supracaudalschild. Der Carapax ist langgestreckt und in der Mitte etwas abgeplattet. Er ist oliv- bis dunkelbraun und jeder Schild ist mit einem gelblichen Ring versehen. Bei alten Exemplaren ist der Carapax schwarz, so daß die gelben Ringe sehr markant sind.

Zur Familie Testudinidae gehören auch sehr viele Arten aus der südlichen Sahara. Die bekannteste ist die Pantherschildkröte (*Testudo pardalis*), die bis 65 cm groß werden kann und vor allem die Savannen- und Steppengebiete bewohnt. Die halbwüstenhaften Gebiete Zentralafrikas sind die Heimat der Spornschildkröte (*Testudo sulcata*), deren Carapax tiefe Einschnitte aufweist und bis 75 cm lang werden kann. Viele südafrikanische Arten zeigen ein sternförmiges Muster auf jeder Platte; besonders ausgeprägt ist dieses bei der madagassischen *Testudo radiata*.

Derartige sternförmige Zeichnungen treten auch bei mehreren Arten aus Südasien auf; das bekannteste Beispiel bildet die indische Sternschildkröte (*Testudo elegans*). In den Regenwäldern Südamerikas ist die Gattung durch *Testudo carbonaria* und *T. denticulata* vertreten, Arten, die 50 cm lang werden und überwiegend tagaktiv sind. In den ariden Ge-

Phasen der Eiablage bei den Meeresschildkröten.

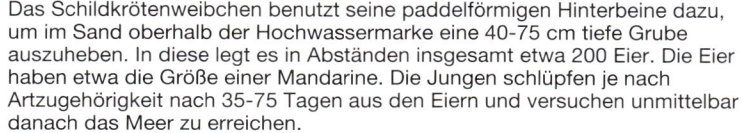

Das Schildkrötenweibchen benutzt seine paddelförmigen Hinterbeine dazu, um im Sand oberhalb der Hochwassermarke eine 40-75 cm tiefe Grube auszuheben. In diese legt es in Abständen insgesamt etwa 200 Eier. Die Eier haben etwa die Größe einer Mandarine. Die Jungen schlüpfen je nach Artzugehörigkeit nach 35-75 Tagen aus den Eiern und versuchen unmittelbar danach das Meer zu erreichen.

◄▼ Während ihrer Wanderung zum Meer, die sie so schnell wie möglich ausführen, fallen die jungen Meeresschildkröten verschiedenen Räubern zum Opfer, wie die Abbildung zeigt, sowohl streunenden, wie solchen, die am Strand leben.

bieten Argentiniens und Uruguays lebt dagegen *T. chilensis*.

Die Galapagosschildkröte (*T. elephantopus*) von der Inselgruppe gleichen Namens ist eine Riesenform, die bis 110 cm Länge erreichen kann. Heutzutage ist sie streng geschützt.

Weitere Riesenschildkröten leben auf der Inselgruppe der Seychellen. Der Längenrekord von *T. gigantea* liegt bei 120 cm. Ursprünglich lebte diese Art auf vielen Inseln im Indischen Ozean, auf den meisten Inseln wurde sie aber durch den Menschen ausgerottet.

In Nordamerika kommt die Gattung *Testudo* nicht vor und ihr Platz wird in den südlichen USA und in Mexiko von der Gattung *Gopherus* eingenommen. Die interessanteste Art ist die Wüstenschildkröte (*Gopherus polyphemus*), eine Art von etwa 35 cm Länge, deren Verhalten und Lebensraumansprüche sehr denen der westasiatischen Steppenschildkröte (*Testudo horsfieldii*) gleichen.

Die Landschildkröten der Gattung *Kinixys* aus dem zentralen und südlichen Afrika sind auch unter dem Namen Gelenkschildkröten bekannt. Sie haben eine Art Gelenk im hinteren Teil des Carapax, mit dessen Hilfe sie das Hinterteil des Carapax herunterklappen können.

Granitfelsen und Bergwiesen sind die bevorzugten Lebensräume der Arten der auf Südafrika beschränkten Gattung *Homopus*, die nur 10-20 cm Länge erreichen. Felsgebiete im zentralen Teil Ostafrikas bilden den Lebensraum der Spaltenschildkröte (*Malacochersus tornieri*). Sie wird bis 15 cm lang und besitzt einen extrem flachen und kaum verknöcherten Panzer, der eine Anpassung an ihre Lebensgewohnheiten darstellt, denn sie verkriecht sich in schmalen Felsspalten.

Mit wenigen Ausnahmen ist die Lebensweise der Landschildkröten sehr einheitlich. Der tägliche Aktivitätszyklus der Griechischen Landschildkröte wird hauptsächlich durch den Temperaturgang bestimmt. In den wärmeren Mittagsstunden zieht sie sich in den Schatten von Büschen zurück und wird erst wieder am Spätnachmittag aktiv. Die Paarung findet im Zeitraum zwischen April und Juni statt. Das Männchen besetzt ein Territorium, es verfolgt das Weibchen und beißt es wiederholt in die Vorderbeine, damit es den Kopf einzieht und die Beine bewegt. Dadurch wird der Schwanz mit der Kloake frei. Das Weibchen legt 2-12 elliptische, mit einer weißen Kalkschale versehenen Eier in Gruben, die es zwischen Pflanzenwurzeln aushebt. Die Griechische Landschildkröte ernährt sich von Blättern, Früchten, Würmern und allen möglichen Abfällen.

◄▲ Die riesige, urtümliche und heute streng geschützte Galapagosschildkröte (*Testudo elephantopus*), die auf der Inselgruppe gleichen Namens in neun Unterarten vorkommt, führt regelmäßig Wanderungen von feuchteren zu trockneren Stellen und zurück aus. Sie hat sich besonders stark spezialisiert und in Trockengebieten zum Beispiel lebt sie fast ausschließlich von Kaktusfrüchten.

MATAMATA ODER FRANSEN-SCHILDKRÖTE

(CHELY FIMBRIATA)

Ordnung Testudines (Chelonia)
Familie Chelidae
Länge 20-40 cm
Gewicht Etwa 600-1.500 g
Nest Sehr wahrscheinlich am Boden in der Nähe von Gewässern

Die Fransenschildkröte besitzt einen ovalen, ziemlich flachen Carapax, der nach hinten etwas erweitert ist. Sowohl die Vertebralplatten wie die Costalplatten sind oberseits pyramidenförmig zugespitzt, die Marginalplatten sind uneben und nach außen stumpf erweitert. Der lange, abgeflachte Hals ist mit nackten Warzen bedeckt. Der dreieckige Kopf ist sehr flach, die Spitze aber lang und schmal und rüsselartig verlängert. Die Augen sind sehr klein und teilweise durch Hautfalten verdeckt. Die Kiefer sind nicht sehr kräftig und tragen keine Hornscheiden. Bei erwachsenen Tieren ist der Carapax dunkelbraun gefärbt, das Plastron aber gelblich-braun mit dunklen Flecken. Die nicht vom Panzer bedeckten Körperteile sind grau.
Diese eigenartige Schildkröte lebt im Süßwasser, vor allem in stehenden Gewässern in Südamerika und ist von Venezuela und den Guayanas bis nach Südbrasilien verbreitet.
Fortpflanzung und Lebensweise der Fransenschildkröte sind nicht gut bekannt, jedenfalls nicht in freier Natur. Meist liegt die Matamata tagsüber gut getarnt im Schlamm am Rand von Gewässern oder zwischen Wasserpflanzen verborgen und hat Kopf und Hals und manchmal auch die Beine vollständig oder teilweise in den Panzer zurückgezogen. Erst mit Anbruch der Dämmerung wird sie aktiv. Dann geht sie ins Wasser und beginnt mit der Jagd auf Fische, Kaulquappen und unbeschalte Wirbellose, sie frißt aber auch Pflanzen. Sie ist vor allem wegen ihrer Lauerstellung berühmt. Hervorragend getarnt im schlammigen Wasser oder zwischen verrottenden Pflanzen wartet sie, bis ein Beutetier in ihre Nähe kommt, dann reißt sie plötzlich das Maul weit auf und erzeugt damit einen starken Sog, der das Beutetier direkt in ihre Maul hineinzieht.

▶▲ Habitus der Fransenschildkröte oder Matamata (*Chelys fimbriata*) in Lauerstellung. Links: Ihre hauptsächliche Nahrung. Wie bei den Krokodilen ist auch bei dieser eigenartigen Schildkröte die Rückseite des Auges mit einem lichtreflektierenden Tapetum lucidum versehen.

▼ Ungefähre Verbreitungsgebiete von 1) *Chelodina longicollis* und 2) *Chelys fimbriata*.

◀▲ Die Wasserschildkröten der Unterordnung Pleurodira sind Allesfresser und leben vorwiegend im Süßwasser. Die meisten Arten sind auf die Südhalbkugel beschränkt. Die abgebildete Art ist die Schlangenhalsschildkröte (*Chelodina longicollis*). Ihre Halswirbel besitzen besonders gut ausgebildete Querfortsätze und die Schildkröte zeigt ein charakteristisches Verhalten, nämlich den Kopf in einer horizontalen, S-förmigen Bewegung zurückzuziehen. Daher ist der in den Panzer eingezogene Kopf zur Seite gerichtet.

SCHNAPP-SCHILDKRÖTEN
(CHELYDRIDAE)

Die Schnappschildkröten sind Süßwasserbewohner mit einem verhältnismäßig kleinen, flachen Carapax, der erst bei älteren Tieren verknöchert. Der Kopf ist sehr groß ud kann nicht ganz unter den Carapax eingezogen werden. Er weist ein oder zwei kleine Hautauswüchse vorn und hinten auf. Das Maul ist wie ein Schnabel gestaltet. Alle Zehen sind mit Schwimmhäuten versehen und die Vorderzehen außerdem mit starken Krallen. Die Schnappschildkröte (*Chelydra serpentina*) kann inklusive Schwanz bis 1 m lang werden und ein Höchstgewicht von 30 kg erreichen. Die Carapaxlänge überschreitet allerdings selten 50 cm. Die Schnappschildkröte ist die besser bekannte und weiter verbreitete unter den beiden Arten dieser Familie. Ihr Verbreitungsgebiet reicht von Südkanada durch die östlichen Staaten der USA bis nach Florida und Mexiko.

Die Schnappschildkröte ist außerordentlich aktiv. Nachts, und wenn sie sehr hungrig ist, auch tagsüber, ist sie unermüdlich auf Nahrungssuche und ist vermutlich der unersättlichste und aggressivste Räuber in ihrem Gewässer. Vorsichtig, aber ziemlich schnell, sucht sie die Buchten und Stellen auf, wo die Strömung am geringsten ist und sich daher die Fische versammeln, und stürzt sich dann unerhört schnell auf die Fischschwärme. Manchmal sucht sie sich auch einen bestimmten Fisch aus und verfolgt diesen, bis sie ihn erreicht. Sie sucht selbst an Land nach Nahrung, allerdings fast nur nachts, und erbeutet Frösche, Kröten, Schlangen, selbst Vögel, deren Nester am Boden oder gar in Bäumen mit schrägem Stamm liegen und sogar kleinere Säugetiere. Sie ergreift ihre Beute und zerreißt sie mit ihren enorm kräftigen und scharfen Kiefern und Klauen. Obwohl sie den Menschen scheut, sucht sie Ansiedlungen auf, um Hühner und Gänse zu erbeuten. Die Paarungszeit reicht vom April bis in den Oktober und die Begattung findet sowohl im Wasser wie auf dem Land statt. Einige Tage danach gräbt das Weibchen eine 10-15 cm tiefe Höhlung im Ufersand oder in der Nähe des Ufers, wo der Boden weich genug ist, und legt dahinein bis 30 runde, etwa 3 cm große Eier mit weicher Kalkschale. Anschließend bedeckt sie sie mit Erde und Blättern. Die Jungen schlüpfen nach etwa 2 1/2 Monaten aus den Eiern.

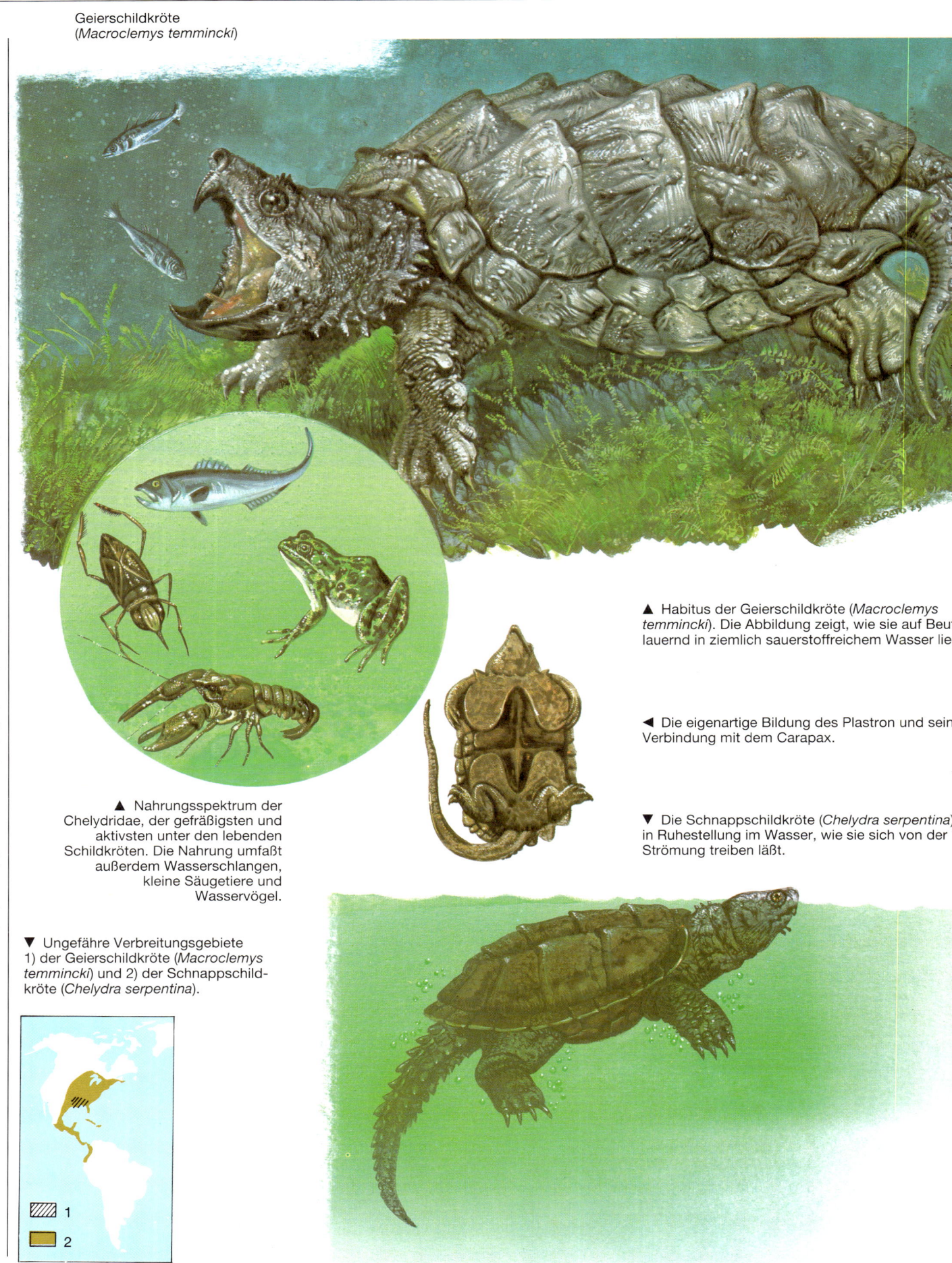

Geierschildkröte
(*Macroclemys temmincki*)

▲ Nahrungsspektrum der Chelydridae, der gefräßigsten und aktivsten unter den lebenden Schildkröten. Die Nahrung umfaßt außerdem Wasserschlangen, kleine Säugetiere und Wasservögel.

▼ Ungefähre Verbreitungsgebiete 1) der Geierschildkröte (*Macroclemys temmincki*) und 2) der Schnappschildkröte (*Chelydra serpentina*).

1
2

▲ Habitus der Geierschildkröte (*Macroclemys temmincki*). Die Abbildung zeigt, wie sie auf Beute lauernd in ziemlich sauerstoffreichem Wasser lieg.

◄ Die eigenartige Bildung des Plastron und seine Verbindung mit dem Carapax.

▼ Die Schnappschildkröte (*Chelydra serpentina*) in Ruhestellung im Wasser, wie sie sich von der Strömung treiben läßt.

BRÜCKENECHSE ODER TUATARA
(RHYNCHOCEPHALIA)

Die Brückenechse (*Sphenodon punctatus*) ist die einzige überlebende Art der Reptilienordnung Rhynchocephalia. Sie wird etwa 65 cm lang und wiegt nur etwa 1 kg. Der Kopf ist recht groß im Verhältnis zum Körper. Vom Hinterkopf an verläuft über die Mitte von Rücken und Schwanz eine Reihe aufrichtbarer Knochenplatten. Die Augen sind hochentwickelt und haben eine vertikale Pupille. Die äußere Ohröffnung fehlt. Der kräftige Körper ist seitlich etwas zusammengedrückt und die großen Gliedmaßen tragen jeweils fünf klauenbewehrte Zehen, die an der Basis durch eine schmale Haut miteinander verbunden sind. Die Oberseite ist mit kleinen Körnchenschuppen besetzt, die Unterseite dagegen mit kleinen Platten, die in quer verlaufenden Reihen angeordnet sind. Die Grundfarbe der Oberseite ist bräunlich oder grau mit gelben Flecken.

Eines der ungewöhnlichsten Merkmale der Brückenechse ist die enorme Entwicklung der Scheiteldrüse, die wie ein Auge gebaut ist und tatsächlich ein drittes Auge mit einer Linse, einer Netzhaut und den zum Gehirn ziehenden Nerven darstellt, jedenfalls beim Jungtier. Die Funktion dieses Scheitelauges ist sehr umstritten. Manche Wissenschaftler meinen, daß es bei den Jungtieren tatsächlich als Auge benutzt wird, andere glauben, daß es nicht zum Sehen geeignet ist, weil bei den erwachsenen Tieren die Verbindung zwischen Netzhaut und Gehirn größtenteils unterbrochen ist und außerdem die dicke, verhornte Haut wohl kaum mehr lichtdurchlässig ist.

Die Brückenechse kommt auf kleinen Inseln vor der Küste von Neuseeland vor. Im Frühjahr legen die Weibchen 2-15 Eier in selbstgegrabenen Löchern ab. Die Eier haben eine dicke, pergamentartige Schale, sie messen kaum 3 cm und wiegen 4-6 g. Nach der Eiablage verschließt das Weibchen das Nest mit Erde und Blättern. Danach kümmert es sich nicht mehr um die Eier. Erst nach 13-15 Monaten verlassen die jungen Brückenechsen die Eier, indem sie den Eizahn an ihrer Schnauzenspitze zum Öffnen der Eier benutzen. Die Vorzugstemperatur der Brückenechse liegt mit 9-14° C ungewöhnlich niedrig. Dies erklärt wohl auch das sehr langsame Wachstum und die Langlebigkeit dieses "lebenden Fossils".

Brückenechse oder Tuatara (*Sphenodon punctatus*)

◄▲ Die Brückenechse (*Sphenodon punctatus*) existiert bereits seit 200 Millionen Jahren und hat seitdem fast keine morphologischen Veränderungen mehr durchgemacht und sich auch nicht stammesgeschichtlich weiterentwickelt. Sie ist daher ein klassisches Beispiel für ein "lebendes Fossil". Sie ernährt sich vorwiegend von Regenwürmern, Schnecken, Insekten und, gelegentlich, auch von Eiern, kleinen Vögeln, Eidechsen und manchmal sogar den eigenen Jungtieren.

▼ Evolution der Schädelmorphologie der Rhynchocephalia (links) und der Squamata (rechts). Man beachte vor allem die Umgestaltung des Schläfenbogens.

GRÜNER LEGUAN
(IGUANA IGUANA)

Ordnung Squamata
Unterordnung Sauria
Familie Iguanidae
Länge Gesamtlänge bis 220 cm, davon
entfallen 150 cm auf den Schwanz
Fortpflanzungszeit In Mittelamerika
von Oktober bis Dezember
Anzahl der Eier 24-45
Entwicklungsdauer 90 Tage
Geschlechtsreife Nach 2 Jahren
Höchstalter 10 Jahre

Der Grüne Leguan, die größte Echsenart
nach den großen Waranen, ist ein kräftig
gebautes Tier mit breitem Kopf und starken Klauen. Er trägt auf dem Rücken einen Kamm aus langen, weichen Stacheln
und ebensolche Stacheln sitzen auch am
Vorderrand des Kehlsacks, der besonders
bei den Männchen gut entwickelt ist.
Dieser Leguan kommt in der feuchttro-
pischen Zone Lateinamerikas vor, von
Südmexiko bis nach Zentralbrasilien. Er
ist ein Baumtier, das bis in 20 m Höhe im
Geäst herumklettert, aber auch ein guter
Schwimmer, und lebt daher vorzugsweise in der Nähe von Flüssen.
Der Grüne Leguan ist ein Einzelgänger.
Nur die frischgeschlüpften Jungtiere halten einige Tage lang in Gruppen zusammen. Die Männchen führen rituelle
Kämpfe aus. Die beiden Gegner beginnen
damit, daß sie mit den Köpfen nicken,
dann "tanzen" sie umeinander herum,
versetzen sich gegenseitig Schläge mit
dem Schwanz und beißen sich in den
Nacken. Der Unterlegende gibt sehr bald
auf und daher fügen sie sich nur selten
ernsthafte Verletzungen zu.
Die Eier werden im Sand vergraben. Die
25 cm langen Jungtiere schlüpfen nach 3
Monaten zu Beginn der Regenzeit aus.
Zunächst besteht ihre Nahrung vor allem
aus Insekten, Würmern und Schnecken,
doch die erwachsenen Tiere ernähren sich
fast gänzlich vegetarisch.
Die nächsten Verwandten des Grünen Leguans sind große, auch pflanzenfressende Leguane, die eigenartigerweise verschiedene Inseln vor den Küsten Südamerikas bewohnen. Die beiden großen Le-
guanarten der Galapagosinseln im Ostpazifik stammen wahrscheinlich von einem gemeinsamen Vorfahren ab, der die
Inselgruppe schwimmend oder auf Baumstämmen driftend erreicht haben muß.
Der Landleguan oder Drusenkopf (*Conolophus subcristatus*) war früher auf den
Inseln häufig, heute ist er infolge der
Überjagung selten geworden.

Grüner Leguan (*Iguana iguana*)

◄▲ Der Grüne Leguan (*Iguana
iguana*) ist der größte Angehörige
der Familie Iguanidae, denn er kann
eine Länge von 2,2 Metern erreichen.
Er besitzt einen Rückenkamm und
einen großen Kehlsack. Er bewohnt
die Waldgebiete Südamerikas und
ernährt sich fast ausschließlich von
Pflanzen. Gegen Feinde verteidigt
er sich mit kraftvollen Schwanzschlägen.

▼ Der Drusenkopf (*Conolophus subcristatus*) ist ein Bewohner der Galapagosinseln. Darwin untersuchte diese Art und die verwandte Meerechse, die beide zu
seiner Zeit noch sehr zahlreich waren, und leitete daraus wichtige Argumente für
seine Evolutionstheorie ab. Der Drusenkopf ernährt sich von Pflanzen, vor allem
Kakteen, die er mitsamt den Stacheln frißt.

Die Meerechse (*Amblyrhynchus cristatus*) ist die einzige lebende Echse, die wirklich im Meer zuhause ist. Sie lebt an den Felsküsten der Galapagosinseln, wo sie manchmal in riesiger Anzahl anzutreffen ist. Bei Ebbe gehen diese bis zu 1,5 m langen Leguane ins Meer und schwimmen, angetrieben von ihrem seitlich abgeflachten Schwanz hinaus, um Algen von Felsen im Wasser abzuweiden.

Der Fidschi-Leguan (*Brachylophus fasciatus*), eine baumbewohnende Art, kommt auf den Fidschi- und Tongainseln vor, ist aber äußerst bedroht infolge der weitgehenden Abholzung der Wälder. Gleichfalls durch den Einfluß des Menschen in seiner Existenz bedroht ist der Nashornleguan (*Cyclura cornuta*) aus Haiti. Diese Art bewohnt die Dornbuschsavanne. Nur die Männchen tragen Hörner auf der Oberseite des Kopfes und benutzen sie in ihren Territorialkämpfen, bei denen beide Kontrahenten versuchen, den Gegner umzuwerfen.

Der Helmbasilisk (*Basiliscus basiliscus*) ist eine mittelgroße, schlanke Echse mit charakteristischen Hautkämmen auf Kopf, Rücken und Schwanz.

Der Grüne Anolis (*Anolis carolinensis*) aus den südöstlichen USA gehört zu einer Gattung, von der über 165 Arten und zahlreiche weitere geographische Rassen bekannt sind. Die größte Artenvielfalt herrscht auf den Westindischen Inseln, wo selbst manche winzigen Inselchen eigene Arten beherbergen.

Die eigentümlichsten Leguane sind die kleinen Krötenechsen oder "Hornkröten" der Gattung *Phrynosoma* aus den Trockengebieten im Westen Nordamerikas. Sie schützen sich gegen ihre Feinde durch einen Stachelpanzer und können sich außerdem mit erstaunlicher Geschwindigkeit in den Sand eingraben. Werden sie angegriffen, verspritzen sie aus den Augenlidern einen Blutstrahl fast 1 m weit. Ihre Nahrung besteht beinahe ausschließlich aus Ameisen.

Der Fransenzehenleguan (*Uma notata*) aus den südwestlichen USA ist mit seinem Fransenbesatz an den Hinterzehen besonders gut an die Fortbewegung in Sanddünen angepaßt.

Ein weiterer Bodenleguan aus Nordamerika ist der Halsbandleguan (*Crotaphytus collaris*). Wie der Basilisk kann er kurze Strecken auf den Hinterbeinen rennend zurücklegen. Je nach Temperatur- und Lichtverhältnissen, sowie nach seiner Stimmung kann er seine Färbung in gewissem Ausmaß verändern. Der bis 40 cm lange Leguan ist ein gefräßiger Räuber, der kleinere Echsen ebenso wie Insekten vertilgt.

Grüner Anolis
(*Anolis carolinensis*)

Gehörnte Krötenechse
(*Phrynosoma cornutum*)

Fransenzehenleguan (*Uma notata*)

Halsbandleguan
(*Crotaphytus collaris*)

Meerechse
(*Amblyrhynchus cristatus*)

Fidschi-Leguan
(*Brachylophus fasciatus*)

Nashornleguan
(*Cyclura cornuta*)

▲ ▼ Helmbasilisk (*Basiliscus basiliscus*). Basilisken können auf ihren Hinterbeinen rennen, und zwar nicht nur an Land, sondern auch auf der Wasseroberfläche. Sie erreichen dabei eine Geschwindigkeit von 12 km/h. Ihre Zehen tragen breite Hautlappen, die ihre Fläche vergrößern.

◄ Mit über 700 Arten in mehr als 50 Gattungen gehören die Leguane zu den Echsenfamilien mit der größten Formenvielfalt. Heutzutage kommen sie nur mehr auf dem amerikanischen Doppelkontinent sowie auf den vorgelagerten Inseln vor, außerdem auf Madagaskar und den Fidschi- und Tongainseln. Verbreitungsgebiete: 1) der Familie Iguanidae; 2) des Helmbasilisken (*Basiliscus basiliscus*) und 3) des Grünen Leguans (*Iguana iguana*).

JACKSON'S CHAMÄLEON
(CHAMAELEO JACKSONI)

Ordnung Squamata
Unterordnung Sauria
Familie Chamaeleonidae
Länge Gesamtlänge 32 cm, davon entfallen 15 cm auf den Schwanz
Fortpflanzungszeit Wahrscheinlich im Juni
Tragdauer 6-8 Monate
Anzahl der Jungen 14-40
Geschlechtsreife Nach einem Jahr
Höchstalter 4 Jahre

Die meisten Spezialmerkmale der Chamäleons sind wohl Anpassungen an das Baumleben. Der Körper ist seitlich zusammengedrückt und mit unregelmäßig angeordneten kleineren und größeren Schuppen bedeckt. Der Kopf besteht aus einem festen, schuppenbedeckten Knochenpanzer, der nach hinten in einem mittleren und zwei seitlichen Auswüchsen über den Hals verlängert ist. Die Ohröffnung fehlt. Die Augen sind halbkugelig und ragen seitlich weit heraus, sie sind mit Ausnahme einer sehr kleinen Pupille vollständig mit Schuppen bedeckt und können sich unabhängig voneinander nach allen Richtungen drehen. In dem großen Maul versteckt ist die außergewöhnlich dehnbare Schleuderzunge, die im ausgestreckten Zustand fast körperlang ist. Das Männchen von Jackson's Chamäleon trägt auf dem Vorderkopf drei lange Hörner, die aus verhornter Haut auf einer knöchernen Basis bestehen. Die Füße sind zu beweglichen Klammerfüßen umgewandelt. Der lange Schwanz ist ein hervorragendes Greiforgan und kann wie ein Elefantenrüssel eingerollt werden. Er verleiht dem Chamäleon erst einen sicheren Halt auf den schwankenden Zweigen. Jackson's Chamäleon lebt in den Wäldern am Fuß der höheren Berge in Kenya und Tansania und findet sich bis in 3.000 m Höhe.

Chamäleons jagen Insekten, denen sie auflauern oder die sie sehr langsam beschleichen. Der eigentliche Fang geschieht durch das zielgerichtete Ausschleudern der langen, klebrigen Zunge, an deren Spitze die Beute festklebt.

Die Chamäleons sind für ihre Fähigkeit berühmt, ihre Farbe zu wechseln. Sie sind Einzelgänger und vermutlich die ungeselligsten Echsen überhaupt. Lediglich während der Paarungszeit gestatten es die Weibchen den Männchen, sich ihnen zu nähern.

Jackson's Chamäleon (*Chamaeleo jacksoni*)

▲ Das Männchen von Jackson's Chamäleon (*Chamaeleo jacksoni*) ist leicht an seinen drei langen Hörnern am Vorderkopf zu erkennen. Sie bestehen aus verhornter Haut auf einer knöchernen Basis. Die Funktion dieser Hörner ist noch unbekannt.

▼ Chamäleons besitzen seitlich weit hervorstehende Augen, die mit Ausnahme der kleinen Pupillen vollständig mit Schuppen bedeckt sind. Die Augen können unabhängig voneinander in alle Richtungen bewegt werden.

▲▶ Die Nahrung von Jackson's Chamäleon besteht aus den verschiedensten Insekten, die es mit seiner Schleuderzunge erbeutet.

FLUGDRACHE
(DRACO VOLANS)

Ordnung Squamata
Unterordnung Sauria
Familie Agamidae
Länge Gesamtlänge 22 cm, davon entfallen 14 cm auf den Schwanz
Fortpflanzungszeit Das ganze Jahr hindurch
Anzahl der Eier 2-5 (meistens 4)
Entwicklungszeit der Eier 1-2 Monate

Wenn er an einem Baumstamm sitzt, gleicht der unscheinbare, kleine Flugdrache einer gewöhnlichen Echse. Plötzlich aber erhebt er sich in die Luft und man glaubt, es handle sich um einen bunten Schmetterling. Die Fähigkeit, Gleitflüge auszuführen, verleihen dem Flugdrachen die beiden seitlichen Flughäute, die zwischen Verlängerungen der Rippen ausgespannt sind und in der Ruhe an den Körper angelegt werden.
Die Färbung der Flughäute ist von Art zu Art unterschiedlich; bei *Draco volans* sind sie blau mit schwarzen Flecken, bei anderen Arten schwarz mit gelben oder roten Mustern. Auch an den Kopfseiten sitzen kleine Hautlappen, die beim Flugdrachen schwarz-weiß gezeichnet sind. *Draco volans* bewohnt die Regenwälder in Malaysia und Indonesien und auf den Philippinen. Andere Arten kommen auf Ceylon und in Südindien vor. Ihr Lebensraum ist gekennzeichnet durch eine sehr hohe Luftfeuchtigkeit, das Fehlen einer echten Trockenzeit und durch ständige hohe Temperaturen.
Der Flugdrache verbringt sein ganzes Leben hoch oben in den Baumwipfeln und steigt nur zur Eiablage herab. Er fliegt nicht aktiv, sondern führt nur einen passiven Gleitflug aus und wandelt dadurch den freien Fall in ein gesteuertes Hinabgleiten um, wobei ihn das Luftposter unter seinen ausgestreckten Flughäuten trägt. So kann die zurückgelegte Strecke bis 100 m betragen, normalerweise aber gleitet der Flugdrache in seinem Lebensraum, dem dichten Regenwald, nicht weiter als etwa 20 m von einem Baum zum anderen. Die Flughäute werden allerdings nicht nur zum Gleitflug benutzt, sondern sie dienen auch zum Erschrecken von Feinden und spielen bei der Paarung eine Rolle. Die Nahrung besteht fast ausschließlich aus Baumameisen, die der Flugdrache mit seiner Zunge aufleckt.

▼ Der Flugdrache (*Draco volans*), eine kleine, unscheinbare Echse, spreizt seine prächtig gefärbten Flughäute während des Gleitfluges. Keine andere Echse ist so gut an das Baumleben angepaßt wie der Flugdrache. Mit den im Flug ausgebreiteten, blauen, schwarzgefleckten "Flügeln" gleicht er einem sehr großen, bunten Schmetterling.

▼ Verschiedene Formen von Flughäuten bei Amphibien und Reptilien: 1) Flugdrache (Gattung *Draco*); 2) Faltengecko (Gattung *Ptychozoon*); 3) Malaiischer Flugfrosch (Gattung *Rhacophorus*).

◄ Verbreitungsgebiet der Flugdrachen (Gattung *Draco*). Sie leben in Regenwäldern Südostasiens und Südindiens.

◄ Skelett des Flugdrachens. Man beachte die verlängerten Rippen, zwischen denen die Flughäute ausgespannt sind.

KRAGENECHSE
(CHLAMYDOSAURUS KINGI)

Ordnung Squamata
Unterordnung Sauria
Familie Agamidae
Länge Gesamtlänge 80 cm, davon entfallen 55 cm auf den Schwanz

Ein besonderes Merkmal dieser mittelgroßen Agame sind die großen Hautfalten am Hinterrand ihres Kopfes. In der Erregung kann die Agame diese Falten spreizen und sie gleichen dann einem großen Kragen von 20 cm Durchmesser. Bei vielen Exemplaren ist der Kragen mit rötlichen, gelben, schwarzen oder weißen Tupfen versehen. Der Kragen wird von knorpeligen Auswüchsen des Zungenbeinknochens gestützt und kann sich daher wie ein Schirm öffnen.

Der Schwanz der Kragenechse ist extrem lang und ihre Hinterbeine sind viel länger als die Vorderbeine. Der Körper ist dunkelbraun gefärbt und weist eine rindenfarbene Zeichnung auf.

Die Kragenechse kommt im gesamten nördlichen Drittel Australiens und im Süden Neuguineas vor. Sie lebt auf Bäumen und ist ein Tier der Savannen und Trockenwälder.

Wenn sich eine Kragenechse durch die Annäherung eines größeren Tieres, etwa einer Schlange, oder eines Menschen bedroht fühlt, nimmt sie eine charakteristische Abwehrhaltung ein. Sie versucht, den Angreifer durch ihr weit aufgerissenes Maul und den ausgebreiteten Kragen zu erschrecken, zischt dabei und schlägt mit dem Schwanz hin und her. Der Kragen und das aggressive Verhalten lassen die Kragenechse weit größer und gefährlicher erscheinen als sie in Wirklichkeit ist. Kann der Angreifer auf diese Weise nicht vertrieben werden, springt die Kragenechse ihn an und beißt ihn. Dann dreht sie sich plötzlich um, springt vom Baum und rennt sehr rasch auf den Hinterbeinen davon, den Kopf nach oben gerichtet, den Schwanz als Gegengewicht im rechten Winkel zum Körper gehalten und die Arme dicht an den Vorderkörper gepreßt.

Die Nahrung dieser Echse besteht unter anderem aus großen Käfern, Heuschrekken und Spinnen. Ergibt sich die Gelegenheit, verzehrt sie auch Vogeleier, kleinere Echsen und kleine Nagetiere.

► Die Kragenechse (*Chlamydosaurus kingi*) in Drohstellung mit ausgebreitetem Kragen, aufgerissenem Maul und zum Zuschlagen bereiten Schwanz. Der große Kragen wird von Verlängerungen des Zungenbeinknochens gestützt und kann 20 cm im Durchmesser erreichen; bei einer Echse, deren Körper ohne Schwanz kaum länger ist.

▲ In Ruhestellung wird der Kragen gefaltet und an den Hals angelegt.

◄ Verbreitungsgebiet der Kragenechse (*Chlamydosaurus kingi*). Sie kommt im nördlichen Drittel Australiens und im Süden Neuguineas vor. Sie besiedelt Savannen und Trockenwälder mit ausgeprägtem Wechsel zwischen Trockenzeiten und Regenzeiten, dringt aber nicht ins Innere der eigentlichen Regenwälder ein.

1

GILATIER
(HELODERMA SUSPECTUM)

Ordnung Squamata
Unterordnung Sauria
Familie Helodermatidae
Länge Bis 50 cm, gelegentlich noch mehr
Gewicht 1-1,5 kg
Fortpflanzungszeit Winter und Frühling
Anzahl der Eier Meist 2-6, manchmal bis 13
Höchstalter Mehr als 20 Jahre

Die bemerkenswertesten Echsen in der Neuen Welt sind die Krustenechsen der Gattung *Heloderma*, das Gilatier (*H. suspectum*) und der nahe verwandte Escorpion (*H. horridum*), die beiden einzigen Überlebenden einer Gruppe von giftigen Echsen, die vor 30-40 Millionen Jahren auf der Erde verbreitet waren. Krustenechsen können mit ihrem plumpen Körperbau, dem dicken, fettspeichernden Schwanz und ihrer schwarz-orange oder schwarz-rosa Färbung mit keiner anderen Echse verwechselt werden.
Das Verbreitungsgebiet von *Heloderma suspectum* schließt die Staaten Utah, Nevada, Arizona und Neumexiko ein, sowie den nordwestlichen Teil von Mexiko. Seine Lebensräume sind die Sonora- und Chihuahuawüsten und Teile der daran angrenzenden Mojave- und Colorado-wüsten.
Die auffällige Färbung dieser Tiere scheint eine Warntracht zu sein, denn beide Arten der Krustenechsen sind giftig. Der Giftapparat, der im Gegensatz zu den Giftschlangen im Unterkiefer gelegen ist, spielt sowohl beim Nahrungserwerb und bei der Verdauung eine Rolle, als auch bei der Abwehr von Feinden. Es ist zum Beispiel bekannt, daß Kleinsäuger und Vögel nach dem Biß durch ein Gilatier sich schneller zersetzen als solche, die auf andere Art ums Leben kommen. Krustenechsen ernähren sich von jungen Nagetieren, kleinen Vögeln und, vor allem, deren Eiern. Es sind nicht sehr viele Bißfälle beim Menschen bekannt und nur wenige verliefen tödlich.
Krustenechsen bevorzugen Wüstengebiete mit kleineren Hügeln und leben dort in selbstgegrabenen oder von anderen Besitzern übernommenen Erdhöhlen. Die im Spätfrühling bis zum Frühsommer gelegten Eier benötigen ungefähr 100-120 Tage für die Entwicklung und die Jungen sind beim Ausschlüpfen etwa 16 cm lang. Wenn ausreichend Nahrung vorhanden ist, wachsen sie schnell und erreichen bereits nach 3 Jahren die Größe der erwachsenen Tiere.

▲ Ein Gilatier der Unterart *Heloderma suspectum cinctum*, leicht erkennbar an der kräftigen Färbung aus leuchtend rosa und schwarzen Querstreifen auf dem Körper und an den fünf unterbrochenen Schwanzringen. Im Süden ihres Verbreitungsgebietes ist die Färbung dieser Tiere allgemein schwächer rosa. Die Krustenechsen sind Dämmerungs- und Nachttiere; ihre Augen sind klein und wenig leistungs-fähig. Die kurzen, ziemlich kräftigen Beine dienen ihnen zum Graben im festen Boden und zum Herauskriechen aus ihren tiefen Erdgängen.

▼ Der Escorpion (*Heloderma horridum*) kommt in drei geographischen Rassen in Mexiko vor. Er ist etwas schlanker als das Gilatier und dunkelbraun gefärbt, während der Kopf schwarz ist. Der Körper ist mit rundlichen, gelben Flecken besetzt und der Schwanz gelb geringelt.

◄ 1) Das Verbreitungsgebiet der Blindschleiche (*Anguis fragilis*) umfaßt den größten Teil von Europa. Wir kennen drei Unterarten, eine östliche, eine westliche und eine dritte, die nur auf dem Peloponnes vorkommt. 2) Das Verbreitungsgebiet von *Heloderma suspectum* umfaßt die südwestlichen Teile der Vereinigten Staaten, während 3) *Heloderma horridum* im westlichen Teil Mexikos vorkommt.

1
2
3

KOMODOWARAN
(VARANUS KOMODENSIS)

Ordnung Squamata
Unterordnung Sauria
Familie Varanidae
Länge Männchen: Gesamtlänge 3 m, davon entfallen 1,6 m auf den Schwanz; Weibchen: Gesamtlänge 2 m, davon entfallen 1,1 m auf den Schwanz
Gewicht Bis 160 kg
Fortpflanzungszeit Juli bis August
Anzahl der Eier 25
Entwicklungszeit der Eier 6-8 Wochen
Geschlechtsreife Nach 3-5 Jahren
Höchstalter Mehr als 25 Jahre

Der erst im Jahre 1912 entdeckte Komodowaran (*Varanus komodensis*) ist die größte heute lebende Echse. Der Papuawaran (*Varanus salvadorii*) kann zwar länger werden – bis 4 m – aber er ist viel schlanker als der Komodowaran und wird nur halb so schwer, denn der Komodowaran ist für eine Echse von ungewöhnlich robustem Körperbau.

Der Körper des Komodowarans ist mit kleinen Schüppchen bedeckt, der Hals ist dick und der Kopf länglich, aber breit. Der gewaltige Rachen enthält 1 cm lange Zähne und eine tiefgespaltene Zunge, die 30-40 cm lang ist. Die Beine sind sehr kräftig und die Zehen mit langen Krallen bewehrt. Der muskulöse Schwanz hat keine vorgeprägte Bruchstelle und ist seitlich etwas abgeflacht. Die Farbe der Männchen ist dunkelgrau bis ziegelrot, die kleineren Weibchen sind oliv-braun und haben eine gelbgefleckte Kehle.

Der Komodowaran ist das größte Raubtier auf den Inseln, die er bewohnt. Er jagt Schweinshirsche, Wildschweine, Affen und Ratten, gräbt aber auch die Eier der Großfußhühner aus. Obgleich er sich normalerweise sehr gemächlich bewegt und dabei ständig züngelt, ist er imstande, über kurze Strecken so schnell wie ein Mensch zu rennen. Es heißt, daß kleinere Exemplare auf Bäumen an Wildwechseln lauern und vorbeiziehenden Hirschen oder Schweinen auf den Rücken springen. Der Komodowaran benutzt seine Augen, um die Beute auszumachen, denn er kann bewegte Objekte sehr gut erkennen, übersieht aber unbewegliche Dinge leicht. Sein Gehör ist nur schwach entwickelt. Er geht sehr gern an Aas, daß er durch den Geruch aufspürt, und reißt mit Hilfe der scharfen Zähne große Fleischstücke aus seiner Beute, die er ohne zu Kauen verschlingt, während er den Kadaver mit den Vorderfüßen festhält. Die Verdauung dauert mehrere Tage lang. Die Männchen

Komodowaran (*Varanus komodensis*)

▲ Der Komodowaran (*Varanus komodensis*) ist mit 3 m Länge der Riese unter den heute noch lebenden Echsen. Er kommt nur auf einigen kleineren Inseln in Indonesien vor. Trotz seiner Größe kann er sich äußerst rasch fortbewegen.

◄ Der Komodowaran ernährt sich vor allem von kleineren und mittelgroßen Säugetieren, nimmt aber auch gern Aas an. Er benutzt seine scharfen Zähne, um große Fleischstücke aus dem toten Beutetier zu reißen, indem er es mit den Vorderbeinen festhält, und verschlingt diese ohne zu kauen.

halten beim Fressen eine strikte Rangordnung ein, denn das stärkste Männchen läßt kein anderes Männchen an den Riß, bevor es sich nicht satt gefressen hat. Weibchen haben jedoch ungehindert Zutritt zur Beute und halten untereinander auch keine Rangordnung ein.

Der Komodowaran gräbt sich eine Höhle mit einem schmalen Eingang und einer 1-2 m großen Kammer. Er ist tag- und nachtaktiv und orientiert sich nachts mit Hilfe seiner Zunge, die besonders fein auf Geschmacks- und Geruchsreize reagiert. Die Männchen zeigen ein Territorialverhalten. In der Paarungszeit führen sie "Ringkämpfe" aus, bei denen sie sich auf die Hinterbeine stellen, aber ihre gefährlichen Waffen, Krallen, Zähne und starken Schwanz, nicht benutzen. Die Weibchen graben ihre mit einer weichen, pergamentartigen Schale versehenen Eier im Boden ein. Die Eier sind 8-12 cm lang und 6 cm breit und wiegen etwa 200 g.

Auch die anderen 31 Waranarten werden in die gleiche Gattung *Varanus* gestellt und sehen sich auch äußerlich sehr ähnlich. Sie sind über die gesamten Tropen der Alten Welt verbreitet und kommen in allen Lebensräumen von der Savanne bis zum Mangrovensumpf vor. Warane können gleich gut laufen, klettern, graben und schwimmen und daher haben sie die unterschiedlichsten Lebensräume erfolgreich besiedelt.

Die anderen Waranarten sind nicht so kräftig gebaut wie der Komodowaran. Der Kopf ist bei ihnen schmaler und Hals und Schwanz sind bedeutend länger im Vergleich zum Rumpf, daher sind sie außerstande, derartig große Beutetiere zu überwältigen.

Die vier in Südasien vorkommenden Waranarten haben die verfügbaren Lebensräume in derselben Weise unter sich aufgeteilt wie die in Afrika lebenden Arten. Eine Art bewohnt Wüstengebiete, eine weitere Steppen, eine lebt in Bäumen und die vierte ist aquatisch – der Bindenwaran (*Varanus salvator*), der, wie der Nilwaran in Afrika, einen seitlich zusammengedrückten Ruderschwanz besitzt. Da er ohne weiteres fähig ist, Meeresarme zu überqueren, hat er sich bis nach Ceylon und über alle Inseln des indonesischen Raumes mit Ausnahme von Neuguinea verbreitet, aber in diesem Gebiet mehrere Unterarten entwickelt.

Die überwiegende Mehrzahl der Warane kommt jedoch in der australischen zoogeographischen Region (Australien und Neuguinea) vor sowie in der Übergangszone zur orientalischen Region – auf den Inseln Timor, Flores und Celebes. Die kleinste Art aus Australien wird lediglich 20 cm lang.

▲ Die Waranzunge ist wie eine Schlangenzunge tief gespalten. Sie bildet das wichtigste Sinnesorgan. Ununterbrochen kommt sie heraus und ermöglicht es dem Waran, Geschmacks- und Geruchsreize wahrzunehmen.

Die Warane sind wegen ihrer Wildheit berüchtigt, wie bereits Alfred Brehm in seinem *Illustrierten Tierleben* berichtete: "Wenn man Warane in Gefangenschaft beobachtet, kann man leicht erkennen, daß sie Räuber in des Wortes genauester Bedeutung sind. Sie ziehen lebende Beute allen anderen Sorten von Nahrung vor, verzehren aber auch rohes Fleisch und Aas mit gleicher Gier. Um ihre Jagdlust anzuspornen, reicht es, ein Dutzend lebender Eidechsen oder Frösche in ihren Käfig zu setzen; sie vergessen augenblicklich ihre sonstige Trägheit und verwandeln sich in flinke, aufmerksame Tiere; ihre Augen leuchten und die bemerkenswert lange Zunge züngelt außergewöhnlich rasch. Nur wenige Augenblicke später begeben sie sich auf die Jagd nach ihrer Beute. Die Eidechsen rennen voller Schrecken im Käfig hin und her, klettern kopflos herum und machen die ängstlichsten Sätze, und die Frösche hören gar nicht mehr auf herumzuspringen. Augen und Zunge des lauernden Warans zeigen deutlich, daß der Räuber nur auf den richtigen Moment für den Angriff wartet. Plötzlich und ganz überraschend schießt der Kopf vor und mit wunderbarer Zielgenauigkeit wird ein Frosch oder eine Eidechse gepackt, mit einem gut hörbaren Biß zerquetscht und sofort verschlungen. All die unglücklichen Geschöpfe werden nacheinander gepackt und das Gleiche würde auch geschehen, wenn es sich nicht nur um ein Dutzend, sondern um mehrere Dutzend gehandelt hätte. Legt man ein paar Eier in den Käfig des Warans, so kann man sehen, daß eine solch appetitliche Mahlzeit dem schlauen Reptil nicht entgeht, sondern daß es sogleich die Eier mit der Zunge untersucht, dann ins Maul nimmt, den Kopf hebt und freudig den Inhalt hinunterlaufen läßt."

Nilwaran (*Varanus niloticus*)

Bindenwaran (*Varanus salvator*)

Riesenwaran oder Perentie (*Varanus giganteus*)

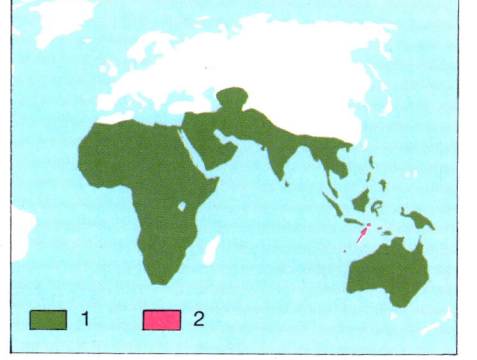

1   2

◄ Die Warane (Familie Varanidae) sind weit über Afrika, Südasien, den Indomalaiischen Archipel und Australien verbreitet, fehlen aber in Europa und Amerika. Die Angehörigen dieser Familie gleichen einander sehr, doch stimmt die äußerliche Ähnlichkeit nicht mit der großen Diversität der Lebensweisen der einzelnen Arten überein: es gibt baumlebende Warane, andere, die am Boden leben und wieder andere, die vorzüglich schwimmen und großenteils im Wasser leben. Verbreitung 1) der Varanidae; 2) des Komodowarans (*Varanus komodensis*).

153

Boa Constrictor (*Boa constrictor*)

BOA CONSTRICTOR
(BOA CONSTRICTOR)

Ordnung Squamata
Unterordnung Ophidia
Familie Boidae
Länge 3-4 m
Fortpflanzungszeit Unterschiedlich von Gebiet zu Gebiet; in den Tropen meist von Dezember bis März
Anzahl der Jungen 20-50, gelegentlich mehr
Höchstalter Selten mehr als 40 Jahre

Neben der Anakonda (*Eunectes murinus*) ist die Boa Constrictor (*Boa constrictor*) die bekannteste Riesenschlange der Tropen und Subtropen Südamerikas. Sie besitzt einen dreieckigen Kopf und einen kräftigen, muskulösen Körper. Färbung und Zeichnung können außerordentlich variieren, selbst innerhalb einer Population. Die Grundfarbe ist meist rötlich, rotbraun, graubraun, gelblichbraun oder bleigrau.

Die Boa Constrictor lebt in warmen, relativ trockenen Gebieten in offenem Waldland und in Dickichten, in der Regel in der Nähe fließender oder stehender Gewässer. Sie ernährt sich von Vögeln und kleineren Säugetieren. Wie andere Riesenschlangen lauert sie gut getarnt auf Beute, stößt dann plötzlich zu und erwürgt das Beutetier durch Umschlingen.

Die Boa Constrictor gebiert von Mai bis August bis 60 lebende Junge, die bei der Geburt 35-50 cm lang sind und nach ihrer ersten Häutung bereits imstande sind, Mäuse und kleine Vögel zu fangen.

Eine riesige Verwandte der Boa Constrictor ist die Anakonda (*Eunectes murinus*). Bei dieser gewaltigen Schlange ist der längliche Kopf kaum vom Hals abgesetzt. Ihr Körper ist ungewöhnlich dick und kräftig. Sie kommt im größten Teil von Südamerika vor, unter anderen in Brasilien, Kolumbien, Peru, Ecuador, Venezuela, den Guyanas und auf Trinidad. Als sehr wasserliebende Schlange, die sich selten weit vom Wasser entfernt, sonnt sie sich gern auf überhängenden Ästen, auf Felsen oder im warmen Sand. Oft verbringt sie auch ganze Tage lang im Wasser, wobei lediglich die Schnauzenspitze hinausragt. Die Anakonda überwältigt die verschiedensten Säugetiere – Wasserschweine, Agutis, Pakas – aber auch Vögel, Fische und gelegentlich Kaimane und andere Schlangen. Nach einer reichhaltigen Mahlzeit ruht sie völlig bewegungslos und lang ausgestreckt, um zu verdauen.

▲ Eine Boa Constrictor (*Boa constrictor*) beim Verschlingen eines Vogels. Der Name dieser Schlange leitet sich von der Art ab, wie sie ihre Beute tötet. Der Vogel wird überraschend und mit blitzartiger Schnelligkeit gepackt, wenn er sich arglos in die Nähe der lauernden Schlange begibt, und kann aus den langen rückwärts gekrümmten Zähnen der Schlange nicht mehr entkommen. Dann erwürgt die Boa ihn durch Umschlingen und löst ihre Schlingen erst, wenn er tot ist. Die Beute wird normalerweise mit dem Kopf voran verschlungen.

▼ Das Nahrungsspektrum der Boa Constrictor umfaßt außer Vögeln kleinere Nagetiere und andere kleine Säuger.

▼ Eine Boa Constrictor hat eine Ratte erwürgt und schickt sich an, diese zu verschlingen.

Eine der prächtigsten südamerikanischen Riesenschlangen ist die Grüne Hundskopfboa (*Corallus caninus*). Sie gleicht dem Grünen Baumpython (*Chondropython viridis*) aus Neuguinea und Nordaustralien aufs Haar und wird auch oft mit diesem verwechselt. Die Grüne Hundskopfboa besitzt einen vorn spitzen, keilförmigen Kopf, der sehr deutlich vom Hals und vom muskulösen Körper abgesetzt ist. Sie ist eine auschließlich baumbewohnende Schlange und besitzt deshalb auch einen gut entwickelten Greifschwanz. Rücken und Flanken sind leuchtend grün, die Lippenschilder und der Bauch hellgelb. Auf der Rückenmitte verläuft ein weißes Band, von dem weiße Querstreifen abzweigen. Die Jungtiere sind rötlich gefärbt. Die Grüne Hundskopfboa besitzt sehr gut sichtbare Wärmesinnesorgane in den Oberlippen- und Unterlippenschildern.

Diese 2-3 m lange Schlange bewohnt die tropischen Regenwälder in den Guyanas, in Brasilien, Nordbolivien und Ostperu. Ihre grüne Farbe ist im dichten Blattwerk eine hervorragende Tarnung. Sie windet sich um einen Zweig, versteckt den Kopf in den Körperschlingen und lauert in dieser scheinbaren Ruhestellung auf Vögel oder Säuger, die sie im allgemeinen von oben her packt und mit drei Schlingen ihres muskulösen Körpers erdrosselt.

Die Regenbogenboa (*Epicrates cenchria*) aus dem Raum zwischen Costa Rica und Argentinien besitzt einen langgestreckten, jedoch muskulösen Körper und einen sehr leistungsfähigen Greifschwanz. Die Wärmesinnesorgane in den Unterlippenschildern fehlen ihr. Sie wird etwa 2 m lang und ist gelblich bis rötlich gefärbt. Sie bewohnt felsige Gegenden oder Waldländer und kommt manchmal sogar in der Nähe menschlicher Ansiedlungen vor, weil sie von den zahlreichen Nagern und Vögeln angelockt wird. Sie wird genauso oft am Boden wie im Gezweig von Bäumen angetroffen und ist vorwiegend nachtaktiv. Wie die anderen Boas ist sie ovovivipar.

Die Sandboa (*Eryx conicus*) wird nur etwa 80-100 cm lang und besitzt auffällig gekielte Schuppen, vor allem auf der Oberseite des Schwanzes, sowie einen keilförmigen, kaum vom Hals abgesetzten Kopf. Die Augen sind klein, die Pupillen stehen senkrecht und verengen sich im hellen Licht zu einem schmalen Spalt. Die Sandboa ist hellbraun gefärbt und auf dem Rücken mit großen, dunkelbraunen, schwarzgeranderten Flecken versehen. Diese können zu einem zickzackförmigen Muster zusammenfließen. Wenn man sie in die Hand nimmt, wird sie sehr aggressiv und beißt kräftig zu.

▲ Eine große Anakonda (*Eunectes murunus*) in ihrem typischen Lebensraum zwischen Treibholz auf der Uferbank eines Flusses.

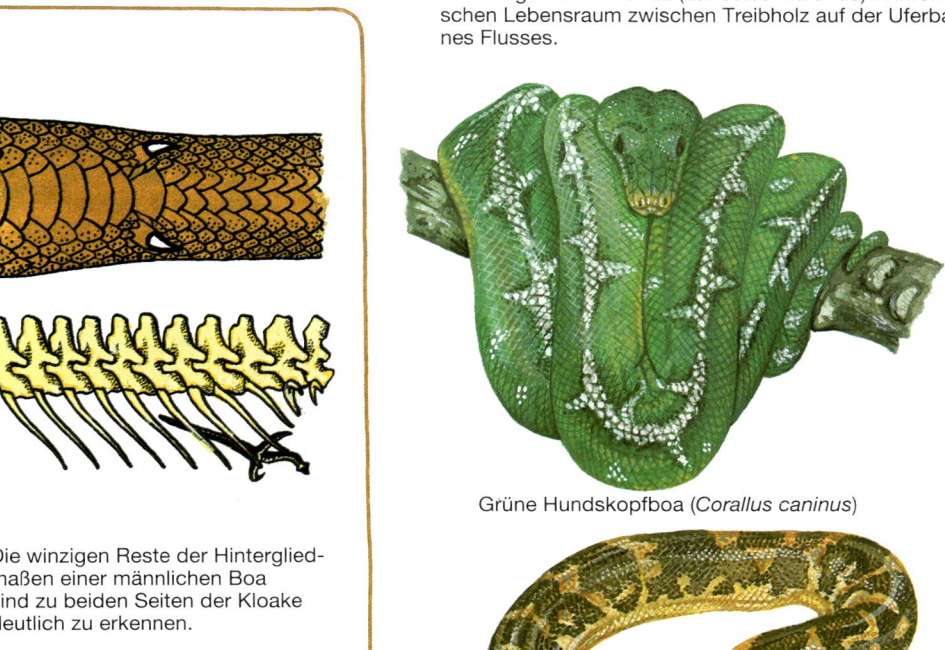

Die winzigen Reste der Hintergliedmaßen einer männlichen Boa sind zu beiden Seiten der Kloake deutlich zu erkennen.

Grüne Hundskopfboa (*Corallus caninus*)

▲ Die Sandboa (*Eryx conicus*) kommt in Pakistan, Indien und Ceylon vor und lebt in Sanddünen in Trockengebieten. Sie gräbt sich in den Sand ein und lauert dort auf vorbeikommende Kleinsäuger, die sie packt, umschlingt und erwürgt.

▲ Eine Regenbogenboa (*Epicrates cenchria*) erklettert einen Baum.

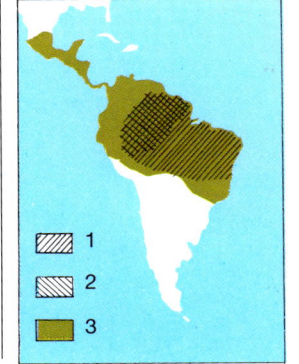

1
2
3

◄ Verbreitungsgebiete verschiedener Arten der Unterfamilie Boinae. Diese Gruppe kommt vor allem in Mittel- und Südamerika vor, einige wenige Arten leben jedoch auch in Nordamerika, Südosteuropa, Madagaskar und Neuguinea. 1) Verbreitung der Anakonda (*Eunectes murinus*); 2. Verbreitung der Grünen Hundskopfboa (*Corallus caninus*); 3. Verbreitung der Boa Constrictor (*Boa constrictor*).

NATTERN
(COLUBRIDAE)

Die auf allen Kontinenten in zahlreichen Gattungen und in großer Artenzahl verbreiteten Nattern werden in zwei Hauptgruppen eingeteilt. Bei den Aglypha sind die Zähne im Querschnitt rund und diese Schlangen sind fast alle ungefährlich. Bei den Opisthoglypha sind die Zähne am Hinterende des Oberkiefers weit im Maul drinnen mit einer Längsrinne versehen, und alle opisthoglyphen Schlangen besitzen Giftdrüsen, die mit den Giftrinnen in den Zähnen in Verbindung stehen. Das Gift dieser Schlangen ist im allgemeinen nicht sehr wirksam, es gibt aber einige Ausnahmen, wie die Boomslang (*Dispholidus typus*) und die Graue Baumnatter (*Thelotornis kirtlandi*), die beide in Afrika weit verbreitet sind.

Viele im und am Wasser lebende Nattern können vorzüglich schwimmen und tauchen. Die meisten Arten pflanzen sich durch Eier fort. Die Nattern ernähren sich ausschließlich von lebenden Tieren – darunter alle Arten kleiner Säugetiere, Vögel, Reptilien, Amphibien und Fische.

Die Würfelnatter (*Natrix tesselata*) kann bis 1,5 m lang werden. Als Anpassung an das Leben in ihrem bevorzugten Lebensraum, dem Süßwasser, ist die Schnauze ziemlich hoch und die Nasenöffnungen stehen weit oben am Kopf. Die Färbung des Körpers ist recht variabel, jedoch meistens braun oder grau.

Die Würfelnatter hat ein sehr großes Verbreitungsgebiet, das von Südwesteuropa ostwärts bis nach Nordwestindien und Westchina reicht. Sie lebt meistens in unmittelbarer Nähe stehender oder langsam fließender Gewässer und bevorzugt dicht mit Gebüsch oder Bäumen bewachsene Uferbereiche. Diese Schlange schwimmt und taucht gleich gut und kann lange Zeit unter Wasser bleiben, ohne zum Atmen an die Oberfläche zu kommen. Auch an Land ist sie sehr gewandt. Sie fängt vorzugsweise Fische.

Die Vipernatter (*Natrix maura*) sieht der Würfelnatter recht ähnlich und besitzt einen ziemlich flachen Kopf, der sich deutlich vom schlanken Hals absetzt. Die Farbe ist ebenfalls sehr verschiedenartig, grau, gelblich oder grünlich. Die Vipernatter bewohnt Nordwestafrika, die Iberische Halbinsel, Südfrankreich, Sardinien und die Balearen. Sie ist gleichfalls eine typische Wasserschlange, die nur in unmittelbarer Nachbarschaft fließender oder stehender, dicht bewachsener Gewässer vorkommt.

Die Gewöhnliche Wassernatter (*Natrix*

▼ Die Vipernatter (*Natrix maura*). Ihre Rückenzeichnung errinnert an die Zeichnung der Kreuzotter (*Vipera berus*). In Osteuropa wird ihre Stelle von der nah verwandten Würfelnatter (*Natrix tesselata*) eingenommen.

▲ Die Würfelnatter (*Natrix tesselata*) ist eine typische Wassernatter und braucht daher ein weiträumiges Terrarium mit einem großen Wasserbehälter. Der Boden sollte mit einer Mischung aus Grobsand und Kies und Sägemehl und Torf ausgelegt sein. Die Schlange braucht außerdem einen Schlupfwinkel, für den ein Stück Holz oder einige flache Steine gut geeignet sind. In der Natur liebt sie ein Sonnenbad auf einem überhängenden Ast, daher muß für etwas ähnliches auch im Terrarium gesorgt sein. Eine künstliche Wärmequelle ist nicht nötig, besser ist es, das Terrarium ans Licht zu stellen und dafür zu sorgen, daß es der Morgen- und Abendsonne ausgesetzt ist. Würfelnattern gewöhnen sich sehr schnell an die Gefangenschaft und nehmen das Futter bald direkt aus der Hand des Pflegers. Sie halten es bei guter Pflege bis 15 Jahre lang in Gefangenschaft aus und pflanzen sich auch ziemlich leicht fort.

► Ein Exemplar der Gewöhnlichen Strumpfbandnatter (*Thamnophis sirtalis*) aus der Unterart *tetrataenia*. Diese geographisch seltene Rasse kommt nur in einem kleinen Gebiet in Kalifornien vor.

◄ Eine Gewöhnliche Wassernatter (*Natrix sipedon*) mit stark zurückgebildete Zeichnung. Normalerweise besitzt diese Art ein Muster aus Querstreifen und Flecken auf den Seiten.

sipedon) ist mit bis 135 cm Länge die einzige große Natter, die in den nördlichen Teilen Nordamerikas vorkommt. Der langgestreckte Kopf ist bei dieser Art nur undeutlich vom Körper abgesetzt. Die Schlange lebt zwar immer in Wassernähe, hält sich aber ebenso gern an Land auf wie im Wasser. Sie ernährt sich von Fischen und Amphibien und gelegentlich auch von Mäusen. Sie ist vivipar und gebiert bis 46 Junge.

Die Gewöhnliche Strumpfbandnatter (*Thamnophis sirtalis*), die in mindestens 13 Unterarten auftritt, bewohnt den Süden Kanadas, den größten Teil der USA und Nordmexiko. Die verschiedenen geographischen Rassen dieser Art unterscheiden sich zum Teil sehr in Färbung und Zeichnung und sind manchmal gestreift, manchmal gefleckt. Strumpfbandnattern sind elegante, schlanke, langschwänzige Schlangen, die in sehr verschiedenartigen Lebensräumen vorkommen, jedoch feuchtere Stellen bevorzugen. Sie fressen Amphibien, Fische, Mäuse, Insekten und Regenwürmer.

Sehr viele Natternarten sind weniger gut bekannt. Eine solche ist *Opisthotropis balteata*, eine eierlegende Art, die über 100 cm lang werden kann und auf Hainan, in China, Kambodja und Vietnam vorkommt. Sie besiedelt flaches Hügelland und findet sich in der Nähe von Flüssen, wo sie ihren Unterschlupf unter Felsen oder großen Steinen hat. Sie zeigt eine bei Schlangen sehr selten anzutreffende Verhaltensweise: Sie kann nämlich den Schwanz abwerfen, wenn sie ergriffen wird. Ihre Nahrung sind kleine Fische und Amphibien.

Rhabdophis tigrinus ist eine schlanke, langschwänzige Schlange, deren schmaler Kopf kaum breiter als der Hals ist. Sie wird selten länger als 100 cm und lebt in den Ebenen und Gebirgen unterhalb etwa 2.000 m in der Manschurei, in Korea, Japan und China und zwar sowohl in feuchten, wie in recht trockenen Gegenden. Ihre Nahrung besteht aus Fröschen und Kröten, Fischen, Mäusen, Ratten, Vögeln und Heuschrecken.

Xenodermus javanicus wird etwa 60 cm lang und ist vom Süden Thailands und Burmas bis zur Malaiischen Halbinsel verbreitet. Sie lebt in Feuchtgebieten mit weichem Boden – besonders häufig in Reisfeldern – und ist ein ausgesprochenes Nachttier. Sie kommt vor allem im Flachland vor, steigt aber in den Bergen bis 1.000 m hinauf. Die Schlange ernährt sich ausschließlich von Fröschen. Das Weibchen legt 2-4 Eier.

Die östliche Hakennatter (*Heterodon platyrrhinos*) ist eine untersetzte, dicke Schlange mit kurzem Schwanz und brei-

▲ Eine weniger gut bekannte Art ist *Opisthotropis balteata*. Ihre schwarz-gelben Binden verleihen dieser ganz harmlosen Schlange eine gewisse Ähnlichkeit mit der gelbgrünen Zornnatter (*Coluber viridiflavus*). Die Schlange weist jedoch eine Besonderheit auf: wird sie angefaßt, kann sie in der gleichen Weise wie die Eidechsen ihren Schwanz abwerfen.

◀ Die rostrote *Rhabdophis tigrinus* ist eine prächtig gefärbte Natter. Ihr Biß ist giftig und kann gefährliche Folgen haben, wenn der Gebissene nicht gleich versorgt wird. Es sind sogar einige tödliche Bißfälle bekannt.

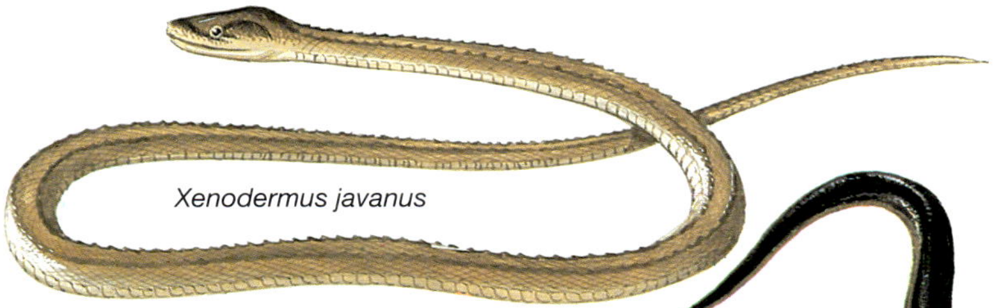

Xenodermus javanus

▲ Ein melanistisches Exemplar von *Heterodon platyrrhinos*, der Östlichen Hakennatter. Solche Schwärzlinge oder einfarbig rote Exemplare sind ziemlich selten.

▲ *Sibynophis collaris* ist eine kleine, wenig bekannte Natter aus Südostasien.

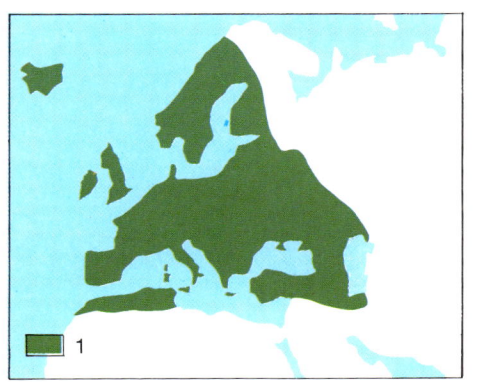

◀ 1) Verbreitungsgebiet der Ringelnatter (*Natrix natrix*). Die neun geographischen Rassen dieser Art sind über ein sehr großes Gebiet verbreitet, das fast ganz Europa und Westasien bis zum Baikalsee, nördlich bis zum 67°N umfaßt. Die Ringelnatter fehlt allerdings in Irland, auf den Balearen, Malta, Kreta und einigen Inseln der Zykladen.

tem Kopf. Sie bewohnt trockene Lebensräume, zum Beispiel Sanddünen, Waldland, trockene Feldraine, Wiesen und Wüstengebiete in Südkanada und in den zentralen und östlichen USA. Ihre Nahrung besteht aus Amphibien. Sie hält eine 4-6 Monate lange Winterruhe, paart sich im Frühjahr und legt im Juni oder Juli 6-42 Eier, aus denen nach 39-60 Tagen die etwa 15-20 cm langen Jungschlangen schlüpfen.

Die Paradiesbaumnatter (*Chrysopelea paradisi*) besitzt einen langen, schlanken Körper, wie er für Baumschlangen charakteristisch ist. Sie kommt vom Isthmus von Kra im südlichen Thailand bis zur Halbinsel von Malakka, ferner auf den Großen Sundainseln, auf Celebes und den Phlippinen vor. Diese Schlange erbeutet Echsen, Vögel, Mäuse und Fledermäuse. Ihr Gift ist nicht besonders wirksam. Wenn sie ein Beutetier gepackt hat, hält sie es daher mit den Kiefern fest, tötet es aber durch Umschlingen. Dann löst sie die Kiefer, nicht aber die Umschlingung, und verschlingt es mit dem Kopf voran, selbst wenn es sich noch bewegt.

Die Schlange besitzt eine besondere Eigenschaft: nämlich die Fähigkeit, kurze Gleitflüge auszuführen. Wenn sie von einem Baum zum anderen gleitet, flacht sie ihren Körper durch Spreizen der Rippen so sehr ab, daß der Bauch sogar eine konkave Krümmung einnimmt.

Körperbau und Färbung der grünen Glanzspitznatter (*Oxybelis fulgidus*), deren Verbreitungsgebiet von Mexiko bis nach Argentinien reicht, sind hochgradig an das Leben in Bäumen angepaßt. Ihr langgestreckter Körper ermöglicht es ihr, sich mit großer Geschicklichkeit durchs Gezweig zu winden. Die Schlange wird 1,5-1,8 m lang, kommt fast niemals auf den Boden herunter und ist tags und nachts aktiv. Sie bewohnt die Ebenen und Vorberge bis in etwa 1.000 m Höhe. Normalerweise liegt sie in losen Schlingen im Gezweig von Büschen und Bäumen, wo ihr blattgrüner Körper einer Liane täuschend ähnlich sieht. Ihre Nahrung besteht aus Echsen, Jungvögeln und Baumfröschen. Das Gift wirkt ziemlich schnell, doch ist diese Schlange für den Menschen nicht gefährlich und beißt nur selten, selbst wenn sie überrascht wird.

Die Graue Baumnatter (*Thelotornis kirtlandi*) kommt im gesamten tropischen Afrika vor. Ihr Körper ist außerordentlich dünn und kann 1,7 m Länge erreichen. Ihr Lebensraum sind das Geäst von Bäumen und Gebüsch und sie ist an diesen Lebensraum in Form und Färbung hervorragend angepaßt. In Ruhe gleicht sie vollkommen einer Liane.

▶ Eine sogenannte "fliegende Schlange", die Paradiesbaumnatter (*Chrysopelea paradisi*). Durch Spreizen ihrer Rippen ist diese Schlange (die der Schmuckbaumnatter *Chrysopelea ornata* sehr ähnlich ist) imstande, den Körper sehr stark abzuflachen und die Bauchseite nach innen zu wölben. Auf diese Weise kann sie kurze Gleitflüge von einem Baum zum anderen ausführen.

▼ Querschnitt durch den Körper in normaler Lage (links) und mit abgespreizten Rippen (rechts).

▲ Die grüne Glanzspitznatter (*Oxybelis fulgidus*) aus Südamerika gleicht dem asiatischen Baumschnüffler (*Ahaetulla prasina*) sowohl im Aussehen wie im Verhalten. Sie ist von der asiatischen Art jedoch leicht an den runden Pupillen zu unterscheiden.

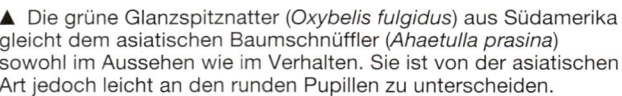

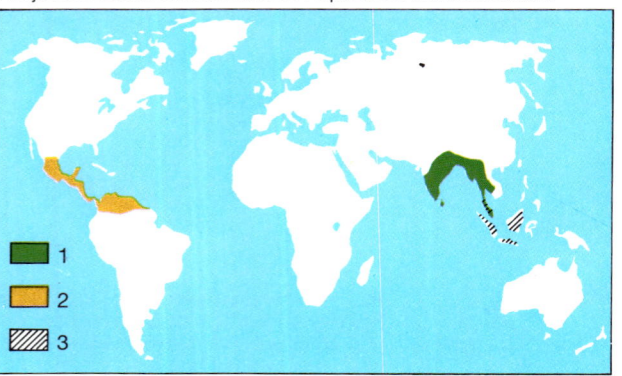

▲ Die sehr schlanke Gestalt der Grauen Baumnatter (*Thelotornis kirtlandi*) zeigt auf den ersten Blick, daß es sich um eine Baumschlange handelt. Im Unterschied zur Mehrzahl der opisthoglyphen Schlangen besitzt sie ein starkes Gift, das für den Menschen tödlich sein kann.

◀ Verbreitungsgebiete einiger Nattern. 1) *Ahaetulla prasina* ist von Bengalen und vom Ostteil des Himalaya über das gesamte Indochina und die Malaiische Halbinsel verbreitet. 2) *Oxybelis fulgidus* kommt von Mexiko durch ganz Mittelamerika bis ins nördliche Amazonasbecken vor. 3) *Chrysopelea paradisi* bewohnt Südthailand und die Malaiische Halbinsel, die Sundainseln und die Philippinen.

AFRIKANISCHE EIERSCHLANGE
(DASYPELTIS SCABRA)

Die Afrikanische Eierschlange wird 70-90 cm lang und ihr kleiner Kopf ist nur undeutlich von Hals abgesetzt und vorn abgestutzt. Auch die Augen sind klein und haben eine senkrechte Pupille. Der Oberkiefer ist jederseits mit 7-9 kleinen Zähnen besetzt, doch sind diese funktionslos. Die vorderen Wirbel zeigen jedoch eine eigenartige Umwandlung und haben tatsächlich die Funktion der Zähne übernommen. Die unteren Wirbelfortsätze tragen einen Überzug, der dem Zahnschmelz ziemlich ähnlich ist, haben die obere Wand des Ösophagus durchbrochen und ragen gleich einer Säge in den Mundraum hinein. Die Körperschuppen sind länglich und kräftig gekielt. Die Grundfarbe der Eierschlange ist grau, braun oder gelblich, das Muster besteht aus großen Flecken auf dem Rücken und unregelmäßigen Streifen auf den Flanken.

Die Eierschlange besitzt ein sehr großes Verbreitungsgebiet, das von Südarabien über ganz Ost- und Zentralafrika bis nach Südafrika reicht. Ihr bevorzugter Lebensraum sind die trockenen Busch- und Baumsavannen, wo sich die Schlange am Boden und in den Bäumen aufhält. Ihre Nahrung besteht ausschließlich aus Vogeleiern, daher ist es kein Wunder, daß sie ausgezeichnet klettern kann und oft in der Nähe von Vogelnestern angetroffen wird. Eine erwachsene Afrikanische Eierschlange, deren Kopf kaum dicker als ein menschlicher Finger ist, kann ohne weiteres ein Hühnerei verschlingen. Die Vogelnester findet die Eierschlange mit Hilfe ihres Geruchssinnes.

Die Eierschlange ist völlig harmlos, obwohl sie der giftigen Pfeilotter (*Causus rhombeatus*) täuschend ähnlich sieht und daher oft mit dieser verwechselt und erschlagen wird. Von Dezember bis Januar und oft ein weiteres Mal von April bis Mai legt das Weibchen 12-15 ungefähr 36 x 18 mm messende Eier, jedoch nicht in einem Klumpen, sondern jedes Ei für sich. Nach 3-4 Monaten schlüpfen die Jungschlangen aus und sind dann etwa 23 cm lang.

Afrikanische Eierschlange (*Dasypeltis scabra*)

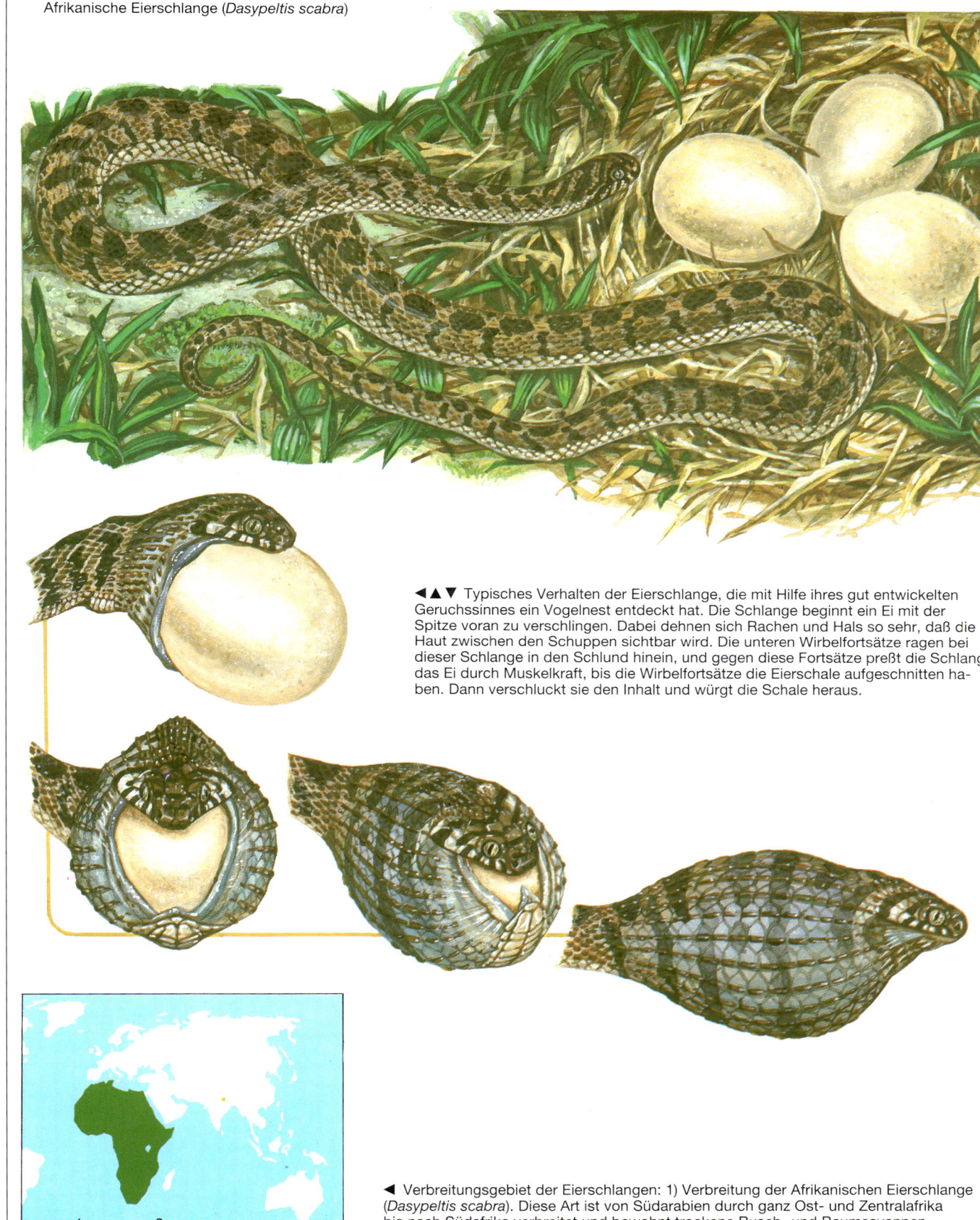

◄▲▼ Typisches Verhalten der Eierschlange, die mit Hilfe ihres gut entwickelten Geruchssinnes ein Vogelnest entdeckt hat. Die Schlange beginnt ein Ei mit der Spitze voran zu verschlingen. Dabei dehnen sich Rachen und Hals so sehr, daß die Haut zwischen den Schuppen sichtbar wird. Die unteren Wirbelfortsätze ragen bei dieser Schlange in den Schlund hinein, und gegen diese Fortsätze preßt die Schlange das Ei durch Muskelkraft, bis die Wirbelfortsätze die Eierschale aufgeschnitten haben. Dann verschluckt sie den Inhalt und würgt die Schale heraus.

◄ Verbreitungsgebiet der Eierschlangen: 1) Verbreitung der Afrikanischen Eierschlange (*Dasypeltis scabra*). Diese Art ist von Südarabien durch ganz Ost- und Zentralafrika bis nach Südafrika verbreitet und bewohnt trockene Busch- und Baumsavannen. 2) Verbreitung der Indischen Eierschlange (*Elachistodon westermanni*).

1
2

INDISCHE KOBRA ODER BRILLENSCHLANGE

(NAJA NAJA)

Ordnung Squamata
Unterordnung Ophidia
Familie Elapidae
Länge 180-200 cm, selten etwa länger
Fortpflanzungszeit Januar bis Juli
Anzahl der Eier 10-20, höchstens 45
Höchstalter Mehr als 20 Jahre

Die Brillenschlange ist die mit Abstand am besten bekannte Kobra. Ihr kurzer, flacher Kopf ist nur wenig vom Hals abgesetzt. Größe, Färbung und Zeichnung dieser Schlange sind sehr variabel, denn sie tritt in mehreren geographischen Rassen auf. Die Brillenschlange besiedelt den südlichen Teil Asiens vom Kaspischen Meer im Westen bis nach Indonesien, zu den Philippinen, sowie nach Hainan und Taiwan im Osten. Gewöhnlich findet man sie in Wassernähe, besonders häufig in Reisfeldern, verwilderten Gärten, Plantagen und kaum seltener auch in unmittelbarer Nachbarschaft menschlicher Ansiedlungen. Manchmal dringt die Brillenschlange selbst in Gebäude ein und kann dann gefährlich werden, wenn die Bewohner zum Beispiel zufällig auf sie treten. Sie kommt vom Flachland bis zu einer Höhe von 2.500 m im Gebirge vor. Allgemein gesagt, kann man die Kobra überall dort antreffen, wo sie Nahrung und Unterschlupf findet. Sie nimmt ihre Wohnung am liebsten in Termitenbauten, in den aus getrocknetem Schlamm bestehenden Dämmen von Reisfeldern, in verlassenen Gebäuden und unter allerlei Abfall.

Die Brillenschlange ist zwar auch am Tag aktiv, aber mehr noch in der Dämmerung und nachts. Eigentlich ist sie ziemlich scheu und flieht meistens bei Belästigung. Wird sie jedoch in die Enge getrieben, stellt die den Vorderkörper auf und spreizt ihren "Hut", indem sie die Rippen der Halsregion aufstellt. Einige Unterarten können ihr Gift einem Feind sogar entgegenspeien. Das Gift der Brillenschlange ist sehr wirksam. Es ist ein Nervengift, das Atmungslähmungen hervorruft. Die Brillenschlange hat eine sehr breites Nahrungsspektrum: Kleinsäuger, Vögel, Frösche und Kröten, Eidechsen und andere Schlangen. Die Jungen Kobras schlüpfen nach 69-84 Tagen aus dem Ei, dann sind sie 25-30 cm lang.

◄ Eine Brillenschlange der Unterart *Naja naja naja* in ihrer typischen Verteidigungsstellung. Wenn die Schlange sich angegriffen fühlt, spreizt sie die Rippen und die Haut der Halsregion und entfaltet ihren charakteristischen "Hut" mit der Brillenzeichnung.

▼ Als Beute bevorzugt die Brillenschlange Nager, Vögel und Amphibien. In Gefangenschaft ernähren sich die Jungtiere vorwiegend von Amphibien, später fressen sie auch Mäuse und andere Nagetierarten.

HARLEKIN-KORAL-LENSCHLANGE
(MICRURUS FULVIUS)

Ordnung Squamata
Unterordnung Ophidia
Familie Elapidae
Länge Bis 120 m
Fortpflanzungszeit April bis Juni
Anzahl der Eier 3-22
Entwicklungsdauer Ungefähr 3 Monate
Höchstalter Mehr als 10 Jahre

Der kurze, etwas abgeflachte Kopf der Harlekin-Korallenschlange ist nicht vom Hals abgesetzt, die Pupillen der kleinen Augen sind rund, der langgestreckte Körper ist zylindrisch und der Schwanz kurz. Die lebhaft gefärbten und glänzenden Schuppen sind ungekielt. Das Zeichnungsmuster besteht aus schwarzen und roten Ringen, die durch schmalere gelbe Ringe getrennt sind. Die Schuppen in den roten Ringen sind schwarz gefleckt. Diese Schlange bewohnt die südlichen und südöstlichen Vereinigten Staaten und den Nordosten von Mexiko und kommt vor allem im Flachland vor, sowohl an feuchteren wie an trockneren Stellen.
Micrurus fulvius ist ein ausgesprochenes Nachttier, das tagsüber in Erdlöchern, unter gefallenen Baumstämmen, in Holzhaufen oder unter Blättern verborgen bleibt. Die Schlange ernährt sich von kleineren Schlangen und Echsen, die sie solange zwischen den Zähnen festhält, bis das sehr kräftige Nervengift seine tödliche Wirkung getan hat.
Eine der am schönsten gefärbten Korallenschlangen ist die Cobra Coral (*Micrurus frontalis*) aus Südwestbrasilien, Uruguay, Paraguay und Bolivien. Diese Schlange kann über 130 cm lang werden und gleicht der Harlekin-Korallenschlange in der Färbung sehr. Sie bewohnt vor allem Waldgebiete. Sie ist, wie alle Korallenschlangen, nicht aggressiv, beißt aber zu, wenn sie unsanft angefaßt wird, und ihr Biß ist sehr gefährlich.
Eine der kleinsten und zugleich eine der hübschesten Korallenschlangen ist die Arizona-Korallenschlange (*Micruroides euryxanthus*). Sie erreicht nur eine Länge von 50 cm und ist besonders lebhaft gefärbt. Sie besiedelt die südwestlichen USA und den Nordwestteil von Mexiko und bevorzugt trockenes Gelände mit einzelnen Büschen oder Bäumen.

Harlekin-Korallenschlange
(*Micrurus fulvius*)

◄▲ Die mittelgroße, nordamerikanische Harlekin-Korallenschlange (*Micrurus fulvius*). Wird sie erschreckt, versteckt sie den Kopf unter den Körperschlingen und schlägt mit dem Körper hin und her. Neben kleinen Echsen und ungiftigen Schlangen frißt diese Schlange sogar junge Klapperschlangen, auf denen sie so lange herumbeißt, bis sie tot sind. Gegenüber dem Gift der Klapperschlangen ist sie immun.

▲ Oben: zwei Korallenschlangen in typischer Haltung. Links die Arizona-Korallenschlange (*Micruroides euryxanthus*); rechts die Cobra Coral (*Micrurus frontalis*).

◄ Das Verbreitungsgebiet der ungefähr 50 Arten von Korallenschlangen reicht vom südlichen Nordamerika über Mittelamerika bis nach Südamerika.

KLAPPER-SCHLANGEN
(GATTUNG *CROTALUS*)

Die Klapperschlangen gehören zu den gefürchtetsten Schlangen überhaupt. Im Volksglauben gelten sie als wilde und hinterlistige Kreaturen, doch in Wirklichkeit sind die Klapperschlangen, wie alle anderen Schlangen auch, ziemlich furchtsame Tiere, die sich bei Belästigung lieber zurückziehen.

Von den mehr als 30 Klapperschlangenarten kommen die meisten in Mexiko und den südwestlichen USA vor. Mit Ausnahme der Santa Catalina-Klapperschlange (*Crotalus catalinensis*) verfügen alle Arten über die sogenannte Klapper am Schwanzende. Diese besteht aus einer Reihe hohler, ineinandergeschobener, aber nicht fest verbundener Hornringe, die aus der gleichen Substanz (dem Keratin) bestehen wie unsere Fingernägel. Bei jeder Häutung wird der Klapper am Schwanzende ein weiteres Glied hinzugefügt. Doch ist die Klapper sehr zerbrechlich, daher kann man das Alter der Tiere nicht an der Länge der Klapper ablesen. Fühlt sich eine Klapperschlange bedroht, vibriert sie 40-60 mal in der Sekunde mit dem Schwanz und dabei entsteht das charakteristische, rasselnde Geräusch, das Feinde warnen und abschrecken soll. Daher werden Klapperschlangen nur gefährlich, wenn man sie überrascht oder durch Zufall auf sie tritt oder ihnen zu nahe kommt. Ihr Biß ist gefährlich, jedenfalls für Kinder, führt jedoch nur selten zum Tod des Betroffenen. Gegen ihr eigenes Gift sind die Schlangen fast vollständig immun. Ihre Nahrung besteht aus Kleinsäugern, Vögeln und gelegentlich Echsen und Fröschen.

Wir kennen zwei Gattungen von Klapperschlangen: *Crotalus* (Echte Klapperschlangen) und *Sistrurus* (Zwergklapperschlangen).

Die Westliche Diamantklapperschlange (*Crotalus atrox*) besitzt eine großen, flachen, deutlich vom Hals abgesetzten Kopf. Der Körper ist dick und muskulös und die Schuppen sind stark gekielt. Sie ist über einen großen Teil der westlichen USA und im Süden bis nach Zentralmexiko verbreitet und kommt in der Ebene wie im Gebirge, in der Wüste und auf kultiviertem wie im unbebautem Gelände vor. Ihr Artname *atrox* ist sicherlich ihrem Verhalten angemessen, denn bei der kleinsten Störung ringelt sich die Schlange zu einer Abwehrspirale zusammen und klappert laut und anhaltend. Dabei senkt

▲ Bei der abgebildeten Klapperschlange ist die Klapper gut zu erkennen. In diesem Beispiel besteht sie aus sieben innen hohle und locker miteinander verbundenen Ringen, die das charakteristische Klappern hervorbringen, wenn die Schlange mit dem Schwanz vibriert. Die Klapper ist ziemlich zerbrechlich und nutz sich daher schnell ab oder es brechen Teile ab. Bei jeder Häutu wird ein weiterer Ring hinzugefügt. In den meisten Fällen beste die Klapper aus sieben bis zwölf Gliedern.

◄ Das Diagramm links zeigt den Bau einer Klapper.

▼ Alle Grubenottern der Gattungen *Crotalus* und *Sistrurus* weis zwischen Auge und Nasenöffnung ein Grubenorgan auf, das au einer dünnen Membran besteht, die an der Basis mit zahlreiche Wärmerezeptoren in Verbindung steht. Mit diesem Grubenorgan können die Schlangen Körper lokalisieren, die eine höhere Wär ausstrahlen als ihre Umgebung. Daher ist das Organ den Klappe schlangen eine wesentliche Hilfe beim Aufspüren warmblütiger Beutetiere.

sie den Kopf etwas und wartet darauf, daß sie auf den näherkommenden Angreifer zustoßen kann. In der USA ist diese Art für die Mehrzahl der Schlangenbisse verantwortlich. Sie ernährt sich von Mäusen, Ratten, Kaninchen und anderen Nagetieren.

Der Seitenwinder (*Crotalus cerastes*) ist eine recht kleine Klapperschlangenart; er wird nur 45-75 cm lang. Er bewohnt die Wüstengebiete im Ostteil von Kalifornien, im südlichen Nevada, in Arizona, im Nordteil von Baja California und in Nordwestmexiko. Sein Lebensraum sind die mit Mesquite- und Kreosotbüschen bewachsenen Sanddünen. Gelegentlich findet man ihn auch in der Steinwüste und selbst auf kultiviertem Land. Er ernährt sich vor allem von kleinen Echsen, in geringerem Maße auch von Mäusen.

Die Prärieklapperschlange (*Crotalus viridis*) ist in den USA die Klapperschlange mit dem größten Verbreitungsgebiet. Ihr herzförmiger, flacher Kopf ist deutlich vom Hals abgesetzt. Sie wird zwischen 60 cm und 150 cm lang. Ihr Verbreitungsgebiet reicht von Südkanada über die mittleren und westlichen Staaten der USA bis ins nordwestliche Mexiko und sie kommt in allen Höhenlagen vom Meeresspiegel bis in 3.700 m Höhe vor. Sie besiedelt eine Vielzahl verschiedener Lebensräume und findet sich in Wäldern, auf Sanddünen, im Gebirge auf steinigen, buschbewachsenen Hängen und in der offenen Prärie. Sie ist tag- und nachtaktiv und jagt eine Vielzahl verschiedener Kleinsäuger und Vögel, gelegentlich kleine Echsen und selbst Kröten und Insekten. Je nach der Breitenlage überwintert die Prärieklapperschlange 4-8 Monate lang in unterirdischen Winterquartieren, in denen sich oftmals große Mengen von Artgenossen, aber auch andere Schlangen zusammenfinden.

Der Kopf der Cascabel (*Crotalus durissus*) ist langgestreckt und dreieckig und deutlich vom Hals abgesetzt. Sie kann bis 1,8 m lang werden und besitzt einen untersetzten, auffällig dreieckigen Körper. Diese Art ist vom Süden Mexikos durch ganz Mittelamerika und Südamerika bis nach Argentinien verbreitet und bevorzugt trockene, steinige, von Gebüsch durchsetzte Gebiete bis zu einer Höhe von 2.000 m. Sie ist ein ziemlich träges und verhältnismäßig friedliches Tier. Bei Störung macht sie durch lautes Klappern auf sich aufmerksam, wird sie jedoch ernsthaft gereizt, beißt sie schnell und heftig zu. Sie besitzt bei weitem das stärkste Gift aller Klapperschlangenarten, daher sterben fast 75% der von ihr Gebissenen, wenn sie nicht schnell mit Serum behandelt werden.

Westliche Diamantklapperschlange (*Crotalus atrox*)

Der Seitenwinder (*Crotalus cerastes*) hinterläßt bei der seitlichen Fortbewegung charakteristische, parallele Spuren im Sand. Diese Bewegungsweise verleiht ihm eine Geschwindigkeit von 3-4 km/h.

Nördliche Prärieklapperschlange (*Crotalus viridis oreganus*)

▲ Eine Königsnatter (*Lampropeltis getulus*) beim Verschlingen einer Klapperschlange. Diese Natter ist vollständig immun gegenüber dem Gift der Klapperschlange.

Cascabel (*Crotalus durissus*)

◄ Verbreitung der Grubenottern der Gattungen *Crotalus* und *Sistrurus* (Klapperschlangen). Die Gattung *Crotalus* enhält ungefähr 30 Arten, die von Südkanada bis nach Brasilien und Nordargentinien verbreitet sind, aber ihren größten Artenreichtum im südwestlichen Nordamerika aufweisen. Die Gattung Sistrurus umfaßt drei Arten aus Nord- und Mittelamerika. Klapperschlangen besiedeln sehr unterschiedliche Lebensräume, von Sumpfgebieten und Tropischen Regenwäldern über die bergigen Waldgebiete im östlichen Teil Nordamerikas bis zu den trockenen Wüsten der südwestlichen USA.

KROKODILE
(CROCODYLIA)

Alle Krokodile besitzen den charakteristischen, langgestreckten Körperbau mit einem seitlich zusammengedrückten Schwanz und vier recht kurzen Beinen. Ihr eigentlicher Lebensraum ist das Wasser; an Land dagegen sind sie relativ unbeholfen. Die Vordergliedmaßen sind fünffingrig, die längeren Hinterbeine vierzehig und die Beine sind in unterschiedlichem Ausmaß mit Schwimmhäuten versehen. Die Haut der Krokodile ist sehr dick und ledrig. Die verschieden großen Zähne sitzen in Höhlungen im Kiefer, den sogenannten Alveolen, und werden regelmäßig gewechselt.

Die Körperform der Krokodile ist ausgesprochen echsenartig. Zu den Krokodilen gehören Arten von kaum 1,4 m Länge, wie der Glattstirnkaiman (*Palaeosuchus trigonatus*), aber auch Riesen wie das Leistenkrokodil (*Crocodylus porosus*), das in Ausnahmefällen sogar die unglaubliche Länge von 10 m erreichen kann.

Krokodile sind ausschließlich fleischfressende Räuber. Sie jagen allerdings nicht nur lebende Beute, sondern fressen auch Aas. Als Jungtiere leben sie von großen Wasserinsekten, Krebsen, Kaulquappen, Fröschen und kleineren Fischen. Mit der Zeit wagen sie sich an größere Beute, zum Beispiel Wasservögel, Katzen und Hunde, Schweine, Gazellen, Affen und sogar große und wehrhafte Säugetiere wie Löwen und große Antilopen.

Alle Krokodile legen hartschalige, weiße Eier etwa von der Größe eines Gänseeies. Das Weibchen scharrt vor der Eiablage einen Haufen von 1-2 m im Durchmesser und 50-100 cm Höhe aus Gräsern, Blättern, Zweigen und Ästen zusammen, in den es seine Eier ablegt. Danach bewacht es das Gelege, bis die jungen Krokodile ausschlüpfen.

Das Nilkrokodil (*Crocodylus niloticus*) wird etwa 5 m lang. Seine Schnauze ist ziemlich langgestreckt und eineinhalb bis zweimal so lang wie an der Basis breit. Es bewohnt ganz Afrika südlich der Sahara, außerdem Madagaskar, die Komoren und die Seychellen. Es lebt in Flüssen, Seen, größeren Wasserlöchern und Sumpfgebieten.

Das kleinste der Echten Krokodile ist das Stumpfkrokodil (*Osteolaemus tetraspis*). Es ist ziemlich kurzschnauzig und gleicht im Aussehen sehr den kleinen südamerikanischen Glattstirnkaimanen der Gattung *Palaeosuchus*. Dieses Zwergkrokodil kommt fast ausschließlich in den Re-

Stumpfkrokodil (*Osteolaemus tetraspis*)

Sumpfkrokodil (*Crocodylus palustris*)

Leistenkrokodil
(*Crocodylus porosus*)

Spitzkrokodil (*Crocodylus acutus*)

Sundagavial (*Tomistoma schlegeli*)

genwäldern West- und Zentralafrikas vor, wo es sowohl in schnellfließenden Flüssen wie in stehenden Gewässern lebt.

Das Sumpfkrokodil (*Crocodylus palustris*) wird bis 5,8 m lang. Es lebt in Pakistan, Indien, Bangladesh und auf Ceylon und ist dem Nilkrokodil sehr ähnlich. Es lebt vorwiegend im Süßwasser, auf Ceylon allerdings auch in Brackwassersümpfen. Seine bevorzugten Lebensräume sind Sümpfe, Seen und Flüsse und seine Nahrung setzt sich aus Fischen, Fröschen, Vögeln und mäßig großen Säugetieren zusammen.

Das Spitzkrokodil (*Crocodylus acutus*) besitzt eine bemerkenswert langgestreckte, spitze Schnauze. Erwachsene Tiere sind etwa 4 m lang, aber ausnahmsweise können einzelne Exemplare 7,7 m Länge erreichen. Auch das Spitzkrokodil ist weit verbreitet und bewohnt den Raum zwischen der Südspitze Floridas im Norden, ganz Mittelamerika im Westen, bis in den Norden von Südamerika. Es lebt bevorzugt in küstennahen Gebieten, dringt aber auch in die größeren Flüsse ein, insbesondere wenn sie durch große Sumpfgebiete fließen.

Das Spitzkrokodil frißt vor allem Fische. Magenuntersuchungen an gefangenen Exemplaren haben allerdings ergeben, daß es außerdem Krebse, Wasservögel und Säugetiere verzehrt. Die Mägen enthielten regelmäßig Magensteine, die wohl auch bei der Zerkleinerung der Nahrung helfen.

Der Sundagavial (*Tomistoma schlegeli*) hat eine extrem lange, schmale Schnauze, die etwa viereinhalbmal so lang wie an der Basis breit ist. Im Unterschied zum Gangesgavial (*Gavialis gangeticus*), dessen Schnauze bereits an der Basis sehr schmal ist und bis zur Spitze gleich schmal bleibt, verengt sich die Schnauze beim Sundagavial kontinuierlich von der Basis zur Spitze. Im Oberkiefer sitzen 20-21 Zähne, im Unterkiefer 18-19. In außergewöhnlichen Fällen kann der Sundagavial eine Länge von 5,6 m erreichen. Er bewohnt Malaysia, Sumatra und Borneo und lebt in Seen, Sumpfgebieten und Flüssen, wo er sich im allgemeinen in Ufernähe aufhält.

Die Gattung Alligator enthält zwei Arten. Der Mississippialligator (*Alligator mississipiensis*) aus den südöstlichen USA kann in Ausnahmefällen 6 m Länge erreichen, während der Chinaalligator (*Alligator sinensis*) kaum über 2 m lang wird. Er lebt im Unterlauf des Yangtsekiang in China.

Nah mit den Alligatoren ist der Mohrenkaiman (*Melanosuchus niger*) aus Südamerika verwandt, der eine Länge von 4,5 m erreicht.

Mississippialligator (*Alligator mississipiensis*)

Mohrenkaiman (*Melanosuchus niger*)

Gangesgavial (*Gavialis gangeticus*)

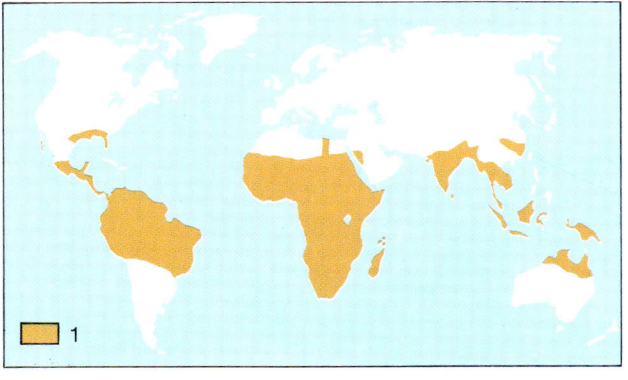

1

◄ Das Verbreitungsgebiet der Krokodile erstreckt sich über fast alle tropischen Gebiete der Alten und der Neuen Welt. Alle Arten sind Wasserbewohner. Obwohl sie auch tagsüber aktiv sein können, sind sie nachts viel lebhafter und gefährlicher. Bis in die 40er Jahre unseres Jahrhunderts waren Krokodile in vielen Ländern noch außerordentlich häufig. Infolge der rastlosen Jagd, die man auf sie gemacht hat, sind sie heutzutage fast überall selten geworden und ihr Fortbestand ist sehr gefährdet.

STRAUSS
(STRUTHIO CAMELUS)

Ordnung Struthioniformes
Familie Struthionidae
Größe Höhe 2,5 m; Länge 1,8 m
Gewicht 135 kg
Verbreitung Zentral-, Ost- und Südafrika
Anzahl der Eier 10-25
Jungtiere Nestflüchter

Der Strauß ist besonders gut an das Leben in der offenen Steppe angepaßt, die besonders viele Raubtiere beherbergt. Sein kleiner Kopf ist fast nackt, die großen Augen sind jedoch durch lange Wimpern gegen Staub und Sandstürme geschützt. Der sehr lange Hals wird wie ein Periskop zur Kontrolle der Umgebung benutzt und überragt etwa das umgebende Akaziengebüsch bei weitem. Obwohl die Flügel nicht mehr flugtauglich sind, enthalten sie noch die langen Flugfedern, die dem Strauß beim Laufen helfen, die Balance zu halten. Die zahlreichen Schwanzfedern haben nur noch Signalfunktion bei verschiedenen Gelegenheiten im Sozialleben der Gruppe.

Die Nahrung des Straußen besteht aus den verschiedensten Sorten von Blättern und Schößlingen. Beim Grasen halten die Strauße in einem lockeren Verband unterschiedlicher Größe zusammen, ein Tier ist jedoch immer wachsam und hält Ausschau nach Feinden und warnt die anderen Tiere gegebenenfalls mit seinen lauten Alarmrufen.

Strauße können außerordentlich schnell rennen und die Höchstgeschwindigkeit eines erwachsenen Tieres liegt bei 70 km/h. Die langen Beine verleihen dem Vogel eine Schrittlänge von annähernd 3 m. Normalerweise lebt der Strauß in kleineren Gruppen. Zu Beginn der Paarungszeit rotten sich die Männchen zu Gruppen von mehreren Dutzend Tiere zusammen, während zu dieser Zeit die Weibchen mit ihren Jungen noch weit größere Herden bilden. Der Strauß ist im allgemeinen polygam und jedes Männchen paart sich mit zwei, drei oder noch mehr Hennen. Die Männchen halten einen Harem aus mehreren Weibchen zusammen, die ihre Eier in ein vom Männchen ausgesuchtes, gemeinsames Nest legen. Nach Beendigung der Eiablage vertreibt gewöhnlich die dominante Henne alle anderen Weibchen und hilft dem Straußenhahn beim Brutgeschäft.

▲ Die Evolution der Strauße begann in den Steppen Asiens, vermutlich bereits im Eozän, als eine erste Gruppe noch kleiner Laufvögel vom Hauptstamm der flugfähigen Vögel abzweigte. Schon sehr bald paßten sich diese flugunfähigen Vögel sehr erfolgreich an ihre neue ökologische Nische an. Bereits im Pliozän exstierten Riesenformen und die flugunfähigen Laufvögel hatten sich bis zur Mongolei im Norden und zur Südspitze Afrikas im Süden ausgebreitet.
Der Strauß (*Struthio camelus*) ist heutzutage der einzige Laufvogel, der die Bedingungen in den afrikanischen Savannen und Steppen gemeistert hat, wo Geschwindigkeit die Grundvoraussetzung für den Erfolg des Jägers wie des Gejagten ist. Der Strauß hat seine Fähigkeit, große Räuber wie Löwen und Geparden früh genug zu entdecken und ihnen im schnellen Lauf zu entkommen, zur Perfektion entwickelt.

NANDU
(RHEA AMERICANA)

Ordnung Rheiformes
Familie Rheidae
Größe Höhe 1,7 m; Länge 1,3 m
Gewicht 25 kg
Verbreitung Südamerika
Anzahl der Eier 15-20
Jungtiere Nestflüchter

Obgleich nicht so massig wie der Strauß, besitzt auch der Nandu einen ziemlich kräftigen Körper, der bis auf die fast nackten Beine einfarbig braun ist. Die Flügel sind größer als bei den anderen Straußenartigen und der Nandu benutzt sie, um beim schnellen Laufen die Balance zu halten. Beim Rennen hält der Nadu nicht selten plötzlich an und wirft sich mit lang ausgestrecktem Hals auf den Boden, ganz ähnlich wie der Strauß. Die wie bei allen Laufvögeln sehr kräftigen Beine sind mit Hornschilden bedeckt.

In den trockenen Ebenen der Pampas ernährt sich der Nandu von den Früchten der verschiedenen Arten von Krähenbeeren (*Empetrum*), aber auch von Kulturfrüchten. Einen weiteren wichtigen Bestandteil seiner Nahrung bilden die Triebe und Blätter verschiedener Leguminosen und Gräser, außerdem Insekten und Echsen.

Nandus leben außerhalb der Brutzeit normalerweise in festen Trupps, jedoch halten sich die älteren Männchen, die bedeutend größer als die Weibchen sind, meistens abseits. Zu Beginn des Frühjahrs, wenn die Tage länger werden und die Temperaturen steigen, werden die Männchen ausgesprochen territorial und kämpfen häufig und sehr heftig unter kraftvollen Fußtritten und Schnabelhieben mit ihren Rivalen. Hat ein Hahn ein Revier erobert, beginnt er um die Hennen zu balzen. Ein einziger Hahn kann in kurzer Zeit einen Harem von 15-20 Hennen in seinem Revier versammeln. Dann suchte er sich eine sandige, gut von Bäumen abgeschirmte Stelle, gräbt eine Grube im Erdboden und polstert sie mit Blättern und Gras aus. Er begattet die verschiedenen Hennen und diese legen ihre Eier entweder in das Hauptnest oder in andere Nester, die der Hahn ebenfalls gegraben hat. Sobald das Nest voller Eier ist, beginnt er sie zu bebrüten. Nach einer Brutzeit von 35 Tagen beginnen die Jungen auszuschlüpfen und der Hahn bewacht das Nest noch weitere 48 Stunden. Die Küken wachsen sehr schnell heran und erreichen in wenigen Monaten ein Drittel des Gewichtes der Erwachsenen.

▲ Obgleich nicht so mächtig, gleicht der Nandu dem Strauß sehr und spielt in der südamerikanischen Pampa die gleiche Rolle wie der Strauß in der afrikanischen Savanne. Diese Ähnlichkeit deutet darauf hin, daß beide vom gleichen Vorfahren abstammen, dem Vorläufer einer Vogelgruppe, die sich später in verschiedene Arten aufspaltete, die durch geographische Barrieren getrennt wurden.

▼ Das Brutgeschäft ist Sache des Hahnes, der die Hennen vertreibt, wenn das Nest voller Eier ist. Nach dem Ausschlüpfen der Jungvögel bleibt der Hahn noch weitere 48 Stunden beim Nest. Die Küken wachsen sehr schnell heran und werden bald selbständig.

▲ Der Darwinstrauß (*Pterocnemia pennata*) ist eine etwas kleinere Art, die sich von seinem Verwandten außerdem in der unterschiedlichen Zahl der Hornplatten an seinen mächtigen Beinen unterscheidet.

◀ Verbreitung der beiden südamerikanischen Nandus: 1) Darwinstrauß (*Pterocnemia pennata*); 2) Nandu (*Rhea americana*).

167

HELMKASUAR
(CASUARIUS CASUARIUS)

Ordnung Casuariiformes
Familie Casuariidae
Größe Höhe 1 m; Länge 1,6 m
Gewicht 85 kg
Verbreitung Nordostaustralien, Neu-guinea
Anzahl der Eier 3-6
Jungtiere Nestflüchter

Der Kasuar ist ein großer Laufvogel, der die dichten Regenwälder bewohnt, die noch große Teile Neuguineas bedecken. Es gibt drei verschiedenen Kasuararten, von denen zwei nur in Neuguinea und auf der Insel New Britain vorkommen; die dritte Art, der Helmkasuar (*Casuarius casuarius*) bewohnt auch noch den Nordostteil von Queensland in Australien. Obwohl sie nur 1 m Rückenhöhe erreichen, machen Kasuare den Eindruck besonders untersetzter Vögel. Wie beim Emu ist der Körper besonders langgestreckt und die Beine sind verhältnismäßig kurz, aber extrem kräftig. Die großen und kräftigen, dreizehigen Füße sind die eines vollendeten Läufers. Der innerste Zeh ist zwar recht klein, jedoch mit einer langen, kräftigen Kralle versehen, die eine furchtbare Waffe darstellt. Das sehr dichte Gefieder ist glänzend schwarz, zeigt aber lebhafte blaue Reflexe.
Ähnlich wie der Strauß öffnet auch der Kasuar beim Laufen seine Flügel, jedoch in erster Linie nicht, um die Balance zu halten, sondern um sich im dichten Unterholz einen Weg zu bahnen. Das dichte und sehr feste Gefieder bildet außerdem einen hervorragenden Schutz gegen Verletzungen durch Zweige oder Stacheln im Unterholz.
Anscheinend sind die Kasuare monogam. Außerhalb der Brutzeit trifft man eigentlich nur einzelne Exemplare an. Erst im August bilden die Kasuare Paare. Das Weibchen legt seine 3-6 dunkelgrünen Eier in eine Grube am Boden, die mit Pflanzenmaterial ausgepolstert ist. Das Brutgeschäft wird allein vom Männchen übernommen. Die jungen Kasuare sind Nestflüchter und tragen zunächst ein gestreiftes Gefieder.

▼ Die Kasuare sind besonders untersetzt gebaut. Die kurzen, aber sehr kräftigen Beine sind mit Hornplatten bedeckt und die breiten, mächtigen Füße zeigen an, daß der Vogel hervoragend laufen kann.

◄▲ Das hervorstechendste Merkmal des Helmkasuars (*Casuarius casuarius*) ist der mächtige, hornige, helmförmige Schädelaufsatz. Form und Größe dieses Helms unterscheiden sich bei den drei Kasuararten, jedoch besitzt der Helm eine sehr wichtige Funktion: Wenn der Kasuar mit einer Geschwindigkeit von bis 50 km/h und mit ausgestrecktem Hals und Kopf durch das Unterholz prescht, dient der Helm dazu, Lücken in die dichte Vegetation zu bahnen, ohne eine Beschädigung durch Äste oder Zweige fürchten zu müssen.

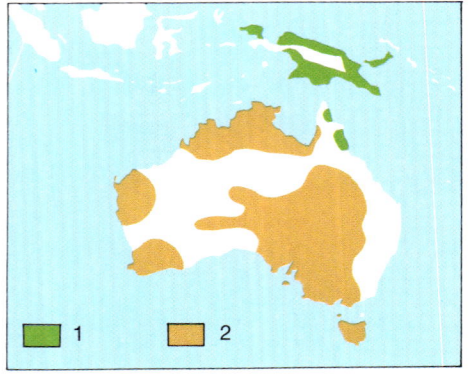

◄ 1) Der Kasuar lebt in den dichten Regenwäldern, die den größten Teil Neuguineas bedecken. Der Einlappenkasuar (*Casuarius unappendiculatus*) und der Bennett's Kasuar (*C. bennetti*) kommen nur in Neuguinea und auf der Insel New Britain vor, während der Helmkasuar (*C. casuarius*) auch in der Cape York Halbinsel in Nordostaustralien zu finden ist. Kasuare haben keine anderen Feinde als den Menschen. Die Eingeborenen jagen ihn seines Fleisches und Gefieders wegen, haben aber seinen Bestand nie bedroht. Ihm droht eine viel größere Gefahr durch die fortschreitende Zerstörung seiner Lebensräume durch die Abholzung der Wälder. 2) Der Emu hat die trockenen Ebenen Australiens besiedelt. Auch er hat sehr unter der starken Verfolgung gelitten, der er bis vor kurzen ausgesetzt war. Jedes Jahr wurden Zehntausende Emus abgeschlachtet, denn für jeden Emuschnabel hatte die Regierung einen Preis ausgesetzt.

KIWI
(APTERYX AUSTRALIS)

Ordnung Apterygiformes
Familie Apterygidae
Länge 55-68 cm
Gewicht Männchen ungefähr 2 kg,
Weibchen etwa 3 kg
Verbreitung Neuseeland
Anzahl der Eier 1-3
Jungvögel Die ersten 3-4 Tage Nest-
hocker

Die dichten Wälder, die auch heute noch
große Teile Neuseelands bedecken, beherbergen den Kiwi, einen eigenartigen,
völlig flugunfähigen Vogel, dessen Flügel zu zwei kleinen Stummeln reduziert
sind, an denen die 13 Schwungfedern ansetzen. Sein Gefieder gleicht mehr starken Haaren als Federn. Der Schwanz ist
vollständig verschwunden, die Beine sind
zwar kurz, aber sehr kräftig, dunkelbraun
gefärbt und teilweise mit hornigen Platten bedeckt. Besonders auffällig ist der
sehr lange und etwas nach unten gebogene Schnabel, dessen Oberteil den unteren Teil etwas überragt und ganz an der
Spitze die Nasenöffnungen trägt.
Nachdem der Kiwi den Tag über in einer
finsteren Schlucht oder im dichten Unterholz verbracht hat, wird er mit Einbruch der Dämmerung aktiv und läuft,
den Kopf zu Boden gesenkt auf der Suche nach Nahrung auf dem Waldboden
herum. Er frißt vor allem Insekten und
andere Wirbellose, nach denen er mit seinem langen Schnabel im feuchten Waldboden herumstochert. Vermutlich hilft
dem Kiwi sein ungewöhnlich gutes Gehör
dabei, seine Nahrungstiere aufzuspüren,
denn seine Ohröffnungen sind sehr groß.
Bei seinen Streifzügen durch das Farn-
kraut und in der Nähe von verrottenden
Baumstümpfen fängt er außerdem Spinnen, Schnecken und verschiedene Arten
von Geradflüglern. Während der Trok-
kenzeit im Sommer geht der Kiwi allerdings zum vegetarischen Leben über.
Der Kiwi ist vermutlich monogam. Wenn
das Paar sich zusammengefunden hat, errichtet das Männchen ein einfaches Nest
am Erdboden. Das glänzend weiße Ei ist
sehr groß im Verhältnis zur Körpergröße
des Weibchens – bis 14% seines Körpergewichtes. Das Brutgeschäft ist fast
auschließlich die Aufgabe des Männchens, das ungefähr 84 Tage lang auf dem
Nest sitzt und dieses nur nachts zur Nahrungssuche verläßt. Nach dem Schlüpfen
tragen die Jungvögel ein weiches, brau-
nes Dunengefieder.

▲ Der Kiwi ist ein scheuer, unscheinbarer, nächtlich aktiver
Vogel. Er ist gänzlich flugunfähig, denn seine Flügel sind bis
auf kleine Stummel reduziert.

◄ Der Kiwi sucht seine Nahrung im
lockeren, feuchten Waldboden und gräbt
sie mit Hilfe seines Schnabels und seiner
kräftigen Füße aus. Er spürt seine Beute
mit Hilfe des Geruchssinnes und seines
sehr guten Gehörs auf. Normalerweise
ernährt sich der Kiwi von Würmern,
Spinnen, Insekten und ihren Larven, zu
bestimmten Jahreszeiten ergänzt er sein
Nahrungsspektrum mit einem großen
Anteil an pflanzlicher Kost.

▼ Der Kiwi hat nur in einem
Teil seines ursprünglichen
Verbreitungsgebietes überlebt,
vor allem in denjenigen dichten
Wäldern Neuseelands, die
noch nicht durch den
Fortschritt der Zivilisation
zerstört worden sind.
1) Verbreitung der Gattung
Apteryx vor der Ankunft der
weißen Siedler.

1

► Eine Besonderheit des Kiwi ist sein langer, nach unten gebogener Schnabel
mit den Nasenöffnungen ganz vorn an der Schnabelspitze. Die Lage der
Nasenöffnungen unterscheidet den Kiwi von den meisten anderen Vögeln, bei
denen die Nasenöffnungen an der Schnabelbasis gelegen sind. Diese Tatsache
zeigt die große Bedeutung des Geruchssinnes für die Nahrungssuche.

KAISERPINGUIN
(APTENODYTES FORSTERI)

Ordnung Sphenisciformes
Familie Spheniscidae
Länge Etwa 115 cm
Gewicht Etwa 30 kg
Verbreitung Kontinentale Antarktis
Anzahl der Eier 1
Jungtiere Nesthocker

Die Küsten des riesigen antarktischen Festlandes sind die Heimat des Kaiserpinguins, der größten heutigen Pinguinart, die dort in großen Kolonien nistet. Der Kaiserpinguin ist wie alle Angehörigen seiner Familie in ein dichtes Gefieder gehüllt. Die Flügel sind sehr kurz im Vergleich zum Körper und die vollkommen befiederten Beine enden in ziemlich kleinen Füßen. Die Gefiederfärbung entspricht der Färbung der meisten Pinguinarten: Rücken, Flügel und Kopf bis zur Kehle sind glänzend schwarz, während der Bauch weiß ist und gelbe Schattierungen aufweist.

Der Kaiserpinguin ernährt sich von verschiedenen Arten von Meerestieren, insbesondere von Tintenfischschwärmen, die in den tiefen Gewässern vor der Küste der Antarktis häufig sind.

An den Nistplätzen kommen zuerst kleinere Gruppen von Pinguinen an, nach und nach werden es immer mehr, und zwar je näher sie der Gegend kommen, wo sich die Brutkolonie normalerweise versammelt. Der Weg vom offenen Meer her, das zu dieser Zeit noch über weite Strecken mit Packeis bedeckt ist, erfordert viel Energie, weil die Brutkolonien oft sehr weit von der Küste entfernt sind. Wahrscheinlich kehrt der Kaiserpinguin Jahr für Jahr zum gleichen Brutplatz zurück. Das einzige Ei wird in einer Hautfalte zwischen den Beinen ausgebrütet. 6-12 Stunden nach der Eiablage übergibt das Weibchen das Ei dem Männchen, das es zwischen seine Füße nimmt, und macht sich auf die Wanderung zum Meer auf der Suche nach Futter. Die Last des Brutgeschäfts fällt nun auschließlich dem Männchen zu, denn das Weibchen kehrt erst kurz vor dem Zeitpunkt des Ausschlüpfens des Jungvogels zurück, so daß das Jungtier sofort von der Mutter mit Nahrung gefüttert werden kann. Wenn der junge Pinguin nach der ersten Mauser sein richtiges Gefieder bekommen hat, verläßt er die Brutkolonie und wandert zum offenen Meer, wo er reichlich Nahrung vorfindet.

▲ Der Kaiserpinguin ist der größte heute lebende Pinguin und er ist in besonderer Weise dafür ausgerüstet, den furchtbaren antarktischen Winter zu überstehen. Er bildet zur Brutzeit riesige Kolonien; die Kolonie auf Coulman Island besteht zum Beispiel aus mehr als 30.000 Vögeln.

Das einzige Ei wird zwischen einer Falte der Bauchhaut und den stark befiederten Füßen des Männchens ausgebrütet. Dadurch wird sichergestellt, daß es nicht mit dem Eis in Kontakt kommt.

◄ Das Brutgeschäft wird beim Kaiserpinguin auschließlich vom Männchen übernommen. Es harrt dabei regungslos auf einem Fleck stehend über drei Monate im eisigen antarktischen Winter aus und nimmt während dieser Zeit keine Nahrung zu sich.

WANDERALBATROS
(DIOMEDEA EXULANS)

Ordnung Procellariiformes
Familie Diomedeidae
Länge 71-122 cm
Gewicht 6-8 kg
Verbreitung Südhalbkügel und Nordpazifik
Ökologie Gesellig, pelagisch, wandernd
Nest Am Boden
Fortpflanzungszeit Herbst bis Winter oder Frühjahr bis Sommer
Anzahl der Eier 1
Jungtiere Nesthocker
Geschlechtsreife Nach 6-10 Jahren
Höchstalter Etwa 40 Jahre

Die Albatrosse sind die größten bekannten flugfähigen Vögel. Ein einfaches Erkennungsmerkmal ist der riesige Schnabel, der aus mehreren Hornplatten besteht. Die Nasenöffnungen liegen in kurzen Röhren jederseits der mittleren Platte des Oberschnabels.
Albatrosse kommen in allen Ozeanen vor: neun Arten leben auf der Südhalbkugel, drei Arten im Nordpazifik und eine in den Tropen. Sie sind außergewöhnliche Flieger: der Laysanalbatros zum Beispiel brütet in Hawaii und wandert regelmäßig quer über den Pazifik, wobei er manchmal sogar bis nach Kamtschatka oder Neuseeland gelangt, und der Wanderalbatros der südlichen Ozeane bringt annähernd 12-13 Monate, nämlich den Zeitraum zwischen zwei Brutperioden, auf dem offenen Meer zu und gelangt so manchmal sogar nach Europa.
Kein anderer Vogel kann so wie der Albatros mehrere Stunden lang segeln, ohne einen Flügelschlag zu tun. Die Nahrung besteht vor allem aus Tintenfischen, die der Albatros entweder im Flug oder schwimmend von der Wasseroberfläche fängt.
Meistens brüten die Albatrosse in Kolonien. Das Nest liegt in einer flachen Grube, die mit Hilfe des Schnabels ausgehoben worden ist, oder auch einfach am Boden, und besteht aus Erde und trocknem Schlamm. Normalerweise kommen die Vögel regelmäßig zum gleichen Nistplatz zurück. Das Weibchen legt ein einziges, großes Ei, das 60-80 Tage lang von beiden Eltern bebrütet wird. Das frischgeschlüpfte Jungtier wird die ersten 3-5 Wochen lang ebenfalls von beiden Altvögeln mit vorverdauter Nahrung gefüttert, die mit den öligen Sekreten des Drüsenmagens vermischt ist.

▲ Die Albatrosse sind die größten Vertreter der Ordnung Procellariiformes. Der Wanderalbatros (die Abbildung zeigt ein erwachsenes Exemplar und rechts ein Jungtier) ist der größte Seevogel überhaupt. Drei Albatrosarten kommen auf der Nordhalbkugel vor, 10 dagegen auf der Südhalbkugel. Albatrosse lassen sich fast ohne Flügelschlag von den starken Winden tragen; beim Flug halten sie den Schnabel nach unten, dabei immer wieder dicht über den Wellen segelnd.

▲ Der sehr kräftige Schnabel der Albatrosse besteht aus mehreren Hornplatten. Die röhrenförmigen Nasenöffnungen liegen jederseits der mittleren Platte des Oberschnabels.

ROSAPELIKAN
(*PELECANUS ONOCROTALUS*)

Ordnung Pelecaniformes
Familie Pelecanidae
Länge 110-178 cm
Gewicht 7-14 kg
Verbreitung Europa, Asien, Afrika, Amerika und Australien
Ökologie Gesellig, Zugvögel
Nest In Bäumen oder am Boden
Fortpflanzungszeit Frühjahr und Sommer
Brutdauer 30-42 Tage
Anzahl der Eier 2-3
Jungtiere Nesthocker
Geschlechtsreife Nach 3-4 Jahren

Pelikane sind sehr große Vögel, die normalerweise an süßen oder brackigen Gewässern leben. Ihre großen, breiten Flügel spannen fast 3 m und ermöglichen ihnen ihren charakteristischen Gleitflug. Der Schnabel der Pelikane ist außerordentlich groß und endet oberseits in einem kleinen Haken. Am Unterschnabel hängt ein voluminöser, sehr dehnbarer Sack mit einem Fassungsvermögen von über 12 Litern. Dieser Sack ist das charakteristische Merkmal der Pelikane. Er dient nicht nur der Aufbewahrung, sondern auch dem Fang von Fischen und wird dabei wie ein Netz gebraucht. Das Gefieder der erwachsenen Vögel ist weiß oder dunkelgrau.

Obgleich Pelikane gelegentlich auch Krebse, Würmer und organischen Detritus fressen, bilden Fische doch ihre allerwichtigste Nahrung. Ihre Fangtechniken sind von Art zu Art verschieden. Rosapelikane zum Beispiel führen gewöhnlich eine gemeinsame Jagd aus, während die Braunen oder Meerespelikane ihre Beute einzeln im Sturzflug fangen.

Dank ihrer Luftsäcke unter der Haut, die dem schweren Körper im Wasser Auftrieb verleihen, können Pelikane gut schwimmen. Sie sind von Natur gesellig und daher kann man sie oft in einer charakteristischen schrägen Flugformation fliegen sehen.

In der Fortpflanzungszeit errichten die Pelikane ein Nest aus Schilf, Zweigen und Pflanzenteilen. Das Weibchen legt 2-3 bläuliche oder gelbliche Eier. Die beim Schlüpfen noch nackten Jungvögel bleiben 85-105 Tage lang im Nest. Die Eltern verdauen das Futter für die Jungvögel im Kropf vor und würgen es dann in den Sack unter dem Schnabel aus. Die Jungvögel holen sich das Futter aus dem Sack, indem sie den ganzen Kopf hineinstecken.

Rosapelikan (*Pelecanus onocrotalus*)

▲ Pelikane gehören zu den größten Wasservögeln. Ihr auffälligstes Merkmal ist der große Sack am Unterschnabel, der beim Fischfang wie ein Netz benutzt wird. Ihre Füße sind mit Schwimmhäuten versehen, die sogar die Hinterzehen einschließen. Es gibt weiße und braune Pelikane, die jeweils eine andere Fangmethode anwenden, um Fische zu fangen. Fische stellen die weitaus wichtigste Nahrungsquelle der Pelikane dar.

► Fuß eines Pelikans: alle vier Zehen sind durch eine gemeinsame Schwimmhaut verbunden.

KORMORAN
(PHALACROCORAX CARBO)

Ordnung Pelecaniformes
Familie Phalacrocoracidae
Länge 48-92 cm
Gewicht 0,7-3,5 kg
Verbreitung Weltweit, außer in den Polargebieten
Ökologie Koloniebildend, einige Arten Zugvögel
Nest In Bäumen und an Felsen
Fortpflanzungszeit Frühjahr bis Sommer oder Winter bis Frühjahr
Brutdauer 27-30 Tage
Anzahl der Eier 2-4
Jungtiere Nesthocker
Geschlechtsreife Nach 3 Jahren

Es gibt 29 Arten Kormorane: acht Arten leben in Amerika, elf in Europa, Asien und Afrika, sechs in Australien und die restlichen vier sind fast weltweit verbreitet.

Kormorane besitzen einen recht langen Hals, ziemlich kurze, gerundete Flügel und einen besonderen Bau des Kopfes, der es ihnen ermöglicht, ihre Beute festzuhalten. Das Gefieder ist in der Regel dunkel gefärbt, doch haben einige Arten der Südhalbkugel einen weißen Bauch. Weil ihr Gefieder wasserdurchlässig ist, können Kormorane zwar geräuschlos ins Wasser gleiten, müssen aber nach dem Tauchen ihr Gefieder an der Luft trocknen, wozu sie die Flügel in charakteristischer Weise ausbreiten.

Bei den Kormoranen sucht das Männchen den Nistplatz aus und versucht anschließend, mit einem besonderen Balzverhalten ein Weibchen anzulocken. Dabei hebt und senkt es seine Flügel wiederholt und faltet die Primärfedern der Flügel hinter die Sekundär- und Tertiärfedern.

Das Nistmaterial wird ebenfalls vom Männchen herangetragen, doch hilft das Weibchen beim Nestbau, sowie es die Eier gelegt hat. Beide Partner lösen sich beim Brüten ab, wobei sie einander bei jeder Ablösung zeremoniell grüßen. Jede Art besitzt ihr eigenes Begrüßungszeremoniell, ebenso wie jedes brütende Paar. Dadurch sind sie imstande, ihr eigenes Nest unter den Tausenden von Nestern in der Kolonie wiederzuerkennen.

Auch bei der Aufzucht der Jungen beteiligen sich beide Partner. Sie verteidigen auch ihr Nest durch Drohgebärden und heisere Schreie.

Alle Arten ernähren sich vornehmlich von Fischen, doch kann ihr Speisezettel auch Tintenfische, Krebse und Amphibien enthalten.

Kormoran
(*Phalacrocorax carbo*)

▲ Kormorane gehören zur Ordnung Pelecaniformes und sind besonders gute Fischer. Sie jagen ihre Beute beim Tauchen und können ohne weiteres Tiefen von 10 m erreichen, ja gelegentlich dringen sie sogar bis in 30 m Tiefe vor. Der recht starre Schwanz hilft ihnen beim Stehen, die Balance zu halten. Ihr Körpergewicht ist vergleichsweise groß, was ihnen das Tauchen erleichtert. In Westeuropa leben zwei Kormoranarten, die in der Abbildung links dargestellt sind: der Kormoran und die Krähenscharbe.

▼ Kormoran (links) und Krähenscharbe im Flug.

Krähenscharbe
(*Phalacrocorax aristotelis*)

SCHLANGENHALS-VOGEL
(ANHINGA ANHINGA)

Ordnung Pelecaniformes
Familie Anhingidae
Länge 90 cm
Verbreitung Tropisches Amerika
Ökologie Wasserlebend; zur Brutzeit gesellig
Nest In Bäumen, seltener am Boden
Anzahl der Eier 2-5
Jungtiere Nesthocker

Schlangenhalsvögel sind weltweit in den tropischen und subtropischen Gebieten verbreitete Wasservögel. Es gibt zwei Arten: den Amerikanischen Schlangenhalsvogel (Anhinga anhinga) und den Afrikanischen Schlangenhalsvogel (Anhinga rufa).

Schlangenhalsvögel, so genannt wegen ihres extrem langen, sehr beweglichen Halses, besitzen einen langgestreckten Körper, einen geraden Schnabel und einen sehr langen, schlanken Hals, der aus 20 Wirbeln besteht. Der achte und der neunte Wirbel tragen einen knöchernen Fortsatz, an dem kräftige Muskelstränge ansetzen, die es erlauben, den Hals S-förmig zu krümmen und ihn aus dieser Krümmung wie eine Feder vorschnellen zu lassen. Die Füße sind ganz mit Schwimmhäuten versehen und gestatten eine schnelle Fortbewegung im und unter Wasser.

Der Amerikanische Schlangenhalsvogel ist im südlichen Teil der USA, in ganz Mittelamerika und im nördlichen und östlichen Südamerika bis nach Nordargentinien verbreitet. Er bewohnt Seen und Sümpfe im Landesinneren ebenso wie die mangrovengesäumten Mündungen der Flüsse. Der Vogel ernährt sich von Fischen und anderen wasserlebenden Tieren (Krebsen, Mollusken und Insekten). Während der Balz sind beide Partner einander zugewandt, stellen den Schwanz empor, legen den Kopf auf den Hals, und richten den Schnabel, der einen Zweig trägt, nach unten. Später holt das Männchen Zweige für das Nest zusammen, während das Weibchen diese zu einer Plattform ordnet.

Die blaß blaugrünen Eier haben eine ähnliche Kalkschale wie diejenigen der Kormorane und werden abwechseln von beiden Partnern 25-28 Tage lang bebrütet. Die Jungvögel werden von beiden Eltern mit vorverdauter, wieder ausgewürgter Nahrung gefüttert.

▲ Schlangenhalsvögel können die gesamte Luft aus ihrem Gefieder entfernen und sind daher imstande, vollständig und sehr leise unterzutauchen. Die Nahrung besteht aus Fischen, Krebsen, Fröschen, Molchen, Wasserinsekten und deren Larven.

◄ Die Vögel verbringen einen großen Teil des Tages auf einem erhöhten Platz über dem Wasser, um ihr Gefieder zu trocknen. Die Stellung mit geöffneten Flügeln ist für Schangenhalsvögel und Kormorane typisch.

▲ Die Abbildung zeigt die hochentwickelte Technik des Fischfanges beim Schlangenhalsvogel. Der S-förmig gekrümmte Hals wird wie ein Speer nach vorn gestoßen und der spitze Schnabel spießt den Fisch auf, der nun in die Luft geworfen und kopfvoran verschlungen wird.

◄ Schlangenhalsvögel besiedeln die Tropen und Subtropen der ganzen Welt. Nach der Ansicht einiger Autoren gibt es nur zwei Arten: 1) den Amerikanischen Schlangenhalsvogel (Anhinga anhinga) aus Nord- und Südamerika und 2) den Afrikanischen Schlangenhalsvogel (Anhinga rufa) aus Afrika, Asien und Australien.

1
2

PRACHTFREGATT-VOGEL

(FREGATA MAGNIFICENS)

Ordnung Pelecaniformes
Familie Fregatidae
Länge 103-112 vom Kopf bis Schwanz
Flügelspannweite Etwa 2,3 m
Gewicht 1,4-1,5 kg
Verbreitung Galapagos, Antillen
und Kapverden
Ökologie Gesellig
Nest In Bäumen oder Büschen, manch-
mal auf Felsen
Anzahl der Eier 1
Jungtiere Nesthocker

Die Fregattvögel sind die besten Flieger
innerhalb der Ordnung Pelecaniformes.
Ihre spitzen Flügel sind extrem lang und
schmal und der Schwanz ist tief gegabelt.
Der Prachtfregattvogel bewohnt die tropischen Gebiete des östlichen Pazifischen
Ozeans und des Atlantischen Ozeans.
In der Luft ist dieser Vogel unübertroffen an Geschwindigkeit und Eleganz,
wenn er stundenlang und nur mit gele-
gentlichen Schlägen seiner gewaltigen
Flügel am Himmel kreist. Er ist wegen
seines parasitischen Nahrungserwerbs bekannt, denn infolge seiner Flugkünste ist
er imstande, einen Großteil seiner Nahrung anderen Vögel abzujagen, etwa den
Möwen, Kormoranen, Pelikanen und vor
allem den Tölpeln, die er so lange verfolgt und angreift, bis sie den soeben gefangenen Fisch herauswürgen, den der
Fregattvogel dann ganz elegant im Fluge
auffängt.
Der Prachtfregattvogel brütet das ganze
Jahr über. Das Nest befindet sich in
Strandnähe, meist in Bäumen oder in
niedrigem Gebüsch.
Vor der eigentlichen Paarung führen die
Fregattvögel interessante Balz- und Paa-
rungsrituale aus. Sieht ein Männchen ein
anderes Männchen, öffnet es seine Flügel, zittert mit ihnen und stößt heisere Rufe aus. Dabei bewegt es den Kopf rhythmisch hin und her und legt ihn in den
Nacken, so daß der riesige Kehlsack aus
nackter, roter Haut präsentiert wird. Der
Kehlsack wird dabei so stark aufgebla-
sen, daß er zu platzen scheint. Er bildet
ein optisches Signal, daß einerseits ein
Weibchen anlocken soll, andererseits das
Territorium des Männchens markiert. Das
einzige Ei wird 40-50 Tage lang von beiden Eltern bebrütet, die sich anschließend
auch die Sorge um das Junge teilen.

◄▲ Der Prachtfregattvogel ist, wie alle Arten
seiner Familie, ein ausgezeichneter Flieger.
Das Gefieder des Männchens (hier im Flug)
ist glänzend schwarz mit blauem Schimmer
und die Kehle ist mit einem hellroten
Kehlsack aus nackter Haut versehen. Das
Weibchen (sitzend) ist matter gefärbt und
trägt auf der Brust einen weißen Fleck. Diese
Vögel verbringen die meiste Zeit im Flug,
während sie sich an Land nur langsam und
mühsam fortbewegen können. Daher lassen
sie sich gewöhnlich an erhöhten Stellen
nieder, etwa in Bäumen oder auf Klippen,
von wo aus sie sich leicht in die Luft
erheben können.

▲ Weil die Fregattvögel sich
fast ausschließlich in der Luft
aufhalten, haben sie die Schwimmhäute an den Füßen großenteils
verloren, die eigentlich für die
Ordnung Pelecaniformes typisch
sind. Ihre gering ausgebildeten
Fähigkeiten zu schwimmen und
zu laufen haben diese Vögel durch
die Entwicklung von Greifkrallen
kompensiert, die ideal dafür
geeignet sind, sich an Ästen und
auf Felsen festzuhalten.

▲ Die Nahrung besteht aus kleineren
Meerestieren, insbesondere Fliegenden
Fischen, Tintenfischen, kleinen Meeres-
schildkröten und Quallen.

STORCHENVÖGEL
(CICONIIFORMES)

Die auffälligsten Merkmale aller Storchenvögel (Störche, Reiher, Ibisse etc.) sind die langen Beine, die hervorragend zum Waten im flachen Wasser geeignet sind, der gleichfalls lange Hals, der bei der Suche nach Nahrung am Boden oder im Wasser die langen Beine kompensieren muß, und der große, auffällig spitze Schnabel, der hervorragend zum Fangen von lebender Beute, etwa kleinen Fischen und Wasserinsekten geeignet ist. Körperform und Größe unterscheiden sich natürlich von Art zu Art, gemäß den jeweiligen Anpassungen an Lebensräume und speziellen Lebensweisen. Insbesondere hat der Schnabel bei einigen Arten, zum Beispiel beim Schuhschnabel oder beim Löffler, eine sehr ungewöhnliche Form angenommen.

Die Gefiederfarbe ist im allgemeinen weiß, grau oder schwarz und zeigt oft metallischen Glanz. Die nackten Körperpartien, vor allem die Beine, der Hals und der hornige Schnabel, sind häufig rot oder hellgelb. Storchenvögel sind mittelgroße bis große Vögel, der Indische Marabu wiegt zum Beispiel 6-7 kg. Im Flug halten die echten Störche die Beine und den Hals lang ausgestreckt, so daß diese mit den breiten Flügeln zusammen ein kreuzförmiges Flugbild ergeben. Die Reiher krümmen ihren Hals dagegen im Flug und ziehen den Kopf zwischen die Schultern zurück.

Storchenvögel kommen auf allen Kontinenten vor, mit Ausnahme der Polargebiete der Arktis und der Antarktis, die meisten Arten leben jedoch in Afrika und im tropischen Asien. Diese Vögel bewohnen vor allem Sumpfgebiete und die Uferzonen von Seen und Flüssen, und ihre Verbreitung wird in der Tat vom Vorhandensein derartiger Lebensräume bestimmt. Manche Arten, wie der einheimische Weißstorch, kommen auch häufig in Steppengebieten und auf Wiesen vor, der Waldrapp zeigt sogar eine Vorliebe für Trockengebiete, ja selbst Wüsten. Die Storchenvögel der gemäßigten Breiten sind im allgemeinen Zugvögel, die im Winter in äquatornahe Gebiete wandern. Storchenvögel nisten in Gruppen oder in größeren Kolonien, die unter Umständen mehrere tausend Paare umfassen können. Die Nester liegen in Bäumen oder im Schilf, seltener (zum Beispiel beim Waldrapp), an Felsklippen. Im allgemeinen ist das Nest ein sehr großes schüsselförmiges Gebilde aus Ästen mit eingeflochtenen Gräsern.

Indischer Weißstorch
(*Ciconia boyciana*)

Schwarzstorch
(*Ciconia nigra*)

Waldrapp
(*Geronticus eremita*)

Rosaflamingo
(*Phoenicopterus ruber*)

Grau- oder Fischreiher
(*Ardea cinerea*)

Nimmersatt
(*Ibis ibis*)

Jabiru
(*Jabiru mycteria*)

Kahnschnabel
(*Cochlearius cochlearius*)

Indischer Klaffschnabel
(*Anastomus oscitans*)

Schuhschnabel
(*Balaeniceps rex*)

Hammerkopf
(*Scopus umbretta*)

Sattelstorch
(*Ephippiorhynchus senegalensis*)

Afrikanischer Marabu
(*Leptoptilos crumeniferus*)

Ungefähr 113 Arten gehören zur Ordnung der Storchenvögel (Ciconiiformes). Sie werden in sechs Familien eingeteilt: Ciconiidae (Echte Störche), von denen sieben repräsentative Arten links abgebildet sind; Ardeidae (Reiher), oben durch den Graureiher vertreten; Cochleariidae (Kahnschnabel); Threskiornithidae (Ibisse), vertreten durch den Waldrapp; Balaenicipitidae (Schuhschnabel); und Scopidae (Hammerkopf). Die Phoenicopteridae (Flamingos), die bis vor kurzem ebenfalls zu den Ciconiiformes gerechnet wurden, bilden nach neueren Erkenntnissen eine eigene Ordnung, die Phoenicopteriformes.

ROSALÖFFLER
(AJAJA AJAJA)

Ordnung Ciconiiformes
Familie Threskiornithidae
Länge 68-81 cm
Verbreitung Mittel- und Südamerika
Ökologie Geselliger Wasservogel
Nest In Bäumen
Anzahl der Eier 1-4, meist 2-3
Jungtiere Nesthocker

Beim erwachsenen Rosalöffler ist das Gefieder rosa, während die Flügel schar-
lachrot gefärbt sind. Der Hals ist weiß,
die Beine sind rot und die Schwanzfedern
gelb oder orangerot. Die nackte Haut am
Kopf und der breite, an der Spitze verbreiterte und abgeflachte Schnabel sind
grünlich-grau. Das Gefieder der Jungvögel ist dagegen rein weiß, während der
Schnabel und der noch ganz befiederte
Kopf gelblich gefärbt sind.
Dieser einzige in Amerika vorkommende Löffler bewohnt einige wenige Stellen in den Südstaaten der USA (Texas,
Florida und Louisiana), und ist über ganz
Mittelamerika und den größten Teil von
Südamerika verbreitet. Obwohl er früher
häufig war, wurden viele Populationen
des Rosalöfflers systematisch seines
prächtigen Gefieders willen ausgerottet.
Heute kommt der Vogel noch in abgelegenen, reich bewachsenen Sumpfgebieten vor, sowie in Mangrovensümpfen an
der Küste.
Die Rosalöffler nisten in Kolonien, häufig zusammen mit anderen Wasservögeln,
etwa Ibissen und Reihern, und ihre Nester bestehen aus Zweigen und Pflanzenstengeln und sind innen mit Blättern
und weicheren Gräsern ausgekleidet. Das
Weibchen legt 1-4, gewöhnlich 2 oder 3
weiße, braungefleckte Eier. Beide Eltern
beteiligen sich am Brutgeschäft, das 23-
24 Tage dauert. Nach etwa 40 Tagen sind
die Jungvögel flugfähig.
Eine verwandte Art ist der Europäische
Löffler (*Plateala leucorodia*), der ein
weißes Gefieder besitzt, das nur auf der
Brust ockerfarbig ist, und eine Federhaube am Hinterkopf. Bei ihm ist der
Schnabel schwarz mit gelber Spitze. Er
ist etwas größer als der Rosalöffler und
bewohnt Süd- und Südosteuropa, Asien
und Teile Afrikas. Die Brutkolonien liegen in dichten Schilfbeständen, die von
tieferem Wasser umgeben sind, so daß
sie vor räuberischen Säugetieren geschützt sind.

Rosalöffler
(*Ajaja ajaja*)

▲ Rosalöffler leben in Sumpfgebieten, am Ufer von Tümpeln
und Seen mit reichem Bewuchs an Wasserpflanzen und mit
direkt im Wasser stehendem Gebüsch. Heutzutage kommen
sie fast nur noch in abgelegenen Gegenden vor. Dorthin
haben sie sich wegen der intensiven Bejagung zurückgezogen,
die fast zu ihrer gänzlichen Ausrottung geführt hatte. Nur
durch Eingreifen der National Audubon Society of Amerika
wurde die Jagd auf den Rosalöffler seines prächtigen
Gefieders wegen beendet und es wurden für ihn, wie auch
für verschiedene andere Wasser- und Sumpfvögel,
Schutzgebiete geschaffen.

Weißer Löffler
(*Plateala leucorodia*)

▲ Beide Löfflerarten ernähren sich
von einer Vielzahl von Wassergetier,
zum Beispiel Krebsen, Insekten und
ihren Larven, Mollusken, Amphibien
und kleinen Fischen. Sie bereichern
diese tierische Kost mit Wasserpflanzen und Samen.

▶ Der Europäische oder Weiße Löffler wird größer
als der Rosalöffler und wirkt etwas schlanker und
eleganter, außerdem trägt er am Hinterkopf eine
Federhaube. Er bewohnt die Alte Welt und kommt
in Europa, Asien und Afrika vor.

REIHER
(ARDEIDAE)

Die meisten der 64 Reiherarten der Familie Ardeidae sind mittelgroße. schlanke Vögel mit langen Beinen, einem sehr beweglichen Hals und einem langen, spitzen Schnabel. Die meisten Reiherarten sind tagaktiv, doch einige, etwa die Nachtreiher, gehen nachts auf die Jagd. Beide Geschlechter gleichen sich bei den Reihern und lassen sich nur durch ihr Balzverhalten unterscheiden.

Manche Reiherarten sind ganz weiß (eine generell sehr seltene Färbung bei Vögeln), manche sind auch ganz schwarz. Bei den übrigen besteht die Gefiederfärbung aus einem Gemisch aus verschiedenen Farbtönen, im allgemeinen aus weiß, grau, schwarz und rötlichbraun. Einige Arten sind auch braun und weiß gesprenkelt.

Die Reiher stelzen ohne Mühe selbst durch Gewässer mit Schlammboden. Dabei leisten ihnen ihre langen Zehen gute Hilfe. Sie können zwar schwimmen, tun dies aber nur in wirklich tiefem Wasser, wenn es nicht anders geht. Ihr Flug ist langsam, aber kräftig und majestätisch mit langen, schweren Flügelschlägen. Im Flug halten sie den Hals S-förmig gekrümmt, ziehen den Kopf zwischen die Schultern ein und halten die Beine lang ausgestreckt.

Die Reiher kommen in allen Kontinenten mit Ausnahme der Antarktis vor. Obgleich sie in den Tropen am artenreichsten sind, leben verschiedene Arten auch in den gemäßigten Breiten. Ihre Fischnahrung macht sie zudem sehr vom Wasser abhängig, daher finden sie sich immer in der Nähe von Sumpfgebieten, Seen und Flüssen.

Die Mehrzahl der Arten wandert im Winter in die Äquatorialgebiete, doch solche Arten, die bereits in den Tropen leben, wie der Goliathreiher in Afrika, streifen nur auf der Suche nach fischreichen Gewässern herum.

Mit Ausnahme der Dommeln, die immer solitär leben, sind die übrigen Reiher gesellige Vögel, die sich nachts zum Schlafen zu Gruppen zusammenfinden und in Brutkolonien nisten, die Tausende von Nestern enthalten können. Die Paare halten nur eine Brutsaison lang zusammen und beide Elternteile teilen sich die Mühen des Brutgeschäftes und der Aufzucht der Jungen. Die Jungvögel schlüpfen völlig nackt und hilflos und werden je nach Artzugehörigkeit erst nach 40 bis 60 Tagen selbständig.

Seidenreiher
(*Egretta garzetta*)

Kuhreiher
(*Ardeola ibis*)

Rötelreiher
(*Dichromanassa rufesc*

Louisianareiher
(*Hydranassa tricolo*

Goliathreiher
(*Ardea goliath*)

Purpurreiher
(*Ardea purpurea*)

Seidenreiher
(*Casmerodius albus*)

Rohrdommel
(*Botaurus stellaris*)

Japan.
Nachtr
(*Gorsa
gorsa*

Glockenreiher
(*Melanophoyx ardesiaca*)

Zwergrohrdommel
(*Ixobrychus minutus*)

Indianerdommel
(*Ixobrychus exilis*)

Nachtreiher
(*Nycticorax nycticorax*)

FLAMINGOS
(PHOENICOPTERIDAE)

Ordnung Phoenicopteriformes
Familie Phoenicopteridae
Größe Zwerg- und Kurzschnabelflamingos sind mit einer Gesamtlänge von 90-100 cm und einer Flügelspannweite von 95-100 cm die kleinsten Arten. Der Rosaflamingo ist die größte Art und kann eine Gesamtlänge von 200 cm und eine Flügelspannweite von 185 cm erreichen.
Gewicht Zwischen 1,6 kg beim Zwerg- und über 4,4 kg beim Rosaflamingo
Brutdauer 27-31 Tage
Anzahl der Eier 1, ausnahmsweise 2
Geschlechtsreife Nach mindestens 2-3 Jahren
Höchstalter Nachweislich 27 Jahre in freier Wildbahn (Camargue) und bis 50 Jahre in Gefangenschaft (Basler Zoo)

Flamingos gehören zu den auffallendsten Vögeln, vor allem im Flug. Dabei halten sie den Hals und die Beine ausgestreckt, die Flügel zeigen beim Schlag abwechselnd ihre weiße und schwarze Färbung, und das Ganze wird von trompetenden Rufen begleitet.
Es existieren sechs Flamingoarten: zwei in der Alten Welt und vier in der Neuen Welt. Alle zeigen die gleiche Vorliebe für flache, brackige oder salzige Gewässer, die allerdings vom Meeresspiegel bis in 4.000 m Höhe gelegen sein können.
Alle Flamingoarten sind gesellig und versammeln sich in großen Scharen, die Tausende oder sogar Hunderttausende von Vögeln ausmachen können. Derartig große Gruppen bilden sich gewöhnlich, wenn Feuchtgebiete austrocknen, oder weil die Nahrung an einem bestimmten Ort im Augenblick besonders reichhaltig ist, oder zur Brutzeit.
Das Nest besteht aus Schlamm, der mit dem Schnabel rund um den Nistplatz zu einem kegelförmigen Gebilde zusammengescharrt wird und auf dessen Spitze das einzige Ei in einer leichten Vertiefung liegt. Die Jungvögel schlüpfen mit einem grauweißen Daunenkleid.
Der Schnabel der Flamingos besteht aus einem komplizierten System von Lamellen auf beiden Schnabelteilen, mit denen die Nahrung aus dem Wasser gefiltert wird. Die dicke, fleischige Zunge ist mit kleinen Stacheln besetzt und liegt in einer Grube des Unterschnabels. Sie funktioniert wie eine Kolbenpumpe, die 3-4 mal in der Sekunde das an organischen Bestandteilen reiche Wasser durch den Mund pumpt.

Rosaflamingos an ihrem Nest. Häufig umfaßt die Brutkolonie Tausende von Paaren und liegt meist auf Inseln, die von außen nicht zugänglich sind, so daß die brütenden Vögel vor räuberischen Säugern und vor dem Menschen sicher sind.

GRAUGANS
(ANSER ANSER)

Ordnung Anseriformes
Familie Anatidae, Unterfamilie Anserinae
Länge 75-90 cm
Flügelspannweite 147-180 cm
Gewicht 2,9-3,7 kg
Verbreitung Europa und Asien
Ökologie Gesellig, abgesehen von der Brutzeit
Nest Am Boden
Anzahl der Eier 4-7, ausnahmsweise bis 12
Jungtiere Nestflüchter

Die Graugans ist die am besten bekannte und wohl auch die häufigste Gänseart. Daher ist sie auch der Vorfahr vieler verschiedener Hausgänsesorten.

In freier Wildbahn ist die Graugans leicht zu erkennen, denn sie ist die einzige Art der "grauen" Gänse mit einem großen, rosa oder orangeroten Schnabel (mit weißlicher Spitze). Im Flug zeigt die Graugans einen großen, silberweißen Bereich auf der Oberseite des Flügels, der aus der Entfernung fast weiß aussieht. Die Oberseite des Körpers ist graubraun, die Spitzen der Federn sind jedoch weiß, so daß eine Art weißer Querbänderung entsteht. Bei den Tieren der östlichen Populationen sind diese weißen Streifen breiter und deutlicher, daher wirken sie insgesamt heller. Die Unterseite ist mehr oder weniger einheitlich hell und die Füße sind fleischfarben. Der kurze Schwanz ist schwärzlich und kontrastiert daher auffallend mit dem weißen Bürzel. Da die Geschlechter sich gleichen, sind sie in freier Wildbahn kaum zu unterscheiden; manchmal ist die Unterscheidung jedoch durch Größenvergleich (die Männchen sind größer) möglich oder auf Grund bestimmter Verhaltensweisen.

Die Unterscheidung der Jährlinge ist andererseits unproblematisch, denn sie sind dunkler und brauner als die erwachsenen Gänse und haben viel weniger Weiß im Gefieder als diese.

Früher besaß die Graugans ein viel größeres Brutgebiet in Asien ebenso wie in Europa. Heutzutage finden sich große Populationen mit ausgedehnten Verbreitungsgebieten noch in großen Teilen Mittelasiens und des europäischen Teiles von Rußland, doch aus Europa ist die Graugans als Brutvogel fast ganz verschwunden.

Die Graugans zeigt eine Vorliebe für feuchte Wiesen, die sich oft, aber nicht immer, in der Nähe von Sumpfgebieten

▲ Die Familie Anatidae (Schwäne, Gänse und Enten) umfaßt zahlreiche Wasservögel, die alle durch kurze, kräftige Beine ausgezeichnet sind, sowie durch die Fähigkeit zu schwimmen und sehr lange Flüge auszuführen. Die Graugans besitzt wie die anderen Gänse relativ lange Beine, mit denen sie sich gut an Land fortbewegen kann. Diese Art ist leicht von anderen Gänsen an dem fast einfarbig rosa oder orange Schnabel und an dem einfarbig graubraunen Gefieder zu unterscheiden.

◄ Gänse ernähren sich vor allem von Pflanzen, die sie mit Hilfe der kleinen, lamellenartigen Zähnchen in beiden Schnabelteilen abreißen und zerkauen.

oder Seen befinden. Wie viele andere Gänse geht sie vor allem aus Sicherheitsgründen ins Wasser, weniger bei der Nahrungssuche. In der Tat erheben sich bei Einbruch der Dämmerung die Gänse, die eben noch friedlich auf einem Feld grasten, wie auf Kommando und fliegen zu ihren Übernachtungsplätzen. Diese "Nachtquartiere" liegen gewöhnlich an flachen Ufern, in schlammigen oder sandigen Flußmündungen oder in Lagunen, meist auf einer Sandbank, die allseits von Wasser umgeben ist.

Das Nest der Graugans ist gewöhnlich ein ziemlich lieblos zusammengescharrtes, leicht erhöhtes Gebilde aus Pflanzenmaterial am Boden, das mit Federn ausgekleidet ist. Während der Brutzeit geben die Vögel ihr geselliges Verhalten auf und jedes Paar verteidigt sein kleines Territorium und erlaubt keiner artgleichen Gans das Eindringen. Die Jungen schlüpfen nach einer Brutzeit von 25 Tagen und sind nach einigen Wochen bereits flugfähig. Bis dahin werden sie von beiden Eltern geführt und verteidigt. Nach zwei (oder häufiger nach drei) Jahren paart sich die Gans das erste Mal und bleibt seinem Partner das ganz Leben lang treu. Der Verhaltensforscher Konrad Lorenz, der Autor einiger der ersten und berühmtesten Arbeiten über das Verhalten der Graugänse, hebt hervor, daß zwar bei den Gänsen die Einehe die Regel ist, daß es aber, wie bei jeder Regel, auch Ausnahmen gibt. Besonders wichtig ist seine Beschreibung derjenigen Phase im Lernprozeß der jungen Gans, die als "Prägung" bekannt ist. Dieses Phänomen hat man bei vielen Tierarten beobachtet, es kommt jedoch besonders bei Arten mit einem gewissen Grad an sozialer Organisation vor. Lorenz zeigte, daß junge Graugänse kurz nach dem Schlüpfen fast jedes andere Tier, aber auch den Menschen oder selbst einen unbelebten Gegenstand als ihre Mutter anzuerkennen lernen, wenn dieser in unmittelbarer Nähe ist und regelmäßig Laute ausstößt, die dem sogenannten "Stimmfühlungslaut", mit dem die Gänse untereinander Kontakt halten, ähnlich, aber nicht notwenig mit diesem identisch ist. Dadurch wird die junge Gans auf ihre Eltern "geprägt" und nimmt dann auch solche Tiere wie eine Henne, eine Truthenne, einen Menschen, oder sogar einen beweglichen Pappkarton als Mutter an. Die junge Gans verhält sich im Beisein dieser Adoptivmutter auch genauso, wie sie es ihrer echten Mutter gegenüber tun würde. Nach der Geschlechtsreife kann sie sogar versuchen, sich mit Objekten zu paaren, die ihren Ersatzeltern gleichen, währen sie echte Graugänse zurückweist.

▼ Wenn sie über lange Strecken ziehen, nehmen die Graugänse eine typische v-Formation ein, die auch alle anderen großen, in Gruppen fliegenden Zugvögel auf dem Zug benutzen.

▼ Graugänse grasen vorzugsweise auf Feldern und Wiesen, aber nicht unbedingt in Feuchtgebieten.

▶ Eine junge Graugans kurz nach dem Schlüpfen.

▶ Schlafstellung der Graugans.

▼ Ein Weibchen (das allein brütet) holt ein Ei ins Nest zurück, das herausgerollt ist.

▲ Junge Graugänse sind bereits einen Tag nach dem Schlüpfen imstande, ihrer Mutter zu folgen.

▲ In den ersten Tagen nach dem Schlüpfen nehmen die jungen Graugänse, wenn ihre Mutter fehlt, tatsächlich jedes Objekt oder jedes Tier, ja sogar den Menschen, als Mutter an, das zufällig in ihre Nähe kommt.

SINGSCHWAN
(CYGNUS CYGNUS)

Ordnung Anseriformes
Familie Anatidae
Länge 145-160 cm
Verbreitung Europa und Asien
Nest Am Ufer
Anzahl der Eier 5-6, ausnahmsweise 4-8
Jungtiere Nestflüchter

Schwäne sind recht große Vögel und werden noch größer als die größten Wildgänse. Der Hals der Schwäne ist besonders lang und bei den meisten Arten ist das Gefieder weiß (bei den Arten der Nordhalbkugel), bzw. schwarz oder schwarzweiß (auf der Südhalbkugel).

Schwäne verbringen viel Zeit schwimmend und sie suchen auch ihre Nahrung überwiegend im Wasser, entweder von der Wasseroberfläche, oder mit Kopf und Hals tief unter Wasser, um Pflanzen am Gewässergrund abzuweiden.

Schwäne brauchen große Gewässer, insbesondere während ihrer Jugendentwicklung, denn ihr beträchtliches Gewicht könnte während dieser Zeit das Wachstum ihrer Füße beeinträchtigen, wenn sie zu viel Zeit an Land verbringen müßten. Normalerweise ist der Schnabel eines Schwans ziemlich lang, aber an der Basis recht hoch. Die jungen Schwäne sind braun oder grau gefärbt und lassen sich auch in einer großen Gruppe an ihrer Gefiederfarbe sofort von den Erwachsenen unterscheiden.

Die fünf existierenden Arten der Schwäne gehören alle in die Gattung *Cygnus* und unterscheiden sich nicht sehr voneinander. Trotz ihrer Größe und ihres hohen Gewichtes sind Schwäne hervorragende und ausdauernde Flieger, die Wanderungen über viele hundert Kilometer Entfernung ausführen.

Der Singschwan (*Cygnus cygnus*) ist leicht am Fehlen eines Höckers an der Schnabelbasis zu erkennen. Sein Körper wirkt etwas quadratisch und der Hals wird gerade hochgereckt gehalten und nicht in einer eleganten S-Kurve. Sein Ruf ist tief und wohlklingend und gleicht einem Trompetenton. Aus diesem Grund hat die amerikanische Unterart *C. c. buccinator* den Namen Trompeterschwan erhalten. Er ist der größte Schwan überhaupt und kann ein Gewicht von 15 kg erreichen. Der Singschwan brütet in Island, Norwegen, Schweden, Finnland, Rußland, Sibirien ostwärts bis Kamtschatka, Sachalin, auf den Kommandeurinseln und in Japan, außerdem in manchen Teilen

▲ Singschwäne brüten in Feuchtgebieten in der Tundra. Das Paar verteidigt sein Territorium und sammelt Pflanzenmaterial für das Nest.

◀ Die graubraune Färbung ist charakteristisch für die Jungvögel, die weniger als ein Jahr alt sind.

▼ Die Jungschwäne folgen ihren Eltern in die Winterquartiere, ganz ähnlich wie bei den Graugänsen.

▼ Ein Singschwan beim Grasen.

▼ Das Daunenjunge führend.

◀ Schlafend.

▲ Schwäne müssen über das Wasser laufen, bevor sie abheben können.

Zentralasiens. Er überwintert auf den Britischen Inseln, in Europa, Nordafrika, Kleinasien, im Iran, in Nordindien, China und Japan. Auch der Trompeterschwan war einst in vielen Teilen Nordamerikas verbreitet, doch heutzutage kommt er nur noch in einem Gebiet entlang der Grenzen von Kanada, den USA und von Alaska vor.

Singschwäne nisten bevorzugt an den Ufern von Seen in der Tundra oder in Moor-oder Sumpfgebieten in der Nähe der Mündungen arktischer Flüsse. Im Winter ziehen sie in südlichere Gegenden, weil zu viel Eis und Schnee ihnen die Nahrungssuche unmöglich machen.

Der Höckerschwan (*C. olor*) unterscheidet sich von ähnlichen Arten durch die Farbe seines Schnabels, der fast ganz orangerot ist, jedoch schwarze Ränder aufweist und einen schwarzen Höcker an der Basis hat. Auch die Beine sind schwarz (seltener fleischfarben oder grau) und der spitze Schwanz ist recht auffällig.

Der Höckerschwan kommt in Dänemark, Mittel- und Südschweden, Norddeutschland, Polen, Rumänien, Mittelrußland, Kleinasien und Zentral- und Ostasien bis zur Mongolei und zur Südmandschurei vor. Auch er zieht im Winter südwärts. Sein Nest wird vorzugsweise auf einer Insel mitten in einem Sumpf angelegt, doch nisten halbdomestizierte Tiere überall in der Nähe von Gewässern. Beide Eltern helfen beim Nestbau und das Männchen hält während der Brutzeit in der Nähe Wache. Die 4-7 (in Ausnahmefällen bis 12) Eier werden 36 Tage lang bebrütet. Die Jungschwäne werden von beiden Eltern geführt und können 120-150 Tage nach dem Schlüpfen fliegen.

Der Zwergschwan (*C. columbianus*) gleicht in den wesentlichen Merkmalen dem Singschwan, mit der einzigen Ausnahme, daß er beträchtlich kleiner ist. Der Hals ist allerdings relativ kurz und der Körper ist eher rundlich als länglich. Sein Ruf ist melodisch und durchdringend.

Der bekannteste Schwan der südlichen Hemisphäre ist zweifellos der Trauerschwan (*C. atratus*) aus Australien, leicht erkennbar an seinem schwarzen Gefieder und seinem tiefroten Schnabel mit einer weißen Binde an der Spitze.

Der verhältnismäßig kleine Schwarzhalsschwan (*C. melanocoryphus*) aus Südamerika zieht im Winter nordwärts. Bei ihm ist der Körper weiß, der Hals jedoch samtschwarz und am Auge hat er einen kleinen weißen Streifen. Der graue Schnabel ist an der Basis mit einem großen, zweilappigen, fleischrosa Höcker verziert. Das Weibchen zeigt das eigenartige Verhalten, sein Junges beim Schwimmen auf dem Rücken zu tragen.

Schwarzhalsschwan
(*Cygnus melanocoryphus*)

Trompeterschwan
(*Cygnus cygnus buccinator*)

Trauerschwan
(*Cygnus atratus*)

Höckerschwan
(*Cygnus olor*)

1
2
3
4   5

▲ Von links: die verschiedenen Schnabelformen beim Höckerschwan, Singschwan und Zwergschwan.

◄ Abgesehen vom überall verbreiteten Höckerschwan brauchen die anderen Schwäne absoluten Schutz wegen ihrer Seltenheit und wegen ihres Charakters als Wappentiere. 1) Singschwan (*Cygnus cygnus*); 2) Höckerschwan (*Cygnus olor*); 3) Trauerschwan (*Cygnus atratus*); 4) Zwergschwan (*Cygnus columbianus*); 5) Schwarzhalsschwan (*Cygnus melanacoryphus*).

ENTEN
(ANATIDAE, UNTERFAMILIE ANATINAE)

Enten, die normalerweise an der Oberfläche schwimmend ihre Nahrung suchen, ohne dabei ganz unterzutauchen, werden "Schwimmenten" genannt, im Gegensatz zu den Tauchenten. Bei diesen Arten bilden die sekundären Flügelfedern einen rechteckigen Bereich am Flügel, den sogenannten "Spiegel". Dieser ist immer gut begrenzt und auffallend, oft metallisch oder changierend gefärbt.

Dieser Flügelspiegel dient wahrscheinlich dazu, arteigene Enten bereits aus der Entfernung oder im Flug zu erkennen. Bei den sogenannten "Tauchenten" dagegen sind die Flügel mit schwarz-weißen Feldern verziert oder ganz einfarbig. Sie werden deshalb so genannt, weil sie bei der Nahrungssuche ganz untertauchen, manchmal mehrere Meter tief, und sogar unter Wasser schwimmen.

Die beiden Entengruppen, Schwimmenten und Tauchenten, unterscheiden sich auch in anderen Merkmalen voneinander und dies steht im Zusammenhang mit der Tatsache, daß die Tauchenten weit mehr an das Wasserleben angepaßt sind. Daher sind die Zehen der Schwimmenten kürzer und ihre Schwimmhäute sind kleiner, während sie bei den Tauchenten großflächig sind – sicher eine Anpassung an das Schwimmen unter Wasser. Außerdem setzen bei den Tauchenten die Beine weiter hinten an, so daß sie an der Wasseroberfläche schwimmend eine aufrechtere Stellung einnehmen.

Ein weiterer Unterschied zwischen beiden Gruppen besteht in der Schnabelform, sie ist nach der Art des Nahrungserwerbs verschieden. Der Schnabel der Schwimmenten ist mehr zum Filtern und zum Kauen geeignet, daher ist er flach und ziemlich lang. Bei den Tauchenten, insbesondere bei denjenigen Arten, die den Winter an der Meeresküste verbringen, ist der Schnabel an der Basis ziemlich hoch, außerdem besitzen sie einen verhältnismäßig großen Kopf. Diejenigen Arten der Tauchenten allerdings, die sich auch im Winter am Süßwasser aufhalten, haben ebenfalls breite, flache Schnäbel, denn ein Großteil ihrer Nahrung besteht aus Pflanzen. Die meeresbewohnenden Enten, wie die Eiderente, besitzen einen sich zur Spitze verjüngenden Schnabel. Bei den meeresbewohnenden Sägern schließlich, die sich ausschließlich von Fischen ernähren, ist der Schnabel ungewöhnlich lang und schmal.

Die zahlreichen Enten werden in mehre-

Brandente
(Tadorna tadorna)

Java-Pfeifgans
(Dendrocygna javanica)

Nilgans
(Alopochen aegyptiacus)

Löffelente
(Anas clypeata)

Amerikanische Pfeifente
(Anas americana)

Sichelente
(Anas falcata)

Pfeifente
(Anas penelope)

Knäkente
(Anas querquedula)

Schnatterente
(Anas strepera)

re Triben und Gattungen unterteilt. Die Tribus der Tadornini (Halbgänse) enthält Arten, die sowohl gewisse Übereinstimmungen mit den Gänsen, als auch mit den Enten zeigen. Eine der bekanntesten Arten dieser Gruppe ist die Brandente (*Tadorna tadorna*). Sie ist ein Salzwasserbewohner und findet sich daher fast ausschließlich an der Küste.

Die Tribus Anatini (echte Enten) enthält die Schwimmenten. Die Löffelente (*Anas clypeata*) ist sehr leicht an Form und Größe ihres Schnabels zu erkennen, der vor allem zum Filtern geeignet ist. Daher macht Plankton auch einen Großteil der Nahrung dieser Ente aus. Die Löffelente ist über die gesamte Holarktische Region verbreitet.

Die Knäkente (*Anas querquedula*) ist etwas kleiner als die Löffelente und leicht an ihrem viel kleineren Schnabel zu unterscheiden, sowie an den prachtvollen Farben des Männchens im Brutkleid.

Die Sichelente (*Anas falcata*) ist ein auffälliger Vogel, der über ganz Nordostasien verbreitet ist und im Winter bis nach China und Japan wandert. Ihren Namen hat sie von den beim Männchen besonders langen, sichelartig verlängerten und gekrümmten tertiären Flügelfedern erhalten. In Aussehen und Verhalten gleicht ihr die Schnatterente (*Anasa strepera*) sehr. Deren Verbreitungsgebiet ist allerdings viel größer und umfaßt ganz Nordamerika, Europa und Asien.

Die Pfeifente (*Anas penelope*) besitzt ebenfalls eine weite Verbreitung in Asien und Europa, während sie in Amerika durch zwei sehr ähnliche Arten ersetzt wird, die Amerikanische Pfeifente (*Anas americana*) und die weiter südlich verbreitete Prachtpfeifente (*Anas sibilatrix*). Die bevorzugten Lebensräume dieser Enten sind Grasländer in der Nähe von Gewässern.

Verschieden von den Pfeifenten sind die Spießenten, die einen langen, schlanken Hals, einen langen Kopf und langen Schnabel und außerdem einen langen Schwanz besitzen, der in einem Spieß endet. Andererseits bevölkern die Spießenten ganz ähnliche Lebensräume wie die Pfeifenten und gleichen ihnen auch in der Nahrungssuche, bei der sie nicht tiefer als 40 cm gründeln und niemals ganz untertauchen. Die Spießente (*Anas acuta*) brütet in Nordamerika, Europa und Asien und zieht im Winter nach Afrika und in die südlichen Gebiete Asiens.

Zu den Baumenten (Tribus Cairini) gehört die sehr eigenartige Mandarinente (*Aix galericulata*) aus Japan, Sachalin, der Mandschurei, Nordostchina und dem Ussuri-Amurgebiet. Sie zieht zum Überwintern ebenfalls nach Süden.

Spießente
(*Anas acuta*)

Fleckschnabelente
(*Anas poecilorhyncha*)

Krickente
(*Anas crecca*)

Gluckente
(*Anas formosa*)

Brautente
(*Aix sponsa*)

Flugunfähige Dampfschiffente
(*Tachyeres pteneres*)

Mandarinente
(*Aix galericulata*)

Die Dampfschiffenten sind die einzigen flugunfähigen Enten. Auf der Flucht rennen sie über das Wasser und schlagen dabei heftig mit den Flügeln, oder sie schwimmen unter Wasser, wobei sie gleichfalls ihre Flügel gebrauchen.

Moschusente
(*Cairina moschata*)

GREIFVÖGEL
(FALCONIFORMES)

Die Ordnung Falconiformes umfaßt alle Taggreifvögel, kräftig gebaute, gut fliegende Greifvögel, die meist tagaktiv sind. Der Berghaubenadler (*Spizaetus nipalensis*) gehört zu einer Gruppe von Adlern mit befiederten Füßen (Familie Accipitridae). Sein schwarzer Schnabel ist ziemlich kräftig. Die Beine sind bis zu den Zehen befiedert und mit gebogenen, schwarzen Krallen versehen. Die Größe eines erwachsenene Tieres beträgt 66-86 cm. Bei der Jagd fliegt dieser Adler sehr schnell und gewandt im Wald zwischen den Bäumen umher. Er fängt junge Affen und andere kleine bis mittelgroße Säugetiere, aber auch andere Vögel.

Der Berghaubenadler bewohnt Bergwälder in 600 m bis über 2.000 m Höhe und kommt im Westteil Indiens, in Ceylon, im Himalaya, in Indochina, in Ostchina bis zum Jangtsekiang und in Korea, Japan und Taiwan vor. Er ist ein Einzelgänger und nistet in Bäumen. Das Weibchen legt ein einziges Ei und die Jungtiere sind Nesthocker.

Der Mäusebussard (*Buteo buteo*) ist ebenfalls ein Angehöriger der Familie Accipitridae. Er erreicht eine Gesamtlänge von 51-56 cm und eine Spannweite von 15-140 cm und wiegt 0,6-1,4 kg. Diese Art ist häufig und weit verbreitet in den Laub- und Nadelwaldzonen der gesamten paläarktischen Region.

In vielen mitteleuropäischen Waldgebieten in der Nähe von Kulturland ist der Mäusebussard der häufigste Greifvogel. Obgleich er im Waldland nistet, jagt er meist im Freien. Das Nest befindet sich meist in Bäumen, manchmal auch auf Felsen, vor allem im Mittelmeergebiet. Der Mäusebussard ernährt sich vor allem von kleinen Nagetieren und anderen Säugern bis zur Größe eines Kaninchens, außerdem von Vögeln, Reptilien, Insekten und anderen Wirbellosen. Im Winter verschmäht er auch Aas nicht. Seine typische Jagdmethode ist, auf einem Ast oder einem Zaunpfahl zu sitzen und genau zu beobachten, was sich am Boden unter ihm bewegt. Der Mäusebussard kann sehr gut segeln, und diese Fähigkeit begünstigt seinen Jagderfolg noch mehr. Das Weibchen legt gewöhnlich 2-3 Eier, ausnahmsweise 1 oder 4-6. Die Jungvögel sind Nesthocker.

Der Fischadler (*Pandion haliaetus*) ist die einzige Art der Familie Pandionidae. Er ist zugleich der einzige Taggreifvogel mit einer Wendezehe und mit verschließbaren Nasenöffnungen. Beides sind wohl

Berghaubenadler
(*Spizaetus nipalensis*)

Mäusebussard
(*Buteo buteo*)

Fischadler
(*Pandion haliaetos*)

Habicht
(*Accipiter gentilis*)

Kornweihe
(*Circus cyaneus*)

Schwarzer Milan
(*Milvus migrans*)

Sekretär
(*Sagittarius serpentarius*)

Wanderfalke
(*Falco peregrinus*)

Graugesichtbussard
(*Butastur ind.*)

Andenkondor
(*Vultur gryphus*)

Anpassungen an seine Lebensweise als stoßtauchender Fischfänger (Fische bilden seine ausschließliche Nahrung). Der Fischadler wird 55-60 cm lang, 1,1-2 kg schwer und erreicht eine Flügelspannweite von 145-165 cm. Die Beine sind unbefiedert mit Schilden besetzt und die Füße sind sehr kräftig. Die beschildeten Zehen sind an der Unterseite, vor allem an den Gelenken, mit spitzen Hornplatten bewehrt, die im Zusammenwirken mit den langen, gebogenen Krallen dem Vogel einen sicheren Griff verleihen, den er bei seinen schlüpfrigen Beutetieren ja besonders nötig hat.

Der Fischadler ist fast weltweit über Europa, Asien, Afrika, Nordamerika und den größten Teil von Australien verbreitet. Er fehlt nur in den Polargebieten und in Südamerika. In den gemäßigten Breiten besiedelt er fischreiche Seen und Weiher, vor allem in Asien aber auch die großen Flüsse. In den Tropen und Subtropen ist er dagegen am häufigsten in Küstennähe anzutreffen.

Der Fischadler ist ein Einzelgänger und nur in Ausnahmefällen gesellig. Meist legt das Weibchen 3 Eier. Die Jungvögel sind Nesthocker.

Ein weiterer Angehöriger der Accipitridae ist die Kornweihe (*Circus cyaneus*). Sie wird 43-55 cm lang, 290-700 g schwer und hat eine Spannweite von 102-125 cm. Ihr Verbreitungsgebiet umfaßt große Teile von Mittel- und Südeuropa sowie Nordamerika von Alaska bis Kalifornien. Sie bewohnt natürliche wie kultivierte Grasländer, Moore und Sumpfgebiete. Ihre Nahrung besteht aus Kleinsäugern, Vögeln, Reptilien und Amphibien. Das Nest wird im Moor, in Schonungen, in Kornfeldern oder in Sumpfgebieten zwischen Schilf oder Seggen angelegt. Die Kornweihe hat 3-6 Eier und auch ihre Jungen sind Nesthocker.

Der Graugesichtbussard (*Butastur indicus*) (Familie Accipitridae) ist weit über Indien, Südostasien und Zentralafrika verbreitet. Dieser Greifvogel ist deutlich kleiner und schlanker als der Mäusebussard, dem er sonst recht ähnlich sieht. Seine Länge beträgt 40-45 cm und seine Spannweite 90-110 cm. Er bewohnt Kulturland und offene Waldländer. Nahrung und Jagdtechnik sind ähnlich wie beim Mäusebussard.

Einer der eigenartigsten Greifvögel ist der Sekretär (*Sagittarius serpentarius*), der einzige Vertreter der Familie Sagittariidae. Dieser hochbeinige Vogel kommt in Afrika südlich der Sahara vor und ist ein spezialisierter Schlangenjäger, der auch vor großen Giftschlangen nicht zurückschreckt, obgleich er gegen ihr Gift nicht immun ist.

Seeadler
(*Haliaetus albicillus*)

Riesenseeadler
(*Haliaetus pelagicus*)

Weißkopfseeadler
(*Haliaetus leucocephalus*)

Mönchsgeier
(*Aegypius monachus*)

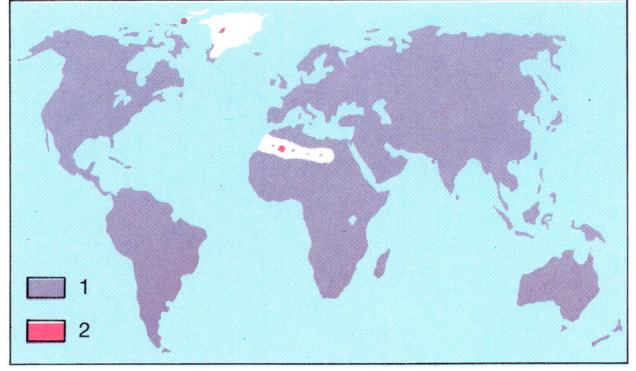

▲ Der Steinadler ist der häufigste und am besten bekannte Adler. Früher in ganz Europa, Nordafrika und in weiten Gebieten Asiens und Nordamerikas weit verbreitet, ist er heutzutage in Europa und in den östlichen USA praktisch ausgerottet. 1) Steinadler (*Aquila chrysaetos*).

▼ 1) Die Angehörigen der Ordnung Falconiformes sind weltweit verbreitet; 2) in diesem Gebiet kommen sie jedoch nur ausnahmsweise vor.

Auf diesen Seiten sind Vertreter aller zu den Falconiformes gehörigen Familien dargestellt. Zur stammesgeschichtlich ursprünglichsten Familie, den Cathartidae, gehört der Andenkondor. Die Pandionidae sind mit dem Fischadler, der heutzutage einzigen Art der Familie vertreten. Die überwiegende Mehrzahl der Taggreifvögel gehört zu den Accipitridae, von denen folgende Arten abgebildet sind: drei verschiedene Seeadlerarten, der Mönchsgeier, die Kornweihe, der Habicht, der Graugesichtbussard, der Mäusebussard und der Berghaubenadler. Die Familie Sagittariidae besteht nur aus einer Art, dem Sekretär. Der Wanderfalke schließlich repräsentiert die am höchsten entwickelte Familie, die Falconidae (Falken).

ANDENKONDOR
(VULTUR GRYPHUS)

Ordnung Falconiformes
Familie Cathartidae
Länge 1-1,15 m
Flügelspannweite 2,75-3,15 m
Gewicht 9-12 kg
Verbreitung Südamerika
Ökologie Gesellig
Nest In Felsspalten
Anzahl der Eier 1 (2?)
Jungvögel Nesthocker

Von ihrer gewaltigen Größe abgesehen sind erwachsene Andenkondore an ihrem schwarzen, metallisch glänzenden Gefieder zu erkennen, außerdem an den ganz oder teilweise weißen sekundären Schwung- und Deckfedern. Der Kopf ist völlig nackt und trägt beim Männchen einen charakteristischen, fleischigen, etwa 10 cm langen und 4,5 cm hohen Kamm. Dem Weibchen fehlt dieser Kamm und die runden Klunker des Männchens. Die Irisfarbe ist ebenfalls unterschiedlich, nämlich beim Männchen hellbraun, beim Weibchen rotbraun.

Der Schnabel ist ziemlich kräftig und ermöglicht es dem Kondor, Fleischstücke vom Aas großer Land- und Meeressäuger abzuschneiden oder abzureißen. Die Basis des langen, unbefiederten Halses umgibt ein weißer Kragen aus Daunenfedern, der beim Weibchen etwas kleiner ist.

Das Verbreitungsgebiet des Andenkondors reicht vom Norden Kolumbiens entlang der Andenkette bis nach Feuerland und von dort aus wieder nordwärts entlang der atlantischen Küste Argentiniens bis zur Mündung des Rio Negro. In vielen Teilen seines Verbreitungsgebietes ist der Kondor aber inzwischen selten oder bereits ausgestorben. In den Anden lebt er in Höhen zwischen 3.000 m und 5.000 m, im südlichen Teil seines Verbreitungsgebietes an den Küsten des Atlantischen und des Pazifischen Ozeans brütet er dagegen selbst in Meereshöhe auf Küstenfelsen.

Soweit es seinen Nahrungserwerb angeht, ist der Andenkondor gesellig, sein Nest legt er jedoch nicht in Kolonien an. Die noch nicht geschlechtsreifen oder zur Zeit nicht brütenden Vögel finden sich jeden Abend an bestimmten Schlafplätzen ein, die meist an Felswänden gelegen und schon von weitem an ihrer weißen Farbe zu erkennen sind, die von den Exkrementen der Kondore herrührt. Hier können sich 20 oder mehr Kondore zum Schlafen versammeln. Am späteren Morgen, wenn unter dem Einfluß der Son-

▲ Ein erwachsener Andenkondor beim Abflug. Dieser Vogel ist größer als alle andere Greifvögel. Der nackte Kopf und Hals, sowie der Kragen aus weichen Daunenfedern stellen besondere Anpassungen an seinen Nahrungserwerb dar, das Fressen von Aas. Ganz ähnliche Merkmale zeigen die meisten anderen Geier der Alten und der Neuen Welt.

◄ Ein fleischiger Kamm und die hellbraune Iris unterscheiden das Männchen des Andenkondors vom etwas kleineren Weibchen.

nenstrahlung warme Luftströmungen entstehen, fliegen die Kondore ab und beginnen aufzusteigen und zu segeln. Dabei suchen sie den Boden aus großer Höhe mit ihren ungewöhnlich scharfen Augen nach Aas ab. Sie beobachten außerdem, ob andere Aasfresser wie Truthahngeier oder Caracaras bereits Aas entdeckt haben. Kondore haben eine Rangordnung, die man besonders beim Fressen beobachten kann. Die dominanten Tiere dulden die Anwesenheit von subdominanten Vögeln und von "Kandidaten", und nur selten steigert sich das aggressive Verhalten in schwere Kämpfe, in denen dann eine neue Rangordnung hergestellt wird.

Die Nester können von Meereshöhe bis in über 4.000 m Höhe liegen. Das einzige weiße Ei wird auf den kahlen Felsgrund in einer Spalte in senkrechten Felswänden gelegt. Oft brüten in einer solchen Felswand mehrere Paare, sie verteidigen allerdings ihr jeweiliges Territorium gegen andere Paare. Die Nester sind schwer auszumachen, nicht nur deshalb, weil sie in Felsspalten versteckt sind, sondern auch, weil die Kondore während der Brutzeit sehr heimlich sind. Das Brutgeschäft wird hauptsächlich vom Weibchen übernommen, das allerdings manchmal vom Männchen jeden Tag ein paar Stunden lang abgelöst wird. Die Jungvögel schlüpfen nach zwei Monaten und bleiben anschließend noch weitere 6 Wochen im Nest. Selbst wenn sie schon flügge sind, werden sie noch von den Eltern gefüttert. Der gesamte Zeitraum der Brut und der Aufzucht der Jungen kann daher mehr als ein Jahr betragen. Das hat zur Folge, daß nur in jedem zweiten Jahr ein Ei gelegt wird.

Eine nah verwandte Art, der Kalifornische Kondor (*Gymnogyps californianus*) wird 1-1,15 m lang und 9-13,5 kg schwer. Auch er nistet in einer Felsspalte und legt nur jeweils ein Ei. Die völlig hilflosen Jungen bleiben mehrere Monate lang im Nest.

Das Gefieder ist schwarz mit blaumetallischem Schein. Die weißen, von unten sichtbaren Streifen in den Flügeln sind ein sehr gutes Erkennungszeichen am fliegenden Vogel. Andererseits ist der Kalifornische Kondor mit seiner gewaltigen Spannweite kaum mit anderen Vögeln zu verwechseln.

Heutzutage ist der Kalifornische Kondor auf ein sehr kleines Gebiet nördlich von Los Angeles beschränkt. Die erste Hälfte unseres Jahrhunderts hindurch hielt sich die Population bei etwa 60 Tieren, trotz der Bemühungen der Forscher und Naturschützer ist sie jedoch heute auf weniger als 40 Tiere gesunken.

▼ Ein Männchen des Andenkondors beim Gleitflug. Seine Flügelspannweite kann 3,15 m betragen. Die langen und breiten Flügel ermöglichen es dem Kondor, aufsteigende Luftströmungen zum Segeln zu nutzen, ohne Energie durch Flügelschlagen zu vergeuden.

▼ Ein erwachsener Kalifornischer Kondor wird ebenso groß wie der Andenkondor. Er ist heute einer der seltensten und am stärksten bedrohten Vögel der Welt.

▼ Ebenso wie die Altweltgeier ernähren sich auch der Andenkondor und andere Neuweltgeier vor allem vom Aas großer Land- und Meeressäuger.

▼ Das aggressive Verhalten zweier Männchen dient dazu, eine neue Rangordnung beim Fressen herzustellen.

▲ Der Truthahngeier ist der häufigste Neuweltgeier.

► Der Königsgeier fällt durch die Farbenpracht seines Kopfes auf.

◄ 1) Die Lebensräume des Königsgeiers (*Sarcorhamphus papa*) sind die Savannen und Regenwälder von Zentralmexiko bis Paraguay und Nordargentinien. 2) Der Andenkondor (*Vultur gryphus*) bewohnt die Andenkette vom Norden Kolumbiens bis nach Feuerland und die Atlantikküste Argentiniens bis zur Mündung des Rio Negro. 3) Der Kalifornische Kondor (*Gymnogyps californianus*) ist heutzutage auf ein kleines Gebiet nördlich von Los Angeles beschränkt und seine Population umfaßt nur noch 40 Tiere.

1
2
3

STEINADLER
(AQUILA CHRYAETOS)

Ordnung Falconiformes
Familie Accipitridae
Länge 75-90 cm
Flügelspannweite 1,8-2,2 m
Gewicht 2,7-6,7 kg
Verbreitung Europa, Nordafrika, Asien, Nordamerika
Ökologie Einzeln
Nest In Felsspalten oder auf Bäumen
Anzahl der Eier 1-3, normalerweise 2
Jungvögel Nesthocker

Der Steinadler unterscheidet sich von anderen Adlern durch seine gewaltige Größe und seine fast einfarbig dunkelbraune Färbung, wobei allerdings Kopf und Nacken der erwachsenen Tiere einen golden-bronzenen oder grauen Farbton annehmen. Der Schnabel ist groß und kräftig, Lauf und Fuß sind sehr stark und bis zu den Zehen befiedert. Auch die Zehen sind groß und kraftvoll und mit langen, stark gekrümmten Krallen bewehrt. Die hintere Kralle ist viel länger als die Hinterzehe. Im Flug ist der Steinadler leicht an seinen langen, aber nicht sehr breiten Flügeln zu erkennen, die an der Spitze etwas schmaler und abgestutzt sind, ferner am vorgestreckten Kopf und am langen, leicht abgerundeten Schwanz. Junge Steinadler sind fast schwarz mit weißen Flecken auf den Flügeln und ihr Schwanz ist weiß und hat eine breite, schwarze Binde am Ende. Mit den Jahren verblaßt die weiße Zeichnung an Flügeln und Schwanz allmählich und ist erst nach fünf bis sechs Jahren ganz verschwunden, wenn der Adler die Geschlechtsreife erreicht. Abgesehen von Eltern mit Jungen am Horst kann man höchst selten mehr als zwei Steinadler zusammen fliegen sehen.
Der Steinadler war ursprünglich über ganz Europa, Nordafrika, große Teile Asiens und Nordamerika verbreitet. Inzwischen wurde er in fast ganz Europa und in den östlichen Staaten der USA ausgerottet, vor allem infolge der Umwandlung und Zerstörung seiner Lebensräume durch den Menschen.
Im Mittel- und Südeuropa lebt der Steinander meist in felsigen und baumarmen Gebirgsgegenden mit tiefen Schluchten und steilen Felswänden, an denen er sein Nest anlegt. In Skandinavien und Rußland dagegen besiedelt er auch waldige Flachländer fernab von menschlichen Siedlungen und errichtet dort sein Nest bevorzugt in Bäumen. Obwohl der Steinadler in vielen Gebieten zu einem echten

Junger Steinadler auf einer hochgelegenen Warte, einen Singvogel in den Klauen. Von allen Adlern der Welt ist der Steinadler am weitesten verbreitet und am häufigsten.

Gebirgsbewohner geworden ist, gibt es immer noch Gegenden, in denen er im flachen Hügelland nistet, zum Beispiel in Schottland, Spanien, Sardinien und Kreta. Es sind meist zerklüftete, hügelige Gebiete mit sehr geringer menschlicher Besiedlung und einem Minimum an landwirtschaftlicher Nutzung.

Die Siedlungsdichte des Steinadlers wird durch das Vorhandensein von ausreichend Nahrung und von geeigneten Nistplätzen bestimmt. In Gegenden mit geringer menschlicher Einwirkung auf seinen Lebensraum zeigt der Steinadler ein hohes Maß an Standorttreue und benutzt generationenlang die gleichen Nistplätze. Wie viele andere große Greifvögel lebt auch der Steinadler in Paaren, die sich bereits im zweiten Lebensjahr zusammenfinden können. Während der "Verlobungszeit" vor dem Erreichen der Geschlechtsreife im fünften Lebensjahr besucht das zukünftige Paar regelmäßig den vorgesehenen Nistplatz und schafft trockene und belaubte Zweige für den Bau oder die Vervollständigung des Nestes heran. Jedes Paar besitzt mehrere Nester, die oft an der gleichen Felswand oder im gleichen Waldgebiet gelegen sind. Manche werden 10 oder mehr Jahre lang benutzt und können dann gewaltige Ausmaße erreichen, wenn die Ortsbeschaffenheit es zuläßt. So sind Nester bekannt, die 3 m hoch und 2 m breit sind. Beide Partner beteiligen sich am Bau oder an der Ausbesserung des Nestes.

Während der Balz führt der Steinadler Balzflüge aus, darunter einen besonders spektakulären, bei dem das Männchen im Sturzflug auf das Weibchen herabstößt, das sich seinerseits plötzlich auf den Rücken dreht, so daß sich beider Krallen im Flug berühren.

Meist werden im Abstand von 2-3 Tagen 2 Eier gelegt, und zwar Ende Februar im südlichen Teil des Areals und Ende März weiter nördlich. Die Brut beginnt, sowie das erste Ei gelegt ist, und ist vornehmlich Sache des Weibchens. Das Männchen dagegen schafft Futter heran und löst das Weibchen auch für kurze Zeit ab, wenn es frißt.

Zunächst sorgt das Männchen für Futter für die Nestlinge, mit zunehmendem Alter und wachsender Gefräßigkeit der Jungvögel beteiligt sich aber auch das Weibchen an der Nahrungssuche. Bis zum Alter von einem Monat werden die Jungvögel mit Fleischstücken gefüttern, die die Mutter mit dem Schnabel von den Beutestücken abgerissen hat. Später beginnen die Jungvögel selber zu fressen und sind mit etwa 3 Monaten flügge.

▼ Die große Oberfläche der Flügel mit ihren gleich langen Schwungfedern ermöglicht es dem Steinadler, mit geringstem Energieverbrauch warme Luftströmungen zum Gleitflug zu nutzen.

▲ Die Überraschung des Beutetieres ist ein wichtiges Element der Jagdtechnik des Steinadlers, der seine Beute meist am Boden schlägt. Jedoch auch Krähen, kleinere Greifvögel, Enten und andere Vögel können dem Steinadler zur Beute fallen, der es geschickt versteht, sich beim Angriff zu drehen.

▼ Nach dem Schlüpfen sind die Jungen mit einem dichten, grauweißen Daunenkleid versehen.

◄ Der Steinadler ernährt sich vornehmlich von kleinen und mittelgroßen Säugern, zum beispiel Kaninchen, Hasen, Murmeltieren, Mäusen u. a., aber auch von Vögeln. Im Winter weist er jedoch auch Aas nicht zurück.

► Der Steinadler brütet bevorzugt an Felswänden, meist in niedrigerer Lage als sein Jagdrevier. Dies erleichtert es ihm, schwere Beutetiere zum Nest zu tragen.

RAUHFUSSHÜHNER
(TETRAONIDAE)

Die Familie Tetraonidae (Rauhfußhühner) umfaßt 11 Gattungen mit 18 Arten. Die Angehörigen dieser Familie unterscheiden sich in mehrerlei Hinsicht von den anderen Hühnervögeln. Sie sind mittelgroße bis große, kräftig gebaute Vögel mit mittelgroßem bis langem Schwanz, einem kurzen, gebogenen Schnabel und befiederten Nasenöffnungen. Über den Augen haben sie nackte, rote Hautstellen, die bei den Männchen besser entwickelt sind und während der Balzzeit auffallender und größer werden. Die Beine und bei einigen Arten sogar die Füße sind befiedert, die Hinterzehe ist kürzer und setzt weiter oben an als die übrigen Zehen und an den Seitenrändern der Zehen sitzen kammartige, hornige Anhänge.

Einige Arten besitzen am Hals Luftsäcke, die im Aussehen mit den nackten Stellen am Kopf übereinstimmen. Bei anderen Arten finden sich dagegen aufrichtbare Federhollen auf dem Scheitel oder im Nacken.

Früher besiedelten die Rauhfußhühner ausgedehnte Moor- und Waldgebiete im nördlichen Teil der Nordhalbkugel. Im Lauf der Eiszeit erweiterten sie ihr Gebiet südwärts und drangen in die Gebirge Mittel- und Südeuropas, Nordamerikas und des südlichen Teiles von Sibirien ein. Die heutigen Arten leiten sich von einer ursprünglichen Gruppe monogamer, waldbewohnender Rauhfußhühner ab und haben sich in zwei Richtungen fortentwickelt.

Einige Arten haben die monogame Balz beibehalten und veranstalten eine Einzelbalz. Sie gelten daher als stammesgeschichtlich weniger hochentwickelt. Zu dieser Gruppe gehören das Haselhuhn (*Tetrastes bonasia*), das Schneehuhn (*Lagopus mutus*), das Moorschneehuhn (*Lagopus lagopus*), das Kragenhuhn (*Bonasia umbellus*) und verschiedene andere Arten. In der Regel besetzt jedes Paar ein Territorium, das es nur selten verläßt. Das Männchen hilft dem Weibchen beim Brutgeschäft und übernimmt auch das Weglocken von potentiellen Feinden vom Nest. Beide Geschlechter gleichen sich mehr oder weniger. Bei den waldbewohnenden Arten sind Schwanz, Flügel und Beine relativ lang. Neben den optischen Signalen durch ihre Färbung und die nackten Hautstellen stoßen sie laute, regelmäßig wiederholte Rufe aus (die beim Kragenhuhn besonders charakteristisch sind). Die übrigen, höher entwickelten Arten kommen während der Balzzeit in größe-

▲ Eine Gruppe Schneehühner im Wintergefieder im Spätherbst. Im Vordergrund links ein erwachsenes Männchen, in der Mitte ein Weibchen, das seine Mauser noch nicht abgeschlossen hat.

▼ Ein Schneehuhnpaar mit seinen Jungen im Frühsommer hoch oben auf einer Bergwiese.

▼ Schneehühner besitzen befiederte Nasenöffnunger und nackte, rote Hautstellen über den Augen, die beim Männchen besonders auffallend sind. Außerdem verläuft ein schwarzes Band von der Schnabelbasis bis zum Augenhinterrand. Läufe und Füße sind mit weiche Daunenfedern bedeckt, die auf dem Schnee wie Schneeschuhe wirken, und die Hinterzehe setzt weit oberhalb der anderen Zehen an.

ren Gruppen zusammen und führen eine Gruppenbalz aus. Die Männchen sind in der Regel polygam und jedes Tier versucht durch Zurschaustellen spezieller Färbungen oder Körperanhänge, durch Rufe und durch Kämpfe, seine Überlegenheit über die Rivalen zu beweisen und so einen möglichst guten Balzplatz zu erkämpfen.

Zu dieser Gruppe gehören das Birkhuhn (*Lyrurus tetrix*), das Auerhuhn (*Tetrao urogallus*), das Präriehuhn (*Tympanuchus cupido*), das Beifußhuhn (*Centrocercus urophasianus*), sowie weitere Arten aus Nordamerika und Ostasien. Meistens weisen diese Arten einen auffallenden Sexualdimorphismus auf und bei ihnen halten sich die Geschlechter den größten Teil des Jahres hindurch getrennt. Sie besiedeln überwiegend offenere Lebensräume, eine Ausnahme bildet jedoch das Auerhuhn, das dichte Nadelwälder bewohnt. Seine Balz findet auf Waldlichtungen und Schneefeldern statt. Tag für Tag nehmen alle Männchen eines Gebietes ihren Platz auf dem gemeinsamen Balzplatz ein und kämpfen heftig um den Erhalt ihrer jeweiligen kleinen Territorien. Die Territorien in der Mitte des Balzplatzes sind ziemlich klein, diejenigen an den Rändern zwar größer, sie werden aber nur von jüngeren Hähnen eingenommen. Denn eine zentrale Position gibt dem Hahn eine bessere Chance, sich zu paaren, weil die Hennen, wenn sie paarungsbereit sind, dorthin streben, wo die meisten Hähne versammelt sind. Daher sind die Kämpfe zwischen den Hähnen sehr heftig und haben zur Folge, daß derjenige Hahn, der schließlich die zentrale Stelle einnimmt, mit Sicherheit der stärkste und geübteste Kämpfer ist.

Bei allen Arten mit Gruppenbalz zeigen die Hähne während der Balzzeit ein charakteristisches Verhalten und führen eine Reihe festgelegter Balzhandlungen aus, die schließlich in der Paarung gipfeln. Die Hennen dagegen zeigen keine besonderen Verhaltensmuster. Wenn sie paarungsbereit sind, legen sie sich flach auf den Boden, spreizen die Flügel etwas und warten auf den Hahn.

▲ Eine Phase der Balz des Schneehuhns im Frühjahr.

▼ Ein brütendes Weibchen des Schneehuhns.

▼ Ein Ei des Schneehuhns (natürliche Größe).

▲ Wenn im Winter viel Schnee liegt und die Kälte zu groß wird, gräbt sich das Schneehuhn nachts eine Höhle in den tiefen Schnee.

◄ Männliches Schneehuhn im Winterkleid (links) und im Sommergefieder.

Schottisches Moorschneehuhn (*Lagopus lagopus scoticus*)

Präriehuhn (*Tympanuchus cupido*)

Birkhahn (*Lyrurus tetrix*)

Kragenhuhn (*Bonasa umbellus*)

Haselhuhn (*Tetrastes bonasia*)

PFAU
(PAVUS CRISTATUS)

Ordnung Galliformes
Familie Phasianidae
Länge Erwachsener Hahn 110-120 cm;
erwachsene Henne 90 cm
Verbreitung Indien und Ceylon
Ökologie Gesellig den größten Teil des
Jahres hindurch
Nest Am Boden
Anzahl der Eier 4-8
Jungvögel Nestflüchter

Der Pfau ist der farbenprächtigste Hühnervogel überhaupt. Besonders das Gefieder des Hahnes ist ungewöhnlich. Kopf, Hals und Brust sind blaugrün mit violett metallischem Schimmer. Um die Augen herum ist eine nackte Hautstelle ausgebildet und der Scheitel trägt eine Federkrone aus ährenförmigen Federn. Der ziemlich große Schnabel ist hellbraun und das Auge ist ebenfalls braun. Die Rückenfedern sind grüngolden mit bronze Kanten, die tertiären Deckfedern weiß mit einem dichten Muster aus schwarzen Querstreifen, die sekundären und primären Deckfedern metallisch blaugrün und die Schwungfedern braun.

Die oberen Schwanzfedern (etwa 100-150 an der Zahl) sind viel länger als die unteren und bilden den Pfauenfächer. Sie können bis 1,6 m lang werden und wachsen bis zum sechsten Lebensjahr ständig - meist aber messen sie nur 1,2-1,3 m. Sie sind lang gefiedert, metallischgrün gefärbt und glänzen bläulich oder bronzefarben, am Ende tragen sie eine auffällige Augenzeichnung. Das leuchtend blaue Zentrum eines jeden Auges ist von konzentrischen braunen, goldgelben und purpurnen Ringen umgeben.

Die Pfauenhenne ist deutlich kleiner als der Hahn. Ihr fehlt der Fächer und ihr Gefieder ist weniger farbenfroh.

Der Pfau ist über ganz Indien und die Insel Ceylon verbreitet. Er lebt in feuchten, warmen Gebieten, in Wäldern und an Flußufern, aber auch am Rand größerer Rodungen. In den Bergländern Südindiens bewohnt er lichte Regenwälder mit schütterem Baum- und Buschbestand und geht bis in Höhen von 2.000 m.

Der Pfau ist ein standorttreuer Vogel, der den größten Teil des Jahres über in Gruppen unterschiedlicher Kopfzahl lebt. Diese lösen sich erst zu Beginn des Frühlings auf, wenn die erwachsenen Hähne, jeweils 2-5 Hennen im Gefolge, die Gruppe verlassen. Die Brutzeit dauert das Frühjahr hindurch. Bei den Balztänzen im Beisein der Hennen hebt der Hahn die

▼ Bei der Balz hebt der Pfauenhahn im Beisein der Hennen seinen Schwanz, spreizt die langen, prächtig gefärbten oberen Schwanzfedern zu einem großen Fächer und stolziert in dieser Balzhaltung in seinem Territorium auf und ab.

Rückenfedern und spreizt die oberen Schwanzfedern fächerförmig. Die Hennen seiner Gruppe kommen nun auf seiner Ruf herbei und zeigen das charakteristische Verhalten, das ihre Paarungsbereitschaft anzeigt, sie legen sich nämlich vor dem Hahn auf den Boden und spreizen die Flügel etwas ab. Auf dieses Signal hin faltet der Hahn schleunigst seinen Fächer zusammen und paart sich mit den Hennen. Später errichtet jede Henne ein kunstloses Nest in Bodennähe, meist im Schutz eines Busches.

In das Nest legt sie meist 4-5 Eier, nach Ansicht mancher Autoren auch noch mehr. Die anschließende Brutzeit dauert 28-30 Tage. In freier Wildbahn sind Pfauen Allesfresser, die sich zwar überwiegend pflanzlich ernähren (von Schößlingen, Blättern, Beeren, Samen u. a.), auch Kleintiere nicht verschmähen (Schnekken, Würmer und vor allem Insekten). Abgesehen vom gewöhnlichen Pfauen umfaßt die Unterfamilie Pavoninae noch zwei weitere Arten, den Ährenträgerpfau (*Pavo muticus*) und den Kongopfau (*Afropavo congensis*).

Der Hahn des Ährenträgerpfaus ist größer als der Hahn des gewöhnlichen Pfaus. Sein Gefieder ist überwiegend grün mit metallisch blauem Schein und noch schöner gefärbt als beim gewöhnlichen Pfau. Auch die Henne besitzt ein leuchtend grünes Gefieder, aber ihr fehlt gleichfalls der Fächer. Diese Pfauenart ist von Südostassam bis nach Thailand und Südchina verbreitet und kommt auch auf der Halbinsel Malakka und auf Java vor.

Der Kongopfau unterscheidet sich von den beiden vorhergehenden Arten grundsätzlich durch seinen ungefiederten Hals und das Fehlen eines Fächers. Diese Art wurde erst im Jahre 1936 von dem amerikanischen Ornithologen Chapin beschrieben. Er hatte im Kongomuseum in Tervuren ein ausgestopftes Paar dieser Vögel entdeckt, die fälschlich als Jungtiere des gewöhnlichen Pfauen etikettiert waren. Nachdem Chapin diese Fehlbestimmung aufgeklärt hatte, wollte er die Existenz der Art beweisen und tatsächlich gelang es ihm ein Jahr später im Regenwald des Iturigebietes im Kongo sieben Exemplare zu fangen. Die Art war sowohl den Eingeborenen der Gegend als auch den dort lebenden Weißen bekannt.

◀ Nachts sucht der Pfau hoch oben in Baumwipfeln Schutz.

▲ Der Pfau ist grundsätzlich ein bodenlebender Vogel, aber er kann recht gut fliegen, wenn er dazu gezwungen wird.

▲ Die Pfauenhenne führt ihre Jungen bei der Nahrungssuche. In den ersten Tagen nach dem Schlüpfen werden sie zuweilen sogar von der Henne gefüttert.

Ährenträgerpfau
(*Pavo muticus*)

Gewöhnlicher Pfau
(*Pavo cristatus*)

Kongopfau
(*Afropavo congensis*)

1

2

3

◀ 1) Der Kongopfau (*Afropavo congensis*) bewohnt ein ziemlich kleines Gebiet im früheren Belgisch Kongo und lebt im tropischen Regenwald. Er wurde erst 1936 entdeckt. 2) Der gewöhnliche Pfau (*Pavo cristatus*) besiedelt ganz Indien und Ceylon und kommt im Hügelland und im Gebirge bis in 2.000 m Höhe vor. Er bewohnt vor allem feuchte, mit Lichtungen durchsetzte Wälder. Er läßt sich leicht domestizieren und war im Mittelmeerraum seit der Antike bekannt. Heute wird er überall als Ziervogel gehalten. 3) Der Ährenträgerpfau (*Pavo muticus*) kommt in Südostasien und auf der Insel Java vor.

JAGDFASAN
(PHASIANUS COLCHICUS)

Ordnung Galliformes
Familie Phasianidae
Länge Erwachsener Hahn 75-90 cm; erwachsene Henne 56-63 cm
Gewicht Erwachsener Hahn 1,15-1,5 kg; erwachsene Henne 0,9-1,1 kg
Nest Am Boden
Anzahl der Eier 7-14, braun bis hellgrün oder blaß-oliv, ziemlich rundlich
Jungvögel Nestflüchter

Der Jagdfasan (*Phasianus colchicus*) zeichnet durch sein farbenfrohes Gefieder und den charakteristischen, langen, spitzen Schwanz aus. Die Geschlechter unterscheiden sich deutlich voneinander, sowohl in der Größe wie in der Färbung, denn das Gefieder der Hennen ist sehr unscheinbar, während es bei den Hähnen auffallend gefärbt ist.

Fasane leben überall in offenem Waldland, im Gebüsch, in Hecken und an Feldrainen.

Im Winter finden sich die Hähne und die Hennen jeweils zu Gruppen zusammen. Zu Beginn des Frühlings lösen sich diese Gruppen aber wieder auf und die Hähne zerstreuen sich auf der Suche nach geeigneten Territorien. Wenn ein Hahn ein solches gefunden hat, besetzt er es unter wiederholtem Rufen und verteidigt es manchmal sogar gegen Eindringlinge. Das Territorium ist meist dicht mit Büschen bestanden oder befindet sich am Waldrand in der Nähe von Wiesen oder Weiden. Die Balzzeit zieht sich ziemlich lang hin und die Paarung beginnt, je nach der Breitenlage, Anfang April.

Danach kehren die Hennen zu den von ihnen ausgewählten Nistplätzen zurück und beginnen mit der Eiablage. Das Nest ist eine Grube im Erdboden und wird mit trockenen Grashalmen und einigen Federn von der Henne ausgekleidet. Meist liegt es zwischen Fallaub, Erdhügeln, unter den Zweigen eines kleinen Gebüschs, in einer Hecke oder auf einem Feldrain. Das Gelege enthält in der Regel etwa 10 blaß olivgrüne Eier. Die Eiablage beginnt ab Mitte April und die Brutzeit beträgt 23-24 Tage. Normalerweise wird jedes Jahr nur eine Brut aufgezogen. Nach dem Schlüpfen führt die Henne die Küken solange, bis sie flügge sind. Nach 4-5 Monaten gleicht das Gefieder der Jungfasane dem der Erwachsenen.

Die Nahrung unterscheidet sich beträchtlich je nach Jahreszeit, sie besteht jedoch in der Hauptsache aus Kräutern, Samen von Gräsern und anderen Pflan-

▲ Ein Hahn des Jagdfasans im Frühjahr bei der Kontrolle seines Territoriums, das er während der Balzzeit besetzt. Eine Henne sitzt auf einem trockenen Ast.

◄ Der Jagdfasan ernährt sich hauptsächlich von Pflanzen (Samen, Knospen und Früchte). Im Sommer und Herbst enthält seine Kost aber auch einen bedeutenden Anteil an tierischer Nahrung, insbesondere bei den Jungvögeln.

◄ Der Lauf der Fasanenhähne ist mit einem Sporn bewehrt.

zen, Beeren, verschiedenartigen Früchten und auch aus Kleintieren.

Asien beherbergt zahlreiche weitere, wildlebende Fasanenarten. Der Kupferfasan (*Syrmaticus soemmerringii*) ist ein Bewohner der Bergwälder der japanischen Insel Kyushu oberhalb 1.200 m. Sein bevorzugter Lebensraum ist dichtes Unterholz mit kleinen Lichtungen an den Ufern von Bergbächen und kleineren Flüssen. Der Goldfasan (*Chysolophus pictus*) und der Diamantfasan (*C. amherstiae*) sind sicherlich die farbenprächtigsten asiatischen Fasanen. Der erstere bewohnt das dichteste Unterholz in den Bergwäldern Mittel- und Westchinas bis zu einer Höhe von 2.500 m und ernährt sich hauptsächlich von den Blättern und Knospen verschiedener Sträucher und des Zwergbambus.

Der Diamantfasan ist noch verschiedenfarbiger als der Goldfasan; sein Schwanz ist noch länger und ragt bei der Balz noch höher auf. Er lebt an felsigen Hängen in den Gebirgen Südwestchinas zwischen 2.100 m und 3.600 m und sucht seine Nahrung, vor allem Knospen, im Gebüsch und in Bambusdickichten.

Der Silberfasan (*Lophura nycthemera*) lebt paarweise oder in kleinen Gruppen in den Bergwäldern Südostasiens zwischen 600 m und 2.100 m. Sein ausgedehntes Verbreitungsgebiet umfaßt den gesamten Nordteil Hinterindiens bis zum Golf von Tonkin und ganz Südostchina. Der Himalaya-Glanzfasan (*Lophophorus impeyanus*) besitzt gleichfalls ein ausgesprochen farbenfrohes Gefieder. Auch sein Verbreitungsgebiet ist sehr groß und reicht von Afghanistan quer über die Gebirge Südasiens bis nach Tibet und Bhutan. Dieser Fasan bewohnt normalerweise lichte Nadel- oder Mischwälder und findet sich vor allem auf felsigen Abhängen oder in tiefen Schluchten in Höhen zwischen 2.700 m und 3.600 m.

▲ Eine brütende Henne verschwimmt völlig mit ihrer Umgebung.

▲ Der überraschende Abflug eines Fasanenhahns im Frühjahr verrät die Lage seines Balzplatzes.

◄ Balzruf des Fasanenhahnes im Frühling.

◄ Wenige Tage altes Fasanenküken.

Kupferfasan (*Syrmaticus soemmerringii*)

Silberfasan (*Lophura nycthemera*)

Goldfasan (*Chrysolophus pictus*)

Himalaya-Glanzfasan (*Lophophorus impeyanus*)

Diamantfasan (*Chrysolohpus amherstiae*)

◄ Eingeborene Populationen des Jagdfasans sind heutzutage über ein unzusammenhängendes Gebiet von den Süd- und Ostküsten des Schwarzen Meeres über Zentralsien bis an die Ostküste von China verbreitet. Der Jagdfasan wurde bereits im Altertum nach Europa eingeführt; er fehlt heute nur in Island, Nordskandinavien, im südlichen und westlichen Teil der Iberischen Halbinsel, auf dem italienischen Festland und in Südgriechenland. 1) Verbreitung des Jagdfasans (*Phasianus colchicus*).

1

HOATZIN
(OPISTHOCOMUS HOAZIN)

Ordnung Galliformes
Unterordnung Opisthocomi
Familie Opisthocomidae
Länge 60 cm
Verbreitung Südamerika
Ökologie Gesellig, baumbewohnend
Nest Auf niedrigen Ästen von Bäumen
Anzahl der Eier 2-5, weißlich mit
braunen Flecken
Jungvögel Nestflüchter, zeitweilig
mit Klauen an den Flügelspitzen
ausgerüstet

Der Hoatzin ist ein ziemlich langgestreckter, oberseits vorwiegend brauner,
am Rücken mit schmalen weißen Streifen gezeichneter Vogel. Das Gefieder an
Hals und Brust ist rehbraun und Bauch
und Unterseite der Flügel sind rötlich-
braun gefärbt.
Besonders interessant ist die Tatsache,
daß die Vordergliedmaßen (also die Flügel) der jungen Hoatzins mit zwei gut entwickelten, beweglichen Krallen versehen
sind, die beim Klettern im Gezweig benutzt werden. Mit zunehmendem Alter
verschwinden diese Klauen dann allmählich und sind beim erwachsenen Vogel nicht mehr zu sehen.
Der Hoatzin ist in den dichten Galeriewäldern entlang der Bäche und Flüsse in
Kolumbien, Bolivien, Peru und im Amazonasbecken verbreitet. Er ist ein geselliger Vogel, der in Bäumen lebt und dort
den größten Teil seiner Nahrung findet.
Auch während der Brutzeit bleiben die
Vögel beisammen und nisten in kleinen
Gruppen dicht beieinander. Das Nest wird
auf niedrigen Zweigen dicht über dem
Erdboden oder über der Wasseroberfläche errichtet und hat die Form eines
großen, flachen Korbes. Es besteht aus
Stöckchen und trockenen Pflanzenteilen.
Beide Partner beteiligen sich am Nestbau.
Auch beim Brutgeschäft beteiligen sich
beide Eltern. Die Jungen schlüpfen etwa
28 Tage, nachdem das letzte Ei gelegt
worden ist. Beim Schlüpfen sind die jungen Hoatzins vollständig nackt, können
aber dennoch recht geschickt im Gezweig
herumklettern, wobei sie ihre langen
Klauen zum Festhalten an den Ästen benutzen. Nur in den ersten Tagen werden
sie von den Eltern gefüttert. Doch wachsen sie sehr schnell heran und werden
sehr bald selbständig.
Die Hauptnahrung des Hoatzins bilden
die Blätter von Aaronstabgewächsen, daneben frißt er auch die Früchte und Blätter anderer Wasserpflanzen.

▲ Der Hoatzin ist ein geselliger, baumbewohnender
Angehöriger der Ordnung Galliformes. Am Tag stößt er häufig
seinen lauten Ruf aus, um den Kontakt mit den anderen
Tieren seiner Gruppe zu halten. Er ernährt sich von Blättern
und Früchten verschiedener Wasserpflanzen, doch seine
Hauptnahrung bilden die Blätter von Aaronstabgewächsen.

◄ Die Vordergliedmaßen, das heißt
die Flügel der frischgeschlüpften
Hoatzins sind mit starken Krallen
versehen, mit deren Hilfe sie in den
Zweigen herumklettern.

► Der Hoatzin kommt in Südamerika
vor und lebt in dichten tropischen
Regenwäldern an Flußufern in Bolivien,
Peru, Kolumbien und im Amazonasbecken. 1) *Opisthocomus hoazin*.

JACANAS ODER BLATTHÜHNCHEN
(JACANIDAE)

Diese sehr eigenartige Familie der regenpfeiferartigen Watvögel besteht aus sieben Arten. Das Merkmal, das sie von allen Verwandten unterscheidet, sind die ungewöhnlich langen Zehen mit der extrem langen Hinterklaue. Dieser Bau des Fußes gestattet es den Jacanas, auf den Schwimmblättern von Wasserpflanzen zu laufen. Auch die Beine sind sehr lang, aber der Schnabel ist recht kurz und oft mit einem Schild an der Schnabelbasis und an der Stirn verziert.

Der Wasserfasan (*Hydrophasianus chirurgus*) ist die einzige Art der Jacanas, bei der sich Sommer- und Winterkleid unterscheiden. Im sommerlichen Brutkleid sind Stirn, Gesicht, Kehle und Hals weiß und werden von einer schmalen, schwarzen Linie begrenzt, die in die sehr dunkle Färbung der Unterseite übergeht. Der Nacken ist leuchtend goldgelb und hebt sich auffällig vom dunklen Rücken ab. Die Flügel und die meisten Deckfedern sind weiß, der lange Schwanz dagegen braun.

Da der Wasserfasan auf Gewässern lebt, kann er gut schwimmen, wenn es nötig ist. Wird er erschreckt, dann versteckt er sich entweder so tief zwischen den Wasserpflanzen, daß nur der Schnabel herauschaut, oder er taucht unter und bleibt mehrere Minuten lang unter Wasser.

Blatthühnchen verzehren eine Vielzahl von Dingen und die meisten Arten ernähren sich überwiegend von Wirbellosen. Außerdem werden wohl regelmäßig Pflanzenteile und Samen verzehrt.

Die Brutzeit ist nicht genau festgelegt, sondern richtet sich wohl nach dem Zeitpunkt der Regenzeit und kann daher von Jahr zu Jahr unterschiedlich sein. Die Eier werden meist gegen Ende der Regenzeit gelegt, wenn der Wasserstand am höchsten ist und relativ stabil bleibt.

In der Brutzeit besetzen die Blatthühnchen Territorien, die sie unter Drohgebärden verteidigen. Das Nest ist sehr einfach und wird meist auf schwimmenden Wiesen angelegt und nur soweit mit Pflanzenteilen ausgekleidet, daß die Eier nicht seitlich herausfallen oder durch den Boden brechen. Die 4 Eier werden allein vom Männchen bebrütet. Sie werden im Abstand von einem Tag gelegt, doch beginnt das 26 Tage dauernde Brutgeschäft gleich am ersten Tag. Das Männchen führt auch die Jungvögel.

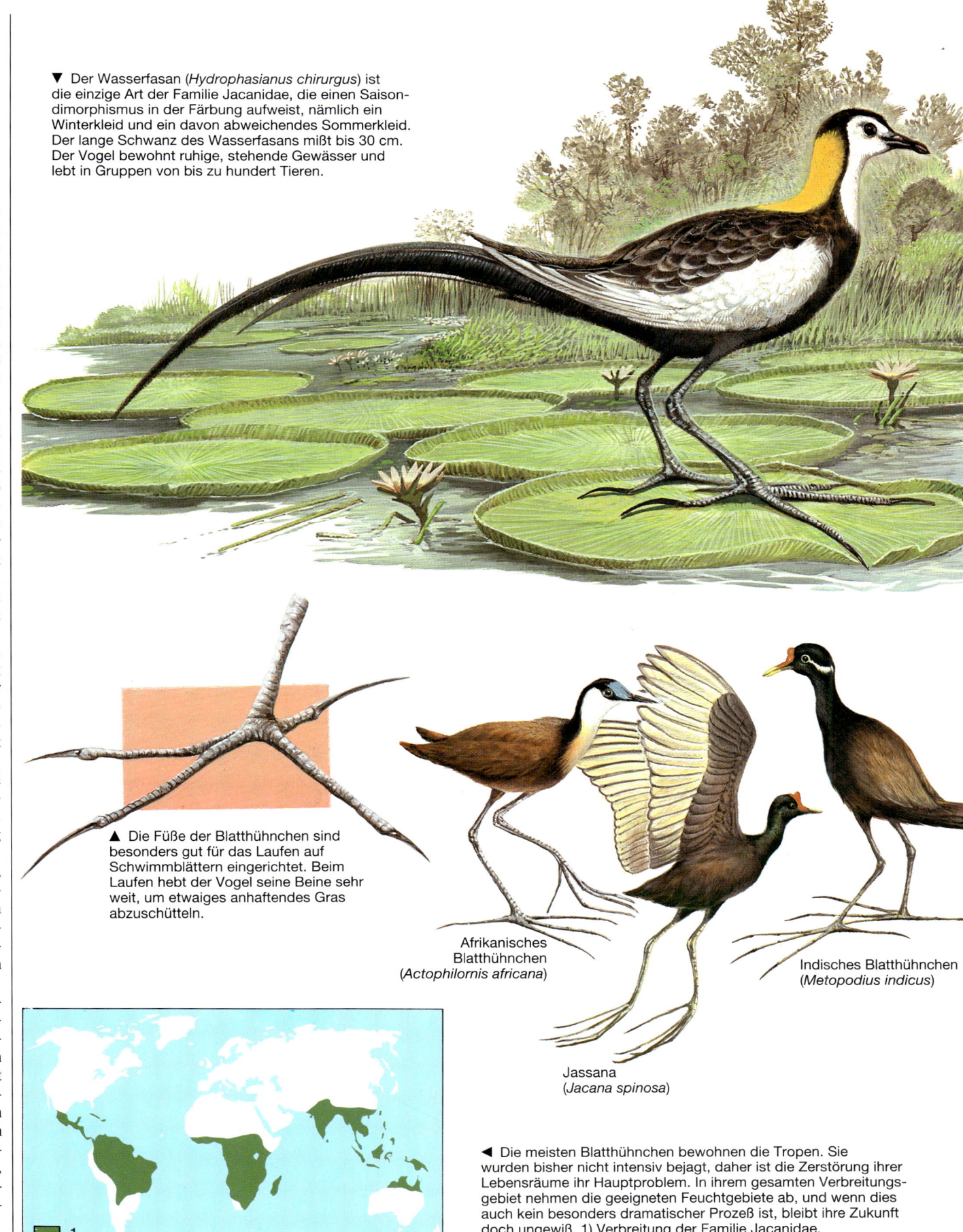

▼ Der Wasserfasan (*Hydrophasianus chirurgus*) ist die einzige Art der Familie Jacanidae, die einen Saisondimorphismus in der Färbung aufweist, nämlich ein Winterkleid und ein davon abweichendes Sommerkleid. Der lange Schwanz des Wasserfasans mißt bis 30 cm. Der Vogel bewohnt ruhige, stehende Gewässer und lebt in Gruppen von bis zu hundert Tieren.

▲ Die Füße der Blatthühnchen sind besonders gut für das Laufen auf Schwimmblättern eingerichtet. Beim Laufen hebt der Vogel seine Beine sehr weit, um etwaiges anhaftendes Gras abzuschütteln.

Afrikanisches Blatthühnchen (*Actophilornis africana*)

Indisches Blatthühnchen (*Metopodius indicus*)

Jassana (*Jacana spinosa*)

◄ Die meisten Blatthühnchen bewohnen die Tropen. Sie wurden bisher nicht intensiv bejagt, daher ist die Zerstörung ihrer Lebensräume ihr Hauptproblem. In ihrem gesamten Verbreitungsgebiet nehmen die geeigneten Feuchtgebiete ab, und wenn dies auch kein besonders dramatischer Prozeß ist, bleibt ihre Zukunft doch ungewiß. 1) Verbreitung der Familie Jacanidae.

1

KRANICHARTIGE
(GRUIFORMES)

Die Ordnung Gruiformes (oder Ralliformes) umfaßt 11 oder 12 Familien mit annähernd 200 noch existierenden oder kürzlich ausgestorbenen Arten, die alle in einigen wichtigen anatomischen Merkmalen übereinstimmen, sich aber in Aussehen und Biologie beträchtlich unterscheiden. Die Kranichartigen besitzen lange Beine und werden daher auch häufig als Stelz- oder Watvögel bezeichnet, zusammen mit den Angehörigen der Ordnung Ciconiiformes (Storchenvögel). Einige Merkmale am Schnabel und an den Füßen, sowie die Jugendentwicklung zeigen aber, daß beide Ordnungen in Wirklichkeit recht verschieden sind.

Die Arten der Ordnung Gruiformes unterscheiden sich zum Teil merklich in ihrer Größe, sie besitzen aber meistens kurze, runde Flügel, die nicht besonders gut zum Fliegen geeignet sind (außer bei den Kranichen), dafür aber in der Mehrzahl lange Beine, mit denen sie schnell laufen können. Gewöhnlich haben sie vier Zehen, doch ist die große Zehe meistens kürzer als die anderen und setzt höher am Lauf an. Daher sind diese Vögel kaum imstande, mit den Zehen Äste zu umgreifen, und halten sich daher nur ungern in Bäumen auf. Dem Fuß fehlen die Schwimmhäute, doch besitzen die Wasserrallen und Binsenrallen lappige, häutige Anhänge an den Zehen. Das Gefieder ist normalerweise nicht sehr farbenprächtig. Der Schnabel ist kräftig gebaut, die Jungvögel besitzen ein dichtes Daunengefieder und sind Nestflüchter.

Die Familie Gruidae (Kraniche) umfaßt 14 Arten. Bei ihnen unterscheiden sich die Geschlechter nicht und ihr Gefieder ist meistens weiß oder grau, die Schwungfedern sind schwarz. Manche Arten tragen am Kopf einen nackten, leuchtend roten Fleck.

Viele Kranicharten führen charakteristische Tänze auf, und zwar nicht nur zur Balzzeit. Einehe ist die Regel und die Eltern errichten gemeinsam das Nest und wechseln sich auch beim Ausbrüten der beiden Eier ab. Infolge des speziellen Baues ihrer Luftröhre besitzen die Kraniche eine sehr laute Stimme, die man kilometerweit hören kann.

Der Jungfernkranich (*Anthropoides virgo*) ist die kleinste Art der Familie: er erreicht nur 95 cm Höhe. Sein Kopf ist jederseits mit charakteristischen Federbüscheln verziert. Der Schreikranich (*Grus americana*) war ehemals in seinem gesamten Areal, das bis nach Kanada reich-

Mandschurenkranich
(*Grus japonensis*)

Einige Vertreter der Familie Gruidae

Saruskranich
(*Grus antigone*)

Schneekranich
Grus leucogeranus

Schreikranich
(*Grus americana*)

Jungfernkranich
(*Anthorpoides virgo*)

Mönchskranich
(*Grus monacha*)

Weißnackenkranich
(*Grus vipio*)

te, durchaus häufig. Trotz strenger Schutzmaßnahmen existierten 1941 nur noch 23 Vögel im Arkansas Wildlife Refuge, seinem kleinen Überwinterungsgebiet an der Küste des Golfes von Mexiko.

Die Familie Eurypygidae besteht nur aus einer einzigen Art, der Sonnenralle (*Eurypyga helias*) aus den Waldgebieten Südamerikas.

Die Familie der Trompetervögel (Psophiidae) umfaßt nur drei Arten mit sehr ähnlicher Lebensweise, die in den Wäldern Brasiliens vorkommen.

Die Familie Aramidae besteht ebenfalls nur aus einer Art, dem Rallenkranich (*Aramus guarauna*). Dieser etwa 60 cm lange Vogel kommt in den südlichen USA vor.

Die beiden Arten der Familie Cariamidae sind die Seriema (*Cariama cristata*) und die Tschunja (*Chunga burmeisteri*) aus den Steppen und Trockenwäldern der Hochplateaus von Brasilien, Paraguay und Nordargentinien.

Die Familie Mesitornithidae (Stelzrallen) umfaßt drei kleine Arten von nur 25 cm Länge aus Madagaskar.

Die 15 Arten der Laufhühnchen (Turnicidae) gleichen in ihrer Gestalt in etwa der einheimischen Wachtel.

Die drei Arten der Binsenrallen (Heliornithidae) sind wasserbewohnende, scheue Vögel der Flußufer und Sümpfe in tropischen Waldgebieten. Die Tüpfelbinsenralle (*Podica senegalensis*) ist mit 60 cm Länge die größte Art.

Die weitaus größte Familie der gesamten Ordnung sind die Rallidae mit etwa 132 Arten, die allesamt als Rallen bezeichnet werden. Einige Arten leben auf dem Land, andere im Wasser, und alle sind klein bis höchstens mittelgroß und perfekt an das Leben in dichter Sumpfvegetation und in den Uferzonen von Seen und Flüssen angepaßt. Viele Rallen sind nachtaktiv, daher kennt man einige Arten, obgleich sie durchaus häufig sind, fast ausschließlich durch ihre Rufe.

Die Familie Rhynochetidae enthält nur den eigenartigen Kagu (*Rhynochetos jubatus*) aus den dichten Wäldern Neukaledoniens.

Die Familie Otodidae (Trappen) schließlich umfaßt 22 ganz an das Bodenleben angepaßte Arten mit langen, kräftigen Laufbeinen. Die Trappen besiedeln die Halbwüsten, Steppen und Grassavannen mit schütterem Baumbestand. Viele der recht großen Arten tragen Schmuckfedern an Kopf, Hals, Kehle oder Nacken, die sie während der Balz oder als Warnzeichen aufrichten. Die bekannteste Art ist die Großtrappe (*Otis tarda*).

Weißflügeltrompetervogel
(*Psophia leucoptera*)

Trappenlaufhühnchen
(*Turnix suscinator*)

Rallenkranich
(*Aramus guarauna*)

Großtrappe
(*Otis tarda*)

Wasserralle
(*Rallus aquaticus*)

Kagu
(*Rhynochetos jubatus*)

Tüpfelbinsenralle
(*Podica senegalensis*)

▲ Die Ordnung Gruiformes wird in 11 (oder 12 nach Meinung mancher Autoren) Familien eingeteilt und enthält etwa 200 noch existierende oder vor kurzem ausgestorbene Arten. In der obenstehenden Abbildung sind von links nach rechts und von oben nach unten Vertreter einiger dieser Familien dargestellt: Psophiidae, Turnicidae, Aramidae, Otididae, Rallidae, Rhynochetidae und Heliornithidae.

◄ Die Kraniche der Familie Gruidae sind weit verbreitet und kommen auf allen Kontinenten mit Ausnahme Südamerikas, der Indomalaiischen Inselwelt, Neuseelands und Polynesiens vor. Die einzige in Europa brütende Art ist der gewöhnliche Kranich, der allerdings auch bis weit nach Asien hinein verbreitet ist. 1) Gewöhnlicher Kranich (*Grus grus*); 2) die übrigen Arten der Familie Gruidae.

1
2

GRÜNFÜSSIGES TEICHHUHN
(GALLINULA CHLOROPUS)

Ordnung Gruiformes
Familie Rallidae
Länge 32-35 cm
Gewicht 320-330 g
Verbreitung Europa, Asien, Afrika und Amerika
Fortpflanzungszeit März bis April mit 2, selten 3 Gelegen
Brutdauer 20-21 Tage
Anzahl der Eier 5-11
Jungvögel Nestflüchter

Das Grünfüßige Teichhuhn ist ein Wasservogel etwa von der Größe einer Taube. Seine Flügel sind kurz und gerundet, der Körper seitlich abgeflacht und der kurze Schwanz zuckt rhythmisch auf und ab, vor allem, wenn der Vogel erschreckt wird. Erwachsene Tiere zeigen weiße Streifen an den Flanken, der weiße Bürzel wird in der Mitte durch ein schwarzes Band geteilt und der gelbspitzige, rote Schnabel geht in eine leuchtend rote Stirnplatte über. Die Beine sind grünlich und tragen einen orangeroten Ring am Ende der Schiene, die Iris ist rotbraun. Je nach den Klimabedingungen in seinem Brutgebiet ist das Teichhuhn ein Standvogel oder ein Zugvogel. Bevorzugt bewohnt es die Uferbereiche von Flüssen und Seen, Tümpeln und Kanälen, außerdem Sümpfe und Moore, sowie kultiviertes Land, vor allem feuchte Wiesen und Reisfelder.

Da es weniger scheu und heimlich als andere Rallen ist, begegnet man dem Teichhuhn öfter im offenen Wasser schwimmend oder am Ufer, wo es allerdings bei dem leisesten Geräusch in der Vegetation verschwindet. Wird das Teichhuhn gestört, schießt es sofort unter heftigem Flügelschlagen durchs Wasser zum nächsten Unterschlupf. Es fliegt nur sehr ungern, wird es aber dazu gezwungen, erhebt es sich nur schwerfällig mit hängenden Beinen in die Luft. Viel lieber sucht es sein Heil, indem es abtaucht und mehrere Minuten lang untergetaucht bleibt, wobei es sich mit Schnabel und Füßen an Unterwasserpflanzen festhält und sowohl Füße wie Flügel zum Schwimmen benutzt. Tauchen ist für das Teichhuhn vor allem eine Möglichkeit, Feinden zu entkommen; bei der Nahrungssuche hingegen taucht es weit seltener. Das Nest liegt in der Regel auf dem oder wenigstens sehr dicht am Wasser, seltener in einem Busch oder Baum. Gelegentlich wird sogar ein

Grünfüßiges Teichhuhn
(*Gallinula chloropus*)

Bleßhuhn
(*Fulica atra*)

▲ Das Teichhuhn ist ein häufiger Bewohner der unterschiedlichsten aquatischen Lebensräume. Der rote Schnabel und die gleichfalls rote Stirnplatte unterscheiden es auf den ersten Blick von anderen Rallen wie zum Beispiel dem größeren Bleßhuhn mit seinem weißen Schnabel und der weißen Stirnplatte. Die Nahrung des Teichhuhns ist recht verschiedenartig und besteht hauptsächlich aus Wasserpflanzen, daneben auch aus tierischer Nahrung wie Wasserinsekten, Würmern, Schnecken und kleinen Fischen.

▶ Das Nest wird in dichten und verfilzten Schilfbeständen angelegt. Manchmal ist es so gebaut, daß es mit dem wechselnden Wasserstand steigt oder fällt.

verlassenes Nest einer Krähe oder einer Elster übernommen. Beim Nestbau helfen beide Partner, das Männchen schafft die Baumaterialien heran und das Weibchen bringt sie in die richtige Ordnung. Zusätzlich zu demjenigen Nest, das später die Eier enthalten soll, errichtet das Teichhuhn weitere, weniger vollständige Nester, die bei der Balz und der späteren Aufzucht der Jungvögel eine vielfältige Rolle spielen. Die 5-11 grauweißen, rotbraun getüpfelten Eier werden 20-21 Tage lang von beiden Partnern bebrütet.

Ein häufig auf Teichen und in Sumpfgebieten zu sehender, nah mit dem Teichhuhn verwandter Vogel ist das Bleßhuhn (*Fulica atra*). Das erwachsene Tier mißt 38-45 cm und wiegt 700-1.000 g. Es ist leicht an seinem weißen Schnabel und der weißen Stirnplatte zu erkennen, die sich deutlich vom überwiegend schiefergrauen Gefieder und dem glänzenden schwarzen Kopf und Hals abheben. Das Bleßhuhn brütet in fast ganz Europa, ferner in Nordafrika und Mittel- und Südasien. In Australien und in Neuguinea wird es durch sehr nahe verwandte Arten vertreten. Ähnlich wie das Teichhuhn ist auch das Bleßhuhn in Teilen seines Areals ein Standvogel, in anderen ein Zugvogel oder Teilzieher. Es verbringt die meiste Zeit auf dem Wasser und schwimmt ruckartig, wobei es den Kopf auffällig vor und zurückzieht. Es taucht bei der Nahrungssuche zuweilen bis 8 m tief. Abgesehen von Wasserpflanzen, die seine Hauptnahrung darstellen, verzehrt es auch Mollusken, Insekten, Larven und seltener Würmer und kleinere Fische. Beide Geschlechter beteiligen sich am Bau des Nestes, das meist aus Wasserpflanzen besteht, die so dicht miteinander verflochten sind, das das Ganze eine auf dem Wasser schwimmende Plattform bildet. Die Brutzeit der 7-12 Eier dauert 21-25 Tage und beide Eltern teilen sich in das Brutgeschäft. Die Jungvögel sind bereits nach 5-6 Tagen fähig zu tauchen und lassen sich von den Erwachsenen leicht an ihrem orangeroten Kopf unterscheiden.

Eine auffallende Rallenart ist das Purpurhuhn (*Porphyrio porphyrio*), unverwechselbar durch sein leuchtend blaues Gefieder. Die Oberseite des Körpers ist dunkel purpurblau, die Brust blaßblau mit metallischem Schein, und der ganz weiße Bürzel kontrastiert auffällig mit dem schwarzen Bauch. Der Schnabel, die langen Beine und die große Stirnplatte sind leuchtend rot. Ungefähr 20 mit dem Purpurhuhn nah verwandte Arten sind über die ganze Welt verbreitet.

◄ Beim Abfliegen muß das Bleßhuhn eine kurze Strecke über die Wasseroberfläche rennen, um genügend Schwung zu bekommen.

▲ Wird es gestört, taucht das Bleßhuhn unter und schwimmt unter Wasser mit rhythmischen Stößen der Füße.

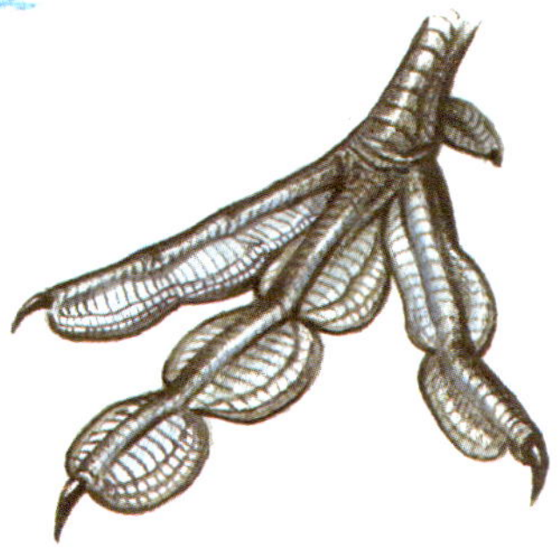

▲ Der Fuß des Bleßhuhns ist an den Zehen mit häutigen Schwimmlappen versehen.

Die Takahé (*Notornis mantelli*) ist eine flugunfähige Ralle aus Neuseeland von der Größe eines Truthahnes. Nachdem sie um die Mitte des letzten Jahrhunderts schon als ausgestorben angesehen worden war, wurde sie durch Zufall im Jahre 1948 wiederentdeckt und ist seitdem streng geschützt. Dennoch ist sie sicherlich eine vom Aussterben bedrohte Art.

▲ Ein junges Bleßhuhn mit orangerotem Kopf (unten) und ein junges Teichhuhn mit rotem, an der Spitze gelbem Schnabel (oben).

▲ Oben, von links nach rechts: das seltene Kammbleßhuhn (*Fulica cristata*) trägt auffällige fleischrote Anhänge oberhalb seiner weißen Stirnplatte. Das größere Purpurhuhn (*Porphyrio porphyrio*) besitzt hellrote Beine, einen roten Schnabel und eine rote Stirnplatte. Beim amerikanischen Zwergsultanshuhn (*Porphyrio martinica*) ist der rote Schnabel an der Spitze gelb und die Stirnplatte hellblau, während die Beine ganz gelb sind.

◄ Das Grünfüßige Teichhuhn ist fast weltweit verbreitet mit Ausnahme der Polar- und Wüstengebiete. In Australien wird es durch sehr nah verwandte Arten vertreten. Seine Lebensräume sind Feuchtgebiete wie die Uferbereiche von Flüssen und Seen, Tümpeln und Kanälen, Sümpfe und Moore, feuchte Wiesen und Reisfelder. 1) *Gallinula chloropus*.

FLUSSEESCHWALBE
(STERNA HIRUNDO)

Ordnung Charadriiformes
Familie Laridae
Länge 36 cm
Verbreitung Die gesamte Nordhalb-
kugel, nicht brütende Vögel fast
kosmopolitisch
Ökologie Gesellig
Brutzeit Ende Mai bis Anfang Juni
Anzahl der Eier 2-3, blau oder braun
mit dunklen Flecken
Jungvögel Mäßig ausgeprägte Nest-
flüchter; Daunenkleid gelbgrau oder
braungesprenkelt

Während der Brutzeit haben die Altvögel
der Flußseeschwalbe einen vollkomm
schwarzen Oberkopf, während die Stirn
im Winter braun und weißgestreift ist.
Auch die Schnabelfarbe ist saisonal unterschiedlich: Im Sommer ist der Schnabel orangerot mit schwarzer Spitze, zum
Winter hin vergrößert sich der schwarze
Bereich, so daß im Mittwinter nur noch
an der Basis spärliche Reste der roten Farbe zu sehen sind. Rücken und Oberseite
des gegabelten Schwanzes und die Flügel sind grau, die Spitzen der Schwungfedern schwarz. Bürzel und Unterseite
sind weiß, im Sommer sind jedoch Brust
und Abdomen hellgrau schattiert.
Die Flußseeschwalbe besitzt eine besonders weite Verbreitung, denn ihr Areal
schließt fast alle Kontinente ein, mit Ausnahme der Antarktis. Der Charakter der
Brutplätze ist recht unterschiedlich. Wie
alle Seeschwalben besiedelt sie Sand-
strände, Dünen, Brackwassersümpfe,
Flußmündungen und ähnliche Gebiete,
nistet aber auch am Süßwasser, an Fluß
und Bachufern und an den Stränden von
Süßwasserseen. In der Luft sind die Seeschwalben in ihrem eigentlichen Element.
Ihr Flug mit den langsamen, regelmäßigen Flügelschlägen ist ein Bild schwere-
loser Eleganz. Seeschwalben verbringen
einen Großteil ihrer Zeit auf der Jagd,
häufig gemeinsam mit Artgenossen. Sie
segeln dabei niedrig über das Wasser,
Kopf gesenkt, um das kleinste Anzeichen
einer Bewegung an oder unterhalb der
Wasseroberfläche wahrzunehmen. Ihre
Nahrung besteht hauptsächlich aus kleinen Fischen, Krebsen und Mollusken.
Die Flußseeschwalbe brütet in dichten
Kolonien, was zu erbitterten Territorialkämpfen führt. Zwischen April und Mai
legt das Weibchen seine 2-3 blaugrünen,
braungesprenkelten Eier, die abwechselnd von beiden Partnern etwa 3 Wochen lang ausgebrütet werden.

Obwohl die Flußseeschwalbe eigenlich ein
Meeresvogel ist, findet man sie nur selten weit
draußen auf hoher See. Anstattdessen zieht
sie die Küsten und Flußmündungen vor und
bewohnt auch Süßgewässer tief im Inland. In
der Nähe von Häfen kann man sie oft in großen
Scharen beobachten. Die Flußseeschwalbe
ernährt sich hauptsächlich von kleinen Fischen,
die dicht an der Wasseroberfläche schwimmen,
aber auch von Krebsen und Insekten.

► Flugbilder einiger
Seevögel.

Sturmvogel   Raubmöwe   Möwe   Seeschwalbe

SKUA ODER GROSSE RAUBMÖWE
(STERCORARIUS SKUA)

Ordnung Charadriiformes
Familie Stercorariidae
Länge 58 cm
Verbreitung Auf der Nordhalbkugel brütet sie auf den Schottland vorgelagerten Inseln bis nach Island. Auf der Südhalbkugel bewohnt sie die polnahen Gebiete rings um den antarktischen Kontinent. Im Winter findet sie sich auf dem Atlantischen Ozean bis zum Wendekreis des Krebses
Nest Ende Mai bis Anfang Juni. Ein einziges Gelege
Anzahl der Eier Gewöhnlich 2, selten 1, olivbraun oder graugelblich mit braunen Flecken
Jungvögel Gemäßigte Nestflüchter. Daunenkleid gelblich-braun, Unterseite heller

Die Große Raubmöwe ist ganz braun gefärbt mit Ausnahme der Basis der Handschwingen, die auf beiden Seiten der Flügel sichtbar sind. Sie sieht wie eine braune Möwe aus, doch sind die Flügel runder und weniger gewinkelt, der Schwanz ist kürzer und die ganze Gestalt massiger. Auf dem Boden bewegt sie sich ungeschickter als die echten Möwen. Raubmöwen sind berüchtigt wegen ihrer Angriffe auf andere Seevögel, die von ihnen solange bedrängt werden, bis sie ihre Beute fallen lassen oder sie sogar wieder auswürgen. Diese wird oft von den Raubmöwen aufgefangen, bevor sie ins Wasser fällt. Skuas leben hauptsächlich vom Raub und nehmen alle Arten von Nahrung, zum Beispiel Fische, Nager, Insekten, andere Vögel, Aas und allen möglichen Abfall, manchmal sogar Beeren. Der unverdauliche Teil der Beute wird anschließend in Form von kleinen, runden Ballen wieder ausgewürgt. Raubmöwen leben fast das ganze Jahr lang auf hoher See und kommen nur zum Brutgeschäft an Land. Die Skua nistet meist dicht an der Küste, zum Beispiel in Mooren, auf dem bloßen Erdboden oder auf Feldern und in Flußmündungen. In der Regel brütet sie in kleinen Kolonien oder einzeln. Das Nest ist eine kleine Grube, die von beiden Partnern im Erdboden gegraben und danach mit Gräsern, Moos und anderen Dingen ausgekleidet wird. Die Eiablage findet zwischen Ende Mai und Anfang Juli statt, im Anschluß an die Balz des Männchens: es stolziert vor dem Weibchen auf und ab und sträubt seine Nackenfedern.

◄▲ Wie ihre Verwandten ist die Große Raubmöwe ein Kleptoparasit, die den größten Teil ihrer Nahrung anderen Seevögeln raubt. Dieses aggressive Verhalten erklärt zum Teil ihren wissenschaftlichen Familiennamen: man nahm nämlich früher an, daß die Raubmöwen den Kot der von ihnen angegriffenen Vögel fressen würden. Tatsächlich ernährt sich die Skua aber von anderen Vögeln, Aas, Eiern und Jungvögeln, Lemmingen und natürlich von Fischen.

◄ Der Schnabel der Raubmöwen (unten) gleicht dem der echten Möwen (oben), aber er ist an der Spitze stärker gebogen. Dies weist auf die räuberische Lebensweise der Raubmöwen hin.

TROTTELLUMME
(URIA AALGE)

Ordnung Charadriiformes
Familie Alcidae
Länge 41 cm
Verbreitung Nördliche Küsten des Atlantischen und des Pazifischen Ozeans (Nordamerika, Nordeuropa, Grönland, Island)
Ökologie Geselliger Meeresbewohner
Nest In Kolonien auf Felsinseln und an Klippen
Anzahl der Eier 1, groß und birnenförmig
Jungvögel Gemäßigter Nesthocker, geht bereits ins Meer, bevor er fliegen kann

Alle Arten der Familie Alcidae (Alken) besitzen ein ähnliches, oben schwarzes und unten weißes, manchmal auch einfarbig schwarzes Gefieder. Diese Eintönigkeit wird durch die verschiedensten Farbkontraste aufgelockert: weiße Flekken und Flügelbinden, auffällige Zeichnung des Kopfes (einige Arten besitzen sogar farbige Federbüschel), nackte Hautstellen am Schnabel und lebhaft gefärbte Beine oder Kehle. All dies dient dazu, die Artgenossen zu erkennen. Die schwarz-weiße Gesamtfärbung dagegen dient sicher der Tarnung. Feinde, die aus der Luft kommen, zum Beispiel Seeadler, sind kaum in der Lage, den schwarzen Rücken der Trottellumme von der dunklen Wasseroberfläche zu unterscheiden, während Unterwasserjäger wie Wale und räuberische Fische den weißen Bauch des Vogels nur schwer gegen die helle Oberfläche ausmachen können. Beide Geschlechter besitzen zwar das gleiche Gefieder, können sich aber zu bestimmten Zeiten ziemlich deutlich unterscheiden. Beide mausern auch das ganze Gefieder auf einmal, so daß sie für eine Weile flugunfähig sind.
Die Alken sind auf der Nordhalbkugel das ökologische Gegenstück der Pinguine und Sturmvögel der Südhalbkugel. Insbesondere Alken und Pinguine bilden eines der klassischen Beispiele für Konvergenz der Lebensweise. Von Konvergenz spricht man, wenn Tiere, die nicht näher miteinander verwandt sind (Pinguine gehören zur Ordnung Spheisciformes, Alken zur Ordnung Charadriiformes), das gleiche Aussehen und die gleiche Lebensweise besitzen, weil sie gleichartige Lebensräume bewohnen und sich auf die gleiche Weise ernähren.
Ein typischer Repräsentant der Familie Alcidae ist die Trottellumme (*Uria aalge*). Sie sieht mit dem langen Hals, dem

▲ Trottellummen brüten in großen Kolonien auf schmalen Simsen an Felswänden direkt über dem Meer. Die großen Scharen heftig flatternder, vom Fischen zurückkehrenden Vögel, der scharfe, durchdringende Geruch, die weiße Färbung der Felsen, hervorgerufen vom Kot Tausender Vögel und das ständige heisere Geschrei der Erwachsenen und der Jungvögel machen den Besuch eines Lummenfelsens zu einem unvergeßlichen Erlebnis.

▶ Die Nahrung der Trottellumme besteht aus Fischen und in geringerem Maß aus Krebsen, Mollusken und Würmern.

spitzen Schnabel und den weit hinten am Bauch ansetzenden Beinen einem Pinguin sehr ähnlich. Das Gefieder ist am Bauch weiß, an der Oberseite aber tief schokoladenbraun oder schwarz. Beine und Schnabel sind schwarz.

Die Trottellumme ist ein ausgesprochener Seevogel, der nur zum Brüten an Land geht. An Land bewegt sich die Trottellumme sehr ungeschickt und kann nur aufrecht auf den ausgestreckten Beinen sitzen, wobei sie oft sogar bedenklich schwankt. Darauf bezieht sich auch ihr deutscher Name. Auch in der Luft ist sie nicht besonders geschickt, denn die kurzen, schmalen Flügel müssen ziemlich schnell schlagen, um den schweren Körper in der Luft zu halten. Der kurze Schwanz verhindert zudem alle raschen und geschickten Richtungsänderungen und die mit großen Schwimmhäuten versehenen Füße ragen seitlich weit heraus. Auf dem Wasser fühlt sich die Trottellumme allerdings ganz daheim, denn sie ist tatsächlich perfekt an das Schwimmen und Tauchen angepaßt. Das weiche, dicke Gefieder wird von einem Überzug aus Öl bedeckt, das von der Bürzeldrüse abgeschieden und mit dem Schnabel über das Gefieder verteilt wird. Dadurch ist der Vogel hervorragend gegen Kälte und Nässe geschützt. Beim Tauchen helfen die Trottellumme ihre Flügel, die sie wie Ruder benutzt, während die Füße als Steuer dienen. Sie kann bis 10 m tief tauchen und über eine Minute lang unter Wasser aushalten.

Ende Dezember kehren die Trottellummen an die Küste zurück und suchen die gleichen Nistplätze auf wie in den Jahren zuvor. Im April sind die Nistkolonien dann von Tausenden von Vögeln bevölkert. Die Kolonien liegen bevorzugt auf den ebenen Oberflächen felsiger Inseln, sowie an Felswänden, wo die Vögel zwar sehr dicht siedeln, aber jedes Paar doch ein kleines Nestterritorium verteidigt. Das einzige Ei ist blaß blaugrün gefärbt und braun und schwarz gesprenkelt. Es ist ausgesprochen asymmetrisch birnenförmig, so daß es nur in einem engen Kreis um das dünne Ende herumrollen kann und nicht so leicht die Felswand herabfällt, sollte es der Wind einmal aus dem Nest rollen. Beide Geschlechter teilen sich das Brutgeschäft, das 32-34 Tage währt.

Im Alter von etwa 3 Wochen ist das Daunengefieder des Nestlings bereits wasserdicht, obgleich die eigentlichen Federn erst gerade zu sprießen beginnen. Auf Drängen der Eltern hin stürzt sich nun das Junge mehrere Meter tief ins Meer, wo es sehr bald gut schwimmen und tauchen lernt, lange, bevor es fliegen kann.

◄▼ Die Trottellumme brütet ihr einziges Ei aus, indem sie es zwischen den Füßen hält. Der Körper ist dabei gewöhnlich dem Felsen zugewandt zum Schutz gegen den heftigen Wind. Das Ei ist auffällig birnenförmig, daher dreht es sich kreisförmig um die eigene Achse, wenn es angestoßen wird, und fällt weniger leicht hinunter.

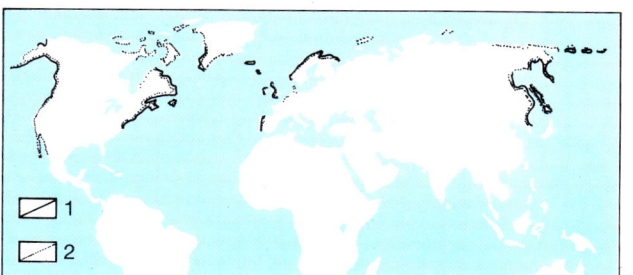

▲ Die Alken und die Pinguine gleichen sich auffällig in Gestalt und Verhalten, obgleich sie zu zwei ganz verschiedenen Ordnungen gehören. Sie unterscheiden sich allerdings in der Größe: die Trottellumme links ist etwa 41 cm lang, während der Kaiserpinguin rechts etwa 120 cm mißt.

◄ Die Beute wird gewöhnlich unter Wasser gefangen, häufig nach einer lebhaften Jagd. Beim Tauchen benutzt die Trottellumme ihre Flügel als Ruder und die Füße zum Steuern.

Winter

Sommer

Gryllteiste
(*Cepphus columba*)

Papageitaucher
(*Fratercula arctica*)

Tordalk
(*Alca torda*)

Krabbentaucher
(*Plautus alle*)

Schopfalk
(*Aethia cristatella*)

▼ Trottellumme (*Uria aalge*) im Winterkleid.

◄ Alle zu den Alken gehörigen Arten sind Meeresbewohner und kommen nur in den kälteren Zonen der Nordhalbkugel vor. Nach der Brutzeit wandern sie südwärts weit auf den Pazifischen und den Atlantischen Ozean hinaus: Die Winterwanderungen der Trottellumme bringen sie sogar bis ins Mittelmeer, nach Kalifornien und nach Japan. 1) Familie Alcidae; 2) Trottellumme (*Uria aalge*).

1

2

TAUBEN
(COLUMBIDAE)

Die 289 Arten der Familie Columbidae (Tauben) sind weltweit verbreitet und fehlen nur in den Polargebieten. Ihre Größe variiert je nach Artzugehörigkeit, und wir kennen sowohl Arten kaum größer als ein Sperling, als auch solche von Truthahngröße. Auch die Nahrungsgewohnheiten der Tauben unterscheiden sich sehr. Manche Arten fressen ausschließlich Samen, andere hauptsächlich Früchte. Über die Hälfte der Arten bewohnt die Indomalaiische Region und Australien, nur eine recht kleine Gruppe besiedelt das tropische Amerika und lediglich sechs Arten kommen in Europa vor.

Bei manchen Arten, zum Beispiel bei der Felsentaube (Wildtaube) gleichen sich die Gefieder von Männchen und Weibchen, andere Arten weisen auffällige Färbungen auf, die bei der Balz eine Rolle spielen, und zeigen daher einen deutlichen Sexualdimorphismus. Alle Tauben sind monogam und einander treu, daher ist die Taube als Vogel der Liebe recht gut gewählt. Das Nest ist meist ein recht kunstloser Bau, der von beiden Eltern gemeinsam errichtet wird. Die Partner teilen sich auch das Brutgeschäft, das zwischen 12 und 30 Tage währen kann. Weitere gemeinsame Merkmale sind die Wachshaut an der Schnabelbasis und die sogenannte "Kropfmilch", mit der die Jungvögel ernährt werden.

Die artenreichste Unterfamilie ist die der Fruchttauben (Treroninae), die nur über die Tropen der Alten Welt verbreitet und vor allem in der Indomalaiischen Region häufig sind. Alle ernähren sich vornehmlich von Früchten und die meisten Arten zeigen einen auffälligen Sexualdimorphismus, denn das Gefieder der Männchen ist oftmals sehr farbenprächtig.

Ein typischer Vertreter der Unterfamilie ist die Weißbauchgrüntaube (*Sphenurus sieboldii*) aus Südasien und Indonesien. Sie wird etwa so groß wie eine Haustaube und ist gelbgrün und oberseits nußbraun, die Beine sind leuchtend rot und das Auge ist blau umrandet. Wie alle Fruchttauben fliegt sie auf der Suche nach fruchtenden Bäumen in Gruppen herum. Aus diesem Grund führt sie auch jedes Jahr regelmäßige Wanderzüge aus dem Flachland, wo die Bäume früher Frucht tragen, ins Bergland aus. Trotz ihrer leuchtenden Farben ist diese Taube nicht leicht zu beobachten, denn sie hält sich die meiste Zeit über hoch oben in den Wipfeln der Fruchtbäume auf, wo sie sogar kopfunter an den Zweigen hängen

▼ Die Familie Columbidae enthält zahlreiche Arten, die sich sehr in Größe und Nahrungsgewohnheiten unterscheiden.

Das Steppenhuhn (*Syrrhaptes paradoxus*) gehört zur Familie Pteroclidae (Flughühner), die gemeinsam mit der Familie Columbidae die Ordnung Columbiformes bildet.

Hohltaube (*Columba oenas*)

Europäische Turteltaube (*Streptopelia turtur*)

EURASIEN

Meena-Turteltaube (*Streptopelia orientalis*)

Türkentaube (*Streptopelia decaocto*)

Ringeltaube (*Columba palumbus*)

Japantaube (*Columba janthina*)

Weißbauchgrüntaube (*Sphenurus sieboldii*)

SÜDASIEN UND AUSTRALIEN

Molukken-Bronzefruchttaube (*Ducula concinna*)

Molukken-Flaumfußtaube (*Ptilinopus viridis*)

Schopfwachteltaube (*Lophophaps plumifera*)

Riesengrüntaube (*Treron capellei*)

Glanzkäfertaube (*Chalcophaps indica*)

Nikobarentaube (*Caloenas nicobarica*)

Dolchstichtaube (*Gallicolumba luzonica*)

Weißkopf-Flaumfußtaube (*Leucotreon cinctatus*)

Bronzefruchttaube (*Ducula aenea*)

kann, um besonders schmackhafte Beeren zu pflücken.

Die artenreichste Gruppe der Treroninae bilden die Fruchttauben der Gattung *Ptilinopus*, deren am besten bekannte Art wohl die Prachtflaumfußtaube (*P. superbus*) aus Indonesien, Neuguinea und Australien bis nach Tasmanien ist.

Die Muskattauben der Gattung *Ducula* sind erwähnenswert wegen ihrer leuchtend metallischen Färbungen. Ein Vertreter dieser Gruppe ist die Bronzefruchttaube (*D. aenea*), ein besonders schöner Vogel von fast 40 cm Länge mit kräftig metallischfarbigem Gefieder.

Die kleine Unterfamilie Gouridae enthält lediglich drei Arten, nämlich die Krontauben aus Neuguinea. Eine weitere wichtige Unterfamilie, die Columbinae, umfaßt sowohl samen- wie fruchtfressende Arten, außerdem die bei weitem geselligsten Arten der ganzen Familie.

Zur Gattung *Streptopelia* gehören die afrikanische Trauerturteltaube (*S. decipiens*) und die europäische Türkentaube (*S. decaocto*). Beiden recht ähnlich ist die Trauertaube (*Zenaidura macroura*) aus Nordamerika und Mexiko. Sie wird etwa 30 cm lang, besitzt ein graubraunes Gefieder mit etwas dunklerem und auf beiden Seiten leicht rosa und violett getönten Hals. Sie ist die häufigste amerikanische Taube und brütet selbst in Städten.

Eine der hübschesten und am lebhaftesten gefärbten Turteltauben ist die Glanzkäfertaube (*Chalcophaps indica*), ein Bodenvogel der Wälder des Indomalaiischen Raumes und Australiens.

Zur Gattung *Columba* gehören außer der Felsentaube (*C. livia*) noch zwei weitere europäische Arten, die Ringeltaube (*C. palumbus*) und die Hohltaube (*C. oenas*). Zwei weitere Familien sind sehr nah mit den Tauben verwandt. Zur ersten (Familie *Pteroclidae*) gehören die 16 Arten der Flughühner aus den Steppen und Halbwüsten der Alten Welt. Die zweite Familie, die Raphidae, ist bereits ausgestorben. Sie enthielt einige flugunfähige Arten wie die Dronte (*Raphus cucullatus*), die seit 300 Jahren ausgestorben ist. Die Dronte war eine riesige flugunfähige Taube von mehr als 1 m Länge.

AMERIKA

Die Dronte (*Raphus cucullatus*) lebte auf der Insel Mauritius und wurde bereits 1680 ausgerottet. Sie erreichte Truthahngröße und war ein schwerfälliger Vogel mit einem riesigen Schnabel.

Trauertaube (*Zeinadura macroura*)

Krontaube (*Goura cristata*)

▲ Einige Zuchtrassen der Haustaube.

◄ 1) Die Arten der Familie Columbidae sind weltweit verbreitet. Etwa die Hälfte der Arten bewohnt den Indomalaiischen Raum bis nach Australien.
2) Nur in den Polargebieten sind Tauben sehr selten oder fehlen ganz.

1
2

PAPAGEIEN
(PSITTACIFORMES)

Der gebogene, an beiden Seiten gezähnte Schnabel, die Füße, an denen zwei Zehen nach vorn gerichtet sind und zwei nach hinten, die prächtige Färbung, die hauptsächlich aus grünen, roten, gelben und blauen Farben besteht, und die charakteristischen, fast immer krächzenden und durchdringenden Rufe sind nur einige der zahlreichen auffallenden Merkmale, an denen Papageien so leicht zu erkennen sind.

Obgleich die Mehrzahl der Papageien in den tropischen Regenwäldern lebt, kann man doch mit Recht behaupten, daß es keinen Lebensraum auf der Erde gibt, den sie nicht besiedelt haben. So kommen Papageien in Gras- und Baumsavannen vor, in Halbwüsten und Wüsten, auf kultiviertem Land, im Hochgebirge, wo der Boden den größten Teil des Jahres über schneebedeckt ist, in Mangrovensümpfen, an Felswänden und in Brackwasserlagunen an der Küste.

Die größte Art der ganzen Familie ist der Hyazinthara (*Anodorhynchus hyacinthinus*) aus Brasilien, der 1 m lang und 1,5 kg schwer werden kann. Der kleinste Papagei ist der Nacktgesicht-Spechtpapagei (*Micropsitta pusio*) aus Neuguinea, der kaum 8,5 cm lang und höchstens 15 g schwer wird.

Das auffallendste an den Papageien ist aber ohne Zweifel ihre Farbenpracht. Sie zeigen die gesamte Farbenpalette, sogar am gleichen Vogel, wenn auch Grün die vorherrschende Farbe ist. Sexualdimorphismus vor allem in den Gefiederfarben ist bei den Papageien aus Australien, Neuguinea und Südostasien häufig. Üblicherweise weist das Männchen die lebhafteren Farben auf, doch eine Ausnahme bildet der Edelpapagei (*Eclectus roratus*) aus Neuguinea, Nordaustralien und den benachbarten Inseln, denn bei ihm ist das Weibchen blaurot gefärbt, während das Männchen nur einfarbig grün ist.

Alle Kakadus besitzen aufrichtbare Hauben verschiedener Gestalt und Farbe, die eine wichtige Signalfunktion besitzen, vor allem während der Balz.

Trotz der oberflächlichen Ähnlichkeit des Papageienschnabels mit demjenigen der Taggreifvögel und vor allem dem der Eulen funktioniert der Schnabel eines Papageiens ganz anders, wie man leicht beobachten kan. Beim Fressen arbeiten die beiden Schnabelhälften ungefähr so wie die Kiefer eines Wiederkäuers, denn die Schneidekanten des Unterschnabels werden rhythmisch gegen das ausgehöhlte

Hyazinthara
(*Anodorhynchus hyacinthinus*)

Ararauna oder Blauflügelara
(*Ara ararauna*)

Gelbflügelara
(*Ara chloroptera*)

Karolinasittich
(*Conuropsis carolinensis*)

Goldsittich
(*Aratinga solstitialis*)

AMERIKA

Soldatenara
(*Ara militaris*)

Gelbkopfamazone (*Amazona ochrocephala oratrix*)

Molukkenkakadu
(*Cacatua moluccensis*)

AUSTRALIEN UND NEUSEELAND

Inkakakadu
(*Cacatua leadbeateri*)

Gelbhaubenkakadu
(*Cacatua galerita*)

Arakakadu
(*Probosciger aterrimus*)

Helmkakadu
(*Callocephalon fimbriatum*)

Dach des Oberschnabels bewegt und schälen oder zermahlen mit dieser durch die Zunge unterstützten Bewegung die Nahrung. Abgesehen vom Fressen wird der Schnabel auch zum Festhalten beim Klettern im Geäst der Bäume benutzt. Die meisten Papageien ernähren sich von Samen, Beeren, Gras, Blättern, weichen Rindenteilen, Schößlingen, Knospen und Wurzeln. Die auschließlich baumlebenden Loriinae fressen dagegen nur Nektar, Pollen und süßes Fruchtfleisch. Auch Insekten spielen in der Speisekarte der meisten Arten eine gewisse Rolle, doch sind manche Arten, wie die schwarzen Kakadus der australischen Gattung *Calyptorhynchus* und vor allem der Kaka oder südliche Nestorpapagei (*Nestor meridionalis*) aus Neuseeland ausgesprochene Insektenfresser und verbringen den Großteil ihrer Zeit damit, auf der Suche nach Insektenlarven trockene Rinde von Bäumen zu reißen. Möglicherweise bilden auch kleine Wirbeltiere bei mehr Papageienarten einen Teil der Nahrung, als bisher angenommen wird. Unter den vegetarischen Arten gibt es andererseits einige, die auf das Öffnen von Nüssen und Fruchtkernen spezialisiert sind.

Die meisten Papageien legen ihre Eier in Baumhöhlen, manche nisten aber auch in Höhlungen von Felsen oder Wänden, unter Dachrinnen, in Höhlungen am Erdboden, in Grasbüscheln, Steinhaufen, Erdröhren oder in Termitenbauten. Die Eier sind immer weiß und messen zwischen 16 mm und 55 mm. Die minimale Eizahl beträgt 1-2 Eier, die maximale 8-9. Normalerweise brütet nur das Weibchen, das aber am Eingang der Nisthöhle vom Männchen gefüttert wird, bei einigen Kakadus lösen sich jedoch beide Partner beim Brüten ab. In den ersten Tagen nach dem Schlüpfen werden die Nestlinge von der Mutter mit einer käseartigen, proteinreichen Substanz gefüttert, die der Kropfmilch der Tauben gleicht.

Beim Flug stoßen viele Papageien wiederholt und in schneller Folge laute, krächzende Schreie aus. Diese Rufe dienen dazu, den Schwarm während der abendlichen und nächtlichen Wanderungen beisammenzuhalten. Wegen ihrer Fähigkeit, zu sprechen, oder besser, Geräusche nachzuahmen, sind manche Arten, vor allem der Graupapagei und die Gelbstirnamazone (*Amazona ochrocephala*), leider zum Objekt von Händlern geworden, mit der Folge, daß jedes Jahr zahlreiche erwachsene und junge Vögel gefangen werden, die den Fang leider nicht immer heil überstehen.

Graupapagei
(*Psittacus erithiacus*)

Erdbeerköpfchen
(*Agapornis lilianae*)

AFRIKA

Schwarzköpfchen
(*Agapornis personata*)

Halsbandsittich
(*Psittacula krameri*)

Orangeköpfchen
(*Agapornis pullaria*)

Pflaumenkopfsittich
(*Psittacula cyanocephala*)

SÜDASIEN

Wellensittich
(*Melopsittacus undulatus*)

Paradiessittich
(*Psephotus pulcherrimus*)

Glanzsittich
(*Neophema splendida*)

Schwarzkopf-Edelsittich
(*Psittacula himalayana*)

Nymphensittich
(*Nymphicus hollandicus*)

Regenbogenlori (*Trichoglossus haematodus moluccanus*)

Kakapo oder Eulenpapagei
(*Strigops habroptilus*)

Erdsittich
(*Pezophorus wallicus*)

AUSTRALIEN UND
NEUSEELAND

Kea (*Nestor notabilis*)

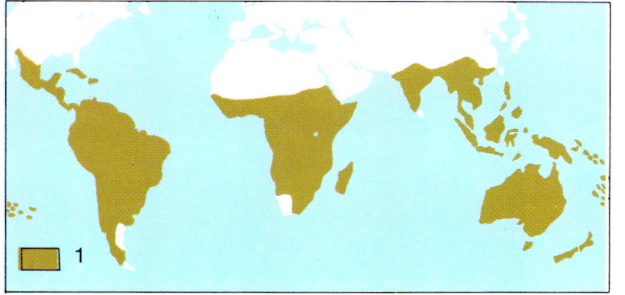

◄ Die Mehrzahl der Papageien ist in den Tropen der Südhalbkugel verbreitet, besonders in Südamerika, Australien und Neuguinea. Relativ wenige Arten leben dagegen in Afrika und Madagaskar, in Südasien, auf den Philippinen, auf den Sundainseln, auf Neuseeland, in Mikronesien, Melanesien und Polynesien. Den nördlichsten Punkt erreicht der Schwarzkopf-Edelsittich (*Psittacula himalayana*), der in Afghanistan bis 36°N geht. Sein Gegenpol auf der Südhalbkugel ist der Smaragdsittich (*Microsittace ferruginea*), der den südlichsten Zipfel Feuerlands erreicht. 1) Verbreitung der Ordnung Psittaciformes auf der Erde.

EULEN
(STRIGIFORMES)

Die Eulen oder "Nachtraubvögel" (Ordnung Strigiformes) umfassen nur zwei Familien, die Tytonidae mit kaum mehr als 10 Arten, von denen die Schleiereule die bekannteste ist, und die Strigidae mit über 120 Arten.

Eulen besitzen große, nur wenig bewegliche Augen, die an der Vorderseite des Kopfes sitzen und von großen, konzentrischen Federkreisen umgeben sind, dem sogenannten Gesichtsschleier. Beides verleiht den Eulen ihr charakteristisches Aussehen. Die Federn im Inneren des Schleiers sind sehr weich und fast unverzweigt, während diejenigen am Rand klein, steif und etwas gebogen sind. In der Mitte liegen zwei halbmondförmige, weiße Stellen, die sich an der Innenseite berühren und die Augen innen begrenzen. Der Schnabel ist sehr stark gebogen, ziemlich groß und an der Basis recht breit. Der Eulenkopf ist meistens groß und rund und trägt bei manchen Arten spezielle Federbüschel ("Federohren"), die wohl zur Auflösung des Körperumrisses beitragen. Die Krallen sind im Vergleich zur Körpergröße immer sehr kräftig. Die vierte Zehe kann gedreht werden und ist daher sowohl der Hinterzehe wie den vorderen beiden Zehen opponierbar.

Das Gefieder der Eulen ist fast immer tarnfarbig und weist eine Mischung aus grauen und braunen Farbtönen auf. Fast immer ist eine rindenfarbige Zeichnung aus Streifen oder Flecken entwickelt. Der Flug ist außerordentlich leise, denn die Federn sind sehr weich und samtig.

Der Gesichtssinn ist bei den Eulen hervorragend entwickelt, kein Wunder angesichts ihrer außergewöhnlich großen Augen. So sind die Augen beim Waldkauz tatsächlich größer als das menschliche Auge. Außerdem sind die Eulenaugen mit einer hochentwickelten Linse, einer sehr stark gewölbten Hornhaut und einer halb durchsichtigen Nickhaut ausgerüstet, dem unter den Vögeln ganz einzigartigen dritten Augenlid. Ihr Gesichtsfeld beträgt tatsächlich volle 180° und in einem Drittel des Gesichtfeldes ist binokulares Sehen möglich. Daher sind Eulen ohne weiteres fähig, das Bodenrelief zu erkennen und Entfernungen zu schätzen. Selbst in völliger Dunkelheit können sich die Eulen orientieren und gezielt Beute greifen, denn sie verlassen sich dann auf ihr sehr scharfes Gehör. Da sie aber fernsichtig sind, haben sie Schwierigkeiten, sehr nahe Objekte zu erkennen und verlassen sich zum Beispiel

Steinkauz (Athene noctua)

Zwergohreule (Otius scops)

Habichtskauz (Strix uralensis)

Sumpfohreule (Asio flammeus)

Rauhfußkauz (Aegolius funereus)

Waldohreule (Asio otus)

Schneeule (Nyctea scandiaca)

Schildkauz (Ninox scutulata)

Schleiereule (Typo alba)

Uhu (Bubo bubo)

Riesenfischuhu (Ketupa blakistoni)

beim Zerreißen eines Beutetieres mehr auf ihren Tastsinn, der ihnen durch die langen Tastborsten an der Schnabelbasis vermittelt wird.

Eulen sind durchaus nicht ausnahmslos Nachttiere, denn insbesondere die im hohen Norden lebenden Arten, wie die Schneeule, jagen den ganzen Sommer über im Dauerlicht. Dennoch jagen alle Arten nach Möglichkeit in der Abend- und Morgendämmerung und im Zwielicht. Nachts wechseln bei ihnen Aktivitätsperioden mit Ruhephasen und Rufphasen ab. Tagsüber ruhen die meisten Arten und ziehen sich dazu an verborgene, dunkle Stellen zurück, um zu schlafen. Dort sind sie sicher vor den Angriffen und dem Geschrei anderer Vögel, die normalerweise in große Aufregung geraten, wenn sie eine Eule sehen. Wahrscheinlich brauchen Eulen derart lange Ruhephasen zur Regulation ihres Stoffumsatzes.

Die bevorzugte Nahrung vieler Arten sind Nager, dennoch fangen Eulen eine Vielzahl anderer Kleintiere wie Kleinsäuger, Vögel, Reptilien, Amphibien, Krebse, Insekten und verschiedene sonstige Wirbellose. Das Höchstgewicht von Beutetieren, die Eulen noch bewältigen können, liegt bei 3-4 kg, doch dürften nur der Uhu und einige andere große Arten dazu in der Lage sein. Normalerweise wird das Beutetier im Ganzen verschlungen und nur, wenn es zu groß ist, wird es vor dem Verzehr in Stücke gerissen.

Rufe spielen im Leben nächtlicher Greifvögel, wie es die Eulen sind, naturgemäß eine wichtige Rolle. Meist ruft nur das Männchen, und der recht eintönige Ruf wird regelmäßig, aber in verschiedenen Abständen wiederholt. Der Ruf dient der Abgrenzung des Reviers und zugleich dem Anlocken des Weibchens, das meist weniger ruffreudig ist als das Männchen. Die Rufe der Weibchen sind ähnlich, liegen aber in anderer Tonhöhe. Am häufigsten hört man die Rufe zur Brutzeit. Die Syrinx (das Stimmorgan) der Eulen ist recht einfach gebaut und vibriert unter dem Einfluß zweier Muskeln. Wenn diese mit dem Schnabel in Kontakt kommen, ergibt das ein charakteristisches Geräusch.

Eulen brüten immer einzeln und niemals kolonieweise, doch sind sie zuweilen auf dem Zug und im Winterquartier gesellig. Mit Ausnahme weniger Arten, etwa der Sumpfohreule, bauen sie kein richtiges Nest, sondern behelfen sich manchmal sogar mit einfachen Gruben am Boden. Meist legen sie die Eier aber in Felsspalten, Baumhöhlen, Nagerbauten und in Nester anderer Tiere, wo auch die Aufzucht der Jungen stattfindet.

Brillenkauz
(*Pulsatrix perspicillata*)

Sperlingskauz
(*Glaucidium passerinum*)

Sägekauz
(*Aegolius acadicus*)

Bindenuhu
(*Bubo virginianus*)

Brasilianischer Sperlingskauz
(*Glaucidium brasilianum*)

Elfenkäuzchen
(*Micrathene whitneyi*)

Streifenkauz
(*Strix varia*)

Sperbereule
(*Surnia ulula*)

Fischeule
(*Scotopelia peli*)

Bartkauz
(*Strix nebulosa*)

Brauner Waldkauz
(*Strix leptogrammica*)

▼ Die Eulen weisen eine Reihe von charakteristischen Merkmalen auf, die sie von den anderen Vogelordnungen unterscheiden. Die Augen sind nach vorn gerichtet und von großen Gesichtsschleiern umgeben. Bei manchen Arten trägt der Kopf zwei Federohren, die eine körperauflösende Funktion besitzen. Infolge des dichten und sehr weichen Gefieders wirken Eulen immer sehr kräftig und untersetzt. Die kleinsten Arten, wie etwa das Elfenkäuzchen, wiegen kaum mehr als 50 g, die größen, etwa der Uhu, wiegen dagegen etwa 4 kg. Diese vornehmlich nachtaktive Greifvogelgruppe umfaßt etwa 130 Arten, die in 28 Gattungen und zwei Familien eingeteilt werden. 1) Verbreitung des Waldkauz (*Strix aluco*); 2) Verbreitung des Habichtskauz (*Strix uralensis*); 3) das Verbreitungsgebiet der Ordnung Strigiformes erstreckt sich über alle Kontinente, mit Ausnahme der Antarktis.

1
2
3

213

RENNKUCKUCK
(GEOCOCCYX CALIFORNIANUS)

Ordnung Cuculiformes
Familie Cuculidae
Länge 58 cm
Gewicht 500 g
Verbreitung Südwestlicher Teil Nordamerikas
Ökologie Einzelgänger
Nest In Büschen oder auf Kakteen
Fortpflanzungszeit Frühjahr
Brutdauer 18 Tage
Anzahl der Eier 2-12
Jungvögel Nesthocker
Geschlechtsreife Nach 1-2 Jahren

Der Rennkuckuck (*Geococcyx californianus*) ist der Held mancher Comic Strips und Karikaturen. Er ist mittelgroß, kastanienbraun und weiß gesprenkelt und hat einen blauen Ring ums Auge. Mit seinem großen, an der Spitze hakigen Schnabel kann der Rennkuckuck sogar größere Schlangen überwältigen. Am Hinterkopf sitzt eine niedrige Federhaube, der Hals ist mäßig lang und der Schwanz ist so lang wie der ganze übrige Körper.
Vögel, die in Steppen und Grasländern am Boden herumlaufen, sind in der Regel sehr schnelle Läufer, doch geht diese Fähigkeit meist zu Lasten des Fliegens. Das gilt auch für den Rennkuckuck, der zwar sehr schnell laufen, aber nur erbärmlich fliegen kann. Wegen seiner kleinen Flügel kann er sowieso nur sehr kurze Entfernungen fliegend bewältigen, dafür läuft er umso flinker über Sand wie über felsigen Boden, wobei er bis 3 m weite Sprünge macht. Seine Höchstgeschwindigkeit beträgt etwa 25 km/h.
Der Rennkuckuck jagt Heuschrecken, Schnecken, Vögel, Mäuse, Eidechsen und Schlangen, ohne weiteres auch giftige Arten, etwa junge Klapperschlangen. Er zeigt das eigenartige Verhalten, Schneckenschalen zusammenzutragen, und daran kann man oft seine Anwesenheit erkennen. Man findet ihn in den südlichen Teilen von Kalifornien und Texas bis nach Zentralmexiko. Er nistet auf Kakteen, Bäumen und höherem Gebüsch in Höhen zwischen 1-5 m. Die 2-12 schmutzigweißen Eier werden im Abstand von je zwei Tagen gelegt.
Das Brutgeschäft beginnt, nachdem das erste Ei im Nest ist, daher kann man gelegentlich Eier und bereits geschlüpfte Jungtiere im gleichen Nest finden. Die Jungvögel sind zwar beim Schlüpfen noch hilflos, können aber bereits im Alter von 7-8 Tagen herumlaufen.

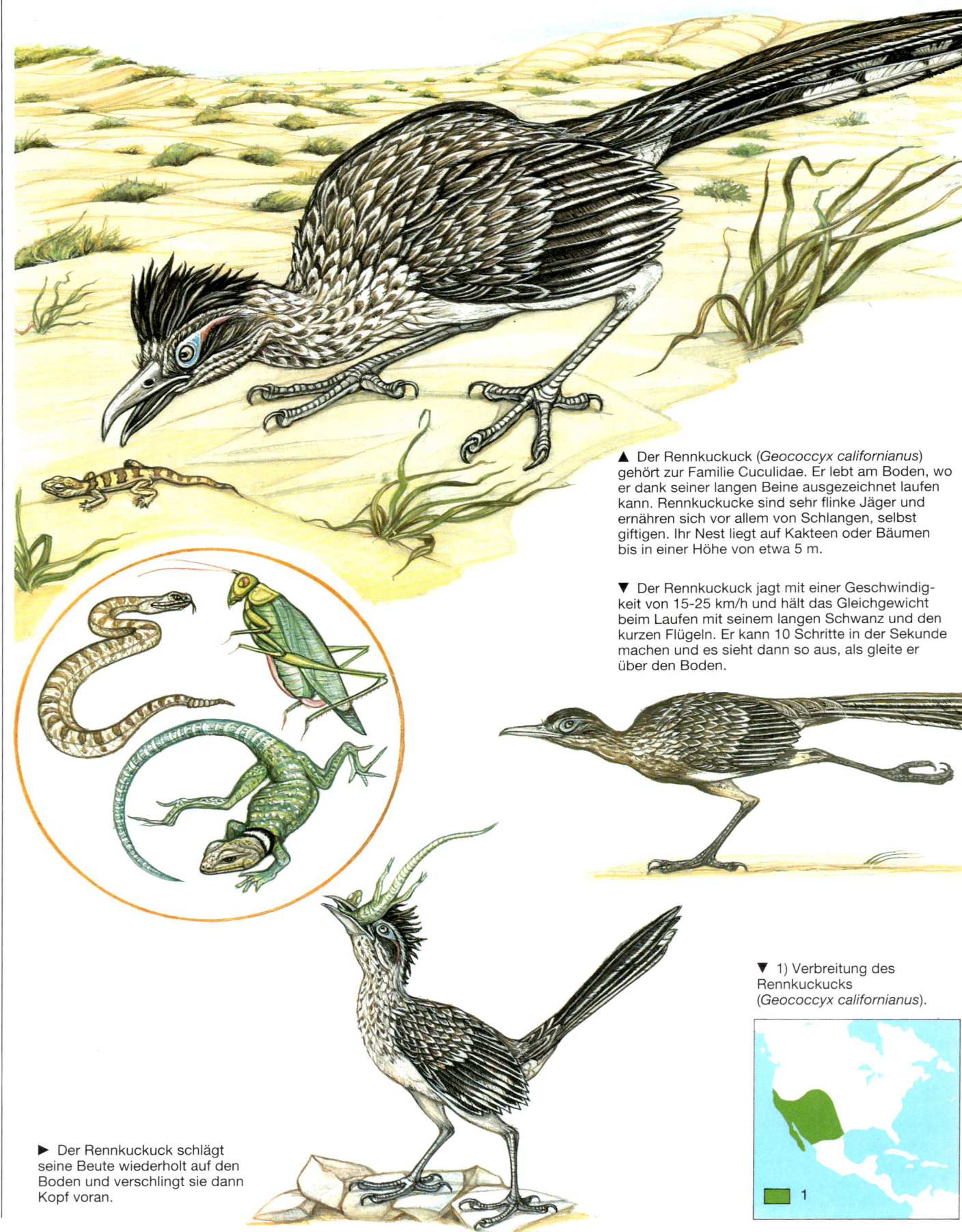

▲ Der Rennkuckuck (*Geococcyx californianus*) gehört zur Familie Cuculidae. Er lebt am Boden, wo er dank seiner langen Beine ausgezeichnet laufen kann. Rennkuckucke sind sehr flinke Jäger und ernähren sich vor allem von Schlangen, selbst giftigen. Ihr Nest liegt auf Kakteen oder Bäumen bis in einer Höhe von etwa 5 m.

▼ Der Rennkuckuck jagt mit einer Geschwindigkeit von 15-25 km/h und hält das Gleichgewicht beim Laufen mit seinem langen Schwanz und den kurzen Flügeln. Er kann 10 Schritte in der Sekunde machen und es sieht dann so aus, als gleite er über den Boden.

▼ 1) Verbreitung des Rennkuckucks (*Geococcyx californianus*).

1

► Der Rennkuckuck schlägt seine Beute wiederholt auf den Boden und verschlingt sie dann Kopf voran.

MAUERSEGLER
(APUS APUS)

Ordnung Apodiformes
Familie Apodidae
Länge 16-18 cm
Verbreitung Die Alte Welt, fehlt in den Polargebieten und in Südafrika
Ökologie Äußerst gesellig
Nest In Kolonien auf hohen Felsen und Gebäuden
Anzahl der Eier 2 (selten 3)
Jungvögel Nesthocker

Der Mauersegler besitzt einen stromlinienförmigen Körper, lange, schmale Flügel und einen relativ kurzen, gegabelten Schwanz. Das geöffnete Maul ist riesig und hat einen viereckigen Querschnitt. Der Schnabel ist aber ziemlich kurz und vorn etwas herabgebogen. Beim Sitzen kreuzen sich die langen Flügel über dem viel kürzeren Schwanz.

Die vom Mauersegler bewohnten Lebensräume sind sehr verschiedenartig. Er findet sich sowohl in Städten, wie im Gebirge und an der Meeresküste. Die Nahrung besteht aus Insekten.

Der Mauersegler gehört zu den besten Fliegern im Tierreich. Seine Normalgeschwindigkeit beträgt 60-90 km/h, aber über kurze Distanzen kann er noch schneller als 200 km/h fliegen. Tatsächlich verbringen Mauersegler etwa die Hälfte ihrer gesamten Lebenszeit in der Luft und führen die meisten Tätigkeiten, wie die Jagd, Balz und Paarung im Fliegen durch. Das Baumaterial für das Nest (Federn, Strohstücke, Haare) wird gleichfalls im Flug aufgefangen, und selbst beim Trinken gleiten die Mauersegler nur über die Wasseroberfläche, ohne sich niederzulassen. Die einzigen Gelegenheiten, bei denen sich der Vogel einen längeren Zeitraum hindurch setzt, ist in der Nacht und beim Brutgeschäft.

Als Anpassungen an die Luftjagd auf Insekten haben die Segler eine Reihe von Spezialmerkmalen entwickelt, die ihnen einen sehr schnellen, ausdauernden und gewandten Flug ermöglichen. Vor allem die Fähigkeit des schnellen Richtungswechsels ist die Voraussetzung für die Jagd auf Insekten, die sich ebenso gewandt der Verfolgung zu entziehen suchen. Der außerordentlich große Rachen wird beim Flug weit offen gehalten und wirkt gewissermaßen wie ein Netz, in dem sich auch die kleinsten Insekten fangen. Mauersegler sind Zugvögel, die in gemäßigten Breiten, wie zum Beispiel in Europa, nur eine recht kurze Zeit im Sommer verweilen.

▲ Mauersegler fliegen gewöhnlich etwa 60-90 km/h schnell, aber auf kurze Entfernungen können sie Geschwindigkeiten über 200 km/h erreichen. In ihrem Flug wechseln Perioden heftigen Flügelschlagens mit längeren Gleitflügen ab. Infolge einiger gemeinsamer anatomischer Spezialanpassungen sind Segler und Kolibris unübertroffen in ihrer Fähigkeit, die kompliziertesten Flugmanöver auszuführen.

▼ Bei der Jagd reißen die Mauersegler ihren Rachen weit auf und fangen so Insekten wie in einem Netz.

▲ Der Mauersegler ist einer der am stärksten spezialisierten Jäger fliegender Insekten. Weil er sehr große Mengen schädlicher Insekten vertilgt, genießt er in vielen Ländern Schutz. Die kleinen Insekten, die seine Nahrung bilden, etwa Fliegen, Mücken und kleine Schmetterlinge, bilden das sogenannte "Luftplankton".

KOLIBRIS
(TROCHILIFORMES)

Zur Familie Trochilidae, den Kolibris, gehört nicht nur der kleinste Vogel, sondern gleichzeitig auch das kleinste warmblütige Tier, nämlich die Bienenelfe (*Calypte helenae*), ein winziger Vogel von kaum 5 cm Länge, wovon noch die Hälfte auf Schnabel und Schwanz entfällt. Das andere Extrem bildet der Seglerkolibri (*Patagonia gigas*), der immerhin Starengröße erreicht und etwa 20 g schwer wird; das ist etwa das zehnfache Gewicht der Bienenelfe.

Mit 320-330 Arten sind die Kolobris die zweitartenreichste Vogelfamilie in Amerika. Die Mehrzahl der Arten konzentriert sich in einem schmalen Streifen zu beiden Seiten des Äquators, der 10°N und 10°S kaum überschreitet. Manche Kolibriarten bewohnen ausschließlich die unterste Vegetationsschicht im Regenwald, andere nur die Kronenschicht. Es gibt jedoch auch Arten, die sich an trockene Lebensräume angepaßt haben, in denen ihre Nahrung fast nur aus dem Nektar von Kaktusblüten besteht.

Viele Kolibris führen regelmäßige Wanderungen durch: der Fuchskolibri (*Selasphorus rufus*) brütet in Alaska und zieht im Winter ins südliche Mexiko und unternimmt dabei eine Reise von fast 3.000 km Entfernung. Das ist eine erstaunliche Leistung für einen Vogel, der nur 3-4 Gramm wiegt.

Wenn Kolibris schwirrend in der Luft stehen, schlagen ihre Flügel nach vorn und hinten und zugleich nach oben und unten, dabei beschreiben die Flügelspitzen eine flache, horizontale 8-förmige Figur. Die Bewegungen der Flügel sind so schnell, daß sie bei den kleineren Arten fast nicht sichtbar, für das menschliche Auge wenigstens nicht auflösbar sind. Die Schlagfrequenz wurde bei verschiedenen Arten gemessen und beträgt zwischen 8 und 80 Schlägen in der Sekunde, und zwar je kleiner die Art, desto größer die Frequenz. Doch kann sich die Schlagfrequenz bei großer Erregung sogar auf Werte über 200 Schläge in der Sekunde steigern. Zwar beträgt die Fluggeschwindigkeit der Kolibris kaum mehr als 50 km/h, doch können manche Arten aber bei bestimmten Gelegenheiten, etwa bei der Balz oder der Revierverteidigung, 100 km/h erreichen, wenn auch nur für kurze Augenblicke.

Abgesehen von ihrer geringen Größe und ihrer ungewöhnlichen Flugkünste sind die Kolibris auch besonders anziehend ihrer prächtigen metallischen Farben we-

Rubinkehlkolibri
(*Archilochus colibris*)

Die Zukunft der Kolibris ist recht düster. Die meisten Arten bewohnen tropische Regenwälder, die heute sehr rasch verschwinden. Dies ist eine direkte Bedrohung für viele Arten. Allerdings sind Kolibris anderen Vögeln gegenüber in einer gewissen Weise im Vorteil. Infolge ihrer natürlichen Furchtlosigkeit, ihrer verhältnismäßig großen Intelligenz und ihrer Anpassungsfähigkeit konnten viele Arten in Parks und Gärten in der Nachbarschaft der Dörfer und Städte ausweichen, die sich heute anstelle des ursprünglichen Regenwaldes entwickelt haben.

gen. Ihr Schnabel, gleich ob er nun schwarz, rot oder gelb ist, ist immer dünn und schlank, doch unterscheiden sich seine Länge und seine Krümmung beträchtlich von Art zu Art. So ist der winzige Schnabel des Purpurrückenkolobris (*Rhamphomicron microrhynchum*) kaum länger als ein Zentimeter, während der Schnabel des Schwertschnabels (*Ensifera ensifera*) fast 10 cm lang wird und damit genau die gleiche Länge erreicht wie Körper und Schwanz des Vogels zusammen. Kolibris sind in der Lage, in gewissem Ausmaß Energie zu sparen, indem sie nachts in eine Schlafstarre verfallen. Wie andere Vögel auch, jedoch im Gegensatz zu den Säugetieren, können sie ihre Körpertemperatur in gewissen Grenzen regeln (zwischen 39 und 42°C), je nachdem ob sie ruhen oder voll aktiv sind. Während der Schlafstarre jedoch sinkt ihre Körpertemperatur fast auf die Temperatur der Umgebung ab, allerdings nie bis zum Gefrierpunkt. Dabei sinkt auch die Herzfrequenz von der normalen Rate von 500-1.300 Schlägen pro Minute auf etwa 40 Schläge in der Minute.

Die Schlafstarre tritt ein, wenn die Nachttemperatur um mehr als 5-6°C absinkt, doch hängt sie außerdem noch von den Fettreserven im Unterhautbindegewebe, dem Gesundheitszustand und anderen physiologischen Faktoren ab.

Bei manchen Arten singen die Männchen den ganzen Tag über und gönnen sich nur kurze Pausen zum Fressen. Andere Männchen singen vor allem am Morgen und am Abend. Die meisten Kolibris produzieren nur einige scharfe, schrille Töne, die sie endlos wiederholen, der Rostkolibri (*Phaetornis longuemareus*), der Säbelflügel (*Campylopterus curvipennis*) und der Weinkehlkolibri (*Atthis ellioti*) jedoch besitzen einen sehr abwechslungsreichen und wohltönenden Gesang. In den gemäßigten Breiten findet die Balz im Frühjahr und im Sommer statt, in den Tropen jedoch ist die Brutzeit kaum zeitlich festgelegt und hängt mehr von der Blütezeit der Pflanzen ab, von denen sich die entsprechenden Arten ernähren.

Das Weibchen ist gewöhnlich allein für den Nestbau verantwortlich und legt meist nur zwei ungewöhnlich langgestreckte Eier.

Bei frischgeschlüpften Kolibris ist der Schnabel noch sehr kurz. Bei der Fütterung senkt die Mutter ihren Schnabel tief in den Schlund des Jungvogels und würgt Nektar und halbverdaute Insekten aus. Viele Kolibris brüten zweimal in kurzem zeitlichem Abstand und benutzen für die zweite Brut entweder das gleiche Nest noch einmal oder bauen ein neues Nest auf dem alten oder in der Nähe.

Purpurrückenkolibri
(*Rhamphomicron microrhynchum*)

Schwertschnabel
(*Ensifera ensifera*)

Adlerkolibri
(*Eutoxeres aquila*)

Einsiedlerkolibri
(*Phaetornis superciliosus*)

▼ Kolibris stecken ihren langen Schnabel in Blütenkelche und saugen Nektar mit Hilfe von Pumpbewegungen ihrer weit vorstreckbaren Zunge.

▲ Die dünnen, langen Schnäbel unterscheiden sich in Länge und Krümmung.

▼ Beim Nektarsaugen heften Pollenkörner an Kopf, Schnabel und Kehle des Kolibris fest. Beim nächsten Blütenbesuch wird der Pollen dort abgeliefert, und so spielen die Kolibris eine wichtige Rolle als Blütenbestäuber.

▲ Einige Kolibriarten sind Zugvögel. Der Rubinkehlkolibri brütet noch im nördlichen Kanada und zieht im Winter nach Mittelamerika. Er überfliegt die 7.000-8.000 km weite Strecke über den Golf von Mexiko ohne Unterbrechung.

▲ Das Nest wird mit Spinnfäden verwoben, die ihm einen festen Halt verleihen.

► In der Nacht fallen die Kolibris in eine Schlafstarre, um Energie zu sparen.

▼ Die außergewöhnlichen Flugeigenschaften der Kolibris beruhen auf einem Spezialmerkmal am Flügel. Derjenige Teil, der dem menschlichen Arm entspricht, ist sehr verkürzt und stützt einen sehr großen Teil der Flügelfläche im Verhältnis zum Körpergewicht.
Oben: Flügel einer Taube;
unten: Flügel eines Kolibris.

Wenn Kolibris bewegungslos in der Luft schwirren, schlagen ihre Flügel nach vorn und hinten, so daß die Bewegung der Flügelspitzen eine horizontale, 8-förmige Figur ergibt.

QUEZAL
(PHAROMACHRUS MOCINNO)

Ordnung Trogoniformes
Familie Trogonidae
Länge Gesamtlänge des Männchens
100-120 cm, Schwanz bis 105 cm;
Weibchen 40 cm
Gewicht 160-180 g
Fortpflanzungszeit April-August
Brutdauer 17-18 Tage
Anzahl der Eier 2, himmelblau
Geschlechtsreife Wahrscheinlich nach
3 Jahren
Höchstalter 22 Jahre

Das auffälligste am Quezal ist sein Gefieder. Es ist oberseits leuchtend grün und
unten rot. Die Oberschwanzdecken des
Männchens sind enorm verlängert und
können 1 m lang werden.
Der Quezal kommt von Mexiko bis nach
Panama vor. Er bewohnt die dichten Bergwälder bis in 3.000 m Höhe, steigt aber
in der Regenzeit bis auf 1.000 m herab.
Die erwachsenen Quezals ernähren sich
hauptsächlich von Früchten, die sie im
Fluge abpflücken. Sie brauchen sehr viel
Nahrung und fressen pro Tag im Mittel
100 g, das ist mehr als die Hälfte des eigenen Körpergewichtes. Sie sind imstande, Früchte von Kirschengröße ganz
herunterzuschlucken. Die Jungvögel werden allerdings die ersten Tage vorzugsweise mit Insekten gefüttert und sie bereichern später ihre Kost mit kleinen Wirbeltieren, zum Beispiel Fröschen und
Echsen, aber auch mit Schnecken. Andere Angehöriger der Familie Trogonidae
leben hauptsächlich von Schmetterlingen
und deren Larven.
Außerhalb der Brutzeit finden sich Quezals häufig zu kleineren Schwärmen zusammen. Sie halten sich bevorzugt in den
Baumkronen der tropischen Regenwälder auf, manchmal mehr als 50 m über
dem Erdboden, und sind daher, trotz ihres auffälligen Gefieders, nur schwer zu
erkennen. Dies umso mehr, als sie gern
lange Zeit bewegungslos auf einem Ast
sitzen. Gelegentlich verraten sie sich
durch ihren Ruf, der aber häufiger nur
während der Brutzeit zu hören ist.
Das Männchen des Quezal zeigt eine ein-
drucksvolle Flugbalz. Es gleitet in Kreisen über die Wipfel des Regenwaldes und
stößt dabei einen Ruf aus, der aus mehreren Tönen besteht. Anschließend beziehen die Quezals ihre Nisthöhlen, die
denen der Spechte gleichen und hoch
oben im weichen Holz abgestorbener
Baumstümpfe ausgehöhlt werden.

◄ Die wunderschönen, glänzend grünen Federn
des Quezal wurden in den vorkolumbianischen
Kulturen Mittelamerikas als Haarschmuck für die
Könige und Häuptlinge verwendet. Nach dem
Eindringen der Europäer wurde die Art durch
intensive Bejagung so dezimiert, daß der Quezal
heutzutage sehr selten geworden ist. Ein weiterer
Grund für seine Seltenheit ist allerdings auch die
Abholzung der Regewälder, durch die große Teile
seines Lebensraumes zerstört wurden.

◄▲ Der Quezal ernährt sich hauptsächlich von Früchten, von denen er jeden Tag
so viele wie sein halbes Körpergewicht
verzehrt. Er frißt jedoch auch kleine
Wirbeltiere und selbst Schnecken. Einige
andere Mitglieder der Familie ernähren
sich von Schmetterlingen und deren
Larven.

◄ Der Quezal baut eine Nisthöhle im
weichen Holz eines morschen Baum-
stumpfes, meist hoch über dem Erdboden. Männchen und Weibchen (hier
abgebildet) beteiligen sich am Brutgeschäft und an der Aufzucht der Jungen.

► Die Familie Trogonidae bewohnt die
tropischen Regenwälder in Mittel- und
Südamerika, Afrika und Südasien.
1) Der Quezal (Pharomachrus mocinno)
lebt nur in Mittelamerika, im Gebiet von
Südmexiko bis Panama.

GESTREIFTER MAUSVOGEL
(COLIUS STRIATUS)

Ordnung Coliiformes
Familie Coliidae
Länge Gesamtlänge 25-36 cm;
Schwanzlänge 16-25 cm
Gewicht 42-70 g
Fortpflanzungszeit Den größten Teil
des Jahres hindurch
Brutdauer 10 1/2-14 Tage
Anzahl der Eier 1-6, meist 2-3
Geschlechtsreife Nach 6-10 Monaten
Höchstalter 11 Jahre

Der Name Mausvögel bezieht sich auf
des unscheinbare, graubraune Gefieder,
das Ähnlichkeit mit einem Pelz hat, und
auf den langen Schwanz, so daß diese Vögel tatsächlich etwas an Mäuse erinnern.
Mausvögel besitzen sehr kräftige Füße
und außerordentlich bewegliche Zehen
und können mit Hilfe ihrer großen Krallen daher hervorragend im Gezweig herumklettern.
Der Gestreifte Mausvogel kommt in Afrika südlich der Sahara vor und sein Verbreitungsgebiet reicht von Nigeria bis
zum Sudan und von Äthiopien durch ganz
Ostafrika und Südafrika bis zum Kap der
Guten Hoffnung. Er bewohnt die Waldränder, die Galeriewälder entlang der
Flußufer, und die Baumsavannen, nicht
jedoch die dichten tropischen Regenwälder des Kongobeckens und die trockenen, baumlosen Steppen und Wüsten.
Mausvögel sind überwiegend Vegetarier, die von Früchten, jungen Schößlingen, Blättern und Blüten leben. Sie leben
in Familiengruppen und, außerhalb der
Brutzeit, auch in größeren Schwärmen.
Bevorzugt halten sie sich im Geäst dicht
belaubter Bäume und Büsche auf, in dem
sie sehr geschickt herumklettern. Auf den
Erdboden kommen sie nur dann herunter, wenn sie ein Staubbad nehmen.
Die Männchen der Mausvögel führen vor
den Weibchen einen Balztanz auf und
hüpfen solange wie ein Gummiball auf
und ab, bis die Weibchen paarungsbereit
sind. Mausvögel bauen oben offene, mul-
denförmige Nester in Bäumen und im Gebüsch und benützen zum Bauen dünne
Zweige und Wurzeln und zum Auskleiden des Nestes Kapokwolle und grüne
Blätter. Die Brut beginnt, sobald sich das
erste der 2-4 weißen Eier im Nest befindet, daher schlüpfen die Jungvögel in Abständen aus. Beim Brutgeschäft lösen sich
beide Partner ab.

Blaunackenmausvogel
(*Colius macrourus*)

Rotzügelmausvogel
(*Colius indicus*)

▲ Mausvögel haben ihren Namen wegen der
Farbe und der Struktur ihres graubraunen
Gefieders erhalten. Sie sind überwiegend
Vegetarier und verzehren große Mengen von
Früchten, Blättern und Blüten. Nicht selten
überfallen sie auch Pflanzungen. Nur gelegent-
lich fangen sie Insekten.

▼ Mausvögel bewohnen Afrika
südlich der Sahara bis ins Kapland
hinunter, fehlen aber in den dichten
Regenwäldern des Kongobeckens und
in den baumlosen Trockengebieten.
1) Verbreitung der Ordnung Coliiformes.

◄ Mausvögel übernachten dicht an dicht ge-
drängt auf Ästen, wobei ihr Schwanz senkrecht
zu Boden gerichtet ist.

1

219

RHINOZEROSVOGEL
(BUCEROS RHINOCEROS)

Ordnung Coraciiformes
Familie Bucerotidae
Länge 120 cm
Gewicht Männchen 2,5-3 kg; Weibchen 2-2,3 kg
Fortpflanzungszeit Januar-April
Brutdauer 30-40 Tage
Anzahl der Eier 1-2 weiße Eier, ausnahmsweise 3
Höchstalter 33 Jahre

Das Gefieder des Rhinozerosvogels ist fast vollkommen schwarz und nur der Schwanz ist weiß und trägt ein breites schwarzes Band. Der gewaltige gelbe Schnabel ist an der Basis rötlich und mit einem großen Höcker versehen, der bei einigen Unterarten bis zur Schnabelspitze reicht. Wie bei fast allen Nashornvögeln, allerdings mit Ausnahme des Helmvogels (*Rhinoplax vigil*), der einen massiven Höcker besitzt, ist der Schnabelhöcker des Rhinozerosvogels hohl, und daher ist der Schnabel relativ leicht ungeachtet seiner enormen Größe. Ebenso sind auch die Gliedmaßenknochen bei den Nashornvögeln vergleichsweise stark ausgehöhlt und daher leichter, als es bei ihrer Größe den Anschein hat. Das Gefieder ist bei beiden Gechlechtern gleich, doch ist das Weibchen insgesamt etwas kleiner. Außerdem ist beim Männchen die Iris rot, beim Weibchen weiß. Andere Arten aus der Familie der Nashornvögel unterscheiden sich allerdings doch in ihrer Gefiederfarbe und außerdem an der Färbung der nackten Stellen rings um die Augen und an der Kehle.
Die Nashornvögel sind über Afrika, Südasien und die gesamte südostasiatische Inselwelt bis nach Neuguinea verbreitet. Der Rhinozerosvogel kommt allerdings nur im Gebiet zwischen der Halbinsel von Malakka, Sumatra, Borneo und Westjava vor. Er bewohnt ausgedehnte, ungestörte Regenwaldgebiete, geht jedoch im Gebirge nicht höher als etwa 1.200 m. Durch das Abholzen der Regenwälder ist diese Art sehr bedroht, denn sie benötigt ungestörte Wälder mit großen Bäumen, in denen sie ihre Bruthöhlen anlegt. Nur einige kleinere Angehörige der Familie, zum Beispiel die Tokos, bewohnen die afrikanischen Savannen und vergleichbare Lebensräume in Indien. Andere Nashornvogelarten leben in den tropischen Bergregenwäldern an den Hängen der ostafrikanischen Vulkane bis in Höhen über 2.000 m.
Nashornvögel leben paarweise, außerhalb

Rhinozerosvogel
(*Buceros rhinoceros*)

◀ Das auffälligste Merkmal des Rhinozerosvogels ist der riesige Schnabel, der einen ebensogroßen Höcker trägt. Dieser bildet einen hornigen Schild um einen schwammigen, innen hohlen Knochen, so daß er, trotz seiner Größe, ziemlich leicht ist. Dieser Schnabelhöcker unterscheidet die Nashornvögel von den südamerikanischen Tukanen, die ihnen sonst recht ähnlich sehen.

▼ Die Nahrung der Nashornvögel besteht zum größten Teil aus Früchten, doch verzehren sie zuweilen auch tierische Kost.

Tukan

Rhinozerosvogel

der Brutzeit auch in kleinen Gruppen. Sie brauchen beträchtliche Mengen an Nahrung und besuchen daher fruchttragende Bäume in einem sehr ausgedehnten Gebiet. Daher sieht man sie oft von allen Seiten zu solch einem Baum zusammenkommen. Die Flügel der Nashornvögel sind abgerundet, daher ist ihr Flug recht ungeschickt und für einen Vogel ungewöhnlich laut. Viele Arten stoßen beim Fliegen ununterbrochen laute Rufe aus. Der Rhinozerosvogel besitzt einen laut tönenden Ruf etwa wie der einer Gans, den beide Partner beim Fliegen abwechselnd hören lassen. Dies ist einer der auffälligsten Vogelrufe in den Regenwäldern Borneos. Die Paare halten sich das ganze Jahr über beieinander und die Weibchen werden selbst außerhalb der Brutzeit oft von den Männchen gefüttert. Nashornvögel zeigen ein sehr bemerkenswertes Brutverhalten. Alle Arten nisten in Baumhöhlen, doch das Besondere am Brutverhalten des Rhinozerosvogels ist, daß er den Eingang zur Nisthöhle mit Kot und Nahrungsbrocken verschließt, bis nur noch eine kleine Öffnung übrigbleibt. Das Weibchen bleibt die gesamte Brutzeit hindurch und selbst dann noch, wenn die alle Jungtiere schon ausgeschlüpft sind, in der Nisthöhle eingemauert und wird vom Männchen gefüttert. Nach dem Schlüpfen der Jungen muß das Männchen auch für diese Futter heranbringen. Infolge seiner Größe benötigt der Rhinozerosvogel eine sehr große Nisthöhle, die bis 55 cm lang, 40 cm weit und 120 cm tief sein kann.

In der Regel enthält das Gelege 2 Eier. Sie werden mehr als einen Monat lang bebrütet und die Jungvögel brauchen weitere 2 1/2-3 Monate, bevor sie die Nisthöhle verlassen können. Das Weibchen verläßt die Höhle bereits etwas früher. Wenn dem Männchen während dieses langen Zeitraumes etwas zustößt, müssen die Jungvögel, aber auch das Weibchen sterben. Allerdings wurde beobachtet, daß in einem solchen Fall andere, unverpaarte Männchen die Versorgung übernehmen. Wenn das Weibchen das Nest verlassen hat, verschließen die Jungvögel selbst wieder die Öffnung bis auf einen schmalen Schlitz. Auch nach dem Verlassen des Nestes werden sie noch lange Zeit hindurch von den Eltern gefüttert und bis zur nächsten Brutperiode bleiben sie in der Familiengruppe. Diejenigen Arten, die in den tropischen Regenwäldern leben und daher fast das ganze Jahr lang ausreichend Nahrung finden können, brüten daher auch mehr oder weniger ganzjährig. Die Nisthöhle wird mehrere aufeinanderfolgende Brutperioden lang benutzt.

▼ Die Schnabelkanten sind gesägt, daher kann die Nahrung gut festgehalten werden. Gern wirft der Rhinozerosvogel Früchte in die Luft, fängt sie sehr geschickt wieder auf und verschlingt sie sodann.

► Das Nest befindet sich in einer Baumhöhle, deren Eingang so klein ist, daß nur der Schnabel hindurchgestreckt werden kann. Das Weibchen brütet in der Höhle - sprichwörtlich eingemauert – und wird durch des Eingangsloch vom Männchen gefüttert. Weil das Weibchen so wenig Raum hat, muß es den langen Schwanz nach oben halten, eine Stellung, die von den Nestlingen nachgeahmt wird.

▲ Schnitt durch das spongiöse Knochengewebe des Schnabelhöckers, das aus einem sehr dünnwandigen Netzwerk aus Knochenzellen besteht.

Helmvogel (*Rhinoplax vigil*)

Rotschnabeltoko (*Tockus erythrorhynchus*)

Abessinischer Hornrabe (*Bucorvus abyssinicus*)

Trompeterhornvogel (*Bycanistes buccinator*)

Palmhornvogel (*Ceratogymna elata*)

◄ 1) Die Angehörigen der Familie *Bucerotidae* sind über ganz Afrika, Südasien und die benachbarten Inseln bis nach Neuguinea hin verbreitet. Sie bewohnen Regenwälder mit großen Bäumen, die sie als Nistbäume benötigen.

SPECHTE
(PICIFORMES)

Wir kennen etwa 210 Arten der Spechte, der am besten an das Leben an den Baumstämmen angepaßten Vogelgruppe. Die Spechte lassen sich in drei Gruppen mit etwas verschiedenen ökologischen Ansprüchen einteilen. Die erste Gruppe bilden die Baumspechte, die sicherlich artenreichste Spechtgruppe, die zugleich ein Höchstmaß an Anpassungen aufweist. Zu ihr gehören zum Beispiel der Große Buntspecht und der Dreizehenspecht, die tatsächlich ihr ganzes Leben an den Stämmen und Ästen der Bäume verbringen. Die zweite Gruppe sind die Bodenspechte (beispielsweise der Grünspecht), die ihre Nahrung zum größten Teil am Boden suchen. Die dritte Gruppe bilden schließlich die Großspechte (zum Beispiel der Schwarzspecht), die ökologisch eine Zwischenstellung einnehmen. Die Größe der Spechte reicht von 8 cm bei den Zwergspechten bis 56 cm beim mexikanischen Kaiserspecht.

Die Spechte bewohnen die meisten Kontinente mit Ausnahme von Australien und der Antarktis. Sie fehlen jedoch auch in der Arktis, auf Madagaskar, Neuguinea, Neuseeland und in ganz Ozeanien. Ihre Verbreitungsgrenze im Osten liegt bei Celebes und Alor, den östlichsten Inseln, auf denen sie noch vorkommen. Auf der Nordhalbkugel gehen die Spechte nordwärts bis an die Nordgrenze der Nadelwaldzone oder Taiga, und auf der Südhalbkugel reichen sie noch bis in die Südbuchenwälder (*Nothofagus*) Patagoniens. Die Mehrzahl der Arten bewohnt Südostasien und das tropische Südamerika. Die Gefiedergrundfarbe der Spechte ist schwarz, häufig mit wechselndem Anteil von Weiß und Rot, grün, oder braun mit gelben oder roten Flecken. Die Männchen unterscheiden sich oft von den Weibchen durch das Vorhandensein bzw. Fehlen von kleinen Farbmalen, die sich meistens am Kopf befinden. Zahlreiche anatomische Besonderheiten weisen auf das hervorragende Klettervermögen der Spechte hin, zum Beispiel der Bau der Füße, an denen zwei Zehen nach vorn und zwei nach hinten gerichtet sind. Andere Spezialanpassungen entstanden, weil alle Spechte, mit Ausnahme der Wendehälse, in Höhlen nisten, die sie selbst mit Hilfe ihres Schnabels in hartem oder morschem Holz aushöhlen. Dazu gehören beispielsweise die Verstärkung der Nackenmuskulatur; der Besitz spezieller Vorkehrungen zum Abfedern des Rückpralles, wenn der Schnabel gegen das Holz

Ein Männchen des Großen Buntspechtes (*Dendrocopos major*), erkennbar an dem roten Flecken am Nacken, bei der Fütterung eines Jungvogels. Die Jungen bleiben nach dem Schlüpfen noch 20-23 Tage lang im Nest. Unten einige der Insekten, die zum Nahrungsspektrum des Großen Buntspechtes gehören: Käfer, Ameisen und ihre Larven.

hämmert – insbesondere, um das Gehirn vor Schädigungen zu schützen; die Verlängerung der Fortsätze des Zungenbeinknochens als Stütze für die lange Zunge, damit diese bei der Nahrungssuche weit aus dem Schnabel herausgestreckt werden kann; und eine Modifikation des Baues der Schwanzfedern, so daß der Schwanz beim Klettern als Stütze benutzt werden kann.

Spechte leben im allgemeinen nur in unmittelbarer Nachbarschaft von Wäldern und Gehölzen. Einige Arten besiedeln aber auch Parks, Gärten, Gebüsch, Hekken und Obstgärten in freier Landschaft. Die meisten Spechte ernähren sich in erster Linie von Insekten. Weil sie diese aber das ganze Jahr lang finden können, da sie sie unter der Rinde und im Holz aufspüren, müssen die Spechte der kühlen und gemäßigten Breiten im Winter nicht nach Süden ziehen. Eine Ausnahme bildet allerdings der Wendehals (*Jynx torquilla*), der in Afrika südlich der Sahara überwintert. Obgleich also die meisten Spechte Insektenfresser sind, verzehren doch viele Arten ebenso gern Samen oder Früchte.

Die Mehrzahl der Spechte brütet in Höhlen, die sie mit wenigen Ausnahmen selbst ins Holz meißeln.

Die in den Tropen lebenden Spechte legen meist nur 2 oder 3 Eier, während es bei den Arten der gemäßigten Breiten zwischen 4 und 10 sind. Die Brutzeit beträgt normalerweise zwischen 12 und 16 Tagen. Männchen und Weibchen wechseln sich beim Brüten regelmäßig ab, bei europäischen Arten wurde jedoch beobachtet, daß nachts immer das Männchen zuerst den Platz auf dem Gelege einnimmt. Beim Schlüpfen sind die Jungspechte nackt und rosa gefärbt. Je nach Artzugehörigkeit dauert es 3 bis 4 Wochen bis sie flügge sind.

Fast alle Spechte sind Einzelgänger und, abgesehen von der Brutzeit, gehen auch die Männchen und Weibchen getrennte Wege. Während der Brutzeit verteidigen die Spechte ihr Revier. Obwohl die Grenzen des Reviers nicht genau abgesteckt sind, werden fremde, artgleiche Tiere angegriffen, wenn sie sich dem Nest des Revierbesitzers zu sehr nähern. Spechte kommunizieren mit ihren Artgenossen beziehungsweise tun ihre Anwesenheit dadurch kund, daß sie laute, scharfe Rufe ausstoßen oder wiederholt und mit sehr hoher Frequenz mit dem Schnabel gegen abgestorbene Äste von Bäumen klopfen. Dabei entsteht ein sehr weit hörbares, wie Trommelschläge klingendes Geräusch.

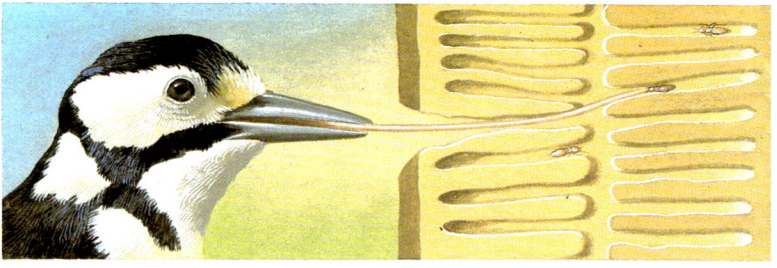

▲ Der Große Buntspecht kann seine Zunge bei der Jagd nach Insektenlarven im Holz fast 10 cm weit aus dem Schnabel herausstrecken.

◀▼ Die Spechtzunge im eingezogenen und herausgestreckten Zustand. Die Zungenspitze ist mit Widerhaken besetzt, mit deren Hilfe die Insektenlarven in ihren engen Gängen harpuniert und herausgezogen werden.

▲ Ein Paar des Großen Buntspechtes (Männchen links, Weibchen rechts) bei der Ablösung am Brutplatz.

▼ Einige nordamerikanische Spechte. Der Eichelspecht ist wegen seiner Gewohnheit bekannt, Eicheln einzeln in kleine Ritzen in der Rinde zu verstecken.

◀ Der Große Buntspecht hält sein Nest sehr rein. Nach jeder Fütterung warten die Eltern darauf, daß die Jungvögel ihren Kot abgeben (der von einer Art Hülle umschlossen ist), und schaffen ihn anschließend fort.

Eichelspecht (*Melanerpes fomicivorus*)

Saftlecker (*Sphyrapicus varius*)

Goldspecht (*Colaptes auratus*)

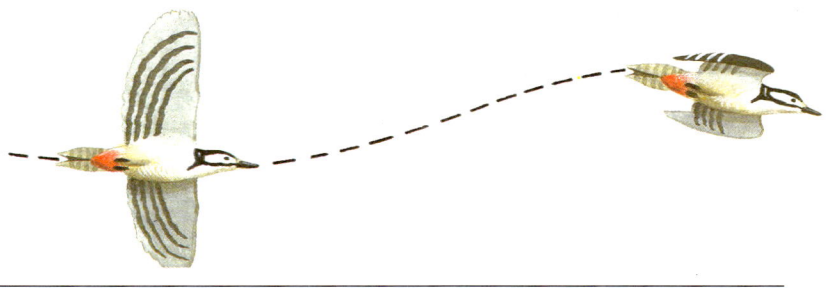

Flugbahn eines Spechtes. Sie ist wellenförmig, weil der Flügelschlag immer wieder unterbrochen wird.

SCHWARZKEHL-HONIGANZEIGER
(INDICATOR INDICATOR)

Ordnung Piciformes
Familie Indicatoridae
Länge 20 cm
Verbreitung Afrika
Nest Brutparasit, im Nest anderer Vögel
Jungvögel Nesthocker

Die Familie Indicatoridae (Honiganzeiger) umfaßt 15 Arten mittelgroßer Vögel von 12-20 cm Länge mit ziemlich düster gefärbtem Gefieder, die über die Tropen der Alten Welt verbreitet sind. Alle sind Standvögel, die in Wäldern und in Savannen leben.

Honiganzeiger sind Brutparasiten, denn das Weibchen legt seine Eier in die Nester andere Vögel. Mehr als 30 Arten anderer Vögel werden als Wirte benutzt, die jedoch zu ganz verschiedenen Familien gehören.

Die tatsächliche Anzahl der Eier bei den Honiganzeigern ist unbekannt. Die Brutdauer währt zwischen 11 und 21 Tagen. Der Jungvogel ist beim Schlüpfen blind und hat eine nackte, rosa Haut. Oft ist er der einzige Überlebende der ganzen Brut, weil die Wirtseltern inzwischen ihre eigenen Eier aus dem Nest geworfen haben. In anderen Fällen sind die Nestlinge der Wirte zwar geschlüpft, aber inzwischen verhungert und daher gleichfalls aus dem Nest entfernt worden. In einem Fall wurde sogar beobachtet, daß der junge Honiganzeiger die Brut seines Wirtes selbst aus dem Nest beförderte. Der Jungvogel wird 35-40 Tage lang gefüttert, das ist ein viel längerer Zeitraum als bei den Jungvögeln des Wirtes.

Die Honiganzeiger sind seit langem für ihr Verhalten berühmt, Menschen und Honigdachse oder Ratel zu den Nestern wilder Bienen zu führen. Sieht der Honiganzeiger einen Menschen, beginnt er zu rufen und dessen Aufmerksamkeit solange auf sich zu ziehen, bis dieser sich ihm nähert. Sobald man nahe genug ist, fliegt er weiter und wiederholt dieses Spiel solange, bis er in der Nähe des Bienennestes angekommen ist. Dort hört er im allgemeinen auf zu rufen und wartet ab, manchmal über eine Stunde lang, bis jemand, der Mensch oder der Honigdachs, das Nest aufgebrochen hat. Dann macht sich der Honiganzeiger über das Wachs her, aber noch lieber über die Bienen und ihre Larven.

Schwarzkehlhoniganzeiger (*Indicator indicator*)

▲ Honiganzeiger sind berühmt wegen ihrer Gewohnheit, Menschen und Honigdachse oder Ratel (*Mellivora capensis*) zu den Nestern wilder Bienen zu führen. Tatsächlich wurde dieses Verhalten jedoch nur bei zwei der insgesamt 15 Arten beobachtet, darunter beim Schwarzkehlhoniganzeiger, und es ist daher ungewiß, ob andere Familienmitglieder das gleiche Verhalten zeigen. Eingehende Untersuchungen kamen zu dem Ergebnis, daß der Honiganzeiger nicht den Weg direkt zum Nest zeigt, sondern nur in dessen Nähe. Offensichtlich kennt der Vogel in vielen Fällen den genauen Standort des Nestes nicht. Trotz seiner Vorliebe für das Wachs ernährt sich der Honiganzeiger nicht ausschließlich von dieser Substanz, sondern verzehrt eine Vielzahl von Insekten, dazu Honig und Pollen.

▼ Die Arten der Familie Indicatoridae (1) sind über die Tropen der Alten Welt verbreitet. Die afrikanischen Arten bewohnen das Gebiet südlich der Sahara. Von den asiatischen Arten kommt eine im Himalaya vor, eine zweite in Burma, Thailand, Malaysia, Sumatra und Borneo. 2). Die Tukane der Familie Ramphastidae leben im tropischen Amerika, wo sie von Südmexiko bis Südbrasilien und von Paraguay bis Nordargentinien verbreitet sind.

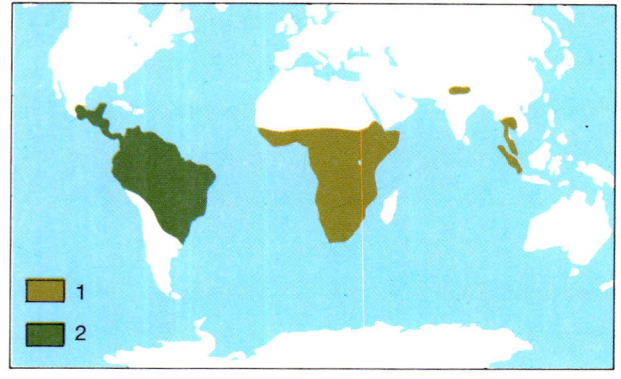

1
2

▲ Ein Honigdachs beim Aufbrechen eines Wildbienennestes. Der Honiganzeiger wartet ab, bis er an die Reihe kommt.

▼ Nun verzehrt der Vogel die Larven und das Wachs, das der Honigdachs übriggelassen hat.

RIESENTUKAN
(RAMPHASTOS TOCO)

Ordnung Piciformes
Familie Ramphastidae
Länge 60 cm
Verbreitung Südamerika
Nest In Baumhöhlen
Anzahl der Eier 3-4
Jungvögel Nesthocker

Wir kennen etwa 40 Tukanarten, die zwischen 30 und 60 cm lang werden. Tukane bewohnen ein Gebiet, das vom mexikanischen Staat Veracruz durch ganz Mittelamerika bis nach Südbrasilien, Paraguay und Nordargentinien reicht.
Tukane fliegen schlecht und sind ausgesprochene Baumbewohner. Die Mehrzahl der Arten ist auffallend und kontrastreich gefärbt und weist gelbe, orange, rote, blaue und weiße Bereiche an der Unterseite auf. Männchen und Weibchen unterscheiden sich nicht wesentlich. Der Schnabel ist sehr lang und groß, dennoch hat er trotz seiner enormen Größe nur ein überraschend geringes Gewicht, denn er ist großteils hohl. Er besteht im Inneren aus einem Netzwerk wabenförmiger Zellen mit dünnen Wänden, trotzdem ist er erstaunlich fest. Die wirkliche Funktion dieses gewaltigen Schnabels ist allerdings noch unbekannt.
Die meisten Tukane leben in den Regenwäldern des Flachlandes und der Gebirge, in den Anden bis in Höhen von 3.800 m. Außerdem bewohnen sie Baumsavannen, offene Waldländer und Galeriewälder, vorausgesetzt, sie sind baumbestanden.
Tukane sind monogam und sind lebenslang an einen Partner gebunden. Sie nisten in Baumhöhlen, entweder in natürlichen Höhlen oder solchen, die von Spechten und großen Bartvögeln ausgehöhlt worden sind. Das Nest liegt gewöhnlich 20-30 m hoch über dem Erdboden, nur selten niedriger. Der Nestboden ist entweder kahl oder nur mit einigen Holzspänen belegt. Die Weibchen legen 3-4 rundliche Eier. Männchen und Weibchen lösen sich beim Brüten regelmäßig ab.
Tukane ernähren sich hauptsächlich von fleischigen, saftigen Früchten (Bananen, Guaven u. a.) und von Beeren wilder oder in Plantagen angebauter Bäume, doch verzehren sie auch Insekten sowie die Eier anderer Vögel.

▶ Riesentukan (*Ramphastos toco*). Wie alle Tukane ist er ein auschließlich baumlebender Vogel, der nicht besonders gut fliegen kann. Das Gewicht seines riesigen, bis 22 cm langen Schnabels ist überraschend gering, weil er größtenteils hohl ist.

Fischertukan
(*Ramphastos sulfuratus*)

Cuviers Tukan
(*Ramphastos cuvieri*)

Laucharassari
(*Aulacorhynchus prasinus*)

▲ Die Schnäbel der Tukane sind sehr bunt gefärbt. An den Kanten sind sie fein gezähnelt.

▶ Beim Fressen schneiden die Tukane Früchte ab und werfen sie gern in die Luft, so daß sie mundgerecht in den geöffneten Schnabel fallen. Sie trinken wie andere Vögel, indem sie den Kopf nach jedem Schluck anheben.

WALDSÄNGER, KLEIDERVÖGEL, STÄRLINGE
(PARULIDAE, DREPANIDIDAE, ICTERIDAE)

Die Familie Parulidae (Waldsänger) ist eine recht einheitliche Vogelgruppe mit etwa 120 Arten, die in der nearktischen und der neotropischen Region vorkommen. Tatsächlich sind sie vom Südrand der kanadischen Tundra über Mittelamerika und die Westindischen Inseln bis fast nach Patagonien verbreitet. Die Familie umfaßt zwei Gruppen, die hauptsächlich insektenfressenden eigentlichen Waldsänger und die Bananaquits, die sich vor allem von Nektar und Früchten ernähren. Alle Waldsänger sind kleine Vögel mit buntem, aber nicht metallisch gefärbtem Gefieder. Bei den tropischen Arten, die vor allem die Bergwälder bewohnen, ist das Gefieder der Männchen und Weibchen ganzjährig gleich. Bei den Arten, die in den gemäßigten Breiten brüten, aber im Winter nach Süden ziehen, unterscheiden sich dagegen beide Geschlechter sehr. Die Nahrung der meisten Waldsänger besteht aus Insekten, die sie in den mittleren und unteren Schichten von tropischen Regenwäldern und von Laubwäldern der gemäßigten Gebiete fangen. Das Nest wird fast immer nur vom Weibchen hergestellt und liegt in einem Baum, häufig in großer Höhe, einem Gebüsch, am Erdboden, in einer kleinen Höhle oder in einer Felsspalte. Die Anzahl der Eier in einem Gelege reicht von 2 bis höchstens 6. Das Brutgeschäft ist allein Sache des Weibchens, bei den wandernden Arten dauert es 13-17 Tage lang. Die Jungvögel bleiben 8-17 Tage im Nest und werden von beiden Eltern gefüttert.

Die Kleidervögel der Familie Drepanididae aus Hawaii messen ungefähr 10-20 cm und kommen ausschließlich auf den Inseln des Hawaii-Archipels vor. Einige dieser Vögel besitzen einen extrem langen, dünnen und stark gebogenen Schnabel (bei manchen Arten nimmt er ein Drittel der Gesamtlänge ein), der ihnen dazu dient, Insekten in Spalten aufzuspießen und herauszuziehen oder auf der Suche nach Nektar tief in Blütenkelche einzudringen. Bei einer Art, dem seltenen Doppelschnabel (*Hemignathus wilsoni*), ist der Unterschnabel nur halb so lang wie der Oberschnabel. Dieser Schnabelbau erleichtert es dem Vogel, auf der Suche nach Insektenlarven die Rinde abzureißen. Andere Arten besitzen gerade

Ofenvogel
(*Seiurus aurocapillus*)

Magnoliensänger
(*Dendroica magnolia*)

Bunter Waldsänger
(*Setophagus picta*)

Kappenwaldsänger
(*Wilsonia citrina*)

Protonotarsänger
(*Protonotaria citrea*)

Sichelhalbschnäbler
(*Hemignathus procerus*)

Scharlachkleidervogel
(*Vestiaria coccinea*)

Erdpapageischnäbler
(*Psittirostra cantans*)

◄▼ Die Parulidae (Waldsänger) sind kleine Vögel mit sehr buntem Gefieder. Die Jungtiere der tropischen Arten bekommen gleich nach dem Schlüpfen das Kleid der erwachsenen Tiere, während das Jugendkleid der Arten, die in den gemäßigten Breiten nisten, dem des erwachsenen Weibchens gleicht. Die männlichen Jungtiere behalten das Jugendkleid bis zum darauffolgenden Frühjahr.

◄ Die heutigen Drepanididae (Kleidervögel) stammen allesamt von einem einzigen Vorfahren ab, der Hawaii als erster baumbewohnender Vogel erreichte, als die Insel noch dicht bewaldet war. Um die verfügbaren Nahrungsquellen besser auszunutzen und um die innerartliche Konkurrenz herabzusetzen, entwickelten die Vögel allmählich eine ganze Reihe unterschiedlicher Formen.

Schnäbel wie die Spechte, und wieder andere, vor allem solche, die sich von Samen ernähren, haben kürzere, dickere und stärker gebogene Schnäbel.

Das Nest der Kleidervögel ist ein fester, schüsselförmiger Bau in einem Baum, Gebüsch oder im hohen Gras, und bei seiner Konstruktion beteiligen sich beide Geschlechter. Das Gelege aus 2-3 Eiern wird 13-14 Tage lang ebenfalls von beiden Partnern bebrütet, die sich dabei abwechseln. Die Mehrzahl der Kleidervögel lebt in dichten Wäldern in Höhen von etwa 2.000 m, wo der jährliche Niederschlag im Mittel 1.500 mm beträgt. Von den 22 bekannten Kleidervogelarten sind bereits 8 in jüngster Vergangenheit ausgestorben, meist infolge zu starker Bejagung durch die Eingeborenen. Die übrigen sind ebenfalls stark durch die Umwandlung ihres natürlichen Lebensraumes gefährdet.

Die ganz auf Amerika beschränkte Familie Icteridae (Stärlinge) umfaßt etwa 90 Arten, die vom nördlichen Polarkreis bis nach Feuerland verbreitet sind und auch auf den Westindischen Inseln, den Falklandinseln und der abgelegenen Osterinsel vorkommen. Ihre Größe reicht von den 13-14 cm des Reisstärlings oder Bobolink bis zu den 50-52 cm des Großen Oropendola (*Gymnostinops yuracares*). Der Schnabel der Stärlinge ist konisch-spitz, immer kürzer als der Kopf, gerade oder nur leicht nach unten gekrümmt und die Schnabelkanten sind gerade. Das Gefieder ist entweder schwarz (allerdings meist mit deutlichem blauem, grünem oder violettem Schein) oder sehr bunt. Bei den tropischen Arten sind Männchen und Weibchen in der Regel gleich gefärbt, während sie sich bei den Arten, die in den gemäßigten Breiten brüten, sehr unterscheiden. Die tropischen Arten sind meistens Standvögel, die übrigen jedoch echte Zugvögel. Stärlinge bevölkern eine Vielzahl von Lebensräumen, so daß sie in kaum einem Habitat fehlen. Sie leben sowohl in tropischen Regenwäldern und Laubwäldern der gemäßigten Regionen, als auch in waldfreien, feuchten und trockenen Gegenden, und von Meeresspiegelhöhe bis in Höhen von 4.000 m in den Anden.

Die Nahrung besteht zumeist aus Früchten, Beeren, Nektar, Samen, Insekten und kleinen Wirbeltieren, die sie oft auf recht eigenartige Weise erbeuten. Einige bodenbewohnende Arten, zum Beispiel aus den Gattungen *Psomocolax*, *Cassidix* und *Dives*, drehen Steine um und stöbern auf diese Weise Insekten auf; der Große Kuhstärling (*Scaphidura oryzivora*) dagegen sucht grasenden Kühen Zecken und andere Parasiten ab.

Grüner Oropendola
(*Psarocolius viridis*)

Mexiko-Bootsschwanz
(*Cassidix mexicanus*)

Tropfentrupial
(*Icterus pectoralis*)

▼▲ Die Nester der Stärlinge, an deren Bau sich die Männchen nur selten beteiligen, zeigen sehr verschiedenartige Gestalt, Struktur und Lage. Keine andere amerikanische Vogelfamilie, mit Ausnahme der Tyrannen und der Ofenvögel, zeigt ein derartiges Geschick beim Nestbau. Fast alle Arten können hervorragend weben und errichten Nester, die von Zweigen herabhängen, doch einige Arten bauen auch napfförmige Nester, die innen mit Schlamm und Exkrementen ausgekleidet werden.

Maskenkuhstärling
(*Molothrus ater*)

Großer Kuhstärling
(*Scaphidura oryzivora*)

Östlicher Wiesenstärling
(*Sturnella magna*)

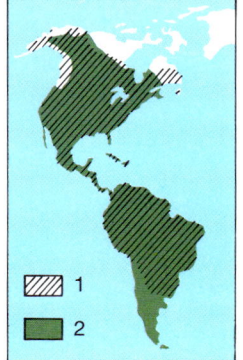

1

2

◄ 1) Die Familie Parulidae bewohnt die Nearktische und die Neotropische Region, das heißt fast ganz Amerika von der Südgrenze der arktischen Tundra über Mittelamerika und die Westindischen Inseln bis nach Patagonien. 2) Die Familie Icteridae ist gleichfalls nur in Amerika verbreitet, jedoch leben die meisten Arten in den Tropen. Ihr Verbreitungsgebiet umfaßt den gesamten Kontinent einschließlich der Westindischen Inseln, der Falklandinseln und der Osterinsel.

LAUBENVÖGEL
(PTILONORHYNCHIDAE)

Die Laubenvögel werden drossel- bis krähengroß. Die Männchen sind meistens lebhaft gefärbt und außerdem mit verschiedenartigen Schmuckfedern verziert. Bei manchen Arten nimmt das Gefieder die erstaunlichsten Farbtöne an, je nachdem, von welcher Seite das Licht darauf fällt. Die Geschlechter gleichen sich nur selten und bei den Weibchen ist das Gefieder im allgemeinen viel unscheinbarer. Die Laubenvögel sind Waldbewohner, die die meiste Zeit im Laub der Bäume verbringen und nur zur Balz den Boden aufsuchen. Obgleich sie bevorzugt Früchte fressen, nehmen sie doch auch Insekten und Schnecken als Beikost. Das Nest ist ein schüsselförmiges Gebilde aus grob miteinander verwobenen Zweigen und befindet sich meist hoch oben in einem Baum. Soweit bekannt, brütet das Weibchen allein und zieht auch die Jungvögel ohne Hilfe des Männchens auf.

Laubenvögel sind nur aus Australien und Neuguinea bekannt und erhielten ihren deutschen Namen, weil das Männchen eigenartige Balzplätze errichtet, die als "Lauben" oder "Promenaden" bezeichnet werden und nur dazu dienen, Weibchen anzulocken und die sehr komplizierte Balz darin auszuführen. Richtige Lauben werden allerdings nur von wenigen Arten errichtet. Die Lauben befinden sich immer am Boden und sind oft von einer Fläche umgeben, die der Zurschaustellung von bestimmten Gegenständen dient. Die Lauben haben nichts mit dem Nest zu tun, das immer in einem Baum liegt. Manche Arten tragen in der Laube bunt gefärbte Dinge zusammen. Die Arten der Gattungen *Ptilonorhynchus*, *Chlamydera* und *Sericulus* zeigen das fast unglaubliche Verhalten, die Wände ihrer Laube zu "bemalen". Die Farbe besteht aus den farbigen Säften bestimmter Beeren, die sie mit Ascheteilchen und zerkautem Gras mischen und mit ihrem Speichel binden; als Pinsel benutzen sie Blätter oder Rindenstücke.

Eine Laube besteht aus einem in der Mitte befindlichen Pfosten mit einem kreisförmigen Dach, das zu den Seiten hin abfällt. Eine Promenade besteht aus einer basalen Plattform, den Wänden und einem Bogen oder Dach aus miteinander verflochtenen Halmen und Zweigen. Die Umgebung der Lauben und Promenaden kann an den verschiedensten Stellen mit Früchten, Blüten, Käfern und anderen gefärbten Dingen verziert sein.

▼ Nach Fertigstellung seiner Promenade tragen die Männchen der Laubenvögel ihre Sammlung farbiger Dinge zusammen und verschmähen dabei auch künstliche Objekte wie Streichholzschachteln und Glasstücke nicht. Doch wird alles mit der größten Sorgfalt ausgewählt und angeordnet. Der Seidenlaubenvogel hat eine spezielle Vorliebe für blaue Dinge.

Säulengärtner oder Goldlaubenvogel (*Prionodura newtoniana*)

Seidenlaubenvogel (*Ptilonorhynchus violaceus*)

► Experimente haben gezeigt, daß die männlichen Sexualhormone, insbesondere das Testosteron, die Balz der Laubenvögel und ihre architektonischen Aktivitäten stimulieren.

Goldhaubengärtner (*Amblyornis macgregoriae*)

Hüttengärtner (*Amblyornis inornatus*)

◄ Laubenvögel verbringen die meiste Zeit tief im Waldesinneren, wo sie vor allem nach Früchten suchen. Sie sind vermutlich einerseits mit den Rabenvögeln verwandt, andererseits auch mit den Paradiesvögeln, und sie kommen nur in Australien und Neuguinea vor. 1) Verbreitung der Familie Ptilonorhynchidae.

1

PARADIESVÖGEL
(PARADISAEIDAE)

Die Paradiesvögel der Familie Paradisaeidae sind auch wegen ihrer prachtvollen Gefiederfarben und der eigenartigen Schmuckfedern bekannt, außerdem wegen ihrer ungewöhnlichen Einzel- oder Gruppenbalz. Nicht so bekannt ist dagegen, daß diese bunten Vögel sehr nah mit den Rabenvögeln verwandt sind, deren charakteristisches Merkmal eigentlich gerade das Fehlen auffälliger Gefiederfärbungen darstellt. Das Evolutionszentrum der Paradiesvögel liegt in Neuguinea und den benachbarten Inseln, einige wenige Arten kommen außerdem in Nordaustralien und auf den Molukken vor.

Alle Paradiesvogelarten sind baumbewohnende Vögel, die im allgemeinen schwer zugängliche Bergwälder, oft in großer Höhe, besiedeln. Ihre Nahrung besteht aus Insekten, kleinen Wirbeltieren und anderen Kleintieren, manche Arten verzehren außerdem noch Früchte. Im allgemeinen sind die Paradiesvögel nicht gesellig und können nur dann zu mehreren beobachtet werden, wenn Nahrung im Überfluß vorhanden ist oder, bei einigen Arten, während der Balz. Einige Arten besitzen ein einfarbig schwarzes Gefieder ohne dekorative Schmuckfedern, das lediglich einen metallischen Glanz aufweist. Abgesehen vom Besitz der eigenartigen Klunker beim Männchen gleichen sich bei diesen Arten Männchen und Weibchen fast vollkommen. Das andere Extrem bilden Arten, deren Weibchen ein unscheinbares, dunkles Gefieder besitzen, während die Männchen entweder schwarz gefärbt sind, dann aber eigenartige Schmuckfedern besitzen, oder insgesamt bunt gefärbt sind, wobei ebenfalls noch zusätzliche Schmuckfedern vorhanden sein können.

Die Art des Fortpflanzungsverhaltens ist vom Ausmaß der Geschlechtsunterschiede abhängig. Arten mit geringem oder keinem Sexualdimorphismus bilden monogame Paare. Doch die Arten mit ausgeprägtem Sexualdimorphismus haben überhaupt keine Paarbindung. Bei ihnen versammeln sich die Männchen auf den Balzplätzen oder führen eine Einzelbalz durch. Manche Paradiesvögel stellen auf dem Waldboden eine Arena her, indem sie den Boden von allen größeren Gegenständen säubern, und führen dort ihre Einzelbalz auf. Andere balzen hoch oben auf einem Ast und bei anderen Arten wiederum versammeln sich die Männchen zu einer Gruppenbalz mit gemeinsamen Balztänzen.

▶ Lange Zeit glaubten die Europäer an eine himmlische Herkunft der Paradiesvögel, denn man nahm an, sie besäßen keine Beine und seien daher vom Himmel gekommen. In Wirklichkeit besitzen sie jedoch sehr kräftige Beine; doch waren die ersten nach Europa verschifften Bälge ohne Beine präpariert, damit das empfindliche Gefieder keinen Schäden nähme.

Großer Paradiesvogel
(*Paradisaea apoda*)

Arfak-Paradieselster
(*Astrapia nigra*)

Wimpelträger
(*Pteridophora alberti*)

Goldkragenparadiesvogel
(*Diphyllodes magnificus*)

Kaiserparadiesvogel
(*Paradisaea guilielmi*)

Prachtreifelvogel
(*Ptiloris magnificus*)

◀ Das polygame Fortpflanzungsverhalten vieler Paradiesvogelarten hat in der Natur zur Entwicklung zahlreicher Bastardpopulationen geführt, die oft als eigene Arten beschrieben wurden. Das Evolutionszentrum der Paradiesvögel ist Neuguinea samt den benachbarten Inseln. Nur wenige Arten kommen außerdem in Nordaustralien und auf den Molukken vor. 1) Verbreitung der Familie Paradisaeidae.

1

SCHNABELTIER
(ORNITHORYNCHUS ANATINUS)

Ordnung Monotremata
Familie Ornithorhynchidae
Größe Kopf-Rumpflänge 60 cm, Schwanz 15 cm, Höhe 15 cm. Männchen beträchtlich größer als das Weibchen
Gewicht Bis 2 kg
Fortpflanzungszeit Juli bis Oktober
Größe der Eier Länge 16-18 mm, Durchmesser 14-15 mm
Anzahl der Jungen 1-3, meistens 2
Geschlechtsreife Nach 2 1/2 Jahren
Höchstalter 17 Jahre in Gefangenschaft

Das Schnabeltier ist wohl das eigenartigste Säugetier überhaupt. Sein untersetzter Körper ist mit einem dichten Pelz bedeckt, der aus langen Grannenhaaren und dichter Unterwolle besteht. Der Rücken, die Flanken, die Beine und der Schwanz sind schwärzlich-braun, der Bauch dagegen gelbbraun oder hellgrau. Das Auffälligste am Schnabeltier ist jedoch der breite, flache Schnabel, der auf den ersten Blick wie ein Entenschnabel aussieht. Die erwachsenen Schnabeltiere besitzen keine Zähne mehr, doch während der Entwicklung der Jungtiere kann man im Oberkiefer 12 und im Unterkiefer 22 Zähne nachweisen. An den Kanten den unteren Schnabelteiles sind feine Rinnen zu sehen, mit denen das Schnabeltier seine Nahrung festhalten kann, ohne den Schnabel zu öffnen. Seitlich vom Maul haben Schnabeltiere außerdem Backentaschen, in denen sie Futter speichern können.
Die Beine des Schnabeltieres sind sehr kurz. Die Füße sind fünfzehig und mit kräftigen Krallen sowie mit Schwimmhäuten zwischen den Zehen versehen. An den Fußknöcheln auf der Innenseite der Hinterbeine sitzt je ein horniger, innen hohler Sporn, der beim Männchen mit einer Giftdrüse im Schenkel in Verbindung steht. Die weiblichen Schnabeltiere besitzen Milchdrüsen, aber anstatt echter Zitzen sind nur zwei drüsige Milchfelder ausgebildet.
Schnabeltiere sind in den Bächen, Flüssen und Seen Tasmaniens und Ostaustraliens gar nicht selten.
Das Weibchen legt 1-3 Eier mit einer festen, pergamentartigen Schale. Nach einer Brutzeit von 10-12 Tagen schlüpfen die Jungen aus und sind dann etwa 2,5 cm lang. Sie werden nun von der Mutter etwa 4 Monate lang gesäugt.

▼ Das Schnabeltier (*Ornithorhynchus anatinus*) ist mit seinem dichten Pelz, den Schwimmhäuten an den Füßen und dem abgeplatteten Schwanz hervorragend an das Wasserleben angepaßt. Dieses eigenartige und sehr ursprüngliche Säugetier sucht am Boden von fließenden Gewässern nach Nahrung.

◄▲ Das Schnabeltier sieht wahrhaftig einzigartig aus. Sein auffälligstes Merkmal ist der breite, flache Schnabel, der sehr an einen Entenschnabel erinnert. Erwachsene Schnabeltiere besitzen keine echten Zähne mehr, stattdessen haben sie zwei hornige Sporne im Ober- und Unterschnabel. Die Oberfläche der Zunge ist mit zwei Hornzähnen versehen, die gegen quergestellte Hornplatten im Dach des Oberschnabels arbeiten. Durch die Tätigkeit dieser Sporne und Hornzähne wird die Nahrung zermalmt und zerrieben. Seitlich vom Maul sind bei den Schnabeltieren Backentaschen ausgebildet, in denen Nahrung gespeichert werden kann. Ihre Nahrung besteht aus Kleinkrebsen, Wasserinsekten und ihren Larven, Würmern, Schnecken, Kaulquappen, Jungfröschen und kleinen Fischen, die sie im Wasser und besonders am Boden ihrer Wohngewässer suchen. Ungefähr alle 1-2 Minuten müssen die Schnabeltiere an die Wasseroberfläche kommen, um zu atmen und die in ihren Backentaschen gespeicherte Nahrung zu zerkauen. Aber selbst an der Wasseroberfläche sind vom schwimmenden Schnabeltier nur die oberen Bereiche des Schnabels, des Kopfes und des Rückens zu sehen. Es ist daher nicht so leicht, Schnabeltiere im Zwielicht, wenn sie vorzugweise auf Nahrungssuche gehen, zu Gesicht zu bekommen, zumal ihre Nahrungssuche selten mehr als eine Stunde in Anspruch nimmt. Danach ziehen sie sich wieder in ihre unterirdische, nur vom Wasser aus zugängliche Höhle zurück.

BEUTELTIERE
(UNTERKLASSE METATHERIA)

Die Beuteltiere (Marsupialia) bilden eine Unterklasse der Säugetiere (Mammalia). Zu ihnen gehören sehr verschiedenartige Tiere. Es gibt auf zwei Beinen springende Beuteltiere, andere laufen auf allen Vieren, graben, gleiten durch die Luft oder schwimmen. Beuteltiere können Fleischfresser, Pflanzenfresser oder Allesfresser sein. Vielen Arten fehlt der Beutel, sie lassen sich aber an anderen Merkmalen als echte Beuteltiere erkennen. Die kleinsten Arten sind etwa 4,5 cm lang und wiegen nicht einmal 5 g, die größten sind so groß und schwer wie ein erwachsener Mann. Die meisten besitzen einen dichten, wolligen Pelz. Der Schwanz ist im allgemeinen lang und bei einigen Kletterbeutlern und Kuskusen sogar als Greifschwanz ausgebildet. Andere Arten wiederum halten mit dem Schwanz die Balance beim Laufen. Das charakteristische Merkmal der Beuteltierweibchen ist der Beutel, eine Hauttasche, innerhalb derer sich die Zitzen befinden und wo die neugeborenen Jungtiere solange Schutz suchen, bis sie in der Lage sind, allein für sich zu sorgen. Während viele Arten einen gut entwickelten Beutel besitzen, ist er bei anderen nur eine Hautfalte oder er fehlt sogar. Die Bezahnung spiegelt die Ernährungsgewohnheiten der einzelnen Arten wider, daher unterscheiden sich Anzahl und Anordnung der Zähne beträchtlich. Bei sehr vielen Beuteltieren sind die Hinterbeine verlängert.

Nach einer Trächtigkeitsdauer von 8 bis 42 Tagen werden die Jungen, bis 25 an der Zahl, geboren, die bei der Geburt noch nicht weit entwickelt und nur 0,5-3 cm lang sind. Diese winzigen, embryogleichen Geschöpfe müssen nun den Weg in den Beutel und an die Zitzen ganz ohne Hilfe finden. Aus diesem Grund sind sie mit einem sehr feinen Geruchssinn, sowie mit stark bekrallten und kräftigen Vorderbeinen ausgerüstet. Sobald eines dieser winzigen Jungtiere eine Zitze erreicht, umschließt es sie sehr fest mit dem Mund und verwächst fast damit.

Beuteltiere haben alle Lebensräume besiedelt, mit Ausnahme des Meeres. Sie kommen heutzutage in zwei Gebieten vor, nämlich in ganz Amerika vom Süden Kanadas bis nach Patagonien und der australischen Region, nämlich in Australien, Tasmanien, Neuguinea, Celebes, Halmahera, auf dem Bismarck-Archipel und auf den Salomonen.

Heute unterscheiden wir neun Familien mit insgesamt 237 Arten.

Wollbeutelratte
(*Caluromys lanatus*)

Fleckenschwanz-Beutelmarder
(*Dasyurus maculatus*)

Beutelwolf
(*Thylacinus cyanocephalus*)

Doppelkammbeutelmaus
(*Dasyroides byrnei*)

Dickschwanz-
Schmalfußbeutelmaus
(*Sminthopsis crassicaudata*)

Dick-
schwanz-
Schlaf-
beutler
(*Ceraertes nanus*)

Beutelteufel
(*Sarcophilus harrisi*)

Ameisenbeutler
(*Myrmecobius fasciatus*)

Beutelmull
(*Notoryctes typhlops*)

Schweinsfuß
(*Chaeropus ecaudatus*)

Nacktnasenwombat
(*Vombatus ursinus*)

Tüpfelkuskus
(*Phalanger maculatus*)

Koala
(*Phascolarctos cinereus*)

Zwergflugbeutler
(*Petaurus breviceps*)

Großer Streifenbeutler
(*Dactylopsila trivirgata*)

GEMEINES OPOSSUM
(DIDELPHIS MARSUPIALIS)

Ordnung Didelphida
Familie Didelphidae
Länge Kopf-Rumpflänge 32-50 cm,
Schwanzlänge 25-53 cm
Gewicht Bis 5,5 kg
Zahnformel $\frac{5.1.3.4}{4.1.3.4} = 50$
Fortpflanzungszeit Zweimal jährlich
Tragzeit 12-13 Tage
Aufenthalt im Beutel 10 Wochen
Anzahl der Jungtiere 8-25
Geschlechtsreife Nach 6-8 Monaten
Höchstalter 8 Jahre

Das Opossum erreicht etwa die Größe einer starken Katze, doch gleicht sein Kopf mehr dem einer Ratte. Der Kopf ist ziemlich spitz und die großen, rundlichen Ohren sind ganz unbehaart und so dünn, das sie fast durchsichtig sind. Der dicke, weiche Pelz am Bauch wird zum Teil von kurzen, steifen Borsten überragt, die von sehr unterschiedlicher Dicke und Länge sind und dem Fell daher ein ungepflegtes Aussehen verleihen. Am Rücken ist das Fell hellgrau bis schwarzgrau. Wie bei den meisten Opossumverwandten ist der Schwanz als Greifschwanz ausgebildet. Er ist dunkel gefärbt, doch am Ende auffällig gelblich-weiß. Opossums besitzen einen Beutel, dessen Öffnung nach vorn gerichtet ist. Hände und Füße sind fünfzehig. Der Daumen und die große Zehe können gegen die anderen Finger und Zehen eingeschlagen werden, daher fehlen ihnen die Krallen. Mit Hilfe ihrer vier "Greifhände" und des Greifschwanzes können Opossums ausgezeichnet klettern. Die Ohren sind bei weitem empfindlicher als das menschliche Ohr und in der Lage, Ultraschall wahrzunehmen. Daher verlassen sich Opossums bei der Jagd vor allem auf ihr Gehör.
Opossums leben in niedrigen Lagen, im Gebirge, in Steppengebieten, tropischen Regenwäldern und selbst in Stadtparks. Sie bewegen sich ebenso geschickt am Boden wie im Geäst von Bäumen. Das Gemeine Opossum (*Didelphis marsupialis*) bewohnt fast ganz Amerika von den Großen Seen durch ganz Nord- und Mittelamerika bis nach Uruguay und Paraguay. In Südamerika überschneidet sich sein Verbreitungsgebiet weitgehend mit demjenigen des Südopossums (*Didelphis paraguayensis*). In der Regel sind die Opossums Einzelgänger.
Sie verschlafen den Tag in einem siche-

Gemeines Opossum
(*Didelphis marsupialis*)

▲ Das gemeine Opossum ist das bekannteste und am weitesten verbreitete Beuteltier in Amerika. Dies ist wohl auch der Grund dafür, daß alle Angehörigen der Familie Didelphidae kurzweg als "Opossums" bezeichnet werden. Die charakteristischen Merkmale dieser Tiere sind die lange, spitze Schnauze und die großen, runden Ohren, die fast völlig unbehaart und fast durchsichtig sind. Opossums besitzen einen wohlentwickelten Beutel, dessen Öffnung nach vorn gerichtet ist. Die Füße sind fünfzehig, doch ist der Daumen krallenlos und gegen die übrigen Zehen einschlagbar. Daher sind Opossums sowohl mit vier "Greifhänden", wie mit einem Greifschwanz ausgerüstet, so ist es kein Wunder, daß sie hervorragend klettern können.

▶ Opossums ernähren sich von Mäusen, Vögeln, Eiern, Reptilien, Fröschen, Insekten und ihren Larven und den unterschiedlichsten Früchten. Ihre Kost ist äußerst verschiedenartig, ebenso wie es die von ihnen bewohnten Lebensräume sind. Obwohl sie als Allesfresser bezeichnet werden müssen, decken sie doch den größten Teil ihres Nahrungsbedarfs aus tierischer Kost. Sie stöbern aber selbst in Mülltonnen nach Futter. Tagsüber schlafen sie in einem sicheren Versteck und kommen erst am Abend heraus und sind dann die ganze Nacht auf der Nahrungssuche unterwegs.

ren Versteck und kommen erst abends heraus, um in der Nacht auf Nahrungssuche zu gehen. Die Nahrung ist ebenso verschiedenartig wie die von Opossums bewohnten Lebensräume und sie können daher wirklich als Allesfresser gelten. Obgleich sie sich eigentlich von tierischer Kost ernähren, verzehren sie ebensogern und zuweilen in großen Mengen auch pflanzliche Kost. Tiere, die in der Nähe menschlicher Siedlungen leben, wühlen ohne Scheu auch die Mülltonnen nach Futter durch.

Zweimal im Jahr, nach einer Tragdauer von nur 12-13 Tagen, bringt das Weibchen 8-18, ja manchmal sogar 25 Junge zur Welt, die bei der Geburt nur 0,15 g wiegen und etwa 7,5 mm lang sind. Nach der Geburt müssen die winzigen Tierchen allein und ohne Hilfe die 8 cm lange Strecke von der Geburtsöffnung bis zum schützenden Beutel bewältigen. Dort sind jedoch nur 13 Zitzen vorhanden, so daß nur die stärksten und schnellsten Jungtiere überleben, während die anderen zugrunde gehen. Erst nach etwa 10 Wochen verlassen die Jungtiere das erste Mal den Beutel der Mutter und nach 3-4 Monaten sind sie unabhängig, lassen sich aber immer noch auf Mutters Rücken tragen. Bereits nach 6-8 Monaten sind sie aber schon geschlechtsreif und können sich selbst fortpflanzen.

Die Opossums gehören zu einer artenreichen Familie. Die meisten Arten leben heutzutage in Mittel- und Südamerika. Die Zwergbeutelratten (Gattung *Marmosa*) sind von Zentralmexiko bis nach Patagonien verbreitet. Sie werden auch als Zwergopossums bezeichnet, doch erreicht die größte Art immerhin die Größe einer Ratte. Sie leben in Bäumen und klettern sehr geschickt, doch kommen sie auch in der argentinischen Pampa und im Gebirge bis in 3.700 m Höhe vor. Ihr Greifschwanz erreicht zuweilen die doppelte Körperlänge. Sie ernähren sich vor allem von Insekten und von Früchten.

Die Vieraugenbeutelratte (*Metachirops opossum*) ist von Zentralmexiko bis nach Südostbrasilien und Nordargentinien verbreitet und kann bis 35 cm lang werden. Diese nächtlich lebende Art kann ebenfalls ausgezeichnet klettern, doch sie bewegt sich ebenso flink am Boden und im Wasser fort. Wie viele andere Familienangehörige ist sie ein Allerfresser.

Die Schwimmbeutelratte (*Chironectes minimus*) kommt vom südwestlichen Mexiko bis nach Südbrasilien und Nordargentinien vor und lebt in Wassernähe, wo sie sich in Uferböschungen Höhlen gräbt. Die Zehen der Hinterfüße sind verlängert und tragen Schwimmhäute.

◀ Bis sie für sich selbst sorgen können, werden die Jungen im Beutel der Mutter herumgetragen. Im Alter von etwa zehn Wochen verlassen sie den Beutel zum erstenmal.

▼ Obgleich die Jungen im Alter von 3-4 Monaten unabhängig von der Mutter werden, lassen sie sich immer noch auf dem Rücken der Mutter herumtragen.

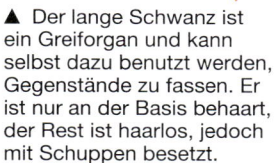

◀ Wenn ihnen Gefahr durch einen Feind droht, stellen sich Opossums tot.

▲ Der lange Schwanz ist ein Greiforgan und kann selbst dazu benutzt werden, Gegenstände zu fassen. Er ist nur an der Basis behaart, der Rest ist haarlos, jedoch mit Schuppen besetzt.

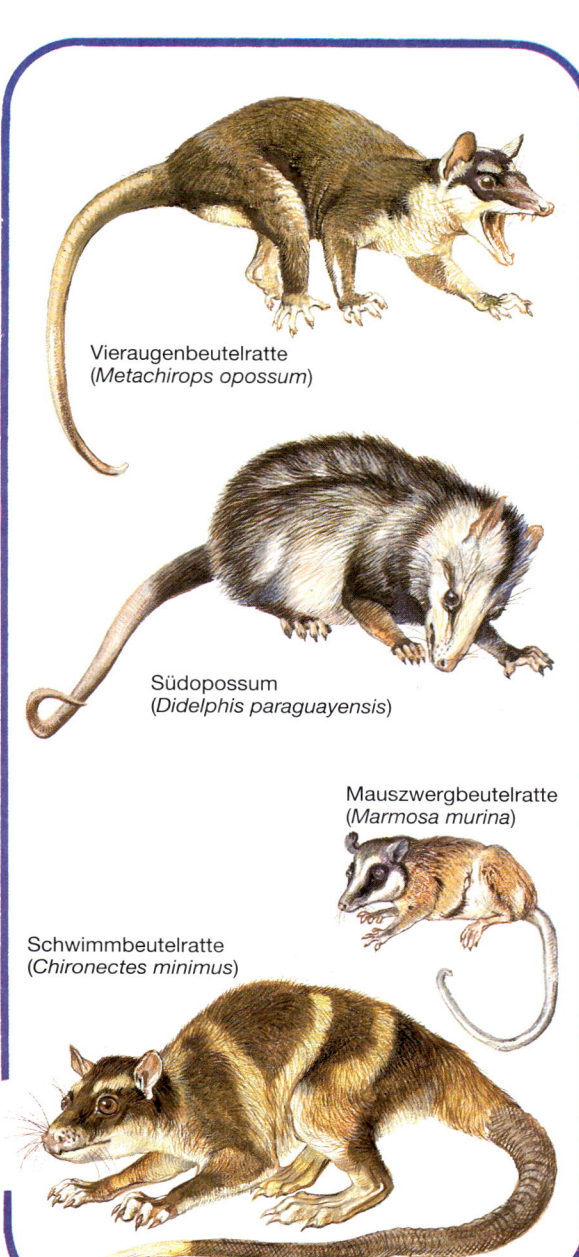

Vieraugenbeutelratte (*Metachirops opossum*)

Südopossum (*Didelphis paraguayensis*)

Mauszwergbeutelratte (*Marmosa murina*)

Schwimmbeutelratte (*Chironectes minimus*)

▲ Das Gemeine Opossum besitzt eine große Anzahl von Verwandten, die in der Mehrzahl nur in Mittel- und Südamerika vorkommen. Die Vieraugenbeutelratte ist von Zentralmexiko südwärts bis nach Südostbrasilien und Nordargentinien verbreitet. Das Verbreitungsgebiet des Südopossums überschneidet sich in Südamerika weitgehend mit demjenigen des Gemeinen Opossums. Die Gattung *Marmosa*, zu der die Mauszwergbeutelratte gehört, bewohnt das Gebiet von Zentralmexiko bis nach Nordpatagonien. Im Raum zwischen dem südwestlichen Mexiko und Südbrasilien und Nordargentinien lebt die Schwimmbeutelratte (*Chironectes minimus*).

◀ Das Verbreitungsgebiet des Gemeinen Opossums umfaßt den größten Teil von Amerika, vom Gebiet der Großen Seen in Südkanada durch ganz Mittelamerika und das nördliche Südamerika südwärts bis nach Uruguay und Paraguay.

ROTES RIESENKÄNGURUH
(MACROPUS RUFUS)

Ordnung Phalangerida
Familie Macropodidae
Größe 80-160 cm
Gewicht 27-70 kg
Zahnformel $\frac{3.0.2.4}{1.0.2.4} = 32$
Fortpflanzungszeit Ganzjährig
Tragzeit 33 Tage
Anzahl der Jungen 1
Aufenthalt im Beutel 190 Tage
Geschlechtsreife Nach ca. 28 Monaten
Höchstalter 16 Jahre

Das Rote Riesenkänguruh ist mit seiner Länge von 80-160 cm das größte lebende Beuteltier. In aufrechter Haltung kann ein Männchen mehr als 2 m hoch sein. Die Weibchen sind allerdings etwa ein Drittel bis ein Viertel kleiner als die Männchen. Der äußerst muskulöse Schwanz kann 110 cm lang werden. Die Vorderbeine sind überraschend klein, aber dennoch sehr kräftig. Dazu im Gegensatz stehen die äußerst starken, langen Hinterbeine, auf denen das Känguruh hüpft, wenn es schneller vorankommen will.
Das Rote Riesenkänguruh ernährt sich ausschließlich von pflanzlicher Kost und bewohnt die großen Grasebenen Australiens, wo das jährliche Niederschlagsmittel 380 mm überschreitet. Derartige Gebiete liegen im Inneren Australiens und es handelt sich um Halbwüsten, Grassteppen und offene Busch- oder Baumsavannen. Aus diesem Grund haben die ersten Siedler auch das Verbreitungsgebiet des Roten Riesenkänguruhs erweitert, indem sie Waldland rodeten und Gebüsch abbrannten.
Wenn die Umweltbedingungen für das Rote Riesenkänguruh gut sind, kann man diese Art nicht selten in sehr großen Herden beobachten. Werden sie aber gestört, dann zeigt es sich, daß die großen Herden in Wirklichkeit aus mehreren kleineren Familiengruppen bestehen, die sich zusammengeschlossen haben, weil der Lebensraum günstig ist. Diese kleineren, auch als "Mob" bezeichneten Gruppen bestehen fast immer aus einem Männchen und einem oder mehreren Weibchen mit ihren Jungen. Doch schließen sich oft auch einzelne Tiere an die Herde an, ohne diese zu stören.
Rote Riesenkänguruhs sind weder ausgesprochene Tagtiere noch auch eigentliche Nachttiere. Auf den Grassteppen und Halbwüsten Inneraustraliens lastet

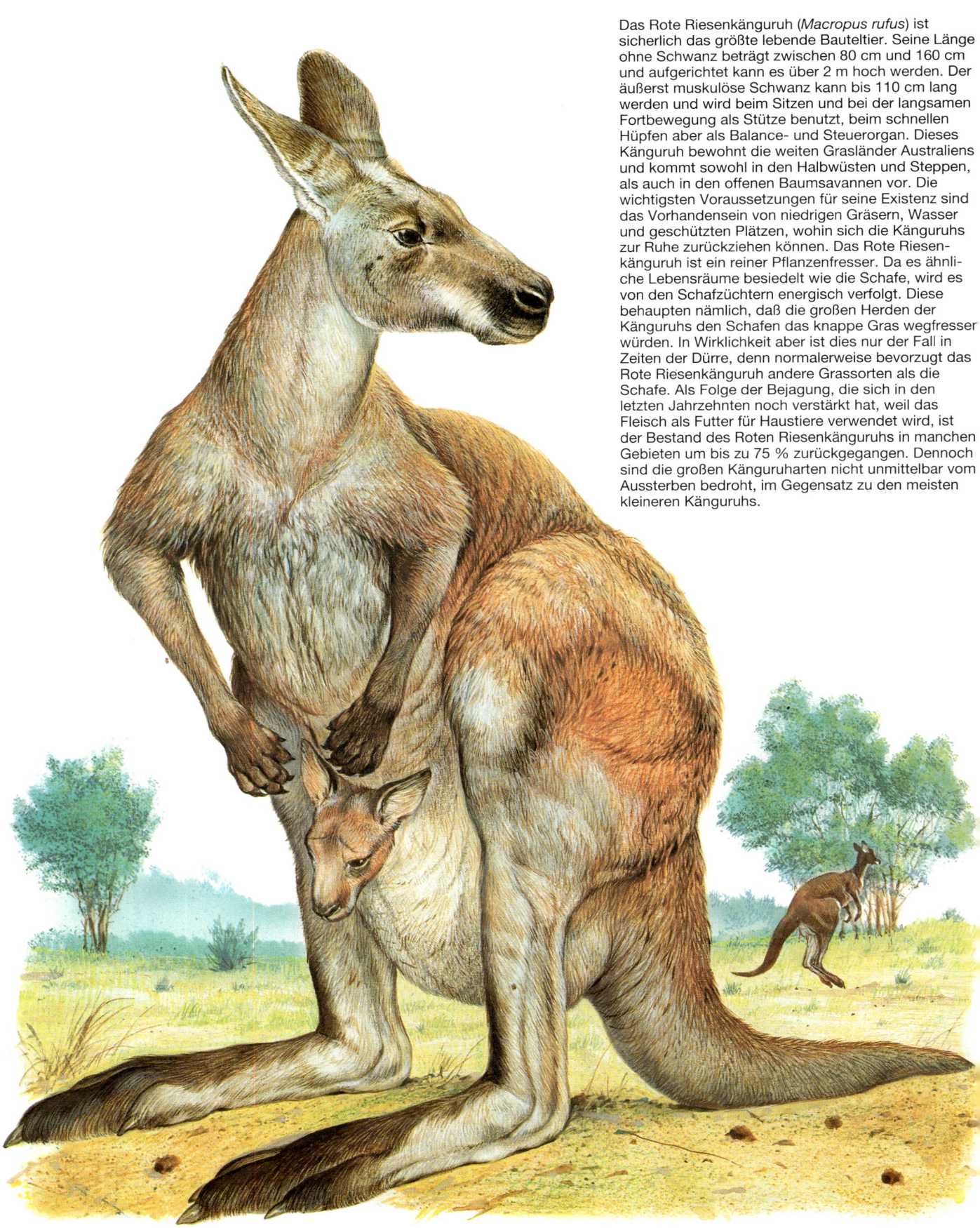

Das Rote Riesenkänguruh (*Macropus rufus*) ist sicherlich das größte lebende Bauteltier. Seine Länge ohne Schwanz beträgt zwischen 80 cm und 160 cm und aufgerichtet kann es über 2 m hoch werden. Der äußerst muskulöse Schwanz kann bis 110 cm lang werden und wird beim Sitzen und bei der langsamen Fortbewegung als Stütze benutzt, beim schnellen Hüpfen aber als Balance- und Steuerorgan. Dieses Känguruh bewohnt die weiten Grasländer Australiens und kommt sowohl in den Halbwüsten und Steppen, als auch in den offenen Baumsavannen vor. Die wichtigsten Voraussetzungen für seine Existenz sind das Vorhandensein von niedrigen Gräsern, Wasser und geschützten Plätzen, wohin sich die Känguruhs zur Ruhe zurückziehen können. Das Rote Riesenkänguruh ist ein reiner Pflanzenfresser. Da es ähnliche Lebensräume besiedelt wie die Schafe, wird es von den Schafzüchtern energisch verfolgt. Diese behaupten nämlich, daß die großen Herden der Känguruhs den Schafen das knappe Gras wegfressen würden. In Wirklichkeit aber ist dies nur der Fall in Zeiten der Dürre, denn normalerweise bevorzugt das Rote Riesenkänguruh andere Grassorten als die Schafe. Als Folge der Bejagung, die sich in den letzten Jahrzehnten noch verstärkt hat, weil das Fleisch als Futter für Haustiere verwendet wird, ist der Bestand des Roten Riesenkänguruhs in manchen Gebieten um bis zu 75 % zurückgegangen. Dennoch sind die großen Känguruharten nicht unmittelbar vom Aussterben bedroht, im Gegensatz zu den meisten kleineren Känguruhs.

tagsüber eine drückende Hitze, daher ruhen die Känguruhs am Tage im Schatten und kommen erst in der Dämmerung zum Trinken und Grasen heraus. In der Morgendämmerung ziehen sie sich dann wieder an ihren Ruheplatz zurück. Doch in Gebieten, in denen die Tagestemperaturen nicht derartig hoch sind und die Känguruhs nicht gestört werden, kann man sie auch tagsüber auf der Weide sehen. Im Normalfall ruhen sie in unregelmäßigen Abständen und haben keine festgelegten Freß- und Schlafperioden.

Die Fortbewegungsweise der Roten Riesenkänguruhs ist höchst eindrucksvoll. Wenn sie sich geruhsam fortbewegen möchten, benutzen sie dazu auch die Vorderbeine und den Schwanz; haben sie es aber eiliger, dann benutzen sie nur die Hinterbeine. Beim langsamen Laufen stützen sie sich zunächst auf die Vorderbeine und ziehen den äußerst muskulösen Schwanz nach vorn zwischen die Hinterbeine, so daß der Körper auf drei Punkten ruht. Dann schwingen sie die Hinterbeine nach vorn und setzen sie neben oder sogar etwas vor den Vorderbeinen auf den Boden. Dann heben sie die Vorderbeine an und strecken den Körper aus, setzen die Vorderbeine und den Schwanz wieder auf und wiederholen den ganzen Bewegungsablauf. Weil aber die Vorderbeine so viel kürzer sind als die Hinterbeine, gestattet diese Bewegungsweise nur ziemlich langsames Laufen. Außerdem sind dabei Kopf und Vorderkörper zu Boden gerichtet, so daß sie dabei die Umgebung nicht beobachten können. Wenn sie Ausschau halten möchten, richten sie sich auf die Hinterbeine auf und stützen sich auf ihren Schwanz. Bei schnellerer Gangart hüpfen sie in der bekannten Art der Känguruhs und benutzen dabei nur die Hinterbeine. Beim normalen Hüpfen, wenn sie also keine besondere Eile haben, machen sie etwa 1-2 m weite Sätze, droht aber eine Gefahr, dann kann das Rote Riesenkänguruh enorme Sprünge ausführen, die bis 13 m weit und 3 m hoch sein können. Die Höchstgeschwindigkeit, die sie erreichen können, liegt bei 80 km/h.

Rote Riesenkänguruhs bringen normalerweise ein einziges Junges zur Welt, Zwillinge sind äußerst selten. Bei seiner Geburt ist das junge Känguruh kaum 2 cm lang und wiegt weniger als 1 g. Es kriecht anschließend durch den dichten Bauchpelz seiner Mutter in den Beutel hinein. Dort angekommen umschließt es sogleich die Zitze mit den Lippen und hält diese solange fest, bis es nach ungefähr 190 Tagen groß genug ist, um den Beutel das erste Mal zu verlassen.

▲ Hat es das Rote Riesenkänguruh eilig, hüpft es, wobei es ausschließlich seine riesigen, verlängerten Hinterbeine benutzt.

◄▲ Rote Riesenkänguruhs verlassen ihre schattigen Ruheplätze erst in der Dämmerung, um zu trinken oder zu grasen. In Gebieten mit weniger hohen Tagestemperaturen kann man sie aber auch bei Tage beobachten.

▲ Rote Riesenkänguruhs können mit einem Satz 13 m weit und 3 m hoch springen.

◄ Im Kampf mit einem Artgenossen richten sich die Gegner aneinander empor und stützen sich auf die Hinterbeine und den Schwanz, der wie ein drittes Bein benutzt wird. Sie versuchen nun, ihren Gegner niederzuschlagen und treten ihn mit voller Kraft mit den Hinterbeinen in den Bauch. Dabei berührt nur mehr der Schwanz den Boden. Diese Tritte sind so kraftvoll, daß sie zu ernsthaften Verletzungen führen können, die allerdings zum Teil auch von den starken Krallen verursacht werden.

◄ Bei der Geburt eines Jungen sitzt das Känguruhweibchen auf der Schwanzbasis und hält auf diese Weise die Geburtsöffnung so, daß dem winzigen Jungtier sein mühevoller Weg durch den Pelz in den mütterlichen Beutel möglichst erleichtert wird.

▲ Die Nahrung des Roten Riesenkänguruhs besteht aus Gräsern, Blättern und Baumrinde.

KOALA
(PHASCOLARCTOS CINEREUS)

Ordnung Phalangeria
Familie Phalangeridae
Größe 60-80 cm
Gewicht 16 kg
Zahnformel $\frac{3.1.1.4}{1.0.1.4} = 30$
Fortpflanzungszeit Sommer
Tragzeit Ungefähr 1 Monat
Anzahl der Jungtiere 1
Aufenthalt im Beutel 5-6 Monate
Geschlechtsreife Nach etwa 3-4 Jahren
Höchstalter 12 Jahre

Obgleich der dichte, wollige Pelz dem Koala ein recht untersetztes Aussehen verleiht, ist er in Wirklichkeit ziemlich schlank. Das Fell ist auf der Oberseite hellgrau oder dunkelgrau und auf der Unterseite weißlich. Der große, runde Kopf mit der kurzen Schnauze, der nackten, schwarzen Nasenspitze und den großen, dicht bepelzten Ohren macht den Koala zu einem recht kuscheligen Tier. Daumen und zweiter Finger (der unserem Zeigefinger entspricht) können gegen die übrigen Finger eingeschlagen werden, so daß die Hände hervorragende Greiforgane darstellen. Auch die scharfen Krallen geben dem Koala einen sehr festen Halt selbst an glatter Rinde, daher ist er ein erstaunlich guter Kletterer. Der Schwanz ist fast völlig zurückgebildet. Eine Stelle am Becken mit besonders dickem Fell hat wohl die Aufgabe, den Koala vor dem Abrutschen zu schützen, wenn er auf einem Ast sitzt. Das Weibchen besitzt einen gut entwickelten Beutel, dessen Öffnung nach hinten gerichtet ist und der zwei Zitzen enthält.

Koalas sind ausgesprochene Baumtiere, die nur selten auf den Boden herabkommen. Daher sind sie auf relativ dicht bewaldete Gebiete beschränkt. Ihr Verbreitungsgebiet umfaßt die Eukalyptuswälder an der Ostküste Australiens vom nördlichen Queensland bis ins südliche Victoria, sie fehlen aber auf der Kap York Halbinsel. Sie verbringen in der Tat fast ihr gesamtes Leben hoch oben in den Wipfeln der Eukalyptusbäume. Nur wenn die Entfernung zwischen zwei Bäumen zu groß zum Hinüberklettern oder Hinüberspringen ist, kommen sie auf den Erdboden herunter. Koalas klettern zwar vorzüglich und sehr sicher, ihre Bewegungen sind jedoch ungewöhnlich langsam. Der Name "Koala" kommt aus einer der Sprachen der australischen Ureinwohner und bedeutet "trinkt nicht". Er ist durchaus zutreffend, denn Koalas erhalten

◄ Der Koala (*Phascolarctos cinereus*) ist eine großes, baumlebendes Beuteltier, das die Eukalyptuswälder Ostaustraliens bewohnt. Sein dicker Pelz gibt ihm ein untersetztes, plumpes Aussehen. Tatsächlich kann er jedoch ausgezeichnet klettern und kommt nur ausnahmsweise auf den Erdboden herunter.

▼ Das bekannte Verbreitungsgebiet des Koala.

praktisch alle benötigte Flüssigkeit aus ihrem Futter. Koalas sind Nachttiere, die den Tag meist in einer Astgabel verschlafen, niemals jedoch in hohlen Bäumen. Sie leben gänzlich von pflanzlicher Kost und fressen ausschließlich die Blätter bestimmter Eukalyptusarten. Eukalyptusblätter sind sehr hart und zäh und daher nur schwer verdaulich. Um diese Kost dennoch nutzen zu können, besitzen Koalas einen 180-250 cm langen Blinddarm, der somit dreimal bis viermal so lang ist wie das ganze Tier. Der Blinddarm enthält große Mengen von Bakterien, die eine wichtige Rolle beim Aufschließen der Blätter und bei ihrer Umwandlung in eine vitaminreiche Nahrung spielen. Durch die Tätigkeit der Bakterien entsteht ein Nahrungsbrei, der noch einmal hochgewürgt und dann endgültig verdaut wird.

Koalas markieren ihre Bäume als ihr Revier, indem sie Duftmarken absetzen. Dabei umklammern sie einen Ast oder Stamm mit beiden Armen und reiben ihn mit einem Sekret aus Drüsen ein, die an einer nackten Stelle über dem Brustbein münden. Dadurch ist das Revier jeder Gruppe einwandfrei von allen Artgenossen erkennbar. Wenn irgend möglich, vermeiden es Koalas, auf den Boden herabzukommen. Diese langsamen, plump aussehenden Tiere verstehen es hervorragend, sich von Baum zu Baum zu schwingen, und machen dabei überraschend weite Sätze. Selbst Weibchen mit ihrem Jungen auf dem Rücken sind dazu imstande. Koalas sind sehr friedliche Tiere, die entweder einzeln oder in kleinen Gruppen leben. Während der Paarungszeit sammeln die geschlechtsreifen Männchen meistens um sich einen kleinen Harem, den sie bewachen und energisch verteidigen. Nach einer Tragzeit von etwa 35 Tagen wird das einzige Jungtier geboren. Wahrscheinlich bekommen Koalaweibchen nur in jedem zweiten Jahr Nachwuchs. Das neugeborene Junge ist nur 2 cm lang und wiegt 5-6 g. Wenn es nach etwa 6 Monaten das erste Mal den Beutel verläßt, ist es schon bis auf 18 cm herangewachsen. Es dauert aber noch zwei weitere Monate, bis es den Beutel endgültig verläßt, und dann wird es von der Mutter auf dem Rücken herumgetragen. Erst nach einem Jahr ist es ganz entwöhnt. In der dazwischenliegenden Zeit nimmt es neben der Muttermilch noch alle 2-3 Tage die sogenannte "Caecotrophe" auf, den vorverdauten Nahrungsbrei aus dem Blinddarm der Mutter, der durch den After ausgeschieden wird. Auf diese Weise gewöhnt sich der junge Koala allmählich an die Pflanzenkost.

◄ Koalas schlafen in Astgabeln.

▲ Die Nahrung des Koala besteht aus Blättern verschiedener Eukalyptusarten.

▼ Der Beutel öffnet sich beim Koala nach hinten.

▼ Koalas springen mit erstaunlicher Sicherheit von Ast zu Ast.

▲ Wenn der junge Koala den Beutel seiner Mutter endgültig verlassen hat, reitet er auf ihrem Rücken.

Hinterpfote

Vorderpfote

▲ ► Daumen und zweiter Finger der Vorderpfote können gegen die übrigen drei Finger eingeschlagen werden. Im Zusammenwirken mit den mächtigen Krallen ergibt dies einen sehr sicheren Griff. Am Hinterbein ist dagegen nur die große Zehe opponierbar.

MAULWÜRFE
(TALPIDAE)

Ordnung Insectivora
Familie Talpidae
Länge Kopf-Rumpflänge 18-25 cm,
Schwanzlänge 17-22 cm
Zahnformel $\frac{3.1.4.3}{3.1.4.3} = 44$
Fortpflanzungszeit Frühjahr-Sommer
Tragzeit Ungefähr 45 Tage
Anzahl der Jungtiere 3-4
Geschlechtsreife Nach 6-12 Monaten

Die Familie Talpidae enthält 12 Gattungen und 19 Arten. Alle Familienangehörigen leben grundsätzlich unterirdisch; sie graben Gänge und verbringen den größten Teil ihrer Zeit im Boden. Allerdings gehören zur Familie Talpidae auch einige wasserbewohnende und wasserliebende Arten, die nur gelegentlich graben. Im allgemeinen besitzen die Maulwürfe einen langgestreckten, zylindrischen Körper. Das Maul wird von der Oberlippe überragt und ist röhren- oder rüsselförmig und unbehaart. Die winzigen Augen sind oft unter der Haut verborgen und äußere Ohren fehlen gänzlich. Die Pfoten sind fünffingrig und bei den meisten Arten weist der letzte Fingerknochen einen deutlich sichtbaren Einschnitt in der Mitte auf oder ist zweilappig. Bei den grabenden Arten sind die Vorderbeine zu mächtigen Grabschaufeln umgewandelt und enthalten noch einen zusätzlichen (sichelförmigen) Knochen.

Die Unterfamilie Desmaninae enthält zwei Gattungen, jede mit einer einzigen Art. Der Russische Desman (*Desmana moschata*) kommt in Südosteuropa und in West- und Zentralasien vor. Sein Schwanz ist seitlich zusammengedrückt und trägt an der Basis eine Duftdrüse, die dem Tier seinen charakteristischen Moschusgeruch verleiht. Der Schwanz wird im Verein mit den Vorder- und Hinterbeinen beim Schwimmen benutzt. Das Fell ist außerordentlich fein, denn die Unterwolle ist kurz, dicht und sehr weich und darüber legt sich eine Schicht längerer und festerer Haare. Desmane sind wasserliebende Tiere, die bevorzugt an Flußufern mit ruhig fließendem Wasser leben. Der Eingang zu ihrem Bau befindet sich immer unter Wasser und so tief, daß er auch im Winter benutzt werden kann, wenn die Wasseroberfläche gefroren ist. Der Bau selbst liegt immer oberhalb des Wasserspiegels und bildet den Teil eines ganzen Systems von Tunnels, das meist von mehreren Desmans ge-

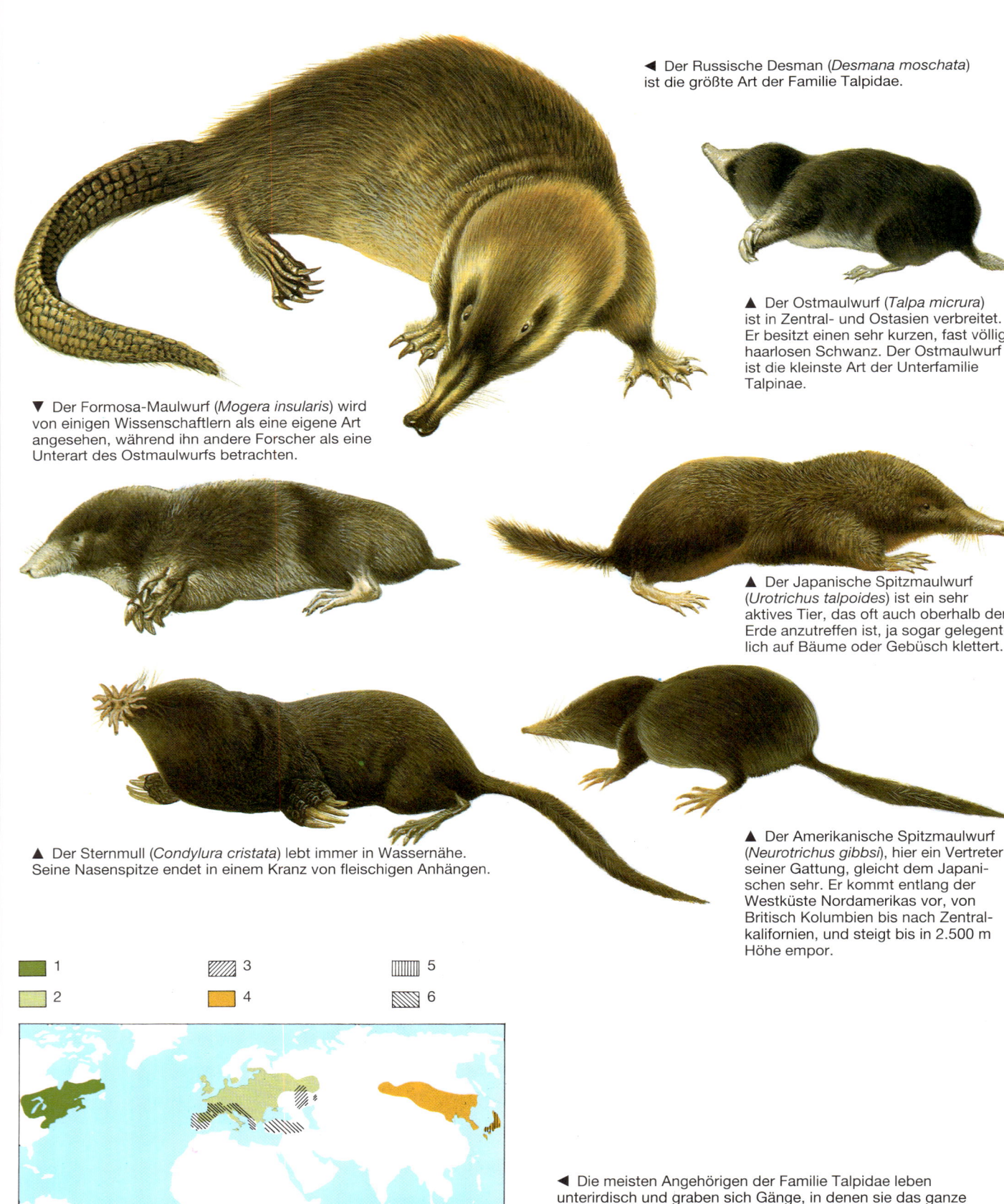

◄ Der Russische Desman (*Desmana moschata*) ist die größte Art der Familie Talpidae.

▲ Der Ostmaulwurf (*Talpa micrura*) ist in Zentral- und Ostasien verbreitet. Er besitzt einen sehr kurzen, fast völlig haarlosen Schwanz. Der Ostmaulwurf ist die kleinste Art der Unterfamilie Talpinae.

▼ Der Formosa-Maulwurf (*Mogera insularis*) wird von einigen Wissenschaftlern als eine eigene Art angesehen, während ihn andere Forscher als eine Unterart des Ostmaulwurfs betrachten.

▲ Der Japanische Spitzmaulwurf (*Urotrichus talpoides*) ist ein sehr aktives Tier, das oft auch oberhalb der Erde anzutreffen ist, ja sogar gelegentlich auf Bäume oder Gebüsch klettert.

▲ Der Sternmull (*Condylura cristata*) lebt immer in Wassernähe. Seine Nasenspitze endet in einem Kranz von fleischigen Anhängen.

▲ Der Amerikanische Spitzmaulwurf (*Neurotrichus gibbsi*), hier ein Vertreter seiner Gattung, gleicht dem Japanischen sehr. Er kommt entlang der Westküste Nordamerikas vor, von Britisch Kolumbien bis nach Zentralkalifornien, und steigt bis in 2.500 m Höhe empor.

1   3   5
2   4   6

◄ Die meisten Angehörigen der Familie Talpidae leben unterirdisch und graben sich Gänge, in denen sie das ganze Jahr hindurch aktiv sind. Sie halten keinen Winterschlaf. Einige Arten leben jedoch im Wasser oder sind zumindest sehr wasserliebend; sie gehen nur gelegentlich an Land. 1) Sternmull; 2) Europäischer Maulwurf; 3) Desman; 4) Ostmaulwurf; 5) Japanischer Spitzmaulwurf; 6) Amerikanischer Spitzmaulwurf.

meinsam benutzt wird. Die Nahrung besteht aus Egeln, Regenwürmern, Krebsen, Insekten, Fischeiern, Amphibien, Kaulquappen und Fischen. Nicht selten verzehren Desmane aber auch pflanzliche Nahrung. Die 3-4 Jungen sind bei der Geburt blind, zahnlos und fast vollständig unbehaart. Der Russische Desman kommt vereinzelt in einem Gebiet entlang der Täler der Wolga, des Don, des mittleren Ural und des oberen Dnjepr vor.

Zur Unterfamilie Talpidae gehört unter anderem der Europäische Maulwurf (*Talpa europaea*). Sein naher Verwandter, der Ostmaulwurf (*Talpa micrura*) ist etwas kleiner; er kommt in Sikkim und Indien vor und geht nach Osten bis in die Mongolei, die Mandschurei und nach Korea, Japan und Taiwan.

Die Unterfamilie Scalopinae enthält zwölf Arten, denen allen das äußere Ohr fehlt. Dazu gehört zum Beispiel der Japanische Spitzmaulwurf (*Urotrichus talpoides*), der die Gebirgswälder Japans in Höhen um 2.000 m bewohnt. Im Aussehen ist er einer Spitzmaus recht ähnlich. Der Amerikanische Spitzmaulwurf (*Neurotrichus gibbsi*) sieht dem Japanischen Spitzmaulwurf wiederum sehr ähnlich und ist entlang der Westküste Nordamerikas von Britisch Kolumbien im Norden bis nach Zentralkalifornien verbreitet. Im Gebirge steigt er bis 2.500 m empor.

Die Unterfamilie Condyluridae enthält nur eine einzige Art, den Sternmull (*Condylura cristata*) aus Kanada und den USA. Sein Vorkommen richtet sich nach dem Vorhandensein von feuchtem, sumpfigem Gelände. Seine Körperlänge beträgt 10-13 cm, der Schwanz mißt zusätzlich 5,5-8,5 cm. Erwachsene Tiere wiegen 40-85 g. Das schwarzbraune oder schwärzliche Fell des Sternmulls ist sehr dicht und fest und recht wasserundurchlässig. Das auffälligste Merkmal des Sternmulls ist jedoch seine Nase, die in einer von 22 fleischigen Anhängen umgebenen Scheibe endet (11 an jeder Seite). Die Anhänge sind beweglich wie Fühler, vor allem wenn der Sternmull auf Nahrungssuche geht. Wahrscheinlich enthalten sie Tastorgane. Einmal jährlich zwischen Mitte April und Mitte Juni bringt das Weibchen 2-7 Junge zur Welt. Der Sternmull gräbt Gänge in den feuchten Boden, von denen einige direkt ins Wasser führen: denn er kann ausgezeichnet schwimmen und tauchen und im Winter schwimmt er sogar unter der Eisdecke herum. Die Nahrung wird größtenteils am Boden von Tümpeln und Bächen gesucht und besteht hauptsächlich aus Regenwürmern, Krebsen, Wasserinsekten und sogar kleinen Fischen.

◄ Der Desman ist eine wasserliebende Art: er bevorzugt kleine und mittlere, langsam fließende Flüsse in Waldgebieten oder in mit Wald durchsetztem Grasland.

▼ Die Vorderpfoten des Desman sind teilweise mit Schwimmhäuten versehen.

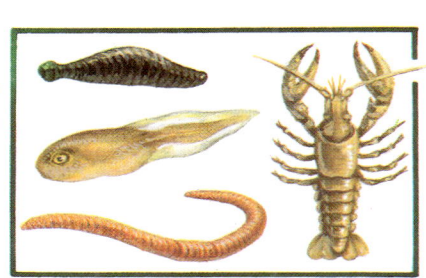

▲ Der Desman verzehrt Krebse, Kaulquappen, Egel und Regenwürmer, aber auch Fische und pflanzliche Kost.

◄ Der Sternmull kann gewandt schwimmen und tauchen und benützt dazu alle vier Pfoten. Diese gleichen denen der Talpinae und Scalopinae, denn die Vorderpfoten sind ebenso lang wie breit und Schwimmhäute fehlen. Der Schwanz ist an der Basis seitlich zusammengedrückt und mit Schuppen und einzelnen Haaren besetzt. Im Winter und Frühjahr nimmt sein Durchmesser bei beiden Geschlechtern merklich zu, weil er vermutlich als Fettspeicherorgan und damit als Energiereserve für die Paarungszeit dient. Der Sternmull hält keinen Winterschlaf und ist wohl das ganze Jahr hindurch aktiv. Er verläßt regelmäßig seinen Bau, selbst wenn draußen Schnee liegt. In diesem Fall läuft er entweder auf der Schneefläche oder gräbt sich Tunnels unter dem Schnee.

▼ Die Nase endet in 22 fleischigen "Tentakeln", die sich beim Fressen dicht zusammenlegen.

▼ Die Nahrung des Sternmulls besteht aus Insekten, Krebsen, Schnecken u.ä.

PELZFLATTERER
(GATTUNG *CYNOCEPHALUS*)

Ordnung Dermoptera
Familie Cynocephalidae
Größe Kopf-Rumpflänge 38-42 cm,
Schwanzlänge 22-27 cm
Gewicht 1-1,8 kg
Zahnformel $\frac{2.1.2.3}{3.1.2.3} = 34$
Fortpflanzungszeit Etwa im Januar
Tragzeit 60 Tage
Anzahl der Jungtiere 1, selten 2

Die Ordnung Dermoptera umfaßt nur zwei Arten in der einzigen Gattung *Cynocephalus*: *C. volans* von den Inseln Mindanao, Basilan, Samar, Leyte und Bohol auf den Philippinen und *C. variegatus* aus dem Gebiet zwischen Tenasserim und dem Südteil Indochinas südlich bis nach Malaysia, Sumatra, Java, Borneo und den benachbarten kleineren Inseln. Das wichtigste Merkmal dieser Tiere sind ihre speziellen Anpassungen an den Gleitflug. Die Haut ist bei den Pelzflatterern tatsächlich viel größer als der Körper selbst. So können sie durch Ausstrecken der Gliedmaßen und des Schwanzes eine Flughaut spreizen, die es ihnen erlaubt, durch die Luft zu segeln. Eigentlich stellt die Flughaut nur eine einzige, sehr große Falte im Fell dar. Obwohl die Flughaut den Pelzflatterern einen perfekten Gleitflug gestattet, bildet sie jedoch bei der normalen Fortbewegung ein beträchtliches Hindernis.

Die Fellfärbung der Pelzflatterer ist uneinheitlich, obwohl fast nur Grau- und Brauntöne vorhanden sind. Die Färbung stimmt jedoch mit der Farbe der Äste und Baumstämme überein und tarnt die Tiere ausgezeichnet.

Die Vorderbeine sind fünffingrig und die langen, geraden Finger enden in ziemlich kurzen, gebogenen Krallen. Der Bau der Hinterfüße gleicht dem der Vorderbeine. Die Kanten der Augenhöhle am knöchernen Schädel sind sehr ausgeprägt, an der Hinterseite ist die Augenhöhle jedoch offen und geht direkt in die Schläfengrube über. Die Bezahnung weist verschiedene Spezialmerkmale auf: sie ist heterodont und diphyodont und die Milchzähne sind in ihrer Anzahl und Struktur identisch mit den Zähnen der Erwachsenen. Der Zahnwechsel findet in sehr frühem Alter statt, mit Ausnahme des unteren Eckzahnes. Die unteren Schneidezähne sind lang und nach vorn gerichtet. Ihre Krone ist von hinten nach vorn abgeflacht und hat die Form eines Schabers, sie wird von einer Anzahl senkrecht verlaufender, paralle-

▲ Dermoptera sind Säugetiere der Tropen, die Gleitflüge ausführen können. Ihr Fell bildet zwischen den Gliedmaßen und dem Schwanz eine Flughaut, die sich spreizt, wenn Arme, Beine und Schwanz ausgestreckt sind. Der Körper der Pelzflatterer ist mäßig groß – ungefähr 40 cm lang, den 25 cm langen Schwanz nicht eingerechnet. Der Kopf sieht dem eines Flughundes recht ähnlich. Pelzflatterer sind vorzugsweise Waldbewohner. *Cynocephalus variegatus* (oben abgebildet) wurde jedoch in Malaysia in Kokosplantagen beobachtet. Pelzflatterer sind ausgesprochene Baumbewohner und Nachttiere. Den Tag verbringen sie kopfunter an Ästen hängend, wobei sie durch ihre natürliche Schutzfärbung (aus hellen Flecken und Streifen auf Körper und Flughaut) gut getarnt sind. Nach einer Tragzeit von ungefähr 60 Tagen bringen die Weibchen ein einziges Junges (selten zwei) zur Welt, das sie normalerweise mit sich herumtragen. Dabei hält sich das Jungtier mit den Hinterbeinen am Bauchfell der Mutter und mit den Milchzähnen an den Zitzen fest.

ler Furchen durchzogen, die den Zähnen ein kammförmiges Aussehen geben. Dieser Zahnbau erinnert sehr an die entsprechenden Zähne der Halbaffen.

Der typische Lebensraum der Pelzflatterer sind die tropischen Wälder, wenn auch *Cynocephalus variegatus* in Malaysia in Kokosplantagen beobachtet wurde. Pelzflatterer sind ausgesprochene Baumbewohner und können daher sehr gut klettern, obgleich sie sich im allgemeinen sehr gemächlich bewegen. Wenn sie auf den Ästen entlanglaufen, ist die Flughaut unter den Vorderbeinen zusammengefaltet, damit sie nicht stört. Am Erdboden sind die Pelzflatteren jedoch absolut hilflos. Ihre einzige Chance ist es, am nächsten Objekt emporzuklettern, das sie sehen. Pelzflatterer verbringen den Tag in hohlen Bäumen, wo sie sich in senkrechter Haltung aufhängen und mit den Krallen festklammern. Häufig nehmen sie auch eine andere Ruhestellung ein und klammern sich mit allen Vieren an einem Ast fest, so daß der Kopf herabhängt. Der Schwanz scheint nicht als Greifschwanz ausgebildet zu sein. Mehrere Tiere bewohnen oft gemeinschaftlich den gleichen Baum.

Bei Sonnenuntergang kommen sie allmählich aus ihren Schlupfwinkeln und fliegen zu ihren Nahrungsbäumen. Bei der Nahrungssuche folgen die Pelzflatterer einem festgelegten Verhaltensmuster. Ihre Nahrung besteht hauptsächlich aus Früchten, jungen Schößlingen, Blüten und Blättern. Anscheinend sind sie reine Vegetarier, denn in den Mägen toter Tiere wurden bisher keine tierischen Bestandteile gefunden. Nach einer Tragzeit von annähernd 60 Tagen bringt das Weibchen ein Jungtier, nur selten zwei Junge, zur Welt. Wenn die Mutter umherläuft, bleibt das Junge entweder in der Nesthöhle oder bleibt bei der Mutter und klammert sich mit den Hinterbeinen am Bauchfell der Mutter und mit den Milchzähnen an den Zitzen fest. Bei Gefahr stoßen Pelzflatterer einen schrillen, krächzenden Schrei aus.

▲ Pelzflatterer, wie die Dermoptera genannt werden, ruhen oft mit allen Vieren an einem Ast hängend. Sie sind außerordentlich gut an das Baumleben angepaßt.

▲ Pelzflatterer werden erst nach Einbruch der Dämmerung aktiv.

◀ Ein Weibchen mit seinem Jungen ruhend. Das Jungtier bleibt selbst dann bei der Mutter, wenn diese fliegt.

▲ Infolge der Ausbildung von tiefen parallelen Rillen auf der Oberseite sind die unteren Schneidezähne der Dermoptera charakteristisch kammartig gestaltet.

▲ Pelzflatterer sind Pflanzenfresser: ihre Nahrung besteht aus Früchten und Blättern tropischer Bäume. Mit der nötigen Flüssigkeit versorgen sie sich wahrscheinlich dadurch, daß sie feuchte Blätter ablecken. Ihre Bewegungen bei der Nahrungssuche folgen einem festgelegten Muster.

◀ Die einzige Gattung der Ordnung Dermoptera ist *Cynocephalus* mit zwei Arten. 1) Das Verbreitungsgebiet von *Cynocephalus variegatus* erstreckt sich von Tenasserim durch den Süden Indochinas südlich bis nach Malaysia, Sumatra, Java, Borneo und zu den benachbarten kleineren Inseln. 2) *Cynocephalus volans* kommt auf einigen Inseln der Philippinen vor: Mindanao, Basilan, Samar, Leyte und Bohol.

1

2

FLUGHUNDE
(UNTERORDNUNG MEGACHIROPTERA)

Die Flughunde kommen nur in den tropischen und subtropischen Gebieten der Alten Welt vor. Ihre Verbreitung wird dadurch bestimmt, daß sie das ganze Jahr hindurch auf reife Früchte angewiesen sind. Da dies selbst in ihrem Verbreitungsgebiet nicht überall gewährleistet ist, müssen viele Arten regelmäßige jahreszeitliche Wanderungen ausführen. Zur Unterordnung Megachiroptera gehören bei weitem die größten Fledermausartigen, darunter Arten mit einer Körperlänge von 40 cm und einer Flügelspannweite von 1,7 m. Die am besten erforschte Art und zugleich einer der größten Flughunde ist der indische Flugfuchs (*Pteropus giganteus*) mit einem Gewicht von 80 g und einer Spannweite von 1,4 m. Die Weibchen dieser Art sind einheitlich dunkelbraun gefärbt, die Männchen besitzen dagegen eine hellgelbe Mähne aus langen, dicken Haaren. Wie fast alle anderen Flughunde auch besitzt der Flugfuchs keinen Schwanz, daher bildet die Interfemoralhaut nur einen sehr schmalen Saum. Diese Art ist nur auf dem indischen Subkontinent und auf Ceylon zu finden. Flugfüchse bilden immer recht große Kolonien, die einige Hundert, aber auch mehrere tausend Tiere umfassen können. Den Tag verbringen sie im Gezweig bestimmter Bäume, kopfunter von den Ästen herabhängend wie größere Früchte. Der Tagesschlaf wird immer wieder durch kürzere Aktivitätsperioden unterbrochen, die die Tiere zur Fellreinigung benutzen. Im Schlaf sind sie mit einem Fuß an den Ast festgekrallt, der andere Fuß ist im Bauchfell verborgen. Beide Flughäute werden um den Körper herumgeschlagen, so daß das Tier bis zum Hals völlig in die Flughäute eingehüllt ist. Selbst die Schnauze wird fest ans Kinn angedrückt und nur die Ohren ragen frei heraus. Doch selbst im Schlaf bleiben die Flugfüchse wachsam und geben genau auf die Vorgänge in ihrer Umgebung acht, was man an den ständig in Bewegung befindlichen Ohren sehen kann. Jedes ihnen unbekannte Geräusch macht sie aufmerksam, weckt sie auf und kann sie zum Abfliegen veranlassen. Ungefähr 10-15 Minuten nach Sonnenuntergang wachen die Flugfüchse auf und fangen an, sich zu putzen. Diejenigen Tiere, die an den inneren Ästen des Schlafbaumes hängen, klettern die Äste entlang nach außen und 25 Minuten nach Ein-

▲ Der Indische Flugfuchs (*Pteropus giganteus*) ist ein typischer Vertreter der Flughunde. Der großen Augen, die spitzen Ohren und die lange Schnauze verleihen seinem Kopf ein ausgesprochen fuchsähnliches Aussehen, obwohl der Fuchs selbstverständlich mit dem Flugfuchs überhaupt nicht näher verwandt ist. Wie vielen anderen Angehörigen der Megachiroptera fehlt auch dem Flugfuchs der Schwanz, daher ist die Schwanzflughaut zu einem schmalen Saum zurückgebildet. Das Weibchen ist dunkelbraun gefärbt, das Männchen weist dagegen eine Mähne aus langen, dicken, hellgelben Haaren am Nacken auf, die jeweils mit Duftdrüsen in Verbindung stehen. Die öligen Sekrete dieser Drüsen dienen zum Befeuchten des Nackenhaares.

▶ Flughunde ernähren sich von einer Vielzahl tropischer Früchte, zum Beispiel von Bananen, Mangos, Guaven und Feigen. Sie pressen den Saft heraus und speien anschließend die Fleischfasern aus.

bruch der Dämmerung fliegen die ersten Tiere ab. Bereits 10 Minuten später ist die gesamte Kolonie in der Luft. Zunächst fliegen sie zwei- oder dreimal in großen Kreisen rings um ihren Schlafbaum herum und schlagen anschließend in kleineren Gruppen verschiedene Richtungen ein, die sie zu ihren, oft viele Kilometer entfernten Futterbäumen führen. Dort halten sie sich die ganze Nacht über auf und fliegen erst kurz vor der Morgendämmerung zu ihren Schlafbäumen zurück. Die Indischen Flugfüchse ernähren sich hauptsächlich vom Saft reifer Früchte. Sie lassen sich geräuschlos in den fruchttragenden Bäumen nieder und klettern die Äste entlang zu den Früchten. Dort ziehen sie die dünnen Zweige, an denen die Früchte im allgemeinen hängen, zu sich heran und beißen die Frucht mit den vier großen und scharfen Eckzähnen ab. Obgleich sich zuweilen Tausende von Flugfüchsen in einem Schlafbaum versammeln, berühren sie einander niemals, sondern hängen immer in einem gewissen Abstand (etwa 30-50 cm) voneinander. Besonders aggressive Männchen vertreiben sogar alle Tiere, die sich näher als etwa einen Meter an sie heranwagen. Haben sie einmal einen Schlafplatz ausgewählt, kommen die Flugfüchse jeden Morgen zu immer der gleichen Stelle in ihrem Baum zurück. Der Platz eines jeden Tieres im Schlafbaum wird durch die Rangordnung bestimmt: die ranghöchsten Tiere nehmen die sichersten Plätze in den höchsten Ästen im Baumwipfel ein, während die schwächeren und jüngeren Tiere mit den unteren Ästen Vorlieb nehmen müssen. Mehrere Wachposten sind über die ganze Kolonie verteilt, und wenn ein Feind oder ein Mensch dem Baum zu nahe kommt, stoßen sie laute Warnrufe aus. Die Rangordnung innerhalb der Kolonie wird durch Kämpfe vor allem der Männchen untereinander festgelegt. Die Weibchen nehmen dagegen meist den Rang desjenigen Männchens ein, in dessen Nachbarschaft sie ihren Schlafplatz haben, und sind selbst nicht aggressiv. Die Tragzeit beträgt etwa 5 Monate und die Geburt der Jungtiere findet zwischen Februar und April statt. Bei der Geburt sind die Augen der jungen Flughunde noch geschlossen und sie öffnen sich erst nach drei Tagen.

▲ Bei den Megachiroptera ist die Flughaut zwischen dem zweiten und dem fünften Finger ausgespannt, die beide stark verlängert sind, sowie zwischen den Flanken des Körpers und dem Außenrand der Gliedmaßen. Die Schwanzflughaut besteht nur noch aus einem schmalen Saum und der Schwanz selbst fehlt meistens ganz. Abweichend von den Mikrochiroptera besitzt der zweite Finger bei den Flughunden noch seine Kralle.

▲ Die meisten Flughundarten verbringen den Tag schlafend in großen Kolonien in bestimmten Bäumen. Im Schlaf hüllen sie sich ganz in die Flughäute ein, so daß nur die Ohren unbedeckt bleiben. Dennoch sind sie selbst im Schlaf noch wachsam und horchen die Umgebung dauernd nach Anzeichen von Gefahren ab, was man an der ständigen Bewegung der Ohren sehen kann. Jedes unbekannte Geräusch wird sofort wahrgenommen, und die ganze Kolonie ist sofort bereit, aufzuwachen und abzufliegen.

▲ Nicht alle Arten der Flughunde haben das charakteristische Fuchsgesicht mit der spitzen Schnauze, wie es für die Gattung *Pteropus* (links) typisch ist. Bei *Hypsignathus* (mitte) aus Zentralafrika besitzt das Männchen einen rechteckigen, hammerförmigen Kopf mit dicken Lippen. Die großen konkaven Bereiche am Kopf dienen der Ortung der sehr weithallenden Rufe, die oft von mehreren Männchen gemeinsam ausgestoßen werden. *Nyctimene* (rechts) besitzt röhrenförmig vorgezogene Nasenöffnungen, die diese Gattung für die Erzeugung von Geräuschen im Überschallbereich zum Zweck der Echo-Orientierung benutzt.

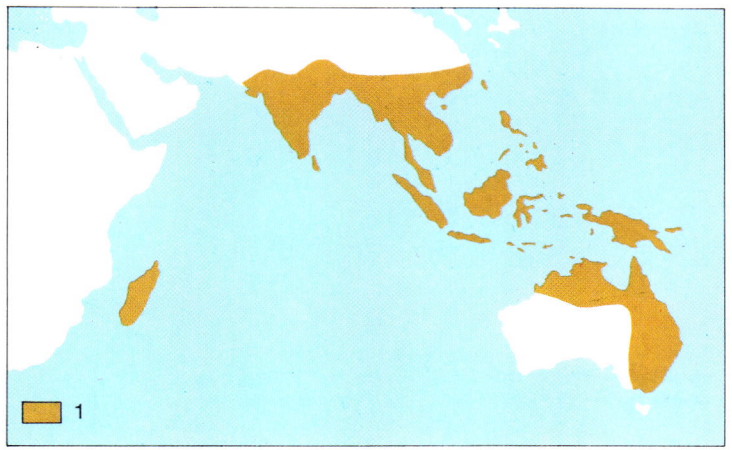

◄ 1) Das Verbreitungsgebiet der Gattung *Pteropus* erstreckt sich von Madagaskar über den Süden des indischen Subkontinents und durch ganz Südostasien bis nach Nord- und Ostaustralien, zu den Fidschi-Inseln und nach Samoa. Der Indische Flugfuchs kommt nur in Südindien und auf Ceylon vor. Flughunde leben immer in großen Kolonien, die einige hundert, aber auch mehrere tausend Tiere umfassen können. Sie bewohnen bevorzugt offene Gebiete und Kulturland und meiden die dichten Regenwälder.

GLATTNASEN-FLEDERMÄUSE
(FAMILIE VESPERTILIONIDAE)

Die Vespertilionidae bilden mit 38 Gattungen und 275 Arten die größte Familie der Fledermäuse. Sie sind weltweit verbreitet und bewohnen alle Lebensräume vom tropischen Regenwald bis zur Trockensavanne und kommen in allen tropischen und gemäßigten Breiten von der Meeresküste bis zur Baumgrenze im Gebirge vor. Das wichtigste Merkmal dieser Fledermausfamilie ist die spitze, glatte Schnauze, die niemals einen Nasenaufsatz trägt. Die Flügel dieser Fledermäuse sind recht einfach gebaut. Die sehr große Flughaut ist vorn am kräftigen Oberarm, dem sehr verlängerten Unterarm und den extrem langen zweiten bis fünften Fingern verankert. Der Daumen steht dagegen nicht mit der Flughaut in Verbindung und ist der einzige Finger mit einer Kralle. In den meisten Fällen sitzt die Flughaut an den Flanken des Körpers an, bei einigen Arten jedoch ist sie weiter oben am Körper befestigt, meist etwa in der Rückenmitte. Dann hat es den Anschein, als sei der Rücken der Fledermaus nackt, obgleich dieser ganz normal entwickelt ist, aber eben von der Flughaut bedeckt wird. Am Rücken reicht die Flughaut entlang der Hinterbeine bis zu den Füßen. Der schmale Hautstreifen, der vom Nacken entlang der Vorderseite des Armes bis zum Daumen verläuft, wird als Propatagium bezeichnet, die Haut zwischen den Fingern als Chiropatagium und die Flügelfläche zwischen den Körperflanken und dem fünften Finger als Plagiopatagium. Auch zwischen den Hinterbeinen befindet sich eine Haut, das Uropatagium, das zuweilen auch den Schwanz mit einschließt.

Fast alle Angehörigen der Vespertilionidae ernähren sich von Insekten, die sie im allgemeinen im Flug fangen. Häufig wird die Beute mit Hilfe des gut entwickelten Uropatagiums gefangen, das nach vorn umgeschlagen wird und wie ein Fangnetz wirkt. Das in diesem Fangbeutel gefangene Insekt wird dann mit den Zähnen ergriffen und zerkaut. Alle Vespertilionidae besitzen nadelspitze Zähne, die besonders gut dazu geeignet sind, den harten Chitinpanzer der Insekten zu durchdringen. Viele Vespertilionidae fangen Insekten, vor allem Käfer, auch am Boden. Eine dieser Arten ist die nordamerikanische Blasse Fledermaus *Antrozous pallidus*, die selbst Skorpione und Reptilien wie Skinks und Geckos er-

▼ Die meisten Fledermausarten der Familie Vespertilionidae, wie der hier abgebildete Abendsegler (*Nyctalus noctula*), ernähren sich von Insekten, die sie im Flug fangen. Einige Vespertilionidae erbeuten Insekten auch am Boden, vor allem Käfer. Zu diesen gehört zum Beispiel die Blasse Fledermaus (*Antrozous pallidus*) aus Nordamerika. Diese Art ist sogar imstande, Skorpione und kleine Reptilien, wie Skinks und Geckos zu fangen.

▼ Bei ihrer Insektenjagd greifen die Fledermäuse ihre Beute entweder direkt mit den Zähnen, oder sie bilden eine Art Fangbeutel aus dem Uropatagium, in dem sich Insekten wie in einem Schmetterlingsnetz fangen.

▶ Vespertilionidae erbeuten alle Arten fliegender Insekten, zum Beispiel Fliegen, Mücken oder Nachtschmetterlinge. Bodenbewohnende Insekten, etwa Käfer, werden direkt vom Erdboden aufgenommen.

beutet. Ein eigenartiger Nahrungsspezialist ist *Pizonyx vivesi*. Sie lebt unter Steinen oder in leeren Schildkrötenpanzern an der Küste und auf den Inseln Südkaliforniens und besitzt langkrallige Füße, mit denen sie Fische und Krebse aus dem Wasser greift. Es wird sogar angenommen, daß die weiße Unterseite dieser Fledermaus Fische dazu verführt, aus dem Wasser zu springen, so daß diese der Fledermaus noch leichter zur Beute werden. Die Vespertilionidae orientieren sich fast ausschließlich mit Hilfe der Echo-Ortung. Darauf deuten auch die riesigen Ohren der meisten Arten hin. Direkt vor dem Ohr sitzt eine kleine Platte, der Ohrdeckel, der eine runde oder spitze Form aufweist. Er ist ein wichtiges Hilfsmittel für die Bestimmung der zahlreichen Arten. Die Augen der meisten Vespertilionidae sind dagegen winzig. Zwar ist die Sehfähigkeit nicht gut erforscht, man kann aber auf Grund der Größe und des Baues der Augen annehmen, daß viele Arten nur eine recht beschränkte Sehfähigkeit besitzen und Umrisse wahrscheinlich nicht genau auflösen können. Der Geruchssinn ist dagegen bei manchen Arten gut ausgebildet und spielt in ihrem Sozialverhalten eine bedeutende Rolle. Die meisten Vespertilionidae leben in Höhlen, verlassenen Gebäuden oder hohlen Bäumen, gelegentlich kann man sie aber auch unter loser Rinde finden, und einige Arten verbergen sich sogar tagsüber in den Blüten tropischer Gewächse. Viele Arten sind Einzelgänger, die meisten leben jedoch in größeren Kolonien zusammen. Die Mütter mit ihren Jungen verlassen häufig die Männchen und bilden eigene Kolonien, die ausschließlich aus Weibchen bestehen. In der Regel bringen sie ein oder zwei Junge zur Welt, die amerikanischen Fledermäuse der Gattung *Lasiurus* bekommen aber bis vier Junge auf einmal. Sie sind zugleich die einzigen Fledermäuse mit vier Zitzen, denn alle anderen Verspertilionidae besitzen nur zwei. Die am besten bekannten Gattungen der Vespertilionidae sind *Myotis* (Mausohren), *Pipistrellus* (Zwergfledermäuse) und *Plecotus* (Langohrfledermäuse).

In den letzten 30 Jahren sind die heimischen Fledermäuse in erschreckendem Maße seltener geworden. Dieser Rückgang mag mehrere Ursachen haben: Die Ausräumung unserer Wälder, wodurch hohle Bäume großenteils verschwunden sind; aber auch die starke Abnahme der Insektennahrung, sowie der hohe Verseuchungsgrad der Insekten mit Insektiziden.

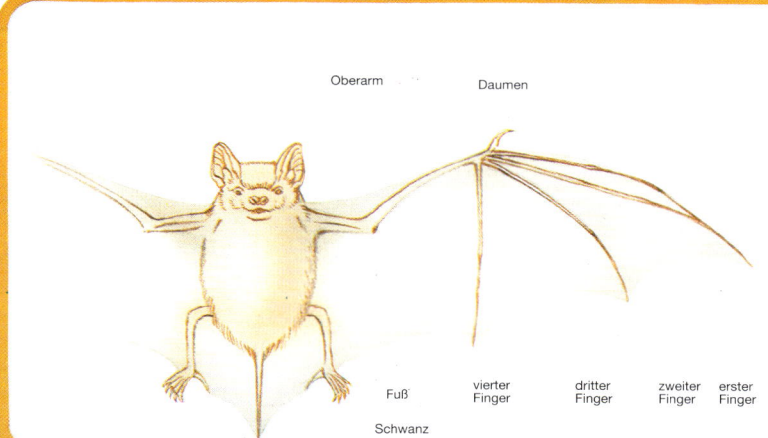

Oberarm Daumen

Fuß vierter Finger dritter Finger zweiter Finger erster Finger

Schwanz

Die Flügel der Fledermäuse bestehen aus einer dünnen, elastischen Haut. Diese sogenannten Patagia umgeben fast den gesamten Körper der Fledermaus. Ein schmaler Streifen zieht sich vom Nacken entlang der Vorderseite des Armes bis zum freien Daumen. Der größte Teil der Oberfläche des Flügels erstreckt sich jedoch zwischen den außerordentlich verlängerten Fingern, den Flanken des Körpers und den Hinterbeinen. Der Bereich zwischen den Hinterbeinen wird vom Uropatagium eingenommen, das bei den Vespertilionidae auch noch den langen Schwanz bis ganz zur Spitze einschließt. Vor dem Flügelschlag werden die Flughäute weit über den Kopf angehoben und voll entfaltet. Der kraftvolle Abschlag der Gliedmaßen gibt der Fledermaus den Auftrieb, während die Vorwärtsbewegung durch den Einstellwinkel des Chiropatagiums gesteuert wird. Anschließend werden die Finger samt Flughäuten zusammengelegt, um den Luftwiderstand am Patagium möglichst zu verringern.

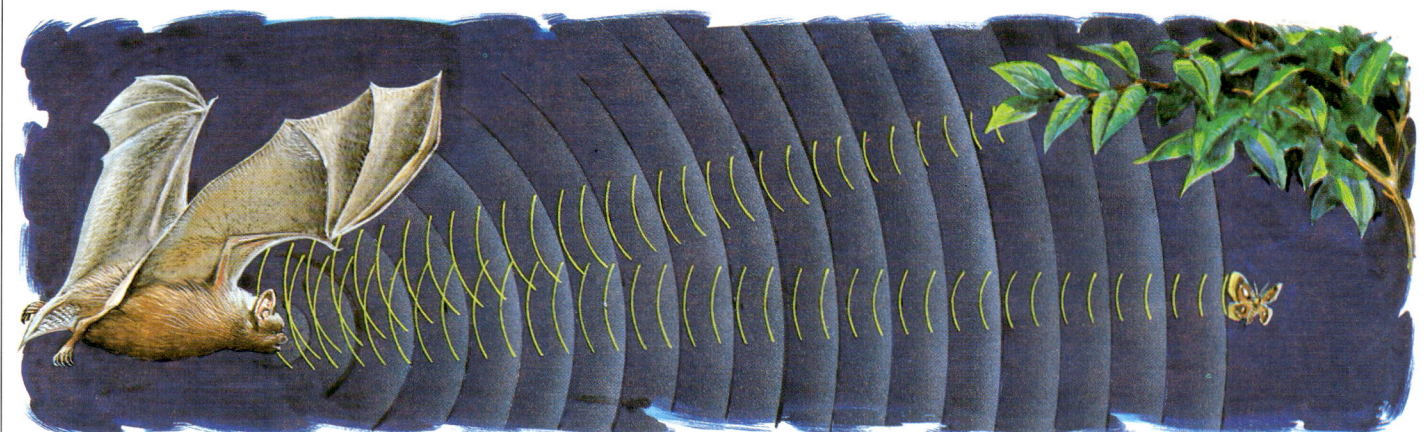

▲ Das wichtigste Sinnesorgan ist bei den Fledermäusen das Gehör. Selbst die Orientierung im Raum wird fast ausschließlich durch akustische Signale vermittelt. Fledermäuse stoßen gerichtete Signale im Ultraschallbereich aus, deren zurückkommendes Echo es ihnen ermöglicht, Hindernisse in ihrer Flugbahn, aber auch ihre Beuteinsekten zu erkennen. Die Theorie, daß die Echo-Ortung auch bei den Wanderungen der Fledermäuse benutzt würde, muß wohl aufgegeben werden, da ihr Wirkungsbereich zu begrenzt für die Orientierung über weite Entfernungen scheint. In der Tat sind Fledermäuse fähig, selbst nach einem Zeitraum von sechs Monaten und nach einer Wanderung von mehreren hundert Kilometern zum genau gleichen Ort zurückzufinden. Es wird inzwischen angenommen, daß der Gesichtssinn bei dieser Wanderung wenigstens eine gewisse Rolle spielt. Experimente mit Fledermäusen, die an einen unbekannten Ort versetzt wurden, haben ergeben, daß jedes Tier vermutlich ein bestimmtes "Revier" rund um seinen Schlafplatz besitzt, in welchem es sich allein mit Hilfe der gespeicherten Ortskenntnis orientieren kann, die wiederum auf die akustisch erworbene Information zurückgeht. Wird die Fledermaus aber aus ihrem Revier entfernt, ist sie nur imstande, ihre Heimat auf visuellem Wege wiederzufinden, sie muß also einen Ausgangspunkt für ihren Heimweg in das bekannte Revier finden. Diese visuelle Orientierung ermöglicht anscheinend in sehr vielen Fällen eine hohe Heimfindungsrate, trotz der allgemein geringen Sehfähigkeit der Fledermäuse. Welche Anhaltspunkte die Fledermäuse tatsächlich bei der Orientierung benutzen, ist aber noch unklar. Vielleicht benutzen sie auffallende Landmarken oder sie richten sich nach den Sternen, zum Beispiel der Milchstraße, oder benutzen noch andere Hilfsmittel.

▲ Vespertilionidae (zum Beispiel der oben abgebildete Abendsegler) haben eine spitze Schnauze, besitzen jedoch keine Nasenaufsätze. Ihre Augen sind meistens sehr klein und wenig leistungsfähig. Weil diese Fledermäuse sich hauptsächlich akustisch orientieren, sind ihre Ohren meist sehr groß. Außerdem besitzen sie immer einen Ohrdeckel.

◄ Die meisten Microchiroptera trinken, indem sie dicht über der Wasseroberfläche fliegen und mit dem Unterkiefer Wasser schöpfen.

NEUNBINDEN-GÜRTELTIER
(DASYPUS NOVEMCINCTUS)

Ordnung Edentata
Familie Dasypodidae
Größe Kopf-Rumpflänge 40-50 cm
Schwanzlänge 25-40 cm
Gewicht Annähernd 6 kg
Bezahnung 6-9 gleich gebaute Zähne auf jeder Kieferhälfte
Fortpflanzungszeit Juli
Tragzeit 4 Monate nach der Einnistung des Eis im Uterus. Die Einnistung ist um einen Zeitraum von 3 1/2 Monaten verzögert
Anzahl der Jungtiere 4 (eineiige Vierlinge)
Geschlechtsreife Nach 6 Monaten
Höchstalter Unbekannt

21 Gürteltierarten kommen auf dem amerikanischen Doppelkontinent vor und sind von den südöstlichen USA bis nach Patagonien verbreitet. Die meisten Arten leben allerdings in Mittel- und Südamerika. Manche Arten sind Bewohner der offeneren Gebiete, etwa der Savannen und Pampas, andere sind Waldbewohner. Alle leben ausschließlich am Boden, meist einzeln oder paarweise und nur selten in größeren Gruppen. Die meisten Gürteltiere sind Nachttiere, obwohl sie zuweilen auch am Tag anzutreffen sind.
Das spanische Waort "armadillo" ist ein Diminuitiv des Wortes für "Panzer" und bezieht sich auf das System knöcherner, mit einer dicken Epidermis bedeckter Platten, das Rücken und Flanken der Gürteltiere schützt und zugleich ihr auffälligstes Merkmal ist. Die Farbe des Gürteltierpanzers variiert von braun bis rosa. Bei den meisten Arten ist der Panzer dreigeteilt in einen Kopfpanzer auf der Oberseite des Kopfes, einen Skapularpanzer, der den Vorderteil des Körpers schützt, und einen Beckenpanzer als Bedeckung des hinteren Körperbereichs. Diese drei Bereiche des Panzers sind durch eine unterschiedliche Anzahl beweglicher Querbänder geteilt, die allerdings die Bauchseite nicht bedecken. Dadurch sind alle Panzerteile gegeneinander beweglich und erlauben es manchen Gürteltieren beispielsweise, sich ganz zusammenzurollen. Die Anzahl dieser beweglichen Bänder kann je nach Art zwischen 3 und 30 betragen und ihre Beweglichkeit wird durch die weiche Haut zwischen ihnen noch gesteigert. Die Bauchseite, die nur Reste des Plattenpanzers aufweist, ist mit einem dicken

▲ Gürteltiere kommen in einem riesigen Gebiet zwischen den USA im Norden und Argentinien im Süden vor. Ihr Körper ist durch einen Panzer aus harten, knöchernen Platten bedeckt, die epidermalen Ursprungs sind. Die Nahrung besteht aus Insekten, kleinen Wirbeltieren, Wurzeln, verschiedensten Wirbellosen und selbst aus Aas. Die Zähne sind klein und einfach gebaut und gleichen sich alle. Ihnen fehlt die Schmelzschicht und sie wachsen das ganze Leben lang.

▼ Neunbindengürteltiere können ausgezeichnet graben. In der Regel graben sie mehrere Baue, bewohnen aber normalerweise nur einen davon. Ein Bau kann bis 7 m lang sein und 1 m tief in den Boden reichen. Meist werden sie an den Böschungen von Flußufern angelegt. Der Eingang führt oft in mehrere verzweigte Gänge mit einem Durchmesser von 15-20 cm. Am Ende erweitern sich die Gänge zu einer Kammer, die dem Gürteltier als Nest dient. Dieses ist mit Blättern und Gras ausgekleidet, die jeweils nach Regenfällen erneuert werden.

und oft borstigen Pelz bedeckt, der grau-braun, aber auch weiß gefärbt sein kann. Der Körper der Gürteltiere ist untersetzt und kräftig und vor allem das Skelett ist sehr massig. In der Halsregion sind 2-4 Wirbel miteinander verschmolzen, in der Steißregion 8-13. Die Gliedmaßen sind kurz, kräftig und muskulös. Die Füße sind zwar ursprünglich fünffingrig, aber die Zehenzahl ist oft reduziert. Die zweite und die dritte Zehe sind immer am stärksten entwickelt und werden vor allem zum Graben benutzt. Gürteltiere graben einerseits auf der Suche nach Nahrung, andererseits graben sie sich auch Wohn-höhlen im Erdboden. Außerdem werden die großen Grabklauen zur Verteidigung benutzt. In der Regel ziehen es Gürtel-tiere allerdings vor, bei Gefahr zu fliehen oder sich sehr schnell einzugraben. Wer-den sie auf freiem Gelände gestellt, zie-hen manche Arten die Beine unter den Panzer zurück, so daß die Kanten des Panzers mit dem Boden abschließen, an-dere rollen sich mehr oder weniger fest zusammen. Die Größenunterschiede der Gürteltiere sind beträchtlich. Die klein-ste Art (*Chlamydophorus truncatus*) mißt nur 12 cm und wiegt lediglich 90 g, wäh-rend die größte Art 1 m lang und 55 kg schwer werden kann.

Gürteltiere sind Allesfresser: in erster Li-nie leben sie zwar von Insekten, verzeh-ren aber auch kleine Wirbeltiere wie Mäuse, Eidechsen und Schlangen. Außer-dem fressen sie Knollen, Wurzeln und sogar Aas. Das Neunbindengürteltier ist besser untersucht als alle andere Arten, einmal deshalb, weil es landwirtschaft-lich schädliche Insekten und sogar Gift-schlangen frißt, andererseits, weil es durch sein eifriges Graben die Boden-erosion beschleunigt und manchmal die Fundamente von Gebäuden untergräbt. Es ist außerdem die häufigste und am weitesten verbreitete Art der Familie, de-ren riesiges Verbreitungsgebiet von den südlichen USA (Oklahoma, Texas, Flo-rida) bis nach Argentinien und Uruguay reicht. Ein einziges Tier gräbt oft meh-rere Höhlen, darunter eine, die sein ei-gentliches Heim darstellt. Die Baue kön-nen bis 7 m lang sein und haben einen Durchmesser von 15-20 cm. Sie reichen zuweilen bis 1 m tief unter den Erdbo-den. Am Ende des Ganges befindet sich eine größere Kammer mit einer Art Nest aus Blättern und Gras, das in regelmäßi-gen Abständen, oft nach Regenfällen, er-neuert wird.

Die Tragzeit dauert etwa 4 Monate und die jungen Gürteltiere werden zwei Wo-chen lang gesäugt und sind mit 6 Mona-ten geschlechtsreif.

▲ Das Neunbindengürteltier besitzt einen ausge-zeichneten Geruchssinn, der es ihm erlaubt, Insek-ten noch in einer Tiefe von 20 cm wahrzunehmen. Das Gürteltier gräbt sie dann aus und verzehrt sie.

▲ Das Neunbindengürteltier kann gut schwimmen. Es kann kleinere Bäche außerdem durchqueren, indem es am Grund entlangläuft. Es besitzt sehr geräumige Lungen, in denen es so viel Luft speichern kann, daß es 6 Minuten lang nicht zu atmen braucht.

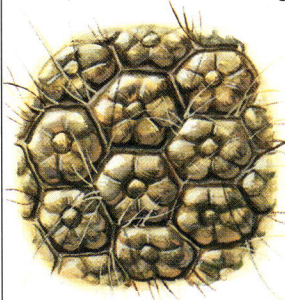

◄ Der knöcherne Panzer bildet einen guten, aber nicht immer ausreichenden Schutz. Anstattdes-sen ziehen es die Gürteltiere meist vor, Gefahren durch schnelles Eingraben zu entkommen.

▲ Die wichtigsten Feinde des Neunbinden-gürteltiers sind der Jaguar, der Puma, der Kojote, verwilderte Hunde und (heutzutage) das Auto. Leider werden Gürteltiere sehr häufig überfahren.

◄ Das Dreibindengürteltier kann sich zu einem völlig geschlossenen Ball zusam-menrollen, der nur unter Schwierigkeiten zu öffnen ist. Diese Fähigkeit bildet einen vorzüglichen Schutz. Dafür scheint diese Art nicht so gut graben zu können wie andere Gürteltiere.

▲ Das Riesengürteltier kann ausgezeichnet graben und besitzt gewaltige Grabkrallen an den Vorderfüßen. Die Kralle am dritten Zeh ist 20 cm lang.

▲ Die Gürtelmaus ist die kleinste Art der Familie. Der Panzer reicht bei ihm nicht bis auf die Flanken herab, die stattdessen mit dichtem, weißem Fell bedeckt sind.

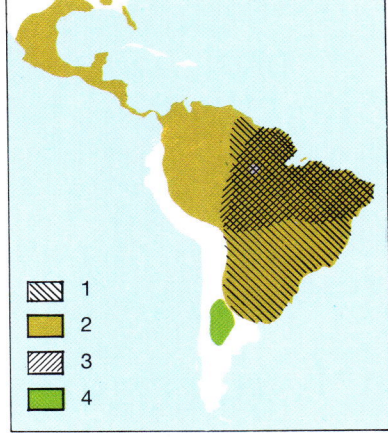

1
2
3
4

◄ Verbreitung der Gürteltiere.
1) Das Riesengürteltier kommt von den Guyanas bis nach Argentinien und Uruguay vor. 2) Das Neunbinden-gürteltier ist von Oklahoma, Texas und Florida in den USA bis nach Argentinien und Uruguay verbreitet. 3) Das Dreibindengürteltier lebt in Zentral- und Nordostbrasilien. 4) Die Gürtelmaus bewohnt ein kleines Gebiet im westlich-zentralen Argentinien.

FAULTIERE
(GATTUNGEN *BRADYPUS* UND *CHOLOEPUS*)

Ordnung Edentata
Familie Bradypodidae
Größe *Bradypus*: Kopf-Rumpflänge 50-60 cm; Schwanzlänge 7 cm; *Choloepus*: Gesamtlänge 60-64 cm
Gewicht *Bradypus*: 4-5 kg. *Choloepus*: 9 kg
Bezahnung Im Oberkiefer 5 Zähne auf jeder Seite; im Unterkiefer 4 Zähne auf jeder Seite. Alle Zähne wachsen zeitlebens weiter
Fortpflanzungszeit *Bradypus*: März bis April. *Choloepus*: wahrscheinlich ganz-jährig
Tragzeit Ungefähr 6 Monate
Anzahl der Jungtiere 1
Geschlechtsreife Bei *Choloepus* in Gefangenschaft nach 2 1/2 Jahren
Höchstalter Bei *Bradypus* weniger als 12 Jahre; bei *Choloepus* in Gefangenschaft 23 Jahre

Faultiere sind recht kleine, baumbewohnende Säugetiere mit einer Länge von 50-64 cm und einem Gewicht von 4-9 kg. Das dicke, borstige Fell ist dunkelgrau bis bräunlich. Die kurze Schnauze der Faultiere ist mit kurzen Haaren bedeckt; die Ohren sind klein und die Augen genau nach vorn gerichtet. Wir kennen 6 oder 7 Faultierarten, die in zwei Gattungen eingeteilt werden.

Die Dreifingerfaultiere (Gattung *Bradypus*) werden von den Indianern auch "Ai" genannt wegen ihres schrillen, kurzen Schreies, mit dem sie Kontakt zu ihren Artgenossen halten. Sie sind im gesamten Gebiet von Honduras bis Nordargentinien verbreitet. Ihre Vorderbeine sind länger als die Hinterbeine und sogar ein Drittel länger als der ganze Körper. Während alle anderen Säugetiere nur 7 Halswirbel besitzen, haben Dreifingerfaultiere je nach Art 8-10 Halswirbel. Dies erlaubt es ihnen, den Hals um 270 Grad zu drehen, so daß sie nach oben schauen können, selbst wenn sie von einem Ast herabhängen.

Die Zweifingerfaultiere (Gattung *Choloepus*), auch "Unau" genannt, kommen von Nicaragua bis nach Bolivien und Nordbrasilien vor. Sie sind größer als die Dreifingerfaultiere und ihr Schwanz ist zu einem kaum noch sichtbaren Stummel reduziert. Sie besitzen nur 6 oder 7 Halswirbel je nach Artzugehörigkeit. Ihre Ohren sind größer als die der Dreifingerfaultiere und ihre Hinterbeine sind etwas länger als die Vorderbeine.

▲► Faultiere verbringen die meiste Zeit kopfunter an den Ästen von Bäumen hängend. Sie bewohnen die Regenwälder Mittel- und Südamerikas. Im Gegensatz zu allen anderen Säugetieren wächst ihr Fell vom Bauch aus zum Rücken, so daß das Regenwasser an ihrem Körper ablaufen kann, ohne ihn zu benetzen, selbst wenn das Faultier nach unten hängt. Eine weitere Besonderheit des Faultierfelles ist das Vorhandensein von kleinen, länglichen Vertiefungen an jedem Haar, in denen winzige, einzellige Algen leben, die dem Faultier einen leichten grünen Schimmer verleihen. Diese Färbung läßt das Faultier wie eine Ansammlung von Blättern erscheinen und verschmilzt es vorzüglich mit dem Hintergrund. Faultiere sind reine Vegetarier. Das Dreifingerfaultier ernährt sich fast ausschließlich von den Blättern, Blüten und Früchten des Ymbahuba-Baumes.

► Der Ymbahuba ist ein Baum, der entlang der Flußufer und an Waldrändern wächst.

Faultiere sind ausschließlich baumbewohnende Säugetiere. Die Dreifingerfaultiere leben fast nur auf dem Ymbahuba-Baum (*Cecropia lyratiloba*), während Zweifingerfaultiere auch andere Baumarten bevölkern. Sie suchen ihre Nahrung im Geäst, paaren sich dort und ziehen dort auch ihre Jungen auf. Nur selten kommen sie auf den Waldboden herab, eigentlich nur, wenn sie auf einen anderen Baum übersiedeln wollen. Dabei stellen sie sich recht ungeschickt an, denn ihre langen Gliedmaßen, die zwar perfekt an das Leben eines Hanglers im Baumwipfel angepaßt sind, taugen schlecht dazu, das Körpergewicht am Boden zu stützen. Daher kriechen sie auf dem Erdboden ungeschickt, halten sich mit den Vorderbeinen an Bodenerhebungen fest und ziehen sich daran fort. Die allermeiste Zeit verbringen sie jedoch kopfunter an Ästen hängend, an denen sie sich mit ihren langen Krallen festklammern, und die Blätter und Früchte innerhalb ihrer Reichweite abweidend. Was jedoch den Beobachter am meisten erstaunt, ist die quälende Langsamkeit dieser wirklich apathischen Kreaturen. Alle Lebensäußerungen scheinen bei ihnen verlangsamt abzulaufen.

Faultiere sind Einzelgänger, die ein eigenes Revier besetzen; sie halten jedoch mit ihren Artgenossen durch Rufe Kontakt. Dreifingerfaultiere stoßen schrille Schreie aus, schnauben außerdem heftig, wenn sie gereizt werden, und lassen auch ein tiefes Brummen hören. Werden sie nicht belästigt, sind sie nicht aggressiv. Ihre Reflexe sind äußerst langsam, Gesichtssinn und Gehör sind ebenfalls nicht gut, obgleich sie, im Gegensatz zu den meisten Säugetieren, Farben erkennen können. Ihr Geruchssinn ist dagegen gut entwickelt. Sie sind vornehmlich nachts aktiv und schlafen bis 15 Stunden jeden Tag, wobei sie die Beine fest zusammenlegen, um den Wärmeverlust herabzusetzen. Wie die anderen Edentata sind auch die Faultiere unvollkommen warmblütig, das heißt, daß ihre Körpertemperatur sich den Schwankungen der Umgebungstemperatur anpaßt, allerdings je nach Art in verschiedenem Ausmaß. Die gemessene Schwankungsbreite beträgt 12°C (zwischen 36°C und 24°C), wobei dies die niedrigste, je bei einem Säugetier gemessene Temperatur ist.

Bei beiden Gattungen beträgt die Tragzeit etwa 6 Monate und es wird nur ein Junges geboren. Während der Geburt hängt die Mutter mit den Vorderbeinen an einem Ast. Gleich danach klammert sich das Junge am Bauch der Mutter fest und klettert zu den beiden Zitzen.

▲ Eine merkwürdige Eigenart des Dreifingerfaultieres ist, daß es seinen Kopf um 270 Grad drehen kann. Dadurch ist es in der Lage, senkrecht nach oben zu schauen, während es kopfunter an einem Ast hängt.

▲ Faultiere können sich am Erdboden kaum bewegen. Sie müssen sich mit den Vorderbeinen am Boden entlang ziehen.

▲ Faultiere können jedoch gut schwimmen und sind ohne Schwierigkeiten in der Lage, auch recht breite Flüsse zu überqueren.

◄ Faultiere bauen keine Nester. Während der ersten Lebensmonate wird das Jungtier am Bauch der Mutter getragen.

► Zweifingerfaultiere (1) sind von Nicaragua bis nach Bolivien und Nordbrasilien verbreitet. Das Verbreitungsgebiet der Dreifingerfaultiere (2) reicht von Honduras bis nach Nordargentinien.

1
2

Ameisenbären

Faultiere

Gürteltiere

Die Bezahnung der Edentata.
Die Ordnung Edentata enthält drei Familien – die Bradypodidae oder Faultiere, die Dasypodidae oder Gürteltiere und die Myrmecophagidae oder Ameisenbären. Nur die Ameisenbären sind völlig zahnlos und bedienen sich ihrer langen, klebrigen Zunge als eines hochspezialisierten Instruments für den Fang von Ameisen und Termiten. Die Faultiere und Gürteltiere besitzen gleichartige Zähne ohne Schmelz, die das ganze Leben hindurch nachwachsen. Schneidezähne und Eckzähne fehlen ihnen jedoch. Faultiere sind reine Vegetarier, Gürteltiere verzehren aber Insekten, kleine Wirbeltiere, Aas, sowie die Blätter und Stengel verschiedener Pflanzen.

GROSSER AMEISENBÄR
(MYRMECOPHAGA TRIDACTYLA)

Ordnung Edentata
Familie Myrmecophagidae
Größe Kopf-Rumpflänge 100-120 cm;
Schwanzlänge 60-90 cm
Gewicht 30-35 kg
Zähne Keine
Fortpflanzungszeit Frühjahr und Herbst
Tragzeit 6 Monate
Anzahl der Jungtiere 1
Geschlechtsreife Nach 2 Jahren
Höchstalter In Gefangenschaft 14 Jahre

Die Familie Myrmecophagidae umfaßt drei Arten von Ameisenbären, eine bodenlebende und zwei baumbewohnende, deren Verbreitungsgebiet vom südlichen Teil Mexikos durch Mittelamerika südwärts bis nach Paraguay reicht. Ameisenbären leben vorzugsweise in den tropischen Regenwäldern, kommen aber auch in den Savannen vor. Ihr Versteck haben sie in hohlen Bäumen oder in Erdbauen, die von anderen Tieren gegraben wurden. Im allgemeinen sind Ameisenbären Einzelgänger, doch gelegentlich findet man sie auch paarweise. Sie sind vollständig zahnlos und stellen daher die einzige Familie der Edentata dar, auf die dieser Name wirklich zutrifft.

Das Organ, das die Ameisenbären bei der Nahrungssuche benutzen, ist die Zunge. Diese ist hochspezialisiert für die Suche und das Herausziehen von Ameisen und Termiten aus ihren Gängen. Sie ist ungewöhnlich lang, sehr dünn und weit vorstreckbar. Sie ist mit einer dicken Schicht sehr klebrigen Speichels bedeckt, an denen kleine Insekten festkleben, und kann äußesrt rasch ausgestreckt und eingezogen werden – bis 160 mal in der Minute beim Großen Ameisenbär. Dieser ist der Riese seiner Familie und kann 120 cm lang werden und eine Schulterhöhe von 60 cm erreichen. Seine Vorderbeine sind mit drei mächtigen, langen Krallen ausgerüstet, von denen die Kralle am dritten Finger besonders stark entwickelt ist und 10 cm lang werden kann. Die Hinterbeine tragen fünf kleinere und gleich gestaltete Krallen. Wegen der ungwöhnlichen Entwicklung seiner Vorderkrallen geht der Große Ameisenbär auf der stark verdickten Außenseite seiner Vorderfüße. Er ist ein ausgesproches Bodentier, kann allerdings ohne Schwierigkeit auch auf Bäume klettern. Er schwimmt ausgezeichnet und ist ohne weiteres in der La-

▲ Der Große Ameisenbär bewohnt tropische Regenwälder, Savannen und Sumpfgebiete in Mittel- und Südamerika. Er ernährt sich hauptsächlich von Ameisen und Termiten, die er mit seiner langen, klebrigen Zunge fängt. Diese wird 1 m lang und kann 160 mal in der Minute aus- und eingefahren werden. Der Große Ameisenbär spürt die Nester von Ameisen oder Termiten mit Hilfe seines Geruchssinnes auf, der 40 mal so leistungsfähig ist wie der des Menschen. Dann reißt er die Wand des Ameisenbaues mit seinen mächtigen Vorderkrallen auf und steckt seine lange Zunge hinein. Die Populationsdichte des Großen Ameisenbären nimmt im Augenblick stark ab, einmal weil er gejagt wird, andererseits, weil immer mehr menschliche Siedlungen seinen Lebensraum einengen. Obwohl er normalerweise tagaktiv ist, wird er dort, wo er vom Menschen gestört wird, immer mehr zum Nachttier.

▼ Der Lebensraum des Großen Ameisenbären.

ge, auch breite Flüsse zu durchqueren. Er bewohnt feuchte Wälder und Sumpfgebiete, aber auch die Savannen Mittel- und Südamerikas von Guatemala bis ins nördliche Argentinien.

Hat ein Großer Ameisenbär einen Ameisen- oder Termitenbau entdeckt, benutzt er die mächtigen Krallen seiner Vorderbeine, um die harte, aus trockenem Lehm bestehende Außenwand des Baues aufzubrechen. Dann steckt er seinen langen Rüssel hinein und fährt mit der langen Zunge tief in die Gänge hinein. Die Zunge ist mit klebrigem Speichel bedeckt, an denen die Ameisen festkleben. Der Große Ameisenbär kann pro Tag 30.000 Ameisen oder Termiten verzehren. Zuweilen frißt er auch Raupen und andere Insektenlarven, sowie Würmer.

Der Kleine Ameisenbär oder Tamandua (*Tamandua tetradactyla*) erreicht etwa die Größe einer großen Katze. Er kann 55 cm lang werden und der Schwanz ist ungefähr noch einmal so lang. Augen und Mundöffnung sind klein, die Schnauze ist zwar verlängert, aber im Vergleich mit dem Rüssel des Großen Ameisenbären ziemlich kurz. Der Tamandua besitzt im allgemeinen ein gelbliches, dickes und borstiges Fell mit einem breiten, schwarzen Band rings um den Hals und über die Schultern. An den Vorderbeinen sind vier Finger mit Krallen versehen, von denen die dritte besonders lang ist und fast 5 cm messen kann. Die Hinterfüße tragen fünf Krallen.

Zwar ist der Tamandua ziemlich oft am Boden anzutreffen, doch ist er eigentlich ein Baumbewohner. Der fast völlig haarlose Greifschwanz ist sehr nützlich als zusätzliche Hilfe beim Klettern im Geäst. Die Hauptnahrung des Tamandua bilden Ameisen und Termiten, dennoch verzehrt er auch andere Insekten und deren Larven, die er unter der Baumrinde aufspürt und mit Hilfe seiner starken Krallen und seiner langen Klebezunge herauszieht. Gewöhnlich im Frühjahr kommt ein einziges Junges zur Welt. Der Tamandua bewohnt die tropischen Regenwälder, seltener die Savannengebiete. In dem Gebiet zwischen Südmexiko und Südbrasilien und Paraguay kommt er häufig vor. Der Zwergameisenbär (*Cyclopes diadactylus*) ist ein kleines Tierchen, das sich in Größe und Aussehen sehr von den beiden anderen Arten unterscheidet. Sein Fell ist nicht borstig, sondern seidenweich und goldgelb bis rotbraun gefärbt. Die Kopf-Rumpflänge beträgt nur 15-20 cm und der Schwanz ist etwas länger als der Körper. Der Zwergameisenbär wiegt nur etwa 500 g. Sein Verbreitungsgebiet erstreckt sich vom südlichen Mexiko bis nach Zentralbrasilien und nach Bolivien.

▲ Wenn ein Großer Ameisenbär einen Termitanbau oder Ameisenbau entdeckt, reißt er ihn mit Hilfe der mächtigen Krallen an seinen Vorderbeinen auf und steckt seine lange, klebrige Zunge hinein.

▶ Der Große Ameisenbär ist von Natur aus nicht aggressiv. Angegriffen verteidigt er sich jedoch und kann jedem Gegner mit seinen riesigen Krallen tiefe Wunden schlagen.

▲ Das Weibchen bringt ein einziges Junges zur Welt, das es mehrere Monate lang auf dem Rücken herumträgt.

▲ Der Tamandua bewohnt hauptsächlich Bäume und besitzt einen Greifschwanz.

▲ Der Zwergameisenbär lebt ausschließlich auf Bäumen und besitzt ebenfalls einen Greifschwanz. Sein Fell ist seidenweich.

◀ Wenn er sich bedroht fühlt, stellt sich der Zwergameisenbär auf die Hinterbeine, hält sich mit dem Schwanz fest und verteidigt sich mit den Vorderbeinen.

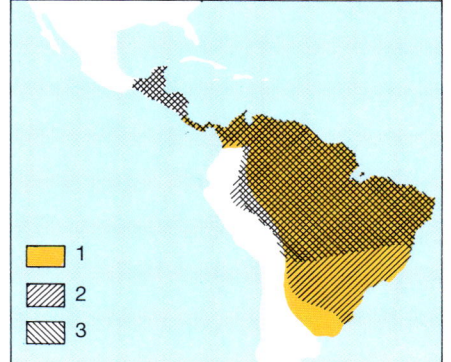

▲ Der Große Ameisenbär ist ein hervorragender Schwimmer, der imstande ist, selbst große Flüsse zu durchqueren.

◀ Verbreitung der Ameisenbären.
Der Große Ameisenbär (1) ist von Guatemala bis nach Nordargentinien verbreitet. Der Kleine Ameisenbär oder Tamandua (2) kommt im Gebiet von Südmexiko bis Paraguay und Südbrasilien vor. Das Verbreitungsgebiet des Zwergameisenbären (3) reicht von Südmexiko bis nach Bolivien und Zentralbrasilien.

1
2
3

SCHUPPENTIERE
(GATTUNG *MANIS*)

Ordnung Pholidota
Familie Manidae
Größe Kopf-Rumpflänge zwischen
30 cm bei der kleinsten Art und 80 cm
beim Riesenschuppentier; Schwanz-
länge zwischen 30 cm und 70 cm.
Der Schwanz ist im allgemeinen etwa
gleich lang wie der Körper
Gewicht 4,5-27 kg
Zähne Keine
Anzahl der Jungtiere 1-3
Höchstalter In Gefangenschaft 2 Jahre

Schuppentiere besetzen in der Alten Welt
die gleiche ökologische Nische wie die
Gürteltiere und Ameisenbären in der Neu-
en Welt. Sie kommen nur in den Tropen
Afrikas und Asiens vor und ernähren sich
fast ausschließlich von Ameisen und Termiten.
In ihrer äußeren Gestalt gleichen Schuppentiere eher einem Tannenzapfen. Kopf,
Rücken, Flanken, Schwanz und Außen-
seiten der Beine sind mit großen Schuppen besetzt, die einander überlappen wie
Dachziegel. Die Schnauze läuft spitz zu
und endet in einem kleinen, zahnlosen
Maul. Die kleinen Augen werden von
dicken Augenlidern geschützt. Die Ohrmuscheln sind bei den asiatischen Arten
noch vorhanden, aber klein, bei den afrikanischen Arten fehlen sie völlig; dennoch ist das Gehör ganz ausgezeichnet
entwickelt. Die Hinterbeine übertreffen
die Vorderbeine an Länge und alle Füße
und sind fünfzehig. Die drei mittleren
Krallen der Vorderfüße sind sehr lang
und enorm kräftig und hervorragend zum
Graben geeignet.
An afrikanischen Arten kennen wir das
Weißbauchschuppentier (*Manis tricuspis*), das Langschwanzschuppentier (*M.
longicaudata* oder *M. tetradactyla*), das
Riesenschuppentier (*M. gigantea*) und
das Steppenschuppentier (*M. temmincki*).
Die asiatischen Arten sind das Chinesische Schuppentier (*M. pentactyla*), das
Indische Schuppentier (*M. crassicaudata*) und das Javanische Schuppentier (*M.
javanica*). Alle Arten leben im Regenwald und in dichter Vegetation, kommen
aber auch in Savannen und in unbewal-
deten Gebieten vor.
Manche Schuppentierarten sind Bodentiere, andere leben auf Bäumen. Sie sind
sehr scheu und leben meist als Ein-
zegänger, werden aber manchmal paarweise angetroffen. Abgesehen vom Langschwanzschuppentier, das man auch
tagsüber zu Gesicht bekommt, sind alle

Drei Schuppentierarten kommen in Asien vor und vier in
Afrika. Sie bewohnen die Regenwälder und Savannengebiete.
Einige Arten sind Baumtiere und besitzen einen Greifschwanz;
andere leben am Boden und legen sich als hervorragende
Graber tiefe Erdbaue an. Schuppentiere ernähren sich fast
ausschließlich von Ameisen und Termiten, die sie mit Hilfe
ihres ausgezeichneten Geruchssinnes aufspüren und mit
ihrer langen Klebezunge erbeuten. Sie besitzen keine Zähne
zum Zerkauen ihrer Nahrung, dafür ist die Innenwand ihres
Magens ungewöhnlich muskulös und hornig und die
Umgebung des Pylorus ist mit winzigen Hornzähnchen
besetzt. Der Magen enthält meist kleine Kieselsteine, die
zum Zerkleinern der Nahrung dienen. Der Körper der
Schuppentiere ist mit Hornschuppen bedeckt.

Weißbauchschuppentier
(*Manis tricuspis*)

Langschwanzschuppentier
(*Manis longicaudata*)

Riesenschuppentier
(*Manis gigantea*)

Indisches Schuppe[r]
(*Manis crassicaudat*)

Arten Nachttiere. Die meisten Arten verbringen den Tag schlafend, zu einer Kugel zusammengerollt in ihrem Versteck. Die bodenlebenden Arten bewohnen selbstgegrabene Erdhöhlen. Diese bestehen aus einem 15-20 cm breiten Gang, der bis 3,5 m tief zu einer großen Kammer führt, die bisweilen einen Umfang von 2 m hat.

Baumbewohnende Schuppentiere leben in Baumhöhlen. Sie besitzen einen Greifschwanz und können sehr gut klettern. Beim Klettern im Geäst halten sie sich mit beiden Vorderfüßen fest und ziehen die Hinterbeine nach.

Schuppentiere bewegen sich im allgemeinen sehr langsam fort, außer, sie werden angegriffen. In diesem Fall versuchen sie einen Erdbau zu erreichen oder auf einen Baum zu entkommen. Gelingt ihnen das nicht, rollen sie sich kugelförmig zusammen und legen den Schwanz fest um den Körper. Da die Schuppen durch Muskeln bewegt werden können, bilden ihre scharfen Kanten einen zusätzlichen Schutz, gegen den selbst mittelgroße Raubtiere machtlos sind.

Nachts kommen die Schuppentiere aus ihrem Versteck und begeben sich auf die Nahrungssuche. Ihr Geruchssinn ist sehr fein und sie finden daher Termiten- oder Ameisennester hauptsächlich durch den Geruch. Die Baue öffnen sie mit Hilfe ihrer kräftigen Vorderbeine, wobei sie sich auf die Hinterbeine stellen und sich mit dem kräftigen Schwanz abstützen. Ihre Zunge ist ein sehr empfindliches Tastorgan; sie wird tief in die Gänge der Ameisenbauten eingeführt und die Insekten bleiben an ihrer klebrigen Oberfläche hängen. Termiten und Ameisen bilden daher auch die Hauptnahrung der Schuppentiere, die gelegentlich auch andere Insekten sowie deren Larven verzehren.

Die Zunge der Schuppentiere ist ungewöhnlich interessant, weil sie so hervorragend an einen sehr spezialisierten Nahrungserwerb angepaßt ist. Sie ist wurmförmig und kann im ausgestreckten Zustand 25 cm lang sein bei nur 0,5 cm Durchmesser. Da Schuppentiere gänzlich zahnlos sind, wird die Insektennahrung nicht zerkaut, doch bildet der Magen der Schuppentiere einen sehr leistungsfähigen Kauapparat.

Über das Fortpflanzungsverhalten der Schuppentiere ist nur wenig bekannt. Männchen und Weibchen leben anscheinend nur während der Paarungszeit und der Periode der Aufzucht der Jungtiere zusammen. Die Tragzeit ist dagegen noch unbekannt. Während die afrikanischen Schuppentiere im allgemeinen nur ein Junges haben, ziehen die asiatischen Arten ein bis drei Junge auf.

▲ Wird ein Schuppentier erschreckt, rollt es sich zu einer Kugel zusammen und legt den Schwanz außen fest an den Körper an. Es ist sehr schwierig, ein zusammengerolltes Schuppentier zu entrollen, vor allem, weil die Schuppen scharfe Kanten besitzen.

▲ Schuppentiere können gut schwimmen.

▶ Die Länge der voll ausgestreckten Zunge kann 25 cm betragen, bei einer Dicke von nur 0,5 cm. Die Oberfläche ist mit klebrigem Speichel bedeckt, an dem die Insekten festkleben.

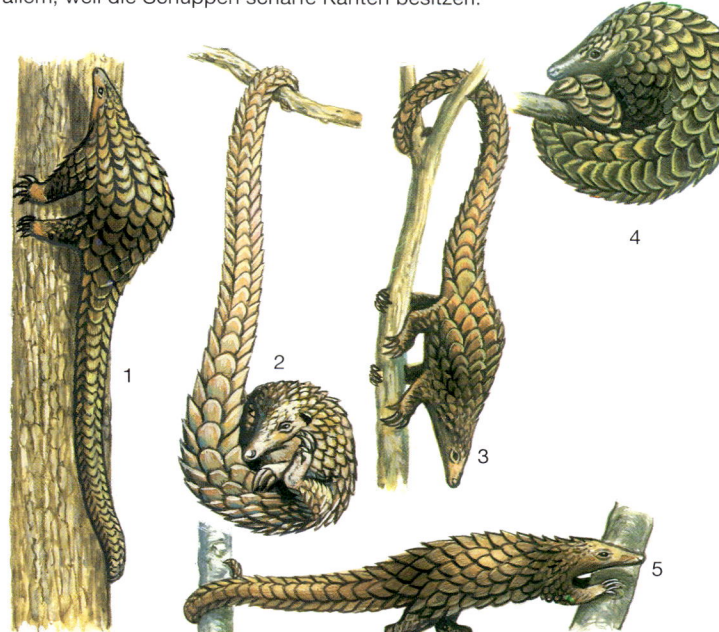

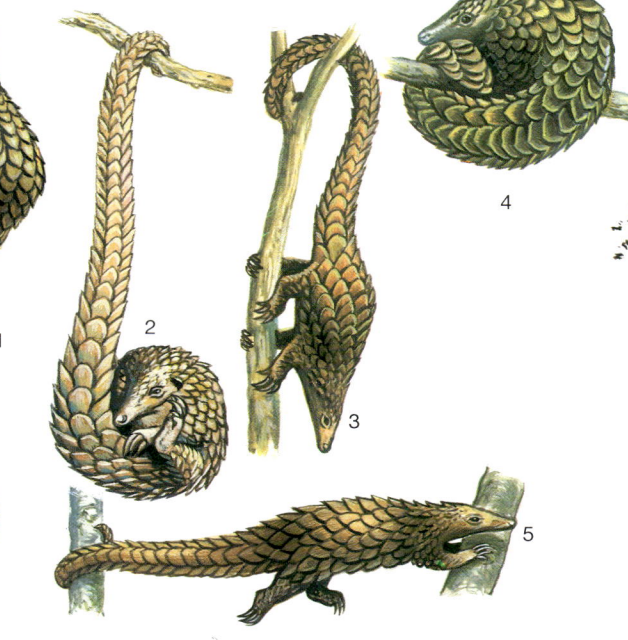

▲ Baumbewohnende Schuppentiere in verschiedenen Stellungen: beim Erklettern eines Baumstammes (1); beim Zusammenrollen zum Zweck der Verteidigung (2); beim Herabsteigen von einem Baum (3); in Ruhehaltung (4); beim Übergang von einem Baum zu einem anderen (5). Ihr Greifschwanz verleiht den Schuppentieren eine zusätzliche Hilfe beim Klettern.

▲ Bau eines Termitennestes. In der Mitte die Kammer der Königin, die von der Königin und ihrem Gemahl bewohnt wird. Die Königin besitzt ein enorm vergrößertes Abdomen und legt täglich Hunderte von Eiern. Daneben gibt es Brutkammern, Vorratskammern und noch weitere Kammern, die alle durch ein System von Gängen miteinander in Verbindung stehen.

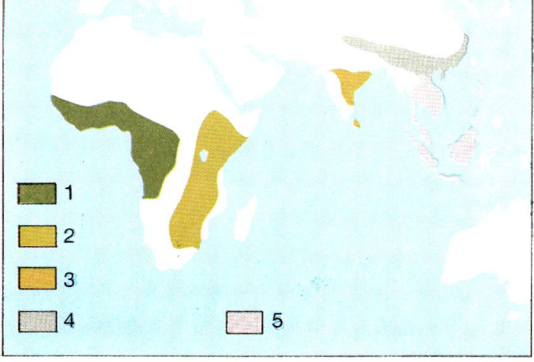

◀ Verbreitung der Schuppentiere. 1) Das Weißbauchschuppentier, das Langschwanzschuppentier und das Riesenschuppentier bewohnen Westafrika von Sierra Leone bis nach Angola. 2) Das Steppenschuppentier lebt in Ostafrika, im Sudan, in Kenya, Uganda, Tansania und Südafrika. 3) Das Indische Schuppentier bewohnt Indien und Ceylon. 4) Das Chinesische Schuppentier ist über Südchina, Sikkim und Taiwan verbreitet. 5) Das Javanische Schuppentier kommt in Indochina, Burma, Java, Sumatra, Bali, Borneo und auf einigen weiteren Inseln in diesem Gebiet vor.

ERDFERKEL
(ORYCTEROPUS AFER)

Ordnung Tubulidentata
Familie Orycteropodidae
Größe Kopf-Rumpflänge 100-160 cm;
Schwanzlänge 50-70 cm; Schulterhöhe
etwa 60 cm
Gewicht 60-80 kg
Tragzeit Ungefähr 7 Monate
Anzahl der Jungtiere 1, ausnahms-
weise 2
Geburtsgewicht 1,8 kg – dieser Wert
beruht auf einer einzigen Beobachtung

Das Erdferkel ist die einzige überlebende Art einer sehr eigentümlichen Ordnung der Säugetiere, der Tubulidentata.
Der wissenschaftliche Name der Ordnung bezieht sich auf den einzigartigen
Zahnbau dieser Tiere.
Es gibt kein anderes Säugetier, mit dem
das Erdferkel verwechselt werden könnte. Es bestehen allerdings einige äußerliche Ähnlichkeiten mit den Schweinen –
daher der deutsche Name. Das Erdferkel
besitzt einen langen Kopf mit einer langgestreckten, röhrenförmigen Schnauze.
Die Nase ist beweglich und endet in einer runden Scheibe wie der Rüssel bei
den Schweinen, auf der die äußeren Nasenöffnungen sitzen. Doch kann das Erdferkel seine Nasenlöcher willentlich
schließen. Der Rüssel ist mit zahlreichen
Sinneshaaren versehen. Der Hals ist recht
kurz und der Körper außerordentlich mas-
siv gebaut. Der hochgewölbte Rücken
geht in einen langen, sehr muskulösen
Schwanz über, der an der Basis 40 cm
Umfang haben kann. Er verjüngt sich stetig bis zur Schwanzspitze und ähnelt etwas dem Schwanz eines Känguruhs. Die
Ohren sind besonders auffallend und gleichen denen der Huftiere. Sie sind 15-20
cm lang und der Länge nach gefaltet. Das
Erdferkel kann sie unabhängig voneinander bewegen und legt sie beim Graben
nach hinten an den Körper an.
Im Verhältnis zum mächtigen Körper
sind die Gliedmaßen eher mißproportio-
niert. Die Vorderbeine sind zwar kürzer
als die Hinterbeine, aber außerordentlich
kräftig. Sie sind vierfingrig, die Hinterfüße fünfzehig. Die Krallen der Vorderfüße sind ungewöhnlich groß und kräftig
und dienen vor allem dem Graben. Die
Krallen an den Hinterfüßen sind dagegen
kürzer und schwächer entwickelt. Besonders wichtig ist die lange, sehr bewegliche Zunge des Erdferkels, denn sie
kann weit herausgestreckt werden. Sie ist
etwas abgeflacht und mit klebrigem Speichel bedeckt. Diese Klebzunge ist das

▲◄ Das Erdferkel ist ein hochspezialisiertes, insektenfressendes
Säugetier, das hauptsächlich Termiten verzehrt. Es kommt nur in
Afrika vor und stellt eine urtümliche Säugetierform dar, deren
Überleben bis in die Gegenwart wohl auf seiner bemerkenswerten
Nahrungsspezialisierung beruht.

▼ Der Lebensraum des Erdferkels sind die Grassteppen und Wälder
Afrikas, abgesehen von einigen Gebieten mit dichtem tropischen Regenwald. Im Bergland geht es bis in 2.000 m Höhe.

▼ Die lange, klebrige und weit vorstreckbare
Zunge des Erdferkels spielt eine höchst
wichtige Rolle bei der Jagd auf Termiten.

wichtigste Werkzeug beim Fang der Insekten, welche die Nahrung des Erdferkels bilden. Die Zähne sind sehr eigentümlich gebaut. Sie sind zylindrisch, wurzellos und besitzen keinen Schmelzüberzug. Das Dentin ist in parallelen Prismen angeordnet und die Zähne sind mit einer Art natürlichem Zement überzogen. Da sie keine Wurzeln besitzen, wachsen sie zeitlebens.

Das Erdferkel ist über ganz Afrika südlich der Sahara verbreitet. Sein lokales Vorkommen wird jedoch durch das Vorhandensein von Termiten bestimmt, die seine wichtigste Nahrungsquelle bilden. Daher sind Savannen und Grassteppen die wichtigsten Lebensräume für das Erdferkel, doch ist es auch in Waldgebieten zu finden. Die Grabfähigkeit des Erdferkels ist wahrhaftig phänomenal und beruht auf der mächtigen Muskulatur der Vorderbeine und auf dem Bau der Krallen, die beim Graben wie eine Art Schaufel arbeiten, andererseits aber auch Waffen darstellen, die jedem Feind gefährlich werden können. Das Erdferkel ist ein Nachttier und verbringt normalerweise den Tag in seinem Bau, der auch sonst als sichere Zuflucht dient. Außerdem kommt im Bau das Junge zur Welt und wird dort auch vom Weibchen versorgt. Den gewaltigen Klauen des Erdferkels widerstehen selbst die betonharten Wände der Termitenbauten nicht, in die das Erdferkel große, etwa 30 cm weite und bis 40 cm tiefe Löcher reißt. Wenn die Termiten dann in Scharen herbeieilen, um die Bresche zu reparieren, kann das Erdferkel sie zu Tausenden mit seiner langen Klebezunge fangen, die es bis 30 cm weit herausstrecken kann, oder es saugt sie direkt mit dem Rüssel ein. Auch außerhalb der Bauten sucht das Erdferkel Termiten, weniger häufig Ameisen, direkt am Erdboden. Auch Larven, vor allem solche von Dungkäfern, bilden einen Teil seines Speisezettels.

Normalerweise bringt das Erdferkel nur ein Junges zur Welt, nur ausnahmsweise sind es zwei. Das Jungtier ist bei der Geburt noch unbehaart und sein borstiges Fell benötigt ein ganzes Jahr, bis es voll ausgebildet ist. Die ersten beiden Wochen verbringt das Junge im Bau, dann beginnt es allmählich, unter dem Schutz seiner Mutter herauszukommen. Im Alter von 3 Monaten fängt es an, Insekten zu verzehren, und schon mit 6 Monaten gräbt es sich seinen ersten eigenen Bau, allerdings in unmittelbarer Nachbarschaft vom Bau seiner Mutter, mit der es noch längere Zeit gemeinsam auf Nahrungssuche geht. Abgesehen von der Paarungszeit führen die Männchen ein Einsiedlerdasein.

▼ ► Das Erdferkel kann ungewöhnlich gut graben und gräbt sich ein komfortables Versteck, in dem es vor seinen zahlreichen Feinden sicher ist.

▲ ◄ Das Erdferkel besitzt sehr scharfe Sinnesorgane, die für sein Wohlergehen wichtig sind. Der Geruchssinn ist äußerst leistungsfähig, ebenso der Tastsinn (besonders an der Schnauzenspitze) und das Gehör. Trotz der geringen Größe der Augen spielt der Gesichtssinn ebenfalls eine wichtige Rolle, denn die Augen sind vor allem zum Nachtsehen geeignet.

▲ Einige typische Stellungen des Erdferkels; die Schlafstellung und die Alarmhaltung, wobei sich das Erdferkel wie ein Känguruh auf die Hinterbeine erhebt.

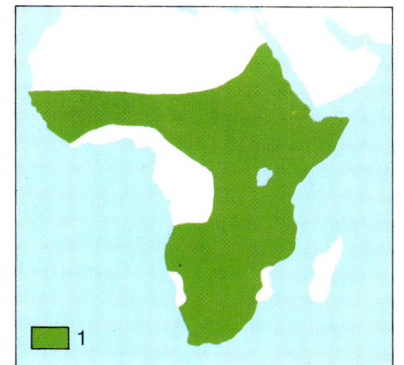

1

▲ Das Erdferkel besitzt viele natürliche Feinde, darunter der Löwe und der Leopard, aber auch Hyänen und Pythonschlangen (die in den Bau des Erdferkels eindringen, wenn die Mutter nicht da ist, und die Jungen angreifen). Zuweilen verteidigt sich das Erdferkel mit seinen gewaltigen Krallen, meistens aber versucht es, durch rasches Eingraben in die Erde zu entkommen.

◄ Das Verbreitungsgebiet des Erdferkels ist sehr ausgedehnt, allerdings meidet es Wüsten und Trockengebiete und fehlt auch in manchen Regenwaldgebieten Westafrikas.

WALE
(ORDNUNG CETACEA)

Die Cetacea stellen wohl die am höchsten spezialisierte Säugetiergruppe dar, denn sie haben alle Brücken zum festen Land abgebrochen und sich völlig an das Leben im Meer angepaßt und sogar die Fähigkeit erworben, in sehr großer Meerestiefe zu leben.

Die Wale sind die einzigen Säugetiere, die ihr gesamtes Leben im Meer verbringen. Die Anpassungen an diese Lebensweise führten zu einer Reihe tiefgreifender Umwandlungen, die bedeutende Auswirkungen auf ihre gesamte Morphologie und auf die Skelettanatomie hatten. Insbesondere hatte der Übergang zum Leben im Meer einige wichtige, obschon nicht äußerlich sichtbare Auswirkungen auf die Physiologie der Wale, insbesondere auf die Atmung, den Blutkreislauf und die Fähigkeit, längere Zeiträume in großen Tiefen zu überleben. Mit Ausnahme einiger weniger Arten, die nur langsam schwimmen, zeigt der Körper der Wale einen perfekten stromlinienförmigen Bau: ein langgestreckter Körper mit der kleinstmöglichen Zahl von Gliedmaßen und einer zusätzlichen Schwanzflosse als Schwimm- und Steuerorgan.

Bei allen Walen ist die Mundöffnung sehr breit, weist jedoch keine den übrigen Säugetieren vergleichbaren Lippen auf. Eigentliche Nasenlöcher fehlen, die Nasenhöhle steht stattdessen mit der Außenwelt durch ein Blasloch in Verbindung, das bei den Bartenwalen (Mysticeti) aus zwei getrennten Öffnungen und bei den Zahnwalen (Odontoceti) aus einer einzigen Öffnung besteht. Das Blasloch liegt auf der Oberseite des Kopfes auf einer leichten Erhebung, so daß es beim Schwimmen wie ein Periskop bereits aus dem Wasser ragt, wenn sich der gesamte übrige Körper noch unter Wasser befindet. Die Augen sind klein und den Ohren fehlt die Ohrmuschel.

Von den vierfüßigen landlebenden Säugetieren, von denen die Wale letztendlich abstammen, sind nur die Vordergliedmaßen geblieben, wurden aber völlig zu Brustflossen umgestaltet, die fast ausschließlich als Steuerorgane beim Schwimmen benutzt werden. Die Hintergliedmaßen sind samt dem Beckengürtel verschwunden. Von diesem sind nur noch zwei kleine, etwa gleich große Knochen tief drinnen in der Bauchmuskulatur geblieben.

Der mehr oder minder spindelförmige Körper verjüngt sich zum Hinterende hin.

▲ Der Körper der Wale ist hervorragend an das Leben im Meer angepaßt. Dort haben die Wale, die vor über 60 Millionen Jahren aus landlebenden Säugetieren entstanden sind, enorme Dimensionen angenommen. Die größte Art ist der oben abgebildete Blauwal (*Balaenoptera musculus*), der eine Länge von 33 m erreichen kann.

▼ Wir kennen nur verhältnismäßig wenige Fossilien aus der Ahnenreihe der Wale. Die Abbildung zeigt einen Vertreter der Gattung *Dorudon*, der bereits ziemlich hoch entwickelt war und zu der heute ausgestorbenen Unterordnung Archaeoceti gehört.

Dort hat sich eine breite und äußerst kraftvolle Schwanzflosse entwickelt, die das wichtigste Antriebsorgan der Wale darstellt. Die Schwanzflosse ist immer horizontal gestellt, niemals vertikal wie bei den Fischen. Die Schwanzflosse wird von einer mächtigen Muskulatur bewegt, die mit starken Sehnen am hinteren Bereich der ihrerseits ebenfalls sehr kräftigen Wirbelsäule inseriert. Der Schwanzflosse selbst fehlt jegliches Stützskelett aus Knochen, nur ihre Gelenkung mit dem Ende der Wirbelsäule, die im Einschnitt zwischen den beiden Flossenteilen endet, ist knöchern. Die meisten Arten besitzen außerdem eine wohlentwickelte, meist eine etwa dreieckige Rückenflosse, die allerdings, gemessen an der Körpergröße (vor allem bei den Balaenopteridae), nur mäßig groß wirkt. Die Rückenflosse wird durch eine Hautfalte in der Körpermitte gebildet und besitzt weder innere Skelettelemente noch Muskulatur.

Fast alle Wale sind große oder sehr große, zuweilen riesige Tiere, und der Blauwal (*Balaenoptera musculus*) ist, so weit wir wissen, das größte Tier, das jemals existiert hat. Er kann 33 Meter Länge erreichen und mehr als 130 Tonnen wiegen. Der kleinste Wal wird nur 1-1,2 m lang (Gattung *Cephalorhynchus*), die Mehrzahl der Wale wird jedoch länger als 2 Meter, viele messen zwischen 3 und 4 m. Die Walhaut ist unbehaart und äußerst glatt. Die Epidermis ist sehr dünn, doch die Unterhaut besteht aus Fett oder Speck ("Blubber"), und wird von einem Fasergeflecht durchzogen, in das riesige Fettzellen eingelagert sind. Die Dicke der in jedem Fall mächtigen Speckschicht unterscheidet sich von Art zu Art, aber auch jahreszeitlich, sowie in den verschiedenen Körperbereichen. Bei den Phocaenidae zum Beispiel ist sie etwa 2 cm dick, bei einem 25 Meter langen Blauwal beträgt ihre Dicke zwischen 11 und 13 cm und ist beim Weibchen dicker als beim Männchen, doch bei den Balaenidae ist sie weitaus dicker und kann maximal 50-70 cm betragen.

Wale haben nur einige wenige Haare an bestimmten Körperstellen, bei den Bartenwalen etwa am Vorderkopf. Kein Wal besitzt jedoch Hautdrüsen oder Finger- oder Zehennägel. Nur selten ist die Farbe einheitlich, etwa schwarz oder grau, oder sehr selten auch weiß, sondern die Färbung der meisten Arten besteht aus einer Mischung aus verschiedenen Braun- und Grautönen mit Weiß, und in recht unterschiedlicher Anordnung. Normalerweise ist die Oberseite dunkler, die Bauchseite dagegen hell oder gar weiß. Einige Arten weisen sogar eine sehr kontrastreiche Färbung auf, der Schwertwal

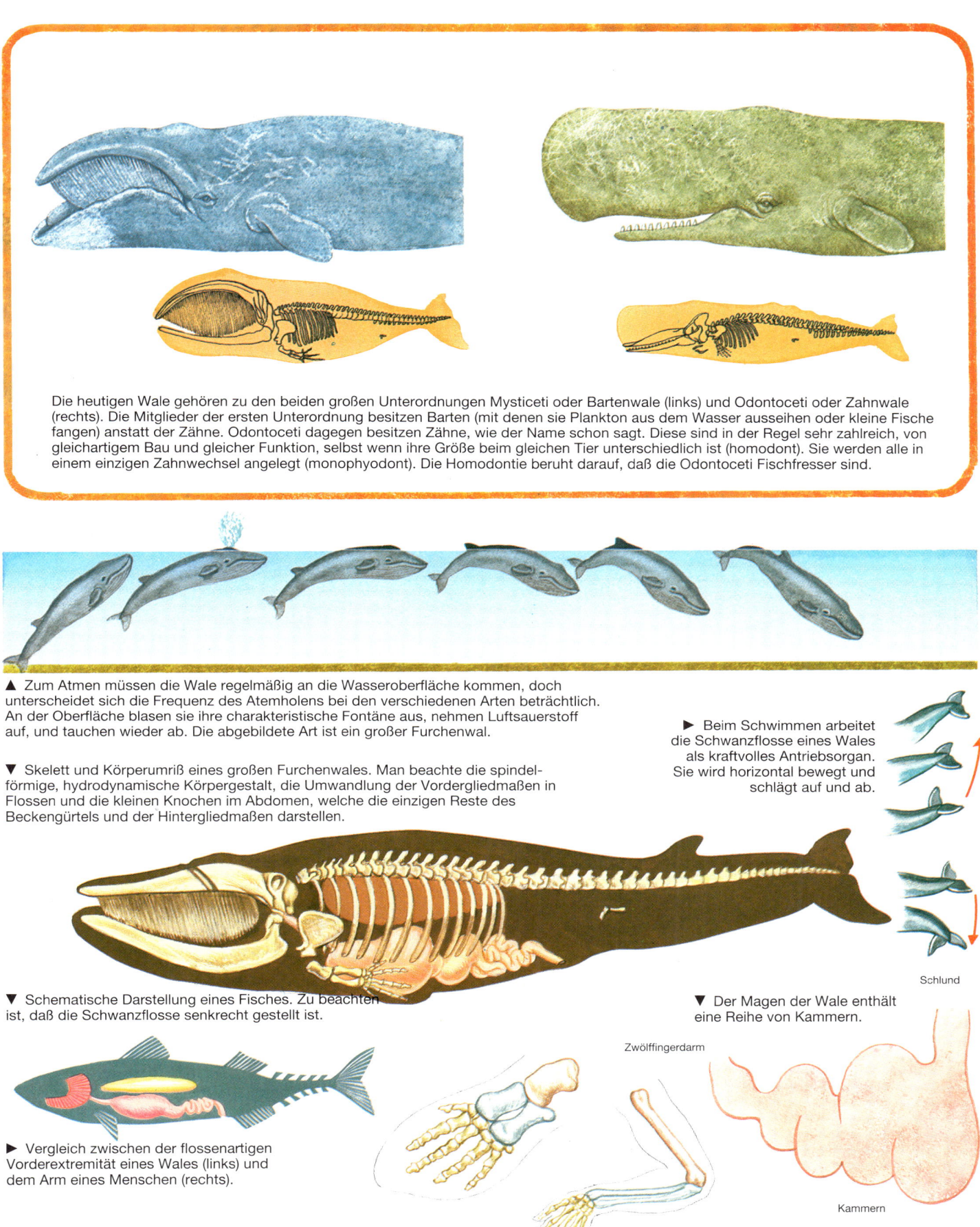

Die heutigen Wale gehören zu den beiden großen Unterordnungen Mysticeti oder Bartenwale (links) und Odontoceti oder Zahnwale (rechts). Die Mitglieder der ersten Unterordnung besitzen Barten (mit denen sie Plankton aus dem Wasser ausseihen oder kleine Fische fangen) anstatt der Zähne. Odontoceti dagegen besitzen Zähne, wie der Name schon sagt. Diese sind in der Regel sehr zahlreich, von gleichartigem Bau und gleicher Funktion, selbst wenn ihre Größe beim gleichen Tier unterschiedlich ist (homodont). Sie werden alle in einem einzigen Zahnwechsel angelegt (monophyodont). Die Homodontie beruht darauf, daß die Odontoceti Fischfresser sind.

▲ Zum Atmen müssen die Wale regelmäßig an die Wasseroberfläche kommen, doch unterscheidet sich die Frequenz des Atemholens bei den verschiedenen Arten beträchtlich. An der Oberfläche blasen sie ihre charakteristische Fontäne aus, nehmen Luftsauerstoff auf, und tauchen wieder ab. Die abgebildete Art ist ein großer Furchenwal.

▼ Skelett und Körperumriß eines großen Furchenwales. Man beachte die spindelförmige, hydrodynamische Körpergestalt, die Umwandlung der Vordergliedmaßen in Flossen und die kleinen Knochen im Abdomen, welche die einzigen Reste des Beckengürtels und der Hintergliedmaßen darstellen.

► Beim Schwimmen arbeitet die Schwanzflosse eines Wales als kraftvolles Antriebsorgan. Sie wird horizontal bewegt und schlägt auf und ab.

Schlund

▼ Schematische Darstellung eines Fisches. Zu beachten ist, daß die Schwanzflosse senkrecht gestellt ist.

▼ Der Magen der Wale enthält eine Reihe von Kammern.

Zwölffingerdarm

► Vergleich zwischen der flossenartigen Vorderextremität eines Wales (links) und dem Arm eines Menschen (rechts).

Kammern

(*Orcinus orca*) zum Beispiel. Abweichend von den Landsäugetieren müssen Wale in der Lage sein, lange Zeiträume in einem Zustand der sogenannten Apnoea (unterbrochene Artmung) zu verweilen. Daher haben Atmungs- und Kreislaufsystem tiefgreifende Veränderungen durchgemacht, die während des Tauchens die Sauerstoffversorgung des gesamten Körpers sicherstellen. Insbesondere das Nervensystem und die wichtigsten energieliefernden Organe müssen ja immer eine gleichbleibend hohe Sauerstoffversorgung erhalten. Zwar unterscheidet sich auch bei den Landsäugetieren die Fähigkeit, Luft zu speichern, beträchtlich von Art zu Art, doch ist sie immer erheblich geringer als bei den Walen.

Auch die maximale Dauer des Tauchvorgangs unterscheidet sich sehr bei den verschiedenen Walarten: beim Gemeinen Delphin beträgt sie 8 Minuten, während der Pottwal länger als eine Stunde unter Wasser bleiben kann. Eine ganze Reihe verschiedener Faktoren wirkt sich auf diese Fähigkeit aus, jedoch haben es Arten wie der Delphin, die vor allem an der Oberfläche jagen, nicht nötig, so lange unter Wasser zu bleiben, während andererseits Arten wie der Dögling und der Pottwal, die in großer Tiefe Tintenfische jagen, einfach mehr Zeit benötigen, um so tief hinabzutauchen, dort zu jagen und wieder aufzutauchen. Natürlich gibt es die verschiedensten Werte zwischen diesen beiden Extremen, die sich nach den jeweiligen Nahrungsgewohnheiten der einzelnen Arten und nach ihrer durchschnittlichen Tauchtiefe richten. Doch auch von dieser Regel gibt es Ausnahmen: die planktonfressenden Bartenwale, deren Nahrung, die Kleinkrebschen ("Krill"), sich im allgemeinen dicht an der Oberfläche aufhält, tauchen dennoch in große Tiefen, wo sie lange Zeiträume hindurch verweilen.

Auch im Bau des Brustkorbes zeigen die Wale einige Modifikationen, denn dieser ist recht elastisch. Das Herz der Wale unterscheidet sich nicht wesentlich von demjenigen der Landsäugetiere, doch besitzen die Arterien sehr elastische Wände, die wohl dazu dienen, während des Tauchens einen Teil des hohen Binnendrucks dadurch abzufangen, daß die Arterien sich erweitern. Eine eigenartige Anpassung der Wale an das Tauchen ist ihre Fähigkeit, die äußeren Blutgefäße zu kontrahieren, so daß die Blutmenge in den äußeren Bereichen des Gefäßsystems herabgesetzt wird.

Wale verschlucken ihre Nahrung im Ganzen, ohne sie im Maul zu zerkleinern, wie es bei den Landsäugetieren im allgemeinen nicht der Brauch ist. Wahr-

Zwergglattwal
(*Caperea marginata*)

Nordkaper
(*Eubalaena glacialis*)

Grönlandwal
(*Balaena mysticetus*)

Brydewal
(*Balaenoptera edeni*)

Finnwal
(*Balaenoptera physalus*)

Kalifornischer Grauwal
(*Eschrichtius robustus*)

Buckelwal
(*Megaptera novaeangliae*)

Seiwal
(*Balaenoptera borealis*)

Zwergwal
(*Balaenoptera acutirostris*)

scheinlich ist dies eine Möglichkeit, die Nahrung, seien es Tintenfische, Fische oder Plankton, möglichst schnell zu verschlingen, ohne zugleich zu viel Wasser mit aufzunehmen. Natürlich mußte der Verdauungsapparat aus diesem Grund in gewissem Maße verändert werden, und so besitzen alle Wale drei Magenbereiche, deren Größe allerdings von Art zu Art variiert: der Vordermagen, der Mittel- oder Drüsenmagen – der eigentliche Magen – und der Hintermagen oder Pylorus. Bei den Ziphiidae (Schnabelwale), die "weiche" Nahrung verzehren, nämlich vor allem Tintenfische, ist der Vordermagen nicht sehr gut entwickelt, da diese Nahrung nicht erst aufgeschlossen werden muß, damit die Magensäfte des Drüsenmagens mit der Verdauung beginnen können. Dafür ist bei ihnen der Pylorus ungewöhnlich kompliziert gebaut und besteht aus bis zu 12 Abteilungen. Wegen seiner anatomischen Besonderheiten hat das Zentralnervensystem der Wale schon immer die Aufmerksamkeit der Forscher auf sich gezogen. Das Gehirn ist außerordentlich hoch entwickelt, sowohl was seine Größe im Vergleich zur Körpergröße betrifft, als auch in seiner Struktur. Bei den Zahnwalen liegt das Verhältnis zwischen dem Hirngewicht und dem Körpergewicht sehr nahe dem beim Menschen gemessenen Wert und entspricht etwa dem der Menschenaffen. Das heißt allerdings nicht, daß die Wale so intelligent wie der Mensch sind.

Wale bringen nur alle zwei Jahre ein Junges zur Welt, nach einer Tragzeit von 10-12 Monaten, die bei allen Arten, gleich welcher Größe, etwa gleich ist. Nur der Pottwal bildet eine Ausnahme, denn bei ihm beträgt die Tragzeit ungefähr 18 Monate.

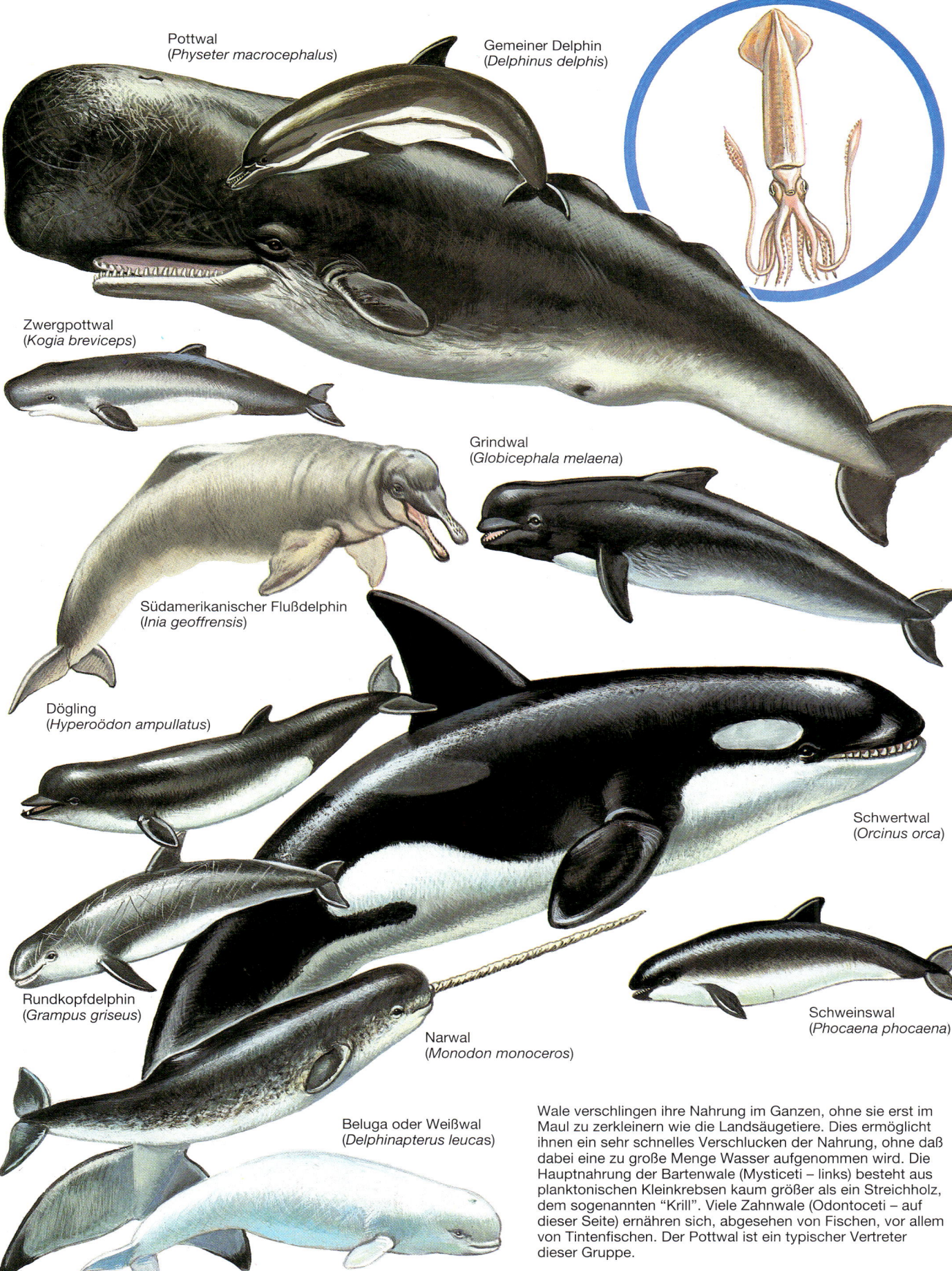

Pottwal
(*Physeter macrocephalus*)

Gemeiner Delphin
(*Delphinus delphis*)

Zwergpottwal
(*Kogia breviceps*)

Grindwal
(*Globicephala melaena*)

Südamerikanischer Flußdelphin
(*Inia geoffrensis*)

Dögling
(*Hyperoödon ampullatus*)

Schwertwal
(*Orcinus orca*)

Rundkopfdelphin
(*Grampus griseus*)

Narwal
(*Monodon monoceros*)

Schweinswal
(*Phocaena phocaena*)

Beluga oder Weißwal
(*Delphinapterus leucas*)

Wale verschlingen ihre Nahrung im Ganzen, ohne sie erst im Maul zu zerkleinern wie die Landsäugetiere. Dies ermöglicht ihnen ein sehr schnelles Verschlucken der Nahrung, ohne daß dabei eine zu große Menge Wasser aufgenommen wird. Die Hauptnahrung der Bartenwale (Mysticeti – links) besteht aus planktonischen Kleinkrebsen kaum größer als ein Streichholz, dem sogenannten "Krill". Viele Zahnwale (Odontoceti – auf dieser Seite) ernähren sich, abgesehen von Fischen, vor allem von Tintenfischen. Der Pottwal ist ein typischer Vertreter dieser Gruppe.

SCHWERTWAL
(ORCINUS ORCA)

Ordnung Cetacea
Familie Delphinidae
Größe Gesamtlänge des Männchens
bis 9,5 m, des Weibchens bis 7 m
Gewicht Männchen 8 Tonnen,
Weibchen 4 Tonnen
Fortpflanzungszeit Vorwiegend im
Winter und Frühjahr
Tragzeit 13 Monate oder noch länger
Anzahl der Jungtiere 1 alle zwei Jahre
Größe bei der Geburt Länge 2,1-2,5 m;
Gewicht 180 kg

Der Schwertwal ist der am besten bekannte und zugleich größte Delphin. Er ist wohl auch der größte und gefräßigste Meeresräuber. Gestalt und Färbung sind charakteristisch, so daß der Schwertwal kaum mit anderen Walen verwechselt werden kann. Der Kopf ist rundlich, die Schnauze stumpf und nicht verlängert, der Körper ist außerordentlich kraftvoll gebaut und die hohe Rückenflosse unverwechselbar. Die kontrastreiche schwarz-weiße Färbung ist ebenfalls auffällig. Der Schwertwal besitzt 40-56 große, konische Zähne, die fast 10 cm lang und an der Basis 2,5-5 cm dick sind.
Schwertwale kommen weltweit in allen Meeren vor, sind jedoch am häufigsten in den arktischen und antarktischen Gewässern zu finden. Normalerweise führen sie keine größere Wanderungen aus, sondern bleiben in einem relativ beschränkten Gebiet, abgesehen von den hohen Breiten, wo sie zuweilen jahreszeitliche Wanderungen ausführen, die vom regelmäßigen Vordringen und Zurückweichen des Eisrandes abhängen. Sie kommen auch in den subtropischen und tropischen Meeren vor und sind, allerdings sehr selten, sogar im Mittelmeer anzutreffen. Oft bilden sie Schulen von 10-15 Tieren, die meist aus einer Familie bestehen: einem großen Männchen, mehreren Weibchen mit ihren Jungen, sowie älteren Jungtieren und noch nicht geschlechtsreifen Tieren beiderlei Geschlechts.
Der Schwertwal kann eine Geschwindigkeit von 45 km/h und sogar darüber erreichen und ist imstande, bis 1.000 m tief zu tauchen, wobei er länger als 20 Minuten unter Wasser bleiben kann. Abgesehen von einer Vielzahl anderer Meerestiere, bilden Robben und andere Wale seine bevorzugte Beute, darunter sogar die größten Arten wie Grönlandwal und Blauwal, die der Schwertwal in Gruppen angreift, oft in der Absicht, dem Opfer die Zunge herauszureißen.

◀▼ Der Schwertwal (*Orcinus orca*) ist ein gewaltiger Räuber, der je nach Art und Größe seiner Beutetiere sehr unterschiedliche Jagdmethoden anwendet. Der Ruf seiner Wildheit beruht auf Augenzeugenberichten von Angriffen auf große Wale und auf Robben, doch ist dieser Ruf sicherlich bei weitem übertrieben und beruht wohl zum Teil auf einer gewissen menschlichen Sensationslust. Daher ist der Name "Mörderwal" wohl in Wirklichkeit unangemessen. Seine Aggressivität größeren Meeressäugern gegenüber ist jedenfalls übertrieben, denn die Zahl der Funde von Robben, Delphinen und anderen großen Meeressäugern im Mageninhalt von Schwertwalen ist relativ gering. Die geschilderten Anfriffe auf Grönlandwale und große Furchenwale werden in Gruppen ausgeführt, ereignen sich aber wohl ziemlich selten. Die Körperteile des Opfers, auf die es die Schwertwale besonders abgesehen haben, sind im allgemeinen die Zunge, die Flossen und der Speck. Bei einer Gelegenheit wurde ein Schwertwal dabei beobachtet, wie er mit einem ausgewachsenen Seelöwen im Rachen ganz aus dem Wasser sprang. Diese Technik wird oft bei der Jagd auf Robben angewandt, denn diese werden oft mit großem Schwung in die Luft geworfen, wohl um sie zu betäuben. Das sieht dann so aus, als spiele der Schwertwal mit seiner Beute vor dem Fressen.

▲ Die Vielgestaltigkeit der Beutetiere des Schwertwales ist erstaunlich und zeigt doch zugleich eine deutliche Bevorzugung sehr kalorienreicher Nahrung, wie sie ein großer und so aktiver Räuber wie der Schwertwal braucht. Der Speisezettel umfaßt Robben und Seelöwen, kleinere und große Wale, Pinguine, Meeresschildkröten, Fische der verschiedensten Größen, angefangen vom Hering bis zu Thunfischen und Haien, aber auch Tintenfische und Kalmare. Wegen ihrer Größe und der hochentwickelten Jagdmethoden bilden Schwertwale die Spitze der Nahrungspyramide im Meer, deren Aufbau und Entwicklung deutlich zeigt, wie alle Arten ihren Platz in der verwirrenden Vielfalt des Ökosystems Meer einnehmen. Abgesehen vom Menschen hat der Schwertwal keinen Feind, doch leidet er unter einer Reihe von Innenparasiten.

NARWAL
(MONODON MONOCEROS)

Ordnung Cetacea
Familie Monodontidae
Größe Gesamtlänge ohne Stoßzahn 4-5 m; Stoßzahn 1,8-2,5 m; Höchst-länge 6 m
Gewicht Höchstgewicht 1 Tonne
Fortpflanzungszeit Meistens im Früh-jahr
Tragzeit Ungefähr 14 Monate
Anzahl der Jungtiere 1, selten 2
Größe bei der Geburt 1,5 m
Geschechtsreife Männchen mit 8-9 Jahren, Weibchen mit 4-7 Jahren

Dieser Wal der arktischen Gewässer ist ganz unverwechselbar. Er wird 4-5 Me-ter lang und besitzt einen kleinen Kopf mit einer sehr kurzen, stumpfen Schnau-ze und einem recht kleinen, engen Maul. An der Kante des Oberkiefers befinden sich lediglich zwei Zähne: beim Weib-chen ragen sie nur selten über die Ober-lippe hinaus, während sie sich beim Männchen unterschiedlich entwickeln. Der linke Zahn wird nämlich zu einem langen, graden, spiralig gedrehten "Stoß-zahn", dem charakteristischen Merkmal dieser Walart. Dieser Narwalzahn ragt von der Oberlippe aus gerade nach vorn und kann bei den größten Männchen 2,5 m lang werden und bis 10 kg wiegen. Der Narwal ist ein Bewohner der arktischen Gewässer und kommt normalerweise zwischen 70°N und 80°N vor, selten süd-lich von 65°N oder nördlich von 85°N. Er lebt vorwiegend in tiefen Meeren, und dies steht im Einklang mit seinem Nah-rungserwerb.
Der Narwal ist ein soziales Tier, das nor-malerweise in Gruppen von etwa 20 Indi-viduen zusammenlebt, sich jedoch manchmal zu sehr großen Scharen ver-sammelt, vor allem während seiner Wan-derungen. Die Gruppen bestehen entwe-der aus den Weibchen mit ihren Jungen, oder aus erwachsenen Männchen, oder aus Angehörigen beider Geschlechter. Der Narwal ist ein langsamer Schwimmer und hält sich meistens an der südlichen Treib-eisgrenze auf, jedenfalls im Winter, wäh-rend er im Sommer näher an die Küste zu finden ist und in Meeresbuchten eindringt. Häufig hebt er den Kopf aus dem Was-ser und dann kann man bei den Männ-chen den langen Stoßzahn sehen. Dieser wird auch sichtbar, wenn der Narwal zum Atmen an die Wasseroberfläche kommt. Seine Nahrung besteht vorwiegend aus arktischen Fischen, Tintenfischen und bo-denbewohnenden Krebsen.

▲ Der Narwal (*Monodon monoceros*) ist ein für die arktischen Gewässer typischer Wal. Die Geschlechter unterscheiden sich deutlich an dem langen, unver-wechselbaren, nach vorn gerichteten Stoßzahn des Männchens. Ein derartiger Stoßzahn tritt nur ganz selten bei Weibchen auf, wird aber nie so lang wie beim Männchen. Der Narwalzahn hat schon seit alters her die menschliche Phantasie beschäftigt: man hielt ihn für eine Art Harpune zum Fischen oder für ein Gerät zum Aufbrechen des Eises, andere dachten, er diene dazu, am Meeresgrund nach Nahrung zu graben. Heute glauben die Wissenschaftler, daß es ein sekundäres Geschlechtsmerkmal ist, das bei den Kämpfen der Männchen während der Paarungszeit gebraucht wird. Dafür sprechen auch die Narben, von denen der Körper der meisten Narwalmännchen geziert werden.

▲ Gelegentliche Beobachtungen haben ergeben, daß der Narwal sich mit seinem langen Stoßzahn am Eisrand aufstützt und in dieser Stellung ausruht. Dies bezeugen bereits die Überlieferungen der Eskimos.

◄ Der Beluga oder Weißwal (*Delphinapterus leucas*) ist eine weitere, mit dem Narwal verwandte Art der arktischen Gewässer. Er ist von besonderem Interesse wegen seiner außerordentlichen Fähigkeit zur Lauterzeugung. Die Vorwölbung an seiner Stirn (ein ähnlicher Buckel findet sich auch bei anderen Walarten) verändert sich in Größe und Gestalt je nach der Art der Töne, die der Wal ausstößt. Das spricht für die Theorie, daß dieser Buckel ein Organ zur Lauterzeugung bzw. zur Verstärkung bildet, in dem die Töne wie in einer akustischen Linse gebündelt und mit Hilfe eines Systems von Muskelfasern in eine bestimmte Richtung geleitet werden. Der Beluga ist ein langsamer Schwimmer, er kann jedoch gut tauchen und ist bestens angepaßt an das Leben im Treibeis. Er wird von Schwertwal, Eisbär und Eskimos gejagt. Seine tiefgehende Furcht vor Schwertwalen wird von den Lachsfischern in Alaska ausgenützt, die, um ihre Fänge vor seinen Plünderungen zu schützen, mit Unterwassersendern von Schwertwalen erzeugte Töne aussenden.

WASSERSCHWEIN
(HYDROCHOERUS HYDROCHAERIS)

Ordnung Rodentia
Familie Hydrochoeridae
Größe Gesamtlänge 1-1,3 m, der Schwanz fehlt fast völlig
Gewicht 50 kg
Zahnformel $\frac{1.0.1.3}{1.0.1.3} = 20$
Tragzeit 15-18 Wochen
Anzahl der Jungtiere 2-8
Höchstalter 8-10 Jahre

Das Wasserschwein, in Südamerika auch Capybara genannt, ist das größte Nagetier und erreicht die Größe eines kleinen Schweines. Seine bevorzugten Lebensräume sind die Dickichte am Rand von Seen, Sümpfen und größeren Flüssen, von denen es sich niemals weit entfernt. Das Wasserschwein ist jedoch durchaus imstande, sich an das Leben in anderen Lebensräumen anzupassen, etwa in Feldern und Pflanzungen in der Nachbarschaft menschlicher Siedlungen.
Der Körper ist recht untersetzt, die Beine sind kräftig, aber ziemlich kurz, der kurze Hals trägt einen großen Kopf, und das alles vereint sich zu einem sehr plumpen Aussehen. Das täuscht aber sehr, denn das Wasserschwein bewegt sich durchaus behende und überraschend schnell. Das Fell ist ziemlich schütter und besteht aus langen Borsten, so daß die Haut überall durchscheint. Es wirkt außerdem recht unordentlich, weil die einzelnen Borsten in verschiedene Richtungen wachsen. Die Farbe ist im allgemeinen rotbraun und an der Bauchseite mehr gelblich-braun. Die Vorderbeine sind vierzehig und etwa gleich lang wie die dreizehigen Hinterbeine. Die Füße sind mit Schwimmhäuten versehen und tragen kleine, aber kräftige Krallen, die hauptsächlich zur Verteidigung dienen, denn das Wasserschwein gräbt sich keine unterirdischen Baue.
Wasserschweine lieben es, stundenlang im Wasser zu liegen, und auf der Nahrungssuche durchschwimmen sie selbst große Flüsse. Ihre Nahrung besteht vor allem aus Wasserpflanzen, doch verzehren sie auch Blätter, Samen und manchmal sogar die Rinde junger Bäume. Bei Gefahr bringen sie sich im allgemeinen im Wasser in Sicherheit. Sie pflanzen sich nur einmal im Jahr fort und bringen zwei bis acht Junge zur Welt. Der Hauptfeind ist der Jaguar, der dem Wasserschwein an seinen Wechseln auflauert.

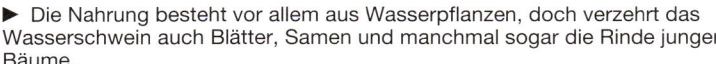

▲ Das Wasserschwein oder Capybara (*Hydrochoerus hydrochaeris*) ist das größte lebende Nagetier. Obwohl es wie ein typisches Landsäugetier aussieht, ist es vorzüglich an das Wasserleben angepaßt und bewohnt vor allem die Uferbereiche von Flüssen und Seen in Südamerika. Es gräbt sich keine unterirdischen Baue, ruht jedoch gern längere Zeit in natürlichen Bodensenken im Schatten. Wasserschweine leben in Familienverbänden zusammen, die 15-20 Tiere umfassen. Dieses große Nagetier ist von ruhiger und friedlicher Gemütsart. Als sehr guter Schwimmer flüchtet es immer ins Wasser, wenn eine Gefahr droht.

▶ Die Nahrung besteht vor allem aus Wasserpflanzen, doch verzehrt das Wasserschwein auch Blätter, Samen und manchmal sogar die Rinde junger Bäume.

▼ Das Wasserschwein ist, wie bereits betont, ein sehr guter Schwimmer und kann mehrere Minuten lang unter Wasser bleiben, wobei es größere Entfernungen zurücklegen kann. Wenn es breite Flüsse durchquert, schwimmt es immer in einer ganz geraden Linie und behält dabei eine ziemlich gleichbleibende Geschwindigkeit bei. Selbst wenn es taucht, behält es seine Richtung stetig bei.

BAUMSTACHLER
(ERETHIZON DORSATUM)

Ordnung Rodentia
Familie Erethizontidae
Größe Kopf-Rumpflänge 60-85 cm
Gewicht 5-12 kg
Zahnformel $\frac{1.0.1.3}{1.0.1.3} = 20$
Fortpflanzungszeit April bis Juni
Tragzeit 7 Monate
Anzahl der Jungtiere Im allgemeinen 1, zuweilen 2
Geschlechtsreife Nach etwa 15 Monaten
Höchstalter 10 Jahre, nach in freier Wildbahn markierten und wiedergefundenen Exemplaren

Das auffälligste Merkmal des Baumstachlers sind seine Stacheln, die ihn sehr ähnlich aussehen lassen wie die echten Stachelschweine der Alten Welt. Der Baumstachler ist ein kompaktes und untersetztes Tier. Der kräftige Greifschwanz, der ihm beim Klettern in den Bäumen eine große Hilfe ist, bleibt kürzer als der Körper und erreicht 10-30 cm Länge. Die kurzen Beine sind sehr kräftig und mit mächtigen Krallen versehen. Bei einem einzigen Exemplar wurden bis 30.000 Stacheln gezählt. Die Stacheln wachsen nur auf dem Rücken und sind bis 10 cm lang. Die Stacheln sind an der Basis gelblich-weiß und an der Spitze braunschwarz. Im Winter ist der Baumstachler mit einem Winterfell aus langen, dunklen Haaren bedeckt, so daß es aus der Ferne betrachtet fast schwarz wirkt, es sei denn, er richtet seine Stacheln auf. Der Baumstachler ist in weiten Teilen Nordamerikas verbreitet und kommt von der Küste des Pazifik bis zur atlantischen Küste und von Alaska bis New Mexiko überall dort vor, wo Nadelbäume wachsen.
Baumstachler sind Nachttiere und suchen ihr Futter in Bäumen, nämlich Rinde, dünne Zweige, Blätter und Blüten. Die Paarung findet im Spätherbst oder zum Winteranfang statt und die Jungen werden im darauffolgenden Sommer geboren. Sie sind bei der Geburt bereits relativ weit entwickelt. Die Augen sind nämlich offen und die Stacheln schon vorhanden. Sie sind zwar zunächst noch weich, erhärten aber binnen einer halben Stunde. Zwei mit dem Baumstachler verwandte Arten sind der Greifstachler (*Coendou prehensilis*) und der Borsten-Baumstachler (*Chaetomys subspinosus*).

Borsten-Baumstachler (*Chaetomys subspinosus*)

Greifstachler (*Coendou prehensilis*)

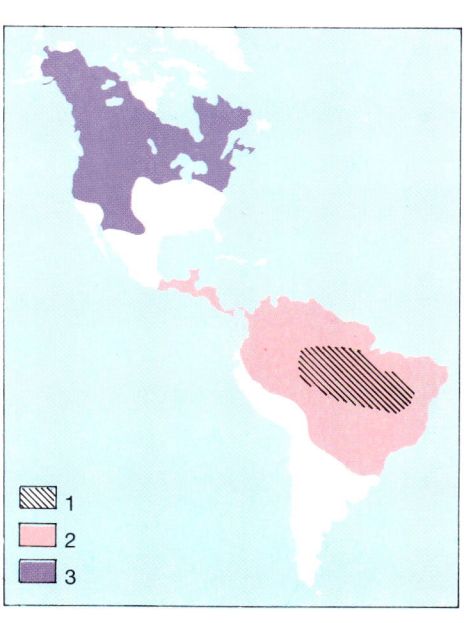

◄ Der nordamerikanische Baumstachler (*Erethizon dorsatum*) in einer typischen Haltung, die zeigt, wie er bei der Nahrungssuche auf Bäume klettert. Er ist vorwiegend nachtaktiv und frißt Rinde, Blätter und weiche Zweige.

▼ Der Baumstachler ernährt sich von den Blättern, Knospen und Zweigen des Zuckerahorns und der Tanne. Im Sommer verzehrt er außerdem noch Wurzeln, Blüten, Beeren und die Samen verschiedener Pflanzen, darunter selbst die von Wasserpflanzen.

◄ Der Amerikanische Uhu (*Bubo virginianus*) ist einer der Hauptfeinde des nordamerikanischen Baumstachlers.

▨	1
▨	2
▨	3

◄ 1) *Chaetomys subspinosus* lebt in Gebieten mit niedriger Vegetation im östlichen und nördlichen Brasilien.
2) *Coendou prehensilis* ist in Mittelamerika und im nördlichen Südamerika verbreitet.
3) *Erethizon dorsatum* lebt in Nordamerika, von Alaska bis nach New Mexiko.

263

BERGLEMMING
(LEMMUS LEMMUS)

Ordnung Rodentia
Familie Arvicolidae
Größe Kopf-Rumpflänge 12-14 cm
Gewicht 30-90 g
Zahnformel $\frac{1.0.0.3}{1.0.0.3} = 16$
Fortpflanzungszeit Frühling bis Herbst, bis drei Würfe; gelegentlich sogar im Winter
Tragzeit 16-21 Tage
Anzahl der Jungtiere 1-7, im allgemeinen 5
Geschlechtsreife Weibchen in Gefangenschaft nach frühestens 3 Wochen
Höchstalter in freier Wildbahn 2 Jahre

Der Berglemming besitzt einen tonnenförmigen Körper, kurze Beine, kurze Ohren, einen kurzen Schwanz, sowie kleine Augen. Auffällig ist seine Färbung: Oberkopf und Schultern sind schwarz, doch wird die schwarze Färbung von gelben Flecken zwischen den Ohren unterbrochen, die sich als gelbe Streifen bis zu den Augen ziehen. Die Innenseite der Ohren ist weiß behaart und die schwarze Färbung des Kopfes läuft als Streifen den Rücken hinab. Der Rest der Oberseite ist rotbraun, die Flanken sind beige, während der Bauch heller gelbgrau gefärbt ist.
Der Berglemming bewohnt die alpinen und subalpinen Zonen der Gebirge Skandinaviens und der Halbinsel Kola. Er ist vorwiegend nachtaktiv, selbst im nordischen Sommer, wenn es unter dem Einfluß der Mitternachtssonne die ganze Nacht lang hell bleibt. Lemminge graben sich keine besonders verzweigten Baue und sind in dieser Hinsicht keine typischen Wühlmäuse. Sie leben anstattdessen nah an der Oberfläche im Moos und Gras, und die von der Erdoberfläche zu ihrem Nest führenden Gänge sind selten mehr als einen Meter lang. Das runde Nest, das im Sommer aus Gras gebaut und mit trockenem Moos ausgekleidet wird, liegt oft unter Steinen, Baumstümpfen, abgefallenen Ästen oder Grasbüscheln. Ein kurzer Fluchtstollen ohne Ausgang führt vom Nest aus nach unten. Im Winter ist das Nest völlig schneebedeckt. Lemminge sind wegen ihrer gewaltigen jährlichen Populationsschwankungen bekannt und wegen der periodischen Massenwanderungen, die daraus resultieren. Wie die Feldmäuse sind auch die Lemminge imstande, sich äußerst rasch zu vermehren, wenn die Umweltbedingungen günstig sind, und sie erreichen die Geschlechtsreife sehr schnell. Die Trag-

▲ Der Berglemming (*Lemmus lemmus*) unterscheidet sich von allen anderen Lemmingarten durch seine kontrastreiche schwarz-gelbe Fellfärbung. Er bewohnt die subalpinen und alpinen Regionen der Gebirge Skandinaviens und der Halbinsel Kola, doch erweitert er in den Jahren seiner Massenwanderungen sein Verbreitungsgebiet beträchtlich. Er ist vorwiegend nachtaktiv und gräbt keine sehr langen Erdgänge wie andere Wühlmausarten, sondern lebt dicht unter der Erdoberfläche im Moos und Gras.

▶ Der Berglemming ernährt sich von Moos und Gräsern, die in der Tundra besonders zahlreich wachsen, verschmäht aber auch Flechten nicht.

▼ Die Wanderzüge der Lemminge werden immer stark übertrieben dargestellt. Es wird berichtet, die Lemminge würden sich in riesigen Scharen sammeln, zur Küste ziehen und sich blindlings in die Wellen stürzen, um zu ertrinken – eine Art mystischer Todesmarsch. Genaue und vorurteilsfreie Beobachtungen haben jedoch ergeben, daß die Lemminge im allgemeinen allein und nachts wandern. Sie folgen ihrer eingeschlagenen Richtung so genau wie möglich und weichen von ihr nur ab, wenn sie auf größere Hindernisse wie Flüsse oder Seen stoßen. In einem derartigen Fall können dann allerdings größere Mengen von Lemmingen an Landengen oder an Stellen, an denen der Weg eng wird, zusammenkommen und solche Ansammlungen sind dann sehr auffällig. Es ist auch bekannt, daß die Lemminge, wenn sie das Hindernis nicht umgehen können, nicht etwa umkehren, sondern versuchen, es zu durchschwimmen. Bei starker Strömung ist es schwierig, die Richtung einzuhalten, und die Lemminge können ertrinken. Dennoch sind sie in Wirklichkeit viel bessere Schwimmer als ihre Verwandten, vielleicht weil ihr Fell mehr Luft enthält und daher das Schwimmen erleichtert. In sogenannten "Lemmingjahren" kann man daher viele tote Lemminge an den Ufern von Seen und Flüssen finden.

zeit dauert nur 20-21 Tage und die Anzahl der Jungen pro Wurf ist beträchtlich. Außerdem können sich die Lemminge sogar im Winter unter der Schneedecke fortpflanzen. Etwa alle vier Jahre ereicht die Population der Lemminge fast gleichzeitig in ihrem gesamten Verbreitungsgebiet einen Höhepunkt. Darauf reagieren die Lemminge dadurch, daß sie in großen Scharen in Gegenden auswandern, die sie vorher noch nicht besiedelt hatten.

Der Hauptgrund für das Verschwinden der Lemminge in Gebieten, in denen sie vorher besonders zahlreich waren, ist sicherlich die Nahrungsknappheit infolge der Überweidung. Die Untersuchung solcher Gebiete nach dem Auszug der Lemminge hat gezeigt, daß viele Pflanzenarten, die ihre Hauptnahrungsquelle bilden, völlig verschwunden sind und daß selbst solche Pflanzen, die von den Lemmingen nur in der äußersten Not gefressen werden, selten geworden sind.

Die Lemminge müssen natürlich eine derartige Ausbeutung ihrer Nahrungquellen vermeiden. Sie besitzen zwei Eigenschaften, die ihnen dabei helfen. Einmal sind Lemminge aggressiver gegenüber ihren Artgenossen als andere Nager. Zweitens sind sie bei zunehmender Populationsdichte eher zu Wanderungen bereit als andere Nager, selbst wenn diese Wanderungen sie in ungünstigere Lebensräume führen. Eine saisonale Wanderung in geringem Umfang scheint sowieso der Normalfall zu sein. Weil aber alle günstigen Lebensräume in der näheren Umgebung bereits ihre – aggressiven – Besitzer haben, kann es lange dauern, bevor die wandernden Tiere geeignete Gebiete finden, wo sie sich ansiedeln können. Dabei sterben viele, andere aber finden unbewohnte Gegenden mit ausreichenden Nahrungsquellen, wo sie sich ansiedeln und auch längere Zeit hindurch leben, sich zuweilen sogar fortpflanzen können.

▲ Das Winternest wird direkt unter der Schneedecke in der Vegetation angelegt.

▼ Berglemminge haben sehr viele Feinde. Die gefährlichsten sind die Große Raubmöwe, die Schneeule, der Rauhfußbussard, das Hermelin und der Eisfuchs.

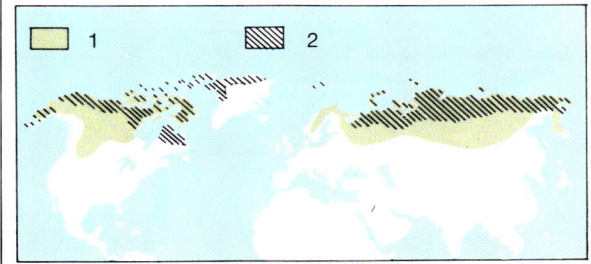

▲ 1) Verbreitung der Gattung *Lemmus*. 2) Verbreitung der Gattung *Dicrostonyx*. Beide Gattungen, *Lemmus* und *Dicrostonyx*, enthalten fünf Arten. *L. lemmus*, *L. sibiricus* und *L. amurensis* kommen in Eurasien vor, *L. trimucronatus* und *L. nigripes* in Nordamerika. *D. torquatus* lebt in Eurasien, während *D. groenlandicus* und *D. hudsonicus* amerikanische Arten sind.

▲ Der Halsbandlemming (*Dicrostonyx torquatus*) ist von etwa gleicher Größe wie der Berglemming. Sein Sommerkleid ist graubraun, auf der Bauchseite jedoch deutlich heller; im Winter wird das Fell ganz weiß.

◀ Ein weiteres charakteristisches Merkmal des Halsbandlemmings liegt darin, daß die Krallen der dritten und der vierten Zehe am Vorderfuß im Winter auffällig länger werden und sich spreizen. Das ist sicher eine Anpassung an das Graben im tiefen Schnee.

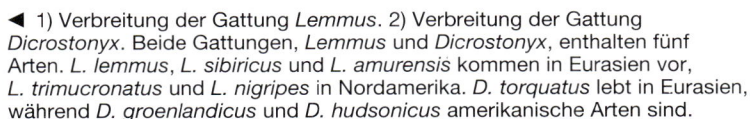

PRÄRIE-TASCHENRATTE
(GEOMYS BURSARIUS)

Ordnung Rodentia
Familie Geomyidae
Größe Kopf-Rumpflänge 14-23 cm;
Schwanzlänge 5-11,5 cm
Gewicht 125-350 g
Zahnformel $\frac{1.0.1.3}{1.0.1.3} = 20$
Fortpflanzungszeit Im Norden seines
Verbreitungsgebietes jedes Jahr nur ein
Wurf, im Süden zwei oder mehr
Anzahl der Jungtiere 1-8, normaler-
weise 3-5
Tragzeit 18-19 Tage
Geschlechtsreife Nach etwa 3 Monaten
Höchstalter Unbekannt

Die Prärie-Taschenratte lebt im zentralen Präriegürtel der Vereinigten Staaten,
von den Großen Seen im Norden bis nach
Texas. Sie bevorzugt leichte, braune
Sandböden oder Prärieböden, die nur
spärlich mit Büschen oder Bäumen bestanden sind. Jede Taschenratte besitzt
ihren eigenen Bau und nur während der
Paarungszeit kann man ein Paar zusammen im gleichen Bau finden. Den Rest
des Jahres hindurch sind die Taschenratten jedoch extreme Einzelgänger.
Taschenratten sind in den Sommermonaten aktiver als im Winter, doch halten
sie keinen Winterschlaf. Sie können sich
den Winter über offensichtlich von den
Nahrungsvorräten ernähren, die sie in der
Nachbarschaft gesammelt und in ihren
Backentaschen eingetragen haben. Es
scheint, daß die Wintervorräte gar nicht
ganz aufgebraucht werden, denn beim
Aufgraben von Taschenrattenbauen wurden manchmal verrottete Pflanzenteile
gefunden. Ist die Bodenschicht tief genug, reichen die Baue der Taschenratten
bis 1,5 m tief in den Boden und ihre Gesamtlänge kann bis 100 m betragen. Die
Beine der Taschenratten sind ziemlich
schmal, so daß sie sich in ihren Gängen
sowohl vorwärts wie rückwärts fortbewegen können. Ihre Baue, die besetzten
sowohl wie leeren, dienen oft anderen
Tieren als Unterschlupf.
Die Jungtiere werden ungefähr 10 Tage
lang ausschließlich von ihrer Mutter gefüttert. Sie bleiben bis zum Alter von zwei
Monaten im Bau der Mutter, dann aber
müssen sie ein eigenes Revier finden und
sich einen eigenen Bau graben. Dabei
müssen sie sich auch gegen andere junge
Taschenratten behaupten.

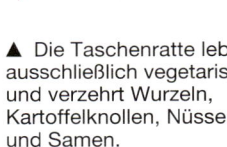

▲ Die Taschenratte leb
ausschließlich vegetaris
und verzehrt Wurzeln,
Kartoffelknollen, Nüsse
und Samen.

▲ Die Vorderpfoten sind sehr muskulös und tragen lange,
gebogene Krallen, denn Taschenratten benutzen ihre
Vorderbeine vor allem zum Graben. Die langen Nagezähne
sind sehr kräftig und von außen sichtbar. Eine Haut an der
Seite der Schnauze ermöglicht es der Taschenratte, ihr
Maul zu schließen, und verhindert zugleich, daß Erde in die
Mundhöhle eindringt. Diese gewaltigen Zähne stellen gute
Hilfsmittel beim Graben dar, doch besteht ihre Hauptauf-
gabe natürlich darin, das Futter abzubeißen und zu
zerkleinern. Die Nahrung der Taschenratte setzt sich vor
allem aus unterirdischen Pflanzenteilen zusammen. Der
Schwanz der Taschenratte ist verhältnismäßig kurz, schütter
behaart oder ganz nackt und sehr empfindlich, denn seine
Spitze enthält Blutgefäße und Nervenenden.

▲ Die Prärie-Taschenratte (Geomys bursarius) ist in ihrem Körperba
hochgradig an das Graben im Erdboden angepaßt. Der Körper ist
sehr untersetzt, der Hals fehlt und die Gliedmaßen sind kurz und
stämmig. Augen und Ohren sind gut entwickelt, doch ist die
Ohrmuschel klein und rundlich. Die beiden Backentaschen sind
völlig haarlos, sie werden zum Eintragen von Nahrung und von
Pflanzenteilen für den Nestbau benutzt. Das Fell ist recht kurz und
weich und variiert von hell gelbbraun bis fast schwarz auf dem
Rücken, doch ist die Unterseite immer etwas heller, geht aber
ohne Grenze in die Rückenfarbe über. Wie bei fast allen Geomyidae
ist das Männchen größer als das Weibchen.

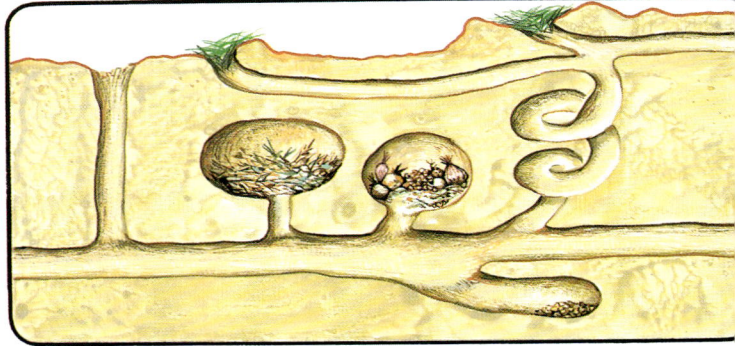

▲ Die Gesamtlänge der Gänge eines Taschenrattenbaues kann mehr als
100 m betragen. In den unterirdischen Kammern kann man große Mengen
von Wurzeln, Kartoffelknollen, Nüssen und Samen finden.

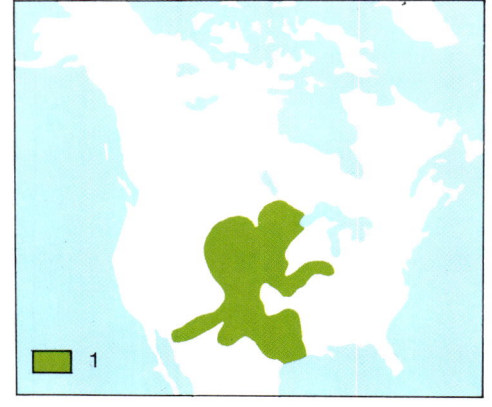

◄ 1) Das Verbreitungsgebiet der Prärie-Taschenratte (Geomys bursarius).

WÜSTENSPRING-MAUS
(DIPODOMYS DESERTI)

Ordnung Rodentia
Familie Heteromyidae
Größe Kopf-Rumpflänge 10-20 cm;
Schwanzlänge 10-21,5 cm
Gewicht 35-140 g
Zahnformel $\frac{1.0.1.3}{1.0.1.3} = 20$
Fortpflanzungszeit Sehr unterschiedlich
Anzahl der Jungtiere Unterschiedlich;
in Gefangenschaft 1-6, meist 2-4

Die Wüstenspringmaus ist besonders gut
an das Leben in wüstenhafter Umgebung
angepaßt. Ihre Schädelknochen sind papierdünn und die Augenhöhlen sind groß.
Die Farbe der Oberseite reicht von ockerfarben bis lederbraun, die Unterseite und
die Beine sind rein weiß.
Die oberen Schneidezähne der Wüstenspringmaus sind abgeflacht und weisen
an der Vorderseite ein Muster aus Längsrinnen auf; die unteren Schneidezähne
sind dagegen im Querschnitt rund und
haben eine glatte Vorderseite. Die Vorderbeine sind fünfzehig, die Hinterbeine
vier- oder fünfzehig und alle Zehen sind
krallenbewehrt. Die Augen sind sehr
groß, halbkugelig vorspringend und dunkel gefärbt. Diese Art lebt in Teilen Kaliforniens, Nevadas und Arizonas, östlich
bis zur Südwestecke des Staates Utah. In
Mexiko kommt die Art im Nordosten der
Halbinsel von Niederkalifornien, ferner
in den Staaten Sonora und Chihuahua.
Wüstenspringmäuse sind Nachttiere, die
den Tag in ihren Bauen verschlafen. Sie
ernähren sich fast völlig vegetarisch und
fressen Samen, Früchte und grüne Pflanzenteile; beim Fressen benutzen sie oft ihre Vorderpfoten. Sie brauchen kein Wasser zu trinken, sondern entnehmen ihrer
Nahrung alle Flüssigkeit, die sie benötigen. Ihre Nieren und selbst ihre Harnblase sind so gebaut, daß sie ihren Futterpflanzen das Wasser entziehen können.
Die Baue der Wüstenspringmäuse liegen
meist in geringer Tiefe und häufig in
lockerem Boden. *Dipodomys deserti* legt
ihren Bau in feinem Sand in etwa 50 cm
Tiefe an. Ihre Gänge unterminieren den
Boden oft auf weite Strecken. Jeder Bau
enthält eine Nestkammer, die mit Heu,
Vogelfedern und anderen weichen Materialien ausgekleidet ist. Die Vorratsräume liegen in der Nachbarschaft der
Nestkammer und sind oft sehr geräumig.

▲ Die Hinterbeine der Wüstenspringmaus sind außerordendlich mächtig
entwickelt, während die Vorderbeine extrem kurz und fast unter dem Pelz
verborgen sind. Die Wüstenspringmaus geht nachts auf Nahrungssuche
und hüpft dabei in großen Sprüngen über den Sand. Der dicht behaarte
Schwanz ist länger als Kopf und Rumpf zusammen und trägt am Ende
eine Quaste aus langen, schwarzen Haaren, doch die Spitze ist hell.

◄ Die Nahrung der Wüstenspringmaus besteht aus grünen
Pflanzenteilen, Früchten und
Samen. Sie braucht nicht zu
trinken, weil sie die nötige
Flüssigkeit mit Hilfe spezieller
Anpassungen ihrer Exkretionsorgane aus ihrer Nahrung
gewinnen kann.

▲ Die Backentaschen
werden zum Transport des
Futters benutzt. Die Wüstenspringmaus füllt und entleert
sie mit Hilfe der kurzen
Vorderbeine.

▲ 1) Verbreitung der Wüstenspringmäuse.
Das Verbreitungsgebiet von *Dipodomys ordii*
reicht in Südtexas bis zum Golf von Mexiko
und überschreitet am Colorado River die
Grenze nach Mexiko.

▲ Tagsüber verschließt die
Wüstenspringmaus den
Eingang zu ihrem Bau und
verschläft den Tag in ihrem
Nest aus zerkleinertem Heu,
das sich ganz in der Nähe
ihrer Vorratskammer befindet.

◄ Wenn eine Wüstenspringmaus einen Angreifer
vertreiben will, stützt sie sich auf ihre Vorderbeine und
schleudert mit den Hinterbeinen gezielt Sand gegen
ihn. Diese Art der Verteidigung ist sogar gegenüber
solch gefährlichen Gegnern wie Klapperschlangen
wirksam.

WEISSKEHLFLUG-HÖRNCHEN
(PETAURISTA LEUCOGENYS)

Ordnung Rodentia
Familie Sciuridae
Größe Kopf-Rumpflänge 34-48,5 cm;
Schwanzlänge 28-38,5 cm
Gewicht 800-1.500 g
Zahnformel $\frac{1.0.2.3}{1.0.2.3} = 22$
Fortpflanzungszeit Einmal jährlich
von Februar bis Juni
Tragzeit Unbekannt
Anzahl der Jungtiere 1-4, normalerweise 2
Geschlechtsreife Vermutlich nach eineinhalb Jahren
Höchstalter Ungefähr 14 Jahre

Das Weißkehlflughörnchen ist viel größer als das normale Eichhörnchen, dem es, abgesehen vom Besitz einer Flughaut, recht ähnlich ist. Die Flughaut erstreckt sich vom Handgelenk des Vorderbeines bis zum Knie des Hinterbeines und besteht aus einer dünnen, fellbesetzten Hautfalte und einer knorpeligen Spange, die vom Handgelenk nach hinten reicht und der Flughaut zusätzliche Festigkeit verleiht. Ähnliche Hautfalten sind außerdem zwischen den Handgelenken und dem Hals, sowie zwischen den Fersen und dem basalen Viertel des Schwanzes entwickelt. Werden sie nicht benutzt, werden diese elastischen, gummiartigen Flughäute an die Körperflanken angelegt. Der Kopf der Flughörnchen ist kurz und rundlich, die Augen sind groß. Der erste kurze Finger der Hand trägt einen Nagel, die anderen Finger sind dagegen mit langen, scharfen Krallen versehen, die denen einer Katze gleichen. Die Haare des Felles sind lang und weich und außerordentlich leicht.
Das Weißkehlflughörnchen kommt in Japan auf der Hauptinsel Honshu vor, sowie auf den südlich gelegenen Inseln Shikoku und Kyushu und in Westchina von Kansu bis nach Yünnan. In Japan lebt das Riesenhörnchen von der Ebene bis in 1.800 m Höhe im Gebirge und bewohnt Wälder mit großen, alten Bäumen.
Als vollständig nachtaktives Tier kommt das Weißkehlflughörnchen nur nachts heraus und bleibt den Tag über in seinem Nest versteckt. Nach Sonnenuntergang kann man die Flughörnchen beim Gleitflug beobachten. Bevor sie absegeln, messen sie die Entfernung zum Stamm des Zielbaumes sehr sorgfältig, indem sie den Kopf heben und senken. Dann springen

Pteromays volans

Petaurista petaurista

Glaucomys volans

▲ Die großen und kleinen Flughörnchen sind Waldbewohner und können Gleitflüge über Entfernungen von 30-50 m ausführen, doch ist auch ein Flug über eine Distanz von 150 m nachgewiesen. Tagsüber bleiben sie in ihren Nestern und kommen erst nach Sonnenuntergang heraus. Die Flughaut wird von einer knorpeligen Spange gehalten, die vom Handgelenk bis zum Ellbogen reicht. Sie kann durch willkürliche Bewegungen dieser Knorpelspange ausgestreckt bzw. eingezogen werden.

▼ Die Nahrung der Flughörnchen besteht aus Samen, verschiedenen Nüssen, sowie Eicheln, Rinde und Moos. Zuweilen bereichern sie ihre Kost mit Vogeleiern.

sie ab, wobei sie sich mit den Hinterbeinen kräftig abstoßen. Beim Segeln halten sie den Körper in horizontaler Lage, den Schwanz nach hinten und die Gliedmaßen seitlich ausgestreckt. Bei der Annäherung an das Ziel bringen sie ihren Körper in senkrechte Position durch Anheben des Schwanzes, wodurch sie etwas nach oben gleiten, und landen auf allen Vieren am Baumstamm. Selten gleiten sie direkt bis zum Erdboden herunter. Sofort nach der Landung rennen sie auf die entgegengesetzte Seite des Baumstammes, um nach Feinden Ausschau zu halten. Dann klettern sie in den Wipfel hinauf, um zum nächsten Baum weiterzufliegen.

Durch wiederholte Gleitflüge erreichen sie schließlich ihre Futterplätze. Die Distanz eines Gleitfluges beträgt normalerweise 40-50 m, doch manchmal sogar 180-200 m. Ihre Nahrung besteht aus den Sprossen, Blättern und jungen Zweigen von Zedern, Tannen, Ahorn- und Kirschbäumen, aus Früchten wie Dattelpflaumen, Kirschen und Himbeeren, sowie aus Ahornsamen, Eicheln und Kastanien, außerdem aus Rinde. Sie verzehren aber auch Käfer und kleine Jungvögel.

Das Nest wird in einem hohlen Baum angelegt. Der Eingang mißt 10-20 cm im Durchmesser und die Nestkammer liegt unterhalb des Eingangs. Sie sie dick mit Zedernrinde, Kiefernnadeln oder manchmal mit trockenem Gras ausgelegt. In Gebieten mit wenigen großen Bäumen werden Zweige, Rindenstücke oder Blätter zusammengetragen und das Nest wird auf einem Ast angelegt. Es ist kugelförmig, allerdings oben etwas abgeflacht, und etwa 50-55 cm breit. In den seltenen Fällen, in denen ein Nest bereits von oben durch andere Äste gegen Regen geschützt ist, kann es auch schüsselförmig wie ein Vogelnest sein. Manchmal liegen die Nester auch in den Giebeln oder unter den Dachsparren von Gebäuden wie Tempeln oder Schreinen, und das Flughörnchen führt dort ein Einsiedlerleben. In der Regel bilden jedoch mehrere Nester, die allerdings jeweils mehr als zehn Meter Abstand voneinander haben, eine Kolonie. Die Jungtiere verlassen das Nest sofort, wenn ihre Augen sich geöffnet haben, was 45 Tage nach der Geburt der Fall ist. Dann beginnen sie sofort, in niedrigen Ästen den Gleitflug zu üben.

Es gibt noch verschiedene andere Flughörnchen, darunter der Taguan (*Petaurista petaurista*), das Gewöhnliche Flughörnchen (*Pteromys volans*) und der Assapan (*Glaucomys volans*).

Ein Gewöhnliches Flughörnchen stößt sich mit den Hinterbeinen ab und springt in die Luft, dabei streckt es seine Vorderbeine so weit wie möglich nach vorn, um die Flughaut zu entfalten. Vor der Landung auf einem anderen Baum bringt es seinen Körper und den Schwanz in aufrechte Position, damit die Beine den Aufprall bei der Landung abfedern können. Der Schwanz dient während des Gleitfluges als Steuer. Nach der Landung rennt das Flughörnchen sofort auf die andere Seite des Astes und drückt sich kopfunter fest dagegen, um sich vor etwaigen Feinden zu schützen.

▲ Das Gewöhnliche Flughörnchen bringt zwei bis fünf Junge bei einem Wurf zur Welt. Diese beginnen 45 Tage nach der Geburt, den Gleitflug zu üben. Zunächst zeigen sie Anzeichen von Furcht vor dem Absprung.

▲ Kurz vor dem Absprung mißt das Flughörnchen die Entfernung zum Zielbaum durch Heben und Senken des Kopfes.

◄ Ein junges Flughörnchen, das bei einem Übungsflug auf den Erdboden gefallen ist, wird von seiner Mutter zum Baum zurückgetragen. Dabei schlingt es sich um den Hals der Mutter und wird von ihr mit den Zähnen festgehalten.

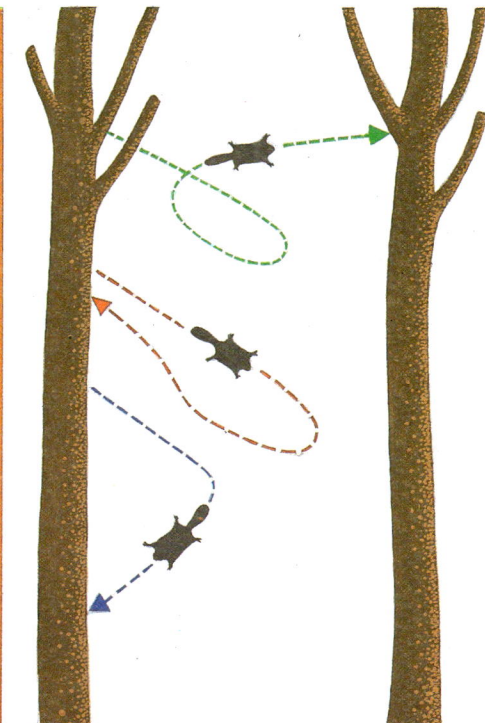

▲ Das Gewöhnliche Flughörnchen ist ein Virtuose der Flugkunst. Von oben nach unten: Ein Spiralflug, Rückkehr an den Startpunkt nach einem Rundflug, und Rückkehr nach einer Drehung im rechten Winkel.

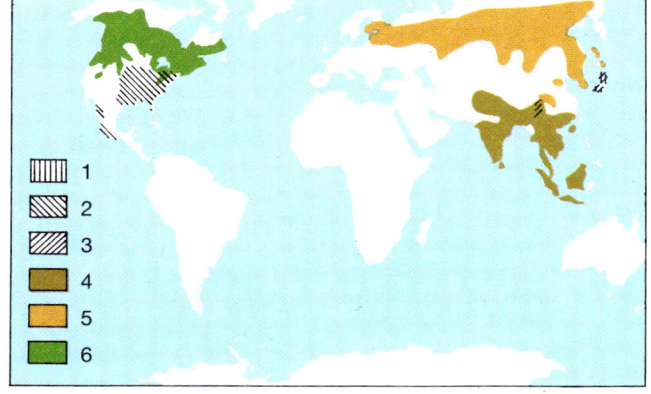

▦	1
▨	2
▨	3
■	4
■	5
■	6

◄ Verbreitungsgebiete der Flughörnchen.
1) *Pteromys momonga*; 2) *Glaucomys volans*; 3) *Petaurista leucogenys*; 4) andere Arten der Gattung *Petaurista*; 5) *Pteromys volans*; 6) *Glaucomys sabrinus*.

PRÄRIEHUNDE
(GATTUNG *CYNOMYS*)

Ordnung Rodentia
Familie Sciuridae
Größe Kopf-Rumpflänge 30-43 cm;
Schwanzlänge etwa 9 cm
Gewicht 900-1.400 g
Zahnformel $\frac{1.0.2.3}{1.0.2.3} = 22$
Fortpflanzungszeit März bis Mai
Tragzeit 33-37 Tage
Anzahl der Jungtiere 2-10
Geschlechtsreife Nach 3 Jahren
Höchstalter Unbekannt

Alle Arten der Präriehunde (Gattung *Cynomys*) gleichen einander sehr. Es handelt sich natürlich nicht um Hunde, sondern um kräftig gebaute Nagetiere. Die Fellfärbung ist bei allen Arten gleich, nämlich beige-grau oder bräunlich, doch mit deutlich sichtbarer Pfeffer-und-Salz-Färbung auf dem Rücken. Der Bauch dagegen ist weißlich. Der kurze Schwanz ist etwas abgeflacht und zeigt oft andeutungsweise eine Ringzeichnung.
Präriehunde besiedelten früher riesige Gebiete in den Prärien der mittleren USA, etwa vom Süden der kanadischen Provinz Saskatchewan bis in den Norden Mexikos. Die Prärien mit ihrem ausgedehnten Grasbewuchs bilden den eigentlichen Lebensraum der Präriehunde. Diese sehr sozialen Tiere sind tagaktiv und innerhalb der Gruppe außerordentlich stark voneinander abhängig, andererseits aber sehr aggressiv ihren Feinden gegenüber, etwa dem amerikanischen Dachs und allen Schlangen. Die großen "Städte" der Präriehunde bestehen aus den Revieren verschiedener Familiengruppen, die jeweils ihr eigenes Weidegebiet enthalten. Jedes dieser Territorien gehört einem erwachsenen, geschlechtsreifen Männchen, das das Revier verteidigt und es samt 1-4 Weibchen und den Jungtieren der letzten beiden Jahre bewohnt. Die Scharmützel an den Grenzen der verschiedenen Reviere werden immer vom Revierbesitzer ausgekämpft. Innerhalb der Familiengruppe besteht eine genau festgelegte "Hackordnung", die nur durch Kämpfe verändert werden kann. Solche Kämpfe finden vor allem im Frühjahr statt. Dann werden nämlich die jungen Männchen nach ihrem dritten Winter allmählich geschlechtsreif und sie müssen nun den heimischen Bau verlassen und sich ein eigenes Revier erobern, gewöhnlich am Rand einer großen Kolonie. Präriehunde sind Vegetarier und fressen vor allem Körner. Der größte Teil der Zeit,

▲ Präriehunde (Gattung *Cynomys*) sind untersetzte, stämmige Nagetiere, die selbstverständlich nicht mit den Hunden verwandt sind. Ihr deutscher Name rührt von ihrem charakteristischen bellenden Alarmruf her, den sie bei Gefahr ausstoßen. Präriehunde sind hochgradig soziale, tagaktive Tiere, die in großen, als "Städte" bezeichneten Kolonien zusammenleben. Ihre Verbreitung erstreckt sich über die großen Prärien der zentralen USA bis nach Nordmexiko.

▶ Präriehunde sind rein vegatarisch und fressen vor allem Gräser.

◀ Beim Fressen nehmen sie eine charakteristische Haltung ein, die dem eines Eichhörnchen gleicht.

▶ Wird das Gras rund um den Eingang zu ihrem Bau zu hoch, "mähen" es die Präriehunde, damit sie die Umgebung beobachten und ein Auge auf etwaige Feinde haben können.

die sie außerhalb ihres Baues verbringen, dient der Futtersuche. Einen beträchtlichen Teil ihrer Zeit verbringen sie jedoch auch in aufgerichteter Haltung Wache stehend. Droht eine unmittelbare Gefahr, verschwinden die Tiere mit einem Schlag in ihren Bauen oder sogar im nächstgelegenen Eingang. Ist der Feind aber noch weiter entfernt, bleiben sie im Eingang sitzen und beobachten ihn, wobei nur der Kopf sichtbar ist. Dabei stoßen sie dauernd ihren Alarmruf aus, der ihnen den deutschen Namen gegeben hat: er hört sich nämlich wie das Bellen eines kleinen Hundes an. Jede Präriehundart besitzt eine Reihe von akustischen Signalen. Abgesehen von ihrem normalen Alarmruf besitzen sie noch weitere Signale, je nachdem, ob sich der Feind am Boden oder in der Luft befindet. Außerdem gibt es einen Entwarnungsruf, den sie auch bei der Markierung ihres Reviers benutzen. Schließlich gibt es einen Hilferuf, der meist an das älteste Männchen gerichtet ist. Bei größerer Gefahr verschwindet die gesamte Population in den Löchern.

Es gibt zwei Typen von Präriehunden. Die erste Gruppe umfaßt ziemlich große und kräftige Arten mit einem längeren Schwanz, der an der Spitze schwarz ist. Es sind nur zwei Arten bekannt: der Gemeine oder Schwarzschwanzpräriehund (*Cynomys ludovicianus*) und der Mexikanische Präriehund (*C. mexicanus*). Er ist die größere Art und läßt sich vom Gemeinen Präriehund an seinem eher grauen oder braunen Fell unterscheiden, dessen hoher Anteil an schwarzen Haaren dem Fell eine deutlich graue Färbung verleiht. Er kommt in drei der nördlichen Staaten Mexikos vor. Der echte Schwarzschwanzpräriehund ist ebenfalls recht groß, doch ist nur das letzte Drittel des Schwanzes schwarz.

Die andere Gruppe enthält die Weißschwanzpräriehunde, deren Schwanz kürzer ist und weniger als ein Fünftel der Kopf-Rumpflänge beträgt. Wie der Name sagt, ist der Schwanz am Ende weiß und auch der Körper ist seitlich weiß gefleckt, so daß diese Tiere von der Seite gesehen weißlich wirken. Der Rumpf dieser Arten ist ungewöhnlich schlank. Sie leben in höher gelegenen Gebieten und in Gebirgstälern. Die Erdhügel am Eingang zu ihren Bauen sind nicht so regelmäßig aufgeschichtet wie die des Gemeinen Präriehundes, bei dem sie ständig verstärkt und erneuert werden. Der Gemeine Weißschwanzpräriehund ist die größte Art in dieser Gruppe. Er ist vom südlichen Montana durch Zentral- und Südwest-Wyoming bis ins westliche Colorado und nordöstliche Utah verbreitet.

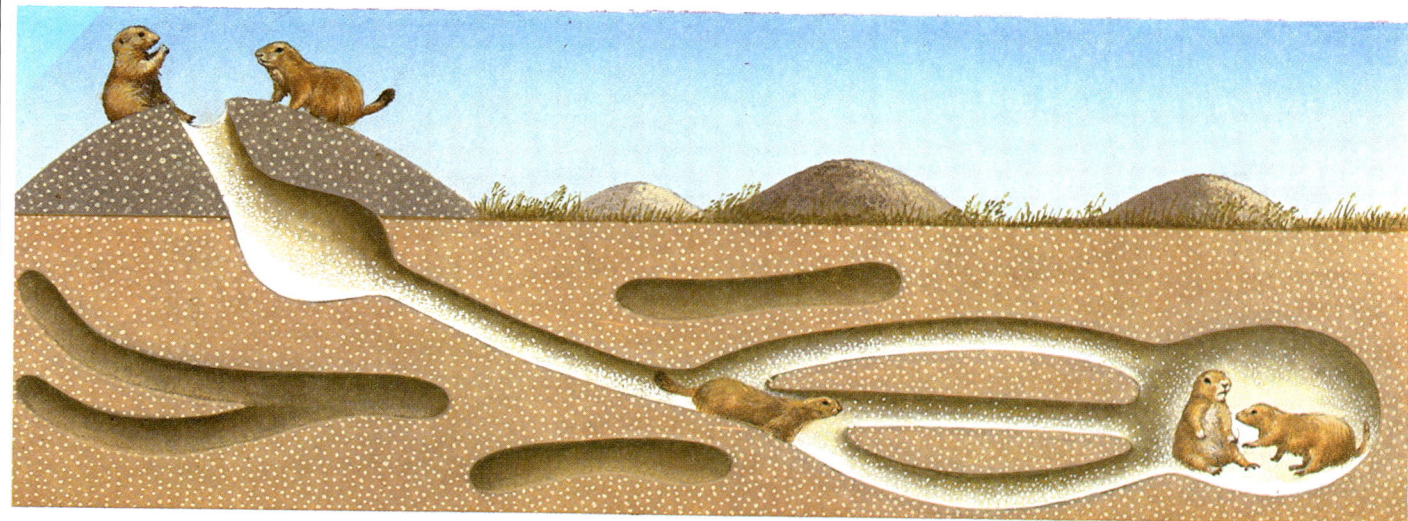

▲ Die Baue der Präriehunde sind sehr solide gebaut. Die Gänge sind etwa 15 cm weit, im Querschnitt rund und können 3-5 Meter tief ins Erdreich hinunterreichen. Von ihnen gehen zwei oder drei kurze Gänge ab, die in einer geschlossenen, rundlichen Nestkammer enden. Diese sind mit Gras ausgepolstert, denn sie liegen ziemlich tief im Erdboden in einer Zone mit kontinentalem Klima, in der die Temperaturen recht niedrig sein können. Die beim Bau herausgeschaffte Erde wird als Hügel rings um den senkrecht nach unten führenden Haupteingang in Form eines kleinen Vulkankraters aufgeschüttet. Diese Erdhügel haben mindestens zwei Aufgaben: wenn es regnet, verhindern sie, daß Wasser ins Innere des Baues fließt, außerdem dienen sie als Aussichtsplattform für die Präriehunde. Einige Meter vom Eingang entfernt innerhalb des Baues befindet sich eine kleine Plattform, die als Ruheplatz und als Horchposten dient. Präriehunde verbringen viel Zeit damit, ihre Erdhügel am Eingang des Baues zu pflegen und auszubessern, vor allem, wenn nach heftigen Regenfällen ein Erdrutsch droht.

▲ Die Abbildungen zeigen einige typische Verhaltensweisen der Präriehunde. Um seinen Besitzanspruch auf ein Revier kundzutun, stellt sich der Präriehund auf die Hinterbeine und stößt einen Ruf aus. Wenn die Jungtiere die Geschlechtsreife erreicht haben, werden sie von den Eltern aus dem Bau vertrieben und müssen ein eigenes Revier erobern. Ein Präriehund steht am Eingang seines Baues Wache und stößt eine Art Bellen aus, wenn Gefahr droht. Damit warnt er die Tiere der ganzen Kolonie, damit sie in ihren Bau flüchten. Präriehunde sich höchst soziale Tiere; wenn sich zwei Tiere treffen, umarmen sie sich und begrüßen einander mit einer Art Kuß. Oft machen sie auch gegenseitige Besuche.

▲ Präriehunde haben viele Feinde, vor allem Taggreifvögel, die sie auf der offenen Prärie leicht greifen können.

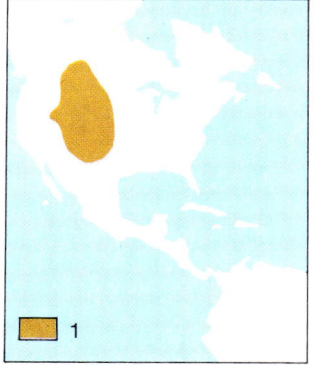

1

◄ Verbreitungsgebiet von *Cynomys ludovicianus* und *Cynomys gunnisoni*. Der Bestandsrückgang der Präriehunde in den weiten Ebenen Nordamerikas beruht vor allem auf der Verfolgung durch den Menschen. Sowohl die Farmer, die Ernteeinbußen durch die Präriehunde befürchten, als auch die Viehzüchter führen seit langer Zeit einen systematischen Vernichtungsfeldzug gegen diese Nager. Das ehemals so große Verbreitungsgebiet der Präriehunde ist daher stark geschrumpft und manche Kolonien sind heute stark gefährdet oder sehen sogar der völligen Zerstörung entgegen.

BIBER
(CASTOR FIBER)

Ordnung Rodentia
Familie Castoridae
Größe Kopf-Rumpflänge 80-100 m
Gewicht 15-30 kg
Zahnformel $\frac{1.0.1.3}{1.0.1.3} = 20$
Fortpflanzungszeit Einmal jährlich, von April bis Juni
Tragzeit Ungefähr 105 Tage
Anzahl der Jungtiere 1-5, meistens 3
Geschlechtsreife Gewöhnlich nach 3 3/4 Jahren
Höchstalter In freier Wildbahn 17 Jahre, in Gefangenschaft 35 Jahre

Der Biber ist das zweitgrößte lebende Nagetier nach dem Wasserschwein (*Hydrochoerus hydrochaeris*). Seine äußere Gestalt läßt schon die Anpassungen an die Lebensweise an den Ufern von Flüssen und Seen erkennen: sein Fell ist auffallend weich und dicht und am Bauch noch dicker als am Rücken. Die Ohren sind klein und die Ohrmuscheln und Nasenlöcher können verschlossen werden. Die Hinterbeine tragen Schwimmhäute zur Vergrößerung der Fläche der Hinterfüße, den Hauptantriebsorganen beim Schwimmen. Der fast nackte und mit Schuppen besetzte Schwanz ist horizontal abgeplattet und wird beim Schwimmen als Steuerorgan benutzt.
Es gibt zwei Biberarten, den Europäischen Biber (*Castor fiber*) und den Nordamerikanischen Biber (*Castor canadensis*). Ursprünglich war der Europäische Biber über die gesamte gemäßigte Zone Europas verbreitet, wenn nur für seine Bedürfnisse ausreichende Bäche, Flüsse oder Seen vorhanden waren. Heute jedoch sind nur noch einige wenige Biber an der Rhonemündung, an der mittleren Elbe, im Süden Norwegens, im Stromgebiet der Beresina, am Don bei Voronesh und im nördlichen Ural übriggeblieben, außerdem in Asien nur noch am Jenissei und Bulugun an der Grenze zwischen China und der Mongolei.
Der Lebensraum des Bibers muß Flüsse oder Seen enthalten, die weder zu klein sein dürfen, noch im Sommer austrocknen oder im Winter bis zum Grund durchfrieren dürfen. Sie müssen ferner mindestens 1,5 m tief sein und am Ufer mit Weiden, Pappeln , Erlen oder Birken bestanden sein, die der Biber sowohl als Nahrung wie als Baumaterial für seine Burg braucht. An Land bewegen sich die Biber recht ungeschickt und gehen meist auf der gesamten Fußsohle. Der Schwanz

▲ Der Biber (*Castor fiber*) beim Fällen eines Baumes. Dabei stellt sich der Biber auf die Hinterbeine, lehnt sich mit den Vorderbeinen gegen den Baumstamm und beginnt zu nagen. Zuerst löst er rings um den Stamm die Rinde ab, dann macht er sich über das Holz her und beißt große Späne ab, bis die Bißstelle die Form von zwei mit der Spitze aufeinandergestellten Kegeln hat. Dann beißt er die Verbindungsstelle durch, bis sie bricht und der Baum umstürzt.

▲ Die Nahrung des Bibers besteht hauptsächlich aus Blättern, Zweigen und Rinde von Weiden, Pappeln und manchmal auch Erlen. Im Sommer verzehrt er auch Kräuter – Mädesüß, Binsen, Seerosen und verschiedene Distelarten.

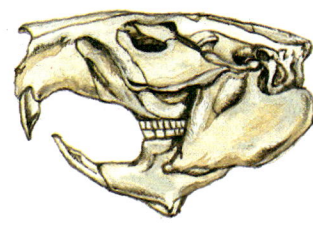

▶ Der massige Schädel des Bibers von der Seite gesehen. Die mächtigen Schneidezähne sind gut zu erkennen. Sie sind von den Backenzähnen durch ein typisches Diastema getrennt.

schwingt beim Laufen hin und her oder schleift am Boden und hinterläßt auf weichem Untergrund eine wellenförmige Spur. Nur wenn Gefahr droht, verfällt der Biber in eine Art Galopp. Im Wasser jedoch ist er weitaus geschickter. Er kann große Strecken zurücklegen, ohne daß mehr als ein kleiner Teil seines Körpers aus dem Wasser herausragt. Da Augen, Nasenlöcher und Ohren an der Oberseite des Kopfes liegen, braucht nur ein kleiner Teil des Kopfes über Wasser zu sein, damit sich der Biber orientieren kann. Beim Schwimmen hält er die Vorderbeine fest an den Körper gepreßt, um den Wasserwiderstand zu verringern. Der Vortrieb kommt nur von den Hinterbeinen, deren Zehen beim Rückstoß gespreizt werden, um die Angriffsfläche zu vergrößern. Sie arbeiten daher wie Ruder. Der Schwanz dient als Steuerruder und wird an der Basis nach unten abgeknickt. Droht Gefahr, schlägt der Biber mit dem flachen Schwanz auf die Wasseroberfläche – das ergibt ein lautes Klatschen, das als Warnsignal dient – und taucht unter. Normalerweise bleibt er nur wenige Minuten lang unter Wasser, doch ist bekannt, daß er 20 Minuten lang untergetaucht bleiben kann.

Biber besitzen zwei charakteristische Merkmale, die sie mit keinem anderen Säugetier teilen: sie können Bäume fällen und Dämme bauen, mit denen sie den Wasserstand ihrer Wohngewässer regeln. Beim Fällen eines Baumes beißt der Biber solange rings um den Stamm dicke Späne aus dem Holz, bis dieser umstürzt. Daher ist die Richtung, in der der Stamm fällt, zufällig. Der Biber ernährt sich im Sommer von Blättern, Zweigen und Teilen der Rinde, und zernagt den Rest als Vorrat für den Winter.

Biber errichten zwei Arten von Bauten, je nach der Art ihres Lebensraumes: Erdbaue in der Uferböschung und Burgen aus Ästen und Zweigen, die mit Schlamm verbacken werden, im Wasser. Wenn sich der Wasserstand häufig ändert, besteht die Gefahr, daß die Gänge austrocknen oder die Wohnkammer überflutet wird. Um dies verhindern, bemüht sich der Biber, den Wasserstand dadurch konstant zu halten, daß er das Wasser durch selbstgebaute Dämme aufstaut. Wie die Biberburg besteht auch der Damm aus Stämmen und Ästen, die mit Pflanzenteilen und Schlamm befestigt werden. Die Biber leben in Familien, die aus einem Männchen und einem Weibchen, sowie den diesjährigen und den vorjährigen Jungtieren besteht. Die jungen Biber verlassen die elterliche Burg gewöhnlich am Ende ihres zweiten Lebensjahres.

▲ Biber errichten zwei Arten von Wohnungen: einfache Erdbaue in der Uferböschung oder kegelförmige Burgen, die aus Ästen und Schlamm bestehen und rings von Wasser umgeben sind. Aus dem gleichen Material bauen die Biber häufig Dämme, um den Wasserstand in ihrem Wohngewässer konstant zu halten. Sie transportieren ihr Baumaterial im Wasser schwimmend.

▲ Eine Biberburg im Querschnitt. Der Eingang, der unter Wasser liegt, führt zu einer geräumigen Wohnkammer, die mit Holzspänen und anderem Pflanzenmaterial ausgepolstert ist. Dieser Typ des Biberbaues wird normalerweise von einem Männchen und einem Weibchen bewohnt, samt den Jungtieren dieses und des vorausgehenden Jahres.

► Querschnitt durch einen Biberbau in einer Uferböschung. Der Eingang liegt immer unter Wasser. Solche Baue können mehrere Jahre lang benutzt werden; die Biber halten sie in Ordnung und reparieren sie im Frühjahr und im Herbst und verstopfen alle Spalten mit Pflanzenteilen und Schlamm. Im Frühjahr ist dies die Aufgabe der Weibchen, doch im Herbst beteiligt sich die ganze Familie an der Arbeit.

ALTAIPFEIFHASE
(OCHOTONA ALPINA)

Ordnung Lagomorpha
Familie Ochotonidae
Größe Kopf-Rumpflänge 15-22 cm;
Ohrlänge 1,5-1,8 cm
Gewicht 10-13 g
Zahnformel $\frac{2.0.3.2}{1.0.2.3} = 26$
Fortpflanzungszeit Von Ende Mai bis
Anfang September
Tragzeit Ungefähr 30 Tage
Anzahl der Jungtiere 3-6, meistens 3-4
Geschlechtsreife Wahrscheinlich nach
etwa einem Jahr
Höchstalter Ungefähr 3 Jahre

Die kurzbeinigen, kurzohrigen, schwanz-
losen und kleinen Pfeifhasen gleichen einem Meerschweinchen mehr als einem
Hasen oder Kaninchen. Dennoch haben
sie vierzehige Hinterpfoten, deren Sohlen vollständig behaart sind, abgesehen
von den Zehenschwielen, die sich unter
jeder Zehe befinden. Die Basis des runden Ohres ist zylindrisch, anders als bei
den Nagetieren. Das Fell ist weich und
seidig und die Färbung ist im Sommer
und im Winter auffallend verschieden.
Das Winterkleid ist oberseits grau bis
dunkelgrau und unterseits gelblich-weiß.
Das Sommerkleid ist dagegen oberseits
deutlich rötlich.
Altaipfeifhasen sind in den nordöstlichen
Teilen Asiens und im westlichen Nordamerika weit verbreitet. Ihre Lebensräume sind Gebiete mit einzelnen großen
Felsblöcken in einem Unterwuchs aus
Kräutern, Gräsern oder alpinen Pflanzen,
oder Blockhalden in Weißtannenwäldern.
Diese tagaktiven Tiere kann man oft beim
Sonnenbaden auf Felsen beobachten. Sie
leben in großen Kolonien zusammen,
doch besetzt jedes Tier oder jedes Paar
ein kleines Revier. Pfeifhasen bewohnen
unterirdische Nester unter großen Felsblöcken oder in Spalten, etwa 50-100 cm
unterhalb des Eingangs, die mit Heu ausgepolstert sind. Jedes Nest besitzt mehrere Zugänge, die zu den verschiedenen
Futterplätzen führen. Auch im Winter
sind Pfeifhasen aktiv und laufen in Gängen unterhalb der Schneedecke herum.
Von August bis September sammeln sie
Vorräte für den Winter, die sie im Maul
eintragen, und speichern diese unter
großen Felsen in der Nähe ihres Nestes.
Bei der Nahrungssuche klettern sie auch
oft auf Bäume, um Zweige abzunagen.
Sie halten keinen Winterschlaf, sondern
bleiben unter der Schneedecke aktiv.

◀ Der Altaipfeifhase (*Ochotona alpina*) ist
ein kleines Tier, dessen erste Vorfahren
vor 44 Millionen Jahren auftraten und das
sich bis heute kaum verändert hat. In
verschiedenerlei Hinsicht gleicht er den
Vorfahren der Hasenartigen. Er lebt in
Felsspalten in der alpinen Zone der
Gebirge oder in selbstgegrabenen
Erdhöhlen in Steppengebieten. Er ist
vorwiegend tagaktiv und bildet individuenreiche Kolonien, doch besetzt jedes
Tier sein eigenes kleines Revier.
Pfeifhasen lassen sich oft auf einem
Felsen sitzend beobachten, wenn sie
sich sonnen und dabei die Nase
zum Himmel recken.

▲ Bei Gefahr stoßen Pfeifhasen einen schrillen Ruf aus, um ihre
Artgenossen zu warnen. Dann verschwinden sie unter den Felsen.

▲ Pfeifhasen haben die Angewohnheit, Gras abzubeißen, um Heu
zu machen. Das abgeschnittene Gras wird zu kleinen Bündeln
gesammelt und zum Nest getragen, wo es zum Trocknen ausgelegt
wird. Nach dem Trocknen wird es unter einem Felsen gelagert.

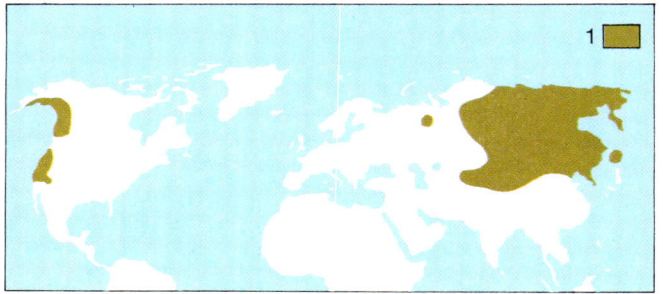

◀ Verbreitungsgebiet von *Ochotona alpina*. Der Altaipfeifhase ist
in Nordostasien vom Ural bis zur Beringstraße und zu den Inseln
Sachalin und Hokkaido verbreitet und kommt auch in Nordamerika
vom Süden Alaskas bis zum Yukon und von Britisch Kolumbien
bis nach Kalifornien und zu den Rocky Mountains vor, ja er erreicht im Süden sogar New Mexico.

SCHNEEHASE
(LEPUS TIMIDUS)

Ordnung Lagomorpha
Familie Leporidae
Größe Kopf-Rumpflänge 46-61 cm;
Schwanzlänge 4-6,5 cm
Gewicht 1,7-5,8 kg
Zahnformel $\frac{2.0.3.3}{1.0.2.3} = 28$
Fortpflanzungszeit März-April und
August-September
Tragzeit 50-51 Tage
Anzahl der jährlichen Würfe 2
Anzahl der Jungen pro Wurf 2-5,
manchmal bis 8
Geschlechtsreife Zwischen 10 und 12
Monaten

Der Schneehase zeigt einen auffälligen
Saisondimorphismus. Im Sommer ist sein
dicker Pelz braungrau gesprenkelt oder
auf dem Rücken rotbraun, auf dem
Nacken einfarbig braun und am Steiß
schwärzlich. Die Ohren sind bräunlich,
haben schwarze Außenkanten und sind
innen weiß. Die Spitzen sind schwarz.
Die Beine sind bräunlich und lohfarben
und weiß gesprenkelt, der Schwanz ist
auf der Unterseite weiß, oberseits aber
braun gesprenkelt. Die Unterseite des
Körpers ist weiß. Im Winterkleid ist der
Schneehase rein weiß, abgesehen von den
schwarzen Spitzen der Ohren.
Das Verbreitungsgebiet des Schneehasen
umfaßt die Alpen, Irland, Schottland,
Skandinavien, Finnland, Teile Polens,
Nordrußland, Sibirien, die Mongolei und
die Mandschurei. In Nordamerika (Grönland, Nordwestkanada und Labrador)
kommt eine verwandte Art vor, nämlich
der Schneeschuhhase (*Lepus arcticus*).
Der Schneehase ist vorwiegend in der
Dämmerung oder nachts aktiv. Er lebt einzeln, doch findet er sich gelegentlich zu
kleinen Gruppen zusammen. Den Tag verbringt er in seinem Lager, das unter einem Busch, in einer Felsspalte, zwischen
großen Felsbrocken oder in einer natürlichen Vertiefung gelegen ist. Im Winter
gräbt er kurze Gänge in den Schnee, entweder als Unterschlupf oder um Nahrung
zu finden. Er ist ein Pflanzenfresser, dessen sommerliche Kost aus Klee, aroma-
tischen Kräutern und anderen krautigen
Pflanzen besteht, ferner aus Beeren und
Pilzen; in den Wintermonaten ernährt er
sich von Heu, Wurzeln, trockenen Trieben und der Rinde von Laubbäumen.
Die wichtigsten Feinde des Schneehasen
sind der Polarfuchs, das Große Hermelin
und die Schneeule.

▲▼ Die Population des Schneehasen (*Lepus timidus*) in den Alpen sind ein
Relikt der nördlichen Fauna, die während der Eiszeit die Alpen besiedelte
und nach dem Rückzug der Gletscher isoliert wurde. Schneehasen kommen
in den Alpen in Höhen zwischen 1.200 und 3.700 Metern vor. Im Winter
verläßt der Schneehase die hochgelegenen Zwergstrauchgebiete und
Bergwiesen und zieht sich in die niedrigeren Wälder mit dichtem Unterwuchs
zurück. Auch die Populationen in der nördlichen Tundra wandern im Herbst
nach Süden in die Waldzone und im Frühjahr zurück in die Tundra. Der
Schneehase zeigt einen auffallenden Saisondimorphismus, denn er besitzt
ein rein weißes Winterkleid und ein brauens, geprenkeltes Sommerkleid.
Die weiße Winterfärbung wird als Tarnung angesehen, aber auch als eine
Anpassung an die harten klimatischen Bedingungen, denen er im Winter
ausgesetzt ist. Der Schneehase ist ein Pflanzenfresser und ernährt sich im
Sommer von Kräutern, Beeren und Pilzen, im Winter von Heu,
Wurzeln und Rinde.

▲ Während der Haarwechsel im Frühjahr allmählich und nur
über eine einzige Zwischenstufe vor sich geht, verläuft der
winterliche Haarwechsel in zwei Etappen: es gibt ein
intermediäres Stadium, währenddessen das Fell grauer
gefärbt ist, weil unter ihm das weiße Winterfell heranwächst,
das dann das graue Sommerfell sehr schnell ersetzt.

◄ 1) Die verschiedenen Unterarten des Schneehasen sind über die Alpen
und über den Norden Europas und Asiens verbreitet. In den arktischen
Gebieten Nordamerikas und Grönlands lebt der Schneeschuhhase (*Lepus
arcticus*), der seinen weißen Pelz das ganze Jahr hindurch behält.

HUNDEARTIGE
(FAMILIE CANIDAE)

Ordnung Carnivora
Familie Canidae
Größe Gesamtlänge 35-135 cm;
Schwanzlänge 11-54 cm
Gewicht 1,5-75 kg
Zahnformel $\frac{3.1.4.2}{3.1.4.3} = 42$
Fortpflanzungszeit Normalerweise einmal jährlich, manchmal zweimal
Tragzeit Annähernd 60 Tage (80 Tage beim afrikanischen Hyänenhund)
Anzahl der Jungtieren 2-14
Geschlechtsreife Nach 10 Monaten bis 3 Jahren
Höchstalter 5-15 Jahre

Die Canidae stellen eine artenarme und homogene Familie dar, doch gehören zu ihnen solche bekannten Tiere wie der Wolf, der Fuchs, der Koyote und der Haushund. Alle Arten sind grundsätzlich für das schnelle und ausdauernde Laufen in einer Art Trott oder sogar Galopp spezialisiert. Daher besitzen sie lange und relativ unelastische Beine mit vier wohlentwickelten Zehen. Die Reißzähne bilden eine Spezialanpassung an das Schneiden von Fleisch, doch sind sie in beschränktem Umfang auch zum Zerkauen geeignet. In der Regel wird ein Wurf im Jahr abgesetzt, doch variiert die Anzahl der Jungtiere von zwei bis vierzehn.

Je nach der angewandten Jagdmethode und nach der Art der sozialen Kontakte kann man drei Typen innerhalb der Canidae unterscheiden:

1) Einzelgänger. Der Fuchs zum Beispiel jagt ganz auf sich allein gestellt kleine Beutetiere, vor allem Nager. Man kann ihn sogar als Allesfresser bezeichnen.

2) Soziale Einzelgänger. Diese bilden einen Übergang zwischen den Einzelgängern und den sozialen Arten. Sie leben und jagen gewöhnlich allein, schließen sich aber häufig zu mehr oder weniger lange andauernden Partnerschaften zusammen.

3) Soziale Arten. Der Wolf und der Hyänenhund beispielsweise leben in zuweilen recht großen Rudeln und haben eine Jagdmethode, mit der sie in der Lage sind, auch große Beutetiere zu überwältigen, doch beruht dieser Erfolg auf dem engen Zusammenwirken aller Angehörigen des Rudels.

Der Schabrackenschakal (*Canis mesomelas*) kommt in Ostafrika und Südafrika vor. Er ist durch seine langen, dreieckigen Ohren ausgezeichnet und noch mehr durch seine schwarz-weiße Fell-

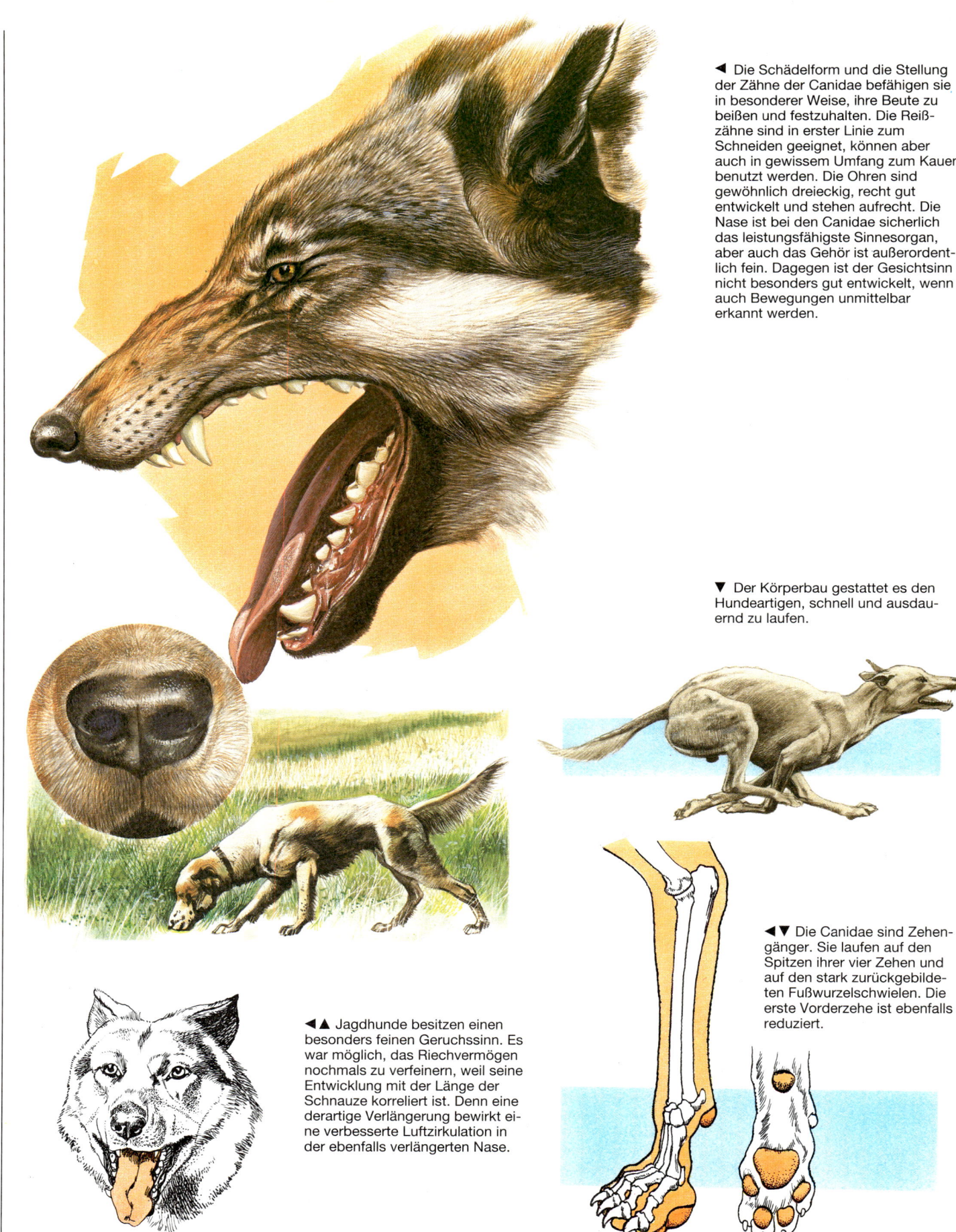

◀ Die Schädelform und die Stellung der Zähne der Canidae befähigen sie in besonderer Weise, ihre Beute zu beißen und festzuhalten. Die Reißzähne sind in erster Linie zum Schneiden geeignet, können aber auch in gewissem Umfang zum Kauen benutzt werden. Die Ohren sind gewöhnlich dreieckig, recht gut entwickelt und stehen aufrecht. Die Nase ist bei den Canidae sicherlich das leistungsfähigste Sinnesorgan, aber auch das Gehör ist außerordentlich fein. Dagegen ist der Gesichtsinn nicht besonders gut entwickelt, wenn auch Bewegungen unmittelbar erkannt werden.

▼ Der Körperbau gestattet es den Hundeartigen, schnell und ausdauernd zu laufen.

◀▲ Jagdhunde besitzen einen besonders feinen Geruchssinn. Es war möglich, das Riechvermögen nochmals zu verfeinern, weil seine Entwicklung mit der Länge der Schnauze korreliert ist. Denn eine derartige Verlängerung bewirkt eine verbesserte Luftzirkulation in der ebenfalls verlängerten Nase.

◀▼ Die Canidae sind Zehengänger. Sie laufen auf den Spitzen ihrer vier Zehen und auf den stark zurückgebildeten Fußwurzelschwielen. Die erste Vorderzehe ist ebenfalls reduziert.

zeichnung. Der rötliche Schwanz hat eine schwarze Spitze.

Der Kurzohrfuchs (*Atelocynus microtis*) bewohnt die Wälder des Amazonasbeckens in Brasilien, Peru, Kolumbien, Ekuador und Venezuela. Die Bewegungen dieses Hundeverwandten im Wald sind sehr vorsichtig, fast wie bei einer Katze. Er besitzt ein dunkles Fell, kurze Beine und einen kurzen Schwanz, der kaum bis zum Boden reicht. Die Ohren sind klein und rundlich und die gleichfalls kleinen Augen stehen auffallend schräg. Der dichte Pelz ist ziemlich rauh.

Der Krabbenfuchs (*Cerdocyon thous*) bewohnt die tropischen und subtropischen Wälder in Südamerika von Kolumbien und Venezuela bis nach Argentinien. Diese Art weist Besonderheiten in der Schädelform, Bezahnung und im Bau der Beine gegenüber den anderen südamerikanischen Hundeartigen auf. Der Krabbenfuchs ist ein Allesfresser, dessen Fellfärbung sehr verschiedenartig sein kann.

Der Mähnenwolf (*Chrysocyon brachyurus*) ist von sehr schlankem Körperbau, bei extrem langen, dünnen Beinen und einem leicht gebauten Körper. Der Kopf gleicht dem eines Fuchses, die Beine sind dunkel, der Körper ist gelbbraun gefärbt. Sein Name bezieht sich auf die Fähigkeit, die Mähne zu sträuben. Er bewohnt Grasländer und Sumpfgebiete vom nordöstlichen Brasilien bis nach Nordargentinien.

Der Fennek (*Fennecus zerda*) ist die kleinste Art der Familie. Er ist blaßgelblich gefärbt und hebt sich kaum vom Sand seines Lebensraumes ab. Er gleicht einem kleinen Fuchs mit großen Ohren. Er bewohnt die Wüsten und Halbwüsten von Nordafrika bis nach Arabien.

Der Marderhund (*Nyctereutes procyonides*) ist ein ziemlich kleines Tier mit sehr kurzen Ohren, kurzen Beinen und einem kurzen Schwanz. Die Fellzeichnung erinnert an die eines Waschbären, wie auch verschiedene andere Merkmale des Körperbaues und des Verhaltens. Diese Übereinstimmungen sind so groß, daß diskutiert wurde, ob der Marderhund nicht näher mit den Kleinbären verwandt sei als mit den Hundeartigen. Ursprünglich bewohnte der Marderhund Sibirien, Japan, die Mandschurei, China und den Nordteil von Indochina. Bereits in historischen Zeiten wurde er jedoch nach Rußland eingeführt, von wo aus er sich nach Zentral- und Nordeuropa ausgebreitet hat.

Der Hyänenhund (*Lycaon pictus*) besiedelt Afrika von 20°N südwärts bis nach Südafrika, fehlt aber in den Tropischen Regenwäldern Westafrikas und des Kongobeckens. Färbung und Zeichnung dieses großen Hundeverwandten sind außerordentlich variabel.

▲ Einige Verhaltensweisen bei den Hundeartigen gehören zu den kompliziertesten, die aus dem Tierreich bekannt geworden sind. Hundeartige beitzen außerdem eine besondere Fähigkeit, neue Informationen auszunutzen. Das beim Angriff auf ein Zebra abgebildete Rudel Hyänenhunde ist bei seiner Jagd perfekt koordiniert, doch sind die steuernden Mechanismen noch nicht völlig aufgeklärt.

▲ Markierung des Reviers mit Urin

▼ Spielen

▼ Rangordnung

▲ Heulen

▲ Schwimmen

▲ Bevorzugte Nahrung

▼ Schlafen

▲ Jagdmethoden

▼ Die Verhaltensmuster der wilden Hundeartigen (von denen einige auf dieser Seite dargestellt sind) finden sich auch beim Haushund.

ROTFUCHS
(VULPES VULPES)

Ordnung Carnivora
Familie Canidae
Größe Gesamtlänge 60-90 cm, Schulterhöhe 35-40 cm
Gewicht 5-8 kg
Zahnformel $\frac{3.1.4.2}{3.1.4.3} = 42$
Fortpflanzungszeit Januar bis Februar
Tragzeit 53 Tage
Anzahl der Jungtiere 3-6
Geschlechtsreife Nach 10 Monaten
Höchstalter 7-10 Jahre; in freier Wildbahn im Mittel 3-4 Jahre

Der Rotfuchs ist sehr weit in den verschiedensten Lebensräumen und Klimazonen verbreitet. In Anpassung an die verschiedenartigen Lebensräume und ihre Möglichkeiten können Färbung und Größe des Rotfuchs beträchtlich variieren. Im allgemeinen ist er auf der Oberseite rötlich gefärbt, auf der Bauchseite aber hell weißlichgrau. Das Fell an der Kehle und an den Seiten des Maules ist fast weiß, jedenfalls heller als der übrige Körper. Die Rückseite der Ohren und die Zehenspitzen sind schwarz. Der Schwanz ist lang und dick und rötlich-braun gefärbt, die Schwanzspitze ist weiß oder schwarz.

Diese Färbung kann je nach der Trockenheit des Lebensraumes und nach seiner Breitenlage sehr unterschiedlich sein und blassere oder leuchtendere Farbtöne aufweisen. Das Fell ist zwar immer dick, doch steht die Länge der Haare in direktem Zusammenhang mit der Beschaffenheit des Klimas, ebenso wie die Dauer des Fellwechsels, der sich in wärmerem Klima mehrere Monate lang hinziehen kann.

Die Augen des Fuchses sind gelblich und gut zum Nachtsehen geeignet, was man bereits an der senkrecht gestellten Pupille erkennen kann. Alle Sinnesorgane sind sehr leistungsfähig, insbesondere aber das Gehör und der Geruchssinn. Der Rotfuchs ist sehr behende und wachsam. Seine Muskulatur ist mächtig entwickelt im Verhältnis zu seinem Gewicht und seiner Körpergröße. Daher springt und läuft er ausgezeichnet.

Der Amerikanische Rotfuchs (*Vulpes fulva*) wird nur als Unterart des holarktisch verbreiteten *Vulpes vulpes* angesehen. In Nordamerika kommt der Rotfuchs von der arktischen Tundra bis in die Prärie-zone vor, erreicht jedoch nicht die Nordgrenze Mexikos. In der Alten Welt ist er über ganz Europa, Nordafrika, Arabien,

◄ Zusammen mit der Ratte und dem Menschen gehört der Rotfuchs (*Vulpes vulpes*) wohl zu den erfolgreichsten Säugetieren auf der Welt. In seinem außerordentlich großen Verbreitungsgebiet bewohnt er eine Vielzahl verschiedener Lebensräume, darunter auch solche, die stark vom Menschen beeinflußt sind. Das Geheimnis seines Erfolges liegt in seiner großen Anpassungsfähigkeit und seiner ungewöhnlichen Begabung, den Nachstellungen der Jäger zu entgehen. Daher ist jeder Versuch, den Rotfuchs auszurotten, von vornherein zum Scheitern verurteilt.

▼ Das natürliche Nahrungsspektrum des Rotfuchs enthält Kleinsäuger von der Größe einer Maus zu der eines Hasen, aber auch Vögel, Amphibien und Reptilien.

◄ Die Pupille des Rotfuchs ist bemerkenswert. Sie hat eine senkrecht gestellte Öffnung, die sich in hellem Licht eng zusammenzieht.

den Mittleren Osten und ganz Asien mit Ausnahme von Indien, Tibet und Indochina verbreitet.

Der Rotfuchs hat alle Klimazonen und Lebensräume erobert mit Ausnahme der großen Wüstengebiete und der Tropischen Regenwälder. Er kommt sowohl in intensiv bewirtschaftem Kulturland im Flachland wie im Gebirge vor (in manchen Gebieten bis in Höhen von 3.000-4.000 m), lebt aber auch in Sumpfgebieten und selbst in der arktischen Tundra. Er hat es selbst geschafft, unsere Städte erfolgreich zu besiedeln.

Der Fuchs pflanzt sich nur einmal im Jahr fort, meist zwischen Januar und März. Die Tragzeit dauert 53 Tage und das Weibchen bringt 3 bis 7 Junge zur Welt. Bei der Geburt tragen diese ein schütteres, graubraunes Fell und sind noch blind und ganz hilflos. Erst nach zwölf Tagen öffnen sie ihre Augen und einige Tage später brechen bereits die Milchzähne durch. Die Mutter säugt sie drei bis vier Wochen lang und beginnt danach allmählich, sie mit kleinen Fleischstücken zu füttern. Von der achten Woche an werden sie dann nicht mehr gesäugt.

Etwa einen Monat nach ihrer Geburt verlassen die jungen Füchse zum ersten Mal den Bau, zunächst sehr vorsichtig, aber bald mit zunehmendem Selbstvertrauen. Die Eltern füttern sie mit kleinen Fleischstücken, die zunächst vorgekaut und vorverdaut werden, denn auf diese Weise sind sie für die Jungen leichter verdaulich. Vom Ende des zweiten Lebensmonats an und während des dritten Monats schafft die Mutter bereits vollständige Beutetiere heran. Später begleiten die Jungtiere die Eltern auf der Pirsch und auf der Jagd, sind aber am Ende des Sommers bereits ganz selbständig.

Das Verhalten des Fuchses ist sehr stereotyp und wenig plastisch. Sein Ruf besonderer Schläue beruht daher insbesondere darauf, daß manche seiner Verhaltensmuster vor allem dazu dienen, mit gefährlichen Situationen fertigzuwerden. Obgleich ein Raubtier, frißt der Fuchs fast alles und sein Nahrungsspektrum ist größer als bei den meisten Säugetieren. Diese Fähigkeit, fast alle Nahrung zu nutzen, verleiht ihm einen beträchtlichen Vorsprung vor anderen Raubtieren. Er ist imstande, alle Tiere bis zum Gewicht von 5-6 kg zu töten, fängt aber nur selten Tiere von mehr als Hasengröße. Seine bevorzugte Beute bilden Kleinsäuger, etwa Feld- oder Schermäuse. Er frißt auch Insekten, die, wenn sie häufig sind, beinahe 100 % seiner Nahrung ausmachen können, außerdem Früchte, Beeren, Fische und allerlei Abfälle.

Polarfuchs
(*Alopex lagopus*)

Kitfuchs
(*Vulpes velox*)

Blaßfuchs
(*Vulpes pallidus*)

Fennek
(*Fennecus zerda*)

1) *Alopex lagopus*
2) *Vulpes vulpes*
3) *Vulpes macrotis*
4) *Fennecus zerda*

Vom Rotfuchs existieren die verschiedensten Farbvarianten, selbst in einer einzigen Population. Es gibt Schwärzlinge (oben), silbern gefärbte (Mitte) und gestreifte Füchse (unten). Die meisten dieser Varianten sind häufiger in Nordamerika anzutreffen. Sie wurden besonders eifrig ihrer Felle wegen verfolgt, werden heutzutage jedoch in großer Zahl in Farmen gezüchtet.

▲ Die oben abgebildeten vier Fuchsarten bilden ein schönes Beispiel für die Allen'sche Regel: *Alopex lagopus* bewohnt das nördliche Polargebiet; *Vulpes vulpes* bewohnt die gesamte nördliche Hemisphäre, ist aber nicht besonders an warmes Klima angepaßt; *Vulpes macrotis* bewohnt die südlicheren Teile Nordamerikas; *Fennecus zerda* bewohnt die Sahara. Die Allen'sche Regel besagt, daß das Verhältnis des Körpergewichtes zur Körperoberfläche in kälterem Klima ansteigt und daß die Extremitäten der Tiere (Schwanz und Ohren) in wärmerem Klima verhältnismäßig größer werden, weil sie der Wärmeabgabe dienen. Die Ohren dieser vier Arten entsprechen dieser Regel sehr genau.

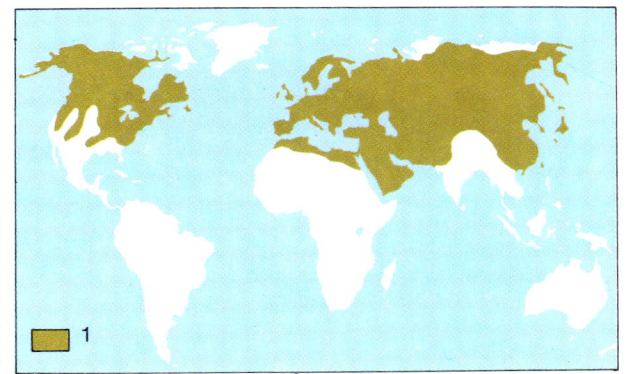

◄ Das Verbreitungsgebiet des Rotfuchs mit Einschluß seiner nordamerikanischen Unterart (*Vulpes fulva*) nimmt fast die gesamte Holarktische Region ein. In Nordamerika kommt der Rotfuchs von der arktischen Tundra bis in die zentralen Prärigebiete vor. In der Alten Welt ist er über Europa, Nordafrika, Arabien, den Mittleren Osten und ganz Asien mit Ausnahme von Indien, Tibet und Indochina verbreitet.

KOYOTE
(CANIS LATRANS)

Ordnung Carnivora
Familie Canidae
Größe Gesamtlänge 100-120 cm, Schulterhöhe 45-53 cm
Gewicht 12-20 kg, zuweilen bis 30 kg
Zahnformel $\frac{3.1.4.2}{3.1.4.3} = 42$
Fortpflanzungszeit Januar bis Februar
Tragzeit 60-65 Tage
Anzahl der Jungtiere 5-8

Der Koyote ist im Körperbau etwas schwächer und schlanker als der Wolf. Die Schnauze ist schmaler und Schädel, Beine, Ohren und Pfoten sind ebenfalls kleiner, besonders aber die Ohren und die Pfoten.
Das Fell des Koyoten ist graubraun, auf dem Rücken jedoch eine Spur gelblich, die Bauchseite ist grau. Der Schwanz endet in einem schwarzen Pinsel und die Lefzen sind auffallend weiß umrandet. Wahrscheinlich gibt es kein anderes Säugetier, dessen Verbreitungsgebiet so weit nach Norden und nach Süden reicht. Beim Koyoten erstreckt es sich tatsächlich über 72 Breitengrade, nämlich von Alaska bis nach Guatemala. Er fehlt im östlichen Teil dieses Gebietes, und zwar in den südöstlichen USA und in Nordostkanada. Die ursprünglichen Lebensräume dieser Art düften wohl die Prärien der zentralen USA mit ihrer reichen Besiedlung an wilden Huftieren gewesen sein, ferner die Wüstengebiete Amerikas. Heutzutage hat der Koyote auch die Wälder besiedelt, sofern sie nicht zu dicht sind, außerdem die alpinen Lebensräume der nördlichen Provinzen Kanadas.
Die Weibchen werden im zweiten Lebensjahr, etwa im Alter von 20 Monaten, geschlechtsreif. Die Paarungszeit beginnt im Januar. Dann folgen die Männchen den Weibchen zwei bis drei Wochen lang. Wenn alle Weibchen der Population paarungsbereit sind, zerstreuen sich die Männchen und verfolgen die einzelnen Weibchen. Gegen Ende der Paarungszeit ist dann jedes Weibchen nur noch in Begleitung von einem einzigen Männchen. Männchen und Weibchen bilden nun mehrere Monate lang ein Paar, bis die Jungtiere aufgezogen sind. Zuweilen bleiben sie aber auch lebenslang ein Paar. Nachdem sich das Paar gefunden hat, besetzt es ein Revier und sucht sich innerhalb des Reviers einen verlassenen Dachs-, Murmeltier- oder Iltisbau, vergrößert ihn und gestaltet ihn nach den eigenen Bedürfnissen um. Manchmal gra-

◄ Der Koyote (*Canis latrans*) ist einer der biologisch erfolgreichsten Angehörigen der Familie der Hundeartigen. Zusammen mit dem Rotfuchs hat der Koyote als einzige Art sein Verbreitungsgebiet vergrößern können. Die Gründe dafür liegen sowohl in seiner Biologie wie in seinem Verhalten. Denn der Koyote war fähig, selbst die negativen Veränderungen, die der Mensch in seinem Lebensraum verursacht hat, auszunutzen und sich schnell an die neuen Lebensumstände anzupassen.

◄ Das Nahrungsspektrum des Koyoten umfaßt eine große Zahl kleinerer Säuger, vom Kaninchen und Hasen bis zu kleinen Nagetieren, und von Mäusen bis zum Präriehund. Außerdem gehören Insekten und Reptilien, ja sogar ein gewisser Anteil pflanzlicher Kost dazu.

▼ Der Koyote frißt auch das Aas anderer Tiere. Wegen seines vorzüglichen Geruchssinnes ist er sehr erfolgreich im Aufspüren von Aas.

ben sich die Koyoten aber auch einen vollständig neuen Bau. Während der gesamten Tragzeit lebt das Paar zusammen und geht gemeinsam auf die Jagd, doch kurz vor der Geburt übernimmt meist das Männchen die Jagd und die Ernährung beider Partner. Ungefähr eine Woche bis zehn Tage vor der Geburt paaren sich die Koyoten mehrfach, vermutlich um die Paarbindung in diesem kritischen Zeitraum zu verstärken.

Nach einer Tragzeit von 60-65 Tagen bringt das Weibchen 2-12 Junge zur Welt. Bei der Geburt wiegen die Welpen etwa 200-250 g, sie sind blind und hilflos und völlig von der Mutter abhängig. In den ersten 10 Tagen werden sie ausschließlich mit Muttermilch ernährt. Vom zwanzigsten Tag an können sie auf den Beinen stehen und vom vierzigsten Tag an herumlaufen. Im allgemeinen bleiben die jungen Koyoten bis Ende Oktober bei den Eltern, von da ab beginnen sie, sich allmählich zu entfernen, bis sie im Dezember ganz unabhängig von den Eltern geworden sind. Nach acht oder neun Monaten sind sie ausgewachsen und fähig, den Winter zu überstehen und den sie umgebenden Gefahren zu trotzen.

Die wichtigste Einheit des Soziallebens bei den Koyoten ist die Familie, die sich um ein geschlechtsreifes Weibchen gruppiert. Die Paarbindung kann permanent sein und solange dauern, bis ein Partner stirbt. Der Auszug der fast erwachsenen Jungtiere schafft Raum für die Jungen des nächsten Wurfes, doch verlassen nicht alle Jungtiere die Familie, so daß diese aus verschieden alten, jedoch immer miteinander verwandten Tieren bestehen kann. Die Bande, die eine Koyotenfamilie zusammenhalten, sind jedoch nicht so eng, als daß sich die Zusammensetzung der Familie nicht ändern könnte. Im Gegenteil, jedes Individuum kann auch auf eigene Faust überleben.

Koyoten sind zwar territorial, aber nicht in der strengen Bedeutung des Wortes. Sie besetzen zwar ein Revier, in dem sie wohnen und jagen, aber sie verteidigen es nicht gegen alle Eindringlinge. Andererseits verteidigen sie während der Fortpflanzungszeit ihren Bau und die unmittelbare Nachbarschaft sehr energisch. Die Verbreitung und die Anzahl der Koyoten in ihrem Lebensraum sind vor allem vom Nahrungsangebot abhängig. Koyoten fressen zwar fast alles, als Raubtiere bevorzugen sie jedoch Fleisch.

▼ Der Koyote heult wie ein Wolf, doch in höherer Tonlage und meist nicht so anhaltend. Das Geheul dient dazu, die Artgenossen über den eigenen Standort zu informieren, sowie um das Revier zu markieren.

▲ Die Welpen spielen sehr ausdauernd miteinander. Das Spielen ist von grundlegender Bedeutung, denn in ihm werden Verhaltensweisen der Jagd und des Zusammenlebens der Artgenossen spielerisch eingeübt.

▲ Wie die Jungtiere vieler anderer Säuger auch benutzen die jungen Koyoten andere kleine Säugetiere als Spielzeug.

◄▼ Der Koyote kann ein Beutetier von der Größe eines Hirsches nur im größeren Rudel überwältigen. Ein einzelner Koyote wird ohne weiteres von einem Hirsch in die Flucht geschlagen.

◄ Das heutige Verbreitungsgebiet des Koyoten. Es hat sich an vielen Stellen erweitert, zum Teil als Folge der Ausrottung des Wolfs. Heutzutage reicht es von Alaska bis nach Guatemala.

▲ Der Koyote ist das Objekt einer der größten Ausrottungsaktionen, die je gegen ein Wildtier begonnen wurden. Alle Methoden, vom Giftköder bis zu den verschiedensten Fallentypen, wurde benutzt, um diese Art auszurotten. Obwohl die Aktion in manchen Gebieten Erfolg hatte, war sie im Großen und Ganzen ein Fehlschlag.

WOLF
(CANIS LUPUS)

Ordnung Carnivora
Familie Canidae
Größe Gesamtlänge 1,3-1,6 m; Schulterhöhe 60-90 cm
Gewicht 20-75 kg
Zahnformel $\frac{3.1.4.2}{3.1.4.3} = 42$
Fortpflanzungszeit Von Januar bis Mai
Tragzeit 60-62 Tage
Anzahl der Jungtiere 1-11, im Mittel 5-6
Geschlechtsreife Im zweiten Lebensjahr
Höchstalter 16 Jahre, in freier Wildbahn 10 Jahre

Der Wolf ist der größte Vertreter der Canidae. Er ist fast über die gesamte nördliche Hemisphäre verbreitet, doch sind seine morphologischen Merkmale sehr unterschiedlich, je nach dem Lebensraumtyp, an den die jeweilige Population angepaßt ist. So variiert die Fellfärbung von rein weiß bei den arktischen Wölfen über verschiedene Grau- und Brauntönungen bis zu rötlichen Farbtönen. Auch ganz schwarze Exemplare sind häufig, vor allem bei den Wölfen, die im Westteil Nordamerikas zu Hause sind. Ehemals war der Wolf gleichmäßig über die gesamte Nordhalbkugel verbreitet und besiedelte sehr unterschiedliche Lebensräume, von der arktischen Tundra bis zu den Wüstengebieten des Mittleren Ostens und von den Prärien Nordamerikas bis zur Nadelwaldzone und in die Laubwälder der gemäßigten Breiten. Als Ergebnis der rastlosen Verfolgung durch den Menschen ist heutzutage sein Verbreitungsgebiet sehr stark geschrumpft. Alle Sinnesorgane des Wolfs sind sehr leistungsfähig, am wichtigsten für ihn ist jedoch der Geruchssinn. Auch der Gesichtssinn und das Gehör sind jedoch hochentwickelt. Die Wölfe verständigen sich akustisch untereinander. Abgesehen vom Wolfsgeheul hört man von ihnen auch eine Art Gebell und ein Kläffen. Der Wolf pflanzt sich nur einmal jährlich fort. Die Paarung findet irgendwann zwischen Januar, bei den südlicher verbreiteten Populationen, und April statt, nämlich bei den Populationen aus dem hohen Norden. Die Weibchen sind etwa eine Woche lang läufig und während dieser Zeit finden mehrfach Paarungen statt. In einem Wolfsrudel paart und pflanzt sich nur das Paar fort, das aus dem Anführer des Rudels und seinem Partner besteht. Die Tragzeit dauert 62 Tage. Die normale

◄ Die Fellfärbung des Wolfs ist in den verschiedenen Gegenden sehr variabel und den vorherrschenden Farben seines Lebensraumes angepaßt. Auch die Körpergröße ist unterschiedlich. Die größten Wölfe kommen in kalten Klimazonen vor, die kleineren mehr im Süden. Das Fell ist besonders am Hals und am Schwanz sehr lang. Der Schwanz hängt parallel zu den Hinterbeinen herab. Die Haltung des Wolfs ist selbstbewußt und seine Bewegungen sind beherrscht und gut koordiniert.

▼ Die Anpassungsfähigkeit des Wolfs zeigt sich in den sehr verschiedenartigen Lebensräume, die er bewohnt, sowie in der Vielgestaltigkeit seines Nahrungsspektrums: dieses reicht von großen Huftieren wie Moschusochse und Elch bis zu kleineren und kleinen Tieren wie Biber und Mäuse. Doch frißt er auch pflanzliche Kost und Abfälle.

Größe des Wurfs beträgt fünf oder sechs Welpen, doch können es zuweilen bis zehn oder elf sein. Das Weibchen bringt sie in einer Höhle zur Welt, die es entweder selbst gegraben oder aber von anderen Vorbesitzern übernommen und vergrößert oder erweitert hat. Doch findet die Geburt gelegentlich auch in einem Lager zwischen Felsen oder umgestürzten Bäumen statt, vorausgesetzt, dieser Platz bietet Sicherheit gegenüber den Unbilden der Witterung und vor Feinden. Die Welpen sind bei der Geburt blind und hilflos und vollkommen von der Mutter abhängig. Erst am Ende der zweiten Woche nach der Geburt öffnen sie die Augen und beginnen, sich zu bewegen. Am Ende der dritten Lebenswoche verlassen sie bereits für kurze Zeit den Bau.

Alle Weibchen im Rudel sind imstande, der Mutter bei der Aufzucht der Jungen zu helfen oder sie sogar zu ersetzen, wenn ihr etwas zustößt. In Gebieten, in denen die Rudel ständig innerhalb ihres Reviers herumziehen, werden die Welpen von Zeit zu Zeit zu anderen Höhlen getragen, wo sie unterkommen und spielen, während das Rudel in ihrer Nachbarschaft jagt. Am Ende des Herbstes oder am Anfang des Winters sind die jungen Wölfe fast ausgewachsen und in der Lage, den harten Witterungsbedingungen des kommenden Winters zu trotzen. Zu diesem Zeitpunkt fangen sie auch an, dem Rudel auf seinen Streifzügen zu folgen und die Grundregeln der Jagd zu lernen.

Der Wolf ist ein höchst soziales Lebewesen, in dessen Rudeln ein hoher Grad an Arbeitsteilung zwischen den Rudelangehörigen herrscht. Das Rudel besteht aus einer recht unterschiedlichen Anzahl von Individuen (meist 5 bis 10, höchstens 25 oder gar 30), doch wird es normalerweise aus einer Familiengruppe gebildet. Die Rangordnung besteht aus einer sehr festen Hierachie der Männchen über die Weibchen und die Jungtiere, und der Weibchen ihrerseits über die Jungtiere. Wölfe sind territoriale Tiere. Das Revier eines Rudels beträgt im Minimalfall etwa 25-30 Quadratkilometer, kann aber auch mehr als 13.000 Quadratkilometer groß sein. Wölfe greifen den Menschen nur ausnahmsweise an und selbst die wenigen verbürgten Beispiele beziehen sich vielleicht auf untypische, tollwütige Tiere. Daher beruht die Abneigung des Menschen gegenüber dem Wolf in erster Linie darauf, daß der Wolf zuweilen Vieh reißt oder ein Jagdkonkurrent für den Menschen ist.

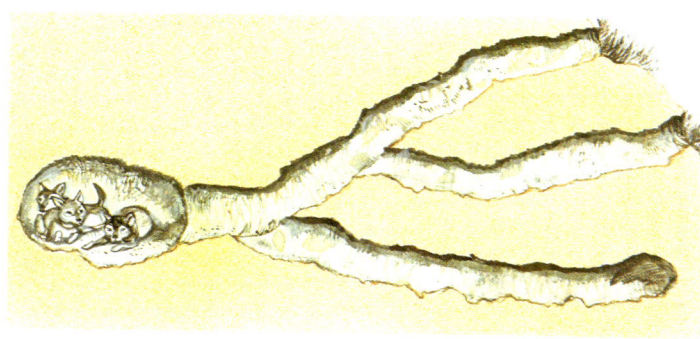

Die Jungen werden in einer Höhle im Erdboden geboren, die mehrere Eingänge hat. Sie bleiben etwa 15-20 Tage in diesem Bau und werden diese Zeit hindurch von der Mutter gesäugt. Erst am Ende der dritten Lebenswoche kommen sie an die Oberfläche und werden langsam selbständig. Die Mutter füttert sie zuerst mit vorgewürgter Nahrung, später mit kleinen Tieren, bis sie endlich selbständig jagen können.

◀▼ Ein Weibchen kurz nach der Geburt seiner Jungen zeigt sowohl extreme Aggressivität wie ausdauernde Geduld.

▲ 1) Einst in der gesamten nördlichen Hemisphäre allgemein verbreitet, ist der Wolf heutzutage fast auf dem gesamten Gebiet der USA und im größten Teil Europas ausgerottet.

◀ Die hochgradige Beweglichkeit der Gesichtsmuskeln befähigt den Wolf zu einer Vielzahl von Gesichtsausdrücken, die, in Verbindung mit der Stellung der Ohren und der Lefzen, alle Regungen von Furcht über Aggressivität bis zur Unterwürfigkeit signalisieren.

BRAUNBÄR
(URSUS ARCTOS)

Ordnung Carnivora
Familie Ursidae
Größe Kopf-Rumpflänge 130-250 cm;
Schwanzlänge 6-14 cm; Schulterhöhe
75-120 cm
Gewicht 60-400 kg
Zahnformel $\frac{3.1.4.2}{3.1.4.3} = 42$
N.B. 1 oder 2 kleine Prämolaren fehlen
oft
Fortpflanzungszeit Mai bis Juli
Tragzeit 7-8 Monate
Anzahl der Jungtiere 1-3 (selten 4)
Geschlechtsreife Nach 4-6 Jahren
Höchstalter 25-30 Jahre (in Gefangen-
schaft bis 50 Jahre)

Der Braunbär ist ein gewaltiges, kräftig
gebautes Tier mit einem massiven Kopf,
ziemlich kleinen Ohren, einem winzigen,
fast nicht sichtbaren Schwanz und einem
langen, zottigen Pelz. Die Hinterpfoten
sind ziemlich lang und ähneln dem
menschlichen Fuß. Sie sind etwas schmaler als die Vorderpfoten und ihre Krallen
sind auch nur halb so lang wie die Krallen an den Vorderpfoten. Die Variati-
onsbreite der Fellfärbung des Braunbären
reicht von blaßgolden über silbergrau,
rotbraun, schokoladenbraun bis fast vollkommen schwarz.
Früher wurde der Barunbär in zahlreiche
Arten eingeteilt, zum Beispiel den nordamerikanischen Grizzly, den Kodiak-
oder Alaskabären, den zentralasiatischen
Bären, den Himalayabären und den europäischen Braunbären. Doch kreuzen
sich alle diese Formen in Gefangenschaft
ohne Schwierigkeiten und in freier Wildbahn gibt es außerdem Bastardpopulationen. Daher werden heutzutage alle
Braunbären, sowie der Grizzly und der
Alaskabär, zu einer einzigen Art, dem
Braunbären (*Ursus arctos*) zusammengefaßt.
Ursprünglich kam der Braunbär in ganz
Europa und im außertropischen Asien
vor, mit Ausnahme der Wüsten- und
Steppengebiete. In Nordamerika war der
Braunbär, der dort als Grizzly bezeichnet wird, nur im Westen verbreitet, nämlich in einem breiten Streifen von Alaska im Norden bis nach Mexiko im Süden
und im Osten bis in die Prärie. Doch wurde der Braunbär in den letzten Jahrhunderten in vielen Gebieten ausgerottet. Die
größte Form, nämlich der Kodiak- oder
Alaskabär, kommt nur entlang der Westküste Alaskas und Nordwestkanadas vor.
Der Braunbär ist viel weiter verbreitet als

Der heutige Braunbär weist sehr große Unterschiede in Körpergröße, Fellfärbung und
Schädelform sowohl zwischen einzelnen Individuen, wie zwischen den Populationen
verschiedener Gebiete auf. Die Wissenschaftler sind sich noch nicht völlig einig
darüber, ob der Braunbär in Unterarten eingeteilt werden muß.

▲ Die größte Form ist der Kodiak- oder Alaskabär
(*Ursus arctos middendorffi*).

▲ Die Braunbären aus Ostsibirien sind meist sehr groß.

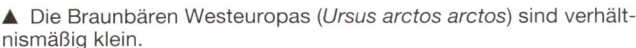

▲ Die Braunbären Westeuropas (*Ursus arctos arctos*) sind verhältnismäßig klein.

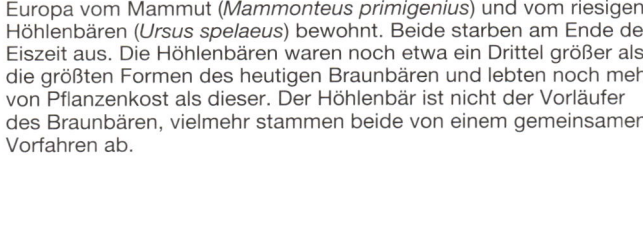

▲ Während der letzten Eiszeit, vor etwa 100.000 Jahren, wurde
Europa vom Mammut (*Mammonteus primigenius*) und vom riesigen
Höhlenbären (*Ursus spelaeus*) bewohnt. Beide starben am Ende der
Eiszeit aus. Die Höhlenbären waren noch etwa ein Drittel größer als
die größten Formen des heutigen Braunbären und lebten noch mehr
von Pflanzenkost als dieser. Der Höhlenbär ist nicht der Vorläufer
des Braunbären, vielmehr stammen beide von einem gemeinsamen
Vorfahren ab.

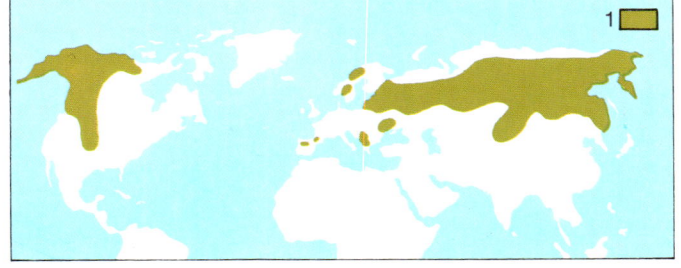

◄ Der Braunbär besitzt das größte Verbreitungsgebiet aller Bärenarte
und splittet sich in zahlreiche Formen und Unterarten auf.

alle anderen Bärenarten. Im Norden bewohnt er die lichten Weiden- und Nadelwälder und in den gemäßigten Gebiete die Laubwälder. Obwohl der Braunbär prinzipiell ein Waldbewohner ist, gibt es auch in der Tundra Bären, vor allem dort, wo entlang der Flüsse vereinzeltes Weidengebüsch wächst. Der Bär kommt allerdings auch in den vollkommen baumlosen Hochgebirgen Kanadas, Alaskas und Zentral- und Ostasiens vor.

Die Jungbären bleiben mindestens 18 Monate lang, häufig zweieinhalb oder gar drei Jahre lang bei ihrer Mutter. Diese lange Jugendphase erleichtert die Ausbildung von Traditionen in den einzelnen Bärenpopulationen. Die Jungen lernen daher wichtige Jagd- und Überlebensstrategien einfach durch Nachahmung des Verhaltens ihrer erfahrenen Mutter.

Braunbären kratzen oft mit den Zähnen die Borke harzreicher Bäume auf und reiben dann Hals und Rücken mit dem austretenden Harz ein.

Obwohl ein Großteil der Nahrung des Braunbären pflanzlicher Natur ist, verzehren sie tierische Kost, wenn sie bekommen können. Im Frühjahr und im Sommer machen grüne Pflanzen, also Gräser, Seggen und Schößlinge den Hauptteil ihrer Nahrung aus. In manchen Gegenden graben die Bären auch gern die Wurzeln krautiger Pflanzen aus und verzehren sie. Im Spätsommer und Herbst, wenn der Braunbär Fettreserven für den Winter ansammeln muß, bevorzugt er Beeren und Nüsse, etwa Ebereschenfrüchte, Heidelbeeren, Haselnüsse, Bucheckern und Eicheln. Auch Ameisen, Wespen und Laufkäfer werden den Sommer über verzehrt und besonders auf den Honig der Wildbienen haben es die Bären abgesehen. Wirbeltiere werden dagegen gar nicht so häufig und nur unter bestimmten Umständen gefressen. Für die in der Nähe der Pazifikküste Nordamerikas und Sibiriens lebenden Bären bilden verschiedene Lachsarten während ihrer Wanderung eine wichtige zusätzliche Nahrungsquelle.

Im Spätherbst ziehen sich die Braunbären zum Winterschlaf in ein Versteck zurück. Je nach dem Gebiet, in dem sie leben, bevorzugen sie eine natürliche Höhle oder graben sich selbst einen Unterschlupf unter Baumwurzeln oder zwischen Felsblöcken. In diesem Unterschlupf bringt das Weibchen im Januar oder Februar die Jungen zur Welt.

◀▼ Braunbären kämpfen manchmal mit Wölfen (*Canis lupus*) Luchsen (*Lynx* sp.) oder anderen in ihrem Revier vorkommenden Raubtieren um ihre Beute.

▶ Die ungeheure Stärke des Braunbären befähigt ihn, selbst große Huftiere ins Gebüsch zu schleppen.

◀ In Gebieten, in denen sie niemals oder nur gelegentlich gejagt wurden, etwa in den großen amerikanischen Nationalparks oder in abgelegenen, unbesiedelten Gegenden, zeigen Braunbären keine Furcht vor dem Menschen. Sie dringen sogar in Campingplätze ein, weil sie gelernt haben, daß es dort Futter für sie zu holen gibt. Zuweilen können sie dann eine echte Gefahr darstellen, denn sie lassen sich kaum vertreiben.

AMERIKANISCHER SCHWARZBÄR
(URSUS AMERICANUS)

Ordnung Carnivora
Familie Ursidae
Größe Kopf-Rumpflänge 150-180 cm;
Schwanzlänge etwa 12 cm; Schulter-
höhe 60-90 cm
Gewicht 50-150 kg
Zahnformel $\frac{3.1.4.2}{3.1.4.3} = 42$
Fortpflanzungszeit Juni bis Juli
Tragzeit Ungefähr 7 Monate
Anzahl der Jungtiere 2-3 (gelegent-
lich 1 oder 4)
Geschlechtsreife Nach 3 1/2 - 5 1/2
Jahren
Höchstalter Etwa 30 Jahre

Der Schwarzbär ist der am besten bekannte Bär in Nordamerika und er ist
auch am weitesten verbreitet. Er wird nur
mittelgroß und sein meist schwarzer Pelz
ist, verglichen mit demjenigen des Braunbären, viel weicher und kurzhaariger. Es
gibt aber eine Reihe auffälliger Farbvarianten: schokoladenbraune, zimtfarbene
und silbergraue bis weißliche Bären.
Ursprünglich war der Schwarzbär in den
Waldgebieten Nordamerikas überall verbreitet, doch wurde er in weiten Teilen
der östlichen, südöstlichen und zentralen
USA ausgerottet. Er hatte allerdings lange Zeit hindurch nicht so unter der Verfolgung zu leiden wie der Grizzly. Daher
sind Schwarzbären noch in den meisten
Bundesstaaten der USA (immerhin 33)
zu finden, außerdem in allen kanadischen
Provinzen und Territorien. Der Schwarzbär ist ein typisches Waldtier und bevorzugt Waldgebiete mit dichtem Unterholz.
Der Schwarzbär ist vor allem wegen der
riesigen Nationalparks in den USA ins
Bewußtsein der Öffentlichkeit gelangt.
Weil die Bären in diesen Parks geschützt
sind, haben einige ihre Scheu vor dem
Menschen verloren und betteln sogar am
Straßenrand um Futter. Andere Bären besuchen Abfallbehälter und sogar Campingplätze und bemächtigen sich dort der
unbewachten Vorräte.
Das Nahrungsspektrum des Schwarzbären stimmt mit dem des Braunbären
überein, doch ist er in noch größerem
Ausmaß Vegetarier. Je nach Jahreszeit
und Lebensraum macht pflanzliche Kost
zwischen 85 und 98% seines Lebensun-
terhaltes aus. Im Frühjahr (April bis Mai)
ernähren sich die Schwarzbären vor allem von Gräsern. Im Juni kommen zu dieser Kost mehr und mehr Insekten und im

▲ Der amerikanische Schwarzbär (*Ursus americanus*) ist der am weitesten
verbreitete und am besten bekannte amerikanische Bär. Trifft er auf einen
Grizzlybären, größere Artgenossen, oder auf einen Menschen, zögert der
Schwarzbär nicht, sich auf einem Baum in Sicherheit zu bringen.

◄ Wie die Mehrzahl der Bären ist auch der Schwarzbär ein sehr anpas-
sungsfähiger Allesfresser. Seine Kost umfaßt Früchte, Nüsse, Eicheln und
manchmal kleinere Säugetiere oder Aas.

▼ Der Schwarzbär besitzt verschiedene Farbvarianten. Diese treten meist
gehäuft in bestimmten Teilen seines Verbreitungsgebietes auf.

Herbst bilden Beeren, Bucheckern und Eicheln den Hauptbestandteil ihrer Nahrung. Gern fressen sie auch Pilze. Wie bei den anderen Bären ist der Herbst ein kritischer Zeitraum für die Ernährung, weil es nun gilt, ausreichende Fettreserven für den Winter anzulegen. Das ist besonders wichtig für diejenigen Weibchen, die in ihrem Winterlager Jungtiere zu säugen haben.

Schwarzbären sind sehr anpassungsfähig und im Sommer, wenn etwa einen Monat lang die Lachse die Flüsse Alaskas und Kanadas zu ihren Laichplätzen hinaufziehen, versammeln sich die Schwarzbären der Gebiete an der pazifischen Küste zum Fischen an den Flüssen. Nur gelegentlich reißt der Schwarzbär kleinere Haustiere, zum Beispiel Schafe, Ziegen, Schweine, Hühner, Enten und Truthühner. Weil sie sich aber gern beim Aas einfinden, werden Schwarzbären oft ungerechterweise beschuldigt, sie würden Haustiere töten.

Wie der Braunbär hält auch der Schwarzbär jedes Jahr einen fünf bis sieben Monate langen Winterschlaf. Bevorzugt sucht er dafür einen hohlen Baum auf. Es wurde berechnet, daß die Überwinterung in einem hohlen Baum anstatt in einer Höhle dem Schwarzbären etwa 15 % Wärmeenergie erspart. Während des Winterschlafs sinkt die Körpertemperatur bis 7°C unter die Normaltemperatur und die Herzfrequenz sinkt auf fast ein Viertel der normalen Frequenz. Wie beim Braunbär halten auch die Weibchen des Schwarzbären einen längeren Winterschlaf. Sie ziehen sich im Herbst früher in ihr Winterlager zurück und verlassen es im Frühjahr später.

Die Fortpflanzungszeit liegt meist im Juni und Juli. Die Tragzeit dauert ungefähr 220 Tage und die jungen Bären werden im Januar oder Februar im Winterlager der Mutter geboren. Bei der Geburt sind die Jungen blind und taub und wiegen nur 200-300 g, dennoch wachsen sie sehr schnell bei der sehr nährstoffreichen Muttermilch heran. Nachdem sie mit der Mutter das Winterlager verlassen haben, beginnen sie, feste Nahrung zu sich zu nehmen und die Muttermilch wird immer weniger wichtig als Nahrungsquelle. Es gibt allerdings Beobachtungen von über einjährigen Jungbären, die von Zeit zu Zeit zum Saugen zur Mutter kamen.

In manchen amerikanischen Nationalparks haben einzelne Schwarzbären ihre natürliche Scheu vor dem Menschen verloren und begonnen, Touristen am Straßenrand um Futter anzubetteln. Ungeduldige Bären versuchen zuweilen, in die Taschen zu greifen, bei anderen Gelegenheiten fordern Bären auch dann noch Futter, wenn keins mehr vorhanden ist. Dann kann es zu gefährlichen Zwischenfällen kommen. Daher wurden in allen Nationalparks Maßnahmen ergriffen, um die Touristen aufzuklären und um zu verhindern, daß Bären gefüttert werden.

▲ Entlang der Lachsflüsse Kanadas und Südwestalaskas versammeln sich in der Zeit der Lachswanderung Schwarzbären ebenso wie Braunbären zum Fischen.

▲ Das Verhalten des Schwarzbären beruht auf Erfahrung. Er muß erst lernen, welche Tiere er leicht erbeuten kann. Der Kanadische Baumstachler (*Erithezon dorsatum*) zum Beispiel ist zwar eine leichte Beute, aber seine Stacheln können einen unerfahrenen Bären das Leben kosten.

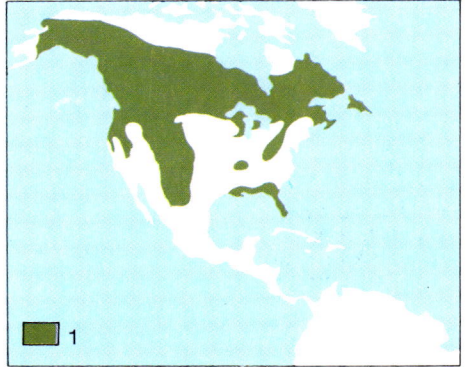

▲ Schwarzbären halten in natürlichen oder selbstgegrabenen Höhlen einen Winterschlaf. Sie bevorzugen allerdings hohle Bäume. Die jungen Bären werden im Winterlager geboren.

◄ 1) Heutige Verbreitung des amerikanischen Schwarzbären.

EISBÄR
(URSUS MARITIMUS)

Ordnung Carnivora
Familie Ursidae
Größe Kopf-Rumpflänge 120-250 cm; Schwanzlänge 8-12 cm; Schulterhöhe 120-140 cm
Gewicht 150-500 kg
Zahnformel $\frac{3.1.4.2}{3.1.4.3} = 42$
N.B. 1-3 der kleinen Prämolaren fehlen oft
Fortpflanzungszeit Von März bis Mai, meistens im April
Tragzeit 7-8 Monate
Anzahl der Jungtiere 2 (seltener 1 oder 3)
Geschlechtsreife Nach 4 bis 5 Jahren
Höchstalter 25-30 Jahre

Obgleich einige Unterarten des Braunbären die Größe des Eisbären erreichen, ist dieser im Durchschnitt die größte Bärenart auf der Erde und damit auch das größte Landraubtier. Abgesehen von seiner Größe ist das hervorstechendste Merkmal des Eisbären die weiße, mehr oder weniger ins gelbliche spielende Fellfärbung. Sein Pelz ist sehr dicht und lang und bildet einen hervorragenden Schutz gegen die Kälte.

Der Eisbär ist ein semiaquatisches Säugetier, und tatsächlich spielt sich sein Leben in enger Verbindung zum Meer ab. Er ist über das gesamte Nördliche Eismeer verbreitet, sowie entlang der benachbarten Küsten, doch ist er nicht überall gleich häufig. Eine Mutter mit Jungen wurde kaum 170 km vom Nordpol entfernt beobachtet, und im Süden kommt er bis nach James Bay vor (die Südspitze der Hudsonbay in Kanada). Gelegentlich besucht er sogar die Nordküste von Neufundland. Ganz allgemein leben Eisbären nur dort, wo das Meer im Winter gefriert. Im Sommer wandern sie nach Norden und folgen der Treibeisgrenze, im Winter dagegen ziehen sie nach Süden in die Bereiche offenen Wassers zwischen den Treibeisschollen.

Der Eisbär hat sich zu einem reinen Fleischfresser zurückentwickelt, obgleich seine Vorfahren, die noch dem Braunbären glichen, sich wie dieser hauptsächlich von pflanzlicher Kost ernährten. Beim Eisbären bilden Robben über 90 % der Nahrung.

Eisbären schwimmen ausdauernd, obgleich nicht sehr schnell, und können maximal etwa zwei Minuten untergetaucht bleiben. Die Robben, ihre Beutetiere, vermögen dagegen 20-30 Minuten lang zu

Der Eisbär (*Ursus maritimus*) ist im Durchschnitt die größte der acht existierenden Bärenarten der Erde. Sein langer, dicker Pelz schützt ihn ausgezeichnet gegen die Kälte. Tatsächlich empfindet ein Eisbär Temperaturen von 10-15ºC bereits als zu warm und sucht den Schatten auf. Außerdem dient der weiße Pelz als Tarntracht, die ihm die ungesehene Annäherung an seine Beutetiere, die Robben, ermöglicht.

tauchen, daher sind Eisbären kaum in der Lage, schwimmende Robben zu erbeuten. Stattdessen überraschen sie die auf dem Eis ruhenden Robben oder beschleichen sie an den Luftlöchern im Eis, an denen die Robben regelmäßig zum Luftholen auftauchen. Die Annäherung geschieht unter geschickter Ausnutzung von Eisblöcken als Deckung, und erst den letzten Teil der Entfernung überwindet der Eisbär mit ein paar weiten Sätzen, wobei er der Robbe den Rückzug ins rettende Wasser abschneidet. Greift der Eisbär vom Wasser aus an, nähert er sich seinem Opfer untergetaucht bis auf die Schnauze. Die letzten paar Meter taucht er sogar vollständig und springt schließlich mit einem großen Satz aus dem Wasser auf die sich sonnende Robbe zu. Die bevorzugte Jagdmethode ist aber das Lauern auf zum Atemholen auftauchende Robben an ihren Atemlöchern.

Eisbären fressen allerdings auch Aas und im Sommer sogar in beschränktem Umfang pflanzliche Kost. Diejenigen Bären, die an der Küste des Eismeeres leben, fressen Gräser, Seggen und Beeren, genau wie die Braunbären. Gelegentlich verzehren sie sogar aufs Trockene geworfene Tange, ja es wurde sogar beobachtet, wie sie danach im Wasser tauchen. Sie überfallen außerdem Vogelkolonien, fangen Enten und reißen gelegentlich Moschusochsen (*Ovibos moschatus*) und Rentiere (*Rangifer* sp.).

Nur trächtige Weibchen und manchmal Weibchen mit Jungen aus dem vorhergehenden Jahr machen einen regelrechten Winterschlaf durch. Die Männchen sind dagegen den ganzen Winter lang aktiv und nur bei Schneestürmen graben sie sich eine vorübergehende Höhle im Schnee oder lassen sich mehrere Tage lang einschneien. Erwachsene Eisbären sind Einzelgänger; und selbst wenn sich zwei Eisbären zufällig auf der Jagd begegnen, halten sie einen Sicherheitsabstand von 50-100 Metern ein. Daher sind Kämpfe recht selten.

Die Paarungszeit beginnt etwa Mitte April. Das Männchen begleitet das Weibchen einige Tage lang, geht aber danach wieder seiner eigenen Wege. Erst im Oktober oder November, wenn weite Flächen offenen Wassers sich wieder mit Eis zu bedecken beginnen, sucht das Weibchen das Festland auf und gräbt sich ein Winterlager tief im Schnee. Die Jungtiere werden Ende Dezember oder Anfang Januar geboren. Meist sind es Zwillinge, seltener nur ein einziges Junges und ganz selten drei Jungtiere.

▲ Im Spätherbst gehen die trächtigen Weibchen an Land und graben sich ein Winterlager tief unter dem Schnee.

▶ Wie eine Katze vor dem Mauseloch, so wartet der Eisbär geduldig, oft stundenlang am Atemloch einer Ringelrobbe (*Pusa hispida*). Solbald die Robbe auftaucht, schlägt der Bär überraschend mit der Tatze zu, packt die Robbe mit den Zähnen und zieht sie auf die Eisdecke.

◀ Die jungen Bären werden Ende Dezember oder Anfang Januar im Winterlager geboren. Meist sind es Zwillinge, gelegentlich ist es nur ein einziges Junges, sehr selten sind es drei.

▼ Die Sohlen der Eisbärenpfoten sind stärker behaart als diejenigen anderer Bären. Abgesehen vom Kälteschutz verleiht diese Behaarung dem Bären einen sichereren Halt auf dem Eis.

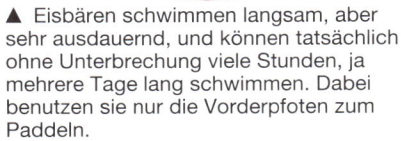

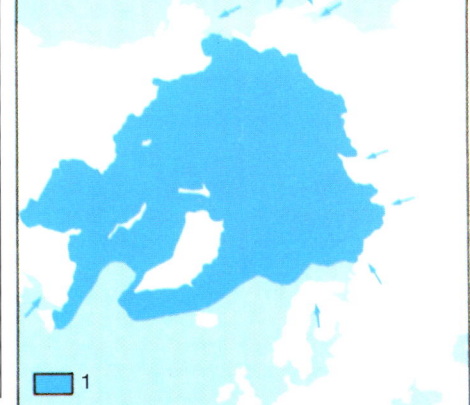

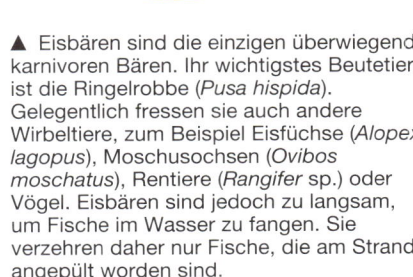

▲ Eisbären schwimmen langsam, aber sehr ausdauernd, und können tatsächlich ohne Unterbrechung viele Stunden, ja mehrere Tage lang schwimmen. Dabei benutzen sie nur die Vorderpfoten zum Paddeln.

▲ Eisbären sind die einzigen überwiegend karnivoren Bären. Ihr wichtigstes Beutetier ist die Ringelrobbe (*Pusa hispida*). Gelegentlich fressen sie auch andere Wirbeltiere, zum Beispiel Eisfüchse (*Alopex lagopus*), Moschusochsen (*Ovibos moschatus*), Rentiere (*Rangifer* sp.) oder Vögel. Eisbären sind jedoch zu langsam, um Fische im Wasser zu fangen. Sie verzehren daher nur Fische, die am Strand angepült worden sind.

◀ 1) Die heutige Verbreitung des Eisbären. Er kommt überall vor, wo das Meer wenigstens im Winter zufriert, und verbringt den größten Teil seiner Lebenszeit auf dem Packeis.

RIESENPANDA
(AILUROPODA MELANOLEUCA)

Ordnung Carnivora
Familie Ursidae
Größe Kopf-Rumpflänge etwa 150 cm; Schwanzlänge etwa 15 cm; Schulterhöhe etwa 65 cm
Gewicht 70-120 kg
Zahnformel $\frac{3.1.4.2}{3.1.4.3} = 40$
Anzahl der Jungtiere 1
Höchstalter 15 Jahre in Gefangenschaft

Der Riesenpanda ist ein mittelgroßer, aber sehr untersetzter Bär, der durch seinen dicken Pelz und die auffällige Fellfärbung ausgezeichnet ist. Die Ohren, ein Augenfleck, die Vorderbeine, die Kehle samt Teilen der Brust, und die Hinterbeine sind schwarz. Der Kopf, der ganze Rücken und die Beckenregion sind dagegen weiß, manchmal mit gelblichen, bräunlichen oder rötlichen Flecken. Vor dem einheitlichen Hintergrund eines Käfigs im Zoo wirkt dieses Muster gewiß sehr auffällig, in seinem natürlichen Lebensraum jedoch, den Bambusdickichten und dem belaubten Astwerk von Bäumen, ergibt es ein überraschend gutes Tarnkleid. Denn die Farbkontraste zwischen den verschiedenen Körperteilen lösen die Körperumrisse auf, in ganz der gleichen Weise wie beim Tiger (*Panthera tigris*) oder beim Leoparden (*Panthera pardus*).
Die Backenzähne des Riesenpanda sind kräftiger entwickelt als bei irgendeinem anderen Angehörigen der Carnivora; das ist ein Hinweis darauf, daß Pflanzen in seiner Nahrung eine besondere Rolle spielen. Auch die Vorderbeine des Riesenpanda zeigen Anpassungen an seine Nahrungsgewohnheiten. Ein stark vergrößertes Sesambein bildet eine Anschwellung (eine Greifschwiele), die den fünf Zehen opponierbar ist und wie ein Daumen arbeitet.
Die westlichen Naturwissenschaftler hörten erst im Jahre 1869 etwas von der Existenz des Riesenpanda. Sein Entdecker, A. David, stellte das Tier zunächst zu den Bären. Später glaubten die meisten Wissenschaftler, den Riesenpanda auf Grund verschiedener morphologischer Merkmale zur Familie der Kleinbären (Procyonidae) stellen zu müssen, wo er allerdings durch seine Größe bereits eine Sonderstellung einnahm. Erst vor recht kurzer Zeit wurden verschiedene Merkmale, darunter das Blut, die Anatomie und der Feinbau der Zähne mit Hilfe von modernen Methoden genauer untersucht. Diese Untersuchungen führten zu dem

Der Riesenpanda (*Ailoropoda melanoleuca*) ist ein untersetzter, mittelgroßer Bär mit dickem Pelz und auffallender schwarz-weißer Zeichnung. Heute kommt er nur in einem relativ kleinen Gebiet im südwestlichen China vor. Er wurde erst im Jahre 1869 entdeckt. Das erste lebende Tier wurde während der ersten deutschen Tibetexpedition in den Jahren 1913-1915 gefangen. 1937 erhielt der New York Zoo als erster westlicher Zoo ein lebendes Exemplar des Riesenpanda. Doch wurden seither nur wenige Pandas in westlichen Zoos gezeigt. Der Fall des Weibchens "Chi-Chi" aus dem Zoo in London ging durch die Zeitungen, weil es sich trotz aller Bemühungen weigerte, sich mit dem Männchen "An-An" aus dem Zoo in Moskau zu paaren. Später starb "Chi-Chi" im bemerkenswerten Alter von 15 Jahren, ohne jemals ein Junges bekommen zu haben. In Peking (Beijing) wurden jedoch seit 1963 Riesenpandas mehrfach erfolgreich gezüchtet und es gelang sogar, eine ganze Gruppe von Riesenpandas nachzuzüchten. So besaß der Zoo in Peking 1975 immerhin 7 Tiere und alle Zoos in China zusammen etwa 50 Exemplare. Nicht ganz zufällig wählte die aktivste und erfolgreichste Tierschutzorganisation, der World Wildlife Fund (WWF), den Riesenpanda als sein Wappentier. Ganz abgesehen davon, daß seine sehr beschränkte Verbreitung darauf hindeutet, daß er nicht häufig ist und daß sein Überleben wenigstens potentiell gefährdet ist, ist der Riesenpanda ein Publikumsliebling: vor allem wohl wegen seines kurzen, runden Kopfes, der sehr stark an einen Teddybären erinnert, seiner lebhaften Färbung und seiner etwas täppischen Bewegungsweise.

Schluß, daß der Riesenpanda ein hochspezialisierter Bär ist, der sich von der Linie der eigentlichen Bären vor etwa 13 Millionen Jahren abgespalten hat. Die Übereinstimmungen im Zahnbau zwischen dem Riesenpanda und dem Kleinen Panda (*Ailurus fulgens*) aus der Familie Procyonidae beruhen daher auf paralleler Evolution infolge ähnlicher Nahrungsgewohnheiten.

Der Riesenpanda ist auf einige wenige Gebirge in Südwestchina beschränkt. Da er ein Einzelgänger ist und überdies Gebiete mit sehr dichter Vegetation besiedelt, entgeht er nach wie vor sehr leicht der Beobachtung durch den Menschen. Daher gibt es nur sehr vereinzelte und manchmal auch entgegengesetzte Berichte über seine Lebensweise, die großenteils von Jägern stammen. Das Vorkommen eines Riesenpanda in einem Gebiet ist oft nur an den niedrigen, gewundenen, tunnelartigen Pfaden im Dickicht zu erkennen. Diese werden auch von anderen Tieren benutzt, zum Beispiel von Kragenbären (*Ursus thibetanus*), Leoparden (*Panthera pardus*), Takins (*Budorcas taxicolor*) und Wildschweinen (*Sus* sp.). Zuweilen findet man auch die Dunghaufen des Riesenpanda, die Aufschluß über seine wichtigste Nahrungsquelle geben – nämlich die Stämme und Schößlinge des Bambus bis zu der Dicke eines menschlichen Fingers. Der Riesenpanda verzehrt allerdings auch andere Pflanzenteile, zum Beispiel Wurzeln, und verschmäht auch tierische Kost nicht, wenn er imstande ist, sie zu bekommen. In Gefangenschaft gehaltene Riesenpandas wurden dabei beobachtet, wie sie ihre Revier mit Urin, bzw. durch Reiben der After- und Genitalregion an geeigneten Gegenständen markierten. Derartige Markierungen werden sowohl von den Männchen wie den Weibchen ausgeführt, allerdings häufiger von den Männchen. Es wurde beobachtet, daß Weibchen häufiger vor und während des Zyklus markieren. Das ist ein Hinweis darauf, daß dieses Verhalten in der freien Wildbahn mit der Fortpflanzung (Erkennung der Geschlechter) zu tun hat. Gefangene Tiere zeigten gesteigerte Aktivität zwischen 22 h abends und 2 h früh; daher kann man annehmen, daß Riesenpandas Nachttiere sind. Ob und wie lange wilde Riesenpandas unter natürlichen Bedingungen einen Winterschlaf halten, ist noch nicht geklärt. Vermutlich verringern sie ihre Aktivität mehr oder weniger und ziehen sich in Höhlen zurück. Andererseits wurden auch im tiefen Winter wiederholt Fährten von Riesenpandas im Schnee gefunden.

▲ Der Riesenpanda ist ein Tier der Gebirge, wo er Schluchten und Täler in Höhen zwischen 2.000 m und 3.500 m bevorzugt, vor allem solche mit einem kühlen, feuchten, nebligen Klima. Der dichte Unterwuchs aus Bambus, der die offenen, subalpinen Nadelwälder dieser Regionen faktisch undurchdringlich macht, dient ihm sowohl als Nahrungsgrundlage wie als Schutz. Manchmal - obgleich seltener als der Kragenbär - dringt der Riesenpanda in besiedelte Gebiete in tieferen Bereichen der Täler ein und verwüstet die Felder. Der hauptsächliche Feind des Riesenpanda ist ein Wildhund (*Canis alpinus*), daher sind wohl Riesenpandas mit Hilfe von Hunden recht einfach zu erlegen. Werden sie von Hunden gestellt, versuchen junge Riesenpandas sich auf Bäumen in Sicherheit zu bringen, während größere Tiere sich manchmal verteidigen und dabei vor allem versuchen, sich nicht aus dem schützenden Dickicht vertreiben zu lassen. Riesenpandas suchen sich Astgabeln als Ruheplätze. Geschichten von Pandas, die ihre Augen mit den Tatzen bedecken, sich kugelförmig zusammenrollen und auf der Flucht die Abhänge hinunterkugeln und ähnliches, was auch von anderen Bärenarten erzählt wird, kann man wohl in das Reich der Fabel verweisen.

▲ Vor etwa einer Million Jahren, während der Eiszeit, war der Riesenpanda über große Teile Südostasiens verbreitet, gemeinsam mit dem Stegodon, einem Verwandten des Elefanten, dem Orang-Utan (*Pongo pygmaeus*) und dem Tapir (*Tapirus* sp.). heute kommt er nur noch in einem beschränkten Gebiet vor, was aber nicht heißt, daß es sich beim Riesenpanda um eine primitive Form handelt; im Gegenteil, er ist eine hochentwickelte und spezialisierte Art und kein lebendes Fossil.

◄ Der Riesenpanda ist vorwiegend herbivor. Neben seiner Hauptnahrung, nämlich Bambusschößlingen, verzehrt er auch die Triebe, Blätter, Knollen, Wurzeln, Früchte und Blüten einer Vielzahl anderer Pflanzen.

WEISSRÜSSEL-NASENBÄR

(NASUA NARICA)

Ordnung Carnivora
Familie Procyonidae
Länge 74-134 cm
Gewicht 3-6 kg
Zahnformel $\frac{3.1.4.2}{3.1.4.2} = 40$
Fortpflanzungszeit Ungefähr März
Tragzeit 74 Tage
Anzahl der Jungtiere 2-7
Geschlechtsreife Männchen nach 2 Jahren

Die Gattung *Nasua* enthält die folgenden Arten: den Weißrüsselnasenbären (*Nasua narica*), der von den südwestlichen USA südwärts bis ins westliche Kolumbien und westliche Ecuador verbreitet ist; den Roten oder südamerikanischen Nasenbären (*Nasua nasua*) aus fast allen Waldgebieten Südamerikas; und Nelson's Nasenbär (*Nasua nelsoni*), der nur auf der Insel Cozumel vor der Küste von Yucatan vorkommt.

Nasenbären besitzen eine bewegliche, stark verlängerte, rüsselförmige Nase, die über den Unterkiefer hinausragt. Der lange Schwanz wird normalerweise gerade ausgestreckt gehalten, oft im rechten Winkel zum Körper. Der Kopf ist langgestreckt und die Ohren sind kurz und rundlich. An Kopf und Gliedmaßen ist das Fell kurz, am Körper ist es länger und rauher und am Schwanz geradezu wollig. Die Färbung ist unterschiedlich, aber meist rötlich bis grau. Die Tiere können beim Haarwechsel ihre Fellfärbung stark verändern. Der Weißrüsselnasenbär hat weiße Lippen und ein helles Band zwischen Augen und Nase. Die Beine sind bei allen Arten dunkel und die Pfoten nackt. Die Zehen sind bis zum letzten Zehenknochen miteinander verwachsen und tragen lange, kräftige Krallen. Je nach Artzugehörigkeit ist der Schwanz mehr oder weniger geringelt.

Die grundlegende soziale Einheit besteht bei den Nasenbären aus der Mutter mit ihren bis zwei Jahre alten Jungen. Mit Erreichen dieses Alters verlassen die Männchen den Familienverband und verteilen sich auf eigene Reviere, die an das Revier der Weibchengruppe angrenzen, in der sie groß geworden sind. Innerhalb der Familienreviere der verschiedenen Weibchengruppen gibt es ein Gebiet in jedem Revier, in dem die Aktivität der gesamten Gruppe sich konzentriert.

◀ Die Nasenbären gehören zur Familie der Kleinbären (Procyonidae) und fallen sofort durch ihre bewegliche, rüsselförmige Nase auf. Darauf geht auch ihr wissenschaftlicher Name *Nasua* zurück. Im Unterschied zu den meisten anderen Kleinbären, die in der Regel nachtaktiv sind, sind die Nasenbären vorwiegend tagaktiv. Sie bewohnen Wälder und können ausgezeichnet klettern. Die abgebildete Art ist der Weißrüsselnasenbär (*Nasua narica*). Das runde Bildchen zeigt den Kopf des Roten oder südamerikanischen Nasenbären (*Nasua nasua*).

▲ Die Nahrung der Nasenbären besteht aus Reptilien, Regenwürmern, Insektenlarven, anderen Wirbellosen, Früchten, Wurzeln und sogar Nagetieren.

▲ Die typische Haltung eines Nasenbären bei der Nahrungssuche. Anders als die Waschbären gehen Nasenbären sowohl auf dem Erdboden wie in Bäumen auf Futtersuche. Sie graben auch im Erdreich nach Insektenlarven und Wurzeln, wobei sie ihre Vorderpfoten zum Graben benutzen. Mit ihrer langen Schnauze schnüffeln sie in Höhlungen und Spalten nach Nahrung. Nagetiere und Echsen erbeuten sie, indem sie die Steine oder Hölzer, unter denen diese sich verkrochen haben, zur Seite wälzen. Manchmal arbeiten dabei mehrere Nasenbären zusammen. Gelegentlich töten sie sogar Vögel. Nasenbären haben eine eigentümliche Methode, gefangene Tiere zu töten. Wirbellose rollen sie mit ihren Vorderpfoten gegen einen harten Gegenstand und töten sie dadurch, daß das Chitinskelett zerbricht (dadurch vermeiden sie, etwa bei einem Insekt, sich zu stechen oder zu verletzen). Wirbeltiere drücken sie mit den Vorderbeinen zu Boden und töten sie mit einem Biß in den Kopf. Früchte fressen sie gern und reichlich. Bei großen Früchten ziehen sie mit Hilfe der Klauen der Vorderbeine das Fruchtfleisch ab, kleinere verschlucken sie im Ganzen. Nasenbären wurden sogar dabei beobachtet, wie sie an Bächen Krabben fischten und wie sie selbst kleinere Agutis überwältigten. Auch Eier verzehren sie gern. Sie brechen die Schale mit einigen vorsichtigen Bissen auf und lecken den Inhalt, ohne einen Tropfen zu verschütten.

◀ 1) Die Verbreitung der Nasenbären (Gattung *Nasua*).

WICKELBÄR
(POTOS FLAVUS)

Ordnung Carnivora
Familie Procyonidae
Länge 81-103 cm
Zahnformel $\frac{3.1.3.2}{3.1.3.2} = 36$
Fortpflanzungszeit Herbst
Anzahl der Jungtiere 1-2
Geschlechtsreife Männchen nach 18 Monaten: Weibchen nach 27 Monaten
Höchstalter In Gefangenschaft 23 Jahre; in freier Wildbahn 19 Jahre

Der Wickelbär ist in Mittel- und Südamerika von Südmexiko bis nach Mato Grosso verbreitet. Sein Greifschwanz, der fast die Länge des übrigen Körpers erreicht, ist nur spärlich bepelzt und rund im Querschnitt. Zur Spitze hin verjüngt er sich. Die kurzen Gliedmaßen sind kräftig gebaut. Die Zehen sind durch eine Haut miteinander verbunden, die etwa ein Drittel der Zehenlänge einnimmt. Die Krallen sind stark gekrümmt und sehr scharf. Der Wickelbär ist ein plantigrades Tier, das heißt, er geht auf der gesamten Handbzw. Fußfläche.

Die Fortpflanzung ist nicht an eine bestimmte Jahreszeit gebunden. Nähert sich ein Männchen, stößt das läufige Weibchen einen bestimmten Schrei aus. Das Weibchen besitzt nur zwei Zitzen, daher bringt es nach einer Tragzeit von etwa 115 Tagen nur ein oder zwei Jungen zur Welt. Diese wiegen etwa 190 g und sind ungefähr 30 cm lang. Sie tragen einen sehr weichen, silbrigen Pelz, der auf der Bauchseite sehr spärlich ist. Die Ohren öffnen sich meist nach fünf Tagen, die Augen nach 7-21 Tagen. Der Schwanz wird erst nach zwei bis drei Monaten zum wirklichen Greifschwanz. Nach 50-95 Tagen beginnen die jungen Wickelbären, feste Nahrung zu sich zu nehmen. Die Entwöhnung findet nach etwa vier Monaten statt und zu dieser Zeit sind dann die Jungtiere wirklich selbständig.

Wir wissen praktisch nichts über die Nahrung des Wickelbären in der freien Wildbahn. Nach Beobachtungen an Tieren in Gefangenschaft ernährt sich der Wickelbär vor allem von Insekten und Früchten. Er scheint jedoch keine besonders räuberische Art zu sein. Seine Zunge kann er bis 12 cm weit herausstrecken und sie befähigt ihn, Fruchtfleisch von Früchten abzuschälen, Insekten zu fangen und zwar sowohl im Flug wie in ihren Nestern, und Honig aus den Bienenwaben zu holen.

◄ Der Wickelbär (*Potos flavus*) ist ein ausgesprochen baumlebender und nächtlicher Kleinbär. In Gefangeschaft verhält er sich den ganzen Tag über bewegungslos, selbst angesichts des Lärms der Zoobesucher, aber nachts wird er sehr aktiv. In freier Wildbahn besetzen die Wickelbären nachts die gleiche ökologische Nische wie die Kapuzineräffchen (*Cebus*) bei Tag. Tagsüber zieht sich der Wickelbär in eine Baumhöhle zurück oder verbirgt sich im dichten Laub und bedeckt dabei die Augen mit den Vorderbeinen. Beim Aufwachen in der Dämmerung strecken sich Wickelbären in einer bestimmten Weise. Erst strecken sie die Arme aus, dann gähnen sie und strecken die Zunge weit heraus, und schließlich machen sie noch im Sitzen einen hohen Buckel und ringeln den Schwanz vor den Vorderfüßen zusammen.

► Die Nahrung des Wickelbären besteht aus Früchten, Eiern und Insekten.

◄ Der Wickelbär besitzt eine lange, weit vorstreckbare Zunge, mit deren Hilfe er Insekten ergreift und das Fruchtfleisch von Früchten abzieht.

▼ 1) Der Wickelbär lebt in den Regenwäldern von Mittel- und Südamerika.

▲ Gemeinsam mit dem *Binturong* oder Palmroller ist der Wickelbär der einzige Angehörige der Carnivora mit einem Greifschwanz. Mütter benutzen ihn dazu, ihre Jungen an sich zu drücken. Der Wickelbär bewegt sich mit großer Geschicklichkeit durchs Geäst, jedoch ohne besondere akrobatische Künste zu zeigen. Beim Klettern auf den Ästen bleibt der Schwanz immer fest um den Ast geringelt, bis die Füße einen neuen Halt gefunden haben. Der Wickelbär benutzt den Schwanz auch dazu, um auf dünnen Zweigen oder Lianen die Balance zu halten. Anscheinend üben Früchte, die von den Zweigen eines Baumes herabhängen, auf Wickelbären eine besondere Anziehung aus. Daher hängen sie gern kopfüber von Ästen herab, um an derartige Früchte zu gelangen, und zuweilen findet man Gruppen von bis 12 Wickelbären am gleichen Baum, die alle durcheinander kreischen und pfeifen. Sie ergreifen die Früchte mit den Vorderpfoten und beißen sie an, nachdem sie sie eingehend beschnüffelt haben. Beim Fressen nehmen die Wickelbären eine Vielzahl verschiedener Stellungen ein. Sie hängen selbst beim Fressen kopfunter, die Frucht in den Vorderpfoten, und halten sich nur mit dem Schwanz und den Hinterbeinen an einer Liane fest.

WASCHBÄR
(PROCYON LOTOR)

Ordnung Carnivora
Familie Procyonidae
Länge 60-100 cm
Zahnformel $\frac{3.1.4.2}{3.1.4.2} = 40$
Fortpflanzungszeit Januar bis Juni
Tragzeit 63-65 Tage
Anzahl der Jungtiere 1-7
Geschlechtsreife Männchen nach zwei Jahren; Weibchen nach einem Jahr

Der Waschbär ist von Südkanada bis nach Zentralamerika verbreitet. Er ist relativ untersetzt gebaut und erinnert entfernt an einen kleinen Bären. Er besitzt einen breiten Kopf mit spitzer Schnauze und großen, runden Ohren. Die ziemlich langen Gliedmaßen sind mit kurzem Fell bedeckt. Die Vorderpfoten bestehen aus fünf gut getrennten und sehr beweglichen Fingern und sind daher recht empfindlich und geschickt. Dies ist auch notwendig für ein Tier, das seine Nahrung sprichwörtlich mit den "Händen" aufsammelt. Das Fell am Rumpf ist grau, mit gelblichen bis rötlichen, individuell unterschiedlichen Tönungen. Die Unterseite ist weiß. Das Gesicht ist nur kurz behaart und trägt die auffällige schwarze Maske, die sich von einer Wange zur anderen quer über die Augen erstreckt. Der dicke Schwanz ist mit fünf bis sieben auffälligen schwarzen Ringen auf hellgrauem Untergrund versehen.

Im allgemeinen ziehen die Waschbären ihre Jungen in hohlen Bäumen auf. Während der ersten Erkundungsphase der Jungtiere besteht jedoch die Gefahr, daß eines herabfällt und sich verletzt oder daß es nicht imstande ist, zum Nest zurückzuklettern.

Nach etwa 60 Tagen beginnen die jungen Waschbären, feste Nahrung zu sich zu nehmen. Wenn die Mutter ihre Jungen führt, trachtet sie immer danach, sie so nah wie möglich bei sich zu behalten, und stößt daher in regelmäßigen Abständen spitze Töne aus. Nach ungefähr vier Monaten sind die Jungen dann ganz entwöhnt. Im Lauf des Herbstes werden sie unabhängig von der Mutter und sind imstande, ihre eigenen Territorien zu besetzen. Dies zwingt sie aber oft zu langen Wanderungen, manchmal 40 km oder weiter enfernt vom Ort, an dem sie geboren wurden. In einem geeigneten Waschbärengebiet in den nördlichen USA kann die Dichte bis 7 Individuen pro Quadratkilometer betragen.

Im Winter machen die Waschbären eine

▼ Der Waschbär (*Procyon lotor*) lebt in bewaldeten, wasserreichen Gebieten vom Süden Kanadas bis nach Mittelamerika. Er steigt nicht höher als 2.500 m und meidet in der Regel Nadelwälder.

▲ ► Ähnlich wie die anderen Angehörigen der Familie Procyonidae besitzt der Waschbär die typischen Vorderbeine eines guten Kletterers. Er benutzt sie aber auch, um im Boden nach Würmern zu graben und auf der Suche nach Insekten Steine und Abfall zu drehen. Im typischen Fall besteht aber der Hauptanteil seiner Nahrung aus Wassergetier. Allerdings machen Tiere insgesamt nur etwa 50 % seiner Nahrung aus, und das auch nur zu bestimmten Jahreszeiten. Im Herbst bilden Früchte bis zu 80 % seiner Nahrung, während sich der Waschbär im Winter vor allem von sonstiger pflanzlicher Kost ernährt, vor allem von Eicheln und, wenn möglich, von Mais. Im Frühjahr kommen dazu Insekten und Amphibien, Schildkröteneier, Vögel und Kaninchen. Waschbären scheinen kein Aas zu fressen. Sie bewegen sich in einer Art Trott mit gesenktem Kopf und etwas hochgewölbtem Rücken und mit gesenktem Schwanz fort und können eine Geschwindigkeit von 24 km/h erreichen. Der Waschbär hat eine gewisse ökonomische Bedeutung, einmal, weil sein Pelz sehr begehrt ist, außerdem, weil er ein beliebtes Jagdwild darstellt. In Amerika ist die Jagd auf Waschbären ein sehr beliebter Sport. Sie wird mit speziell gezüchteten Hunden betrieben, die den Waschbär auf einen Baum jagen und ihn dort verbellen, oder ihn ins Wasser treiben. Im Wasser gelingt es dem Waschbären allerdings oft, die Hunde zu ertränken, indem er sie am Kopf unter Wasser zieht. Das Fleisch des Waschbären wird ebenfalls hoch geschätzt.

inaktive Phase durch und ziehen sich dafür in ihre Verstecke zurück. Diese Phase beginnt, wenn die Temperaturen unter -4°C fallen. Bei besonders kaltem Wetter verharren sie oft wochenlang ohne Pause in einem Tiefschlaf und nehmen die ganze Zeit lang keine Nahrung zu sich. Dies ist jedoch kein echter Winterschlaf, denn ihr Grundumsatz verringert sich nicht und die Körpertemperatur sinkt ebenfalls nicht. Beim leisesten alarmierenden Geräusch sind daher im "Winterschlaf" befindliche Waschbären imstande, sich unmittelbar zu verteidigen. Häufig versammeln sich mehrere Waschbären im gleichen Winterlager.

Bei warmem Wetter sind Waschbären immer nachtaktiv und verbringen den Tag in ihrem Bau oder in sonstigen Verstecken. Diese werden oft von zwei Individuen benutzt, in der Regel von Geschwistern. Die Häufigkeit und die Verteilung solcher Unterkünfte scheint durch die Verteilung der Waschbärenpopulation als solcher bestimmt zu sein. Höhlen in Bäumen sind wohl die beliebtesten Verstecke, doch scheint die Wahl nicht von der Nähe eines Gewässers oder von besonderen Nahrungsquellen beeinflußt zu sein. Die wichtigste Voraussetzung ist dagegen wohl, daß das Versteck ausreichend Schutz gewährt. Die Größe eines Waschbärenreviers ist sehr unterschiedlich und hängt vor allem vom Ausmaß an geschützten Stellen im Gebiet ab, sowie von der verfügbaren Nahrung. So wurden in einem Fall Reviere mit einem Durchmesser von 1,6 km bei Männchen und etwas weniger bei Weibchen beobachtet, während in einem anderen Fall die Reviere von Weibchen nicht weniger als 3 km im Durchmesser hatten.

Die Fortpflanzungszeit beginnt unmittelbar nach dem Ende der inaktiven Winterphase der Waschbären. Nach den Untersuchungen einiger Zoologen trennen sich Männchen und Weibchen nach der Paarung und das Männchen paart sich anschließend mit zwei oder drei weiteren Weibchen.

Der Artname *lotor* (Wäscher) wurde dem Waschbären verliehen, weil dieser in Gefangenschaft alle Nahrung erst ins Wasser eintaucht, bevor er sie verzehrt. Lyall-Watson fand jedoch heraus, daß in Gefangenschaft gehaltene Waschbären dies als Ersatz für das Fischen tun. Manche Autoren nehmen weiterhin an, daß ein solches Verhalten, das die Verhältnisse in freier Wildbahn nachahmt, auch einen wichtigen Einfluß auf die Eßlust des Waschbären ausübt.

▲ Der Waschbär ist ein äußerst anpassungsfähiges Tier. Hat er sich erst einmal an die Anwesenheit des Menschen gewöhnt, kommt er ohne Scheu in die Siedlungen und verursacht dort oft eine Reihe sanitärer Probleme und auch beträchtliche Schäden in Gärten.

▶ Waschbären bevorzugen ein Versteck in Bäumen.

▲ Im typischen Fall jagt der Waschbär seine Beute nicht, sondern sucht sie, indem er das Bachbett oder den Grund anderer Gewässer durchwühlt.

▼ Typische Stellungen des Waschbären. 1) Beim Laufen hat er den Kopf gesenkt, den Rücken etwas aufgebogen und den Schwanz leicht nach unten gesenkt. 2) Bei der Nahrungssuche sieht er das Wasser mit den Vorderpfoten durch. 3) Er klettert auf Bäume. 4) Vor dem Fressen beschnüffelt er seine Nahrung. 5) Die Mutter hält ihre Jungen am Nacken, wenn sie sie herumträgt. 6) Er ruht der Länge nach auf Ästen ausgestreckt. 7) Er säugt die Jungen in sitzender Haltung.

STINKTIER
(MEPHITIS MEPHITIS)

Ordnung Carnivora
Familie Mustelidae
Größe Kopf-Rumpflänge 33-45 cm;
Schwanzlänge 18-25 cm; Länge der
Hinterpfote 8 cm
Gewicht 2,7-4,5 kg
Zahnformel $\frac{3.1.3.1}{3.1.3.2} = 34$
Tragzeit 63 Tage
Anzahl der Jungtiere 5 oder 6, bis 10
Höchstalter 8 bis 10 Jahre

Für einen Angehörigen der Marderfamilie ist das Stinktier von mittlerer Größe. Es besitzt einen ziemlich untersetzten Körperbau, einen kleinen, langen Kopf, eine spitze Schnauze, kleine, rundliche Ohren, kleine Augen, einen ziemlich langen Schwanz und kurze Beine mit kräftigen Krallen. Die Analdrüsen der Stinktiere sind besonders stark entwickelt und ihr übelriechendes Sekret kann unter Kontraktion bestimmter Muskeln willentlich und gezielt weit herausgespritzt werden. Das dichte, weiche Fell ist besonders am Rücken und am Schwanz sehr lang. Es ist glänzend schwarz und weist eine je nach Art unterschiedliche weiße Zeichnung auf.

Das Stinktier ist wie alle Angehörigen der Unterfamilie Mephitinae nur in der Neuen Welt verbreitet und kommt vom südlichen Kanada bis in den Norden Mexikos vor. Es bevorzugt mehr oder weniger mit Büschen durchsetzte Präriehabitate, offenes Dorngebüsch, Wälder, allerdings keine dichten Forste, kultivierte Ländereien, Wüstengebiete und Felsbiotope sowohl im Flachland wie im Gebirge. Nicht selten kommt es in der Nähe menschlicher Siedlungen vor und sucht sogar die Außenbezirke von Großstädten heim. Das Stinktier ist gesellig und sehr zutraulich. Normalerweise ist es nachtaktiv und verbringt den Tag in einem seiner Verstecke. Mit Hilfe seiner starken Krallen kann es sich einen ziemlich tiefen Erdbau graben, meist bezieht es aber einen Bau einer anderern Tierart, zum Beispiel einen Kaninchen-, Fuchs- oder Dachsbau.

Die Fortbewegung des Stinktieres wirkt ziemlich ungelenk und beim Laufen wölbt es den Rücken etwas auf und hält den Schwanz waagerecht ausgestreckt. Am Abend verläßt es sein Versteck und streunt langsam auf der Suche nach Nahrung herum, die es vor allem mit Hilfe seines feinen Geruchssinnes aufspürt. Das Stinktier ist ein Allesfresser, dessen Spei-

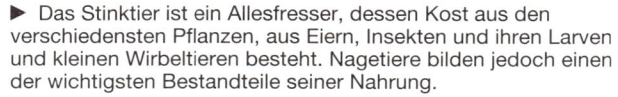
▲ Das Stinktier (*Mephitis mephitis*) ist leicht an seinem untersetzten Körperbau und dem langen, buschigen Schwanz erkennbar. Es lebt vornehmlich in buschreichem Grasland, kommt aber bis in die Außenbezirke von Dörfern und Städten vor. Dichte Wälder meidet es jedoch. Es ist ein nächtliches Tier, das den Tag in seinem Versteck im Boden verbringt.

▶ Das Stinktier ist ein Allesfresser, dessen Kost aus den verschiedensten Pflanzen, aus Eiern, Insekten und ihren Larven und kleinen Wirbeltieren besteht. Nagetiere bilden jedoch einen der wichtigsten Bestandteile seiner Nahrung.

sezettel von Jahreszeit zu Jahreszeit variiert. Vor allem zeigt es eine Vorliebe für Früchte, die es auch in Gärten und Plantagen sucht. Dabei wird es aber nicht besonders schädlich, denn es muß mit den herabgefallenen Früchten vorlieb nehmen, weil es nicht klettern kann. Außerdem frißt es eine Vielzahl von Wirbellosen und von kleinen Wirbeltieren bis etwa zur Größe eines Kaninchens. Es ist durchaus auch imstande, Insekten und Insektenlarven, Regenwürmer und nestjunge Mäuse unter der Erde aufzuspüren. Das Stinktier bildet ein besonders bekanntes Beispiel für eine Warntracht, bei der eine auffällige Fellzeichnung mit einer wirksamen Abwehrwaffe kombiniert ist, nämlich dem Verspritzen einer extrem übelriechenden Flüssigkeit aus den Analdrüsen. Dies dient besonders zur Abwehr von anderen räuberischen Säugetieren, und die auffällige schwarz-weiße Zeichnung hat nachgewiesenermaßen eine sehr gute Warnwirkung. Wird ein Stinktier angegriffen, nimmt es eine Reihe vorgeprägter, auffälliger Stellungen ein, wodurch es die Aufmerksamkeit des Angreifers fesselt und ihm klarmachen will, daß als letztes Mittel anschließend die Abwehrwaffe benutzt werden wird. Das Stinktier droht dem Angreifer dadurch, daß es ihm die Rückseite zuwendet und den gesträubten Schwanz hochhebt, dabei trampelt es mit den Hinterpfoten auf den Boden. Dies genügt schon in den meisten Fällen, um den Angreifer abzuschrecken. Ist das aber nicht der Fall, wendet das Stinktier ihm den Kopf zu, beginnt zu schnauben und spritzt schließlich sehr zielsicher das Sekret der Analdrüsen aus.

Die Fortpflanzung findet im Februar und im März statt. Die jungen Stinktiere werden nach einer Tragzeit von ungefähr 63 Tagen im Mai oder Juni geboren und in einem von der Mutter selbst hergestellten Nest aufgezogen. Meist sind es fünf oder sechs Jungtiere, ausnahmsweise aber sogar zehn, und sie sind bei der Geburt noch blind und nackt. Dennoch sind sie bereits leicht als Stinktiere erkennbar, denn sie weisen schon die für die jeweilige Art charakteristische Zeichnung auf. In der ersten Zeit sind die Jungtiere noch vollständig von ihrer Mutter abhängig, die rührend um sie besorgt ist. Nach 20 Tagen ist das Fell bereits voll entwickelt und nach 30 Tagen öffnen sich die Augen. Die Jungen werden zwei bis drei Monate lang gesäugt, doch können sie bereits nach 45-50 Tagen, also bevor sie entwöhnt sind, laufen und den Bau verlassen und beginnen dann, ihre Mutter auf ihren Streifzügen zu begleiten.

▲ Das Stinktier zeigt keine Angst vor größeren Raubtieren. Wird es angegriffen, nimmt es eine Drohhaltung ein, wobei es den Schwanz hochhebt und dem Angreifer sein Hinterteil mit den mächtig entwickelten Analdrüsen zuwendet.

▲ Lage der Analdrüsen beim Stinktier.

▲ Reicht diese Drohhaltung nicht aus, um den Angreifer zu vertreiben, stellt sich das Stinktier auf die Vorderbeine und spritzt zielsicher einen Strahl des sehr übelriechenden Sekretes der Analdrüsen über eine Entfernung von 3-4 m dem Angreifer ins Gesicht.

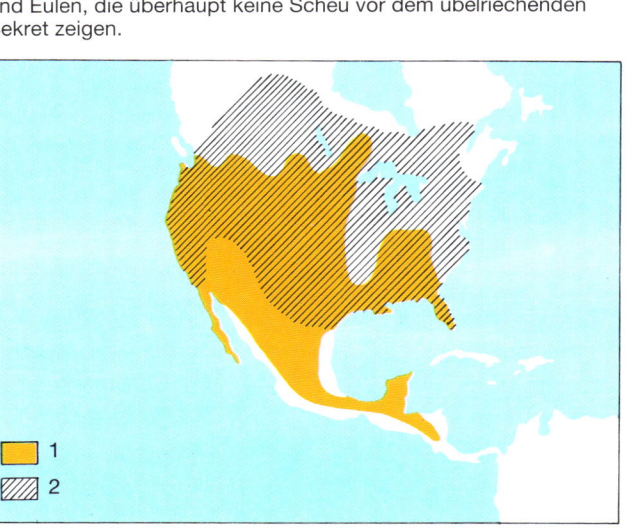

▲ Die gefährlichsten Feinde des Stinktieres sind Taggreifvögel und Eulen, die überhaupt keine Scheu vor dem übelriechenden Sekret zeigen.

▲ 1) Langschwanzskunk (*Mephitis macroura*). 2) Fleckenskunk (*Spilogale putorius*). 3) Ferkelskunk (*Conepatus leuconotus*).

◄ Das Verbreitungsgebiet des Stinktieres reicht von Südkanada bis nach Nordmexiko (1), während der Fleckenskunk südwärts bis nach Costa Rica verbreitet ist.

SEEOTTER
(ENHYDRA LUTRIS)

Ordnung Carnivora
Familie Mustelidae
Größe Kopf-Rumpflänge 120-190 cm;
Schwanzlänge 25-37 cm
Gewicht 22-38 kg
Zahnformel $\frac{3.1.3.1}{3.1.3.2}$ = 34
Fortpflanzungszeit Das ganze Jahr hindurch
Geschlechtsreife Erst nach drei Jahren
Tragzeit 8 bis 9 Monate
Anzahl der Jungtiere 1

Der Seeotter ist wie die anderen Otterarten in seinem Körperbau perfekt an das Leben im Wasser angepaßt, er ist allerdings viel größer und untersetzter. Der Kopf ist breit und rundlich, der Hals kurz und der Rumpf zylindrisch. Gemessen an der Körperlänge ist der Schwanz kurz, er ist mehr oder weniger keilförmig und dorsoventral abgeplattet. Der dicke, weiche Pelz besteht aus der äußerst dichten und feinen Unterwolle und den längeren und ziemlich starren Deckhaaren. Der Pelz ist von sehr großem kommerziellen Wert, weil dem Seeotter die dicke Fettschicht in der Unterhaut fehlt, die andere meeresbewohnende Säugetiere vor der Kälte des Seewassers schützt.

Früher war der Seeotter fast entlang der gesamten Küste des Nordpazifik samt den vorgelagerten Inseln verbreitet, nämlich von den Kurilen bis nach Kamtschatka, von den Aleuten bis zu den Pribiloff-Inseln und anderen Inselgruppen in der Beringsee, und von Alaska bis nach Südkalifornien. Heute ist sein Verbreitungsgebiet auf weniger als ein Fünftel geschrumpft und er kommt nur noch an manchen Stellen der kalifornischen Küste, in Westalaska, vor der Halbinsel Kamtschatka und bei den Kommandeur-Inseln und den Aleuten vor.

Der Seeotter ist ein reines Meerestier und bewohnt küstennahe Gewässer vor allem im Bereich der Tangwälder. Meist findet er sich in Gewässern mit einer Tiefe zwischen 3 m und 20 m, nur gelegentlich wagt er sich auch in tieferes Wasser. All seine Lebensäußerungen vollführt der Seeotter im Wasser und kommt nur bei der Geburt der Jungen an Land oder wenn das Meer besonders stürmisch ist. Doch an Land hält er sich immer sehr nah am Strand auf und entfernt sich niemals mehr als wenige Hundert Meter vom Meer. Der Seeotter ist der einzige meeresbewohnende Angehörige der Unterordnung Fissipedia der Carnivora und er ist zugleich

Der Seeotter (*Enhydra lutris*) ist der weitaus am vollkommensten an das Wasserleben angepaßte Angehörige der Mustelidae und verbringt den überwiegenden Teil seiner Lebenszeit im Wasser. Wenn Wind und Wetter es zulassen, entfernt er sich zuweilen weit von der Küste, doch normalerweise hält er sich immer in Strandnähe auf. Er ernährt sich von Seeigeln, Schnecken und Muscheln, Krebsen und Fischen. Gelegentlich verzehrt er auch Seegras und Algen.

Der Lebensraum des Seeotters

Küste

Strand

die am besten an das Leben im Wasser angepaßte Art, denn er verbringt fast seine gesamte Lebenszeit im Wasser. Er ist ein friedliches, neugieriges Tier und zeigt dort, wo er nicht gejagt wird, keine Scheu vor dem Menschen.

Die Nahrung des Seeotters besteht fast ausschließlich aus bodenlebenden Meerestieren, die er vom Meeresgrund heraufholt. Seegras und Algen verzehrt er nur ganz gelegentlich. Mehr als die Hälfte seiner Nahrung machen Seeigel aus, ein weiteres Viertel besteht aus Schnecken und Muscheln, der Rest verteilt sich auf Krebse und Fische. Die steifen, berührungsempfindlichen Tasthaare an der Schnauze und die Tastsinnesorgane an den Vorderpfoten helfen ihm dabei, seine Beute unter Wasser aufzuspüren, und daher kann er sogar in bewegtem Wasser fischen. Er ist durchaus imstande, 50-60 m tief zu tauchen und mehrere Minuten lang untergetaucht zu bleiben. Hat er etwas Freßbares gefunden, taucht er auf und hält seine Beute dabei mit den Vorderpfoten fest an die Kehle gedrückt. Nach einem besonders erfolgreichen Tauchgang kommt er manchmal mit mehreren Tieren an die Oberfläche, die er in Hautfalten seiner Halshaut transportiert. Der Seeotter benötigt große Mengen Nahrung und es wurde berechnet, daß er jeden Tag mindestens den fünften Teil des eigenen Körpergewichtes verzehren muß. Der Seeotter ist eines der wenigen Tiere mit Werkzeuggebrauch. Er benutzt Steine, um Muscheln von den Felsen abzulösen, und gebraucht sie wie einen Hammer. Besonders charakteristisch ist seine Methode, Schneckenschalen oder die Kalkplatten des Außenskelettes von Seeigeln zu zerbrechen. Während des Tauchens holt er vom Meeresgrund einen flachen Stein mit nach oben. Dann legt er sich auf den Rücken, legt den Stein auf seine Kehle und benutzt ihn wie einen Amboß, um die Schale, die er dabei mit beiden Vorderpfoten festhält, solange daraufzuschlagen, bis sie bricht. Obwohl es unglaubhaft erscheint, ist doch dieser instinktive Werkzeuggebrauch nicht bei allen Seeotterpopulationen bekannt. Zum Beispiel wurde dieses Verhalten niemals bei den Seeottern der Kommandeur-Inseln beobachtet. Andererseits ist der Seeotter nicht auf ein Werkzeug angewiesen. Denn seine Bakkenzähne sind sehr breitkronig und gut geeignet, um hartschalige Gegenstände aufzubeißen. Ist eine Schale besonders hart und auf keinerlei Weise zu zerbrechen, versucht der Seeotter auf anderem Wege den Weichkörper der Schnecke oder Muschel herauszuziehen.

▼ Unter Wasser schwimmt der Seeotter unter Wellenbewegungen des ganzen Körpers. Häufig nimmt er dabei eine senkrechte Stellung ein, so daß der Vorderkörper aus dem Wasser herausschaut.

▲ An der Wasseroberfläche schwimmt der Seeotter unter leichten Schwanzbewegungen auf dem Rücken. In dieser Position frißt er seine vom Meeresboden heraufgeholten Beutetiere.

▲ Im Sommer verbringt der Seeotter häufig die ganze Nacht im Wasser zwischen den Tangen.

▲ Der Seeotter legt einen flachen Stein auf seine Kehle und benutzt ihn als Amboß, auf dem er die mit den Vorderpfoten festgehaltenen Schalen seiner Beutetiere zerschlägt.

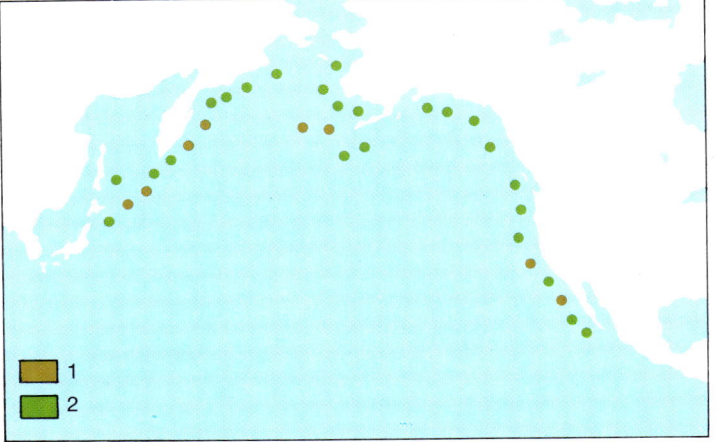

1
2

◄ Früher war der Seeotter entlang der gesamten Küste und der vorgelagerten Inseln des Nordpazifiks häufig. Wegen des hohen kommerziellen Wertes seines Pelzes wurde der Seeotter jedoch so stark bejagt, daß man ihn zu Anfang unseres Jahrhunderts für ausgestorben hielt. Tatsächlich überlebten auch nur wenige Tiere, doch haben sich dank der Schutzmaßnahmen die Populationen inzwischen langsam, aber merklich erholt. 1) Heutige Verbreitung. 2) Ursprüngliche Verbreitung.

MANGUSTEN
(FAMILIE VIVERRIDAE)

Ordnung Carnivora
Familie Viverridae
Länge 32-110 cm
Gewicht 0,65-3,2 kg
Zahnformel $\frac{3.1.3(4).2}{3.1.3(4).2} = 36(40)$
Fortpflanzungszeit unterschiedlich
Tragzeit Zwischen 42 Tagen und 12 Wochen
Anzahl der Jungtiere Zwischen 1 und 6

Heute wird die Bezeichnung Mangusten für 30 Arten mittelgroßer Carnivora benutzt, die zur Familie der Schleichkatzen (Viverridae) gerechnet werden. Sie sind von Südwesteuropa über Afrika, den Mittleren Osten, Indien, Indochina bis nach Südchina und zu den Großen Sundainseln verbreitet. Eine nah verwandte Gruppe, bestehend aus acht Arten, bewohnt Madagaskar. Alle Arten sind kleine bis mittelgroße Räuber mit ziemlich kurzen Beinen und vier oder fünf Zehen. Das Ichneumon (*Herpestes ichneumon*) ist in ganz Afrika mit Ausnahme des Kongobeckens, der westafrikanischen Waldgebiete und der Sahara verbreitet und kommt auch in Spanien und Palästina vor. Es wird etwa 110 cm lang und wiegt zwischen 1,5 und 3,2 kg. Das Fell hat eine wollige Beschaffenheit und ist dunkelgelb mit Ausnahme der schwarzen Schwanzspitze und der schwarzen Pfoten.
Viele Mangusten, vor allem der mit dem Ichneumon nah verwandte Indische Mungo (*Herpestes edwardsi*) sind wegen ihrer Kämpfe mit Giftschlangen berühmt. Mangusten sind dafür durch ihren dicken Pelz, ihre große Beweglichkeit und eine hohe Resistenz gegenüber Schlangengiften hervorragend gerüstet.
Die kleine Goldstaubmanguste (*Herpestes aureopunctatus*) kommt zwischen dem nördlichen Arabien und Afghanistan, Nepal, Assam, Burma, Malaysia, Thailand, Pakistan, Indien und Hainan vor. Ihr Fell hat eine bräunliche Grundfärbung mit gelblichen Einsprengseln.
Die Zebramanguste (*Mungos mungo*) bewohnt Afrika von Portugiesisch Guinea bis nach Nigeria, zum Sudan und nach Somalia und südlich bis zum Oranje. Sie erreicht etwa 53-74 cm Länge.
Die Zwergmanguste (*Helogale parvula*) ist zwischen Äthiopien und Somalia und dem Oranje in Südafrika verbreitet. Sie ist die kleinste Manguste und mißt nur 32-43 cm. Ihr Fell ist glänzend grau oder braun, Pfoten und Schwanz sind dunkler.

▲ Das Ichneumon (*Herpestes ichneumon*). Mangusten gehen im allgemeinen gesellig auf die Jagd, wobei sie im Erdboden graben und in alle Löcher schnüffeln, und sie halten dabei dauernd Lautkontakt. Ihre Nahrung besteht vor allem aus Insekten, doch verzehren sie auch Schlangen und andere Reptilien und Wirbellose.

▼ Die typische Haltung eines laufenden Ichneumons.

Andere Mangustenarten

Zebramanguste
(*Mungos mungo*)

Goldstaubmanguste
(*Herpestes aureopunctatus*)

Zwergmanguste
(*Helogale parvula*)

TÜPFELHYÄNE
(CROCUTA CROCUTA)

Ordnung Carnivora
Familie Hyaenidae
Größe Gesamtlänge bis 1,7 m;
Schwanzlänge 33 cm; Schulterhöhe
90 cm
Gewicht Bis 80 kg
Zahnformel $\frac{3.1.3.1}{3.1.3.1} = 32$
Fortpflanzungszeit Einmal jährlich
Tragzeit 100-110 Tage
Anzahl der Jungtiere Normalerweise 2,
ausnahmsweise 3
Geschlechtsreife Nach 2 Jahren
Höchstalter In Gefangenschaft bis
40 Jahre

Die Tüpfelhyäne ist die größte der drei existierenden Hyänenarten und unterscheidet sich in verschiedenen morphologischen Merkmalen stark von den anderen Arten. Ihr Körperbau ist sehr kräftig und zeigt den charakteristischen Umriß aller Hyänen, nämlich die von den Schultern nach hinten abfallende Rückenlinie. Dies verleiht den Hyänen ihr charakteristisches unproportioniertes Aussehen.
Die Tüpfelhyäne kommt fast überall in offenem Waldland, Savannen und Grasländern Afrikas südlich der Sahara vor. Ihre typischen Lebensräume sind die Savannen, sie kommt aber auch in lichten Wäldern, nie jedoch im geschlossenen Wald vor. Sie bevorzugt ebenes oder leicht hügeliges Gelände und steigt nur seltener höher ins Gebirge hinauf.
Tüpfelhyänen leben in Rudeln von bis zu 80-100 Individuen. Sie sind räuberische Tiere wie die Löwen und Hyänenhunde, ihre Konkurrenten in den afrikanischen Savannen, und sie ernähren sich überwiegend von Beute, die sie selbst gerissen haben. Ihre Beutetiere sind sehr verschieden, von Hasen bis zu Großtieren wie Gazellen oder Gnus. Tüpfelhyänen greifen selbst junge Löwen oder Nashörner an. Sie attackieren auch den Menschen, ziehen sich aber meist zurück, wenn man gegen sie Front macht. Das Schlafen in einem Hyänengebiet ist gefährlich, denn es ist bekannt, daß Hyänen schlafenden Menschen furchtbare Gesichtsverletzungen zufügen können.
Bei der Jagd auf größere Grasfresser vereinigt sich ein ganzes Hyänenrudel, allerdings ohne eine besondere Arbeitsteilung. Den Tod des Beutetieres verkünden die Hyänen mit dem bekannten "Hyänenlachen", mit dem die anderen Tiere des Rudels zur Teilname am Mahl zusammengerufen werden.

▲ Die Tüpfelhyäne (*Crocuta crocuta*) ist die größte Hyänenart. Im Gegensatz zur bisherigen Annahme ernährt sie sich überwiegend von Beutetieren, die sie selbst gerissen hat, und nicht von Aas. Sie jagt vorwiegend bei Nacht, ist jedoch nicht so ausschließlich nachtaktiv wie die anderen Hyänenarten, und ist daher auch oft tagsüber zu sehen, manchmal sogar jagend. Besonders aktiv ist sie während der Abend- und Morgendämmerung. Bis vor wenigen Jahren war das Verhalten der Tüpfelhyäne wegen ihrer nächtlichen Lebensweise nicht sehr gut untersucht und man nahm an, daß sie sich von Aas ernährte – eine Vorstellung, die darauf beruhte, daß man ihr Verhalten bei Tage unzulässigerweise verallgemeinerte. Ein genaues Bild von der Lebensweise der Tüpfelhyäne ergaben erst die mühevollen Beobachtungen, die Hans Kruuk mehrere Jahre lang in der Serengeti und im Ngorongoro Krater durchführte.

◄ Das Beutespektrum der Tüpfelhyäne reicht von Kleintieren bis zu den großen Antilopen.

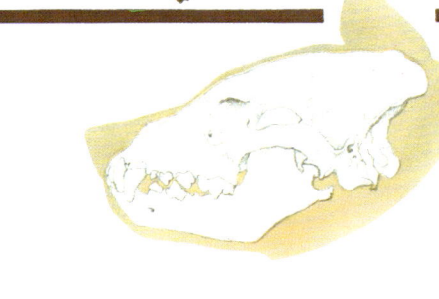

Die Kiefer der Typfelhyäne sind so konstruiert, daß sie einen außergewöhnlich kräftigen Biß ermöglichen, und die gewaltigen Zähne sind mehr zum Abreißen von Fleisch geeignet als zum Zerkauen. Die Kiefer sind so stark, daß die Tüpfelhyäne damit die Röhrenknochen eines großen Wiederkäuers mit einem Biß zermalmen kann.

PUMA
(PUMA CONCOLOR)

Ordnung Carnivora
Familie Felidae
Größe Kopf-Rumpflänge 70-140 cm;
Schwanzlänge 56-97 cm; Schulterhöhe
53-79 cm
Gewicht 21-125 kg
Zahnformel $\frac{3.1.3.1}{3.1.3.1} = 30$
Fortpflanzungszeit Jahreszeitlich
nicht genau festgelegt, jedoch häufiger
im Winter und im Frühjahr
Tragzeit 84-106 Tage – meist 94 Tage
Anzahl der Jungtiere 1-6 (im Mittel 3)
Geschlechtsreife Nach 2-3 Jahren
Höchstalter 20 Jahre

Der Puma (*Puma concolor*) ist eine Groß-
katze, die, abgesehen von ihrer Größe,
ein vollkommenes Beispiel für den grundlegenden Bauplan der Katzen darstellt
und keine besondere Spezialisierung aufweist. Nur während der frühen Jugend ist
das Fell gesprenkelt. Die Erwachsenen-
färbung ist dagegen einfarbig.
Wie bei vielen anderen Säugetieren variiert die Größe des Pumas je nach dem
Klimabereich, in dem er vorkommt. Die
kleinsten Pumas kommen in Äquatornähe
vor und die durchschnittliche Größe
nimmt gleichmäßig nach Norden und
nach Süden zu, so daß die größten Pumas
an der Südspitze Südamerikas und in Südkanada vorkommen. So besitzt der Puma
das größte Areal aller Katzenartigen in
der Neuen Welt. Seine bevorzugten Lebensräume sind wohl die tropischen und
gemäßigten Waldgebiete, aber er kommt
auch in Grasländern und selbst in wü-
stenhaften Gebieten vor.
Im größten Teil seines Verbreitungsgebietes bilden Weißwedelhirsche und Maul-
tierhirsche seine Hauptnahrung. Beide
Arten sind etwa gleich groß wie der Puma. Hirscharten wie Wapiti und Elch fallen manchmal den Pumas im Norden zum
Opfer. In manchen Gebieten machen auch
Hasen, Baumstachler, Guanakos und verschiedene Nagetiere einen Teil seiner
Kost aus. Auch reißt der Puma gern Haustiere, wenn sie frei weiden. Bei der Jagd
verläßt er sich auf seine große Sprungkraft.
Er kann aus dem Stand 4 m weit springen und aus vollem Lauf sogar 12 m . Insgesamt zeigt der Puma das Verhalten, die
Bewegungen und Körperstellungen einer
Hauskatze, nur übertragen auf ein Großtier. Er gilt daher als näher verwandt mit
den Kleinkatzen als mit den übrigen Großkatzen, wie Löwe, Tiger und Leopard.

▲ Der Puma erreicht die Größe der Großkatzen, ist
aber mit diesen nicht näher verwandt. Er bildet ein
gutes Beispiel für den grundlegenden Bauplan der
Katzenartigen ohne irgendwelche besondere
Spezialanpassungen.

◄ Die sehr weite geographische Verbreitung des
Pumas hat zur Herausbildung verschiedener
Lokalrassen in unterschiedlichen Klimabereichen
geführt. Daher ist auch die Liste seiner Beutetiere
sehr lang. Im größten Teil seines Areals machen
mittelgroße Hirsche die Hauptnahrung aus. Größere
Hirsche, wie der Wapiti und der Elch, spielen eine
geringere Rolle, während kleinere Säugetiere, etwa
Hasen, als Nahrung recht bedeutsam sind.

LEOPARD
(PANTHERA PARDUS)

Ordnung Carnivora
Familie Felidae
Größe Kopf-Rumpflänge 78-180 cm;
Schwanzlänge 60-110 cm; Schulter-
höhe 45-74 cm
Gewicht 23-90 kg
Zahnformel $\frac{3.1.3.1}{3.1.2.1} = 30$
Fortpflanzungszeit Nicht auf eine
Jahreszeit festgelegt; in den nördlichen
Teilen seines Areals im Winter und
im Frühjahr
Tragzeit 90-105 Tage – meist 96 Tage
Anzahl der Jungtiere 1-6 (meist 2-3)
Geschlechtsreife Nach 2-3 Jahren
Höchstalter 24 Jahre

Die Fellzeichnung des Leoparden, die aus
ringförmigen oder rosettenartigen Flekken besteht, unterscheidet ihn von den
meisten anderen Großkatzen. Nur mit
dem Jaguar kann der Leopard auf Grund
der Zeichnung verwechselt werden. Ein
Gen für melanistische Färbung tritt in vielen Populationen häufig auf, vor allem in
Südostasien. Die Träger dieses Genes sind
die bekannten "Schwarzen Panther" mit
dunkelbrauner Grundfärbung, auf der die
schwarzen Flecken bei bestimmtem Licht-
einfall deutlich sichtbar werden. Daher
ist der Schwarze Panther keine eigene
Rasse, sondern eine Mutante, die in allen
Populationen auftreten kann.

Auch die Größe des Leoparden variiert
in den verschiedenen Gebieten außerordentlich. Neben Riesenrassen im Iran und
in Westafrika gibt es auch kleinwüchsi-
ge Rassen, z. B. in Somalia und in Java.
Der Leopard besitzt eine bedeutende Anpassungsfähigkeit an die verschiedensten
Lebensräume. Er ist ebenso im Tieflandregenwald wie im Gebirge zu Hause, in
der Savanne wie in der Trockensteppe.
Daher war er fähig, ein riesiges Areal zu
besiedeln und kommt heute in ganz Afrika mit Ausnahme der Wüstengebiete
Nordafrikas vor, auf der arabischen Halbinsel und in Kleinasien, sowie West- und
Südasien bis nach Java, und in Ostasien
bis in das Amur-Ussurigebiet im Nordosten. Während der Eiszeit war der Leopard sogar weit über Europa verbreitet.
Sein bevorzugter und vermutlich auch
sein ursprünglicher Lebensraum ist der
Regenwald, denn das Geäst von Laubbäumen ist sein Ruheplatz und seine Fellzeichnung stellt eine ausgezeichnete Tarntracht dar. Wegen seiner enormen Behendigkeit macht das Erklettern von Bäumen
dem Leoparden keinerlei Mühe.

Leopard (*Panthera pardus*)

JAGUAR
(PANTHERA ONCA)

Ordnung Carnivora
Familie Felidae
Größe Kopf-Rumpflänge 110-176 cm,
Schwanzlänge 33-82 cm; Schulterhöhe
70-75 cm
Gewicht 33-100 kg
Zahnformel $\frac{3.1.3.1}{3.1.2.1} = 30$
Fortpflanzungszeit Nicht auf eine bestimmte Jahreszeit festgelegt; Spätsommer bis Herbst in den nördlichen Teilen seines Verbreitungsgebietes
Tragzeit 91-111 Tage, meist 101 Tage
Anzahl der Jungtiere 1-4, im Mittel 2
Geschlechtsreife Nach etwa 3 Jahren
Höchstalter 22 Jahre

Im Vergleich zum Leoparden ist der Jaguar (*Panthera onca*) im Mittel etwas größer und erreicht zuweilen die Ausmaße eines kleinen Tigers. Er ist außerdem gedrungener gebaut als sein Vetter, hat einen breiteren, dickeren Kopf und einen viel kürzeren Schwanz. Die Grundfarbe des Jaguarfells ist ein ins Rötliche spielendes Gelb wie bei vielen asiatischen Leoparden und gleicht manchmal der des Tigers. Der Jaguar ist mit einer ganz ähnlichen Fleckenzeichnung versehen wie der Leopard. Die Zeichnung ist am Kopf als isolierte Flecken ausgebildet, am Rumpf aber in Ringen angeordnet.
Der ursprüngliche Lebensraum des Jaguars ist wohl der Tropische Regenwald. Dennoch ist er nicht vollständig auf dicht bewaldete Gebiete beschränkt, sondern besiedelt wie der Leopard auch offene Gegenden, vor allem in den nördlichen und südlichen Randbereichen seines Verbreitungsgebietes. Anscheinend zieht er die Nähe von größeren Flüssen, oder jedenfalls von Gewässern vor. Sein heutiges Verbreitungsgebiet reicht von Nordargentinien und Uruguay durch ganz Süd- und Mittelamerika bis in die Grenzbereiche von Mexiko und Arizona.
Wegen seines schwereren Körperbaus verbringt der Jaguar weniger Zeit in Bäumen als der Leopard, obgleich er weitaus besser klettern kann als beispielsweise der Tiger. Der Jaguar kann außerdem schnell laufen und vorzüglich schwimmen und durchquert ohne Scheu selbst die großen Regenwaldflüsse Südamerikas. Aus diesem Grund schließt sein Speisezettel alle an und im Wasser lebenden Tiere ein, darunter vor allem Wasserschweine, aber auch Otter, Schildkröten, Wasservögel, Fische und Kaimane.

▲ Der Jaguar (*Panthera onca*) sieht dem Leoparden sehr ähnlich, ist aber schwerer gebaut. Er lebt vor allem in Waldgebieten und kommt besonders gern in der Nähe großer Flüsse vor. Er ist kein so geschickter Kletterer wie der Leopard.

▲ Unter den Beutetieren des Jaguars sind zahlreiche Arten von Säugetieren, Reptilien und Fische, die im und am Wasser leben.

▶ Der Jaguar kann vorzüglich schwimmen und verfolgt nicht selten seine Beute ins Wasser. Er zögert auch nicht, selbst Kaimane anzugreifen.

▼ 1) Verbreitungsgebiet des Jaguars.

1

ROTLUCHS ODER BOBCAT
(FELIS (LYNX) RUFUS)

Ordnung Carnivora
Familie Felidae
Größe Kopf-Rumpflänge 65-95 cm;
Schwanzlänge 13-19 cm; Schulterhöhe
50-60 cm
Gewicht 7-13,5 kg
Zahnformel $\frac{3.1.2.1}{3.1.2.1} = 28$
Fortpflanzungszeit Winter bis Früh-
ling, im südlichen Teil seines Verbrei-
tungsgebietes manchmal ein zweiter
Wurf im Sommer
Tragzeit 60-70 Tage, im Mittel 65 Tage
Anzahl der Jungtiere 1-6, im Mittel 3
Geschlechtsreife Nach einem Jahr

Der Rotluchs ist der kleinste lebende
Luchs. Seine Grundfärbung variiert zwischen einem intensiven Rotbraun mit
grauem Schimmer und Braun oder Gelbgrau. Die Zeichnung besteht aus zahlreichen schwarzen Punkten oder Flecken,
die entlang des Rückens zuweilen zu
Längsreihen angeordnet sind.
Der Rotluchs ist der für die USA charakteristische Luchs. Im Norden dringt
er nicht weit über die kanadische Grenze vor, im Süden endet sein Verbreitungsgebiet in Mexiko. Er kann überall
existieren, wo er ausreichende Verstecke
findet. Im Norden bewohnt er vor allem
Wälder und parkartige Landschaften, im
Süden kommt er auch in den heißen Kak-
tussteppen vor. Er dringt jedoch auch in
Sumpfgebiete ein.
Die ausgeprägte Anpassungsfähigkeit des
Rotluchses an die verschiedenartigsten
Umweltbedingungen zeigt sich auch in
seiner Beziehung zu menschlichen Siedlungen: er findet sich auch oft in der Nähe
von Dörfern und sogar in den Außenbe-
zirken großer Städte. Er hält sich so still,
daß die Bewohner oftmals keine Ahnung
von seiner Anwesenheit haben, bis ihn
im Winter seine Spuren im Schnee verraten. Die Spuren gleichen denjenigen einer riesigen Katze.
Die Verschiedenartigkeit der vom Rotluchs besiedelten Lebensräume spiegelt
sich in seinem Speisezettel wider. Im
nördlichen Teil seines Areals bilden Kaninchen und Hasen einen wichtigen Teil
seiner Nahrung. In den Trockengebieten
des Südens spielen Nagetiere die Haupt-
rolle, gefolgt von Hasen und bestimmten
Vogelarten. Auch vergreift sich der Rotluchs gelegentlich an Hausgeflügel.

▼ Abweichend von den anderen Luchsarten lebt der
Rotluchs nicht ausschließlich in Wäldern, sondern in
einer Vielzahl von Lebensräumen und in den südwestlichen USA und in Mexiko sogar in den heißen Halbwüsten. Die mexikanische Rasse des Rotluchses ist am
kleinsten und ist etwas heller gefärbt als die übrigen
Rassen. Der Rotluchs besitzt als einziger Luchs eine
weiße Schwanzspitze.

◄ In Trockengebieten bilden Säulenkakteen
die einzige Zuflucht für den Rotluchs, wenn
er von Hunden gestellt wird.

▼ Die Nahrung des Rotluchses besteht vor allem aus Hasen,
Kaninchen und Nagetieren. Hasen und Kaninchen überwiegen
im nördlichen Teil seines Verbreitungsgebietes, die Nagetiere
im Süden.

◄ Wie die anderen
Luchsarten zeigt auch
der Rotluchs eine
Reihe von Verhaltens-
weisen, die denen der
Hauskatze in vielerlei
Hinsicht ähnlich sind.

▲ Der Rotluchs gräbt mit den Vorderpfoten
eine Grube für seine Exkrement . Dieses Verhalten ist
typisch für die hochentwickelte Gruppe der Katzenartigen,
zu denen die Luchse und Wildkatzen gehören.

LÖWE
(PANTHERA LEO)

Ordnung Carnivora
Familie Felidae
Größe Kopf-Rumpflänge 145-200 cm;
Schwanzlänge 67-102 cm; Schulter-
höhe 73-112 cm
Gewicht 120-265 kg
Zahnformel $\frac{3.1.3.1}{3.1.2.1} = 30$
Fortpflanzungszeit Normalerweise
einmal jährlich, aber nicht jahreszeit-
lich festgelegt
Tragzeit 96-119 Tage (meist 109 Tage)
Anzahl der Jungtiere 1 bis 8, meist 3
Geschlechtsreife In Gefangenschaft
nach 2-3 Jahren, in freier Wildbahn ein
Jahr später
Höchstalter 29 Jahre

Im allgemeinen gleichen sich bei den katzenartigen Raubtieren Männchen und
Weibchen und unterscheiden sich lediglich in der Körpergröße. Der Löwe
(*Panthera leo*) bildet jedoch darin eine
Ausnahme, da das Männchen sich durch
den Besitz der Mähne deutlich vom
Weibchen unterscheidet.
Über die Funktion der Mähne wurden
verschiedene Vorstellungen entwickelt.
Die Tatsache, daß der Löwe als einziger
Angehöriger der Felidae ein hochent-
wickeltes Sozialleben besitzt, deutet bereits darauf hin, daß die Mähne vor allem
mit sozialer Kommunikation zu tun hat.
Vermutlich ist ihre Funktion, den Ru-
delgenossen, aber auch rudelfremden
Löwen die Stärke und sexuelle Potenz
des Männchens zu demonstrieren. Auch
bietet eine dichte Mähne Schutz vor Verletzungen des Halses im Kampf, etwa mit
anderen Löwenmännchen, doch scheint
diese Funktion von untergeordneter Bedeutung zu sein.
Wie bei den verwandten Arten, zum Beispiel beim Jaguar und Leoparden, besitzen die neugeborenen Junglöwen eine
Fellzeichnung, die aus zahlreichen ringförmigen Flecken besteht. Mit zunehmendem Alter verblaßt die Zeichnung
mehr und mehr, so daß bei den erwachsenen Tieren nur geringe, meistens kaum
sichtbare Reste übrigbleiben. Derartige
noch leicht gefleckte Exemplare gibt es
zum Beispiel beim Berberlöwen.
Unter allen Unterarten weisen der Ber-
berlöwe und die Löwen aus Süd- und
Mittelasien die größte Anzahl ursprünglicher Merkmale auf, während die Löwen
aus Afrika südlich der Sahara – mit Ausnahme des Kaplöwen, der eine Mittelstellung einnimmt – am höchsten ent-

Einzigartig unter allen Felidae
ist der Sexualdimorphismus des
Löwen (*Panthera leo*), der sich nicht
nur im Größenunterschied der
Geschlechter ausdrückt. Die
Männchen sind nämlich durch den
Besitz einer Mähne ausgezeichnet,
die je nach der geographischen
Herkunft, den klimatischen Bedingungen und dem Hormonhaushalt
des Löwen verschieden gut
ausgebildet ist. Das Weibchen
dagegen besitzt keine solche
Mähne oder bestenfalls einige
längere Haare. Männchen und
Weibchen haben jedoch die
schwarze Quaste an der
Schwanzspitze.

wickelt erscheinen. Die südafrikanischen Formen sind die größten unter den heute noch existierenden Löwen. Während der Eiszeit lebten jedoch noch größere Löwen, ja geradezu Riesenformen, in Europa, Sibirien und Nordamerika, nämlich die sogenannten Höhlenlöwen (*Panthera leo spelaea*) und die nordamerikanischen Löwen (*Panthera leo atrox*). Am Ende der Eiszeit war sogar Südamerika von Löwen besiedelt.

Der natürliche Lebensraum des afrikanischen Löwen sind heutzutage die trockenen Savannen und Steppengebiete. Er dringt jedoch auch in die Halbwüstengebiete, die Strauchsavannen und die offenen Waldländer ein. Er bewohnt fast die gleichen Lebensräume wie der Gepard, besetzt jedoch ein ganz andere ökologische Nische. Während der Gepard, der seine Beute in schnellem Lauf über kurze Strecken verfolgt, sich eher von mittelgroßen Beutetieren ernährt, ist der Löwe ein Lauerjäger, der seine Beute in einer Gemeinschaftsjagd des ganzen Rudels in plötzlichem Sprung packt und niederreißt. Im allgemeinen überwältigt der Löwe größere Tiere, vertreibt aber auch andere Raubtiere von ihrem Riß.

Der Erfolg des Löwen als Großtierjäger beruht in wesentlichen auf seiner Jagdtechnik, denn als Rudeljäger hat er naturgemäß größeren Erfolg als ein Einzelgänger. Ein Großtier kann viel leichter von mehreren Löwen überwältigt werden als von einem einzigen, der sich zum Beispiel kaum an einen ausgewachsenen Büffel wagen kann. Dieses Jagdverhalten hat auch zur Folge, daß die Löwen als Rudeltiere viel verträglicher sind, als es bei den einzelgängerischen Katzenartigen im allgemeinen üblich ist.

Die soziale Verträglichkeit, die zum Beispiel weitaus größer ist als beim Tiger, läßt es zu, daß größere Rudel entstehen, in denen mehrere Weibchen mit ihren Jungen, aber auch erwachsene Tiere beiderlei Geschlechts friedlich zusammenleben. Nach Eintritt der Geschlechtsreife trennen sich die Männchen vom Rudel und bilden Gruppen von "Junggesellen". Das Zusammengehörigkeitsgefühl im Rudel wird durch gegenseitiges Reiben und Belecken des Felles aufrechterhalten, ferner durch ritualisierte Begrüßungszeremonien und andere soziale Handlungen, wie zum Beispiel das gemeinsame Brüllen. Das Aneinanderreiben der Köpfe findet gewöhnlich bei Individuen niedrigerer Rangordnung statt, ebenso wie das Reiben des Felles. Daher werden solche Unterwerfungsgesten von jüngeren Männchen und Weibchen, aber nur selten von erwachsenen Männchen ausgeführt.

▼▲ Die soziale Zusammengehörigkeit des Löwen kommt besonders bei der Jagd zum Ausdruck. Im Gegensatz zur Einzeljagd sind die Löwen mit ihrer Jagdmethode imstande, das Beutetier im Rudel einzukreisen und zu verfolgen. Dieses hat dann kaum eine Chance, dem Rudel zu entgehen. Diese Rudeljagd wird allerdings in der Regel nur von den Löwinnen ausgeführt, während die Männchen sich nur selten direkt daran beteiligen.

▲ Im Mittelpunkt des Nahrungsspektrums des Löwen stehen Huftiere der Gewichtsklasse zwischen 100 kg bis 200 kg, vor allem Gnus und Zebras. Von geringerer Wichtigkeit sind Großtiere zwischen 200 kg und 500 kg Gewicht, wie der Kaffernbüffel, andererseits kleinere Tiere von 50-100 kg Gewicht, wie Gazellen und Warzenschweine.

TIGER
(PANTHERA TIGRIS)

Ordnung Carnivora
Familie Felidae
Größe Kopf-Rumpflänge 136-230 m;
Schwanzlänge 44-111 cm; Schulter-
höhe 65-115 cm
Gewicht 100-320 kg
Zahnformel $\frac{3.1.3.1}{3.1.2.1} = 30$
Fortpflanzungszeit Jahreszeitlich nicht
festgelegt; im nördlichen Teil seines
Verbreitungsgebietes vorzugsweise im
Frühjahr
Tragzeit 93-117 Tage (meist 104 Tage)
Anzahl der Jungtiere 1-7, meist 3
Geschlechtsreife Nach etwa 3-4 Jahren
Höchstalter 26 Jahre

Die nördlichste Unterart des Tigers
(*Panthera tigris*), der Sibirische Tiger,
ist das größte lebende katzenartige Raubtier. Der Löwe erreichte diese Größe nur
in seinen ausgestorbenen eiszeitlichen europäischen und nordamerikanischen Formen. Mit seinem eher kleinen und mehr
vom Rumpf abgesetzten Kopf unterscheidet sich der Tiger deutlich von seinen nächsten Verwandten, dem Löwen,
Leoparden und Jaguar, der einen besonders mächtigen Kopf besitzt. Auch die
Fellzeichnung des Tigers ist einzigartig
unter den Felidae. Sie ist, wie man sich
bei jedem Zoobesuch vergewissern kann,
besonders gut an die Vegetationsverhält-
nisse seiner Umwelt angepaßt.
In seinem sehr weiten Verbreitungsgebiet bildet der Tiger eine Reihe deutlich
unterscheidbarer geographischer Formen,
die meistens als Unterarten angesehen
werden. Diese Rassen unterscheiden sich
nicht nur in der Größe, sondern auch in
anderen morphologischen Merkmalen wie
Grundfärbung, Zeichnung und relative
Größe der Körperanhänge.
Die größten Tiger kommen in Ostsibiri-
en im Gebiet des Amur und Ussuri und
in der Mandschurei vor. Sie erreichen eine Kopf-Rumpflänge von 166-220 cm,
doch gibt es auch eine Längenangabe von
sage und schreibe 290 cm. Die Schwanzlänge dieser Tiger liegt zwischen 74 cm
und 111 cm. Die kleinsten Tiger kommen
auf den südostasiatischen Inseln Sumatra, Java und Bali vor. Die Kopf-Rumpflänge der Sumatratiger liegt zwischen 136
cm und 180 cm, die Schwanzlänge zwischen 44 cm und 77 cm. Allerdings kommen große Männchen des Inseltigers kleinen Weibchen des Sibirischen Tigers in
der Größe fast gleich. Alle andere Unterarten liegen zwischen diesen beiden

Mit seiner sibirischen Rasse ist der Tiger das größte lebende
katzenartige Raubtier. Seine schwarze Querstreifung auf gelblichem
oder rötlichen Grund unterscheidet ihn von allen verwandten
Großkatzen. Diese Streifung ist eine vorzügliche Tarntracht, die
die Körperumrisse des Tigers in der überwiegend senkrechten,
gelbbraunen oder helldunklen Vegetationsstruktur der Bambus- oder
Schilfdickichte hervorragend auflöst. Im Gegensatz zum Löwen, der
rudelweise in offener Landschaft lebt, ist der Tiger ein Einzelgänger
und bewohnt dicht bewachsene Landschaften und Waldhabitate.

Extremen. Der Bengaltiger ist mit dem
Sibirischen Tiger wohl am nächsten verwandt.

Das Verbreitungsgebiet des Tigers erstreckt sich halbkreisförmig im Süden um
die zentralasiatischen Hochgebirge und
Wüstengebiete herum. In den Trockengebieten Zentralasiens erreicht der Tiger
entlang der großen Flußtäler die Ost-
türkei und den Kaukasus. In Südostasien
kommt der Tiger auf den drei Sundainseln Sumatra, Java und Bali vor. Im Norden erreicht er das Amur-und Ussurige-
biet in Ostsibirien, einzelne Exemplare
finden sich sogar noch bis zum Baikalsee im Nordwesten. Der Lebensraum des
Tigers sind dicht bewachsene Feuchtgebiete, die ihm reichlich Versteck bieten,
wie die Sumpfgebiete und Uferdickich-
te der großen asiatischen Flüsse in den
Regenwaldgebieten Süd- und Süd-ost-
asiens und in der sibirischen Taiga.

Der Tiger ist in der Regel ein Einzelgänger und recht ungesellig. Nur selten findet man zwei Tiere zusammen und dann
handelt es sich meistens um ein Pärchen.
Begegnet man einer Gruppe von mehr als
zwei Tigern, dann ist es meist eine Mutter mit ihren fast erwachsenen Jungen.
Eine gewisse Art der Sozialverträglich-
keit zeigt sich gelegentlich, wenn mehrere Tiger gemeinsam an einem Riß fressen, doch wird die gegenseitige Unge-
selligkeit dabei wohl einfach von der An-
ziehungskraft der Mahlzeit überdeckt.
Diese Ungesellikeit zeigt sich auch bei
Tigern in Gefangenschaft. Die gemeinsame Haltung eines Männchens und eines Weibchens ist noch unproblematisch
und führt meist zu enger Paarbindung.
Wenn aber die Jungen auf engem Raum
zusammen mit dem Vater aufwachsen,
wie es in den zoologischen Gärten üblich
ist, ist zwar die Beziehung zur Mutter und
anfangs auch zum Vater gut, doch später
bleiben die Jungen im Wachstum zurück
und erreichen nicht die Normalgröße der
Erwachsenen. Wenn nur ein beschränk-
ter Raum verfügbar ist, nimmt die Ag-
gression so sehr zu, daß sie schließlich
zur Isolierung eines von allen unter-
drückten Individuums führt, das allen gewissermaßen als "Sündenbock" dient.
Daher ist die Gruppenhaltung von Tigern
unmöglich, im Gegensatz zum Löwen,
wo diese Form der Haltung bestens funktioniert.

Die Ungesellikeit im Verein mit seinem
unberechenbaren Temperament ist angesichts seiner Lebensweise als waldleben-
des Raubtier vorteilhaft für den Tiger. Diese Disposition verhindert die
Gruppenbildung mit all ihren Schwierigkeiten der Nahrungsbeschaffung.

◀▲ Der Tiger ist ein herumstreifender
Jäger, der alle sich bietenden Verstecke im
Unterwuchs von Wäldern und Sümpfen
ausnutzt und seine Beute beschleicht, um ihr
mit wenigen Sprüngen aus dem Hinterhalt
seitlich auf den Nacken zu springen, sie
durch die Wucht des Sprunges und sein
eigenes Gewicht niederzureißen und sie
durch einen Biß in den Nacken oder in die
Kehle zu töten. Seine langen Eckzähne
dringen dabei tief in die Muskulatur ein und
mit Hilfe der sehr kräftigen Kiefermuskulatur
kann er selbst große Beutetiere erwürgen.

▼ Je nach Gegend bilden Wildschweine und verschiedene Hirscharten die Hauptbeute des Tigers. Infolge seines sehr großen Verbreitungsgebietes mit unterschiedlichen Klimabedingungen, und wegen der variierenden Größe der verschiedenen Rassen bestehen große Unterschiede in der Zusammensetzung des Beutespektrums. Im ostsibirischen Amurgebiet fallen sogar Bären dem Tiger regelmäßig zur Beute.

ECHTE ROBBEN
(FAMILIE PHOCIDAE)

Die echten Robben der antarktischen Gewässer bilden eine Gruppe von vier nah verwandten und jeweils zirkumpolar verbreiteten Arten. Die häufigste und am weitesten verbreitete antarktische Robbe ist der Krabbenfresser (*Lobodon carcinophagus*), der vor allem die Ränder der Packeisgebiete bewohnt, aber auch an den Küsten Neuseelands, Tasmaniens, der Südküste Australiens und entlang der atlantischen Küste Südamerikas vorkommt. Die Hauptnahrung des Krabbenfressers ist der Krill, und seine Backenzähne haben daher charakteristische Nebenkronen, die zur Ausfilterung der den Krill bildenden Leuchtgarnelen der Familie Euphausiidae dienen. Der Krabbenfresser besitzt einen besonders schlanken und langgestreckten Körper und seine Fellfärbung verändert sich in den auf den Haarwechsel folgenden Monaten. Der Krabbenfresser unternimmt keine längeren Wanderungen, sondern folgt im Winter lediglich dem Packeis, um in der Nähe seiner wichtigsten Nahrungsquelle zu bleiben.

Die Weddellrobbe (*Leptonynchotes weddelli*) ist die zweithäufigste antarktische Robbe und besiedelt die dauernd mit Eis bedeckten Küsten des antarktischen Kontinents, doch kommen große Populationen auch auf subantarktischen Inseln wie den Falklandinseln und anderen vor. Die erwachsenen Weddellrobben sind am Rücken dunkel, seitlich und am Bauch aber mit unregelmäßigen weißen oder grauen Flecken gesprenkelt. Bei dieser Art sind die Weibchen größer als die Männ-chen. Die Weddellrobbe ernährt sich vorwiegend von Fischen, man weiß aber, daß sie gelegentlich auch Bodentiere und Tintenfische verzehrt. Weddellrobben können bis 600 Meter tief tauchen und 45 Minuten lang unter Wasser bleiben.

Der Seeleopard (*Hydrurga leptonyx*) ist über die gesamte antarktische Packeiszone verbreitet, kommt aber auch an den Küsten Australiens, Neuseelands und Südamerikas vor. Mit der weiten Verbreitung dieser Robbe hängt auch das sehr breite Nahrungsspektrum zusammen, das Krill, Fische, Pinguine, aber auch andere Robben umfaßt. Der Seeleopard ist in der Regel wenig gesellig.

Die Rossrobbe (*Ommatophoca rossi*) ist im Vergleich zu den oben genannten selten. Sie lebt offenbar nur in dauernd mit Eis bedeckten Gebieten und scheint nicht gesellig zu sein.

▼ Der Seeleopard (*Hydrurga leptonyx*) hat seinen Namen wegen seines gefleckten Fells erhalten. Im Unterschied zu den anderen Robben ist sein Kopf auffallend abgeflacht. Auch in seinem Nahrungsspektrum unterscheidet sich der Seeleopard von den anderen Arten, denn er frißt nicht nur Fische, sondern auch Pinguine und selbst kleinere Robben. Daher ist er im übertragenen Sinn das einzige echte Raubtier unter den Robben.

▼ Die Weddellrobbe (*Leptonychotes weddelli*) ist ein Einzelgänger. Sie versammelt sich nur während der Fortpflanzungszeit in Gruppen. Weddellrobben sind untersetzt gebaut und ernähren sich vornehmlich von Fischen, fangen allerdings auch Tintenfische und verschiedene andere, in größeren Tiefen lebende Meerestiere. Weddellrobben können 600 Meter tief tauchen und bis 45 Minuten unter Wasser bleiben.

▼ Der Krabbenfrsser (*Lobodon carcinophagus*) ernährt sich hauptsächlich von Krill. Seine Zähne sind nicht zum Zerbeißen von Krebsschalen geeignet, sondern dienen in erster Linie dem Ausfiltern von kleinen Nahrungstieren aus dem Meerwasser.

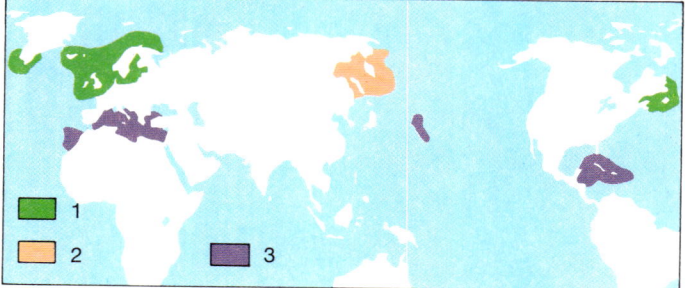

▼ Geographische Verbreitung der:
1) Kegelrobbe (*Halichoerus grypus*).
2) Bandrobbe (*Histriophoca fasciata*).
3) Mönchsrobbe (*Monachus* sp.).

■ 1
■ 2
■ 3

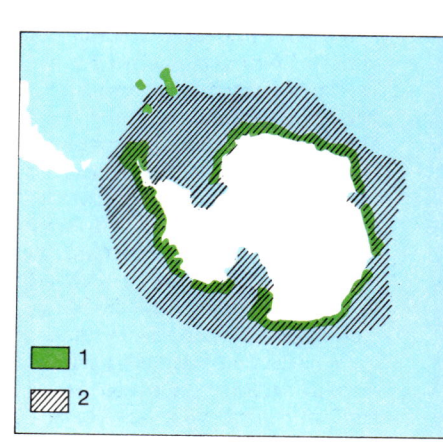

► Geographische Verbreitung antarktischer Robben:
1) Seeleopard (*Hydrurga leptonyx*).
2) Weddellrobbe (*Leptonychotes weddelli*).

■ 1
▨ 2

Es gibt drei isolierte Brutvorkommen der Sattelrobbe (*Pagophilus groenlandicus*), die im Weißen Meer, an der Ostküste von Grönland und an der Nordküste von Neufundland liegen. Diese Art folgt im Sommer dem Eisrand nach Norden in ihre Jagdgebiete. Im Frühjahr und Sommer ernähren sich die Jungrobben von Bartkrebsen (Mysidaceae) und Leuchtgarnelen (Euphausiaceae), während die Nahrung der Erwachsenen sowohl aus den genannten planktonischen Krebsen, als aus Fischen, zum Beispiel Dorschen und Heringen, und Tintenfischen besteht.

Die Ringelrobbe (*Pusa hispida*) ist eine der kleinsten echten Robben. Sie ist wohl die häufigste antarktische Robbe und zugleich diejenige mit der weitesten Verbreitung, denn sie kommt zirkumpolar vor. Ihre Nahrung besteht aus einer Vielzahl von Tieren, Kleinkrebsen sowohl wie Fischen.

Die Bartrobbe (*Erignathus barbatus*) ist ein Einzelgänger und ebenfalls zirkumpolar verbreitet. Sie lebt das ganze Jahr hindurch in der Nähe schwimmender Eisfelder in subarktischen Gebieten und kommt nur in relativ flachem Wasser vor. Im Winter findet man die Bartrobbe an den Küsten Alaskas und Sibiriens bis in die Arktis hinein, wo sie am häufigsten am Eisrand der zentralen und südlichen Beringsee anzutreffen ist.

Die Bartrobbe ist die größte arktische Robbe der Nordhalbkugel. Die Männchen werden bis 2,8 m lang und 410 kg schwer, die Weibchen erreichen 2,6 m Länge, bleiben jedoch beträchtlich leichter als die Männchen.

Die Bandrobbe (*Phoca (Histriophoca) fasciata*) ist auf die westliche Hälfte der Beringsee und das Ochotskische Meer bis zur Insel Sachalin beschränkt. Sie bewohnt das freie Wasser und lebt auch am Treibeis, ist jedoch an den Küsten des Festlandes und der Inseln recht selten. Diese Art ist nicht sehr gesellig und tritt nur in Gruppen von wenigen Tieren auf. Die Bandrobbe ist mittelgroß und ziemlich schlank im Vergleich mit den meisten anderen Robben. Die Männchen werden bis 1,6 m lang und wiegen bis 210 kg; die Weibchen erreichen 1,5 m Länge und 80 kg Gewicht.

Die Kegelrobbe (*Halichoerus grypus*) ist eine gesellige Art mit weiter Verbreitung in gemäßigten und subarktischen Gewässern auf beiden Seiten des Nordatlantik. Diese Art zeigt einen Geschlechtsunterschied sowohl in der Fellfärbung wie in ihrer Größe, denn die Männchen werden viel größer als die Weibchen und tragen auf dunklem Untergrund helle Flecken, während die Weibchen auf hellem Untergrund dunkel gesprenkelt sind.

▼ Die Ringelrobbe (*Pusa hispida*) ist die häufigste und am weitesten verbreitete arktische Robbe. Sie bewohnt vor allem die Polargebiete. Sie gräbt sich oft ins Eis ein, um sich vor der Kälte zu schützen.

▶ Sattelrobbe (*Pagophilus groenlandicus*). Während der Balz tanzen die Männchen in aufrechter Stellung im Wasser auf und ab.

▲ Die Bandrobbe (*Histriophoca fasciata*) ernährt sich hauptsächlich von Tintenfischen.

▶ Die Bartrobbe (*Erignathus barbatus*) besitzt auffallend lange Barthaare, die ihr bei der Suche nach Muscheln und anderen Lebewesen am Meeresgrund helfen.

◀ Kegelrobbe (*Hylichoerus grypus*).

SEE-ELEFANTEN
(GATTUNG *MIROUNGA*)

Ordnung Carnivora
Familie Phocidae
Größe Südlicher See-Elefant: Männchen 6-6,5 m; Weibchen 3,4-4,4 m
Nördlicher See-Elefant: Männchen 4,5-5 m; Weibchen 3,6 m
Gewicht Südlicher See-Elefant: Männchen 3.650 kg; Weibchen 900 kg
Nördlicher See-Elefant: Männchen 1.880-2.700 kg; Weibchen 400 kg
Zahnformel Südlicher See-Elefant:
$$\frac{2.1.5}{1.1.5} = 30$$
Nördlicher See-Elefant:
$$\frac{2.1.5}{1.1.(3\text{-}6)} = 32$$
Fortpflanzungszeit Nordhalbkugel Dezember bis März; Südhalbkugel August bis September
Tragzeit 11-12 Monate, 2 Monate Ruhe vor der Einnistung des Eies eingeschlossen
Anzahl der Jungtiere 1
Geschlechtsreife Männchen nach 5 Jahren, Weibchen nach 2 Jahren
Höchstalter 14-20 Jahre

Während des Pleistozän erweiterten die See-Elefanten ihr Verbreitungsgebiet von der Südhalbkugel nordwärts über den Äquator hinaus. Als der letzte Eisvorstoß zurückging, wurde die nördliche Population in Kalifornien durch die erneute Erwärmung der Meere von der Hauptpopulation in der Südhalbkugel isoliert. Seit dieser Zeit blieben die beiden Populationen getrennt und werden nun als jeweils eigene Arten angesehen. Das heutige Brutgebiet des Nördlichen See-Elefanten (*Mirounga angustirostris*) reicht von Mittelkalifornien bis in die Mitte der Halbinsel Baja California in Mexiko. Der Südliche See-Elefant (*Mirounga leonina*) ist in den subantarktischen Meeren zirkumpolar verbreitet und besitzt in Argentinien Brutkolonien nordwärts bis zum 42. Breitengrad. Die größte Brutkolonie des Südlichen See-Elefanten liegt heute auf Südgeorgien und wird auf 310.000 Tiere geschätzt.

Der Südliche See-Elefant ist die größte lebende Robbenart. Der Nördliche See-Elefant ist etwas kleiner und schmächtiger. Abgesehen von den beträchtlichen Größenunterschieden der Geschlechter lassen sich die Männchen beider Arten von den Weibchen an ihrem großen Rüssel (auf den sich auch der deutsche Name bezieht) und ihrem verdickten Nacken unterscheiden. Obgleich der Südliche See-

Der Nördliche See-Elefant (*Mirounga angustirostris*) und der Südliche See-Elefant (*Mirounga leonina*) sind die größten heute lebenden Robbenartigen. Die Geschlechtsunterschiede sind bei beiden Arten sehr auffällig. Die Männchen sind drei bis vier mal so schwer wie die Weibchen und lassen sich außerdem an ihrem großen, aufblasbaren Rüssel und ihrem verdickten Nacken unterscheiden.
Während der Paarungszeit versammeln sich die See-Elefanten in Brutkolonien, in der jeder Bulle seinen Harem von 10-20 oder manchmal noch mehr Weibchen verteidigt und zusammenhält. Der Südliche See-Elefant ist zirkumpolar in den subantarktischen Gewässern verbreitet; der Nördliche See-Elefant bewohnt die gemäßigten Meeresgebiete der Nordhalbkugel.

Elefant größer ist als die nördliche Art, bleibt sein Rüssel allgemein 20-25 cm kürzer als bei der nördlichen Art. Die Färbung des Fells ist bei beiden Geschlechtern beider Arten gleich. Nach dem Haarwechsel ist es grau, zu Beginn des Haarwechsels aber beige-braun. Der Rücken ist meist etwas dunkler gefärbt als der Bauch.

Die See-Elefanten verbringen den größten Teil des Jahres über im Meer und suchen nur zweimal jährlich das Land auf, nämlich zur Fortpflanzung und zum Haarwechsel. Auf der Nordhalbkugel zieht sich die Fortpflanzungzeit von Anfang Dezember bis Mitte März hin. Der Südliche See-Elefant pflanzt sich dagegen in der Zeit vom September bis zum November fort. Das Balz- und Paarungsverhalten ist jedoch bei beiden Arten identisch. Die erwachsenen Männchen kommen als erste an den traditionell als Balzplätzen benutzten Stränden an und beginnen sofort, sich gegenseitig zu bedrohen und zu bekämpfen, um sich Reviere abzustecken oder eine soziale Rangordnung herzustellen. Die Reviere unterscheiden sich allerdings je nach der Art der Strandformation. Die geschlechtsreifen Männchen besetzen die bevorzugten Teile des Strandes, während die jüngeren Bullen zunächst an die Ränder oder in die Spritzwasserzone abgedrängt werden. Während der gesamten Paarungszeit genügen im allgemeinen die akustischen Drohgebärden, um die Reviere zu verteidigen, obgleich gelegentlich heftige Kämpfe stattfinden, bei denen Blut fließt. Die Bullen stoßen tiefe, weit hörbare Rufe aus, die sich bei den beiden Arten etwas unterscheiden. Man nimmt an, daß der aufgeblähte Rüssel als Resonanzkörper dient. Die trächtigen Weibchen kommen erst an, wenn die Reviere und Rangordnungen bereits ausgekämpft worden sind, und bilden individuenreiche Gruppen oder Harems. Die Geburt der Jungtiere findet 6-7 Tage nach der Ankunft der Weibchen in der Kolonie statt. Die erneute Empfängnisbereitschaft beginnt 24 Tage nach der Geburt. Die Jungtiere werden etwa 4 Wochen lang gesäugt. Insgesamt verbringen die Weibchen etwa 35 Tage in der Kolonie, währenddessen sie gebären und ihre Jungen säugen. Während dieser Zeit fasten sie. Erst in den letzten 4-5 Tagen ihres Aufenthaltes sind die Weibchen erneut paarungsbereit. Die Paarung findet meist an Land statt und wird vom Männchen eingeleitet und beendet. Nur wenige dominante Bullen übernehmen den Großteil der Paarungen in jeder Paarungszeit und der gleiche Bulle kann in drei aufeinanderfolgenden Jahren das ranghöchste Männchen in einer Kolonie sein.

▼ Gegen Ende August beginnen sich die Bullen in den Brutkolonien zu versammeln und kriechen mühsam den Strand hinauf.

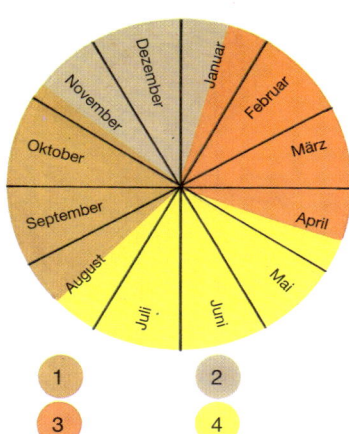

Nördlicher See-Elefant

▼ Sowie sie sich auf das feste Land geschleppt haben, beginnen die Bullen unter lautem Brüllen eine Vielzahl von Kämpfen, um die Reviere und die Rangordnung abzustecken. Danach besetzen die stärksten Bullen die besten Plätze am Strand.

▲ Jährlicher Lebenszyklus beim Südlichen See-Elefanten: 1) Fortpflanzungszeit; 2) Periode des Fischens; 3) Haarwechsel; 4) Zeit, die auf offener See verbracht wird.

▼ Ende September kommen die Weibchen an.

▼ (links) Die stärksten und aggressivsten Bullen erobern Harems von jeweils 10-20 Weibchen.

▼ Weibchen beim Säugen des Jungen. Wenn die Jungtiere alt genug sind, verlassen sie das Gebiet des Harems.

▼ Ende Oktober verlassen Männchen und Weibchen die Brutkolonie getrennt und kehren wieder zum Leben im Meer zurück.

▼ Sie bleiben mindesten zwei Monate lang im Meer und fressen sich während dieser Zeit so voll wie nur irgend möglich.

▼ Während der Periode des Haarwechsels vermischen sich die Geschlechter nicht.

▼ Nach Abschluß des Haarwechsels kehren alle Tiere wieder ins Meer zurück und bleiben dort bis zum nächsten Frühjahr, wenn der Fortpflanzungszyklus aufs Neue beginnt.

NÖRDLICHER SEEBÄR
(CALLORHINUS URSINUS)

Ordnung Carnivora
Familie Otariidae
Länge Männchen 2,5 m; Weibchen 1,9 m
Gewicht Männchen 300 kg; Weibchen 65-70 kg
Zahnformel $\frac{2.1.5\text{-}6}{2.1.5}$ = 34-36
Fortpflanzungszeit Mai bis Juli
Tragzeit 10 Monate, 2-4 Monate Ruhe vor der Einnistung des Eies eingeschlossen
Anzahl der Jungtiere 1
Geschlechtsreife Männchen nach 5-6 Jahren; Weibchen nach 4 Jahren
Höchstalter 25 Jahre

Der Nördliche Seebär, der heutzutage in den gemäßigt subarktischen Meeresgebieten des Nordpazifik lebt, ist eines der häufigsten, am weitesten verbreiteten und kommerziell wichtigsten Meeressäugetieren. Die größte Brutkolonie des Nördlichen Seebären ist heutzutage auf den St. Georg und St. Paul Inseln in den Pribiloffinseln konzentriert und zählt etwa 1,5 Millionen Tiere. Weitere Brutkolonien existieren außerdem auf den Kommandeurinseln und auf der Robbeninsel im Ochotskischen Meer. Sie enthalten jeweils 200.000-500.000 Exemplare. Inzwischen wurden kleinere Populationen auf den Kurilen entdeckt, wo bereits früher Seebären gelebt haben, und es hat den Anschein, als ob die Wiederbesiedlung Fortschritte macht.

Der Nördliche Seebär ist ein Hochseetier, das 300-330 Tage jährlich im Meer verbringt. Nur in den Sommermonaten versammeln sich die Seebären an ihren traditionellen Brutgebieten, um die Jungen zu gebären und sich zu paaren. Im Winter wandern die Tiere von den Pribiloffinseln entlang der Westküste Kanadas und der USA nach Süden bis in die Gegend von San Diego in Südkalifornien. Die Seebären aus den im Westpazifik gelegenen Brutkolonien wandern im Winter die asiatische Küste hinunter bis nach Japan. Während dieser Wanderungen halten sich die Seebären meist nur in kleinen Gruppen von nicht mehr als zehn Tieren zusammen.

Der Nördliche Seebär weist aufallende Geschlechtsunterschiede auf, denn die Männchen sind bis zweimal so lang wie die erwachsenen Weibchen und können das Drei- bis Vierfache wiegen. Auch in

Der Nördliche Seebär (*Callorhinus ursinus*) wird systematisch in die Nähe der Seelöwen gestellt und ist auch tatsächlich mit ihnen nah verwandt. Im Vergleich zu den Seelöwen ist der Nördliche Seebär jedoch untersetzter, besitzt ein dickeres Fell und eine kürzere und spitzere Schnauze. Der Seebär zeigt einen auffälligen Sexualdimophismus. Die Männchen sind dunkler als die Weibchen und können zweimal so lang und drei- bis viermal so schwer werden wie diese. Von Ende Mai bis Ende Juni kehren die Männchen jedes Jahr zu ihren Brutkolonien auf bestimmte Inseln in der Beringsee zurück und fechten dort erbitterte Kämpfe aus, um ihre Reviere abzustecken. Erst nach Abschluß dieser Kämpfe kommen auch die Weibchen in den Kolonien an. Ein einziger starker Bulle kann einen Harem von 15-60 Weibchen erobern.

Weibchen des Nördlichen Seebären.

der Färbung unterscheiden sich die Männchen, denn sie sind bis auf die graue Mähne einfarbig dunkelbraun bis schwarz. Die Weibchen dagegen sind oberseits schiefergrau, unterseits aber rötlich-grau. Beide Geschlechter haben einen hellen Fleck an der Kehle. Nach dem jährlichen Haarwechsel wird das Fell meist etwas dunkler. Die Neugeborenen sind zunächst glänzend schwarz, doch wird das Fell nach dem ersten Haarwechsel etwa einen Monat nach der Geburt silbergrau. Bei beiden Geschlechtern sind die Hinterflossen deutlich verlängert und stark durchblutet. Sie werden benutzt, um in der Luft damit zu fächeln und Wärme abzugeben, wenn die Seebären zu großer Hitze ausgesetzt sind.

Das Hauptwachstum findet bei den Weibchen in den ersten 4-5 Lebensjahren statt. Die Männchen beginnen dagegen erst nach Erreichen der Geschlechtsreife mit 4-5 Jahren kräftig zu wachsen und stellen dies Wachstum erst ein, wenn sie mit ungefähr 10 Jahren die soziale Geschlechtsreife erreichen. Die Bullen sind nämlich gewöhnlich erst mit 10-12 Jahren imstande, einen Harem um sich zu versammeln. Die Jungtiere verlassen die Brutkolonie zwischen September und November, wandern jedoch nur kurze Entfernungen und kommen in der nächsten Brutsaison zur Kolonie zurück.

Während ihrer Zeit auf hoher See (August bis Mai des folgenden Jahres) schlafen die Seebären auf der Wasseroberfläche, wobei sie die Hinterflossen nach vorn umklappen, eine Vorderflosse in die Luft strecken und die andere nach unten halten, so daß sie wie ein Schiffsschwert das "Kentern" verhindert. Seebären fressen vor allem nachts. In der Beringsee bilden im Sommer Kabeljau, Pollack und Tintenfische die Hauptnahrung, jedoch jeden Monat in anderer Reihenfolge. Über die Nahrung des Seebären während seiner Zeit auf dem offenen Meer weiß man dagegen wenig, weil die Seebären im allgemeinen Einzelgänger sind und sehr zerstreut leben. Die einzigen Räuber, die ihrerseits dem Nördlichen Seebären nachstellen, sind Haie, Schwertwale und der Mensch.

Der Nördliche Seebär wurde seit seiner Entdeckung auf den Pribiloffinseln im Jahre 1786 zu kommerziellen Zwecken, vor allem seines Pelzes wegen, gejagt. Die Standorttreue der Seebären ist in früheren Zeiten von Robbenjägern ausgenutzt worden, um die Brutkolonien zu finden. Sie verfolgten nämlich einfach die Seebären im Sommer auf ihren Wanderungen zu ihren Brutkolonien.

▲ Die kämpfenden Männchen besitzen sehr scharfe Zähne und sind durchaus imstande, einander tödliche Wunden am Hals oder Rücken zuzufügen. Manchmal wird auch ein Weibchen in einen derartigen Kampf verwickelt und kann dabei ebenfalls getötet werden.

▲ Querschnitt durch Haut und Fell eines Nördlichen Seebären: 1) Äußere Fellschicht; 2) mittlere Fellschicht; 3) innere Fellschicht; 4) Haut; 5) Speckschicht.

▼ Nach der Geburt des Jungen gehen die Weibchen auf Nahrungssuche ins Meer. Sie kehren alle sechs bis neun Tage zur Kolonie zurück und wandern in direkter Richtung durch die Kolonie zu ihren Jungen.

▼ Ein Weibchen des Nördlichen Seebären trägt sein Junges.

▼ Während ihres Aufenthaltes auf hoher See schlafen die Nördlichen Seebären auf der Wasseroberfläche mit ausgestreckten Hinterflossen.

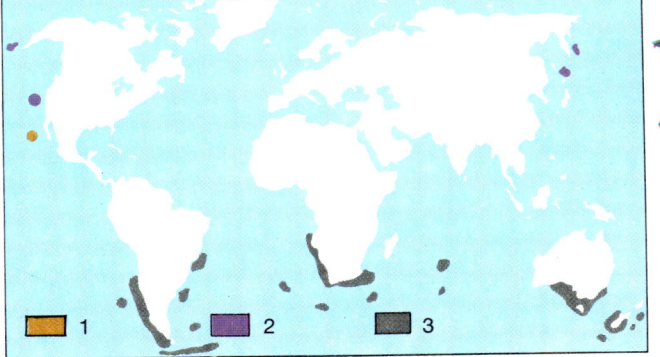

1	2	3

▲ Der wichtigste Feind des Nördlichen Seebären ist der Schwertwal.

◄ Geographische Verbreitung des: 1) Guadalupe-Seebären (*Arctocephalus townsendi*); 2) Nördliche Seebären (*Callorhinus ursinus*) – ein häufiges Tier der subarktischen Bereiche des Nordpazifik; 3) Verbreitung der verschiedenen Seebärenarten der Südhalbkugel (*Arctocephalus* sp.).

DUGONG
(DUGONG DUGONG)

Ordnung Sirenia
Familie Dugongidae
Größe Gesamtlänge 2,4-4 m, meistens 2,4-3 m
Gewicht 230-400 kg
Tragzeit Wahrscheinlich ungefähr 1 Jahr
Anzahl der Jungtiere 1 , ausnahmsweise 2
Größe bei der Geburt 1,1-1,4 m
Geburtsgewicht 20-25 kg
Geschlechtsreife Wenn die Länge von 2,4 m erreicht ist

Der Dugong besitzt einen dicken, runden, spindelförmigen Körper und eine nackt erscheinende Haut, die jedoch mit kurzen, 3-5 cm langen Haaren bedeckt ist. Die Haare an der Schnauze sind dicker und eher borstenartig. Die Nasenöffnungen sitzen weit vorn und oben auf der Schnauzenspitze und können mit einer speziellen Muskulatur während des Tauchens verschlossen werden. Die Vordergliedmaßen bilden Flossen und sind krallenlos. Der Dugong benutzt sie beim Schwimmen zur Steuerung, stützt sich beim Ruhen auf sie und benutzt sie außerdem, um Gegenstände festzuhalten oder oder sein Junges an sich zu drücken. Beim schnellen Schwimmen hält er sie aber dicht an den Körper angelegt.
Die Schwanzflosse ist breit und wie die eines Wales geformt. Sie ist seitlich zugespitzt und der Hinterrand ist deutlich ausgeschnitten. Die erwachsenen Männchen, manchmal auch ältere Weibchen, besitzen zwei stoßzahnartige obere Eckzähne, die sichtbar aus dem Maul herausragen. Bis sechs Backenzähne können vorhanden sein, nämlich je drei obere und untere Molaren, doch ist ihre Anzahl bei älteren Tieren meist geringer.
Der Dugong bewohnt in der Regel flache Küstengewässer und wandert nur in Ausnahmefällen ein kurzes Stück stromauf in größere Flüsse ein. Er verbringt die meiste Zeit in 1-12 m tiefen, warmen Gewässern, wo er auch seine Nahrung findet. Der Dugong ist wie alle Sirenen ein gänzlich harmloses, sehr friedliches und furchtsames Meerestier. Läßt man ihn in Ruhe, zeigt er eine gewisse Tendenz dazu, gesellig zu leben. Er schwimmt normalerweise dicht unter der Wasseroberfläche mit einer Geschwindigkeit von etwa 10 km/h, kann aber über kurze Strekken doppelt so schnell schwimmen, wenn er gestört wird. Die Tragzeit beträgt wahrscheinlich etwa ein Jahr. Die Geburt findet im Flachwasser statt.

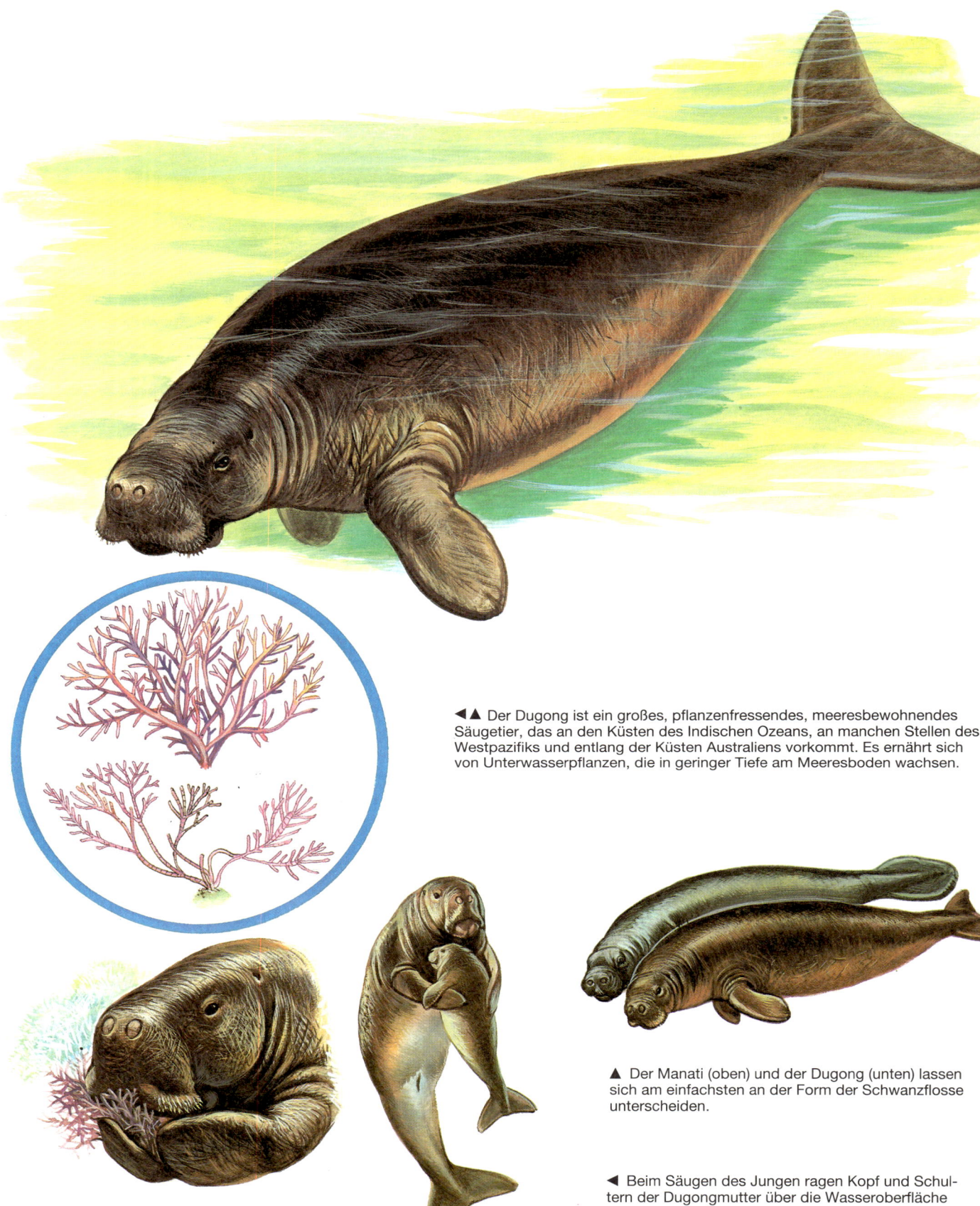

◀▲ Der Dugong ist ein großes, pflanzenfressendes, meeresbewohnendes Säugetier, das an den Küsten des Indischen Ozeans, an manchen Stellen des Westpazifiks und entlang der Küsten Australiens vorkommt. Es ernährt sich von Unterwasserpflanzen, die in geringer Tiefe am Meeresboden wachsen.

▲ Der Manati (oben) und der Dugong (unten) lassen sich am einfachsten an der Form der Schwanzflosse unterscheiden.

◀ Beim Säugen des Jungen ragen Kopf und Schultern der Dugongmutter über die Wasseroberfläche hinaus und sie drückt das Junge mit den Flossen an die Brust.

▲ Beim Weiden benutzt der Dugong vor allem die Lippen, um die Nahrungspflanzen abzupflücken, doch hält er sie dabei mit den Flossen fest.

AMERIKANISCHER MANATI
(TRICHECHUS MANATUS)

Ordnung Sirenia
Familie Trichechidae
Größe Gesamtlänge 3-3,4 m
Gewicht Bis 600 kg
Tragzeit Ungefähr 13 Monate
Anzahl der Jungtiere 1 (ausnahmsweise 2)
Größe bei der Geburt Über 1 m
Geburtsgewicht 15-20 kg
Geschlechtsreife Nach 4-6 Jahren oder wenn die Länge von 2,6 m erreicht ist

Der Amerikanische Manati ist ein wasserlebendes Säugetier, das mit dem Dugong nah verwandt ist. Die Brustflossen sind wohlentwickelt und tragen Krallen. Der Manati lebt in küstennahen Gewässern, in Flußmündungen, Flüssen und anderen Wasserläufen in den tropischen und subtropischen Bereichen des Westatlantik. Er ist von Florida über die Karibik, den Golf von Mexiko und entlang der Nordküste Südamerikas südlich bis zur Amazonasmündung verbreitet.

Der Amerikanische Manati ist nicht eigentlich gesellig, wenn sich auch größere Gruppen im Winter gelegentlich in Gewässern mit besonders hoher Wassertemperatur sammeln. Normalerweise lebt der Manati in Paaren oder kleinen Gruppen, doch ist die wichtigste Vergesellschaftungsform in der Natur diejenige der Mutter mit ihrem Jungen. Das Jungtier wird unter Wasser gesäugt und erst im Alter von einem Jahr entwöhnt. Es beginnt allerdings bereits wenige Wochen nach der Geburt, feste Nahrung zu sich zu nehmen.

Mit dem Amerikanischen Manati sind die folgenden Arten nah verwandt: Der Amazonas-Manati (*Trichechus inunguis*) und der Afrikanische Manati (*Trichechus senegalensis*). Der Amazonas-Manati ist etwas kleiner als der Amerikanische Manati und erreicht eine maximale Länge von 2,8 Meter. Seine charakteristischen Merkmale sind das Fehlen von Krallen an den Flossen, die Haarlosigkeit der Haut und der Besitz großer, weißer Flecken an der Bauchseite. Er ist eine ausschließlich im Süßwasser lebende Art und kommt nur in den Einzugsbereichen des Amazonas und des Orinoko vor. Der Afrikanische Manati lebt in den Flüssen und küstennahen Gewässern Westafrikas und kommt vom Senegalfluß im Norden südwärts bis zum Cuanza River in Angola vor.

◄▲ Manatis bewohnen die küstennahen Gewässer und verschiedene Flußsysteme in Nord- und Südamerika und in Westafrika. Wir kennen drei gut unterscheidbare Arten. Manatis verzehren enorme Mengen von Wasserpflanzen und wurden deshalb in manchen Teilen Amerikas in Kanäle und Flüsse eingesetzt, um diese von der alles überwuchernden Vegetation freizuhalten.

▼ Beim Abweiden der Wasserpflanzen stützen sich Manatis oft mit den Brustflossen auf den Boden und "gehen" geradezu auf den Flossen.

▲ Die Manatimutter spielt oft mit ihrem Jungen und läßt eine starke Beziehung zu ihrem Kind erkennen. Manchmal trägt sie es auf dem Rücken.

▲ Wenn Manatis nicht mit Fressen oder mit der Nahrungssuche beschäftigt sind, schlafen sie oft auf dem Meeresgrund und kommen in regelmäßigen Abständen an die Wasseroberfläche, um zu atmen.

◄ Die Schnauze des Manati ist ein sehr bewegliches Organ. Mit Hilfe der sehr großen Lippen pflückt der Manati die Wasserpflanzen ab, von denen er sich ernährt.

INDISCHER ELEFANT
(ELEPHAS MAXIMUS)

Ordnung Proboscidea
Familie Elephantidae
Größe Kopf-Rumpflänge (Rüssel eingeschlossen) 5,5-6,4 m; Schwanzlänge 1,2-1,5 m; Schulterhöhe 3 m
Gewicht Bis 5 Tonnen
Tragzeit 20-22 Monate

Das Verbreitungsgebiet des Indischen Elefanten war früher viel größer und reichte im Westen bis nach Arabien und im Osten bis nach China. Heutzutage ist er auf das Gebiet zwischen Indien, Burma, Thailand, die Halbinsel Malakka, Sumatra und Ceylon beschränkt. Auch in Borneo gibt es eine geringe Anzahl von Elefanten, doch wurden diese wahrscheinlich früher durch den Menschen eingeführt.

Der Lebensraum des Indischen Elefanten enthält Tropische Regenwälder, dichten Dschungel, offenes Grasland und Trockenwälder. Wasser spielt in seinem Leben eine bedeutende Rolle, denn er muß täglich 70-90 Liter Wasser trinken und braucht ein zusätzliches Quantum zur Kühlung und Säuberung. Wie der Afrikanische Elefant muß auch der Indische Elefant regelmäßig baden. Entweder duscht er sich ausgiebig mit Hilfe seines Rüssels oder er wälzt sich in Schlamm- oder Sumpflöchern, wobei der Schlamm nicht nur zur Abkühlung dient, sondern auch zur Abwehr lästiger Hautparasiten. Oft nimmt der Elefant auch Staubbäder, saugt dabei den Staub mit dem Rüssel auf und bläst ihn über den ganzen Körper.

Elefanten brechen Pfade durch den Dschungel und wählen dabei immer die günstigste Richtung im Verhältnis zur Beschaffenheit des Terrains. Diese Pfade verbinden die Wasserstellen in den Tälern mit den höher gelegenen Weidegebieten. Sie sind recht breit und deutlich zu erkennen; steile Hügel hinauf verlaufen sie treppenartig, hinab aber zickzackförmig. Ein Elefantengebiet ist so geradezu von einem Netzwerk von Pfaden durchzogen, die unter Umständen generationenlang benutzt werden. Der Indische Elefant ist wie sein afrikanischer Vetter ein sehr guter Schwimmer, der auch breite Flüsse, ja Meeresarme durchqueren kann und dabei seinen Rüssel zum Atmen über Wasser hält.

Der Indische Elefant ist ein Herdentier mit einer Sozialstruktur, die an diejenige des Afrikanischen Elefanten erinnert. Die

▲ Der Rüssel des Indischen Elefanten (links) endet in einem einzigen Finger, der Rüssel des Afrikanischen Elefanten dagegen in zwei Fingern.

▲ Der Indische Elefant (oben) unterscheidet sich in einer ganzen Reihe von Merkmalen vom Afrikanischen Elefanten (unten). Der Afrikanische Elefant ist ein noch größeres Tier; sein Vorderkopf ist abgeplattet, während der Vorderkopf des Indischen Elefanten zwei durch eine Grube geteilte Buckel aufweist; die afrikanische Art besitzt größere Ohren und größere Stoßzähne; die Rückenlinie schließlich ist beim Afrikanischen Elefanten im Profil gesehen konkav, dem Indischen Elefanten jedoch convex.

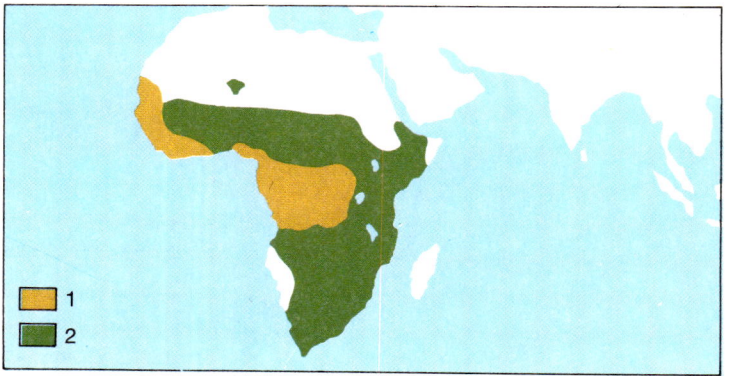

◄ Geographische Verbreitung der beiden Unterarten des Afrikanischen Elefanten: 1) Der Waldelefant (*Loxodonta africana cyclotis*) und 2) der Steppenelefant (*Loxodonta africana africana*), die bekanntere und größere Unterart, die in den Savannen- und Steppengebieten vorkommt.

1
2

Elefantenkühe bilden kleinere Herden aus 8 bis 20 Tieren, die von einer Leitkuh geführt werden, und aus den Kühen, halberwachsenen Jungtieren und meistens, aber nicht immer, aus Müttern mit Elefantenbabies bestehen. Die erwachsenen Bullen leben als Einzelgänger oder in kleinen Herden für sich. Ein Herde beim Weiden zeigt eine bestimmte Rangordnung, bei der die älteren Tiere den Vortritt haben und das beste Futter beanspruchen. Die Tiere minderen Ranges bleiben im Hintergrund und nähern sich den älteren Tieren mit Respekt. Ein Jungtier kann sich zum Beipiel einer Elefantenkuh, die ein Baby führt, nur nähern, wenn es das Baby füttern hilft.

Das Nahrungsspektrum des Indischen Elefanten ist wie das der afrikanischen Art sehr reichhaltig und besteht aus einer Vielzahl von Pflanzen und Pflanzenteilen, sowohl aus dem Wald wie aus dem Grasland. Ein großer Teil der Nahrung stammt aus bodennaher Vegetation. Wichtig sind vor allem Gräser, Wurzeln, Blätter und junge Triebe von Bäumen und Büschen, ferner Früchte, Zweige und Rinde. Besonders hoch geschätzt sind alle Arten von Bambus. Der wichtigste, das tägliche Leben eines Elefanten bestimmende Faktor, ist der Zwang, eine derartig große Menge Nahrung zu finden, herabzureißen und zu zerkauen, wie er zur Erhaltung seines Gewichtes braucht. So wurde berechnet, daß ein erwachsener Elefant allein zur Nahrungsaufnahme täglich 18-20 Stunden benötigt.

Die sozialen Kontakte in der Herde werden meistens durch akustische und olfaktorische Signale hergestellt. In Wäldern verständigen sich die Mitglieder einer Herde wilder Elefanten über große Entfernungen durch lautes Trompeten und Schreien. Elefantenkühe rufen ihre Jungen durch lautes Klappen mit den Ohren zu sich. Das Zusammentreffen zweier Elefanten wird meist durch Begrüßungsschreie oder durch gurgelnde Laute begleitet; die gleichen Laute dienen auch den Herdenmitgliedern dazu, über kurze Entfernungen Kontakt miteinander zu halten.

Die Tragzeit beträgt 20-22 Monate und die Aufzucht des Jungtieres dauert mehrere Jahre. Bei der Geburt helfen ein oder zwei andere Elefantenkühe der werdenden Mutter. Bereits eine Stunde nach der Geburt ist das Baby fähig, mit der Herde mitzustolpern, hält sich aber dicht bei seiner Mutter, die ihm mit dem Rüssel hilft, wenn es nötig ist. Das Elefantenjunge wird mindestens 6 Monate lang gesäugt, meistens jedoch 2-3 Jahre lang; doch nimmt es bald auch schon feste Nahrung zu sich.

▶ Der Indische Elefant unterscheidet sich vom Afrikanischen Elefanten durch das Profil des Kopfes, die Rückenlinie, die Größe der Ohren, die Rüsselspitze (einfingrig beim Indischen Elefanten, zweifingrig beim Afrikanischen Elefanten) und die Anzahl der Zehen mit wohlentwickelten Nägeln am Vorder- und Hinterhuf.

Indischer Elefant

Afrikanischer Elefant

▼ Abweichend von den Erwachsenen besitzen die neugeborenen Jungtiere ein schütteres Haarkleid, das mit zunehmendem Alter verschwindet.

▼ Wie der Afrikanische Elefant badet auch der Indische Elefant sehr gern und duscht sich, indem er mit dem Rüssel Wasser über den Rücken spritzt.

▶ Abgesehen vom Menschen ist der Tiger der einzige Feind des Indischen Elefanten. Er stellt für neugeborene Jungtiere tatsächlich eine Gefahr dar, wird von den erwachsenen Elefanten aber ohne weiteres vertrieben.

▲ Der Indische Elefant ist ein sehr wertvolles Arbeitstier, das in vielen asiatischen Ländern vor allem bei der Holzabfuhr verwendet wird.

◀ Geographische Verbreitung des Indischen Elefanten.

1

AFRIKANISCHER ELEFANT
(LOXODONTA AFRICANA)

Ordnung Proboscidea
Familie Elephantidae
Schulterhöhe Männchen 3,2-4 m;
Weibchen 2,2-2,6 m
Gewicht Männchen 4 3/4-6 Tonnen,
Weibchen 2-3 1/4 Tonnen
Tragzeit 20-22 Monate

In den letzten drei Jahrhunderten umfaßte das Verbreitungsgebiet des Afrikanischen Elefanten den größten Teil Afrikas südlich der Sahara, mit Ausnahme der Wüsten- und Halbwüstengebiete. Die katastrophale Folge der ungehemmten Jagd auf die Elefanten ihres Elfenbeins wegen im neunzehnten und zwanzigsten Jahrhundert, im Verein mit Umweltveränderungen führte dazu, daß der Afrikanische Elefant heutzutage nur noch in bestimmten, isolierten Gebieten überlebt hat, meistens in Nationalparks oder Wildreservaten. Der Elefant kann sich zwar an sehr verschiedenartige Lebensraumbedingungen anpassen und in Trockensteppen wie in dichten tropischen Galeriewäldern und vom Flachland bis in Höhen von über 3.600 m im Gebirge existieren. Sein typischer Lebensraum ist jedoch die Baumsavanne, wo er sich meist in Wassernähe aufhält, jedoch während der Trockenzeit auch gelegentliche Ausflüge in benachbarte Waldgebiete macht.

Die Nahrung des Afrikanischen Elefanten ist recht verschiedenartig und setzt sich aus einer Vielzahl von Pflanzen zusammen, die er in allen Vegetationsschichten sucht, vom Boden, von niedrigem Gebüsch, hoch oben aus den Bäumen und von überall, wohin sein beweglicher Rüssel greifen kann. Während der Regenzeit holen sich die Elefanten den Großteil ihrer Nahrung vom Boden und fressen vor allem Gräser in der Savanne; während der Trockenzeit sind sie aber mehr auf die Wälder höher gelegener Gebiete angewiesen. Die meisten Pflanzen werden als Ganzes gefressen, lange Gräser werden zum Beispiel mit dem Rüssel in großen Büscheln ausgerupft und zum Maul geführt. Das Blattwerk wird aus den Baumwipfeln gepflückt und die weicheren Teile der Äste werden ebenfalls gefressen, samt Früchten, Rinde usw. Wenn der Hunger größere Mengen von Elefanten in einem begrenzten Gebiet zusammentreibt, kann die Überweidung durch die Elefanten für die Vegetation katastrophale Folgen haben, denn die Ele-

◀ Der Afrikanische Elefant ist das größte existierende Landtier. Die gewaltige Entwicklung der Ohren muß als Anpassung an ihre Funktion als Wärmeaustauscher für die überschüssige Körperwärme angesehen werden. Ein so massiges Tier wie der Elefant besitzt nämlich eine im Vergleich zum Gewicht viel geringere Oberfläche als kleinere Tiere.

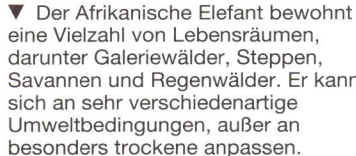

▼ Der Afrikanische Elefant bewohnt eine Vielzahl von Lebensräumen, darunter Galeriewälder, Steppen, Savannen und Regenwälder. Er kann sich an sehr verschiedenartige Umweltbedingungen, außer an besonders trockene anpassen.

fanten reißen Büsche samt der Wurzel aus und brechen ganze Bäume um, um an die oberen Äste zu gelangen. Wenn ein Elefant einen Busch ausreißt, säubert er die Wurzeln meist sorgfältig von der anhaftenden Erde, indem er ihn mit dem Rüssel heftig gegen seine Flanke schlägt. Ein erwachsener Elefant frißt täglich etwa 5 % seines Eigengewichtes und trinkt etwa 220 Liter Wasser.

Die Fortpflanzung findet das ganze Jahr hindurch statt, doch kommen in manchen Gegenden die Jungen kurz vor der Regenzeit zur Welt. Dadurch finden die Elefantenbabies in den ersten Lebensmonaten günstige Klima- und Ernährungsbedingungen vor. Die Jungtiere dagegen, die in der Trockenzeit geboren werden, müssen mit der Herde auf der Suche nach Wasser und Nahrung lange Wanderungen unternehmen. Die Tragzeit dauert 20-22 Monate und die Abstände zwischen den einzelnen Geburten betragen zwischen 2 1/2 und 9 Jahren, je nach den Umweltbedingungen. In der Regel wird nur ein einziges Junges geboren. Ein männlicher Jungelefant wiegt bei der Geburt bis 120 kg, ein weiblicher zwischen 90 und 100 kg. Die Jungtiere beider Geschlechter sind ungefähr 1,2 Meter lang. Die Haut ist bei neugeborenen Elefanten blaugrau, recht faltig und durchweg behaart. Bereits eine halbe Stunde nach der Geburt kann das Elefantenkind auf den eigenen Füßen stehen und kurz danach die Mutter zur Herde begleiten. Kurz vor der Geburt verläßt nämlich die trächtige Kuh die Herde und zieht sich zurück, meist von einer anderen Kuh begleitet, die ihr bei der Geburt beisteht. Das Elefantenkind bleibt lange bei der Mutter und wird 2-3 Jahre lang gesäugt.

Die soziale Rangordnung in der Herde ist matriarchalisch organisiert. Die kleinste Einheit ist die Familie, die aus 3-5 Mitgliedern besteht, in der Regel eine erwachsene Kuh mit ihren Kindern. Die Herde besteht aus mehreren Kleinfamilien, die im allgemeinen von den Schwestern oder Töchtern einer alten Elefantenkuh geführt werden, die ihrerseits die Leitkuh der gesamten Herde ist. Elefantenherden können Größen zwischen 6 bis über 70 Tiere erreichen. Die häufig beschriebenen Einzelgänger sind im allgemeinen alte Bullen, die zuweilen von einem jüngeren Bullen begleitet werden, mit dem sie freundschaftlich verbunden sind. Diese alten Bullen sind oft an den Rand der Gruppe gedrängte Tiere, häufig aus dem Grund, weil ihre stark abgenutzten Zähne ihnen nur noch sehr weiche Pflanzenkost erlauben, die sich nur in der Nähe von Gewässern findet.

▲ Elefanten lieben das Wasser und können gut schwimmen. Ja, Zugang zum Wasser ist eine absolute Notwendigkeit für Elefanten. Gern duschen sie sich mit Hilfe des Rüssels, um sich abzukühlen.

▲ Zusätzlich zum Duschen mit Wasser nehmen Elefanten gern ein Staubbad, wobei sie mit dem Rüssel große Mengen von Erde oder Staub über die Haut blasen, um sich von Hautparasiten zu befreien.

▲ Wenn ein Elefant ruhen möchte, legt er sich manchmal auf die Seite. Er kann aber auch im Stehen schlafen und lehnt sich dann oft gegen einen Baum.

▲ Elefanten führen oft ritualisierte Kämpfe aus, doch finden manchmal auch ernsthafte Kämpfe statt. Junge Männchen ringen spielerisch mit ihren ineinander verschränkten Rüsseln.

▲ Elefantenkühe kümmern sich sehr intensiv um ihre Kinder und helfen ihnen, wenn die Herde auf der Wanderschaft ist. Manchmal halten sie ihr Junges mit dem Rüssel am Schwanz.

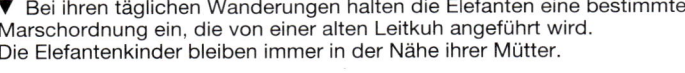

▼ Bei ihren täglichen Wanderungen halten die Elefanten eine bestimmte Marschordnung ein, die von einer alten Leitkuh angeführt wird. Die Elefantenkinder bleiben immer in der Nähe ihrer Mütter.

▼ Auf Grund ihrer Größe und der Länge ihres Rüssels können die Elefanten die Blätter selbst von recht hohen Bäumen erreichen. Die Vielfalt der pflanzlichen Nahrung der Elefanten gleicht die negativen Auswirkungen aus, den ihre Nahrungssuche auf den Lebensraum hat.

◄ In Trockenperioden graben die Elefanten mit Hilfe ihrer mächtigen Stoßzähne tiefe Gruben in den Boden trockener Flußläufe, um an das Grundwasser zu gelangen.

▼ Wegen ihrer gewaltigen Größe haben Afrikanische Elefanten eigentlich keine natürlichen Feinde. Manche Raubtiere (darunter auch Löwen) greifen zwar gelegentlich die Jungtiere an, werden aber in der Regel von der Mutter vertrieben.

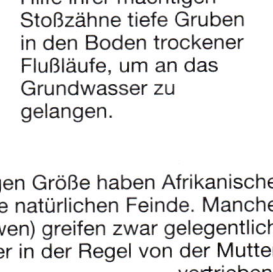

WARZENSCHWEIN
(PHACOCHOERUS AETHIOPICUS)

Ordnung Artiodactyla
Familie Suidae
Größe Länge 140-190 cm; Schulterhöhe 65-85 cm
Gewicht 50-150 kg
Zahnformel $\frac{3.1.4.3}{3.1.4.3} = 44$
N.B. Geschlechtsreife Tiere besitzen nur noch 32 Zähne
Fortpflanzungszeit Fast das ganze Jahr hindurch
Tragzeit 170 Tage
Anzahl der Jungtiere 2-7, normalerweise 3
Geschlechtsreife Nach einem Jahr
Höchstalter 15-18 Jahre

Das Warzenschwein in der Familie der Schweine hat eine besonders auffällige Gestalt. Er ist ein ziemlich schlankes, hochbeiniges Tier mit einem sehr langen Schwanz, der in einer Quaste endet. Was ihm aber sein geradezu prähistorisches Aussehen verleiht, ist der Kopf, der unverhältnismäßig groß, breit und schwer ist. Die Augen sitzen sehr weit oben, darunter befinden sich zwei gewaltige, symmetrische, warzige Auswüchse, die beim Männchen besonders stark entwickelt sind. Darunter, fast an den Seiten des Maules, befinden sich zwei weitere, etwas kleinere Warzen. Die Eckzähne im Unterkiefer sind mäßig lang, die Eckzähne des Oberkiefers jedoch sind weitaus länger, nach oben, innen und hinten gerichtet und bilden daher fast einen Halbkreis. Eine ziemlich lange Mähne bedeckt Hals und Schultern.

Das Warzenschwein ist in Afrika südlich der Sahara weit verbreitet und fehlt lediglich in Südafrika. Es bewohnt Steppen- und Savannengebiete, also offene Lebensräume, in denen die weit oben am Kopf gelegenen Augen sicherlich vorteilhaft sind, weil sie es dem Warzenschwein ermöglichen, etwaige Gefahren bereits von weitem wahrzunehmen. Seine Nahrung besteht fast ausschließlich aus Gras. Das Warzenschein ist ein seßhaftes Tier, das die nähere Umgebung seiner Höhle selten verläßt. Weil es einen Lebensraum bewohnt, in dem Angriffe räuberischer Arten recht häufig vorkommen, flieht es leicht und in schnellem Lauf und sucht Schutz in unterirdischen Bauten. Seine einzige Abwehrmöglichkeit besteht darin, sich Angreifern entgegenzustellen und sich auf seine Stärke und die Schärfe seiner Hauer zu verlassen.

▶▲ Das Warzenschwein (*Phacochoerus aethiopicus*) bewohnt, abwe chend von den meisten anderen Schweinen, offene Lebensräume. Es besitzt ziemlich lange Beine und seine Augen sitzen sehr hoch am Ko was es ihm möglich macht, Angreifer in der Savanne schon von weite zu erkennen. Die Hauer sind ziemlich lang und der Kopf ist mit enorm Warzen versehen. Das Warzenschwein ist tagaktiv und ernährt sich v Pflanzen. Eine Eigenheit der Warzenschweine ist die Art ihrer gegens gen Kämpfe. Ihre Hauer gehören zu den gefährlichsten Waffen im Re der Säugetiere überhaupt und ihre Haut ist nicht dick, sondern ziemli weich und nicht im entferntesten so zäh oder borstig wie die der Wild schweine. Daher sind die Kämpfe ritualisiert und finden immer mit ein ander zugewandten Gesichtern statt. Die einzige mögliche Abwehr is dabei, die gefährlichen Hauer mit denjenigen des Gegeners zu verkei Nachdem der Kampf eine Weile gedauert hat, gibt das unterlegene T auf, senkt seinen Kopf oder kniet nieder, versucht einen festeren Star zu bekommen, stößt kurze Grunzlaute aus und versucht den Kopf ge senkt zu halten. Wenn das überlegene Tier den Kampf dann abbrich dreht sich der Verlierer um und sucht mit höchster Geschwindigkeit d Weite. Der Gewinner folgt ihm manchmal ein kurzes Stück, zeigt aber kein besonders aggressives Verhalten mehr.

▼ Lebensräume des Warzenschweins.

Sümpfe   Steppen   Buschland   Wald

HIRSCHEBER ODER BABIRUSSA
(BABYROUSA BABYRUSSA)

Der Hirscheber (*Babyrousa babyrussa*) ist eines der seltsamsten Säugetiere. Der Rumpf ist, abweichend von den übrigen Schweinen, am Hinterende am stärksten entwickelt, die Rückenlinie ist convex und die Beine sind lang und dünn. Die grauen Haare, die den Körper bedecken, sind so spärlich, daß die Haut nackt erscheint. Dem Schwanz fehlt die charakteristische Endquaste. Das auffälligste Merkmal des Tieres sind aber die unglaublich verlängerten Eckzähne des Männchens. Während die Hauer des Unterkiefers gerade nach oben gerichtet sind und sich nur etwas krümmen, durchbohren die Eckzähne des Oberkiefers den Schädel und wachsen später nach hinten und wieder nach unten, so daß sie einen vollen Halbkreis bilden. Bei alten Männchen können sie 30 cm lang werden.

Der Hirscheber kommt nur auf der Insel Celebes vor, sowie auf einigen benachbarten Inselchen. Die bevorzugten Lebensräume des Hirschebers sind feuchte, sumpfige Waldgebiete, schilfbestandene Flußufer und ähnliche Gebiete. Von allen Schweinen ist der Hirscheber am meisten ans Wasser gebunden: er schwimmt gern und zögert nicht, größere Flüsse und selbst Meeresarme zu durchschwimmen. Seine Nahrung besteht hauptsächlich aus Blättern, Gräsern, Früchten und Trieben, daneben aber auch aus Insekten und anderen Wirbellosen. Er verständigt sich in der gleichen Weise wie andere Schweine, also durch Grunz- und Quieklaute, und wenn er gereizt wird, knirscht oder klappert er mit den Zähnen und Hauern. Das Sozialgefüge wird durch die Geburtenrate bestimmt, die die niedrigste unter allen Schweinen ist. Die Paarung findet im September statt und nach einer Tragzeit von 5 Monaten werden nur 1-2 Jungtiere geboren. Wenigstens die Weibchen erreichen die Geschlechtsreife nach etwa einem Jahr.

Die Kämpfe zwischen den Artgenossen werden durch die speziellen Körpermerkmale bestimmt. Die mächtigen Hauer werden vorwiegend zur Abwehr, nicht aber zum Angriff benutzt, denn sie können nur bei plötzlichen Stößen in die Weichteile des Gegners gefährlich werden. Weil der Hirscheber keine Hautplatten oder Schwellungen und auch keine Mähne zur Abwehr von Hauerstößen besitzt, werden die Kämpfe mit einander zugewandten Köpfen ausgetragen.

▲ Die Männchen des Hirschebers (*Babyrousa babyrussa*) besitzen unglaublich lange Hauer. Hirscheber sind ziemlich urtümliche Schweine, was sich auch in den langen Beinen und dem fast unbehaarten Körper ausdrückt. In ihrer äußeren Gestalt unterscheiden sich diese Tiere deutlich von der anderen Schweinen, daher nennen die Eingeborenen den Babyrussa auch "Hirscheber". Die Tiere erreichen eine Schulterhöhe von 65-80 cm, die Kopf-Rumpflänge beträgt ungefähr 90-110 cm und das Gewicht liegt bei 60-100 kg.

◄ Die Nahrung des Hirschebers ist weniger reichhaltig als bei anderen Schweinearten üblich und besteht aus Pflanzen, vor allem Blättern, Gräsern, Früchten und Schößlingen.

▲ Hirscheber können gut schwimmen und bevorzugen feuchte Lebensräume.

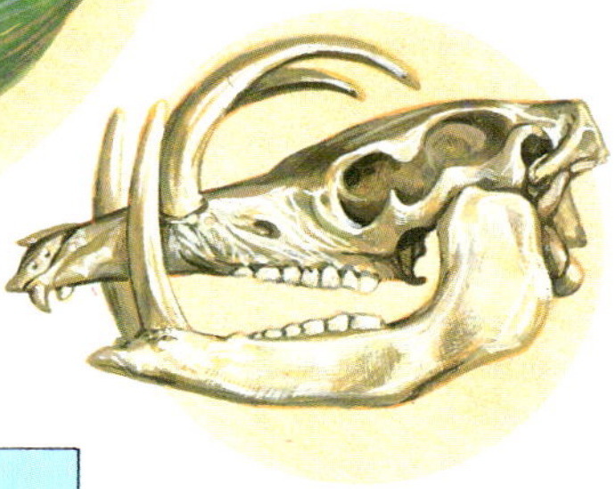

▲ Die überdimensionalen Hauer, die 30 cm lang werden können, haben sicherlich noch eine andere Funktion, als nur im Boden zu graben.

▲ Das Weibchen besitzt nur ein einziges Paar Zitzen und die jungen Hirscheber sind nicht gestreift.

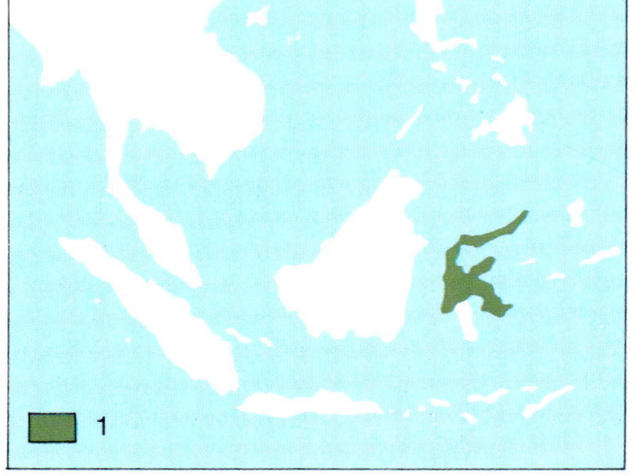

◄ Das Verbreitungsgebiet des Hirschebers ist auf die Insel Celebes beschränkt. Er bevorzugt feuchte, sumpfige Lebensräume, etwa Sumpfwälder, schilfbewachsene Flußufer und ähnliche. Im Unterschied zu den meisten Schweinen ist der Hirscheber eine stark gefährdete Art, sowohl auf Grund von einschneidenden Veränderungen seiner Umwelt, auf Grund einiger Eigenschaften der Art selbst, aber natürlich auch auf Grund anderer, direkter Einwirkungen durch den Menschen. Der Hirscheber kann ohne Schwierigkeiten in Gefangenschaft gehalten und gezüchtet werden, allerdings befinden sich in den Zoos nur wenige Exemplare.

1

HALSBANDPEKARI
(TAYASSU TAJACU)

Ordnung Artiodactyla
Familie Tayassuidae
Größe Länge 75-100 cm; Schulterhöhe 40-50 cm
Gewicht 18-25 kg
Zahnformel $\frac{2.1.3.3}{3.1.3.3} = 38$
Fortpflanzungszeit Ganzjährig
Tragzeit 140-150 Tage
Anzahl der Jungtiere 1-4, normalerweise 2
Geschlechtsreife Weibchen nach 33-34 Wochen, Männchen nach 46-47 Wochen
Höchstalter Ungefähr 15 Jahre, in freier Wildbahn wahrscheinlich 20 Jahre

Die Pekaris gleichen in ihrem Aussehen den echten Schweinen sehr. Wie bei diesen ist der Körper stämmig gebaut, die Beine sind mittelgroß und der Hals ist kurz. Der Rüssel ist ziemlich lang und endet in einer Rüsselscheibe wie beim Wildschwein. Das kurze Fell besteht vor allem aus Borsten, die auf der Oberseite des Kopfes, am Nacken und auf dem Rücken am längsten sind. Der Schwanz ist dagegen sehr kurz. Pekaris besitzen eine Duftdrüse am Rücken, die sich in eine von langen Haaren bedeckte Drüsentasche öffnet.

Das Halsbandpekari (*Tayassu tajacu*) ist ein recht kleines Schwein mit dunklem, braunschwarzen Fell und einem auffälligen und kontrastreichen, weißen Halsband. Die Art ist von den südlichen USA bis nach Argentinien verbreitet und bildet in diesem großen Areal sieben Unterarten. Seine Lebensraumansprüche sind sehr unterschiedlich, denn es bewohnt sowohl Wälder wie buschreiche Halbwüsten und steigt auch im Gebirge hoch hinauf.

Seine Nahrung besteht vorwiegend aus pflanzlichem Material, wie Kräutern, Früchten und Wurzeln, doch frißt das Pekari auch Insekten, andere kleine Säugetiere und sogar Schlangen.

Die wichtigste soziale Einheit ist die Herde. Obwohl die Herde 2 bis über 50 Tieren umfassen kann, bestehen die Herden in der Mehrzahl aus 5-15 Tieren. Allerdings variiert die Größe der Herden naturgemäß sowohl jahreszeitlich wie nach der Art des Lebensraumes. Regenfälle und Schnee haben starke Auswirkungen auf die Zusammensetzung der Herde, denn sie beeinflussen in gewissem Ausmaß die Geburtenrate und im Winter auch die Sterblichkeit. Abgesehen von derartigen klimatischen und saisonalen Ein-

▲ Das Halsbandpekari (*Tayassu tajacu*) ist ein Bewohner Nord- und Südamerikas. Obwohl es den echten Schweinen recht ähnlich sieht, zeigt es auch manche Übereinstimmungen mit den Kamelen und Wiederkäuern.

◄ Die Nahrung des Pekaris besteht vor allem aus Pflanzen, die in Steppen und Savannen wachsen, aber auch aus Früchten, Wurzeln, Insekten und kleinen Säugetieren, ja sogar aus Schlangen. Es ist daher eigentlich ein Allesfresser, wie die echten Schweine der Alten Welt.

▼ Die Hauer des Wildschweines sind nach oben gerichtet, die oberen Eckzähne des Pekaris wachsen dagegen nach unten. Ein weiterer Unterschied ist die Reduktion der fünften Zehe, die beim Pekari fast nicht mehr sichtbar ist.

Hauer

Hinterfuß

Wildschwein

Pekari

Wildschwein

Pekari

flüssen bleibt die Herde über längere Zeiträume hin einigermaßen stabil. Nur gelegentlich verlassen einzelne Pekaris die Herde und schließen sich einer anderen Herde an, doch sind derartige Vorfälle sehr selten.

Die Bewegungen der Herde als ganzes hängen fast völlig von den verfügbaren Nahrungsvorräten und von sonstigen äußeren Einflüssen ab. Ist Nahrung im Überfluß vorhanden und leicht erreichbar, bleibt die Herde zusammen. In der Trockenzeit zerstreut sie sich dagegen und kleinere Gruppen konzentrieren sich an bestimmten Stellen, wo es eßbare Pflanzen gibt. Gewöhnlich sind Pekaris den ganzen Tag über aktiv, häufig auch in der Morgen- und Abenddämmerung und, vor allem im Sommer, auch nachts. Sie sind sehr empfindlich gegenüber atmosphärischen Veränderungen und richten sich in ihren Wanderungen danach. Die Fortpflanzungszeit ist nicht an eine bestimmte Jahreszeit gebunden. Die Geburt der Jungen findet normalerweise während der sommerlichen Regenzeit statt, daher dürfte die Paarung im Spätwinter stattfinden. Die Fortpflanzung berührt in keiner Weise die Struktur der Herde. Es existieren keine Harems und keine Paarbindungen, auch kämpfen die Männchen um die paarungsbereiten Weibchen nicht heftiger als zu anderen Zeiten. Die Mutter verteidigt ihre Jungen zuweilen sehr erbittert, doch in der Regel werden Gefahren durch die Flucht oder durch einen gemeinsamen Angriff abgewehrt.

Obgleich Pekaris soziale Tiere sind, besteht innerhalb der Herde keine bestimmte Rangordnung. Die Leitung der Herde obliegt keinem bestimmten Tier und die Herde folgt tatsächlich jedem erwachsenen Tier, das eine Entscheidung trifft. Die engen Beziehungen aller Herdenmitglieder zueinander, die durch gegenseitiges Erkennen des Herdengeruchs verstärkt werden, haben beträchtliche Auswirkungen auf das Sozialverhalten. Pekaris sind territoriale Tiere, insoweit das Territorium der Herde gegen Eindringlinge verteidigt und in bestimmter Weise markiert wird. Die Duftdrüsen am Rücken spielen eine wichtige Rolle für das Sozialverhalten und für die Abgrenzung des Reviers. Die Drüsenregion wird häufig von den Partnern beschnüffelt und oft kann man zwei Pekaris beobachten, wie eines sein Kinn am Rücken des anderen reibt. Wahrscheinlich dient dies nicht nur dazu, den Geruch auf andere Tiere zu übertragen, sondern auch dazu die Produktion des Drüsensekretes anzuregen. Das intensiviert wiederum den Geruch der ganzen Herde.

▼ Pekaris haben einen sehr feinen Geruchssinn und können Knollen noch bis in 3 Meter Tiefe riechen.

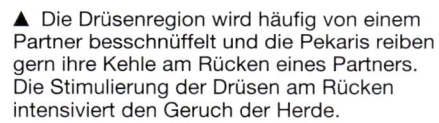

▲ Die Drüsenregion wird häufig von einem Partner besschnüffelt und die Pekaris reiben gern ihre Kehle am Rücken eines Partners. Die Stimulierung der Drüsen am Rücken intensiviert den Geruch der Herde.

Weißbartpakari
(*Tajassu albirostris*)

Das Weißbartpekari wird größer und ist aggressiver als das Halsbandpekari. Es ist ein Allerfresser, der auch regelmäßig Fleisch frißt.

▲ Das Weißbartpekari bildet Herden von 100-150 Tieren. Abgesehen von klimabedingten und saisonalen Schwankungen bleibt die Herde über längere Zeiträume recht stabil. Dies ist bei Huftieren ein ziemlich seltenes Phänomen.

◄ Neugeborenen Pekaris fehlt die Streifung der jungen Wildschweine, und sie sind sehr bald aktiv.

► Pekaris rollen sich lieber im Sand oder Staub als im Schlamm.

▨	1
▨	2

◄ 1) das Halsbandpekari hat mit seinen sieben Unterarten eine sehr weite Verbreitung von den südlichen USA bis nach Argentinien. 2) Das Weißbartpekari besteht aus fünf Unterarten und ist von Mittelamerika bis nach Argentinien verbreitet.

FLUSSPFERD
(HIPPOPOTAMUS AMPHIBIUS)

Ordnung Artiodactyla
Familie Hippopotamidae
Größe Länge über 4 m; Höhe bis 170 cm
Gewicht Mehr als 3 Tonnen
Zahnformel $\frac{2.1.4.3}{2.1.4.3} = 40$
Fortpflanzungszeit Bis zum Ende der Trockenzeit
Tragzeit 240 Tage
Anzahl der Jungtiere 1
Geschlechtsreife Weibchen nach 9 Jahren, Männchen nach 8 Jahren
Höchstalter 40-45 Jahre oder darüber

Das Flußpferd ist ein außerordentlich schweres, massiges Tier. Der Kopf ist sehr groß und schwer und mit einem gewaltigen Maul versehen. Die Ohren sind klein und Nasenöffnungen und Augen sitzen hoch oben auf der Kopfoberseite. Beim Tauchen können die Nasenöffnungen verschlossen werden. Der Rumpf ist langgestreckt und dick und der Bauch auffallend. Die kurzen Beine sind kräftig und haben vier wohlentwickelte Zehen, die an der Basis mit Schwimmhäuten verbunden sind. Die Körperoberfläche ist fast unbehaart und nur auf den Lippen und an der Schwanzspitze finden sich ein paar Borsten. Die Grundfarbe des Flußpferdes ist ein dunkles Rotbraun, doch ist die Oberseite etwas dunkler. Die Jungtiere sind heller und eher rosa.

Theoretisch ist das Flußpferd über ganz Afrika südlich der Sahara verbreitet, außerdem im Stromgebiet des Nils südlich von Khartum. Doch fehlt es fast im gesamten Südteil des Kontinentes und in den westafrikanischen Regenwäldern. Tatsächlich ist das Flußpferd in seiner Verbreitung jedoch auf Flüsse, Sumpfgebiete und Seen beschränkt. Obgleich es den größten Teil seiner Zeit in Feuchtgebieten verbringt, lebt es nicht nur im Wasser, sondern verbringt viel Zeit auf dem festen Land. Denn ein großer Teil seiner Nahrung besteht aus Landpflanzen, ja in manchen Gegenden ernährt es sich ausschließlich an Land. Ein erwachsenes Flußpferd verzehrt täglich eine Nahrungsmenge von 40-45 kg Pflanzenmaterial.

Obwohl das Flußpferd also ein wasserlebendes Säugetier ist, ist sein Körper keineswegs stromlinienförmig gestaltet, und obwohl das Tier gut schwimmen und tauchen kann, bevorzugt es im allgemeinen flaches Wasser, in dem es leicht am Grund waten kann. Daher lebt es besonders gern an Stellen mit einer Wassertie-

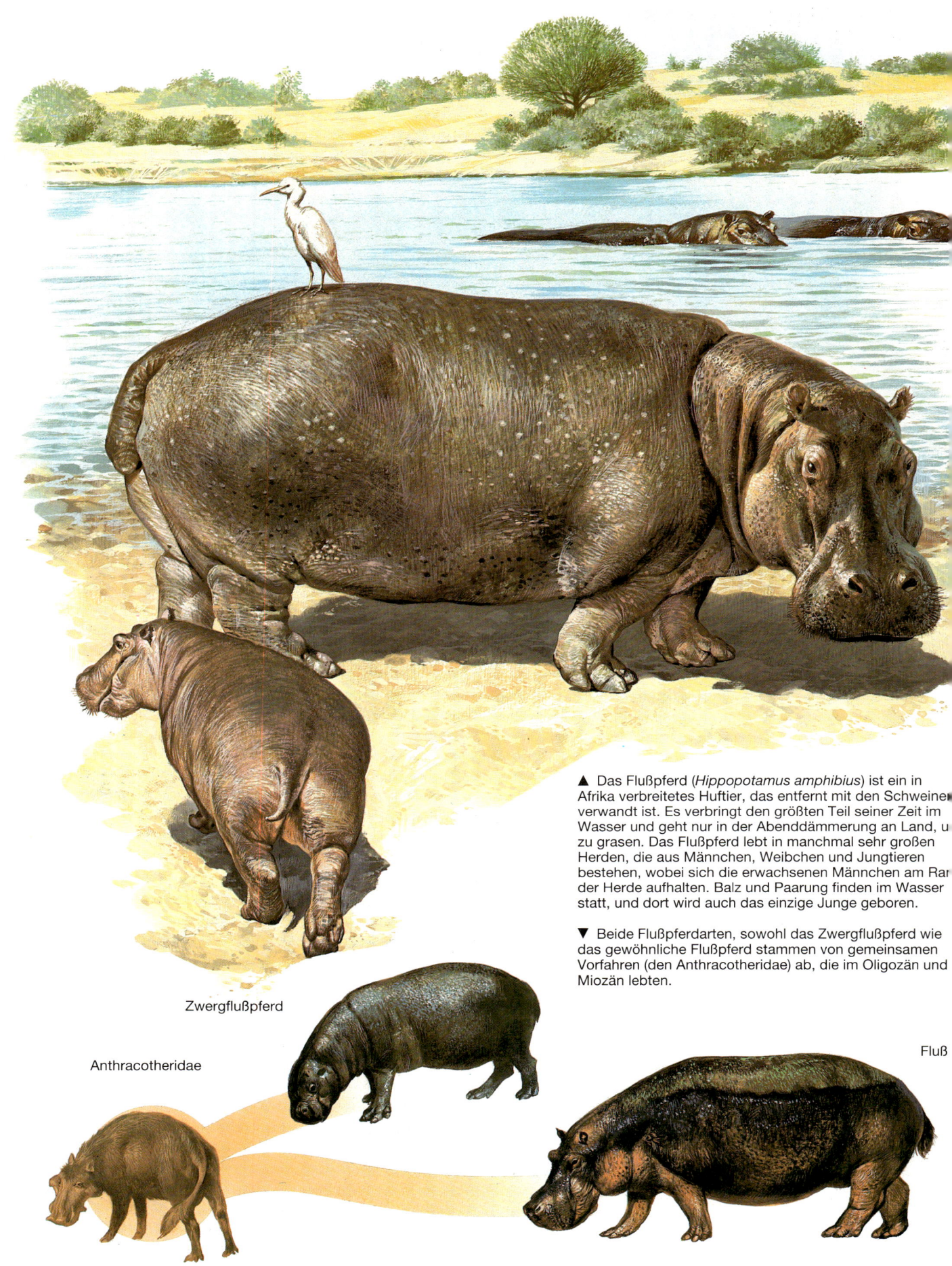

▲ Das Flußpferd (*Hippopotamus amphibius*) ist ein in Afrika verbreitetes Huftier, das entfernt mit den Schweinen verwandt ist. Es verbringt den größten Teil seiner Zeit im Wasser und geht nur in der Abenddämmerung an Land, um zu grasen. Das Flußpferd lebt in manchmal sehr großen Herden, die aus Männchen, Weibchen und Jungtieren bestehen, wobei sich die erwachsenen Männchen am Rand der Herde aufhalten. Balz und Paarung finden im Wasser statt, und dort wird auch das einzige Junge geboren.

▼ Beide Flußpferdarten, sowohl das Zwergflußpferd wie das gewöhnliche Flußpferd stammen von gemeinsamen Vorfahren (den Anthracotheridae) ab, die im Oligozän und Miozän lebten.

Zwergflußpferd

Anthracotheridae

Fluß

fe von nicht mehr als 1 Meter, etwa in flachen Stillwasserzonen von Flüssen, in Bächen mit langsam fließendem oder stehendem Wasser, und sogar in Tümpeln und Sumpflöchern. Dennoch hat das Wasserleben die Anatomie und Physiologie des Flußpferdes stark beeinflußt. Die Lage der Nasenöffnungen, der Augen und der Ohren stellt eine fundamentale Anpassung an das Leben im Wasser dar. Denn ein Flußpferd kann ohne aufzutauchen oder fast völlig unter der Wasseroberfläche verborgen, so daß es beinahe unsichtbar bleibt, alle wichtigen Lebensfunktionen ausführen, also Atmen, Sehen und Hören. Auch auf dem Land bietet es ein eindrucksvolles Bild und ist durchaus nicht ungeschickt oder wehrlos. Es gibt Beobachtungen von Angriffen auf Flußpferde durch Löwen; diese enden aber meist erfolglos, jedenfalls wenn es sich um ein gesundes erwachsenes Tier handelt. In seinen mächtigen und sehr scharfen Hauern besitzt das Flußpferd gefährliche Waffen, die es durchaus einzusetzen weiß.

Das Flußpferd ist offensichtlich ein recht soziales Tier, denn es lebt in Herden von mindestens 10, oft viel mehr Tieren. Die Weibchen mit ihren Jungen halten sich immer im Zentrum der Herde auf. Die Jungen bleiben entweder in der Nähe der Mutter oder sie bilden Gruppen von Altersgenossen. Die Männchen umkreisen die Herde außen und bilden als noch nicht geschlechtsreife Tiere Gruppen, halten sich jedoch als Erwachsene abseits.

Die Fortpflanzungsperiode fällt mit der Regenzeit zusammen. Das einzige Junge wird im Wasser geboren und kommt sehr schnell an die Wasseroberfläche, um seine ersten Atemzüge zu machen. Danach fängt es gleich an zu saugen.

Der nächste Verwandte des Flußpferdes ist das Zwergflußpferd (*Choeropsis liberiensis*). Es ist viel kleiner als das Flußpferd und wiegt nur etwa ein Zehntel. Es erreicht eine Höhe von 70-85 cm und eine Länge von ungefähr 150 cm und wiegt dabei 180-300 kg. Sein Körper ist weniger schwer gebaut, der Kopf ist kleiner und der Schwanz länger und am Ende deutlicher behaart. Der Bau des Kopfes zeigt, daß das Zwergflußpferd weniger gut an das Wasserleben angepaßt ist. Sein Verbreitungsgebiet reicht von Liberia zur Elfenbeinküste, doch ist es heutzutage eine vom Aussterben bedrohte Art. Das Zwergflußpferd lebt in Tropischen Regenwäldern in der Nähe von Flüssen, Seen und Sumpfgebieten. Seine Nahrung setzt sich aus verschiedenen Pflanzenteilen zusammen, vor allem aus weichen Schößlingen, Wurzeln, Gras und herabgefallenen Früchten.

▲ Die Haut des Flußpferdes muß dauernd feucht gehalten werden. Die Bewegungen des Flußpferdes im Wasser halten seinen Körper rein, was sonst nicht möglich wäre.

▼ Flußpferde können vorzüglich schwimmen und tauchen und sind imstande, 4-5 Minuten unter Wasser zu bleiben.

▲ Obgleich sie Pflanzenfresser sind, besitzen Flußpferde mächtige Eckzähne, die 5 cm lang werden können. Das Aufreißen des Rachens und Vorzeigen der Hauer ist kein Gähnen, sondern eine Drohgeste.

Flußpferd

Frosch

Krokodil

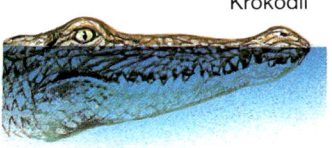

Das Flußpferd, der Frosch und das Krokodil weisen die gleichen Anpassungen (Stellung der Nasenöffnungen und Augen) an das Leben im Wasser auf.

► Die Kämpfe der Flußpferde sind sehr heftig und finden fast immer im Wasser statt.

▲ Das Weibchen kümmert sich sehr um sein Junges und läßt es niemals weit aus den Augen.

▼ Das Säugen geschieht unter Wasser.

▼ Flußpferde nehmen Schlammbäder, um sich abzukühlen und sich von Hautparasiten zu befreien.

KAMELE
(GATTUNG *CAMELUS*)

Ordnung Artiodactyla
Familie Tylopoda
Größe Kopf-Rumpflänge 2,25-3,45 m;
Schwanzlänge 55-75 cm; Höhe
(Höcker eingeschlossen) 1,9-2,3 m
Gewicht 450-650 kg
Zahnformel $\frac{1.1.3.3}{3.1.2.3}=34$
N. B. Manchmal sind 2 oder 4 obere
und 3 untere Prämolaren vorhanden
Fortpflanzungszeit Januar bis März
Tragzeit Ungefähr 13 Monate
Anzahl der Jungtiere 1

Kamele sind die größten Angehörigen der
Ordnung Artiodactyla. Die Beine sind
sehr lang (beim Dromedar noch länger
als beim echten Kamel) und die Füße besitzen breite Sohlen. Der für Kamele typische Schritt ist der Paßgang, wobei Vor-
der- und Hinterbeine derselben Körperseite sich gleichzeitig bewegen. Bei hoher Geschwindigkeit gibt es sogar Augenblicke, in denen alle vier Beine gleichzeitig vom Boden abgehoben sind.
Im Unterschied zu den anderen Paarhufern, die auf den Spitzen der letzten Zehenknochen gehen, die durch einen Huf
geschützt sind, liegt bei den Kamelen das
ganze Körpergewicht auf den letzten und
vorletzten Zehenknochen der dritten und
vierten Zehen, während die erste, zweite
und fünfte Zehe völlig verschwunden
sind. Diese Zehenknochen sind bei den
Kamelen nur von einem rudimentären
Huf umgeben, während der hintere Teil
des Fußes mit dicken, fleischigen Soh-
lenschwielen bedeckt ist.
Kamele sind Wiederkäuer, doch haben
sie diese Fähigkeit wohl unabhängig von
den echten Wiederkäuern, wie Rindern
und Antilopen, erworben. Diese Art der
Verdauung ist sehr vorteilhaft, denn sie
erlaubt dem Wiederkäuer, große Futter-
mengen in kurzer Zeit zu fressen, ohne
sie vorher langwierig zerkauen zu müssen. Daher ist die Zeit, die Wiederkäuer
grasend verbringen müssen, kürzer und
sie sind in geringerem Maße den Angriffen von Räubern ausgesetzt.
Als Wüstenbewohner müssen Kamele
mit den äußerst schwierigen Lebensbedingungen in den Trockengebieten fer-
tigwerden. Deshalb haben sie eine Reihe
von Anpassungen entwickelt, die ihnen
das Leben in dieser Umwelt erleichtern.
Um das Eindringen von Sand zu vermeiden, besitzen sie nur kleine, stark behaarte
Ohren, völlig verschließbare Nasenöffnungen, und ihre Augen werden durch

Kamele (Gattung *Camelus*) gibt es heutzutage fast nur noch in ihrer domestizierten
Form. Es existieren zwei deutlich verschiedene Arten, das einhöckrige Dromedar und das
zweihöckrige Kamel oder Trampeltier. Beide Arten sind besonders gut an das trockene,
unwirtliche Wüstenklima angepaßt. Bereits viele Jahrhunderte lang haben Kamele und
Dromedare manchen Volksstämmen (vor allem Tuaregs und verschiedenen Beduinenvöl-
kern) das Überleben ermöglicht. Sie wurden zum Reiten und zum Warentransport über
lange Distanzen benutzt, außerdem versorgten sie ihre Besitzer mit Milch, Fleisch, Wolle
und sogar mit Brennstoff. Auch heute noch spielen sie eine, allerdings nicht mehr derartig
bedeutende Rolle.

lange Wimpern geschützt. Beim Trinken können Kamele alle Zellen des Körpers mit Wasser sättigen, und es wird nicht nur im Magen gespeichert, wie bislang angenommen wurde. Die Verdunstung wird durch ein besonderes System zur Kontrolle der Körpertemperatur herabgesetzt. Nachts sinkt nämlich die Körpertemperatur auf 34°C, während sie tagsüber allmählich auf 40°C ansteigt, und erst, wenn diese Temperatur ereicht ist, beginnt das Kamel merklich zu schwitzen. Auf diese Weise wird der Feuchtigkeitsverlust durch Schwitzen auf ein Minimum gesenkt. Überdies sind Kamele, wenn sie länger kein Wasser erhalten haben, in der Lage, das in ihrem Höcker eingelagerte Fett zu "Wasser" umzuwandeln. Der Höcker, das auffälligste Merkmal der Kamele, bildet einen Fettspeicher, schützt aber gleichzeitig den Körper vor zu starker Sonnenstrahlung. Die Tragzeit dauert beim Kamel 13 Monate, beim Dromedar ungefähr 12 Monate. Nach der mehrere Stunden dauernden Geburt ist das junge Kamel zunächst noch recht wacklig auf den Beinen, kann aber schon herumlaufen und wird zusehens sicherer.

Es existieren zwei Arten der echten Kamele, das Kamel oder Trampeltier (*Camelus bactrianus*) mit zwei Höckern und das Dromedar (*C. dromedarius*) mit einem einzigen Höcker.

Wilde Kamele waren einst weit über die Trockengebiete Zentralasiens verbreitet, heutzutage sind sie selten geworden und kommen nur noch in einigen Gebiete der Wüste Gobi in der Mongolei und in den nach China angrenzenden Gebieten vor. Obwohl es inzwischen geschützt ist, scheint das wilde Kamel dem Aussterben entgegenzugehen. Es bewohnt trockene Steppengebiete oder Halbwüsten bis in Höhen von 1.800-2.000 Meter. Im Sommer hält es sich in den Tälern auf, wo es reichlich Gräser, Sträucher und Gebüsch finden kann, im Winter wandert es in die Oasen. Kamele können extreme Temperaturschwankungen aushalten, sowohl jahreszeitliche wie die täglichen, die in den kalten Wüstengebieten Zentralasiens besonders markant sind.

Das Dromedar bewohnt die Trocken- und Wüstengebiete Nordafrikas und des Nahen und Mittleren Ostens bis nach Afghanistan und bis zum Kaukasus. In Anatolien und im Kaukasus überschneiden sich die Verbreitungsgebiete beider Arten und hier kommen gelegentlich Bastarde zwischen Kamel und Dromedar vor. Das Dromedar kommt nur noch als Haustier vor, während die Wildform, die vermutlich aus der Sahara und Arabien stammt, bereits ausgestorben ist.

Kamel oder Trampeltier
(*Camelus bactrianus*)

Alpaka
(*Lama guanacoe pacos*)

Vicuna
(*Lama vicuna*)

Lama
(*Lama guanacoe glama*)

▼ Zweihöckrige Kamele bewohnen die Trockengebiete der Mongolei, Zentralasiens und Anatoliens. Sie besitzen eine enorme Ausdauer und können tagelang Lasten von 250 kg transportieren. Das Fell ist verschiedenfarbig und ziemlich struppig, im Sommer ist es recht kurz, im Winter aber lang und zottig. Besonders lang ist es am Hals, an den Höckern und den Knien. Die Höcker sind sehr groß und hängen häufig auf einer Seite über. Wie bei den Dromedaren sind die Knie mit Schwielen versehen.

▲ In den trockenen steppen- und halbwüstenhaften Gebieten der Wüste Gobi existieren noch einige Dutzend Exemplare, die vermutlich die Restbestände des eigentlichen wilden Kamels (*Camelus bactrianus ferus*) darstellen. Sie besitzen dünnere Beine und kleinere Höcker als die domestizierte Form (*C. b. bactrianus*) und haben keine Schwielen an den Knien. Im Sommer bewohnen sie die Täler, wo sie Gräser, Sträucher und Gebüsch finden, im Winter wandern sie zu den Oasen.

◄ Zusätzlich zu den echten Kamelen *Camelus bactrianus* und *C. dromedarius* enthält die Familie der Kamelartigen noch zwei weitere Arten aus Südamerika: das Guanako und das Vikuna. Das Guanako ist wahrscheinlich die Stammform zweier domestizierter Formen, des Lamas und des Alpakas.

GUANAKO UND VIKUNA
(LAMA GUNACOE LAMA VICUGNA)

Das Guanako (*Lama guanacoe*) ist das größte lebende Säugetier in Südamerika. Der kräftige Körper wird etwa 180-220 cm lang, die Beine sind lang und dünn. Der Schwanz ist 15-25 cm lang, er ist rundlich und an der Unterseite unbehaart. Die Schulterhöhe beträgt 90-130 cm und das Gewicht 60-75 kg. Das Guanako ist wahrscheinlich die Stammform von zwei domestizierten Formen, dem Lama und dem Alpaka.

Beide, Guanako und Vikuna, haben ein sehr weites Verbreitungsgebiet. Normalerweise bewohnt das Guanako Trockengebiete, vor allem in äquatornahen Gegenden, und kommt südlich bis zum Tiefland des Gran Chaco vor. Früher war es auch in den Steppen und Halbwüsten Patagoniens und Feuerlands verbreitet, doch ist es heutzutage in diesen Gebieten fast völlig verschwunden und lebt nur noch in einem beschränkten Gebiet im Hochland der Anden, vom Süden Perus bis nach Feuerland.

Das Guanako lebt in kleineren Herden von höchstens 20-30 Tieren. Ein Männchen übernimmt die Rolle des Leittieres und Beschützers der Herde. Nach einer 11-monatigen Tragzeit bringt das Weibchen ein einziges Junges zu Welt, das etwa 4 Monate lang gesäugt wird.

Von den beiden domestizierten Unterarten wird das größere Lama vor allem als ein unverzichtbares Lasttier benutzt. Es ist in der Tat imstande, Lasten bis etwa 50 kg zu tragen und damit jeden Tag mehr als 25 km zurückzulegen, und das auf schwierigen Gebirgspfaden. Das Alpaka dagegen wurde seit Jahrhunderten wegen seiner kostbaren Wolle gezüchtet.

Ein naher Verwandter des Guanakos ist das kleinere, schlanke und elegante Vikuna. Es wird 125-190 cm lang und besitzt einen etwa 15-25 cm langen Schwanz. Die Schulterhöhe beträgt 70-110 cm und das Gewicht ungefähr 50 kg. Bis vor kurzem besiedelte das Vikuna die Hochebenen und Bergketten der Anden bis in 4.300 Meter Höhe und kam in einem Gebiet vom südlichen Ekuador bis nach Nordwestargentinien vor. Heutzutage ist es infolge der unbeschränkten Bejagung in vielen Gegenden völlig verschwunden.

Lama
(*Lama guanacoe glama*)

Alpaka
(*Lama guanacoe pacos*)

Guanako
(*Lama guanacoe*)

◀▲ Die Lebensräume des Guanako, ebenso wie seiner beiden domestizierten Unterarten, sind aride und semiaride Gebiete sowohl im Tiefland wie hoch im Gebirge. Die beiden domestizierten Abkömmlinge des Guanako sind das Alpaka, das wegen seiner wertvollen Wolle gezüchtet wurde, und das größere Lama, das vor allem als Lasttier dient. Es ist imstande, Lasten von über 50 kg täglich mehr als 25 km über schwierige Gebirgspfade zu transportieren.

▼ Lamas unterscheiden sich von den echten Kamelen durch ihre geringere Größe und das Fehlen der Höcker. Ihr Kopf ist ziemlich klein, die Augen dagegen sind groß, die Ohren groß und spitz und die Lippen sind viel besser entwickelt als bei den Kamelen.

OKAPI

(OKAPIA JOHNSTONI)

Ordnung Artiodactyla
Familie Giraffidae
Größe Länge etwa 200 cm; Höhe 150-170 cm
Gewicht 250 kg
Zahnformel $\frac{0.0.3.3}{3.1.3.3} = 32$
Tragzeit 14 1/2-15 Monate
Anzahl der Jungtiere 1

Das Okapi ist ein ziemlich großer Paarhufer mit langen Beinen und langem Hals, dessen Rumpf deutlich nach hinten abfällt. Eigentlich ist es nichts anderes als eine sehr ursprüngliche Giraffe. Das Fell ist einfarbig dunkelbraun, doch sind die Vorder- und Hinterbeine weiß, jedoch dunkel geringelt. Das Okapi kommt nur in einem ziemlich beschränkten, etwa 40.000 km² großen Regenwaldgebiet in Zaire vor, das vom Ituri, Uele und Kongo begrenzt wird. Es ernährt sich hauptsächlich von Blättern solcher Bäume, die von anderen Tieren normalerweise gemieden werden, zum Beispiel von Euphorbien.

Wie fast alle waldbewohnenden Säugetiere ist das Okapi ein Einzelgänger oder lebt paarweise (während der Paarungszeit Männchen und Weibchen, sonst Mutter und Kind). Wahrscheinlich trennen sich nach der Paarung Männchen und Weibchen und leben einzeln. Die lange Tragzeit dauert über ein Jahr, doch ist unbekannt, welchen Vorteil das bringt. Ein neugeborenes Okapi wiegt etwa 20 kg und hat eine Schulterhöhe von 80 cm. Anscheinend hält sich die Mutter zunächst in einiger Entfernung von ihrem Jungen auf; die Stillzeit ist verlängert und es dauert fast zwei Monate, bis das Jungtier auch pflanzliche Kost zu sich nimmt. Erst im Alter von 9 Monaten beginnt die Entwöhnung.

Okapis bekämpfen sich durch Schläge mit der Schulter oder mit dem Hals, und an den Stellen, an denen sie miteinander in Kontakt kommen, ist die Haut verdickt. Beim Drohen halten sie den Kopf gesenkt und den Hals ausgestreckt, aber etwas gebogen. Diese Haltung ist das genaue Gegenteil der Überlegenheitshaltung. Das Okapi stößt seinen Gegner nicht direkt mit dem Kopf, sondern versucht zunächst, mit ihm in Kontakt zu kommen und den Kopf beispielsweise unter den Hals des Gegners zu schieben und ihn dann plötzlich hochzuwerfen.

▲▶ Das Okapi (*Okapia johnstoni*) gleicht seinem primitiven Vorfahren *Palaeotragus* sehr und ist eigenlich nichts anderes als ein lebendes Fossil. Es wurde erst gegen Ende des 19ten Jahrhunderts entdeckt und manche Details aus seiner Lebensweise sind heutzutage noch unbekannt. Die weißen Streifen an seinen Beinen ergeben eine vorzügliche Tarntracht, denn sie lösen die Körperumrisse im Inneren des Waldes auf, das nur durch einzelne, das Blätterdach durchdringende Sonnestrahlen erhellt wird. Das Okapi ernährt sich hauptsächlich von den Blättern solcher Pflanzen, die normalerweise von anderen blattfressenden Tieren verschmäht werden, zum Beispiel Euphorbien. Der erste Bericht über seine Existenz findet sich in den Reisebeschreibungen des englischen Forschers Henry Stanley. Er berichtete, daß nach den lokalen Überlieferungen im Inneren der undurchdringlichen Wälder des Kongobeckens ein pferdeähnliches Tier lebe. Auf Veranlassung des britischen Gouverneurs von Uganda wurde 1899 eine Expedition entsandt, die herausfinden sollte, was an diesen Geschichten Wahres sei. Der erste Versuch, das Tier zu klassifizieren (dem allerdings nur ein Hautstück zugrundelag), kam zu dem irrigen Ergebnis, das Okapi gehöre zu den Pferden. Doch wurde dieser Irrtum bald berichtigt, als nämlich im Jahre 1901 ein Schädel und ein vollständiges Fell nach Europa gelangten. Die Art zeigt in Wirklichkeit große Übereinstimmungen mit gewissen ursprünglichen, bereits ausgestorbenen Giraffen und wurde daher in eine eigene Unterfamilie eingereiht. Die Entdeckung des Okapis, übrigens einer der letzten entdeckten Großsäuger, war sensationell und die Art geriet in Gefahr, ausgerottet zu werden, bevor sie richtig bekannt war, weil jeder Zoo Exemplare haben wollte. Obwohl das Okapi ziemlich selten ist, garantiert ihm die Tatsache, daß es einen fast unzugänglichen Lebensraum bewohnt, wohl das Überleben.

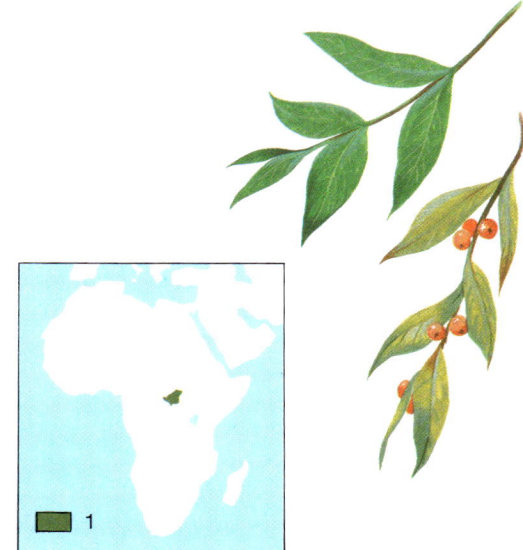

▶ Das Okapi bewohnt nur ein ziemlich kleines Gebiet in Zaire. Sein Lebensraum ist der dichte Tropische Regenwald. Man schätzt, daß auf einer Fläche von ungefähr 40.000 km² etwa 10.000 Okapis leben.

GIRAFFE
(GIRAFFA CAMELOPARDALIS)

Ordnung Artiodactyla
Familie Giraffidae
Größe Schulterhöhe ungefähr 3 m; Gesamthöhe 4,5-5,8 m
Gewicht 500-750 kg
Zahnformel $\frac{0.0.3.3}{3.1.3.3} = 32$
Fortpflanzungszeit Ganzjährig
Tragzeit 14-15 1/2 Monate (ungefähr 450 Tage)
Anzahl der Jungtiere 1-2
Geschlechtsreife Nach 3 (5) Jahren Höchstalter 20-30 Jahre

Die Giraffe ist ein Tier von sehr seltsamer Gestalt. Die Schulter ist viel höher als der Rumpf und der kleine Kopf befindet sich fast in doppelter Schulterhöhe. Die Augen sind groß und ausdrucksvoll, doch die Ohren sind nur klein, kurz und zugespitzt. Der Kopf ist mit 2-5 kleinen, nur wenige Zentimeter langen Hörnern bewehrt, deren Zahl je nach der Unterart variiert. Die Hörner sind rundlich, an der Spitze verdickt und mit Haut bedeckt. Die Zunge ist sehr lang und mißt bis 40 cm. Früher war die Giraffe über alle für sie geeigneten Zonen Afrikas verbreitet, mit Ausnahme der trockensten Gebiete der Zentralsahara, der feuchten Tropischen Regenwälder und der Hochgebirge. Heutzutage ist das Verbreitungsgebiet der Giraffe jedoch sehr geschrumpft, im Westen des Kontinents zersplittert und nur noch im zentralen Teil Ostafrikas einigermaßen zusammenhängend.

Die Giraffe ist ein Bewohner der Baumsavannen und Größe und Zusammensetzung ihrer Herden hängt vor allem davon ab, wie dicht der Baumbestand im Gebiet ist. Die Giraffe ist das einzige Tier, abgesehen vom Elefanten, das auch noch die höheren Wipfel der Bäume erreichen kann, und sie ernährt sich gewöhnlich von Blättern in 2-6 Meter Höhe. Mit Hilfe ihrer langen Greifzunge und der langen Oberlippe kann sie Zweige samt Blättern abreißen und verzehren. Sie bevorzugt Leguminosen als Nahrung, vor allem Akazien, deren Dornen sie durchaus nicht stören.

Giraffen sind gesellige Tiere, deren Vergesellschaftung derjenigen anderer savannenbewohnenden Paarhufer entspricht. Die Weibchen bilden zusammen mit ihren Jungen eigene Herden mit mehreren Dutzend, manchmal bis 70 Tieren. Die erwachsenen Männchen sind Einzelgänger oder leben gelegentlich mit jüngeren Männchen zusammen. Diese bil-

Netzgiraffe
(*Giraffa camelopardalis reticulata*)

den jedoch meistens eigene, nur aus Männchen bestehende Herden.

In den Herden besteht eine Art Rangordnung, die durch Hochrecken des Kopfes und Heben des Kinnes ausgedrückt wird. Treffen Rivalen aufeinander, drohen sie sich zunächst mit gesenktem Kopf, dann stellen sie sich Seite an Seite nebeneinander, schwingen ihre Hälse und schlagen schließlich, zuweilen sehr heftig, mit dem Kopf, dem Hals oder der Schulter aufeinander ein. Die kleinen, stumpfen Hörner sind nicht besonders gefährlich und die Kämpfe verlaufen meist nicht blutig, doch kann es geschehen, daß eine Giraffe am Hals getroffen die Besinnung verliert, weil ein Hauptblutgefäß getroffen wurde. Nach dem Kampf zieht sich der unterlegene Verlierer zurück und wird nicht weiter verfolgt.

In der Regel bewegt sich die Giraffe bedächtig fort, doch kann sie auch in eine Art Trab fallen, bei dem sie beide Beine einer Körperseite gleichzeitig bewegt. Beim Galopp wirkt die Giraffe jedoch ziemlich komisch, denn der lange Hals schwingt dabei wie ein Pendel vor und zurück, da er die Bewegung der langen Beine ausbalancieren muß. Die Giraffe sieht zwar aus, als bewege sie sich im Zeitlupentempo, wegen ihrer enormen Schrittlänge kann sie aber über kurze Entfernungen eine Geschwindigkeit von 50 km/h erreichen.

Wegen ihrer Größe und Wachsamkeit hat die Giraffe weniger als andere Weidetiere unter Raubtieren zu leiden. Gelegentlich greift ein Leopard eine Giraffe an, doch geschieht ein solcher Angriff mehr zufällig. Abgesehen von jungen Giraffen und kranken Tieren hat wohl nur der Löwe eine Chance gegen eine gesunde, erwachsene Giraffe. Die sicherste Abwehr für die Giraffe ist die Flucht, doch in extremen Situationen sowie gegenüber weniger gefährlichen Feinden bilden Fußtritte die beste Waffe. Und in der Tat ist der Tritt mit den sehr scharfen und harten Hufen einer Giraffe selbst für Löwen eine nicht zu unterschätzende Gefahr.

Die Fortpflanzungszeit ist jahreszeitlich nicht festgelegt und unterscheidet sich gebietsweise. Giraffen bilden keine Harems und ihre Balz wird von einer hierarchischen Rangordnung unter den Männchen bestimmt, die während des Zeitraumes vor der Paarung noch verstärkt wird. Die Tragzeit dauert sehr lange, weit über ein Jahr. Dies, sowie die Tatsache, daß Geburten nur alle zwei Jahre stattfinden, sorgt normalerweise dafür, daß die Giraffenpopulationen im Gleichgewicht bleiben.

▼ Die Giraffenzunge ist über 40 cm lang und sehr gut zum Abreißen von Blättern geeignet.

► Giraffen sind Paßgänger, die beim Laufen beide Beine einer Körperhälfte gleichzeitig bewegen.

◄ Ruhende Giraffe

◄ Giraffen fressen besonders gern die Blätter von Mimosen und Akazien samt den Dornen.

▲ Der Tiefschlaf dauert nur wenige Minuten, dabei wird der Kopf auf die Hinterbeine gestützt.

◄ Bei den Rangordnungskämpfen schlagen die Giraffen mit dem Hals aufeinander ein.

◄ Eine Giraffe beim Trinken.

▲ Der Galopp der Giraffe wirkt komisch, doch kann sie eine Geschwindigkeit von 50 km/h erreichen.

◄ Giraffen, Zebras und Antilopen grasen gemeinsam und können daher Räuber leichter erkennen.

ROTHIRSCH
(CERVUS ELAPHUS)

Ordnung Artiodactyla
Familie Cervidae
Größe Höhe 100-130 cm, Weibchen etwas kleiner
Gewicht 150-300 kg; manche Unterarten weniger als 100 kg
Zahnformel $\frac{0.1.3.3}{3.1.3.3} = 34$
Fortpflanzungszeit Mitte September bis Mitte Oktober
Tragzeit Ungefähr 8 Monate
Anzahl der Jungtiere 1
Geschlechtsreife Weibchen nach 2 (3) Jahren, Männchen nach wenigstens 5 Jahren
Höchstalter 15-20 Jahre

Der Rothirsch ist ein großer Hirsch mit langen Beinen und einem kräftigen Körper. Die Jungtiere sind bei der Geburt weiß gesprenkelt, doch nach ein paar Monaten verliert sich diese Zeichnung. Die männlichen Hirsche unterscheiden sich nicht nur in der Färbung von den weiblichen Hirschkühen. Abgesehen vom Besitz des Geweihs sind sie schwerer gebaut und nehmen nach der Geschlechtsreife eine geradezu bullenartige Gestalt an. Der Nacken ist verdickt und mit einer langen Mähne versehen, die besonders während der Paarungszeit und im Winter gut entwickelt ist. Einige Körperbereiche nehmen während der Brunftzeit eine dunklere Färbung an, und zu dieser Zeit baden die männlichen Hirsche gern im Schlamm.

Das auffälligste Merkmal der Rothirsche ist der Besitz eines Geweihs. Dieses besteht aus jährlich erneuertem, sehr schnell wachsendem Knochengewebe, das hart und später abgeworfen wird. Die Sprossen, die sich später zu den Geweihstangen weiterentwickeln, stammen aus dem Frontalknochen und werden bei den Männchen bereits in frühem Alter angelegt. Nach 14-17 Monaten ist die erste Wachstumsphase beendet und das erste einfache Geweih ist fertig. Gewöhnlich im Frühjahr wird das Geweih abgeworfen. Das erste Geweih besteht meistens nur aus einer einzigen Sprosse, doch wird es jedes Jahr größer und verzweigt sich mehr und mehr: nach zwei Jahren besteht es aus 4-6 Sprossen, nach 3 Jahren aus 8 und nach 4 Jahren kann es bereits die üblichen 12 Sprossen aufweisen.

Der Rothirsch ist in großen Teilen Europas, Asiens und Nordamerikas verbreitet und wird in Amerika als Wapiti bezeichnet. Rothirsche sind in ihren Umweltan-

◄ Die Familie Cervidae, zu der auch der Rothirsch gehört, umfaßt über 50 Arten aus Eurasien und Amerika. Es sind pflanzenfressende Huftiere, deren Größe von der eines großen Hundes bis zu der eines Pferdes reicht. Die Männchen der meisten Arten besitzen ein Geweih, das jedes Jahr abgeworfen und erneuert wird. Der abgebildete Rothirsch (*Cervus elaphus*) ist sehr kräftig gebaut. Das rauhe Fell ist im Sommer rötlichbraun, im Winter aber dunkelgrau; dann ist es auch dicker. Die Hirschkälber besitzen ein gesprenkeltes Fell. Das große, stark verzweigte Geweih ist rundlich im Querschnitt. Der Rothirsch bewohnt Laubwälder und Mischwälder, bevorzugt aber Stellen in Wassernähe. Er ist vor allem während der Abend- und Morgendämmerung aktiv. Tagsüber, vor allem im Sommer, ruht er meist im Schatten von Bäumen. Während der Brunft kämpfen die männlichen Hirsche um den Besitz der Kühe, die Harems verschiedener Größe bilden, je nach der Beschaffenheit des Lebensraumes und der Größe der Herde. Die Männchen sind polygam.

sprüchen recht wählerisch und leben bevorzugt in größeren Wäldern, aber auch in offeneren Landschaften, vor allem wenn sie Sumpfgebiete enthalten. Obwohl sie nicht besonders an das Leben im Gebirge angepaßt sind, steigen sie im Sommer zuweilen weit über die Baumgrenze hinauf und sind durchaus imstande, dem Schnee zu trotzen. Als typische Pflanzenfresser ernähren sich Rothirsche zum Beispiel von Gräsern, Früchten, Blattwerk, jungen Trieben, Zweigen und sogar Rinde.

Rothirsche sind gesellige Tiere und bilden Herden verschiedener Zusammensetzung: Nämlich Herden aus männlichen Hirschen, Familienherden und gemischte Herden. Der erste Herdentyp besteht nur aus Männchen verschiedenen Alters, gewöhnlich jedoch älteren Tieren. Auch alte Männchen fehlen meist, da sie ein Einzelgängerdasein führen. Familienherden bestehen aus mehreren Familiengruppen aus je einer Hirschkuh mit einem diesjährigen Kalb und einer vorjährigen Tochter. Die gemischten Herden sind dagegen weniger stabil, denn sie bilden sich fast nur während der Brunft- und Fortpflanzungszeit.

Im Spätfrühling verlassen die trächtigen Hirschkühe die Herde. Die Geburt findet an einem abgeschiedenen, sicheren Ort statt und die Hirschkuh duldet dabei kein anderes Weibchen in seiner Nähe. Nach ein paar Tagen, wenn das Kalb zu Kräften gekommen ist, nähern sich die Muttertiere einander wieder und es kommt zur Bildung einer Familienherde. Dies geschieht in der Regel im Spätsomer. Rothirsche sind nicht schwer zu züchten und lassen sich auch leicht domestizieren, obgleich sie, trotz einiger Versuche mit positivem Ergebnis, keinen praktischen Nutzen als Lasttiere haben. Die männlichen Hirsche können während der Brunftzeit gefährlich werden; zu anderen Zeiten sind die Hirsche aber sehr zutraulich und leben in öffentlichen Parks in engem Kontakt mit den Besuchern. In Sibirien wurden bestimmte Rothirschrassen in großen Versuchsfarmen gezüchtet, vor allem zur Gewinnung des noch im Bast befindlichen Geweihs. In Rußland und in Schottland wurden auch Zuchtversuche zur Fleischgewinnung unternommen.

Die Familie der Hirsche ist in der Alten Welt vor allem in Asien verbreitet und artenreich, kommt aber auch in der Neuen Welt vor. Eine häufige und gut bekannte asiatische Art ist der in Indien und Bangladesh weit verbreitete Axishirsch (Axis axis), dessen auffälligstes Merkmal die auch beim erwachsenen Tier vorhandene Zeichnung aus weißen Punkten ist.

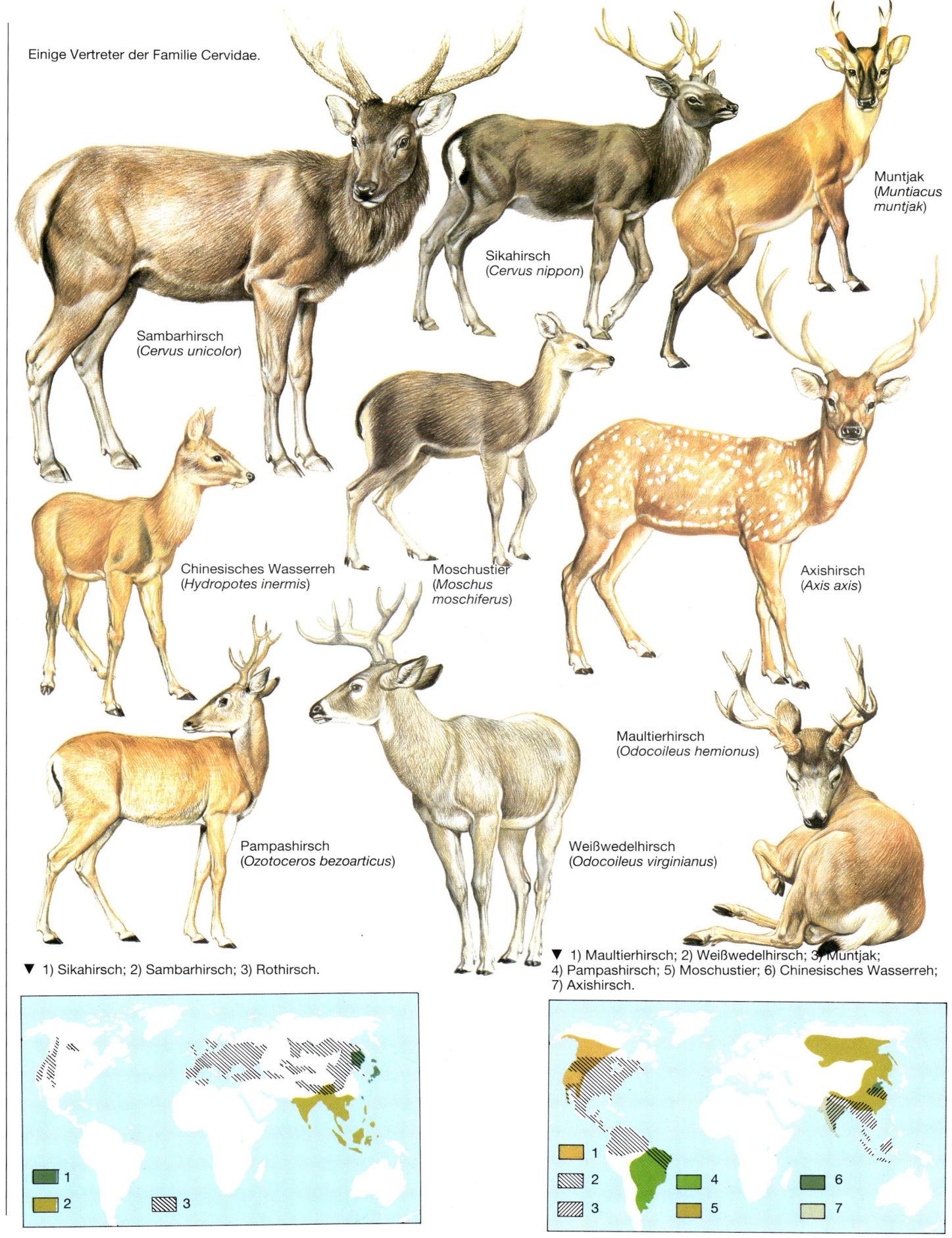

Einige Vertreter der Familie Cervidae.

Muntjak (*Muntiacus muntjak*)

Sikahirsch (*Cervus nippon*)

Sambarhirsch (*Cervus unicolor*)

Chinesisches Wasserreh (*Hydropotes inermis*)

Moschustier (*Moschus moschiferus*)

Axishirsch (*Axis axis*)

Maultierhirsch (*Odocoileus hemionus*)

Pampashirsch (*Ozotoceros bezoarticus*)

Weißwedelhirsch (*Odocoileus virginianus*)

▼ 1) Sikahirsch; 2) Sambarhirsch; 3) Rothirsch.

▼ 1) Maultierhirsch; 2) Weißwedelhirsch; 3) Muntjak; 4) Pampashirsch; 5) Moschustier; 6) Chinesisches Wasserreh; 7) Axishirsch.

RENTIER
(RANGIFER TARANDUS)

Ordnung Artiodactyla
Familie Cervidae
Größe Höhe 100-130 cm
Gewicht Sehr unterschiedlich, weil manche Rassen domestiziert worden sind. Männchen allgemein 90-270 kg, selten mehr. Die eurasischen Unterarten bleiben kleiner
Zahnformel $\frac{0.0.3.3}{3.1.3.3} = 32$
Fortpflanzungszeit Von Mitte September bis Mitte Oktober; die eurasischen Unterarten bis Ende September
Tragzeit Ungefähr 7 1/2-8 Monate
Anzahl der Jungtiere 1, gelegentlich 2
Geschlechtsreife Weibchen nach 2 Jahren, Männchen später
Höchstalter 15-20 Jahre

Das Rentier besitzt einen langgestreckten Körper und kräftige Beine. Das Fell ist dick, aber nicht wollig, und am Hals ist eine auffällig starke Mähne entwickelt. Die Beschaffenheit des Felles unterscheidet sich aber je nach Jahreszeit beträchtlich. Schnauze und Nase sind behaart; das ermöglicht es dem Rentier, auch unter der Schneedecke nach Nahrung zu suchen.

Die Hufe des Rentieres sind unverhältnismäßig groß und breit, so kann es besser über den Schnee oder durch sumpfiges Gelände laufen. Beim Gehen verursachen die Sehnen ein charakteristisches, knackendes Geräusch.

Beim Rentier tragen beide Geschlechter ein Geweih. Die basale Rose ist etwas abgeflacht und die Stangen sind langgestreckt und tragen zahlreiche Sprossen. In Nordamerika wird das Rentier meistens als Karibu bezeichnet. Das Barren Ground Karibu, das die offene Tundra bewohnt, besitzt sehr lange, schlanke Geweihstangen mit rundlichen Ästen und ziemlich kurzen Sprossen. Das Geweih des Waldkaribus ist dicker und kürzer, die Stangen sind stärker abgeflacht und sie haben eine größere Spannweite. Die Höchstlänge ist bei den amerikanischen Karibus 1,5 Meter, bei den eurasischen Rentieren aber nur etwa 1,2 Meter.

Die eurasischen Rentiere bewohnen den Norden Europas und Asiens von Skandinavien bis nach Sibirien, ihre amerikanischen Verwandten, die Karibus, in Grönland, Kanada und Alaska. Sie waren früher auch über weite Bereiche der USA verbreitet, doch leben heutzutage nur noch wenige Tiere im Norden der Staaten Idaho, Nevada und Washington.

▲ Das Rentier (*Rangifer tarandus*), in Amerika unter dem Namen Karibu bekannt, ist ein für die Arktis typisches Huftier. Ein Merkmal des Rentieres ist die Gestalt des Geweihs. Im Unterschied zu anderen Hirschen tragen beide Geschlechter ein Geweih, das an der Basis etwas abgeflacht ist, während die Stangen sehr lang und stark verzweigt sind. Das Rentier entstand während des Pleistozän in der letzten Eiszeit und besaß damals seine weiteste Verbreitung.

◄ Die Nahrung des Rentiers besteht nicht nur aus Gräsern, Blättern und Pilzen, sondern auch aus Moosen und vor allem aus Flechten.

▼ Die Hufe des Rentiers, hier im Vergleich zu den Hufen des Damhirsches, sind besonders gut an das Leben in der Arktis angepaßt, denn sie wirken wie Schneeschuhe auf schlammigem oder schneebedecktem Grund. Rentiere können auch sehr gut schwimmen.

Rentier

Damhirsch

Der typische Lebensraum des Rentiers ist die Tundra, es bewohnt aber auch die Waldgebiete südlich der Tundrazone, die auch, je nach Unterart, häufig die Winterquartiere darstellen. Die Chancen für das Rentier, im extremen arktischen Winter zu überleben, hängen von seiner Fähigkeit ab, Nahrung zu finden, sogar unter dem Schnee. Dafür kratzt es den Schnee mit seinen Hufen weg und gräbt anschließend mit den Vorderhufen weiter, um an die darunterliegenden Pflanzen zu gelangen. Eine der wichtigsten Futterpflanzen ist die Flechte *Cladonia rangiferina*, das sogenannte Rentiermoos, aber es verzehrt auch zahlreiche andere Pflanzen.

Die harten Klimabedingungen zwingen das Rentier zu langen Wanderungen über tausende Kilometer. Allerdings unterscheiden sich die zurückgelegten Entfernungen sehr je nach Art des Lebensraumes. So wandern die Rentiere auf Terra Nova in Neufundland zwar aus höheren Lagen ins Flachland, aber offensichtlich nur in einem beschränkten Gebiet.

Die längsten Wanderungen führt das Karibu der Tundra durch, das jedes Jahr drei Wanderungen unternimmt. Die Frühjahrswanderung in das Sommerquartier findet im April und Mai statt. Ende Juli kehren die Rentiere aus ihren Sommerquartieren zurück und haben Ende August bereits den Südrand der Tundra erreicht. Danach folgt eine weitere kurze Wanderung, die von der Fortpflanzungsperiode unterbrochen wird. Ist diese im späten Oktober oder November beendet, wird die Wanderung beschleunigt wiederaufgenommen und die Tiere erreichen im Dezember oder Januar wieder ihre Winterquartiere. Die südlich lebende Unterart, die vor allem die Waldgebiete besiedelt, wandert weniger, und bei manchen Populationen grenzen Sommer- und Winterquartiere fast aneinander.

In der Regel zeigen die Rentierherden keine sehr feste Struktur, so daß jedes Individuum die Herde ohne weiteres verlassen oder sich in sie eingliedern kann, ausgenommen während der Brunftzeit. Allerdings besteht eine ziemlich komplexe Rangordnung innerhalb der Herde, in der die erwachsenen Männchen den jüngeren und den sehr alten Männchen, sowie den Weibchen überlegen sind. Die Stärke des Geweihs spielt für die Rangordnung der Männchen, aber auch der Weibchen untereinander eine bedeutende Rolle. Die Weibchen sind sogar den Männchen bis zum Alter von etwa zwei Jahren überlegen. Die Rangordnung in der Herde spielt dann eine besondere Rolle, wenn etwa die Nahrung in besonders harten Wintern knapp wird.

4 Zeilen kürzen

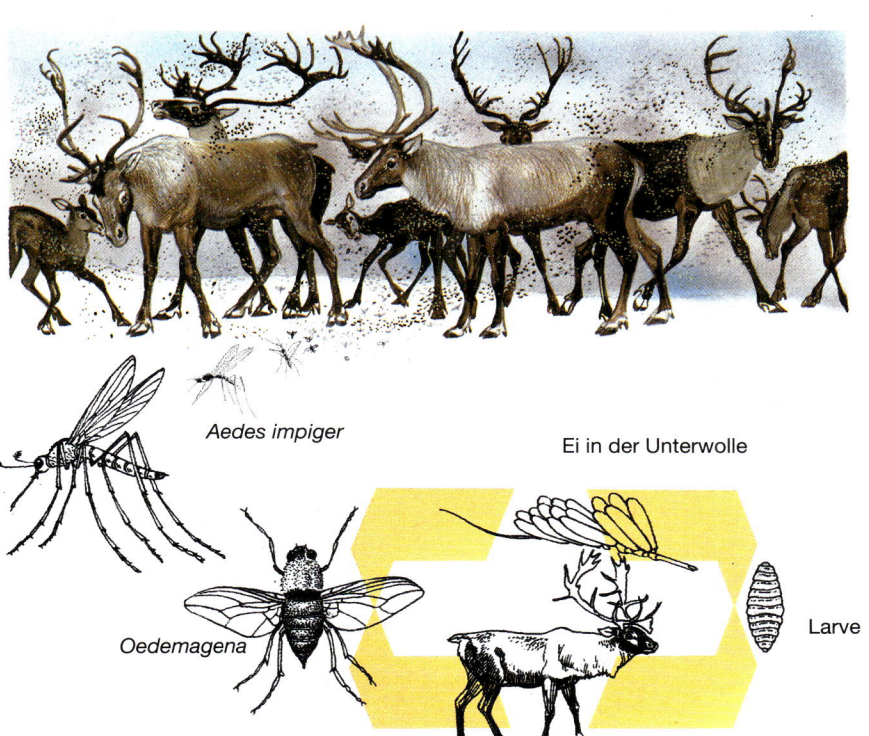

Aedes impiger

Ei in der Unterwolle

Oedemagena

Larve

▲ Fliegen und Stechmücken (*Aedes impiger*) sind schreckliche Plagegeister der Rentiere und veranlassen sie zu langen Wanderungen. Eine Fliegenart der Gattung *Oedemagena* legt ihre Eier sogar an die Haarwurzeln, von wo aus die Larven in die Haut eindringen und große Schmerzen verursachen.

▲ Bei der Frühjahrswanderung der Rentiere folgen die Männchen den Weibchen mit ihren Jungen. Die zurückgelegten Entfernungen variieren je nach der Umwelt: die Rentiere von Terra Nova in Neufundland wandern nur von höher gelegenen Gebieten ins Flachland, jedoch offensichtlich in recht engen geographischen Grenzen. Die südlichen, waldbewohnenden Rassen führen keine großen Wanderungen durch und bei manchen Unterarten (z. B. *R. t. granti*) sind Sommer- und Winterquartiere fast identisch.

▼ Sommerquartiere (1) und Winterquartiere (2) des Karibus (*R. t. groenlandicus*). In den strengsten Wintern überwintern die Rentiere noch weiter südlich (3).

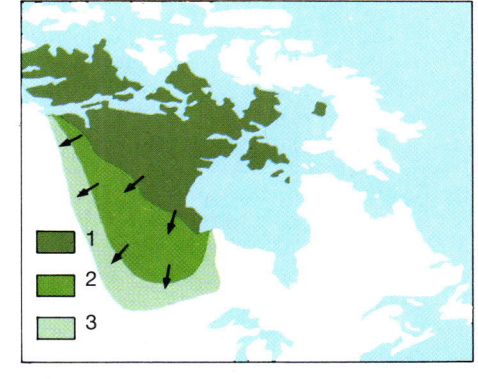

1
2
3

◄ In Europa und Asien gibt es drei Unterarten des Rentiers (*R. t. tarandus, R. t. fennicus* und *R. t. platyrhynchus*), die Norwegen, Schweden, Nordfinnland, Rußland, Sibirien und Spitzbergen bewohnen. 2) Das Nordamerikanische Karibu lebt in vier Unterarten (*R. t. groenlandicus, R. t. pearyi, R. t. granti* und *R. t. caribou*) im südwestlichen und nordwestlichen Grönland (und auf den vorgelagerten Inseln), in Alaska und Kanada. *R. t. caribou*, das ehemals in weiten Teilen der USA verbreitet war, kommt heute nur noch in geringer Zahl im Norden von Idaho, Nevada und Washington vor. Der eigentliche Lebensraum des Rentiers ist die Tundra. Seine Chancen, die härtesten arktischen Winter zu überstehen, hängen von seiner Fähigkeit ab, selbst unter der Schneedecke noch Futter zu finden. Dabei kratzen die Rentiere den Schnee mit den Füßen weg und graben anschließend mit den Vorderhufen solange, bis sie zur darunterliegenden Pflanzendecke gelangen.

1
2

GABELBOCK
(ANTILOCAPRA AMERICANA)

Ordnung Artiodactyla
Familie Antilocapridae
Größe Schulterhöhe 90-105 cm
Gewicht Ungefähr 50 kg; das Weibchen bleibt kleiner als das Männchen
Zahnformel $\frac{0.0.3.3}{3.1.3.3} = 32$
Fortpflanzungszeit Oktober
Tragzeit 7 1/2 Monate
Anzahl der Jungtiere 2 (1-3)
Geschlechtsreife Weibchen nach 2-3 Jahren, Männchen später

Äußerlich gleicht der amerikanische Gabelbock vielen afrikanischen Antilopen und Gazellen, doch ist sein Haarkleid rauh, der Hals ziemlich lang und auch der Kopf etwas verlängert. In Körperbau und Physiologie ist der Gabelbock offensichtlich ein Wiederkäuer, der bestens an das schnelle Laufen angepaßt ist. Das zeigen insbesondere der dicke Hals, das große Herz und die kräftige Muskulatur. Das Gehörn ist jedoch einzigartig. Wie alle echten Hörner besteht es aus Epidermisgewebe und ist aus zahlreichen Haaren zusammengesetzt, die durch das Protein Keratin zusammengebacken sind. Es ist aus einem Knochenzapfen aufgebaut, der von einer Hornscheide bedeckt ist. Im Normalfall werden derartige Hörner nicht abgeworfen, der Gabelbock tut dieses jedoch jedes Jahr und es wächst ihm ein neues Gehörn. Allerdings wird nur die äußere Hornscheide gewechselt, die weich ist und sich wie Gummi anfühlt. Der Gabelbock ist ein Bewohner der Neuen Welt und kommt in Nordamerika vor. Sein ehemaliges Verbreitungsgebiet erstreckte sich von Kanada bis nach Mexiko und Kalifornien und von den Rocky Mountains bis fast zum Mississippi-Missouri, doch wahlloses Abschießen im Verein mit der Umwandlung der Prärie-gebiete in Weizenfelder und Weideland brachte die Art innerhalb eines Jahrhunderts an den Rand der Ausrottung.
Der bevorzugte Lebensraum des Gabelbockes war die Prärie nebst den angrenzenden Trockengebieten, doch dringt er auch in Gebirge und felsige Gegenden ein, wenn diese offen und unbewaldet sind. Seine Nahrung besteht folglich in erster Linie aus Gräsern aller Art, darunter auch, wenn nichts anderes vorhanden ist, die härtesten und stachligen Arten der Halbwüstengebiete.
Die soziale Organisation beim Gabelbock ist ziemlich komplex und gleicht in etwa derjenigen anderer Huftiere der Steppen

Gabelbock
(Antilocapra americana)

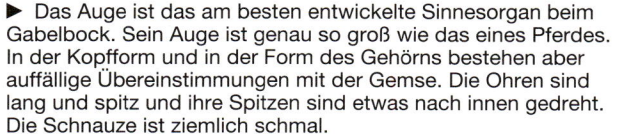

▲▶ Der Gabelbock ist ein eigenartiges Huftier, das zu einer früher weit verbreiteten Familie gehört, die aber heutzutage nur noch in einer einzigen Art überlebt hat. Sein Vorkommen ist auf Nordamerika beschränkt, und er besiedelt dort vor allem die Prärien. Seine Nahrung besteht hauptsächlich aus verschiedenen Gräsern, darunter auch sehr harte oder gar stachlige Arten. Das erleichtert sein Fortkommen in Steppen- und Halbwüstengebieten. Die soziale Organisation des Gabelbockes ist in mancherlei Hinsicht komplex. Auf den ersten Blick gleicht der Gabelbock anderen steppen- oder savannenbewohnenden Huftieren, doch spielt beim Gabelbock das Revier eine besonders wichtige Rolle für das Sozialleben. Die erwachsenen Männchen sind nur von Ende März bis Oktober, wenn die Paarungszeit endet, territorial. Das von den Männchen besetzte und verteidigte Revier ist sehr groß, wird aber von anderen Revieren durch weite Bereiche getrennt, die keinen Besitzer haben und daher "frei" sind. Das Revier wird mit den Sekreten bestimmter Duftdrüsen markiert, doch ist die bloße Anwesenheit des Männchens bereits ein Zeichen dafür, daß das Revier besetzt ist.

▶ Das Auge ist das am besten entwickelte Sinnesorgan beim Gabelbock. Sein Auge ist genau so groß wie das eines Pferdes. In der Kopfform und in der Form des Gehörns bestehen aber auffällige Übereinstimmungen mit der Gemse. Die Ohren sind lang und spitz und ihre Spitzen sind etwas nach innen gedreht. Die Schnauze ist ziemlich schmal.

und Savannen. Im Frühjahr leben die Tiere in verstreuten Gruppen, die zur Zeit der Geburt der Jungtiere zahlenmäßig abnehmen. Die erwachsenen Männchen leben gesondert in individuell abgegrenzten Revieren, die sie auch verteidigen. Das Territorium spielt im Sozialleben des Gabelbockes eine sehr wichtige Rolle. Die erwachsenen Männchen sind nicht das ganze Jahr hindurch territorial, denn damit würde die Herdenbildung im Winter unmöglich, sondern lediglich von Ende März bis in den Oktober, wenn die Fortpflanzungszeit endet. Das Revier, das sie verteidigen, ist recht groß und beträgt zwischen 15 und 100 Hektar. Die Reviere grenzen nicht aneinander, sondern werden von breiten Zonen getrennt, die keinem Männchen gehören und daher "frei" sind.

Die Reviere werden durch den Duft aus bestimmten Drüsen markiert, oder aber visuell, dadurch daß das Vorhandensein eines Männchens an sich schon ein Signal dafür darstellt, daß das Revier besetzt ist. Dringt ein Männchen in ein fremdes Revier ein, zeigt der Besitzer sein Mißvergnügen durch schnaubende Geräusche, die nur durch Atempausen unterbrochen werden. Ist der Eindringling ein erwachsenes Männchen und kehrt er nicht sofort um, beginnt eine Abfolge verschiedener Abwehrhandlungen. Der Revierbesitzer nähert sich, stellt sich dem Rivalen in den Weg und führt eine Abfolge von rhythmischen Bewegungen aus, die der Brunftparade ähnlich sind. Der Kopf wird dabei in die Richtung des Eindringlings und etwas nach unten gehalten und die Ohren werden zurückgelegt. Durch Drehen des Kopfes weist der Gabelbock als Zeichen der Abwehr die weißen Flecken an Hals und Kehle vor. Direkte Kämpfe, bei denen das Gehörn benutzt wird, sind selten. In neunzehn von zwanzig Fällen reichen die oben geschilderten Abwehrhandlungen aus, um die Situation zu bereinigen. Meist zieht sich der Eindringling zurück und, ist es ein junges Tier, rennt schleunigst davon. Natürlich spielt das Revier während der Paarungszeit eine besonders wichtige Rolle, denn fast nur die revierbesitzenden Männchen haben die Chance, sich zu paaren. Betritt ein Weibchen ein Revier eines Männchens, nähert sich dieses, schwingt dabei seinen Kopf hin und her, stößt Laute verschiedener Intensität aus (Grollen, Gurgeln und lautes Atemholen), öffnet und schließt das Maul halb und züngelt vor und zurück. Bei steigender Erregung stößt es außerdem den stark duftenden Atem aus und richtet seine Lendendrüse so weit auf, daß sie sich deutlich vom Rumpf abhebt.

► Das Gehörn des Gabelbockes wird jedes Jahr abgeworfen und erneuert, obgleich es aus echtem Horn besteht.

▲ Gabelböcke können ausgezeichnet laufen und eine Dauergeschwindigkeit von 50 km/h erreichen.

▲ Der weiße Fleck am Steiß des Gabelbocks ist ein vorzügliches Signal, das bei Erregung vorgezeigt wird.

► Das Jungtier ist sehr gut getarnt und folgt der Mutter erst geraume Zeit nach der Geburt.

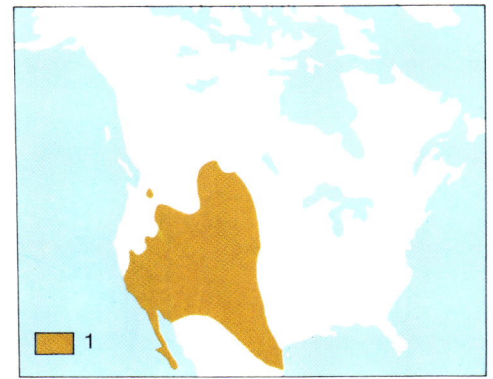

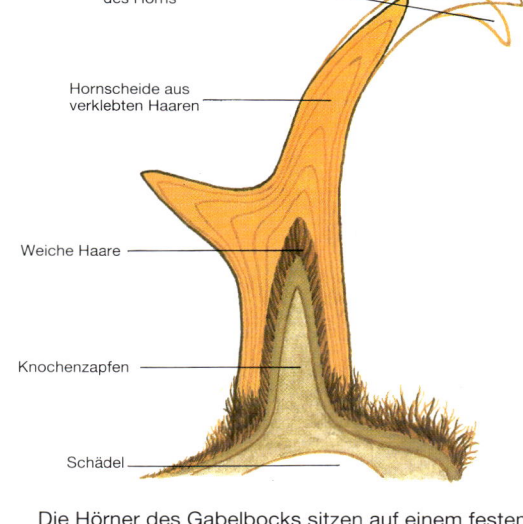

Wachstumsgrenze des Horns

Hornscheide aus verklebten Haaren

Weiche Haare

Knochenzapfen

Schädel

Die Hörner des Gabelbocks sitzen auf einem festen Knochenzapfen. Sie sind etwa 25 cm lang und nur wenig verzweigt und enden in einem kleineren, nach vorn gerichteten Ast und einer größeren nach oben gerichteten Spitze. Jedes Horn besteht aus einem inneren, knöchernen Zapfen und einer Scheide aus Epidermisgewebe, die aus zahlreichen, durch das Protein Keratin zusammengebackenen Haaren besteht. Diese Scheide wird jedes Jahr in der gleichen Weise wie das gesamte Geweih eines Hirsches abgeworfen und erneuert.

► Zu den ausgestorbenen Angehörigen der Familie Antilocapridae gehörten *Osbornoceros osborni* (oben) und *Ilingoceros alexandrae* (unten).

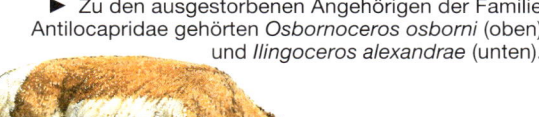

▲ Der Gabelbock ist ein sehr neugieriges Tier.

◄ 1) Fünf Unterarten des Gabelbocks (*Antilocapra americana*) sind bekannt: *A. a. peninsularis*, *A. a. americana* (die Unterart mit der weitesten Verbreitung), *A. a. sonoriensis*, *A. a. oregona* und *A. a. mexicana*. Sie sind diskontinuierlich über Teile Nordamerikas verbreitet. Heutzutage beträgt die Gesamtpopulation des Gabelbocks weniger als eine halbe Million, das ist sehr niedrig gemessen an vergangenen Zeiten, als die Art kontinuierlich von Kanada bis nach Mexiko und Kalifornien verbreitet war und wahrscheinlich an die 40 Millionen Exemplare umfaßte. Wahlloses Abschießen brachte die Art an den Rand des Aussterbens und nur auf Grund der Bemühungen einiger Naturschützer konnte der Gabelbock wieder auf den heutigen Stand gebracht werden.

WASSERBÜFFEL ODER ARNI
(BUBALUS ARNEE)

Ordnung Artiodactyla
Familie Bovidae
Größe Schulterhöhe 150-180 cm
Gewicht Im Mittel 750-850 kg, manchmal bis 1 Tonne
Zahnformel $\frac{0.0.3.3}{3.1.3.3} = 32$
Fortpflanzungszeit Gebietsweise unterschiedlich
Tragzeit 300-340 Tage
Anzahl der Jungtiere 1
Höchstalter Ungefähr 25 Jahre

Der Wasserbüffel ist ein mächtiges Tier mit großer Schulterhöhe und einer leicht konkaven Rückenlinie, die bei den domestizierten Formen noch deutlicher ist. Der kurze Hals ist vorn mit Hautfalten versehen, eine eigentliche Wamme fehlt ihm aber. Der große Kopf ist rundlich, die kräftigen Beine und der Schwanz sind ziemlich lang. Die Hufe sind sehr breit und verleihen dem Wasserbüffel guten Halt auf weichem Schlammboden.
Das Fell des Wasserbüffels ist dunkelgrau, schiefergrau oder schwarz, bei manchen Unterarten aber auch braun. Die Haare sind dünn und borstig und lassen daher an vielen Stellen die nackte Haut durchscheinen. Domestizierte Wasserbüffel können sogar hell gefärbt oder gefleckt sein, doch sind derartige Farbvarianten recht selten. Die Hörner sind sehr groß und sichelförmig und an der Basis dreieckig. Sie stehen fast horizontal und nur die Spitzen sind nach oben gerichtet. Sie können bis 120 cm lang werden.
Der Wasserbüffel war ursprünglich im gesamten Gebiet zwischen Indien und Indochina verbreitet, sowie auf zahlreichen Inseln dieser Region. Früher gab es Wasserbüffel auch in Mesopotamien, Nordafrika und Ägypten und selbst in Europa. Doch starben in diesen Ländern die Wildbüffel vor längerer Zeit aus und nur die domestizierten Büffel wurden wieder eingeführt. Heute kommt der wilde Arni nur noch in einigen streng geschützen Gebieten vor, meist in Nationalparks oder Wildreservaten. Er bevorzugt sehr feuchte Lebensräume und liebt es, den größten Teil des Tages im Wasser zu liegen. Wasserbüffel kommen in der Nähe von Flüssen, in Sumpfgebieten, feuchten Niederungen und feuchtem Waldland vor, und an Salzwasserlagunen in der Nähe der Küste. Sie ernähren sich vorwiegend von Gräsern, Wasserpflanzen.

▲ Die Wildform des Wasserbüffels (*Bubalus arnee*) ist nicht gut erforscht, sie lebt in sumpfigen Gebieten mit dichten Schilfbeständen oder sonstigem Unterwuchs. Von allen Rindern ist der Wasserbüffel am meisten auf das Wasser angewiesen. Er ist ein recht friedliches Tier (und wurde daher bereits früh domestiziert), kann aber gereizt durchaus gefährlich werden.

Anoa   Tamarau   Wasserbüffel oder Arni

◄ Die nächsten, aber ursprünglicheren Verwandten des Wasserbüffels oder Arni sind der Anoa (*Bubalus depressicornis*) und der Tamaran (*Bubalus arnee mindorensis*). Alle drei Arten besitzen einen weißen Ring an der Unterseite des Halses.

Die soziale Organisation ist auf Herden von 10 bis über 20 Tieren gegründet, die sich vor allem aus Jungtieren beider Geschlechter, neugeborenen Kälbern und Kühen zusammensetzen. Auch erwachsene Bullen leben mitunter in der Herde, doch ziehen sie es vor, allein zu leben, vor allem, wenn sie älter sind.

Die Fortpflanzung ist nicht jahreszeitlich gebunden, abgesehen von den Populationen am nördlichsten Rand des Verbreitungsgebietes. Bei ihnen findet die Paarung im Herbst statt und die Kälber werden nach einer Tragzeit von etwa 10 Monaten zu Beginn des Sommers geboren. Die Geburt findet in der Nähe der Herde statt und schon nach kurzer Zeit kann das Kalb seine Mutter begleiten. Wasserbüffel verbringen den größten Teil des Tages im Wasser oder im Schlamm. Bei Gefahr sucht der Wasserbüffel nicht im Wasser Schutz, sondern schlägt einen weiten Bogen durch die Sumpfvegetation und verhält dann, um die Art der Bedrohung zu erkunden. Diese wird fast nur durch einen Tiger hervorgerufen oder, noch häufiger, durch den Menschen. Der Tiger ist sicher in der Lage, Jungtiere anzugreifen und zu überwältigen, die sich von der Herde entfernt haben, aber er kann es keinesfalls mit der ganzen Herde aufnehmen. Es scheint außerdem, daß die Wasserbüffel allein schon vom Geruch des Tigers gereizt werden und ihn ihrerseits verfolgen.

Mit dem Wasserbüffel ist der Anoa (*Bubalus depressicornis*) verwandt, den man für die ursprünglichste Rinderart hält. Im Aussehen gleicht er mehr einer Antilope als einem echten Rind. Verglichen mit dem Wasserbüffel ist er ein Zwerg, denn er erreicht nur eine Schulterhöhe von 60-90 cm und wiegt 150-300 kg. Seine Färbung ist graubraun und schwach weiß gestreift und nur ein deutlicher weißer Streif zieht sich um die Unterseite des Halses herum. Der Anoa besitzt zwei Unterarten. *B. d. fergusoni* bewohnt die Bergländer von Celebes, während *B. d. depressicornis* im Flachland lebt. Der Anoa bewohnt sumpfiges oder zumindest feuchtes Waldland und Gebiete mit dichtem Unterwuchs, doch sind seine natürlichen Lebensräume durch die Kultivierung zerstört worden. Der Anoa ist kein Herdentier, sondern ein extremer Einzelgänger, der höchstens paarweise auftritt. Er ist dermaßen ungesellig, daß bei der Zoohaltung der Bulle von den anderen Tieren getrennt werden muß. Wie alle Arten der Gattung *Bubalus* ist der Anoa sehr aggressiv und greift ohne zu zögern an, wenn er verwundet ist. Sonst ist er aber ruhig und bedächtig in seinen Bewegungen wie die meisten Rinder.

▲ Tiger oder Leoparden können nur sehr junge oder kranke Büffel erfolgreich angreifen.

▼ Das Baden im Wasser oder Schlamm ist eine gute Methode, um lästige Parasiten loszuwerden.

▼ Wasserbüffel wurden bereits vor 5.000 Jahren domestiziert. Die Hörner der Hausbüffel sind kürzer und flacher. Es gibt viele Formen mit unterschiedlicher Fellfärbung.

Antilopen

Anoa

Wasserbüffel

Eotragus

▲ ▼ Der Anoa (*Bubalus depressicornis*) ist vermutlich die ursprünglichste Rinderart und steht in seiner Morphologie fast in der Mitte zwischen den Rindern und Antilopen. Er ist ein Einzelgänger und kommt nur auf Celebes vor. Der sehr ähnliche Tamarau wird von den verschiedenen Autoren entweder als Unterart des Anoa angesehen, oder als Rasse des Wasserbüffels.

◄ Geographische Verbreitung des: 1) Wasserbüffels (*Bubalus arnee*); 2) Anoa (*Bubalus depressicornis*). Der Wasserbüffel kommt in Indien und Südostasien vor. Die Wildform bewohnt feuchte Dschungel und sumpfige Täler in der Nähe von Flüssen und Sumpfgebieten, seltener Regenwälder mit dichtem Unterwuchs. Nach Meinung einiger Autoren ist der Wasserbüffel die Stammform verschiedener domestizierter Formen, die selbst nach Europa eingeführt worden sind. Der Anoa dagegen kommt nur auf Celebes vor und ist die kleinste und ursprünglichste Art unter allen lebenden Rinderarten. Er wird daher auch als Zwergbüffel bezeichnet.

1

2

KAFFERNBÜFFEL
(SYNCERUS CAFFER)

Ordnung Artiodactyla
Familie Bovidae
Größe Die Schulterhöhe unterscheidet
sich bei den verschiedenen Unterarten:
sie beträgt bei *Syncerus caffer nanus* 1,1-
1,4 m, bei *Syncerus caffer caffer* 1,8 m
Gewicht 350 kg bei *S. c. nanus*,
900 kg bei *S. c. caffer*
Zahnformel $\frac{0.0.3.3}{3.1.3.3} = 32$
Fortpflanzungszeit Abhängig von
der Regenzeit
Tragzeit 10-11 Monate
Anzahl der Jungtiere 1
Geschlechtsreife Weibchen nach 2-3
Jahren; Männchen später
Höchstalter Ungefähr 20 Jahre

Der Kaffernbüffel (*Syncerus caffer*) ist
ein außerordentlich starkes, mächtiges
Tier mit sehr muskulösen Beinen, einem
kurzen Hals und einem breiten, mächtigen Kopf. Die Hörner sind an der Basis
sehr dick und schwer, sie sind zunächst
nach unten gebogen, dann nach außen
und oben. Sie werden über 1 Meter lang
und besitzen eine noch größere Spannweite. Der Schwanz ist ziemlich lang. Die
Kühe sind kleiner als die Bullen und haben kleinere Hörner.
Die Unterart *caffer*, der normale steppenbewohnende Kaffernbüffel, ist dunkelbraun bis fast schwarz gefärbt, doch
sind die Kälber etwas heller und braun
bis rotbraun. Die Unterart *nanus*, der
waldbewohnende Rotbüffel, ist kleiner
und unterscheidet sich vor allem in der
Form seines Kopfes und seiner Hörner.
Diese sind nämlich an der Basis deutlich
getrennt und viel kleiner (bis 75 cm lang).
Sie sind niemals nach unten gebogen,
dafür mehr nach rückwärts, auswärts und
nach oben. Beim Rotbüffel sind daher die
Ohren niemals zum Teil von den Hörnern
verdeckt und sie wirken außerdem größer,
denn sie tragen einen langen Haarsaum.
Das Fell ist überwiegend rotbraun und
nur an der Schulter etwas dunkler.
Der Kaffernbüffel ist über ganz Afrika
südlich der Sahara verbreitet, fehlt aber
im Kapland. Er ernährt sich überwiegend
von Gräsern und Knollen. Normalerweise frißt er keine Blätter oder Zweige, ausgenommen in dichten Wäldern, wo er
auch Knospen, Triebe und Blätter verzehrt. Der Kaffernbüffel kann mit unterschiedlichsten Lebensräumen auskommen. Das Vorhandensein von Wasser ist
allerdings immer wichtig, vor allem während der Trockenzeit. Weil der Kaffern-

Der afrikanische Kaffernbüffel (*Syncerus
caffer*) wird als eines der gefährlichsten Tiere
in Afrika angesehen. Allerdings ist er nur
aggressiv, wenn er ernsthaft gereizt oder gar
verwundet ist. In derartigen Fällen kann es zu
für den Jäger tödlichen Angriffen kommen.
Der Kaffernbüffel tritt in zwei Unterarten auf:
dem Steppenbüffel und dem Waldbüffel.
Der erstere ist größer und dunkelbraun bis
fast schwarz.

büffel jeden Tag trinken muß, ist Wasser ein limitierender Faktor. Kaffernbüffel sind überwiegend nachtaktiv, außer in Gegenden, wo sie nicht gestört werden. Im allgemeinen ziehen sie sich während der heißesten Stunden ins Dickicht zurück, vorzugsweise in Wassernähe. In der Dämmerung kommen sie heraus und grasen fast die ganze Nacht über.

Die soziale Organisation hängt von der Art des Lebensraumes ab. Die großen, schwarzen Kaffernbüffel der Savannen bilden sehr große Herden mit in der Regel mehr als 50 Tieren. Die größten Herden bestehen aus Kühen mit ihren Kälbern bis zum Alter von etwa zwei Jahren. Die erwachsenen Bullen leben meistens (zu etwa 80 %) ebenfalls in diesen Herden, seltener bilden sie eigene, kleinere Herden von 3 bis 20 Individuen. Erst im Alter von 10 Jahren verlassen die Bullen die Herde und kommen nur noch gelegentlich zu ihr zurück.

Die Fortpflanzungszeit ist von Ort zu Ort unterschiedlich. Zu dieser Zeit treffen die älteren Bullen wieder bei der Herde ein und versuchen, ihren Rang wiederzugewinnen, was nicht immer von den jüngeren Bullen geduldet wird. Dann gibt es entweder ritualisierte, oder aber sehr heftige Kämpfe, wobei die Gegner sich mit voller Wucht mit den Köpfen rammen, allerdings ohne einander ernstlich zu verletzen. Die Tragzeit dauert etwa 300-330 (selten sogar 345) Tage und es wird nur ein einziges Kalb geboren. Die Abfolge der Geburten bestimmt daher den jährlichen Lebenszyklus der Kaffernbüffel.

Angesichts ihrer Größe und Kraft besitzen Kaffernbüffel kaum ernstliche Feinde. Der einzige Gegner, der in Frage kommt, ist der Löwe. Allerdings reißen Löwen weniger die Kälber und Jungtiere, sondern eher die älteren, einzeln lebenden Bullen, und zwar in unverhältnismäßig großer Anzahl, gemessen am Prozentsatz solcher Tiere in der Gesamtpopulation. Dies beweist, daß die Herde einen hervorragenden Schutz gegen Feinde bietet. Gelegentlich fallen Kaffernbüffel auch Krokodilen zum Opfer, wenn sie Flüsse durchschwimmen, und - allerdings noch seltener – auch Leoparden. Andererseits wurde beobachtet, daß sich Kaffernbüffel sehr erfolgreich gegen Löwen zur Wehr setzten. Ein verletzter Kaffernbüffel ist äußerst gefährlich, wie viele Großwildjäger erfahren mußten. Werden sie in Ruhe gelassen, sind Kaffernbüffel dagegen nicht besonders aggressiv. Doch angesichts ihrer Größe und der Geschwindigkeit, die sie über kurze Entfernungen entwickeln können, sind sie sehr gefährlich, wenn man sie reizt oder ihnen zu nahe kommt.

▲ Obgleich Kaffernbüffel nicht so extrem wasserliebend sind wie die asiatischen Wasserbüffel, verbringen sie ebenfalls viel Zeit im Wasser oder nehmen Schlammbäder. Dadurch befreien sie sich nicht nur von lästigen Hautparasiten, sondern kühlen sich auch ab, denn der trockene Schlamm bildet einen ausgezeichneten Wärmeschutz.

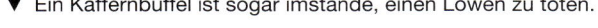

▼ Ein Kaffernbüffel ist sogar imstande, einen Löwen zu töten.

▲ Der kleine Waldbüffel (*Syncerus caffer nanus*), wegen seiner rötlichen Fellfärbung auch als Rotbüffel bezeichnet, ist kleiner als die steppenbewohnende Form und besitzt kürzere Hörner. Früher wurde er nicht als Unterart von *Syncerus caffer*, sondern als eigene Art angesehen.

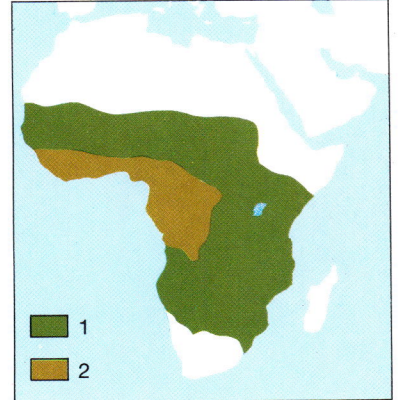

◄ Geographische Verbreitung des: 1) echten Kaffernbüffels (*Syncerus caffer caffer*); 2) Rotbüffels (*Syncerus caffer nanus*). Kaffernbüffel kommen in ganz Afrika südlich der Sahara vor. Sie bewohnen Grassteppen und Savannen, aber auch sumpfige Flußmündungen. Sie kommen aber auch in Tropischen Regenwäldern vor sowie in Bergländern bis in etwa 3.000 Meter Höhe. Der eigentliche Kaffernbüffel ist ein typisches Savannentier und besiedelt Ostafrika, Namibia und Angola. *Syncerus caffer nanus* bewohnt die Waldgebiete West- und Zentralafrikas. *Syncerus caffer brachyceros* schließlich wird allgemein als eine Zwischenform angesehen und ist die Unterart des Kaffernbüffels, die die nördlichen Teile des Verbreitungsgebietes der Art bewohnt, ungefähr das Gebiet vom Sudan bis zum Senegal.

GAUR
(BOS GAURUS)

Ordnung Artiodactyla
Familie Bovidae
Größe Schulterhöhe 1,65-2,1 m
Gewicht 700-1.000 kg
Zahnformel $\frac{0.0.3.3}{3.1.3.3} = 32$
Fortpflanzungszeit In der Regenzeit; im allgemeinen von November bis März (in Indien)
Tragzeit 9 Monate
Anzahl der Jungtiere 1
Geschlechtsreife Männchen nach 5 Jahren; Weibchen nach ungefähr 3 Jahren
Höchstalter 20 Jahre

Der Gaur ist ein mächtiges Rind, das wie alle Arten der Untergattung *Bibos* (Banteng, Gayal und Kouprey) durch die enorme Entwicklung der Wirbelfortsätze des dritten bis elften Rückenwirbels gekennzeichnet ist. Diese Fortsätze bilden die Ansatzpunkte für eine gewaltige Muskelmasse, die auch für den auffälligen Buckel dieser Rinder verantwortlich ist. Die Hörner sind nach oben und an der Spitze nach innen gebogen, an der Basis jedoch zunächst etwas nach unten gerichtet. Bei erwachsenen Tieren sind die Hörner matt olivgrün, sie sind oft an der Spitze abgestumpft und etwas kantig. Der Lebensraum des Gaur sind Waldländer mit dichtem Unterwuchs aus Bambus, Gebüsch und kleineren Bäumen, aber auch mit eingestreuten Lichtungen. Gaure besiedeln jedoch auch waldnah gelegene Savannen im Flachland. Im Bergland gehen sie bis in 2.000-3.000 Meter Höhe, doch ist das Vorhandensein von Wasser eine wichtige Voraussetzung für ihr Vorkommen. Früher war der Gaur in Indien und Indochina weit verbreitet. Heute ist sein Verbreitungsgebiet aus verschiedenen Gründen stark geschrumpft und ziemlich zerrissen. In Indien kommt der Gaur noch in drei verschiedenen Gebieten vor: in Südwestindien, in den zentralindischen Hochebenen und an den Südhängen des Himalaya bis nach Assam und entlang des Bramaputra-Bekkens. Weiter östlich ist sein Überleben nur in einigen Wildparks sowie Naturschutzgebieten gesichert. Der Gaur ernährt sich von Gräsern und Bambusschößlingen, Büschen und sonstigen Pflanzen im Unterholz. Im Unterschied zu anderen Wildrindern verursacht er keine Schäden in Plantagen. Gaure leben in verhältnismäßig großen Herden.
Der Gayal (*Bos gaurus frontalis*) ist untersetzter und kurzbeiniger als der Gaur

▲ Der Gaur (*Bos gaurus*) ist ein beträchtlich größeres Rind als unsere Hausrinder. Da er, vor allem früher, sehr stark bejagt wurde, und infolge von Krankheiten, mit denen er von seinen domestizierten Verwandten angesteckt wurde, ist er heutzutage vom Aussterben bedroht.

Gayal

Kouprey

◀ Gemeinsam mit dem Gaur gehören der Banteng (*Bos javanicus*), der Gayal (*Bos gaurus frontalis*) und der Kouprey (*Bos sauveli*) zur Untergattung *Bibos*, eine der drei Untergattungen, in welche die echten Rinder eingeteilt werden. Alle sind sehr kraftvolle Tiere, die nur unter besonderen Umständen von Großkatzen wie dem Tiger, seltener dem Leoparden, überwältigt werden können.

Banteng

und stellt dessen domestizierte Form dar. Er hat einen weniger auffälligen Buckel und bleibt kleiner, denn seine Schulterhöhe überschreitet kaum 1,6 Meter.

Der Banteng (*Bos javanicus*) ist ein weiteres Wildrind aus Südostasien. Er ist kleiner und leichter gebaut als der Gaur und anders gefärbt. Er erreicht eine Schulterhöhe von 1,7 Meter und ein Höchstgewicht von 900 kg. Der Buckel am Rücken ist weniger deutlich und die Wamme ist ebenfalls kleiner. Das Fell ist meistens heller gefärbt, vor allem bei einigen Lokalformen, und hat einen leuchtend weißen Fleck am Hinterteil auf. Die Lebensraumansprüche des Banteng gleichen denjenigen des Gaur, er bewohnt wie dieser Waldgebiete mit Lichtungen und lebt bis in 2.000 Meter Höhe.

Der Kouprey (*Bos sauveli*) gehört zu den am spätesten beschriebenen Säugetieren, denn es wurde erst 1935 entdeckt. Seine Herkunft ist noch unsicher und man hält ihn für ein domestiziertes Rind, das zum Leben in freier Wildbahn zurückgekehrt ist. Vermutlich geht er auf eine während der Blütezeit der Khmer domestizierte Rinderform zurück. Der Kouprey nimmt in der Größe eine Mittelstellung zwischen Gaur und Banteng ein und hat auch die gleiche Färbung. Sein auffälligstes Merkmal ist die Form seiner Hörner, die etwa wie die eines Yaks gebogen sind. Die starke Krümmung der Spitzen nach innen verhindert anscheinend das Abstreifen der juvenilen Hornscheiden, wie es bei anderen Rindern geschieht. Unglücklicherweise ist auch der Kouprey vom Aussterben bedroht. Sein Verbreitungsgebiet ist der Nordosten Kambodschas im Grenzgebiet zu Laos und Vietnam.

Der Yak (*Bos mutus*) unterscheidet sich im Aussehen sehr von den anderen Rindern, doch das beruht nur auf seinem sehr langen Fell. Der Schwanz ist lang und endet in einer großen Quaste, die Beine sind wohlentwickelt, und die breiten Hufe können sich weit spreizen. Das Fell, das besonders im Bereich der Schultern und Flanken weit herabhängt, ist an anderen Körperbereichen viel kürzer und ist schwarz oder fast schwarz gefärbt. Die Schulterhöhe kann 2 m betragen und das Gewicht 1.000 kg.

Der Yak ernährt sich von Weidegräsern, verzehrt aber auch, wenn nötig, Sumpfpflanzen, Flechten und sogar Knollen. Er kann noch unter den härtesten Klimabedingungen überleben. Er wurde seit frühesten Zeiten domestiziert und ist ein unverzichtbarer Helfer der Bevölkerung in Nepal, Tibet, Bhutan und der Inneren Mongolei.

▲ Wenn ein Tiger es wagt, Gaur- oder Gayalkälber anzugreifen, macht die ganze Herde Front gegen ihn und schlägt ihn in die Flucht.

▼ Geographische Verbreitung von: 1) Gaur; 2) Kouprey; 3) Banteng. Der Gaur ist ein gewaltiges Wildrind und typisch für die Wälder Indiens, Burmas und Indochinas bis in die Halbinsel Malakka hinein. Der Kouprey ist auf ein Gebiet im Nordosten Kambodschas im Grenzbereich zu Laos und Vietnam beschränkt und vom Aussterben bedroht. Der Banteng kommt in Burma, Java und Borneo vor und ist ebenfalls stark gefährdet. Es existieren drei Unterarten des Banteng: der Java-Banteng (*Bos javanicus javanicus*), der in Java heutzutage nur noch in wenigen Schutzgebieten (Udjon Kulon und Baluran) überlebt; der Borneo-Banteng (*Bos javanicus lowi*), der ebenfalls vom Aussterben bedroht ist und nur im Kinabalu-Nationalpark Schutz genießt; und der Burma-Banteng (*Bos javanicus birmanicus*), der in Burma und Thailand lebt und in überwiegend den gleichen Schutzgebieten vorkommt wie der Gaur. Die Wissenschaftler unterscheiden schließlich noch den Bali-Banteng, eine domestizierte Rasse, die heutzutage nur noch in der Form des Balirindes überlebt.

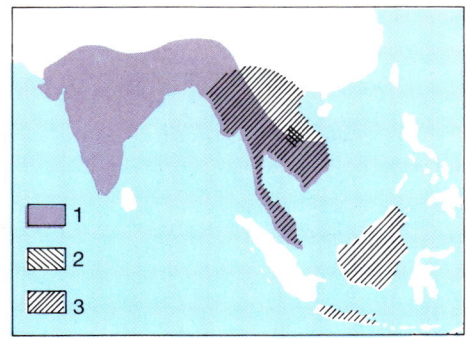

▲ Der Yak (*Bos mutus*) kann noch in Höhen bis 6.000 Metern überleben und ist das einzige Lasttier auf der Erde, das auch in dieser Höhe noch arbeitsfähig ist. Er ist bereits seit vielen Jahrhunderten domestiziert, und zwar so allgemein, daß die Wildform inzwischen fast ausgestorben ist. Der Yak ist ein sehr wichtiges Haustier, dessen dichtes und wertvolles Fell hohe Preise erzielt und daher auch zu seiner Ausrottung beigetragen hat. Die Hörner des Yaks sind mächtig entwickelt, sie werden bis 90 cm lang und haben fast die gleiche Spannweite.

▼ Der Yak ist ein Wildrind, das schon seit alters her domestiziert worden ist. Auch heutzutage ist er noch eine unersetzliche Hilfe für die Menschen in Nepal, Tibet, Bhutan und der Inneren Mongolei. Der Wildyak war früher vermutlich über das gesamte tibetanische Hochland verbreitet, doch ist sein heutiges Verbreitungsgebiet (1) recht beschränkt und er ist fast nur noch im Norden Tibets (Altyn Tag und Kuen-Lun) zu finden, wo noch wenige tausend Tiere in freier Wildbahn existieren.

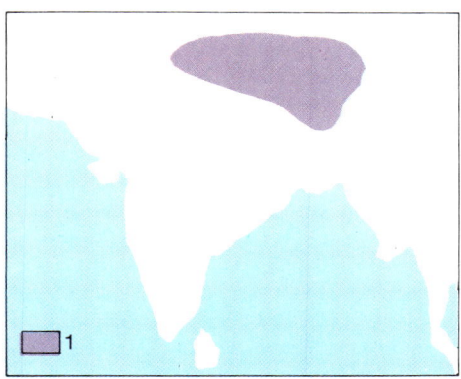

BISON
(BISON BONASUS)

Ordnung Artiodactyla
Familie Bovidae
Größe Schulterhöhe ungefähr 1,9 m
Gewicht Etwa eine Tonne
Zahnformel $\frac{0.0.3.3}{3.1.3.3} = 32$
Fortpflanzugszeit Juli bis August
Tragzeit 9 Monate
Anzahl der Jungtiere 1
Geschlechtsreife Weibchen nach 2 Jahren, Männchen viel später
Höchstalter 20-25 Jahre

Der Bison ist sicherlich das Wildrind mit der eigenartigsten Gestalt. Sein Vorderkörper ist viel größer und stärker entwickelt als der hintere Körperbereich. Die Beine sind nur mäßig lang, aber sehr kräftig. Der Kopf erscheint im Vergleich zum Körper recht klein und auch die Hörner sind nur kurz, jedenfalls kürzer als bei anderen Rindern. Das Fell ist dick und rauh und im Bereich des Kopfes und der Vorderbeine bis 50 cm lang. Der Oberkopf trägt eine Mähne, die fast die Augen verdeckt, und auch Kehle und Wamme sind mit einem lang herabhängenden Bart bedeckt. Die Vorderbeine sind mit langem Fell besetzt und sehen aus, als ob sie Hosen trügen. Der Schwanz ist kürzer als bei anderen Arten und endet in einer Quaste.

Früher, vor der Kolonisierung Nordamerikas durch die Europäer, besiedelte der Bison fast ganz Nordamerika von den Rocky Mountains bis zur Ostküste und vom Großen Sklavensee in Kanada bis nach Mexiko. Heutzutage ist der Bison wieder in verschiedenen Nationalparks der USA und Kanadas zu finden, nachdem er fast ausgerottet worden war und sich erst langsam wieder vermehrt hat.

Der Präriebison ernährt sich großenteils von Gräsern und ähnlichen Pflanzen; der Waldbison dagegen frißt Blätter, Knospen, junge Triebe, dünne Zweige und Rinde, und in Zeiten des Nahrungsmangels auch Moose und Flechten. Wasser ist für den Bison wichtig, doch kann er im Winter mit Schnee auskommen.

Die soziale Organisation gleicht derjenigen anderer Wildrinder oder solcher Huftiere, die Steppen und Savannen bewohnen. Die Bullen sind oft Einzelgänger oder leben in kleineren Herden zusammen, die nur aus Bullen bestehen, halten sich aber nicht weit von der Herde der Weibchen entfernt auf. Die Kühe leben in großen Herden, zusammen mit ihren Kälbern und den noch nicht geschlechts-

▲ Der europäische Wisent und der amerikanische Bison (Bild) sind die einzigen nah verwandten Wildrinder, die heutzutage auf zwei verschiedenen Kontinenten vorkommen. Beide standen durch menschliche Einwirkungen, vor allem die unbeschränkte Jagd, kurz vor ihrer endgültigen Ausrottung, doch sind sie glücklicherweise heute beide streng geschützt. Der amerikanische Bison bewohnt sowohl Wälder wie die Prärie, während die europäische Art ein ausgesprochener Waldbewohner ist.

◄ Während der Eroberung des Wilden Westens war die Bisonjagd, selbst vom Zug aus, ein Sport, der fast zu ihrer Ausrottung führte. Die Jagd wurde aber auch betrieben, um die Indianer von ihrer wichtigsten Nahrungsquelle abzuschneiden.

reifen Jungbullen. Die Größe der Herden hängt vom jeweiligen Gebiet ab: große Herde können durchaus mehr als 100 Tiere umfassen. Anscheinend sind die Herden keine geschlossene Gemeinschaften, wie das beim afrikanischen Kaffernbüffel der Fall ist. Die einzigen wirklich engen Bindungen sind offenbar diejenigen zwischen den Mitgliedern der jeweiligen Familien. Die individuellen Beziehungen der Bisons untereinander gehorchen einer Rangordnung. Im allgemeinen sind die geschlechtsreifen Bullen allen anderen Tieren überlegen, doch gibt es auch eine Rangordnung unter den Kühen, die sich oft nach dem Besitz eines Kalbes richtet. In diesem Fall ändert sich die Stellung in der Rangordnung, wenn das Kalb heranwächst und selbständig wird.

Die größten Herden bilden sich während der Fortpflanzungszeit. Dann werden die Bullen sehr aggressiv und beginnen heftige Kämpfe, wobei sie ihre Gegner oft verwunden. Die gleichen Bullen können im Zeitraum von einer halben Stunde Kämpfe mit mehreren anderen Bullen ausfechten. Beim Kampf stoßen Bullen mit den Köpfen gegeneinander, doch ihre massiven Schädel und das dicke Fell schützen sie meist vor ernsthaften Verletzungen. Die Hörner werden dagegen weniger häufig eingesetzt.

Der europäische Wisent (*Bison bonasus*) hatte eine sogar noch dramatischere Geschichte als sein amerikanischer Vetter. Im Vergleich zum Bison ist der Wisent an der Schulter etwas höher (etwa 2 m), wiegt aber etwa gleich viel (Bullen ungefähr eine Tonne). Er ist etwas leichter gebaut, weniger dicht behaart und besitzt längere Hörner, kurz er gleicht typischen Rindern mehr als der Bison.

Bereits zu Beginn des neunzehnten Jahrhunderts war der europäische Wisent sehr selten und nur noch wenige Exemplare, vielleicht 300-500, lebten im Urwaldgebiet von Bialowieska in Polen. In vorgeschichtlicher Zeit bevölkerte er dagegen alle Waldgebiete Europas. Heutzutage beträgt die Gesamtzahl aller Wisente zusammengenommen wieder etwa tausend Tiere. Ihr Lebensraum ist sicherlich der Wald im Flachland oder Hügelland, entweder Nadelwald oder Mischwald mit großen Lichtungen.

In vielerlei Hinsicht gleicht der europäische Wisent dem amerikanischen Bison. Sein Sozialleben stimmt mehr oder weniger mit dem des amerikanischen Waldbisons überein, doch sind beim Wisent die Herden kleiner. Die Tragzeit dauert etwa neun Monate und wie beim Bison wird nur ein einziges Kalb zur Welt gebracht.

▲ Bisons sind äußerst neugierig und sogar die Geburt eines Kalbes zieht die Aufmerksamkeit auf sich.

▲ Im Winter müssen die Bisons im Schnee graben, um Nahrung zu finden.

▲ Während der Paarungszeit kämpfen die Bullen erbittert miteinander.

Der europäische Wisent (*Bison bonasus*) ist etwas höher als der amerikanische Bison, aber auch etwas leichter gebaut. Er war als Wildtier bereits ausgestorben, konnte aber glücklicherweise in verschiedenen Zoos überleben. Alle heutigen Populationen stammen von diesen Tieren ab. Wisente ernähren sich vorzugsweise von Pappel- und Eschenblättern.

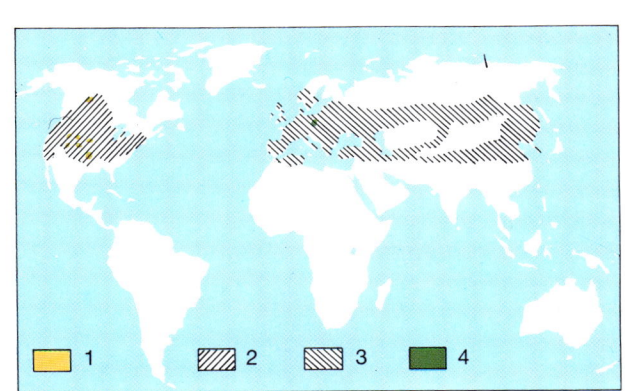

◄ Heutige Verbreitung (1) des amerikanischen Bison (*Bison bison*) und seine ursprüngliche Verbreitung.
Ursprüngliche Verbreitung (3) des europäischen Wisent (*Bison bonasus*) und seine heutige Verbreitung.
Die Eröffnung der transamerikanischen Eisenbahn (1865) war das ausschlaggebende Ereignis für das Schicksal des Bison. Im Jahre 1901 wurde die Gesellschaft der "Freunde des Bison" gegründet und auf Grund der Bemühungen eifriger Naturschützer wurde die öffentliche Meinung für den Kampf ums Überleben der Bisons gewonnen. 1907 wurde bereits ein Schutzgebiet (Wichita) eröffnet, in dem eine Bisonherde gehalten und nachgezüchtet werden konnte. Die Schutzbemühungen nahmen zu, bis zwischen 1915 und 1920 die gleichzeitigen Initiativen der Regierungen der USA und Kanadas die Schaffung mehrerer Nationalparks und Schutzgebiete ermöglichten.
Auch der europäische Wisent stand in unserem Jahrhundert, vor allem durch Kriegseinwirkungen, kurz vor dem Aussterben. Heutzutage beträgt die Anzahl der im Urwald von Bialowieska in Polen lebenden Wisente wieder etwa tausend Exemplare.

1   2   3   4

GAZELLEN

Gazellen und Antilopen bilden eine artenreiche Gruppe von mit den Rindern verwandten Paarhufern, die vor allem wegen ihrer Behendigkeit und wegen des Besitzes langer und schlanker Hörner bekannt ist. Die Mehrzahl der Arten lebt in Afrika, einige Arten kommen aber auch in Asien vor. Die etwa 12 Arten der echten Gazellen (Gattung *Gazella*) werden in drei Gruppen eingeteilt. Die Großgazellen oder Spiegelgazellen besitzen einen weißen Fleck am Hinterteil, der den Schwanzansatz umgibt und sich scharf von den dunkleren Partien der Hüften abhebt. Beide Geschlechter tragen bei ihnen Hörner.

Beim Männchen der Grantgazelle (*Gazella granti*) sind die Hörner 50-80 cm lang und leierförmig, und die Spitzen sind im allgemeinen nach vorn gerichtet. Die Hörner der Weibchen sind ähnlich gestaltet, aber kürzer (30-43 cm) und dünner. Die Oberseite des Körpers ist gelbgrau oder rötlich, die Unterseite weiß.

Die Sömmeringgazelle (*Gazella soemmeringi*) bleibt etwas kleiner. Auch bei ihr tragen beide Geschlechter leierförmige, weit auseinanderstehende und etwas nach hinten gerichtete Hörner, deren Spitzen aber im allgemeinen nach innen gedreht sind. Die Hörner des Weibchens sind auch bei dieser Art dünner und kürzer als beim Männchen.

Bei der Damagazelle (*Gazella dama*) sind die Hörner beider Geschlechter leierförmig, etwas nach rückwärts gerichtet und 16-40 cm lang. Die Körperfarbe unterscheidet sich von Gebiet zu Gebiet beträchtlich.

Bei der Edmigazelle (*Gazella gazella*) tragen die Männchen leicht S-förmig geschwungene Hörner von 20-35 cm Länge, die im Querschnitt oval, ziemlich abgeplattet und nach rückwärts und aufwärts gebogen sind. Die Hörner der Weibchen sind ähnlich geformt, doch sind sie an der Basis im Querschnitt rund und sie sind kürzer (15-20 cm lang) und dünner, stehen paralleler zueinander und sind nicht so deutlich geringelt.

Die Dorkasgazelle (*Gazella dorcas*) ist auf der Oberseite hellbraun oder rötlichbraun gefärbt. Die Flanken tragen einen braunen oder schwärzlichen Streifen, der den Unterrand der helleren Flanken und die weiße Unterseite trennt. Die leierförmigen Hörner des Männchens werden 26-38 cm lang und sind S-förmig gekümmt, so daß die Spitzen nach innen gerichtet sind. Die Hörner der Weibchen sind dünner und kürzer (16-25 cm lang) und stehen fast parallel zueinander.

Einige bekannte Gazellen und Zwergantilopen.

Thomsongazelle
(*Gazella thomsoni*)

Springbock
(*Antidorcas marsupialis*)

Klippspringer
(*Oreotragus oreotragus*)

Giraffengazelle
(*Litocranius walleri*)

Kirkdikdik
(*Rhynchotragus kirki*)

Zebraducker
(*Cephalophus zebra*)

Oribi
(*Ourebia ourebi*)

Die Lebensräume der meisten Gazellenarten sind offene Gras- oder Strauchsteppen und Halbwüsten und Wüsten, sowohl im Flachland wie an Berghängen bis in 2.000 Meter Höhe. Die Karten zeigen die Verbreitungsgebiete einiger Zwergantilopen und Ducker: 1) Klippspringer (*Oreotragus oreotragus*); 2) Oribi (*Ourebia ourebi*); 3) Dikdiks (Gattung *Rhynchotragus*); 4) Ducker (Gattung *Cephalophus*).

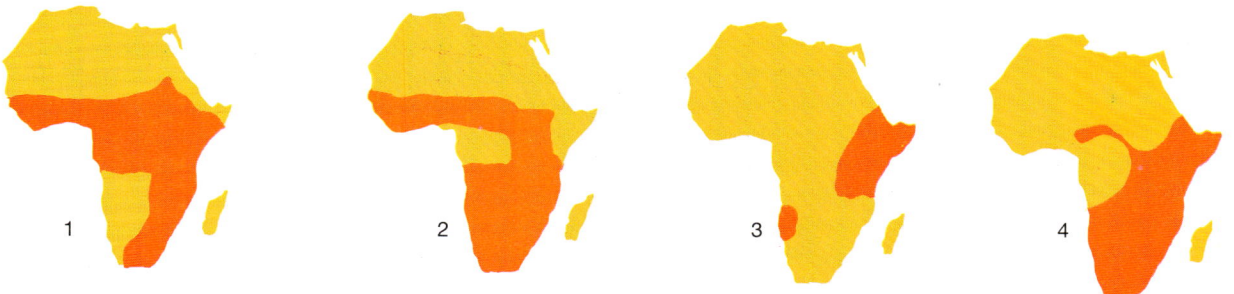

1   2   3   4

Vorderkopf und Oberseite der Nase sind bei der Rotstirngazelle (*Gazella rufifrons*) rötlich oder braun. Die Länge der Hörner beträgt beim Männchen 22-35 cm, beim Weibchen 15-20 cm.

Bei der Thomsongazelle (*Gazella thomsoni*) unterscheiden sich die Hörner der Männchen und der Weibchen deutlich. Während die Hörner der Männchen etwa 25-43 cm lang werden, leierförmig und leicht S-förmig gekrümmt und nach rückwärts und aufwärts gerichtet sind, sind die der Weibchen nur 7-15 cm lang, oftmals nur bleistiftdick und fast glatt und parallel. Zuweilen fehlen sie auch ganz, sind verschieden groß oder gedreht, oder überkreuzen sich sogar. Die Oberseite des Körpers ist bei der Thomsongazelle hellbraun, die Schenkel sind dunkelbraun gestreift, die Flanken tragen einen breiten, dunklen Streifen und der Schwanz endet in einer Quaste aus schwarzen Haaren.

Die Spekegazelle (*Gazella spekei*) ist etwas kleiner und besitzt auf der Oberseite der Nase oberhalb der Nüstern 3-5 quer verlaufende, aufblasbare Hautfalten. Wenn sie ihren Alarmruf ausstoßen, blasen Männchen wie Weibchen den Vorderteil der Nase auf, um einen größeren Resonanzkörper zu erhalten. Dadurch klingt der Alarmruf wie ein Pistolenschuß. Die S-förmigen Hörner sind scharf nach hinten gebogen und leicht gespreizt. Ihre Spitzen sind wiederum auswärts gedreht. Bei den Männchen sind die Hörner 25-30 cm lang, bei den Weibchen 15-20 cm und sie tragen 10-12 Ringe.

Die Männchen der Kropfgazelle (*Gazella subgutturosa*) haben eine Anschwellung unter der Kehle, die wie ein Kropf aussieht und vor allem während der Paarungszeit auffällt. Bei dieser Art fehlt den Weibchen in der Regel das Gehörn. Die Hörner des Männchens sind 25-43 cm lang, leierförmig, nach hinten zu S-förmig gebogen und nach oben gerichtet. Diese Gazellenart ist über den gesamten Nordteil Afrikas verbreitet, in Westafrika südlich bis 10°S, in Ostafrika bis 5°S, weiterhin über Arabien, Asien von Transkaukasien südlich bis nach Zentralindien, sowie von Syrien und Palästina ostwärts über den Iran, Afghanistan, Turkestan und Nordtibet bis nach Nordchina und in die östliche Mongolei.

In den gemäßigt subtropischen Breiten beginnt die Paarungszeit gewöhnlich im Spätherbst und Winter, in den Tropen ist sie von Gebiet zu Gebiet unterschiedlich. Viele Gazellenarten bekommen jedes Jahr zweimal Nachwuchs. Die Tragzeit dauert 5 Monate (Thomsongazelle) bis 7 Monate (Sömmeringgazelle).

Die Impala (*Aepyceros melampus*) erreicht fast die Größe einer Hirschkuh, ist

Einige der bekanntesten Antilopen.

Bongo
(*Taurotragus euryceros*)

Elenantilope
(*Taurotragus oryx*)

Nilgauantilope
(*Boselaphus tragocamelus*)

Streifengnu
(*Connochaetes taurinus*)

Buschbock
(*Tragelaphus scriptus*)

Beisaantilope
(*Oryx gazella beisa*)

Rappenantilope
(*Hippotragus niger*)

Kuhantilope oder Hartebeest
(*Alcelaphus buselaphus*)

Die Antilopen bilden mit den Zebras und Giraffen das charakteristische Element im Tierleben der afrikanischen Savannen. Obgleich sie oftmals anderen Huftieren sehr ähnlich sehen, gehören sie nichtsdestoweniger zu der artenreichen Familie Bovidae. Die ursprünglichen Antilopen waren sehr anpassungsfähige Tiere und haben sich mit Hilfe zahlreicher Spezialisationen an das Leben in den verschiedensten Lebensräumen angepaßt. Das Ergebnis ist die heutige Vielfalt von Formen, die sich häufig sehr voneinander unterscheiden. Die meisten Arten leben in Herden, Paaren oder in kleinen Familiengruppen, die aus einem Bock und einer Anzahl von Kühen mit ihren Kälbern bestehen. In der Trockenzeit vereinigen sich diese kleinen Familiengruppen häufig zu großen Herden, die dann, etwa im Fall der Grantgazelle, mehrere hundert Köpfe zählen können. In der Regenzeit lösen sich diese großen Herden wieder auf und manche älteren Böcke werden zu territorialen Tieren und versammeln einen "Harem" aus 5-12 Weibchen um sich.

aber schlanker und wirkt eleganter. Sie hat einen langen, schmalen Kopf, einen geraden Rücken und ist an der Kruppe etwas höher als am Widerrist. Ihre Gesamtlänge beträgt etwa 155-220 cm. Nur die Böcke besitzen leierförmige Hörner, die 50-90 cm lang und schwarzbraun gefärbt sind. Das obere Viertel ist glatt, während der Rest kräftig geringelt ist. Das Fell ist kurz und glatt, oberseits gelblich und an der Bauchseite weiß. Entlang der Rückenmitte läuft ein schmaler, dunkelbrauner Streifen bis zur Spitze des buschigen Schwanzes. Ein schmaler, dunkelbrauner oder schwarzer Streifen verläuft senkrecht an der Hinterseite der Schenkel, und die Haarbüschel rings um die Afterzehen und das Sprunggelenk sind ebenfalls schwarzbraun.

Die Impala bewohnt die Strauchsteppe und die parkartigen Savannen Ostafrikas und Südafrikas. Sie meidet die offenen Steppen ohne Gebüsch oder Bäume und ohne Wasser. Da sie sich von Blättern, Knospen, jungen Trieben, Gräsern und Kräutern ernährt, braucht sie jeden Tag Wasser. Sie lebt gesellig entweder in kleineren Herden von 6-24 Tieren oder in großen, 30-50 Köpfe zählenden Herden. Die kleineren Herden bestehen gewöhnlich aus einigen Weibchen mit ihren Jungen und einem starken Bock. Flüchtende Impalas können erstaunliche, bis 10 Meter weite und 3 Meter hohe Sprünge vollführen.

In Süd- und Südwestafrika liegt die Paarungszeit meist im Februar und März, in Ostafrika dagegen im Oktober und November. Die Kühe verlassen die Herde, um ihre Jungen nach einer Tragzeit von 6 1/2 Monaten (195 Tagen) zur Welt zu bringen. Gewöhnlich haben sie jeweils nur ein Kalb. Kühe mit sehr jungen Kälbern bilden meistens gleich nach der Geburt Müttergruppen und kehren erst später mit ihren Jungen zu den größeren Herden zurück.

Impalas halten sich oft in der Gesellschaft von Elefanten und Grantgazellen auf, doch sind das keine richtigen Vergesellschaftungen. In Südafrika bilden sich im Winter größere, bis 200 Köpfe zählende Herden, in Ostafrika werden derartige Ansammlungen dagegen nur in der Trockenzeit beobachtet.

Grantgazelle
(*Gazella granti*)

Thomsongazelle
(*Gazella thomsoni*)

▲ Gazellen leben gesellig in offenen Grasländern oder Strauchsteppen. Sie bilden Herden verschiedener Größe. In der Serengetisteppe in Tansania bilden Thomsongazellen in der Trockenzeit Herden mit hunderten von Exemplaren. Die Abbildung rechts zeigt einen Bock der Spekegazelle, wie er bei Gefahr die Hautfalten auf seiner Nase aufbläst, um einen Alarmruf auszustoßen, der wie ein Pistolenschuß knallt.

▶ Das Paarungsritual der Thomsongazelle beginnt mit einer Art von "Paarungsmarsch", bei dem das Männchen das Weibchen vor sich her treibt und dabei abwechselnd mit seinen steif ausgestreckten Vorderhufen gegen dessen Hinterbeine schlägt. Danach gehen beide zu einem Rundtanz über, in dessen Verlauf sich die Partner umkreisen, jeweils mit dem Kopf dicht am Hinterende des Partners. Nach einem weiteren "Marsch" hält das Weibchen schließlich an und läßt sich vom Männchen bespringen.

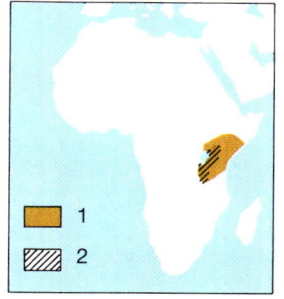

▭	1
▨	2

◀ 1) Das Verbreitungsgebiet der Grantgazelle (*Gazella granti*) erstreckt sich von Tansania nordwärts bis in den Süden Äthiopiens und Somalias, im Nordwesten bis zum Viktoriasee und zum Rudolfsee, und ostwärts bis zur Küste. 2) Die Thomsongazelle (*Gazella thomsoni*) ist vom südlichen Sudan (7°N) und vom Gebiet des Rudolfsees in Kenia bis nach Nordtansania (5°S) verbreitet. Die Ostgrenze der Verbreitung liegt bei 38°O.

GERENUK ODER GIRAFFENGAZELLE

(*LITOCRANIUS WALLERI*)

Ordnung Artiodactyla
Familie Bovidae
Größe Gesamtlänge 165-195 cm;
Kopf-Rumpflänge beim Männchen 155-160 cm, beim Weibchen 140-155 cm;
Schulterhöhe beim Männchen
95-105 cm, beim Weibchen 90-100 cm;
Schwanzlänge 25-35 cm
Gewicht Männchen 40-52 kg; Weibchen 35-45 kg
Zahnformel $\frac{0.0.2(3).3}{3.1.2.3} = 28\text{-}30$
Fortpflanzungszeit Einmal jährlich, seltener zweimal
Anzahl der Jungtiere 1
Geschlechtsreife Nach 12 bis 18 Monaten
Höchstalter Wahrscheinlich 8-10 Jahre

Die Giraffengazelle ist eine elegante, tatsächlich wie eine Giraffe aussehende Gazelle mit einem bemerkenswert langen Hals und sehr langen Beinen. Ihr Kopf ist klein und schmal, flach und langgestreckt. Nur die Böcke besitzen Hörner, die etwa 25-45 cm lang werden. Die Giraffengazelle bewohnt trockene Steppen und wüstenhafte Gebiete in Nordostafrika und Ostafrika. Sie meidet Gebirge und Bergwälder und bevorzugt stattdessen sandige oder steinige Ebenen mit einzelnen Bäumen oder Sträuchern oder Steppen mit hohem, trockenem Grasbewuchs und leicht welliges Land bis in eine Höhe von 1.800 Metern. Ihre aus Blättern von Bäumen und Gebüsch bestehende Nahrung scheint sie mit aller Feuchtigkeit zu versorgen, die sie braucht, denn sie wurde bisher noch niemals beim Trinken beobachtet.
Giraffengazellen leben gesellig in kleinen Herden, die im allgemeinen aus einigen Weibchen mit ihren Jungen sowie einem Bock bestehen. Gelegentlich vereinigen sich diese kleinen Familien zu kleineren Herden von 25-30 Tieren. Gerenuks sind vor allem morgens und abends aktiv, während der mittäglichen Hitze dagegen halten sie sich bewegungslos im Schatten von Bäumen auf. Die Geburt findet anscheinend im Stehen statt und das einzige Jungtier wiegt bei der Geburt etwa 3 kg. Bereits nach drei Stunden kann es stehen, herumlaufen und an seiner Mutter saugen. Die Jahreszeit, in der die Geburten stattfinden, variieren in den verschiedenen Gebieten.

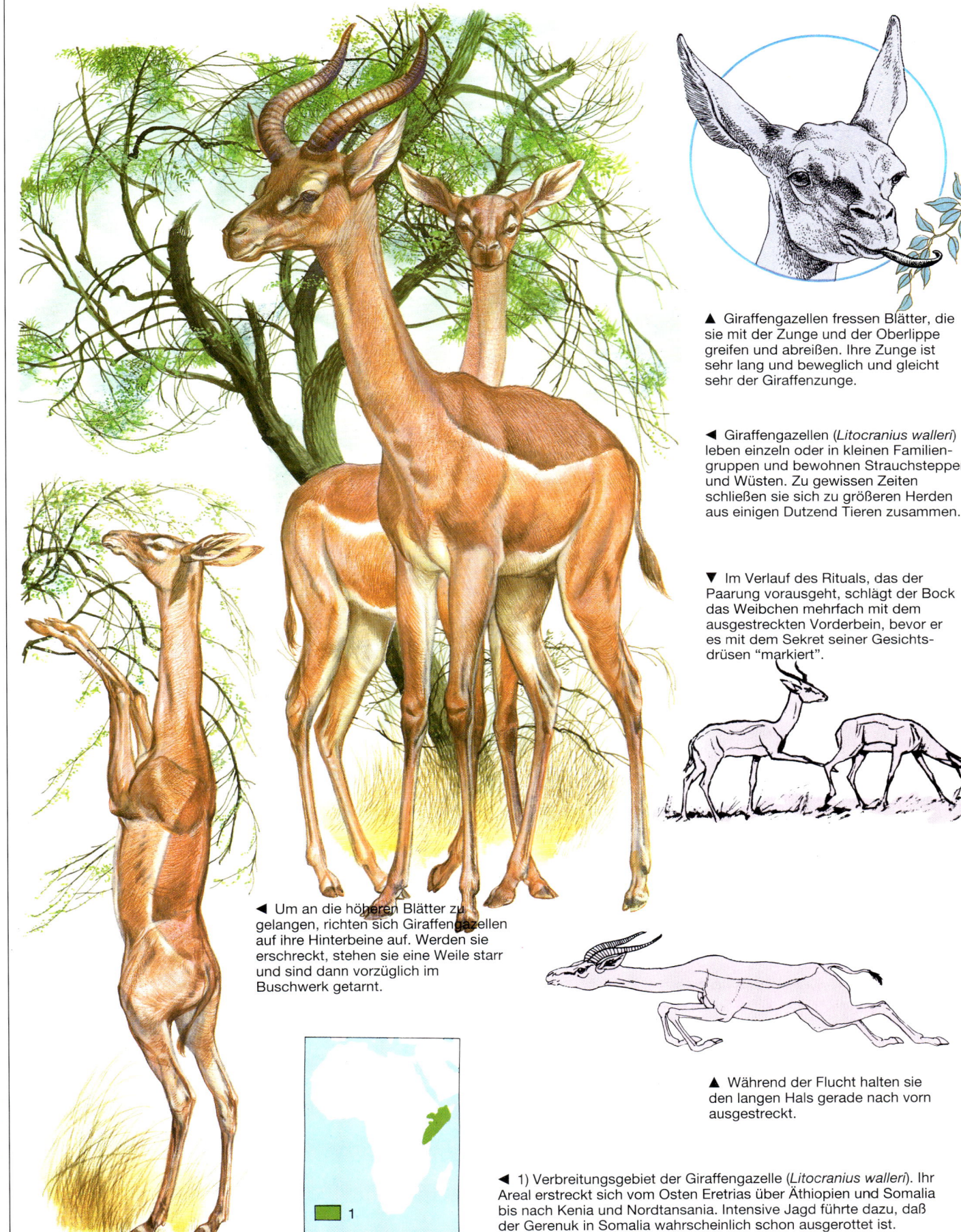

▲ Giraffengazellen fressen Blätter, die sie mit der Zunge und der Oberlippe greifen und abreißen. Ihre Zunge ist sehr lang und beweglich und gleicht sehr der Giraffenzunge.

◄ Giraffengazellen (*Litocranius walleri*) leben einzeln oder in kleinen Familiengruppen und bewohnen Strauchsteppen und Wüsten. Zu gewissen Zeiten schließen sie sich zu größeren Herden aus einigen Dutzend Tieren zusammen.

▼ Im Verlauf des Rituals, das der Paarung vorausgeht, schlägt der Bock das Weibchen mehrfach mit dem ausgestreckten Vorderbein, bevor er es mit dem Sekret seiner Gesichtsdrüsen "markiert".

◄ Um an die höheren Blätter zu gelangen, richten sich Giraffengazellen auf ihre Hinterbeine auf. Werden sie erschreckt, stehen sie eine Weile starr und sind dann vorzüglich im Buschwerk getarnt.

▲ Während der Flucht halten sie den langen Hals gerade nach vorn ausgestreckt.

◄ 1) Verbreitungsgebiet der Giraffengazelle (*Litocranius walleri*). Ihr Areal erstreckt sich vom Osten Eretrias über Äthiopien und Somalia bis nach Kenia und Nordtansania. Intensive Jagd führte dazu, daß der Gerenuk in Somalia wahrscheinlich schon ausgerottet ist.

TAKIN
(BUDORCAS TAXICOLOR)

Ordnung Artiodactyla
Familie Bovidae
Größe Schulterhöhe 1-1,3 m
Gewicht 230-350 kg
Zahnformel $\frac{0.0.3.3}{3.1.3.3} = 32$
Fortpflanzungszeit Juli bis August
Tragzeit 8 Monate
Anzahl der Jungtiere 1
Geschlechtsreife Weibchen nach
2 Jahren; Männchen wahrscheinlich
nach 4-5 Jahren
Höchstalter Vermutlich 15-20 Jahre

Der Takin ist ein schwer gebauter Wiederkäuer von plumpem Aussehen, dessen Vorderbeine deutlich länger als die Hinterbeine sind. Die Hörner sind kurz und kräftig, vor allem an der Basis, fast ohne erkennbare Krümmung nach außen gerichtet und erinnern etwas an Büffelhörner. Beide Geschlechter tragen Hörner, die im Mittel etwa 60 cm lang sind. Vom Takin sind drei Unterarten bekannt. Das Fell des Assamtakins ist sehr auffällig gefärbt. Er bewohnt Assam, Nepal und Bhutan und kommt in Höhen zwischen 2.500 m und 4.000 m in Wäldern oder Gegenden mit dichtem Unterholz vor. Der Setschuantakin lebt im gleichnamigen Gebiet und bewohnt Rhododendron- und Bambusdickichte, die er nur durchdringen kann, weil er sehr kräftig gebaut ist und ein dickes Fell besitzt. Der Shansitakin schließlich bewohnt die Gebirge der entsprechenden Region in China. Takins leben in größeren Herden von mehreren Dutzend Tieren. Ihre Nahrung besteht aus verschiedenen Pflanzen, im Sommer überwiegend aus Gräsern, Blättern, Knospen und Kräutern. Im Winter dagegen ernährt sich der Takin vor allem von Bambusblättern. Bei heftigem Schneefall oder in sehr strengen Wintern steigt er in grasreiche Täler bis in 2.000 Höhe hinab, wo die klimatischen Bedingungen günstiger sind. In der extrem dichten Vegetation bahnen sich die Takins ihre eigenen Pfade. Sie grasen nur während der kühleren Stunden des Tages.
Die Paarungszeit beginnt im Juli, wenn die geschlechtsreifen Männchen sich zu den Herden aus Weibchen und Jungtieren gesellen. Die Tragzeit dauert ungefähr 8 Monate und die Jungtiere werden im März oder April geboren.

▼ Takin, Goral und Serau leben im Himalaya in verschiedenen Höhenstufen.

▲ Takins finden sich besonders gern an Salzaustritten ein.

▲ Der Takin (*Budorcas taxicolor*) ist ein schwer gebautes Tier mit dicken, kräftigen Beinen. Er bewohnt steile Berghänge in Höhen zwischen 2.000 m und 3.000 m, steigt jedoch im Sommer bis in 4.000 Höhe hinauf. Seine Massigkeit hindert ihn nicht daran, sich auch in sehr dichtem Unterholz und Gebüsch zu bewegen; in Wirklichkeit ist er sein sehr behendes Tier.

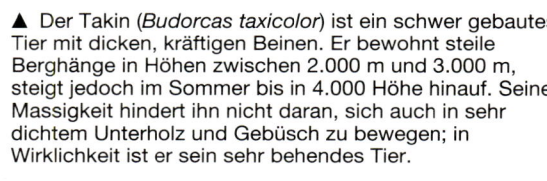

◀ Die Hufe sind groß, breit und kräftig und die Sporne sind ebenfalls stark entwickelt.

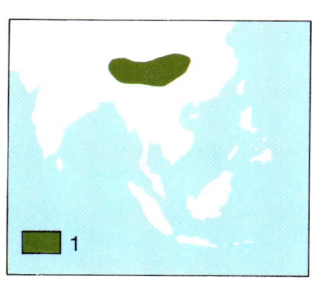

1

◀ 1) Verbreitungsgebiet des Takin (*Budorcas taxicolor*).

GEMSE
(RUPICAPRA RUPICAPRA)

Ordnung Artiodactyla
Familie Bovidae
Größe Schulterhöhe etwa 90 cm
Gewicht 30-50 kg
Zahnformel $\frac{0.0.3.3}{3.1.3.3} = 32$
Fortpflanzungszeit November
Tragzeit 6 Monate
Anzahl der Jungtiere 1
Geschlechtsreife Weibchen nach
3 Jahren; Männchen nach 5 Jahren
Höchstalter 20 Jahre

Die Gemse ist ein kräftiger und gut proportionierter Wiederkäuer. Der Rumpf ist muskulös, der Hals von normaler Länge und der Kopf dreieckig und mit großen Augen und schmalen, ziemlich kleinen Ohren versehen. Die Beine sind kräftig, die Hufe sind weit spreizbar und fühlen sich wie Hartgummi an. Das Fell wird jahreszeitlich gewechselt; im Sommer ist es kurz und rauh, braunrot oder hellrot; im Winter wird es länger und dichter und ist schwarzbraun oder schwarzgrau gefärbt. Die Schnauze bleibt jedoch immer hell und ist meist weißlichgelb mit einer typischen schwarzen Gesichtsmaske. Beide Geschlechter besitzen Hörner, mit am Ende charakteristisch umgebogenen Gemskruken. Ihre Länge überschreitet selten 20-32 cm.

Die Gemse stammt aus Europa und Kleinasien, sie wurde aber auch nach Neuseeland eingeführt. Ihre Lebensräume sind die Hochgebirge oberhalb der Baumgrenze, vor allem ausgedehnte alpine Matten und Geröllflächen. Die Gemse steigt jedoch nicht selten auch in tiefere Zonen hinab und hält sich auch oft in der Waldzone auf.

Die Nahrung der Gemse besteht vorwiegend aus Gräsern und allen sonstigen Pflanzen, die Gebirgswiesen bieten. Im Winter – bei denjenigen Tieren, die in der Waldzone leben, aber auch im Sommer – ernähren sich die Gemsen auch von den Blättern und Trieben im Unterholz. Gemsen sind gesellige Tiere mit einem hochentwickelten Sozialleben. Je nach den Verhältnissen können ihre Herden sehr umfangreich sein und mehrere Dutzend Köpfe umfassen. Im allgemeinen sind sie aber kleiner (20-30 Tiere). Nach einer etwa halbjährigen Tragzeit kommt das einzige Jungtier zur Welt, das bereits wenige Stunden nach der Geburt fähig ist, seiner Mutter zu folgen.

▲ Wir kennen neun (oder nach Ansicht mancher Autoren sogar zehn) Unterarten der Gemse, die in den Hochgebirgen Europas und Kleinasiens verbreitet sind. Die wichtigste Unterart, *Rupicapra rupicapra rupicapra*, bewohnt die Alpen von Frankreich bis Nordjugoslawien. Die Unterart *balcanica* lebt im Süden Jugoslawiens, ferner in Griechenland und Albanien. In den rumänischen Karpathen und im Kaukasus kommen die Unterarten *carpatica* und *caucasica* vor, während *cartusiana* das Massif der Chartreuse in Ostfrankreich besiedelt. Die spanischen Unterarten *pyrenaica* (Pyrenäen) und *cantabrica* (Kantabrisches Gebirge) haben verschiedene Merkmale (zum Beispiel den vergrößerten Kehlfleck, der wie ein heller, seitlich schwarz umrandeter Latz aussieht) mit der Unterart *ornata* aus dem zentralen Apennin in Italien gemein. Die einzige asiatische Unterart, *asiatica*, lebt in Kleinasien.

▲ Gemsen sind perfekt an das Leben im Hochgebirge angepaßt, vor allem wegen ihrer spreizbaren und biegsamen Hufe und ihrer sehr kräftigen Beinmuskulatur. Daher bewegen sie sich schnell und sehr sicher auch an den steilsten Felswänden und können in wenigen Minuten 1.000 Meter hoch klettern. Ihre Behendigkeit ist sprichwörtlich und sie finden selbst noch auf nicht einmal handbreiten Felsbändern festen Halt.

◄ Verbreitungsgebiete der Gemsen.

SCHNEEZIEGE
(OREAMNOS AMERICANUS)

Ordnung Artiodactyla
Familie Bovidae
Größe Schulterhöhe 90-105 cm
Gewicht 60-130 kg; die Weibchen sind
deutlich kleiner als die Männchen
Zahnformel $\frac{0.0.3.3}{3.1.3.3}$ = 32
Fortpflanzungszeit November bis
Anfang Januar
Tragzeit 147-178 Tage
Anzahl der Jungtiere 1, manchmal 2
Geschlechtsreife Weibchen nach
2 Jahren, Männchen später
Höchstalter 14-18 Jahre

Die Schneeziege ist ein untersetztes, kräftiges Tier, das wegen seines langen Felles größer aussieht, als es in Wirklichkeit ist. Der Rücken ist am Widerrist höher als an der Kruppe und mit einer dichten Mähne versehen. Hals und Kopf sind ziemlich lang. Die Ohren sind schmal und von normaler Länge. Die Augen sind weit oben am Kopf gelegen, dicht an der Basis der Hörner. Dies verstärkt noch den Eindruck der Länge der Nase. Der kurze Schwanz mißt kaum mehr als 10 cm. Die Hufe sind ziemlich ungewöhnlich gestaltet, denn sie sind so tief gespalten, daß die beiden Teile fast im rechten Winkel auseinanderklaffen. Die Sohlen sind nicht hart und fest, sondern gummiartig und daher sehr rutschfest. Die Fersensporne sind gut entwickelt und tragen zusätzlich zur Trittsicherheit bei. Das weiße Fell ist lang und wollig und zeigt keine jahreszeitlichen Unterschiede. Vor allem am Hals und an den Schultern ist es sehr dick, ebenso an den Beingelenken. Am Kinn ist ein mäßig langer, etwa 13 cm langer Bart entwickelt.

Das ursprüngliche Verbreitungsgebiet der Schneeziege reichte vom westlichen Montana, dem südlichen Idaho und vom Columbia River in Washington nordwärts bis nach Alaska. Allerdings wurde die Schneeziege inzwischen in andere Gebiete der USA und Kanadas eingeführt. Ihr Lebensraum ist das Hochgebirge und vor allem die Gebiete oberhalb der Baumgrenze. Schneeziegen ernähren sich von Gräsern und Kräutern und im Sommer auch von Weidengebüsch. Ihre Feinde sind der Puma, der Luchs, der Schwarzbär und der Grizzly, und selbst der Koyote und der Steinadler.

▲ Die Schneeziege (*Oreamnos americanus*) gleicht äußerlich einer Ziege mit wolligem Fell, ist aber in Wirklichkeit mit der Gemse nah verwandt. Daher tragen sowohl Männchen wie Weibchen Hörner. Schneeziegen sind ungewöhnlich gute Kletterkünstler, die wirklich auf jedem Fußbreit sicheren Halt finden. Sie ernähren sich von Gräsern, Moosen und Flechten, die auf den kahlen Felsen oder auf alpinen Matten wachsen.

MÄHNENSPRINGER
(AMMOTRAGUS LERVIA)

Ordnung Artiodactyla
Familie Bovidae
Größe Schulterhöhe beim Männchen
90-105 cm; beim Weibchen 70-90 cm
Gewicht Männchen 100-140 kg; Weib-
chen 40-45 kg
Zahnformel $\frac{0.0.3.3}{3.1.3.3} = 32$
Fortpflanzungszeit November
Tragzeit 150-165 Tage
Anzahl der Jungtiere 1-2 (selten 3)
Geschlechtsreife Weibchen nach 2
Jahren; Männchen später
Höchstalter Ungefähr 15 Jahre

Der Mähnenspringer ist ein sehr untersetztes Tier. Die Hörner sind im Querschnitt dreieckig, ziemlich schwer, an der
Basis dick und messen im Mittel 65 cm,
können aber auch 80 cm lang werden. Die
Hörner der Weibchen werden etwa 40 cm
lang. Auf der Oberseite des Halses und
am Widerrist ist eine kleine Mähne entwickelt. Die Vorderseite des Halses ist
mit einer sehr langen Mähne besetzt, die
sich die ganze Brust bis zu den Kniege-
lenken entlangzieht und auch die Vorderbeine bedeckt und fast vollständig verbirgt.
Der Mähnenspringer bewohnt Nordafrika nördlich des Niger und östlich bis zum
Sudan und zum Roten Meer. Sein bevorzugter Lebensraum ist die Felswüste.
Er ernährt sich von verschiedenen Pflanzen, von Gesträuch und Knollen. Obgleich er Gegenden bewohnt, wo Wasser
im allgemeinen knapp ist, trinkt er gern,
wenn er Wasser findet.
Mähnenspringer sind keine sehr geselli-
gen Huftiere und leben meist nur in kleinen Gruppen von 3-6 Tieren, und nur gegen Ende der Trockenzeit gelegentlich in
Herden von bis 20 Köpfen. Wie bei den
meisten Huftieren sind die älteren Böcke
Einzelgänger, abgesehen von der Paarungszeit.
Mähnenspringer können ausgezeichnet
klettern und springen. Tagsüber halten
sie sich im Schatten auf und kommen erst
in den kühleren Tagesstunden oder nachts
zum Grasen heraus. Der Nahrungsmangel in ihrem Lebensraum zwingt sie dazu, in jeder Ritze und Spalte nach Futter
zu suchen.
Die Paarungszeit liegt meistens im November. Die Tragzeit beträgt etwa 5 1/2
Monate und das Weibchen bringt ein bis
zwei, seltener drei Junge zur Welt.

◄ Mähnenspringer
(*Ammotragus lervia*) bewohnen
die Wüstengebiete Nordafrikas
und weisen sowohl Merkmale
der Ziegen wie der Schafe auf.
Sie sind äußerst genügsam und
daher leicht in Gefangenschaft
zu züchten. Ihre Fellfärbung
gleicht der Färbung der Felsen,
in denen sie leben; daher
bleiben sie bei Gefahr einfach
bewegungslos stehen und
vertrauen auf ihre Tarnfärbung.

▲ Bei Sandstürmen benutzen sie die
langen Haare an Hals und Kehle als
einen vortrefflichen Schutzfilter.

1

▲ Das Verbreitungsgebiet des
Mähnenspringers ist sehr zersplittert
und zieht sich als ein vielfach
unterbrochener Streifen quer
über Nordafrika.

▲ Mähnenspringer haben
eine charakteristische Art, mit
verkeilten Hörnern zu kämpfen.

◄ Sie benutzen ihre Hörner auch dazu, sich zu kratzen.

ALPENSTEINBOCK
(CAPRA IBEX IBEX)

Ordnung Artiodactyla
Familie Bovidae
Größe Schulterhöhe beim Männchen
85-95 cm; beim Weibchen 70-80 cm
Gewicht Männchen 100-150 kg; Weib-
chen 35-70 kg
Zahnformel $\frac{0.0.3.3}{3.1.3.3} = 32$
Fortpflanzungszeit Dezember bis
Januar
Tragzeit Ungefähr 6 Monate
Anzahl der Jungtiere 1
Geschlechtsreife Weibchen nach
4 Jahren; Männchen nach 7-8 Jahren
Höchstalter Ungefähr 20 Jahre

Der Alpensteinbock ist ein untersetztes,
schwer gebautes Tier mit einem mächtigen Kopf, vor allem in der Stirnregion.
Die Beine sind muskulös und der
Schwanz ist recht kurz. Das Fell ist ziemlich kurz und nirgends sehr dick. Die
Männchen tragen unter dem Kinn einen
4-7 cm langen "Ziegenbart". Bei den
Böcken ist die Fellfärbung im Sommer
grau mit braunen, schwarzen, rötlichen
und beigen Tönen. Das Winterfell ist viel
dunkler, fast schwarzbraun. Die Weibchen sind im allgemeinen etwas heller
gefärbt. Die Jungtiere sind entweder beige oder rötlich gefärbt, meistens aber
schmutzig weiß. Die langen Hörner sind
im Querschnitt dreieckig und säbelförmig nach hinten gebogen. Bei den Männchen beträgt die Länge der Hörner im
Mittel 75-90 cm, sie können aber über einen Meter lang werden. Die Hörner der
Weibchen dagegen werden selten länger
als 25-30 cm.
Es ist bekannt, daß der Alpensteinbock
früher die gesamte Alpenkette bis nach
Nordjugoslawien bewohnte. Am Ende
des neunzehnten Jahrhunderts existierte
er jedoch nur noch im Gebiet des Gran
Paradiso in Norditalien. Heutzutage gibt
es erfreulicherweise auch außerhalb des
Gran Paradiso wieder mehrere Kolonien.
Die meisten befinden sich wohl in der
Schweiz, doch gibt es auch wieder Steinböcke in Frankreich, Italien, Österreich,
Deutschland und Jugoslawien.
Im Sommer steigen die Steinböcke sehr
weit über die Baumgrenze hinauf. Im
Winter bevorzugen sie steile, nach Süden
gerichtete Felshänge, die am meisten Sonne erhalten und wo sich kein Schnee halten kann. Nur im Frühjahr steigt der
Steinbock zuweilen auf der Suche nach
frischem Gras weiter nach unten. In besonders schneereichen Wintern kann man

► Der Lebensraum des Alpensteinbocks ist
ganz allgemein das Hochgebirge oberhalb der
Baumgrenze. Allerdings ist der Steinbock eng an
felsiges Gelände gebunden und benötigt steile
Felswände, Klippen, Felsspitzen, Überhänge und
Höhlungen. Obgleich solche Felsformationen nicht
nur im Hochgebirge zu finden sind, kann der
Steinbock die sommerliche Hitze im Flachland
nicht aushalten, so daß er aus klimatischen
Gründen auf die Hochgebirge beschränkt ist. In
vorgeschichtlicher Zeit lebte er sicherlich auch in
viel tieferen Zonen, zum Beispiel im italienischen
Apennin, doch war zu dieser Zeit das Klima recht
verschieden vom heutigen und wahrscheinlich
viel kälter.

▼ Auf glatten und ebenen Oberflächen setzt der
Steinbock nur die Sohlen der Hufe auf (rechts);
auf schräg abfallenden Oberflächen dagegen
werden die Fersensporne ebenfalls auf den
Boden aufgesetzt (links).

ihn allerdings ebenfalls in tieferen Lagen beobachten. Gletscher und tiefe Täler scheinen für den Steinbock heutzutage unpassierbare geographische Verbreitungsgrenzen darzustellen.

Der Steinbock ernährt sich hauptsächlich von Kräutern und Gräsern der alpinen Matten. Vor allem im Winter gräbt er auch Wurzeln mit den Hufen aus. Im Geschmack ist er ziemlich wählerisch, doch verzehrt er, wie alle Angehörigen der Gattung *Capra*, selbt harte und stachlige Pflanzen. Die soziale Organisation ist beim Steinbock vor allem auf eine deutliche Trennung der Geschlechter gegründet. Die Böcke leben in Herden, die nur aus Männchen bestehen, vor allem dann, wenn sie älter als vier Jahre geworden sind. 12-15 Jahre alte Böcke sind andererseits fast immer Einzelgänger. Die Weibchen bilden eigene Herden, die trächtige Weibchen, Weibchen mit Jungtieren und auch junge Weibchen enthalten, die noch nicht geboren haben.

Die Paarungszeit reicht vom Spätherbst bis in den Winter hinein. Die Geburt der Jungen erfolgt etwa 6 Monate später, meist in der ersten Junihälfte. Das einzige Junge ist bereits nach kurzer Zeit imstande, seiner Mutter zu folgen, von der es sich niemals entfernt. Die Geburt findet an besonders unzugänglichen Plätzen statt und die Mütter bleiben eine zeitlang von der Herde getrennt und vereinigen sich erst Ende Juni oder Anfang Juli wieder mit der Herde.

Der Nubische Steinbock (*Capra ibex nubiana*) ist etwas kleiner als der Alpensteinbock und besitzt dünnere, aber sehr lange Hörner. Er lebt in Israel, im Sinai bis in Höhen von 2.800 Metern, ferner in den Bergen von Judäa, im Negev und an verschiedenen isolierten Stellen in Ägypten und im Sudan.

Der Abessinische Steinbock (*Capra ibex walie*) ist ein größeres und schwereres Tier mit kürzeren, aber schweren Hörnern. Von allen Unterarten ist diese am stärksten vom Aussterben bedroht. Er ist auf ein kleines Gebiet in den Gebirgen Äthiopiens beschränkt und kommt dort in Höhen zwischen 3.000-4.500 m vor.

Der Sibirische Steinbock (*Capra ibex sibirica*) ist eine große Unterart mit extrem langen Hörnern. Dieser Steinbock bewohnt die Gebirge Zentralasiens zwischen 500 und 5.000 Metern.

Der Spanische oder Pyrenäen-Steinbock zeichnet sich durch seine dreieckigen und nach innen gedrehten Hörner aus. Seine Fellzeichnung ist kontrastreicher als bei anderen Unterarten und die Männchen besitzen einen ziemlich langen Bart. Spanische Steinböcke leben in Höhen von 1.000-2.000 Metern.

▼ Steinböcke lieben es, auf Felsklippen zu sitzen und sich zu sonnen.

▲ Sie können mehrere Meter weite Sprünge machen und dabei tiefe Spalten überwinden.

▼ Steinböcke benutzen ihre Hörner zur Fellpflege.

▲ Beim Kampf verkeilen sie ihre Hörner und schieben sich gegenseitig. Selten fügen sie sich dabei ernsthafte Verletzungen zu.

▲ Die unterschiedlichen Hornformen zeigen, wie sich die verschiedenen Unterarten entwickelt haben.
1) *Capra ibex sibirica*; 2) *Capra caucasica*;
3) *Capra sibirica sakeen*

◄ Verbreitung der Steinböcke:
1) Pyrenäensteinbock (*Capra pyrenaica*);
2) Alpensteinbock (*Capra ibex ibex*):
3) Nubischer Steinbock (*Capra ibex nubiana*);
4) Ostkaukasischer Steinbock (*Capra ibex cylindricornis*);
5) Himalaya-Steinbock (*Capra sibirica sakeen*);
6) Sibirischer Steinbock (*Capra ibex sibirica*);
7) Abessinischer Steinbock (*Capra ibex walie*);
8) Westkaukasischer Steinbock (*Capra ibex severtzovi*).

▲ Auf der Suche nach ein paar Büscheln Gras oder einem Salzaustritt klettern Steinböcke noch an den unzugänglichsten Felswänden herum.

MARKHOR ODER SCHRAUBENZIEGE
(CAPRA FALCONERI)

Ordnung Artiodactyla
Familie Bovidae
Größe Schulterhöhe beim Männchen 85-100 cm; Weibchen merklich kleiner
Gewicht Männchen 80-100 kg; Weibchen 40-45 kg
Zahnformel $\frac{0.0.3.3}{3.1.3.3} = 32$
Fortpflanzungszeit Dezember
Tragzeit 6 Monate
Anzahl der Jungtiere 2
Geschlechtsreife Weibchen nach 2 Jahren; Männchen nach 4-5 Jahren
Höchstalter Ungefähr 15-20 Jahre

Der Markhor ist eine untersetzte Ziegenart, die besonders wegen des langes Felles der Böcke berühmt ist. Im Winter ist dieses am Rücken, an den Flanken und an Kehle und Hals besonders lang und dicht. Die Hörner sind sehr lang und können 1,6 Meter messen. Sie sind mehrfach in Längsrichtung gedreht, doch unterscheidet sich der Grad der Spiralisierung bei den verschiedenen Unterarten. Meistens spreizen sie sich U- oder V-förmig. Nach der Form der Hörner erhielt der Markhor auch seinen deutschen Namen. Schraubenziegen kommen in den zentralasiatischen Gebirgen in Turkestan, Pakistan, Afghanistan und Nordindien vor. Die von der Schraubenziege besiedelten Lebensräume sind recht verschiedenartig und sie kommt sowohl unterhalb wie oberhalb der Baumgrenze vor. Meist handelt es sich um sehr unwegsame Gebiete, nämlich tiefe Schluchten, steile Felswände und Abstürze.

Schraubenziegen ernähren sich von den verschiedenartigsten Pflanzen, Gräsern, Kräutern, Blattspitzen und Knospen. In manchen Gegenden besteht ihr Winterfutter hautsächlich aus den Blättern des Stechginsters, die sie noch in bedeutender Höhe abfressen. Schraubenziegen können vorzüglich in Bäumen klettern und erreichen daher noch Zweige in 7-8 Metern Höhe.

Ihre soziale Organisation gleicht derjenigen anderer Ziegenarten. Die Herden sind allerdings recht klein und umfassen höchstens etwa 20 Tiere. Während der Paarungszeit stoßen die Böcke zu den Herden und beanspruchen dort eine hohe Stellung in der Rangordnung. Der brünstige Bock hält sich in der Nähe des Weibchens auf und führt vor der Paarung festgelegte Balzhandlungen aus.

▶ Der Markhor oder die Schraubenziege (*Capra falconeri*) ist die größte Wildziegenart. Ihre Hörner sind der Länge nach gedreht, bei manchen Unterarten so sehr, daß sie Korkenziehern gleichen. Wie viele andere Caprinae ist auch die Schraubenziege vom Aussterben bedroht, vor allem deshalb, weil ihr Verbreitungsgebiet ziemlich zersplittert ist und kaum Verbindungen zu anderen Populationen bestehen.

▼ Das Verbreitungsgebiet der Schraubenziege umfaßt die gebirgigen Teile von Turkestan, Afghanistan, Pakistan und Nordindien.

1

DICKHORNSCHAF
(OVIS CANADENSIS)

Ordnung Artiodactyla
Familie Bovidae
Größe Kopf-Rumpflänge 100-110 cm;
Schulterhöhe 80-120 cm
Gewicht 150-200 kg
Zahnformel $\frac{0.0.3.3}{3.1.3.3} = 32$
Fortpflanzungszeit Juni bis Juli
Tragzeit 6 Monate
Anzahl der Jungtiere 1-2

Das Dickhornschaf ist ein großes und kräftiges Wildschaf. Der mächtige Kopf zeigt ein gerades Profil. Die Böcke tragen ein Paar gewaltiger, symmetrischer, spiralig gewundener Hörner, die 70-80 cm lang sind und an der Basis einen Umfang von 30-35 cm aufweisen. Die Hörner der Weibchen sind weitaus kleiner und messen nur etwa 20 cm; sie sind viel dünner und nur einmal gedreht.
Diese Wildschafart war ursprünglich von Nordostsibirien und Alaska über die Gebirge entlang der Westküste Nordamerikas bis nach Mexiko verbreitet. Die heutige Verbreitung des Dickhornschafes in Nordamerika ist stark eingeschränkt, vor allem infolge verschiedener menschlicher Einflüsse und der Konkurrenz seitens anderer Huftiere. Heutzutage ist es auf British Columbia und Saskatchewan in Kanada und auf die Bundesstaaten North Dakota, Nebraska, Colorado und New Mexico in den USA beschränkt. Die bevorzugten Lebensräume des Dickhornschafes sind unterschiedlich und reichen von den kalten Gebirgsregionen Sibiriens und der Rocky Mountains bis zu den heißen Wüsten in New Mexico.
Das Sozialverhalten der Dickhornschafe ist gut untersucht. Im allgemeinen bestehen die Populationen aus zwei verschiedenen Herden, nämlich einer Männchenherde und einer Weibchenherde. Die jungen Lämmer beider Geschlechter leben bei den erwachsenen Weibchen und auch die heranwachsenden Böcke bleiben bei dieser Herde, bis sie etwa 3 Jahre alt sind und sich zu den erwachsenen Böcken gesellen. Beide Herden umfassen etwa 25-30 Köpfe. Das Dickhornschaf besitzt ein wohldefiniertes Territorium, das sich jahreszeitlich ändern kann. Das Revier der Männchen ist von dem der Weibchen abgegrenzt. Die Tragzeit dauert etwa 6 Monate. Die Jungtiere werden in den ersten Sommermonaten geboren und die Weibchen ziehen sich zur Geburt in die Einsamkeit zurück und bekommen meist ein einziges Lamm.

▼ Das Dickhornschaf (Ovis canadensis) trägt ein etwa 5 cm langes, graubraunes Fell, das am Rücken dunkler ist. Im Winter nimmt das gesamte Fell eine dunklere Färbung an, mit Ausnahme der Bauchseite, der Innenseite der Beine, des Hinterteils, des Kinnes und der Innenseite der Ohren.

▼ Die Länge der Hörner ist ein direktes Maß für den Status des Bockes in der Rangordnung. Nur Böcke mit etwa gleich langen Hörnern kämpfen miteinander; sie stoßen dabei unter lautem Krachen mit den Köpfen zusammen.

▲ Die mächtigen Hörner der Böcke des Dickhornschafes können 90 cm lang werden. Der Ablauf ihres Wachstums ist oben dargestellt, nämlich an Böcken im Alter von (von links nach rechts) zwei, sechs und zwölf Jahren.

▶ 1) Geographische Verbreitung des Dickhornschafes.

1

WILDSCHAF
(OVIS AMMON)

Ordnung Artiodactyla
Familie Bovidae
Größe Gesamtlänge 1,2-2,1 m;
Kopfrumpflänge 1,1-2 m; Schulterhöhe
65-125 cm; Schwanzlänge 3,5-13 cm
Gewicht 20-230 kg
Zahnformel $\frac{0.0.3.3}{3.1.3.3} = 32$
Fortpflanzungszeit Einmal jährlich
Anzahl der Jungtiere 1 oder 2; nur 1
bei erstgebärenden Schafen
Gechlechtsreife Nach 18 oder 30 Mo-
naten; Böcke der größeren Rassen nicht
vor 3 1/2 Jahren
Höchstalter 12-18 Jahre

Die weiblichen Wildschafe sind in der
Regel ein Viertel bis ein Drittel kleiner
als die Böcke. Der Vorderkopf ist kon-
vex, der gesamte Kopf manchmal recht
kurz, manchmal länger. Die Ohren sind
kurz und zugespitzt und am Ende mit einem Haarbüschel versehen. Der Hals ist
kurz und kräftig, der Rumpf untersetzt
mit gerader, etwas nach hinten abfallen-
der Rückenlinie. Die schmalen Hufe sind
im Querschnitt birnenförmig, die kurzen
Nebenzehen stehen waagerecht. Beide
Geschlechter besitzen Hörner, doch sind
die der Weibchen im Unterschied zu denen der Männchen nur 10-30 cm lang und
säbelförmig nach hinten gekrümmt. Die
Oberfläche der Hörner ist mit zahlreichen
Ringeln besetzt. Die Hornlänge der Bök-
ke reicht bei den verschiedenen Unterarten von 50 cm bis 190 cm. Die gewaltig-
sten Hörner unter den altweltlichen Wildschafen finden sich bei der Unterart aus
dem Pamir und aus den benachbarten
zentralasiatischen Gebirgen.
Das Verbreitungsgebiet des eurasischen
Wildschafes erstreckt sich vom Mittelmeergebiet durch ganz West- und Zentralasiens, dann nordwärts über Transkaukasien und Kasachstan bis in den Süden Sibiriens. Im Süden kommen Wildschafe im Himalaya vor und von dort aus
ostwärts bis nach Shensi und bis zum
großen Khingan in China. In Europa war
die Verbreitung des Wildschafes ursprünglich auf Korsika und Sardinien beschränkt, doch ist es auf beiden Inseln
fast ausgestorben und überlebt nur noch
in geringer Anzahl in Schutzgebieten. Das
Mufflon (*Ovis ammon musimon*) wurde
in viele Länder Europas eingeführt: in die
Krim, nach Polen, Ungarn und die Tsche-
choslowakei, nach Jugoslawien, Italien,
Deutschland, in die Schweiz und nach
Luxemburg und in die Niederlande. Klei-

Argalischaf
(*Ovis ammon ammon*)

▲ Das Argalischaf oder Altai-Wildschaf (*Ovis ammon ammon*) ist
die größte Unterart des Wildschafes und lebt in Gebirgsgegenden
Zentralasiens. Die Böcke dieser Unterart können eine Widerristhöhe
von 125 cm erreichen.

▶ Größenunterschiede bei einigen Wildschafen.

Armenisches
Wildschaf

Urial oder
Pandschab-
Wildschaf

Argalischaf

nere Bestände des Mufflon haben außerdem noch in Zypern überdauert.
Abgesehen vom Mufflon enthält diese Gruppe der Wildschafe noch folgende Unterarten: Das Elbrus-Wildschaf (*O. a. orientalis*) in Kleinasien; den Urial oder das Pandschab-Wildschaf (*O. a. vignei*), das vom Elbrus-Gebirge bis in den Ostiran, nach Turkestan, Afghanistan, Pakistan und Kaschmir verbreitet ist; das Jabaira-Wildschaf (*O. a. kozlovi*) im Jabaira-Gebirge und in der Inneren Mongolei; das Himalaya-Wildschaf (*O. a. hodgsoni*) aus Tibet, Sinkiang und der Mandschurei; das Pamir-Wildschaf *O. a. polii*, so benannt nach Marco Polo, dem venezianischen Erforscher des Orients, daß im Pamir, Karatau, Tienshan und nördlich davon vom Alatau bis zum Tarbatagai-Gebirge verbreitet ist; und schließlich die größte Form, dessen Böcke eine Schulterhöhe von 125 cm erreichen können, das Argalischaf oder Altai-Wildschaf (*O. a. ammon*), das den Altai und das Sayan-Gebirge bewohnt.

Während das Europäische und das Zyprische Mufflon in offenem Waldland mit reichem Unterwuchs in mittlerer Höhe der Gebirge leben, besiedeln die anderen Wildschafe vorzugsweise waldlose, unwirtliche Gegenden in mittlerer und großer Höhe und steigen im Himalaya bis 6.000 m hoch. Sie leben in Steppen, Halbwüsten, auf Geröllhalden und an den Hängen und Matten der Berggipfel. Im Sommer steigen sie bis knapp unterhalb der Schneegrenze hinauf und kommen nur im Winter in die Täler hinunter.

Wildschafe leben gesellig in kleinen oder mittelgroßen Herden. Im Sommer leben die erwachsenen Böcke einzeln oder in kleinen Herden abseits der Weibchen. Den größten Teil des Jahres über sind die Wildschafe mehr oder weniger standorttreu und wandern nicht mehr, als unbedingt nötig, um in der näheren Umgebung genügend Futter zu finden. In großen Teilen ihres Areals bilden Gräser und eine Vielzahl krautiger Pflanzen den Hauptteil der Nahrung. In sehr hoch gelegenen Gebieten, wie im Pamir, gehören auch Seggen zu ihrer Nahrung und in den Halbwüsten Salzpflanzen.

Die Tragzeit dauert ungefähr 5 Monate, meistens von Mitte Januar bis Mitte Juni, und vor der Geburt sondern sich die trächtigen Weibchen von der Herde ab und suchen besonders geschützte und abgelegene Stellen auf. Meist kommt nur ein einziges Lamm zur Welt, obgleich Zwillinge nicht selten sind. Weibchen erreichen die Geschlechtsreife nach 18 Monaten und Böcke nach 30 Monaten, bei den größeren Unterarten aber erst nach 3 1/2 Jahren.

▲ Während der Paarungszeit kämpfen die Böcke miteinander. Dabei stellen sie sich zunächst einander auf den Hinterbeinen gegenüber, dann stoßen sie mit den Köpfen zusammen. Die Hörner krachen mit voller Wucht aufeinander, jedoch ohne jemals ernsthafte Wunden, Gehirnerschütterungen oder Schädelbrüche zu verursachen.

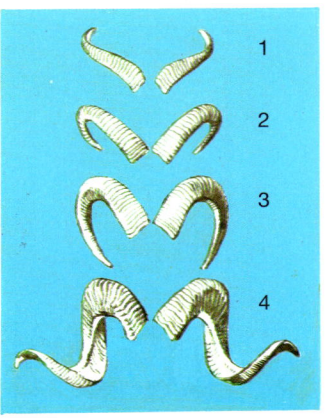

▲ Verschiedene Hornformen: 1) Armenisches Wildschaf; 2) Elbrus-Wildschaf; 3) Urial oder Pandschab-Wildschaf; 4) Pamir-Wildschaf.

▲ Bei Gefahr stoßen Wildschafe einen zischenden Warnruf aus; dieser Alarmruf wird oft von lautem Stampfen mit den Vorderhufen begleitet.

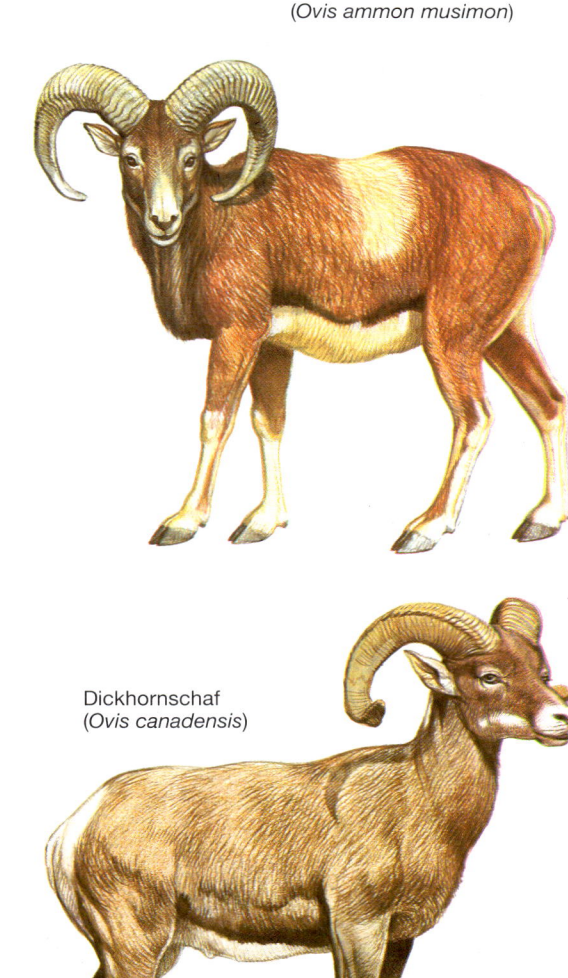

Mufflon
(*Ovis ammon musimon*)

Dickhornschaf
(*Ovis canadensis*)

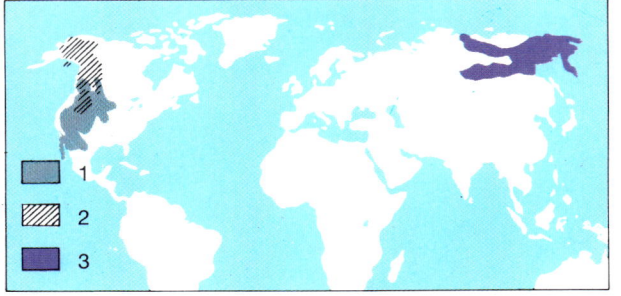

◄ Vier asiatischen Unterarten von Wildschafen werden in der "*canadensis*"-Gruppe zusammengefaßt, die auch alle Unterarten aus der Neuen Welt enthält. Die asiatischen Schneeschafe und die amerikanischen Dickhornschafe sind ebenfalls nahe verwandt. 1) Heutige Verbreitung von *Ovis canadensis*; 2) Verbreitungsgebiet von *Ovis canadensis dalli*; 3) Verbreitungsgebiet von *Ovis canadensis nivicola*.

MOSCHUSOCHSE
(OVIBOS MOSCHATUS)

Ordnung Artiodactyla
Familie Bovidae
Größe Schulterhöhe 130-150 cm
Gewicht 320-410 kg
Zahnformel $\frac{0.0.3.3}{3.1.3.3} = 32$
Fortpflanzungszeit August
Tragzeit Ungefähr 8 Monate
Anzahl der Jungtiere 1
Geschlechtsreife Weibchen nach
2 Jahren; Männchen später
Höchstalter Ungefähr 20 Jahre

Der Moschusochse (*Ovibos moschatus*)
ist ein massiger, rinderartiger Wiederkäuer mit auffällig langem Rumpf. Die
Beine sind kurz und muskulös, die Hufe
breit und kurz, ebenso wie die Nebenzehen. Die genaue Körperform ist schwer
zu erkennen, weil der ganze Körper mit
einem langen, dichten Fell bedeckt ist.
Der Hals ist von mittlerer Länge und der
Widerrist ist auffällig höher als die Kruppe. Der große Kopf zeigt ein gerades Profil und die Schnauze ist ziemlich breit.
Die Ohren sind kurz und zugespitzt, auch
die Augen sind klein und in der Nähe der
Hornbasis gelegen. Der Schwanz ist nur
10 cm lang. Der gesamte Körper des Moschusochsen ist mit einem dicken, gro-
ben Fell bedeckt, dessen lange Haare weit
herunterhängen und fast die ganzen Beine verdecken. Die Grundfarbe des Felles
ist dunkelbraun, im Winter fast schwarz,
doch im Frühjahr etwas heller. Die Stirn
ist dunkler gefärbt, die Füße sind dagegen heller, schmutzig weiß bis gelbbraun.
Der Moschusochse ist ein sehr kräftiges
Tier mit mächtigen Schultern. Auch die
Weibchen besitzen Hörner.
Der Moschusochse wurde erst 1869 während der großen Zeit der Polarexpeditio-
nen entdeckt. Während der Eiszeit war er
über fast ganz Europa, Sibirien und Nordamerika verbreitet. Am Ende der letzten Vereisungsepoche schrumpfte sein
Verbreitungsgebiet immer mehr, so daß
er heutzutage auf den Norden Kanadas
mit Einschluß einer Reihe vorgelagerter
Inseln, den Nordteil Alaskas und einen
Teil Grönlands beschränkt ist. Die Gesamtzahl der noch existierenden Moschusochsen wird auf etwa 13.000 geschätzt. Sein Lebensraum ist die Tundra,
die zwar den größten Teil des Jahres über
schneebedeckt ist, aber nicht so tief, daß
sie dem Moschusochsen das Überleben
unmöglich machen würde.
Wir kennen drei Unterarten: Der Alaska-
Moschusochse (*Ovibos moschatus mo-*

▼ Der gedrungene Bau, die breiten
Hufe und vor allem das dichte und
außerordentlich lange Fell des
Moschusochsen stellen vorzügliche
Anpassungen an die Umgebung dar,
die der Moschusochse bewohnt:
die Tundra von Grönland und
Nordkanada.

▼ Der Moschusochse ernährt sich von den wenigen
Blütenpflanzen und Gräsern, die in der Arktis
wachsen, außerdem von Flechten und Moosen.

Flechten

Arktische Blütenpflanzen

Moose

Hufeindruck

schatus) stand bereits dicht vor der Ausrottung, doch scheint es, daß diese Unterart heute in genügender Anzahl überlebt. Die Unterart *O. m. niphoecus* lebt in Kanada und ist ebenfalls sehr selten geworden. Der Grönland-Moschusochse (*O. m. wardi*) ist die Unterart mit der weitesten Verbreitung. Er wurde auch in verschiedene andere Gebiete eingeführt.

Der Moschusochse ist hervorragend an die extreme Klimabedingungen der Arktis angepaßt. Seine Nahrung setzt sich aus den wenigen Gräsern und Blütenpflanzen der Arktis zusammen, sowie aus Flechten und Moosen. Moschusochsen leben in gemischten Herden aus Männchen, Weibchen und Jungtieren; doch gibt es auch Herden, die ausschließlich aus noch nicht geschlechtsreifen Bullen bestehen und sich bilden, wenn der älteste und ranghöchste Bulle die Jungbullen aus der Herde vertreibt. Dies geschieht zu Beginn der Paarungszeit, außerdem, wenn die Jungbullen ein bestimmtes Alter erreicht haben. Derartige Herden sind ziemlich klein und bestehen meist aus nicht mehr als 10 Tieren.

Die gemischten Herden sind etwas größer und zählen im Mittel 10-12 Köpfe, darunter sehr wenige Kälber (meist nur 10-20 %). Allerdings schließen sich die Moschusochsen zuweilen zu viel größeren Herden von bis zu 60 Tieren zusammen. Die Herden bilden eine feste Einheit und haben eine sehr effektive Methode der Abwehr von Raubtieren entwickelt. Bei Annäherung eines Feindes versuchen die Moschusochsen, eine Anhöhe zu erreichen und schließen sich mit nach außen gerichteten Köpfen zu einem engen Ring zusammen. Die Kälber und Jungtiere befinden sich innerhalb des Ringes und sind auf diese Weise vor dem angreifenden Wolf oder Bären geschützt. Allerdings ist diese Form der Verteidigung gegenüber dem Menschen wirkungslos. Moschusochsen kämpfen so heftig, daß sie manchmal tödlich verletzt werden, ein seltener Fall in der Tierwelt.

Die Paarungszeit fällt in den August. Während dieses Zeitraumes verteidigen die Bullen ihren Harem gegen andere Bullen. Die beiden Rivalen stehen sich zunächst gegenüber und versuchen sich unter lautem Gebrüll gegenseitig zu beeindrucken. Die Tragzeit dauert etwa 8 Monate, daher findet die Geburt im April statt, wenn die Nächte noch länger sind als die Tage. Die Wachstumsrate der Wildpopulationen ist sehr gering, umso mehr, als die Moschusochsen in freier Wildbahn anscheinend nur jedes zweite Jahr Junge bekommen.

▲ Der Moschusochse kommt im selben Lebensraum vor, den er einstmals mit dem nun ausgestorbenen Mammut und dem Wollhaarnashorn teilte.

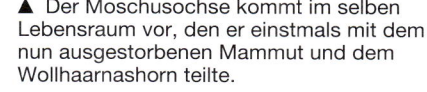

▲◄ Werden Moschusochsen von Wölfen angegriffen, bilden sie einen engen Ring und nehmen die Kälber in die Mitte. Diese Abwehrstellung ist äußerst wirksam, während ein Einzeltier fast regelmäßig von Wölfen getötet wird.

▲► Das langhaarige Fell bietet einen vorzüglichen Schutz gegen Kälte und Schnee und ermöglicht es dem Moschusochsen, sogar auf dem Eis zu leben und seine Kälber warm zu halten. Das Diagramm zeigt die Dickenverhältnisse der verschiedenen Haut- und Fellschichten, mit denen sich diese Tiere vor den harten Klimabedingungen schützen, denen sie ausgesetzt sind:
1) Fettschicht; 2) Haut; 3) dicke Unterwolle; 4) lange äußere Haare.

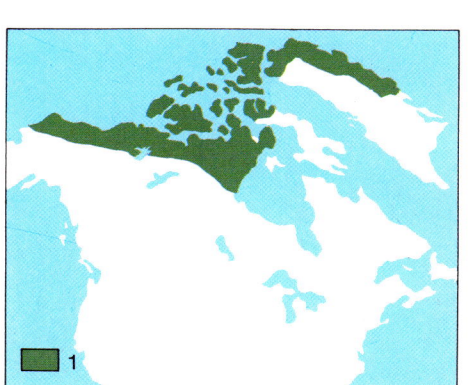

◄ Verbreitungsgebiet des Moschusochsen (*Ovibos moschatus*).

SPITZMAUL-NASHORN
(DICEROS BICORNIS)

Ordnung Perissodactyla
Familie Rhinocerotidae
Größe Kopf-Rumpflänge 3-3,75 m;
Schwanzlänge 70 cm; Schulterhöhe
1,4-1,6 m
Gewicht 1-1,8 Tonnen
Zahnformel $\frac{0.0.3(4).3}{0.0.3(4).3} = 24\text{-}28$
Tragzeit 16 Monate
Anzahl der Jungtiere 1, ungefähr alle
3-4 Jahre
Geschlechtsreife Nach 5-6 Jahren
Höchstalter Ungefähr 50 Jahre

Das Spitzmaulnashorn ist die häufigste
Nashornart in Afrika. Es ist etwas kleiner als das Breitmaulnashorn, besitzt aber
ebenfalls zwei Hörner. Der Kopf ist im
Vergleich zum Körper klein und kürzer
als beim Breitmaulnashorn und wird im
allgemeinen etwas höher gehalten. Die
Lippen sind dreieckig und nicht viereckig,
und enden in einem fingerförmigen, zum
Greifen geeigneten Fortsatz. Die Nasenöffnungen sind schmal und rundlich, die
Augen klein und die Ohren kurz und mit
einer großen Öffnung versehen.
Die Haut ist unbehaart und an den Flanken stark runzlig. Die Färbung der Haut
kann bräunlich oder schiefergrau oder
gelblichgrau sein. Das Spitzmaulnashorn
ist häufig mit einem trockenen Schlamm-
überzug bedeckt, weil es gern Schlammbäder nimmt oder sich auch im Schlamm
wälzt. Die zwei Hörner sind unterschiedlich lang, das vordere ist länger und nach
innen gebogen. Es ist meist etwa 50 cm
lang, manchmal auch kürzer, kann aber
die maximale Länge von 130 cm erreichen. Das zweite Horn ist viel kürzer und
senkrecht nach oben gerichtet. Es gibt einige wenige Berichte über dreihörnige
Nashörner, bei denen das dritte Horn in
der Regel winzig ist, in seltenen Fällen
aber auch recht gut entwickelt sein kann.
Früher war das Spitzmaulnashorn in ganz
Afrika weit verbreitet, allerdings mit Ausnahme der großen Regenwaldgebiete.
Heutzutage ist sowohl die Anzahl der
Nashörner als auch das Verbreitungsgebiet dieser Art enorm zurückgegangen,
vor allem durch Großwildjäger und zur
Gewinnung der Hörner, die in Asien als
Wundermedizin gelten und einen hohen
Preis bringen. Wie alle Großtiere, die
durch menschliche Einwirkungen an den
Rand des Aussterbens gebracht wurden,
ist auch das Spitzmaulnashorn heute mehr

▲ Das Spitzmaulnashorn (*Diceros
bicornis*) ist etwas kleiner und nicht
so mächtig wie das Breitmaulnasho[rn]
Doch besitzt es ebenfalls zwei Hörn[er]
und lebt in Afrika. Sein Kopf ist kürz[er]
die Lippen sind zugespitzt und es
hält seinen Kopf etwas höher.

▼ Das Spitzmaulnashorn bewohnt Waldlichtungen, Waldränder und dichtes Gebüsch. Es entfernt
sich niemals weit vom Wasser.

▶ Die Nahrung der Spitzmaulnashörner ist sehr vielseitig und enthält
sogar Dorngebüsch. Abweichend
vom Breitmaulnashorn senkt es
selten den Kopf so tief.

oder weniger auf die Wildreservate und Nationalparks beschränkt, vor allem südlich des Sambesi, wo es nur noch in den Schutzgebieten vorkommt. In Ostafrika ist es noch etwas zahlreicher, vor allem in den berühmten Nationalparks.

Das Spitzmaulnashorn bewohnt dichte Strauchsteppen, Baumsavannen, Dornbuschsavannen und Waldlichtungen mit dichtem Unterwuchs. Man findet es gelegentlich auch in Trockengebieten, aber niemals weit von Wasserläufen oder Wasserlöchern vor, denn das Vorhandensein von Wasser ist für das Spitzmaulnashorn lebenswichtig. Es besiedelt auch Bergwälder, wo es trotz seiner Größe auch steile Hänge mit großer Geschicklichkeit erklettert. In Kenia findet man es noch in 2.700 m Höhe. Die einzigen Lebensräume, in denen es gänzlich fehlt, sind die großen tropischen Regenwaldgebiete und die buschlosen Grasländer. In den letzteren fehlt es, weil es dort kein Futter findet. Während der Trockenzeit entfernt sich das Spitzmaulnashorn nicht weiter als 25 km von der nächsten Wasserstelle, in der Regenzeit aber, wenn überall Wasser vorhanden ist, streift das Nashorn viel weiter umher.

Das Spitzmaulnashorn ernährt sich von Zweigen, Blättern und jungen Trieben, die es mit Hilfe seiner zugespitzten Lippen, vor allem aber mit dem fingerförmigen Fortsatz an seiner Oberlippe ergreift und abweidet. Selbst in den Grassteppen sucht es kleine Sträucher auf und verzehrt vor allem die Zweige der Dornbüsche. Während der heißesten Tageszeit zieht sich das Spitzmaulnashorn in die dichte Vegetation zurück; es weidet vor allem früh morgens und abends. Das Spitzmaulnashorn kann ziemlich schnell laufen und erreicht eine Höchstgeschwindigkeit von 45 km/h. Es ist außerdem für seine Größe und sein Gewicht überraschend beweglich und selbst im vollen Lauf zu plötzlichen Wendungen fähig. Sein Geruchssinn ist sehr fein und spielt im Sozialverhalten eine bedeutende Rolle, zum Beispiel für das gegenseitige Erkennen von Mutter und Kind oder zum Kontakthalten der Nashörner eines bestimmten Revieres untereinander. Daher spielen olfaktorische Signale eine besondere Rolle und Nashörner markieren Büsche, Grasbüschel und Baumstämme mit ihrem Urin.

Das Spitzmaulnashorn ist nicht sehr gesellig und höchst aggressiv. Die Männchen sind Einzelgänger. Die Weibchen dagegen leben mit ihrem Jungen zusammen, selbst wenn dieses schon ziemlich groß ist. Die Tragzeit dauert 15-16 Monate, im Anschluß daran kommt ein einziges Kalb zur Welt.

▼ Spitzmaulnashörner baden häufig im Sumpf, um sich abzukühlen und von Parasiten zu befreien. Dabei bedecken sie sich mit Schlamm, der später eine harte Kruste auf der Haut bildet.

▲ Während der heißesten Tageszeit liegen sie ausgestreckt oder auf der Seite im Schatten.

◄ Ihre Pfade führen durch dichtes, dorniges Unterholz, das sie ohne Schwierigkeiten durchqueren.

▼ Sie sind sehr neugierig und beriechen alle ihnen unbekannten Dinge. Manchmal klettern Schildkröten auf ihnen herum und lesen Hautparasiten ab, während die Nashörner baden.

▲ Das Spitzmaulnashorn kann sich schnell bewegen und macht oft aus Ärger oder Neugier Scheinangriffe. Es ist ein unberechenbares Tier, doch verursacht es gewöhnlich in Gegenden, in denen es nicht belästigt wird, wenig Schaden.

► Die Jungen des Spitzmaulnashorns halten sich immer in unmittelbarer Nähe der Mutter auf und suchen häufig Körperkontakt.

►▲ Das Horn des Spitzmaulnashorns ist eigenartig gebaut, denn es besteht aus zusammengebackenen Hornfasern.

TAPIRE
(GATTUNG *TAPIRUS*)

Die Tapire sind mit den Nashörnern und Pferden verwandt, doch gleichen sie im Aussehen mehr einem Flußpferd oder einem Schwein. Der Körper ist ziemlich untersetzt und kurz und seitlich etwas zusammengedrückt. Das Profil der Oberseite des Kopfes ist auffällig gerundet. Der Kopf ist ziemlich klein, die Schnauze ist lang und endet in einem kurzen, konischen, sehr beweglichen Rüssel, der aus der verlängerten Nase und Oberlippe besteht. Am Ende des Rüssels befinden sich die Nasenöffnungen, die als seitliche Schlitze ausgebildet sind. Die kleinen Augen sind gut geschützt, die Ohren kurz und rundlich, aufrecht und ziemlich unbeweglich. Das Fell ist bei den Jungtieren mit unterbrochenen weißen Längsstreifen und Punkten auf dunklem Grund gezeichnet. Diese Fellfärbung ist offensichtlich eine gute Tarntracht. Tapire besitzen 42 oder 44 Zähne.

Der Hals ist sehr muskulös und von normaler Länge, der untersetzte Körper ist an der Kruppe höher als am Widerrist, so daß die Rückenlinie etwas konkav verläuft. Die Beine sind ziemlich kurz und nicht sehr dick, die Vorderfüße tragen vier Zehen, von denen die fünfte jedoch so klein ist, daß sie nur auf sehr weichem Untergrund den Boden berührt; die Hinterfüße sind dreizehig und es fehlen die erste und die fünfte Zehe. Die vier existierenden Arten erreichen etwa folgende Größen: Kopf-Rumpflänge (ohne Schwanz) 1,8-2,5 m; Schwanzlänge 5-10 cm; Schulterhöhe 75-120 cm; Gewicht 225-300 kg und mehr. Die Weibchen sind im allgemeinen größer als die Männchen. Tapire bewohnen Tropische Regenwälder und dichte Dschungel. Sie bevorzugen die Nähe von Wasserläufen, doch brauchen sie in jedem Fall sehr dichte Vegetation, in die sie sich gegen Mittag zurückziehen.

In der Regel leben Tapire allein oder paarweise. Sie bewegen sich ohne Schwierigkeiten selbst im dichten Unterholz. Sie schwimmen ausgezeichnet und können selbst breite Flüsse mit Leichtigkeit durchqueren. Sie sind sehr wasserliebend und insbesondere der Schabrackentapir liebt es, im tiefen Wasser zu stehen und Wasserpflanzen abzuweiden, und sogar eine zeitlang am Grund des Gewässers entlangzulaufen.

Geruchssinn und Gehör der Tapire sind sehr fein und ihr Rüssel ist ein vorzügliches Hilfsmittel zur Erforschung ihrer Umgebung. Mit seiner Hilfe finden sie

▲ Die Tapire sind urtümliche Unpaarhufer (Perissodactyla), die in den Tropischen Regenwäldern überlebt haben. Oben abgebildet ist der Schabrackentapir (*Tapirus indicus*) mit seinem unverwechselbaren Sattelfleck auf Rücken und Hinterteil. Seine Nahrung besteht vorwiegend aus Blättern, jungen Trieben und Früchten des Waldes.

▼ Der Lebensraum des Schabrackentapir ist der dichte Tropische Regenwald in der Nähe oder an den Ufern von Flüssen.

◄ Zum Abpflücken der Zweige und Schößlinge greift sie der Tapir mit seinem sehr beweglichen Rüssel.

auch ihre Nahrungspflanzen. Sie verzehren Blätter, dünne Zweige, Knospen, Früchte und Wasserpflanzen. Tapire besitzen auch einen guten Tastsinn, denn der Rüssel ist mit Tasthaaren besetzt, die bis an seine Spitze reichen, und mit ihnen nehmen sie Kontakt zu ihren Artgenossen auf.

Alle vier existierenden Arten gehören zur Gattung *Tapirus*. Eine Art kommt in Asien vor, die anderen drei in Mittelamerika und Südamerika. Der asiatische Schabrackentapir (*Tapirus indicus*) wird größer als die ürbigen Arten und kann eine Länge von 2,5 Metern erreichen. Seine Färbung ist unverwechselbar, denn er trägt einen großen, schmutzig weißen, fast silbern erscheinenden, sattelförmigen Fleck auf tiefschwarzem Grund auf Kruppe und Bauch, von dem auch sein deutscher Name abgeleitet ist. Die Jungtiere sind braun mit weißen Flecken und Streifen auf Rücken und Flanken. Diese Zeichnung verliert sich erst im Alter von fünf Monaten. Der Schabrackentapir war früher in den Regenwäldern und sumpfigen Dschungelgebieten Burmas, Thailands, Indochinas, der Halbinsel Malakka und Sumatras weit verbreitet.

Die drei amerikanischen Tapirarten sind etwas kleiner und schlanker und besitzen auch dünnere Beine. Die Färbung der Erwachsenen ist einheitlich gelbbraun oder dunkelbraun. Der Rüssel ist etwas länger, die Jungtiere sind aber ähnlich gestreift und gesprenkelt wie die der asiatischen Art. Die häufigste und am weitesten verbreitete Art ist *Tapirus terrestris*, der Südamerikanische Tapir. Er ist nicht sehr groß, wird etwa 2 m lang und 1 m hoch. Er kommt von Kolumbien und Venezuela bis zum Gran Chaco in Paraguay und zum Staat Rio Grande do Sul in Brasilien vor und bewohnt hauptsächlich dichte Tropische Regenwälder.

Die beiden anderen amerikanischen Tapire sind seltener und in ihrer Verbreitung mehr beschränkt. Die interessanteste Art ist der Bergtapir (*Taprirus pinchaque* oder *T. roulini*), eine kleinere und leichter gebaute Art. Er wird 1,8 m lang, an der Schulter 75-80 cm hoch und lebt in Höhen von 2.000-4.000 m in den Anden von Kolumbien und Ecuador und vielleicht auch im Norden Perus und im Westen Venezuelas. Die dritte Art, der Mittelamerikanische oder Baird's Tapir (*Tapirus bairdi*) ist ebenfalls sehr selten und dem Aussterben nahe. Er ist von Südmexiko bis nach Kolumbien und Ecuador verbreitet, dort aber nur im Gebiet westlich der Anden. Mit einer Schulterhöhe von 1,2 m und einem Gewicht über 300 kg ist er der größte amerikanische Tapir. Er besitzt eine kurze Mähne am Hals.

▶ Tapire sitzen gern auf ihrem Hinterteil.

▲ Sie scharren gern am Boden.

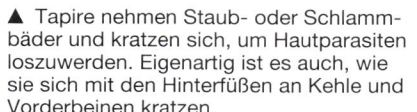

▲ Tapire nehmen Staub- oder Schlammbäder und kratzen sich, um Hautparasiten loszuwerden. Eigenartig ist es auch, wie sie sich mit den Hinterfüßen an Kehle und Vorderbeinen kratzen.

Südamerikanischer Tapir (*Tapirus terrestris*)

◀ Der Schabrackentapir steht in Flüssen und Sümpfen gern tief im Wasser, um Wasserpflanzen abzuweiden. Er läuft auch beträchtliche Strecken auf dem Grund der Gewässer herum.

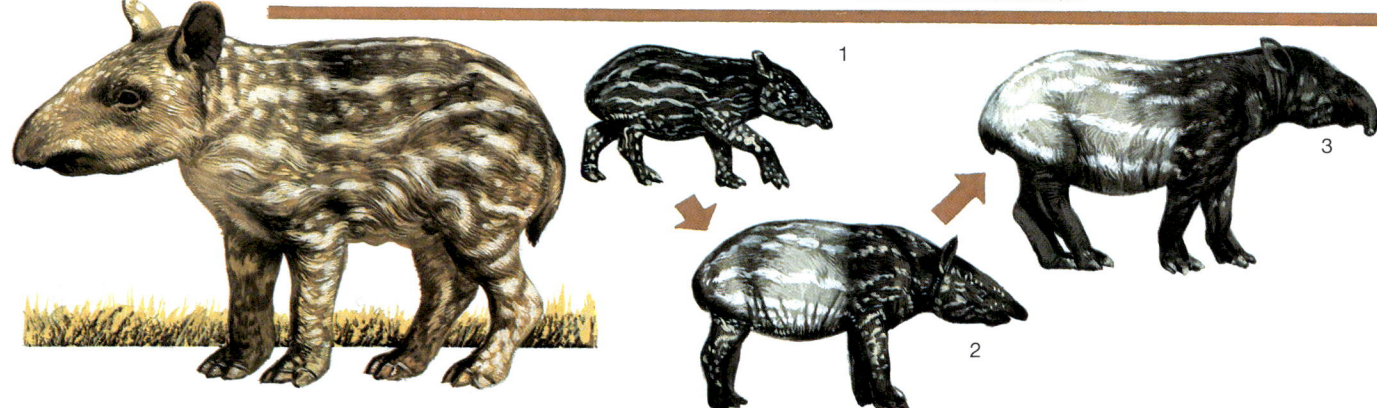

▲ Junge Tapire: Das gestreifte Fell ist typisch für junge Tapire; es geht nach ein paar Monaten verloren. Links ein junger Südamerikanischer Tapir (*Tapirus terrestris*), rechts (1, 2, 3) verschiedene Jugendstadien des Schabrackentapirs. Man sieht, wie die weiße Schabracke allmählich deutlicher wird.

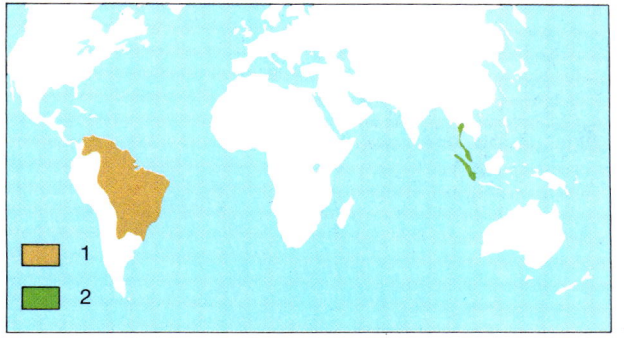

1

2

◀ 1) Verbreitungsgebiet des Südamerikanischen Tapirs (*Tapirus terrestris*). 2) Verbreitungsgebiet des Schabrackentapirs (*Tapirus indicus*).

PRZEWALSKI-PFERD
(EQUUS FERUS PRZEWALSKII)

Ordnung Perissodactyla
Familie Equidae
Größe Schulterhöhe 130-142 cm
Gewicht 250-300 kg
Zahnformel $\frac{3.1.3(4).3}{3.1.3\quad.3} = 40\text{-}42$
Fortpflanzungszeit Im Frühling
Tragzeit 11 Monate
Anzahl der Jungtiere 1
Geschlechtsreife Nach 3 Jahren
Höchstalter 34 Jahre

Das Przewalskipferd ist gelb bis rötlich-braun gefärbt, doch am Kopf und Hals meist etwas dunkler. Die Schnauzenregion ist weiß oder wenigstens hell und stellt eine sogenannte "Mehlschnauze" dar. Mähne, Schwanz und Beine sind dunkelbraun oder schwarz. Oberhalb der Sprunggelenke und hinter den Knien der Vorderbeine kann man manchmal feine Querstreifen erkennen. Auf dem Rücken verläuft immer in der Mitte ein dunkler Längsstreif von der Mähne zur Schwanzwurzel, und über die Schultern zieht sich meist ebenfalls ein dunkler Streifen oder Fleck. Ein wichtiger Unterschied zwischen den Wildpferden und den domestizierten Formen besteht in der Art der Wachstums von Mähne und Schwanz. Bei den Wildformen ist die Mähne kurz und steht aufrecht und der Schwanz trägt an der Wurzel, bei Zebras und den asiatischen Halbeseln auch entlang der ganzen Oberseite nur kurze Haare. Die domestizierten Pferde besitzen dagegen eine lange, herabhängende Mähne und lange Haare auch an der Schwanzwurzel. Beim Przewalskipferd sind diese Unterschiede nicht so deutlich: Die Mähne, obwohl noch aufrecht, legt sich oft auf eine Seite, vor allem kurz vor dem Haarwechsel. Es besitzt keine Stirnmähne wie die Hauspferde, daher ist die Stirn immer unbehaart wie bei den Zebras und den afrikanischen und asiatischen Wildeseln. Auch die Schwanzhaare sind nicht so kurz wie bei den anderen Wildformen und gleichen eher denen ursprünglicher Rassen des Hauspferdes, etwa dem Norwegerpferd oder dem Islandpony.
Die äußere Gestalt des Przewalskipferdes und der Bau seines Skelettes unterscheidet sich von den gleich großen Rassen des Hauspferdes. Auf den ersten Blick fällt der massige Bau des Halses und der dicke, schwergebaute Kopf auf. Die sehr massigen Unterkieferknochen verleihen

Einige Angehörige der Familie Equidae

Przewalskipferd
(*Equus ferus przewalskii*)

Grantzebra
(*Equus quagga boehmi*)

Arabisches Zuchtpferd
(*Equus caballus*)

Shetlandpony
(*Equus caballus*)

Hausesel
(*Equus asinus asinus*)

Alle existierenden Arten der Familie Equidae – Pferde, Esel und Zebras – werden wegen ihrer großen Ähnlichkeit in Aussehen und Körperbau heute in eine einzige Gattung *Equus* gestellt. Alle heutigen Arten sind elegante, schnelle, große Tiere mit einem einzigen Huf. Der Huf ist nichts anderes als der vergrößerte Nagel der einzigen Zehe. Das Fell ist kurz und glatt, bildet jedoch einen buschigen Schwanz und am Hals eine Mähne, die bei den Wildformen aufrecht steht, bei den domestizierten Pferden jedoch herabhängt. Alle Pferdeartigen sind Pflanzenfresser. Die Wildformen bewohnen Grassteppen und Wüstensteppen der Alten Welt, während die zahlreichen domestizierten Rassen des Esels und des Pferdes durch den Menschen in der ganzen Welt eingeführt wurden.

dem Schädel ein auffällig viereckiges Aussehen. Auffallend ist auch der Bart, der, vor allem im Winter, an der Unterseite der Kehle wächst und den kastenförmigen Umriß des Kopfes noch betont. Przewalskipferde werden bereits seit 20 Generationen in Gefangenschaft gezüchtet. Da sie alle von nur 8-10 Tieren abstammen, zeigen sie ebenfalls Merkmale der Domestizierung, zum Beispiel kleine, weiße, sternförmige Flecke auf der Stirn und graue oder rötlichgraue Färbungen, die in einigen Herden aufgetreten sind. Allerdings ist es nicht möglich, zu entscheiden, ob derartige Veränderungen auf der Einkreuzung von Wildpferden aus Askania Nova in Südrußland beruhen, die ihrerseits vorher mit Hauspferden gekreuzt worden waren.

Der Widerrist ist nicht besonders auffallend und die Kruppe ist stark gerundet, so daß der Schwanz weit unten beginnt. Die Beine sind verhältnismäßig kurz, schlank und nicht besonders kräftig – alles Merkmale des ursprünglichen Wildpferdes. Bei Käfighaltung auf zu weichem Boden deformieren die Hufe manchmal so sehr, daß die Tiere nur noch unter Schwierigkeiten laufen können.

Das Przewalskipferd ist heutzutage höchstwahrscheinlich in freier Wildbahn ausgestorben. Nach den Angaben russischer Wissenschaftler war die Anzahl der Wildpferde im Grenzgebiet zwischen der Mongolei und China in den Jahren zwischen 1942 bis 1945 noch nicht auf einen gefährlich niedrigen Stand gesunken. Im Gebiet zwischen 89° und 94°O und 44°30' und 45°30'N gab es noch einige Herden und auch einige Fohlen wurden noch dort gefangen und in die Hauptstadt Ulan Bator gebracht. Nur ein weiterer Hengst wurde 1955 in den Takhin-Shara-nuru-Bergen gesehen und nach den Angaben von Schafhirten gab es 1964 nur noch etwa 15 Pferde im Ulan Shilin-choolai-Tal. Da ihr Lebensraum weiter dahinschwindet und da sie vor allem von den Wasserstellen vertrieben werden, scheint das Schicksal der letzten frei lebenden Przewalskipferde besiegelt.

Ein anderes Wildpferd kam vermutlich noch im Mittelalter in Europa und später noch in Osteuropa vor, der Waldtarpan. Er war etwas leichter gebaut als das Przewalskipferd und eher grau gefärbt. Es ist jedoch wahrscheinlich, daß bereits die polnischen Tarpane mit Hauspferden gekreuzt waren, so daß auch alle heutigen, in Zoos gehaltenen sogenannten "Tarpane" Mischlinge und keine echten Wildpferde mehr sind. Noch in der Steinzeit war der Tarpan jedoch in Europa ein häufiges Tier, wie die zahlreichen steinzeitlichen Abbildungen beweisen.

▲ Das Przewalskipferd oder Mongolische Wildpferd ist das einzige noch existierende Wildpferd. Es ist durch seine gelbbraune Färbung, die aufrechte schwarze Mähne, den ganz schwarzen Schwanz, den dicken Kopf ohne Stirnmähne und den weißen Fleck rings um das Maul ausgezeichnet. Es bewohnt Strauchsteppen in Zentralasien.

▲ Werden sie zu sehr von Hautparasiten belästigt, reiben sie die Körperteile, die sie wegen der langen Mähne und der Schwanzhaare nicht erreichen können, an Baumstämmen.

▲ Diese persische Elfenbeinstatuette stammt aus Ausgrabungen in Susa im Iran und ist etwa 5.000 Jahre alt. Sie zeigt ein wieherndes Przewalskipferd.

1

◄ Die in freier Wildbahn überlebenden Populationen des Przewalskipferdes sind inzwischen so klein geworden, daß sie dem Aussterben nahe sind. Die letzten Tiere könnten noch ein einem kleinen Gebiet Zentralasiens entlang der Grenze zwischen der Mongolei und China an zwei Hängen des Altai-Gebirges leben, doch sind die Nachrichten darüber zweifelhaft und widersrpüchlich. 1) Wahrscheinliche heutige Verbreitung des Przewalskipferdes (*Equus ferus przewalskii*).

ZEBRAS

(GATTUNG *EQUUS*, UNTER-GATTUNGEN *HIPPOTIGRIS* UND *DOLICHOHIPPUS*)

Ordnung Perissodactyla
Familie Equidae
Größe Schulterhöhe 106-155 cm
Gewicht 120-430 kg

Zahnformel $\frac{3.1.3(4).3}{3.1.3\quad .3} = 40\text{-}42$

Tragzeit Ungefähr 1 Jahr
Anzahl der Jungtiere 1
Geschlechtsreife Nach 2-4 Jahren
Höchstalter In Gefangenschaft 20-25 Jahre; das Steppenzebra kann bis 40 Jahre alt werden.

Zebras sind für Afrika typische Pferde, und alle drei existierenden Arten besitzten die unverwechselbare schwarz-weiße Streifung.

Das Grevyzebra (*Equus grevyi*) ist das größte lebende Zebra. Es besitzt einen langen, schmalen Kopf und besonders große, breite und rundliche, an den Kanten schwarze, an der Spitze aber weiße Ohren, die innen dicht weiß behaart sind. Der Kopf ist sehr eng schwarz-weiß gestreift und die Schnauze ist schwarz. Oberhalb der Nasenöffnungen, dort, wo die Streifung aufhört, befindet sich ein brauner Fleck mit einem zusätzlichen weißen Fleck darüber. Die Streifung am Hals ist bedeutend weiter, die des Rumpfes aber wieder enger mit zahlreichen Verzweigungen. Der Bauch ist ungestreift. Am auffälligsten an der gesamten Zeichnung sind die Streifen an der Kruppe, die im Unterschied zu allen anderen Zebras nicht parallel zueinander hinunterlaufen, sondern auf dem hinteren Teil der Kruppe fast in konzentrischen Kreisen um den Schwanzansatz herumziehen. Das Grevyzebra bewohnt das Gebiet von Nordkenia und Südsomalia bis in den südlichen Sudan, ist aber heutzutage in Somalia wohl bereits ausgestorben. Sein Revierverhalten gleicht mehr demjenigen der Wildesel als dem der anderen Zebraarten. Ein erwachsener Hengst besetzt ein bis 10 km² großes Territorium, das aber auch von anderen Hengsten, sowie den Stuten mit ihren Fohlen bewohnt wird. Die Grenzen des Territoriums markiert der Revierbesitzer durch lautes Wiehern und sein auffälliges Verhalten, außerdem durch seine Kothaufen, die manchmal gewaltige Ausmaße annehmen können. In Wirklichkeit halten sie jedoch andere Hengste nicht davon ab, in das Revier einzudringen. Die Stuten werden

Grantzebra (*Equuas quagga boehmi*)

▲ Eine Zebraherde in der afrikanischen Savanne. Das Fell dieser Tiere zeigt eine auffällige Streifung, die, so möchte man annehmen, diese Tiere in der offene Savanne sehr gut erkennen läßt. In Wirklichkeit ist diese Zeichnung jedoch ein besonders gutes Beispiel einer Tarntracht, denn sie löst aus einer bestimmten Entfernung die Körperumrisse des Zebras völlig auf.

◀ Gras ist die Hauptnahrungsquelle der Zebras. Einige Arten jedoch, die in bergigen Gegenden und im südafrikanischen Busch leben, verzehren außerdem Blätter und Rinde.

▼ Die Lebensräume der Zebras sind die Grassteppen oder Baumsavannen der Ebenen und hügeliges oder steiniges, trockenes Bergland.

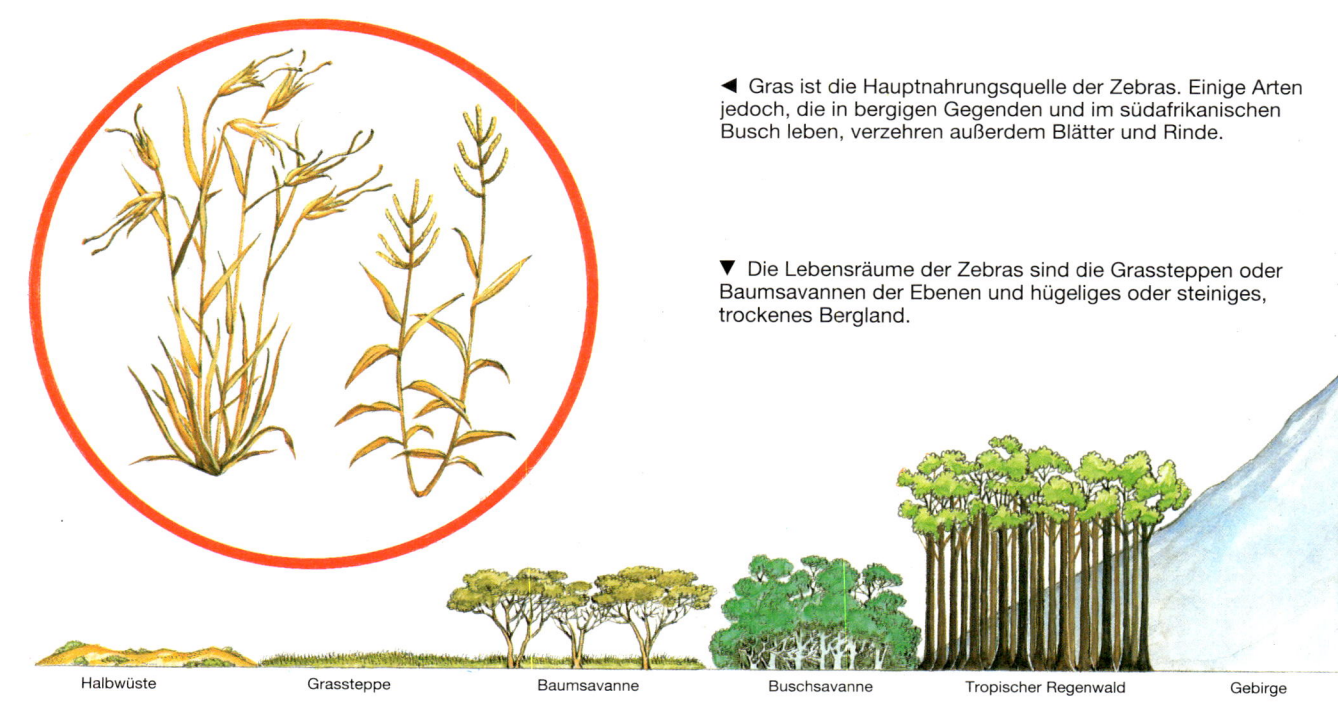

Halbwüste   Grassteppe   Baumsavanne   Buschsavanne   Tropischer Regenwald   Gebirge

nach Möglichkeit daran gehindert, das Territorium zu verlassen, weil nur innerhalb des Reviers eine von den anderen Hengsten ungestörte Paarung stattfinden kann. Ein starker Hengst kann sein Revier mehrere Jahre lang behalten, und selbst bei starker Dürre wird er der letzte sein, der es verläßt.

Zebras grasen im allgemeinen zweimal am Tag, am Morgen und am späten Abend. Mittags ruhen sie im Schatten, wenn das möglich ist, und stehen dabei in dichten Gruppen beisammen. Wie alle Pferdeartigen schlafen sie im Stehen und nur sehr junge Fohlen legen sich noch zum Schlafen nieder. Ihre Nahrung besteht ausschließlich aus Gras. Wenn möglich gehen sie jeden Tag zur Tränke, denn sie können höchstens drei Tage lang ohne Wasser aushalten. Die Tragzeit soll sich auf 390 Tage belaufen, wahrscheinlich dauert sie aber nur ein Jahr wie bei den anderen Pferdeartigen.

Das sehr seltene Bergzebra (*Equus zebra*) unterscheidet sich von dem sonst ähnlichen Steppenzebra im Zeichnungsmuster. Die mäßig breiten schwarzen Streifen auf den Flanken verlaufen auch weit hinten noch mehr oder weniger parallel, und erst die breiten Streifen auf der Kruppe und am Hinterteil ziehen schräg nach vorn. Beim Steppenzebra beginnt diese Schrägstreifung bereits viel weiter vorn, so daß es sich, von der Seite betrachtet, deutlich vom Bergzebra unterscheidet. Die Ringelung der Beine reicht beim Bergzebra bis zu den Fesseln, der Bauch ist ungestreift und die Streifung im Gesicht, auf der Oberseite der Kruppe und am Schwanz ist enger. Wir kennen zwei Unterarten des Bergzebras. Die eine ist sehr selten und kommt in Südafrika vor, die zweite lebt im Gebiet von Angola bis Namibia. Die Bergzebras ernähren sich zwar vorwiegend von Gras, fressen aber auch Blätter und Rinde, wenn es nötig ist. Sie leben meist in kleinen Herden von 2-5 erwachsenen Stuten mit ihren Fohlen und mit einem Hengst als Anführer. Die Tragzeit dauert vermutlich 362-365 Tage und die Fohlen kommen meist in der Regenzeit zur Welt, also zwischen November und April.

Das Steppenzebra (*Equus quagga*) ist das häufigste und am weitesten verbreitete Zebra und kommt in ganz Ostafrika vor. Sein wichtigstes Kennzeichen ist der allmähliche Verlust der Streifung an Beinen und Hinterteil. Je südlicher das Zebra vorkommt, umso undeutlicher ist die Streifung auf diesen Körperpartien. Wir kennen fünf Unterarten des Steppenzebras: das Grantzebra, das Selouszebra, das Chapmanzebra, das Burchellzebra und das bereits ausgestorbene Quagga.

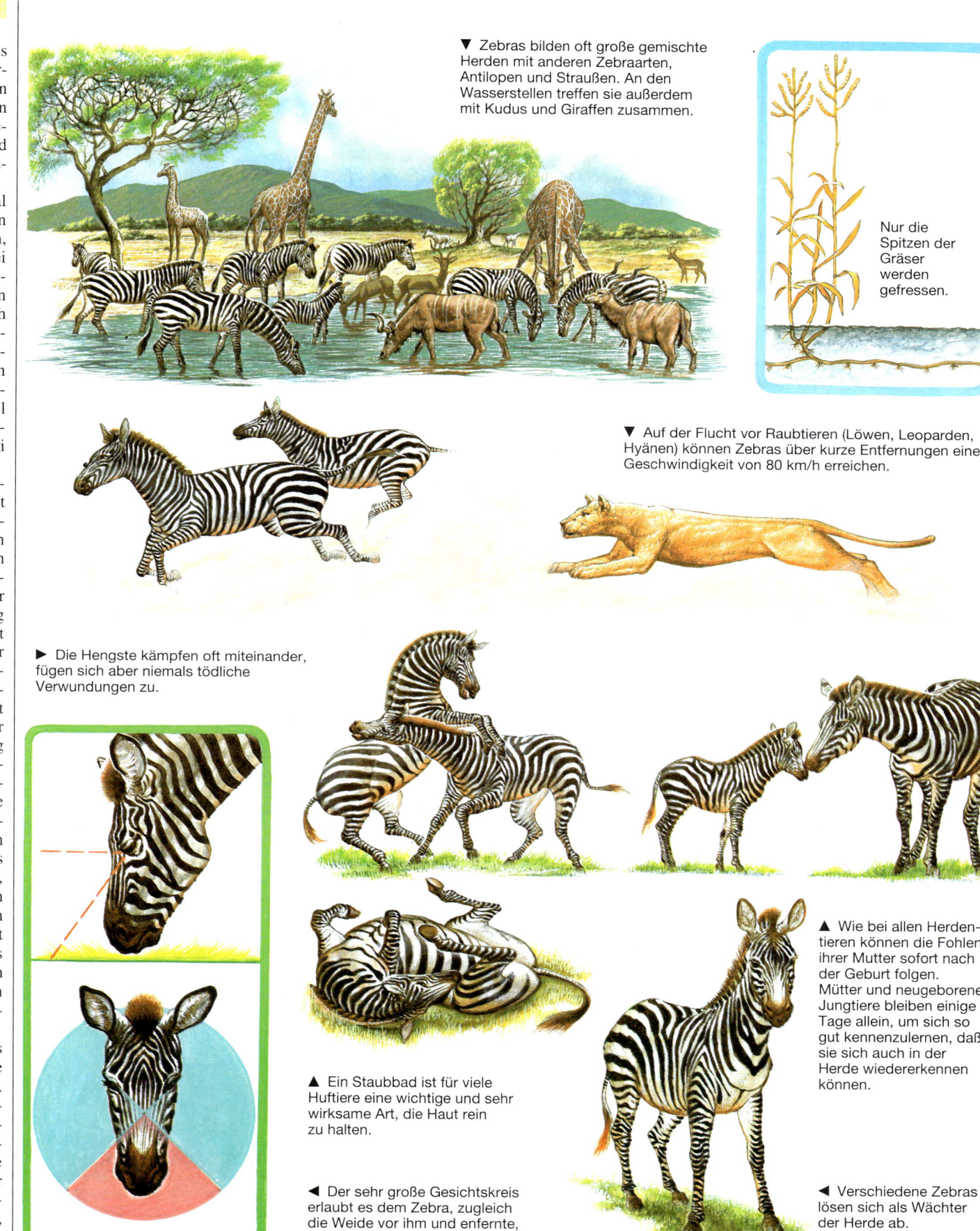

▼ Zebras bilden oft große gemischte Herden mit anderen Zebraarten, Antilopen und Straußen. An den Wasserstellen treffen sie außerdem mit Kudus und Giraffen zusammen.

Nur die Spitzen der Gräser werden gefressen.

▼ Auf der Flucht vor Raubtieren (Löwen, Leoparden, Hyänen) können Zebras über kurze Entfernungen eine Geschwindigkeit von 80 km/h erreichen.

► Die Hengste kämpfen oft miteinander, fügen sich aber niemals tödliche Verwundungen zu.

▲ Wie bei allen Herdentieren können die Fohlen ihrer Mutter sofort nach der Geburt folgen. Mütter und neugeborene Jungtiere bleiben einige Tage allein, um sich so gut kennenzulernen, daß sie sich auch in der Herde wiedererkennen können.

▲ Ein Staubbad ist für viele Huftiere eine wichtige und sehr wirksame Art, die Haut rein zu halten.

◄ Der sehr große Gesichtskreis erlaubt es dem Zebra, zugleich die Weide vor ihm und enfernte, sich bewegende Objekte zu sehen.

◄ Verschiedene Zebras lösen sich als Wächter der Herde ab.

SPITZHÖRNCHEN
(GATTUNG *TUPAIA*)

Ordnung Primates
Familie Tupaiidae
Größe Kopf-Rumpflänge 10-20 cm;
Schwanzlänge 10-25 cm
Gewicht Ungefähr 120-180 g
Zahnformel $\frac{2.1.3.3}{3.1.3.3} = 38$
Fortpflanzungszeit Ganzjährig
Tragzeit 45-50 Tage
Anzahl der Jungtiere 1-4 (im allgemeinen 2)
Geschlechsreife Nach 4 Monaten
Höchstalter In Gefangenschaft über 2 Jahre

Spitzhörnchen sind kleine Tiere, die einerseits den Spitzmäusen, andererseits kleinen Eichhörnchen ähneln. Der Körper ist ziemlich schlank und langgestreckt und die fünfzehigen Gliedmaßen sind recht kurz und ungefähr gleich lang. Alle Zehen tragen dünne, scharfe, krallenförmige Nägel, die ausgezeichnet zum Auf- und Abklettern im Geäst geeignet sind. Der Schwanz ist etwa gleich lang wie der übrige Körper und bei den meisten Spitzhörnchen dick und buschig. Der dichte, weiche Pelz unterscheidet sich in seiner Färbung bei den verschiedenen Arten etwas, doch ist er im allgemeinen oberseits ockerfarben oder gelblichbraun (mit grauen, braunen, grünlichen oder schwarzen Farbschattierungen) und unterseits heller (weißlich oder hellbraun). Die Spitzhörnchen kommen nur in Südostasien vor und bewohnen die Tropischen Regenwälder von Indien bis ins südliche China, in Indochina, auf den Sundainseln und den Philippinen. Allerdings leben die Spitzhörnchen nicht ausschließlich auf Bäumen, wie oft angenommen wird, sondern manche Arten kommen in Wirklichkeit mehr am Boden und in niedrigem Gebüsch vor. Im Gebirge, etwa in Nepal, kann man Spitzhörnchen noch in 3.000 m Höhe antreffen.
Mit Ausnahme des Federschwanz-Spitzhörnchens (*Ptilocercus lowii*) sind alle Spitzhörnchen Tagtiere. Sie sind sehr bewegliche, schnelle Tiere, die geschickt springen können und Sprünge von über 1 m ausführen. Normalerweise leben Spitzhörnchen allein oder paarweise, denn sie sind Artgenossen gegenüber sehr aggressiv. Sie ernähren sich vor allem von Insekten, verzehren aber auch Würmer und andere Kleintiere, sowie Eier, nestjunge Vögel und Beeren und Früchte.

Die am besten bekannte Art der Familie Tupaiidae ist sicherlich das Gemeine Spitzhörnchen (*Tupaia glis*). Es ist etwa 15-20 cm lang und besitzt einen ungefähr körperlangen Schwanz. Von allen Spitzhörnchen wird es am meisten in Gefangenschaft gehalten und seine Lebensweise ist daher auch am besten untersucht. Seine Körperform deutet nicht gerade auf eine Verwandtschaft mit den Primaten hin. So wurden die Spitzhörnchen auch zunächst als Insektenfresser klassifiziert, vor allem wegen ihrer langen, spitzen Schnauze und ihrer Nahrung, die hauptsächlich aus Insekten und anderen Wirbellosen besteht. Nach genauer Untersuchung der Anatomie und der Physiologie erkannte man dann die Übereinstimmungen mit den Primaten und klassifizierte die Spitzhörnchen als Halbaffen oder wenigstens als Bindeglieder zwischen den Insektenfressern und den Primaten.
Spitzhörnchen leben allein oder paarweise. Artgenossen gegenüber sind sie besonders aggressiv, daher verteidigen sie ihr Revier heftig gegen artgleiche Eindringlinge. Innerhalb des Reviers bauen manchen Arten ein Kugelnest, das vorwiegend aus Moos besteht.

FINGERTIER
ODER AYE-AYE

(DAUBENTONIA MADAGASCARIENSIS)

Ordnung Primates
Familie Daubentoniidae
Größe Kopf-Rumpflänge 36-44 cm,
Schwanzlänge 50-60 cm
Gewicht 1,6-2,8 kg
Zahnformel $\frac{1.0.1.3}{1.0.0.3} = 18$
Fortpflanzungszeit Unbekannt
Tragzeit Unbekannt
Anzahl der Jungtiere 1
Geschlechtsreife Wahrscheinlich nach 3 Jahren
Höchstalter 23 Jahre

Das Fingertier ist sicherlich der eigentümlichste Angehörige der Lemuren und wahrscheinlich der Primaten überhaupt. Nach seiner Entdeckung wurde es zunächst für ein Nagetier gehalten, denn seine Schneidezähne sehen in der Tat den Nagezähnen der Rodentia täuschend ähnlich. Im Oberkiefer und im Unterkiefer befinden sich jeweils nur zwei Schneidezähne, die an der Spitze meißelförmig und stark entwickelt sind, vor allem diejenigen im Unterkiefer. Die Eckzähne fehlen dagegen völlig. Noch eigentümlicher ist indessen der Bau der Hände und Füße, die extrem dünn und lang und mit starken Krallen versehen sind. Nur die Großzehe ist mit einem richtigen Nagel versehen. Der dritte und der vierte Finger sind fast doppelt so lang wie die übrigen und der dritte Finger ist so dünn, daß er wie der hautüberzogene Finger eines Skelettes aussieht.

Die beiden Hauptbestandteile der Nahrung des streng nachtaktiven Fingertieres sind Früchte und die Larven von rinden- und holzbewohnenden Insekten. Beim Verzehren von Früchten beißt das Fingertier zunächst mit seinen langen Schneidezähnen durch die Haut in die Frucht hinein, dann holt es mit seinem langen dritten Finger das Fruchtfleisch heraus. Bei der Suche nach Insektenlarven klopft das Fingertier mit seinem langen Mittelfinger gegen die Rinde oder das Holz und versucht anschließend, die Bewegungen der Larven mit seinem scharfen Gehör zu orten. Ist die Larve lokalisiert, wird die Rinde oder das Holz über dem Larvengang mit den Schneidezähnen abgebissen, und der Mittelfinger tritt wieder in Aktion. Er wird in den Larvengang hineingestreckt und mit seiner Hilfe wird die Larve herausgezogen.

◄ Das Fingertier oder Aye-Aye (*Daubentonia madagascariensis*) lebt in den Regenwäldern der Ostküste Madagaskars und ernährt sich von Früchten und Insekten, die es unter der Rinde oder in morschem Holz erbeutet.

▼ Obgleich alle Finger der Hand lang und dünn sind, ist der Mittelfinger besonders verlängert und sieht wie der Finger eines Skelettes aus. Mit Hilfe dieses langen Fingers holt das Fingertier Insektenlarven aus ihren Gängen im Holz und durchbohrt auch die Haut von Früchten, um an das eßbare Fruchtfleisch zu kommen.

◄ Die beiden Hauptbestandteile der Nahrung des Fingertieres sind Früchte und unter der Rinde oder in morschem Holz bohrende Insektenlarven. So weichen die Ernährungsgewohnheiten des Fingertieres sehr von denen der anderen Lemuren ab.

◄ Die Schneidezähne des Fingertieres üben die gleiche Funktion wie der verlängerte Mittelfinger aus. Es sind nur noch zwei Schneidezähne im Oberkiefer wie im Unterkiefer vorhanden, die meißelartig gebaut sind und den Nagezähnen der Rodentia auffallend gleichen. Wegen der sehr kleinen Schnauze und des breiten Schädels wirkt der Kopf rundlich.

▲ Das Fingertier ist der seltsamste Angehörige der Primaten und hat scheinbar nur wenig mit den übrigen Halbaffen gemein.

◄ 1) Das Fingertier war früher weit im Osten sowie in einem kleinen Gebiet im Nordwesten von Madagaskar verbreitet. Heute ist es stark vom Aussterben bedroht, denn sein Lebensraum ist infolge der radikalen Abholzung bedroht. Außerdem wird es von den Eingeborenen verfolgt, die es als Unglücksboten fürchten.

LEMUREN

Ordnung Primates

Familien Cheirogaleidae, Lepilemuridae, Lemuridae, Indriidae und Daubentoniidae

Größe Kopf-Rumpflänge im Minimalfall bei *Microcoebus murinus* 10-15 cm und 12-17 cm für den Schwanz, maximal (bei *Indri indri*) bis 61-71 cm zuzüglich 3-6 cm für den Schwanz

Gewicht Von 40-100 g bei *Microcoebus murinus* bis 5-6,3 kg bei *Indri indri*

Zahnformel $\frac{2.1.3.3}{2.1.3.3} = 36$

Eckzahn sowie ein oberer und ein unterer Prämolar fehlen bei *Indri indri*

Fortpflanzungszeit August bis März bei *Microcoebus murinus* (in Gefangenschaft in der nördlichen Hemisphäre März bis Juli, oft zwei Würfe jährlich); Januar bis März bei *Indri indri*

Tragzeit Bei *Microcoebus murinus* im Mittel 63 Tage; bei *Indri indri* wahrscheinlich 120-155 Tage

Anzahl der Jungtiere Bei *Microcoebus murinus* 1-3, bei *Indri indri* 1

Geburtsgewicht Bei *Microcoebus murinus* 2,7-5 g; bei *Indri indri* unbekannt

Geschlechtsreife Bei *Microcoebus murinus* nach 7-10 Wochen; bei *Indri indri* unbekannt, wahrscheinlich nach 2-3 Jahren

Höchstalter *Microcoebus murinus* 6 Jahre; bei *Indri indri* unbekannt

Der Begriff "Lemuren" wird hier für die in Madagaskar heimischen Halbaffen benutzt. Die einzigen weiteren Angehörigen dieser sehr ursprünglichen Unterordnung der Primaten außerhalb dieser großen Insel vor der Südostküste Afrikas sind die Buschbabies aus Afrika und die Loris und ihre Verwandten aus Afrika und Süd- und Südostasien. Die madagassischen Lemuren werden meist nur in drei Familien eingeteilt, die echten Lemuren (Lemuridae), die Indris und ihre Verwandten (Indriidae) und die Fingertiere (Daubentoniidae).

Die Lemuren stellen ein frühes Stadium innerhalb der Evolution der Affen dar und bilden eine hervorragende Informationsquelle für die Entwicklung des Verhaltens und der Beziehungen zur Umwelt bei den frühesten Vorfahren des Menschen.

◄▲ Die Lemuren bewohnen die Wälder Madagaskars, deren Fläche in jüngster Zeit in erschreckendem Ausmaß abgenommen hat. Sie stammen von einer Gruppe Halbaffenartiger ab, die zu Beginn des Tertiärs sowohl in Europa wie in Nordamerika lebten. Ihre Formenvielfalt konnten sie nur erhalten, weil ihre Heimat, nämlich die Insel Madagaskar, sich früh vom afrikanischen Kontinent getrennt hat und isoliert wurde. Dies geschah vermutlich während des frühen Tertiärs und dadurch wurden die Lemuren von der Konkurrenz seitens anderer, höher entwickelter Affen verschont. Vor allem die kleineren und weniger hochentwickelten Arten wie der links abgebildete Mausmaki (*Microcoebus murinus*) führen als Einzelgänger oder in kleinen Gruppen ein nächtliches Leben. Die höher entwickelten und meist auch größeren Arten sind häufig Tagtiere und gehören zur Gattung *Lemur*, zum Beispiel der Katta (*Lemur catta*) unten links, und der Mongozmaki (*L. mongoz*) oben rechts. Die Indriidae, zu denen der größte lebende Lemur, der Indri (*Indri indri*) gehört (oben rechts), leben in kleinen Gruppen oder, wie im Fall des sozialen Larvensifakas (*Propithecus verreauxi*) in ziemlich individuenreichen Gruppen.

► Der Katta (*Lemur catta*) ernährt sich vorwiegend von verschiedenen Früchten (etwa 70 % seiner Nahrung), ferner von Blättern (etwa 20 %) und Blüten.

KATTA
(LEMUR CATTA)

Ordnung Primates
Familie Lemuridae
Größe Kopf-Rumpflänge ungefähr
45 cm, **Schwanzlänge** ungefähr 55 cm
Gewicht 1,7-3,7 kg
Zahnformel $\frac{2.1.3.3}{2.1.3.3} = 36$
Fortpflanzungszeit April bis Juni;
in Gefangenschaft in der nördlichen
Hemisphäre länger, von August
bis Januar
Tragzeit 132-138 Tage
Anzahl der Jungtiere Im allgemeinen
1; zu etwa 15 % Zwillinge, sehr selten
Drillinge
Geburtsgewicht 50-85 g
Geschlechtsreife Nach ungefähr
1 1/2 bis 2 Jahren
Höchstalter 20 Jahre

Der Katta ist einer der am besten bekannten und auffälligsten Lemuren, vor
allem wegen seines schwarz-weiß geringelten Schwanzes. Auch sein Gesicht ist
kontrastreich schwarz-weiß und gleicht
einer Maske, denn Nase und Schnauzenspitze sind schwarz und die Augen sind
schwarz umrandet. Das Fell ist grau bis
rötlichgrau, die Unterseite weißlich. Man
sollte meinen, daß diese kontrastreiche
Färbung den Katta in freier Wildbahn
sehr auffällig erscheinen läßt. Doch das
Gegenteil ist der Fall. Unter der strah-
lenden Sonne Madagaskars werfen die
Blätter und Zweige des lichten Trocken-
waldes ein kompliziertes Schattenmuster
auf den Waldboden, in dem der schwarz-
weiße geringelte Schwanz des Katta und
seine Gesichtsmaske völlig verschwinden.
Der Katta kommt im südwestlichen Teil
von Madagaskar in lichten Trockenwäldern und Galeriewäldern entlang der
Flüsse vor, wo der jährliche Niederschlag
1.000 mm nicht überschreitet und die
Trockenzeit mindestens 8 Monate an-
dauert. Tagsüber streift der Katta auch
außerhalb des Waldes im nahegelegenen
sandigen oder steinigen Offenland herum. Der Katta ist die geselligste aller Lemurenarten und lebt in Gruppen von 13
bis 17 Tieren, die sich aus mehreren erwachsenen Männchen und Weibchen und
ihren Jungen zusammensetzen. Die Arten, die die zweitgrößten Gruppen bilden,
nämlich Trupps von 9-10 Tieren, sind der
Braune Maki (*Lemur fulvus*) und der
Mohrenmaki (*L. macaco*).

▲ Der Katta kommt häufiger an den Waldboden herab als andere Lemurenarten. Diese gesellige Art ist unmittelbar an ihrem schwarz-weiß geringelten Schwanz erkennbar, der meistens aufrecht getragen wird.

◄ Der Schwanz
wird durch ein
Sekret aus Drüsen
an der Innenseite
der Arme befeuchtet
und wird zur
Duftmarkierung
des Territoriums
benutzt.

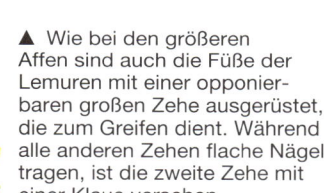

▲ Wie bei den größeren
Affen sind auch die Füße der
Lemuren mit einer opponier-
baren großen Zehe ausgerüstet,
die zum Greifen dient. Während
alle anderen Zehen flache Nägel
tragen, ist die zweite Zehe mit
einer Klaue versehen.

◄ Nach Sonnenaufgang kann
man Kattas oft beobachten, wie
sie sich in aufrechter Stellung und
mit ausgebreiteten Armen sonnen.

Mausmaki
(*Microcoebus murinus*)

Indri
(*Indri indri*)

Hand

Fuß

▲ Der Katta zeigt seine Erregung häufig
dadurch, daß er Äste und Zweige mit den
Sekreten seiner Analdrüsen versieht. Derartige
Duftmarkierungen geschehen beim Katta
häufiger als bei anderen Lemuren und stehen
im Einklang mit seinem hochentwickelten
Sozialleben.

◄ Der kleinste Lemur ist der Mausmaki, der
als eine recht ursprüngliche Art gilt. Der Indri
ist dagegen der größte Halbaffe überhaupt.
Bei ihm sind Daumen und Großzehe stark
verlängert, um Hand und Fuß beim Klettern
einen festeren Halt zu geben.

KRALLENAFFEN - MARMOSETTEN UND TAMARINS

(GATTUNGEN *CALLITHRIX*, *CEBUELLA*, *SAGUINUS*, *LEONTID EUS*)

Ordnung Primates
Familie Callithricidae
Größe Kopf-Rumpflänge 16-31 cm;
Schwanzlänge 18-42 cm
Gewicht 85-560 g
Zahnformel $\frac{2.1.3.2}{2.1.3.2} = 32$
Fortpflanzungszeit Ganzjährig möglich; in freier Wildbahn wahrscheinlich eher zu bestimmten Zeiten, je nach den regionalen Bedingungen
Tragzeit 130-160 Tage, je nach Artzugehörigkeit
Anzahl der Jungtiere Im allgemeinen 2; seltener 1 oder 3
Geschlechtsreife Nach 12-15 Monaten
Höchstalter In Gefangenschaft 16 Jahre und mehr

Urteilt man nach ihrer äußeren Gestalt, dann sehen die Krallenäffchen, die umgangssprachlich als Marmosetten und Tamarins bezeichnet werden, jedenfalls für den Laien mehr wie Hörnchen aus als wie Affen. Sie sind alle recht klein und erreichen die Maße einer Ratte bis die eines Eichhörnchens. Abgesehen von einigen Halbaffen sind sie die kleinsten Primaten. Das Zwergseidenäffchen (*Cebuella pygmaea*) wird nur 15 cm lang, besitzt einen 18-20 cm langen Schwanz und erreicht ein Gewicht von nur 70-80 g; damit ist es die kleinste und leichteste Art. Die großen Augen sitzen frontal am runden Kopf und die Nasenlöcher öffnen sich wie üblich seitlich. Die eigentlich recht großen Ohren sind völlig in dem langen Haarpelz verborgen. Die Gliedmaßen sind schlank, doch bei den Tamarins sind sie noch länger und gut zum Springen geeignet, insbesondere beim Pinchéäffchen (*Saguinus oedipus*).
Hände und Füße sind fünfzehig und besonders bei den Löwenäffchen der Gattung *Leontideus* sehr lang. Finger und Zehen sind mit dünnen, gekrümmten, krallenartigen Nägeln versehen, mit Ausnahme der großen Zehe, deren Nagel platt ist. Die Großzehe ist ganz opponierbar, während das beim Daumen nur teilweise der Fall ist. In Anbetracht der geringen Größe (damit auch der Kleinheit der Hände und Füße) können die Krallenäffchen aber nur die dünnsten Äste umfas-

▲ Die genaue Klassifikation der Krallenäffchen - Marmosetten und Tamarins - ist noch zum Teil kontrovers. Vor allem besteht noch keine Einigkeit über die tatsächliche Zahl der Arten und Unterarten. Weil die Krallenäffchen so vielgestaltig sind, wurden in der Vergangenheit sehr viele Artnamen und sogar Gattungsnamen geprägt, von denen viele wahrscheinlich nicht gerechtfertigt sind. Heutzutage besteht die Tendenz, einen Teil der beschriebenen Formen (vor allem, wenn sie aus verschiedenen Gegenden beschrieben wurden) nur noch als Unterarten anzusehen.
1) Zwergseidenäffchen (*Cebuella pygmaea*); 2) Weißbüscheläffchen (*Callithrix jacchus*); 3) Pinchéäffchen (*Saguinus oedipus*); 4) Goldgelbes Löwenäffchen (*Leontideus rosalia*); 5) Kaiserschnurrbarttamarin (*Saguinus imperator*).

► Die vielgestaltige Nahrung der Krallenäffchen umfaßt pflanzliche, doch in noch höherem Maße tierische Bestandteile. Dabei ist die Beobachtung interessant, daß manche Arten, zum Beispiel das Pinchéäffchen und das Silberäffchen, geschickte Jäger sind, die selbst kleine Vögel und Säugetiere erbeuten.

sen, daher klettern sowohl Marmosetten wie Tamarins die Bäume normalerweise wie die Eichhörnchen am Stamm hinauf und benutzen dabei ihre Krallen zum Festhalten. Der lange, buschige Schwanz ist niemals als Greifschwanz ausgebildet. Krallenäffchen besiedeln große Teile der Tropen Südamerikas nordwärts bis nach Panama. Die Pinchéäffchen leben am weitesten nördlich, sie sind in Ostpanama und im östlichen Kolumbien bis zum Rio Magdalena verbreitet. Sie sind zugleich die einzige Art, die westlich der Anden vorkommt, nämlich in Westkolumbien und in Teilen Ecuadors. Alle anderen Arten leben vor allem im riesigen Amazonasbecken, und zwar von der Küste des Atlantik bis zu den östlichen Vorbergen der Anden.

Alle Krallenäffchen sind typische Bewohner des Tropischen Regenwaldes mit seinem reichen Geflecht epiphytischer Pflanzen sowohl auf der Terra firme wie in den saisonal überfluteten Flußniederungen. Sie kommen aber auch in den Sekundärwäldern vor, sowie an Waldrändern mit dichtem Unterwuchs aus dünneren Bäumen und Zweigen, und sie haben sich sogar an Gebiete angepaßt, die durch den Menschen verändert und teilweise degradiert worden sind. Im vertikalen Bereich kommen Krallenäffchen von etwa 3 m bis 20 m Höhe vor, steigen jedoch nur selten zum Waldboden hinunter.

Krallenäffchen leben meistens in mehr oder weniger umfangreichen Gruppen, die je nach Art als kleine Familiengruppen bzw. individuenreiche Großfamilien bezeichnet werden können. Diese umfangreichen Familiengruppen bestehen aus Eltern und Jungtieren verschiedenen Alters.

Die kleinen Krallenäffchen sind friedliche Tierchen, obgleich sie eine Art Rangordnung in der Familie und ein Territorialverhalten zeigen. Sie sind tagaktiv, ruhen jedoch während der heißesten Mittagsstunden. Nachts schlafen sie gruppenweise in Baumhöhlen. Ihre Bewegungsweise unterscheidet sich von Art zu Art. Die meisten klettern wie Eichhörnchen, indem sie sich mit ihren Krallen festhalten und in großen Spiralen die Baumstämme hinauf- und hinabklettern. Die Tamarins besitzen dagegen längere Gliedmaßen und springen gern und gut. Die Nahrung der Krallenäffchen ist sehr vielfältig und enthält sowohl pflanzliche wie tierische Bestandteile, doch bilden Insekten, Spinnen und andere kleine Gliederfüßer, außerdem Schnecken, Würmer, kleine Echsen, Vogeleier und gelegentlich kleine Vögel und Säugetiere den überwiegenden Teil ihrer Kost.

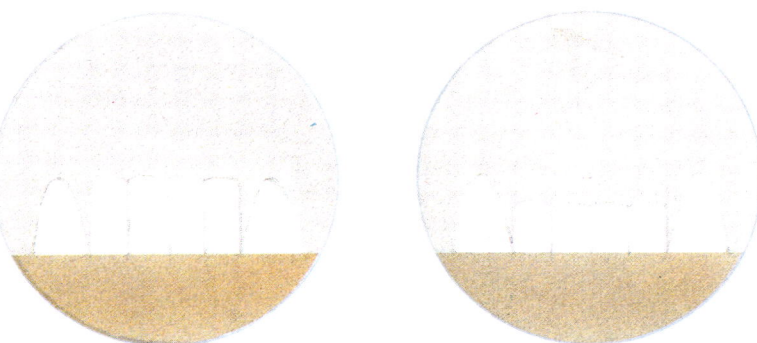

▲ Die unteren Eckzähne der Marmosetten (links) sind nicht (oder nur wenig) länger als die Schneidezähne, während sie bei den Tamarins (rechts) deutlich länger sind.

▼ Die Krallenäffchen haben an allen Zehen und Fingern lange Krallen, nur die Großzehe trägt einen flachen Nagel.

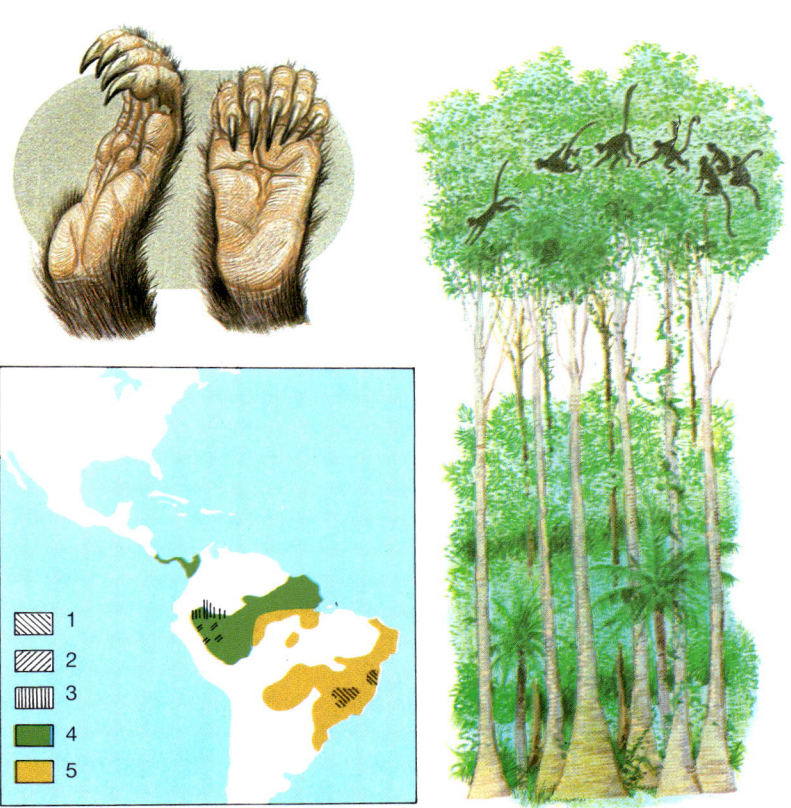

▲ Obgleich sie die Baumwipfel bevorzugen, steigen die Krallenäffchen oftmals in die Gebüschzone des Waldes hinab, selten aber ganz auf den Boden. Flüsse, Grasländer und Trockengebiete bilden für diese kleinen Tiere im allgemeinen unüberschreitbare Hindernisse. Die langanhaltende geographische Isolation vieler Populationen erklärt daher die große Anzahl der Arten und Unterarten im riesigen Amazonasbecken. Die Karte zeigt die Verbreitungsgebiete der verschiedenen Gattungen. 1) *Leontideus*; 2) *Callimico*; 3) *Cebuella*; 4) *Saguinus*; 5) *Callithrix*.

▲ Der Goelditamarin bildet eine Übergangsform zwischen den Marmosetten und den Kapuzineräffchen. Die Übereinstimmungen dieser seltenen Art mit den Cebidae scheint aber mehr auf Konvergenz zu beruhen als auf wirklicher Verwandtschaft.

▲ Während der ersten Lebenswochen wird das Baby auf dem Rücken der Mutter herumgetragen. Es hält sich fest, indem es seine Arme um den Hals der Mutter schlingt. Im Alter von ungefähr einem Jahr ist es erwachsen und bereits sechs Monate später ist es geschlechtsreif. Der Daumen ist bei dieser Art kurz, aber opponierbar, und alle Finger und Zehen enden (wie bei den anderen Marmosetten) in langen, dünnen Krallen. Nur die große Zehe hat einen flachen Nagel.

KLAMMERAFFEN UND BRÜLLAFFEN
(GATTUNGEN *ATELES* UND *ALOUATTA*)

Ordnung Primates
Familie Cebidae
Größe Kopf-Rumpflänge 35-60 cm;
Schwanzlänge 50-90 cm
Gewicht Bis 6 kg
Zahnformel $\frac{2.1.3.3}{2.1.3.3} = 36$
Fortpflanzungszeit Ganzjährig möglich
Tragzeit Ungefähr 140 Tage
Anzahl der Jungtiere 1
Geschlechtsreife Nach 2-3 Jahren
Höchstalter In Gefangenschaft 20 Jahre und mehr

Der deutsche Name Klammeraffe (Gattung *Ateles*) leitet sich von dem eigenartigen Bau der Hände und Füße an den ungewöhnlich langen Beinen ab, der gewissen Arten auch den weniger geläufigen Namen Spinnenaffen verliehen hat. Auch die außergewöhnliche Geschicklichkeit in den Baumwipfeln, die beinahe derjenigen der südostasiatischen Gibbons gleichkommt, spiegelt sich in der Namensgebung wider. In der Tat sind Klammeraffen außergewöhnlich gut an das Baumleben angepaßt. Der Körper ist schlank und die Gliedmaßen sind wiederum lang im Vergleich zum Körper, doch sind die Beine noch etwas länger als die Arme. Hände und Füße sind stark modifiziert, denn Daumen und Großzehe sind reduziert oder fehlen ganz und die anderen Finger sind sehr lang und gebogen und ideal zum Umfassen von Ästen geeignet. Der lange Schwanz ist als Greifschwanz ausgebildet und stellt mit seiner nackten Unterseite der Schwanzspitze wirklich einen fünften Arm dar. Die Kopf-Rumpflänge beträgt 35-60 cm, die Schwanzlänge 50-90 cm. Sie können ein Gewicht von bis zu 6 kg erreichen.
Klammeraffen kommen im südlichen Mexiko, in ganz Mittelamerika und in großen Teilen der Tropen Südamerikas vor, mit Ausnahme von Südostbrasilien. Sie bewohnen die Flachländer, steigen aber in den Anden, den Gebirgen Mittelamerikas und in Mexiko bis ins Hochgebirge empor.
Die Fortpflanzungszeit ist nicht auf eine bestimmte Jahreszeit beschränkt, dennoch werden die meisten Jungtiere im Herbst geboren. Kurz vor der Geburt verläßt die werdende Mutter die Gruppe und kommt erst nach 2-4 Monaten mit ihrem Jungen wieder zur Herde zurück. Nach ungefähr

Schwarzer Klammeraffe
(*Ateles paniscus*)

▲ Die Geschicklichkeit der Klammeraffen in den Baumwipfeln ist erstaunlich und nur mit derjenigen der Gibbons in Südostasien zu vergleichen. Die ersten Panamareisenden beschrieben die Weise, wie diese Affen "lebende Ketten" bilden, wobei ein Tier sich am Schwanz eines anderen festhält, um sich über breite Zwischenräume von Baum zu Baum zu schwingen oder einen Fluß zu überqueren. Selbst wenn solche Berichte übertrieben und der Phantasie entsprungen sein sollten, vermitteln sie einen guten Eindruck davon, wie die ersten Beobachter auf die wahrlich akrobatischen Kletterkünste dieser eigenartigen Affen reagierten.

◄ Die Nahrung der Klammeraffen besteht großenteils aus frischen Früchten, daneben auch aus Blättern, Schößlingen und Blüten. In der Form von Insekten, Eiern und nestjungen Vögeln werden in geringerem Umfang auch Eiweiße beigesteuert.

10 Monaten ist der junge Klammeraffe selbständig.

Obgleich sie eine eigene Unterfamilie darstellen, gleichen die Brüllaffen in ihrem Verhalten den Klammeraffen sehr, unterscheiden sich allerdings etwas im Aussehen. Sie sind recht untersetzt und ziemlich schwer gebaut und sind mit 7-9 kg Gewicht die schwersten Neuweltaffen. Sie erreichen 60 cm Länge bei einer Schwanzlänge von 60-70 cm. Die langen Gliedmaßen sind gleichwohl kräftig, die Finger und Zehen lang, und Daumen und Großzehe sind wohlentwickelt. Die beiden ersten Finger an der Hand sind von den anderen drei getrennt und gegen diese opponierbar. Der Schwanz hat eine berührungsempfindliche Spitze und dient als Greifschwanz. Schnauze und Vorderkopf ragen hervor und der verbreiterte Zungenbeinknochen zusammen mit dem Schildknorpel bilden eine Art Resonanzkörper, mit dem diese Affen weithallende Rufe großer Lautstärke hervorbringen können, die im Wald noch in 1-2 km Entfernung und in offener Landschaft über die doppelte Entfernung hörbar sind. Dieser Lautapparat ist am besten bei den erwachsenen Männchen entwickelt, die ihn dazu benutzen, um ihr Territorium zu markieren.

Die Familien, in denen Weibchen am zahlreichsten sind, betragen zwischen 8-20, zuweilen sogar bis 40 Tiere. Brüllaffen streifen langsam und vorsichtig durch ihr Revier, denn es ist reich an Nahrung. Sie sind in der Tat die einzigen Neuweltaffen, die größere Mengen von Blättern verzehren. Doch fressen sie auch Früchte, Schößlinge und Blüten, die sie direkt vom Baum reißen, und in geringerer Menge auch Insekten und andere Gliedertiere. Als ausgesprochene Baumtiere bewegen sie sich nicht so schnell durch die Wipfel wie die Klammeraffen, sondern klettern ziemlich bedächtig, wobei sie längere Strecken auf allen Vieren zurücklegen und den Schwanz nur benutzen, um von Ast zu Ast zu schwingen. Auch bei ihnen scheint die Fortpflanzungszeit nicht auf eine bestimmte Jahreszeit beschränkt zu sein. Das einzige Junge wird nach einer Tragzeit von etwa 140 Tagen geboren, fast ein Jahr lang liebevoll versorgt und ist im Alter von 3 Jahren selbständig. Wir kennen sechs Arten von Brüllaffen. Die am nördlichsten verbreitete Art ist der Mantelbrüllaffe (Alouatta palliata) aus Mittelamerika und Südmexiko. Der Guatemalabrüllaffe (Alouatta villosa) ist auf einen kleinen Landesteil beschränkt. Die anderen Arten sind fast über den gesamten tropischen Bereich Südamerikas verbreitet.

▲▶ Der lange Greifschwanz stellt in der Tat eine zusätzliche, fünfte Hand dar. Damit kann sich der Klammeraffe an Ästen festhalten, noch leichter in den Baumwipfeln herumklettern, aber auch die Beschaffenheit von Objekten ertasten, denn die nackte Unterseite des Schwanzendes ist sehr berührungsempfindlich.

▲▶ Die mehr oder weniger starke Reduktion des Daumens und die Verlängerung der übrigen Finger bildet eine hochgradige Anpassung an das Baumleben.

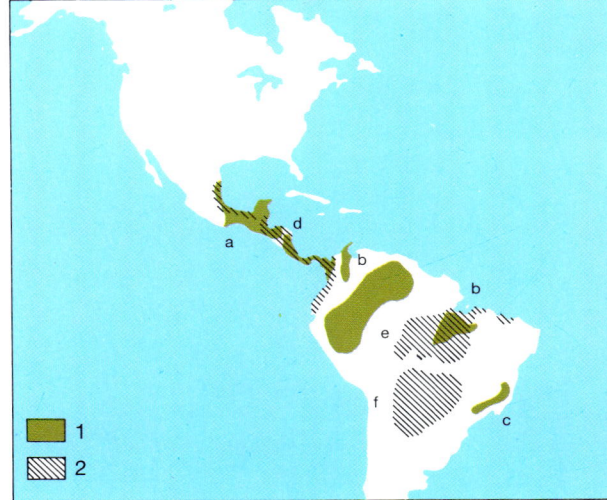

▮ 1
▨ 2

Roter Brüllaffe
(Alouatta seniculus)

▲ Die Brüllaffen haben ihren Namen wegen ihrer ungewöhnlich lauten Rufe erhalten. Bei den erwachsenen Männchen werden diese noch durch einen charakteristischen, sackartigen Resonanzkörper verstärkt.

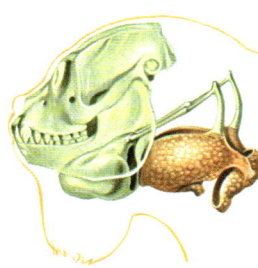

▲ Dieser Lautapparat besteht aus dem Zungenbeinknochen und dem sehr vergrößeren Kehlkopfknorpel. Bei den Männchen ist die aus dem Zungenbeinknochen gebildete Blase vier bis fünf mal so groß wie beim Weibchen und funktioniert als Resonanzkörper. Die Unterkiefer sind daher seitlich höher und verleihen dem Schädel seine unverwechselbare Gestalt.

◀ Die Karte zeigt die Verbreitungsgebiete einiger Arten der Klammeraffen und der Brüllaffen. Die letzteren, die zwar in eine eigene Unterfamilie Alouattinae gestellt werden, sind den Klammeraffen gleichwohl ziemlich ähnlich, wenn sie auch in mancher Hinsicht abweichen, zum Beispiel in ihrem schwereren Körperbau und im Besitz eines wohlentwickelten Daumens.
1) Verbreitung einiger Arten der Klammeraffen (Gattung Ateles) und des Spinnenaffen: a) Geoffroy-Klammeraffe (A, geoffroyi); b) Goldstirn-Klammeraffe (A. belzebuth); c) Spinnenaffe (Brachyteles arachnoides).
2) Verbreitung einiger Arten der Brüllaffen (Unterfamilie Alouattinae): d) Mantelbrüllaffe (Alouatta palliata); e) Rothandbrüllaffe (A. belzebul); f) Schwarzer Brüllaffe (A. caraya).

PAVIANE
(GATTUNG *PAPIO*)

Ordnung Primates
Familie Cercopithecidae
Größe Kopf-Rumpflänge 50-110 cm;
Schwanzlänge 50-70 cm
Gewicht 14-54 kg, beim Weibchen im
Mittel 16,5 kg, beim Männchen 33 kg
Zahnformel $\frac{2.1.3.3}{2.1.3.3} = 32$
Fortpflanzungszeit Ganzjährig
Tragzeit 6-7 Monate
Anzahl der Jungtiere 1 (selten 2)
Geschlechtsreife Nach 4 Jahren
Höchstalter 15 Jahre und mehr

Paviane sind untersetzt gebaute Affen mit
kräftigen Gliedmaßen und kurzen Händen und Füßen. Als Anpassung an das Leben am Erdboden sind sie zur vierfüßiger
Fortbewegung übergegangen und setzen dabei ihre ganzen Fußsohlen und
Handflächen auf den Boden. Allgemein
vermitteln sie den Eindruck beträchtlicher Kraft und dieser Eindruck wird noch
durch die mächtigen Zähne, vor allem die
langen, spitzen Eckzähne, verstärkt, die
sie bei vielen Gelegenheiten entblößen.
Der Kopf ist breit und die Schnauze verlängert und mit großen Backentaschen
versehen. Der Kopf gleicht dem eines
Hundes, daher auch der deutsche Name
Hundskopfpavian für die am weitesten
verbreitete Art. Die kleinen Augen schau-
en unter starken Brauen hervor. Die
Männchen sind viel größer als die Weibchen und haben eine Art Schultermähne
oder Mantel. Das ziemlich rauhe Fell ist
je nach Art gelblichbraun oder grünlich-
braun, beim Bärenpavian (*Papio ursinus*)
auch schwärzlichbraun.
Paviane kommen nur in Afrika und an
wenigen Stellen am Südrand der arabischen Halbinsel vor. Sie bewohnen die
Steppen und Savannen und fehlen nur in
den großen Regenwaldgebieten. Die
Größe des Territoriums variiert gemäß
der Größe der Herden und der jeweiligen
Ernährungsbedingungen. Im Amoseli
Park in Kenia zum Beispiel besitzen Paviane große Territorien von 7-15 km².
Nachts klettern die Paviane zum Schlafen in Bäume, wo sie sich sicherer fühlen
als am Erdboden. Tatsächlich siedeln sie
sich nur in Gegenden mit Bäumen an,
denn diese bieten ihnen nicht nur Schlaf-
und Ruheplätze, sondern auch Zuflucht
vor Raubtieren. Morgens klettern sie zum
Boden herab und gehen auf Nahrungssuche. Sie verzehren Knollen, Beeren,
Früchte und andere Pflanzenteile, aber
auch Insekten, Eier, bodenbrütende Vö-

Gelber Pavian
(*Papio cyanocephalus*)

▲▶ Paviane haben sich an das Leben in den offenen Steppen und
Savannen angepaßt und dafür bestimmte körperliche Merkmale entwickelt, aber
auch zahlreiche, sehr festgefügte Verhaltensmuster und ein außerordentlich
aggressives Temperament. Außerdem sind sie zu Allesfressern geworden, was
in einem so ärmlichen Lebensraum, der nur wenig und keine besonders
kalorienreiche Nahrung bietet, sehr vorteilhaft ist. Als kühne und anpassungsfähige Tiere haben sich die Paviane nicht aus den vom Menschen kolonisierten
Gebieten zurückgezogen, sondern haben sich besonders auf das Plündern
von Plantagen und Feldern verlegt, da sie gelernt haben, daß dort Nahrung
besonders leicht zu erhalten ist. Daher gelten sie als ausgesprochene
Schädlinge, besonders in Gebieten, in denen ihr wichtigster Feind, der
Leopard, vom Menschen ausgerottet worden ist.

▼ Paviane bewohnen die unterschiedlichsten Lebensräume. Nur der Mandrill
und der Drill leben in Wäldern (1), während die echten Paviane Baumsavannen
und offene Steppen bevorzugen (2). Der Mantelpavian lebt in felsigen Gegenden (3), ebenso wie der Dschelada, der allerdings in noch trockeneren Gebieten überleben kann (4).

1   2   3   2   4

gel und andere Wirbeltiere bis zur Größe einer kleinen Gazelle. Es wurde beobachtet, wie sie Hasen fingen und selbst junge Thomsongazellen töteten.

Das soziale Leben der Paviane beginnt bereits mit der Geburt. Die neugeborenen Paviane klammern sich instinktiv an der Brust ihrer Mutter fest und klettern ihr später auf den Rücken, wo sie sehr schnell lernen, die Balance zu halten. Meistens erregen die Neugeborenen das Interesse der ganzen Herde und bei der Geburt wird das Weibchen von den anderen Weibchen, von Jungtieren und selbst von erwachsenen Männchen umringt und neugierig beobachtet. Ein derartiges Interesse ist von hohem Wert für die Zusammengehörigkeit der Herde. Die Jungen kommen nämlich sehr früh in Kontakt mit der Herde, insbesondere mit ihren Altersgenossen, mit denen sie spielen und dabei all die Kenntnisse gewinnen und die Verhaltensweisen einüben, die sie später brauchen, um das harte Leben in der Savanne bestehen zu können. Zur gleichen Gattung gehört eine Art, die noch mehr an trockene Umweltbedingungen angepaßt ist als seine savannenbewohnenden Verwandten, nämlich der Mantelpavian (*P. hamadryas*). Er ist ebenfalls ein sehr untersetztes Tier und besiedelt die Steppen und Halbwüsten des äthiopischen Hochlandes und einige kleinere Gebiete an der südwestlichen und südöstlichen Spitze der arabischen Halbinsel. In diesen ungastlichen Lebensräumen, wo nur wenig Nahrung zu finden ist, führen die Mantelpaviane ein sehr diszipliniertes Gruppenleben, das in mancher Hinsicht noch strenger organisiert ist als bei den Pavianen der Savanne. Die Herden bestehen aus 50-100 (im Extremfall auch bis 400) Individuen, doch sind sie weiter in kleinere Familiengruppen unterteilt, die jeweils aus einem erwachsenen Männchen und 1-10 Weibchen mit ihren Jungen bestehen. Die erwachsenen Männchen sind leicht an ihrer langen, silbergrauen Mähne auf den Schultern zu erkennen, dem "Mantel", außerdem an dem reichen Haarwuchs an den Seiten des Kopfes und der Schnauze. Beides verleiht ihnen ein gefährliches, ehrfurchtgebietendes Aussehen. Die hellgrauen Weibchen sind viel kleiner und weniger eindrucksvoll. Den größten Teil des Tages befinden sich die Mantelpaviane auf Nahrungssuche. Sie verzehren Gräser, Wurzeln, Samen und alles, was ihr trockener Lebensraum sonst zu bieten hat. Manchmal fangen sie auch kleinere Tiere, vor allem Insekten. Die Nahrungssuche wird nur von kurzen Ruhezeiten unterbrochen, während der sich die Tiere der sozialen Körperpflege widmen.

Bärenpavian
(*Papio ursinus*)

Guineapavian
(*Papio papio*)

Anubispavian
(*Papio anubis*)

▲ Zusätzlich zum häufigen Gelben Pavian, der auf der vorhergehenden Seite abgebildet ist, werden drei weitere Pavianarten gezeigt.

▲ Wenn die Paviane auf der Wanderung sind, halten sie eine wohlgeordnete Marschformation ein. Weibchen mit Jungen befinden sich in der Mitte begleitet von den dominanten Männchen, während die subdominanten Männchen die Herde außen abschirmen. Potentielle Feinde werden von den dominanten Männchen gemeinsam mit den anderen erwachsenen Männchen angegriffen.

◄ Paviane sind teilweise karnivor und jagen manchmal Hasen, junge Gazellen und sogar andere Affen.

▲ Die mächtigen und sehr langen Eckzähne sind gefährliche Waffen, sie werden aber auch als Drohgebärde während der Streitereien zwischen Herdenmitgliedern entblößt.

▲ Paviane können ohne Schwierigkeiten eine ganze Nacht lang auf Ästen sitzend verbringen, denn ihr Ischialkallus macht ihr Hinterteil völlig schmerzunempfindlich. Bei den Männchen sind diese Schwellungen größer und stoßen in der Mitte zusammen (oben), bei den Weibchen sind sie kleiner und deutlich getrennt (unten).

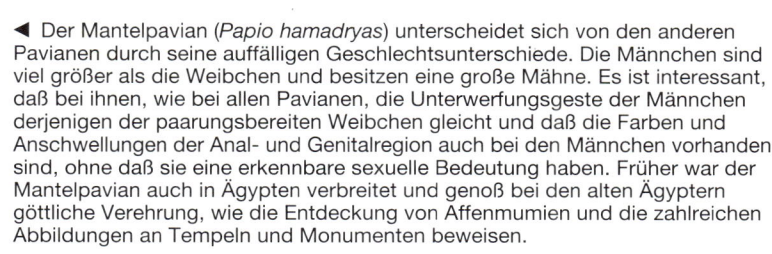

◄ Der Mantelpavian (*Papio hamadryas*) unterscheidet sich von den anderen Pavianen durch seine auffälligen Geschlechtsunterschiede. Die Männchen sind viel größer als die Weibchen und besitzen eine große Mähne. Es ist interessant, daß bei ihnen, wie bei allen Pavianen, die Unterwerfungsgeste der Männchen derjenigen der paarungsbereiten Weibchen gleicht und daß die Farben und Anschwellungen der Anal- und Genitalregion auch bei den Männchen vorhanden sind, ohne daß sie eine erkennbare sexuelle Bedeutung haben. Früher war der Mantelpavian auch in Ägypten verbreitet und genoß bei den alten Ägyptern göttliche Verehrung, wie die Entdeckung von Affenmumien und die zahlreichen Abbildungen an Tempeln und Monumenten beweisen.

GIBBONS
(GATTUNGEN *HYLOBATES* UND *SYMPHALANGUS*)

Ordnung Primates
Familie Hylobatidae
Größe Höhe in aufrechter Haltung 70-80 cm
Gewicht *Hylobates* 4-8 kg; *Symphalangus* 9-12 kg
Zahnformel $\frac{2.1.3.3}{2.1.3.3} = 32$
Tragzeit *Hylobates* 210 Tage; *Symphalangus* 235 Tage
Anzahl der Jungtiere 1
Geburtsgewicht 400 g
Geschlechtsreife Nach 5-7 Jahren
Höchstalter 30 Jahre

Da sie keinen Schwanz besitzen und die Arme viel länger sind als die Beine, werden die Gibbons oft zu den Menschenaffen gerechnet. Auf Grund anderer anatomischer und biologischer Merkmale nehmen die Gibbons jedoch eine Mittelstellung zwischen den Hundsaffen (Cercopithecidae) und den eigentlichen Menschenaffen (Pongidae) ein. Etwa 7 Gibbonarten werden heutzutage unterschieden.

Die Gibbons sind in großen Teilen Südostasiens verbreitet. Während auf der Halbinsel Malakka und auf Sumatra beide Gattungen leben, kommt auf Borneo und in Thailand, Laos und Vietnam nur die Gattung *Hylobates* vor. Die echten Gibbons der Gattung *Hylobates* sind allgemein kleiner als die Siamangs der Gattung *Symphalangus* und tragen ein dichtes schwarzes bis rötlichgraues Fell. Das Fell besitzt bei den Gibbons eine sehr wichtige Funktion, denn in den Winternächten, wenn die Temperaturen im Bergland sehr niedrig sind, ist dieser dichte Pelz ein unverzichtbarer Schutz gegen die Kälte.

Die Siamangs sind größer als die Gibbons der Gattung *Hylobates*. Weiterere Unterschiede sind der Besitz einer Haut zwischen den ersten Fingerknochen des dritten und vierten Fingers und der abweichende Bau des Kehlkopfes, der sackartig gebaut ist und als Resonanzkörper wirkt. Daher sind die Rufe der Siamangs im Wald über einen Kilometer weit hörbar. Diese Rufe dienen dazu, das Revier zu markieren, mögliche Eindringlinge oder Feinde zu vertreiben und Kontakt mit den übrigen Familienmitgliedern zu halten.

Der Lebensraum der Gibbons und Siamangs sind die Baumwipfel. Gibbons leben im Tropischen Tieflandregenwald,

▶ Die Abbildung zeigt das für Gibbons typische Hangeln. Der Gibbon schwingt sich unter abwechselnden Schwüngen seiner langen Arme sehr behende von Ast zu Ast.

◀ Gibbons sind die kleinsten und behendesten Menschenaffen. Sie sind hochgradig territorial und jedes Paar verteidigt sein meist recht kleines Revier durch Rufe. Meist genügen diese Rufe, um Eindringlinge abzuwehren, manchmal kommt es aber zu heftigen und blutigen Kämpfen. Nach jeder Geburt eines Jungtieres versucht das Paar, sein Revier zu vergrößern, um die Nahrungsversorgung für die vergrößerte Familie sicherzustellen. Die Reviere sind daher im allgemeinen nur so groß, daß ausreichend Nahrung für die ganze Familie vorhanden ist.

▶ Oben: Fortbewegung auf einer Liane: Die Arme werden ausgestreckt, um die Balance zu halten. Unten: Gibbons können Sprünge von 12 m Entfernung ausführen, um von einem Baum zum nächsten zu gelangen.

▼ Details (oben) der Hand und des Fußes: Der Daumen ist klein und setzt im Vergleich zu den übrigen vier Fingern sehr tief an, doch ist diese Stellung günstig für einen festen Griff. Der Gibbon kann auch noch an den dünnsten Ästen entlanghangeln (unten).

Hand

Fuß

▶ Die Nahrung der Gibbons besteht vorwiegend aus Früchten und Blättern, gelegentlich aber auch aus Insekten und Vogeleiern.

kommen aber auch bis in Höhen von 2.500 m vor. Normalerweise bewohnen sie die mittleren und oberen Stockwerke des Waldes, auf der Nahrungssuche klettern sie jedoch auch in die höchsten Wipfel hinauf oder kommen auf den Waldboden herab, um im Unterholz nach Beeren zu suchen und um, allerdings seltener, zu trinken. Im allgemeinen bauen Gibbons keine Schlafnester, sondern suchen sich dicht belaubte Äste, auf denen sie sich zum Schlafen niederlassen. Die Nahrung besteht zu 90 % aus Früchten und Blättern, den Rest bilden Eier, Jungvögel und Insekten.

Anders als viele Primaten leben die Gibbons nicht in hierarchisch gegliederten Herden, sondern nur in kleinen Familien von normalerweise 2-6 Tieren, die aus einem erwachsenen Männchen, einem erwachsenen Weibchen und 1-4 Jungtieren bestehen. Gelegentlich leben einzelne Tiere auch allein, gewöhnlich handelt es sich dabei um ältere Männchen, die keine Familie mehr besitzen, oder um jüngere Gibbons, die noch keinen Partner gefunden haben.

Gibbons sind ausgesprochen territoriale Tiere. Jedes Paar verteidigt sein Revier durch Rufe, die in der Regel ausreichen, um Eindringlinge zu vertreiben. In seltenen Fällen kann jedoch ein echter und sogar blutiger Kampf entbrennen. Das Revier ist nicht sehr groß und jede Familie beschränkt sich auf ein Gebiet, daß ihm ausreichend Nahrung gewährt. Diese Annahme wird durch die Beobachtung bestätigt, daß ein einzelnes Paar ohne Nachwuchs ein kleineres Revier besitzt als ein Paar mit zwei oder drei Jungen. Jedesmal, wenn ein Jungtier geboren wird, versuchen daher auch die Eltern, ihr Revier auszuweiten, um die Nahrungsversorgung für die vergrößerte Familie sicherzustellen.

Nach einer Tragzeit von ungefähr 7 Monaten bringt das Weibchen meist im Abstand von zwei Jahren jeweils ein einziges Junges zur Welt. Das Neugeborene klammert sich sogleich an seiner Mutter fest und läßt sie in den ersten paar Monaten nicht mehr los. Erst mit etwa 8 Monaten hat es die für Gibbons typische hangelnde Fortbewegungsweise erlernt.

▶ Haltung des Gibbons beim Laufen auf dem Erdboden.

▲ Eine Gibbonfamilie besteht normalerweise aus dem Vater, der Mutter und einem oder mehreren Jungen. Abweichend von den meisten anderen Primaten leben Gibbons nicht in hierarchisch gegliederten größeren Verbänden, sondern in Einzelfamilien.

1
2

▲ Gibbons sind ausgesprochene Baumtiere und verbringen den größten Teil ihrer Zeit mehr als 25 Meter über dem Boden.

◀ Kopf eines Siamangs (Symphalangus) mit aufgeblähtem Kehlsack, der dabei ist, einen seiner weittragenden Rufe auszustoßen. Diese Rufe dienen zur Markierung des Revieres und zur Abwehr möglicher Feinde. Die außerordentlich langen Eckzähne sind gut zu erkennen.

◀ Gibbons besiedeln große Teile Südostasiens. Auf der Halbinsel Malakka und auf Sumatra kommen beide Gattungen Hylobates und Symphalangus vor, auf Borneo, in Thailand, Laos und Vietnam jedoch nur die Gattung Hylobates. Früher war die Verbreitung dieser Tiere weit ausgedehnter, wie Fossilfunde beweisen. Als Baumbewohner leben Gibbons vor allem in den mittleren und oberen Stockwerken des Waldes. Manchmal kommen sie auf den Waldboden herab, um im Unterholz Beeren zu suchen oder zu trinken. Letzteres geschieht allerdings sehr selten, denn normalerweise gewinnen sie alle Flüssigkeit, die sie brauchen, aus Früchten und Blättern. 1) Symphalangus; 2) Hylobates.

ORANG-UTAN
(PONGO PYGMAEUS)

Ordnung Primates
Familie Pongidae
Größe Höhe im Stehen 1-1,6 m
Gewicht Sumatra Orang-Utan: Weibchen 80 kg, Männchen 180 kg; Borneo Orang-Utan: Weibchen 35 kg, Männchen 70 kg
Zahnformel $\frac{2.1.2.3}{2.1.2.3} = 32$
Tragzeit Ungefähr 250 Tage
Geburtsgewicht 1400 g
Geschlechtsreife Nach 7-8 Jahren
Höchstalter 30 Jahre und mehr

Vom Orang-Utan (*Pongo pygmaeus*) ist heutzutage nur eine Art bekannt, die jedoch in zwei Unterarten zerfällt, die in Nordborneo beziehungsweise in Teilen Sumatras vorkommen. Während der Orang-Utan heutzutage nur noch auf diesen beiden Inseln zu finden ist, allerdings auch dort bereits sehr von menschlichen Einwirkungen beeinträchtigt worden ist, gab es ihn früher auch im restlichen Indonesien, in Thailand, Laos, Kambodscha, Vietnam und Südwestchina.

Wie der Gibbon ist auch der Orang-Utan ein typisches Baumtier. Er lebt in den Baumwipfeln in Höhen von 20-30 m, steigt aber auch auf niedrigere Äste herab. Gelegentlich kommt er sogar auf den Boden, aber immer nur für kurze Zeit. Nachts errichtet er sich aus Zweigen und Blättern ein Schlafnest in unterschiedlicher Höhe (5-25 m). Auch Kopf und Körper bedeckt er dabei oft mit Blättern, so daß er völlig unsichtbar wird. Eigenartigerweise benutzt der Orang-Utan das gleiche Nest niemals wieder, selbst wenn er sich mehrere Tage lang im gleichen Gebiet aufhält. Daher muß er sich jede Nacht ein neues Nest bauen.

Nach dem Gorilla ist der Orang-Utan der größte Menschenaffe. In aufrechter Haltung erreicht er eine Höhe von 1-1,50 m, gelegentlich sogar 1,80 m. Seine Arme sind extrem lang und die Spannweite kann mehr als 2 Meter betragen. Männchen und Weibchen unterscheiden sich auffallend in der Größe und im Aussehen. Das erwachsene Männchen ist größer als das Weibchen und hat an beiden Seiten des Gesichts zwei große, entweder nackte oder mit dünnen, silbrigen Haaren bedeckte Hautfalten, die ihm ein sehr charakteristisches Aussehen verleihen.

Während der Jahreszeit, in der die Bäume fruchten, bilden Früchte den wichtigsten Bestandteil der Nahrung des Orang-Utan. Zu anderen Zeiten ernährt

▲ Erwachsenes Männchen des Orang-Utan (*Pongo pygmaeus*). Nach dem Gorilla ist der Orang-Utan der größte Menschenaffe. Er ist ein ausgesprochenes Baumtier. Die Abbildung zeigt deutlich die Hautfalten auf beiden Seiten des Gesichtes, die sich nach etwa 10 Jahren beim Männchen entwickeln, den dichten Kinnbart, den kurzen Daumen und die kurze große Zehe, die weit von den übrigen Fingern und Zehen getrennt sind, die flachen Finger- und Zehennägel und die, besonders auf den Gliedmaßen, dichte und lange Behaarung.

▶ Die Nahrung des Orang-Utans besteht vorwiegend aus Früchten, Blättern und jungen Trieben. Manchmal verzehrt er auch Vogeleier.

er sich von Blättern, Sprossen und Vogeleiern.

Der normale Tagesablauf des Orang-Utans beginnt gegen 8 h am Morgen, wenn er sein nächtliches Schlafnest verläßt und sich auf die Suche nach Früchten und Blättern macht. Den Vormittag über hält er sich meistens in der Nähe des Nestes auf, gegen Mittag legt er eine Pause ein, um sich ein neues Nest zu bauen oder ein Mittagschläfchen zu halten. Am Nachmittag bleibt er entweder im gleichen Gebiet oder wandert ein Stückchen weiter, um zu fressen oder zu ruhen. Gegen 18.30 h neigt sich sein Tag dem Ende zu und der Orang-Utan nimmt seine letzte Mahlzeit zu sich und sucht sich einen Baum, auf dem er die Nacht verbringen will, und beginnt mit dem Nestbau. Der Bau eines Schlafnestes ist nicht eine Besonderheit des Orang-Utans, sondern kommt auch beim Gorilla und beim Schimpansen vor. Nester werden auch tagsüber für die Nachmittagsruhe errichtet, aber gemessen an den Schlafnestern für die Nacht sind es eilig zusammengezimmerte Unterkünfte, denen man ansieht, daß sie nur für den vorübergehenden Gebrauch bestimmt sind.

Der Orang-Utan ist kein Herdentier, sondern lebt als Einzelgänger oder in einer kleinen Familiengruppe. Eine derartige Gruppe besteht in der Regel nur aus einem Weibchen mit seinem Jungen. Im Gegensatz zum Gibbon besitzt der Orang-Utan keine feste Partnerschaft zwischen Männchen und Weibchen. Paare bilden sich nur während der Fortpflanzungszeit, doch bleiben die Partner nur kurze Zeit beieinander, oft nur wenige Stunden oder höchstens einen Tag lang. Selbst wenn sich die Wege zweier Individuen im Wald kreuzen, zeigen sie kein besonderes Interesse aneinander und gehen ihrer Wege, ohne vom anderen Notiz zu nehmen. Nur alle 2-3 Jahre kommt ein Jungtier zur Welt, das fast zwei Jahre lang von der Mutter gesäugt wird. Das erste Jahr lang klammert sich das Junge ständig an der Mutter fest und verläßt sie niemals. Erst nach 7-8 Jahren, mit dem Erreichen der Geschlechtsreife, werden Orang-Utans richtig selbständig.

Heutzutage ist das Überleben des Orang-Utan höchst gefährdet, denn es existieren nur mehr etwa 1.000 Exemplare in freier Wildbahn. Neben der Zerstörung seines Lebensraumes durch die fortschreitende Entwaldung spielt auch die Jagd eine wichtige Rolle für den drastischen Rückgang der Population. Leider hat in der Vergangenheit auch der Bedarf der Zoos an jungen Orang-Utans dazu geführt, daß Mütter abgeschossen wurden, da man sonst nicht an die Jungtiere kam.

▶ Sofort nach der Geburt klammert sich das Orang-Utanbaby an seiner Mutter fest. Man beachte, wie die Mutter Hände und Füße um das Junge legt. Hände und Füße werden häufig in dieser Stellung gehalten, wenn sie nicht zum Hangeln oder Festhalten von Futter gebraucht werden.

▶ Umwandlung der Gesichtsform im Lauf des Lebens beim Orang-Utan: Oben rechts das neugeborene Junge; links Jungtier mit Bart; unten rechts voll ausgewachsenes Männchen mit den charakteristischen Hautfalten auf beiden Seiten.

▲ Der Orang-Utan baut sich jede Nacht ein neues Schlafnest in Bäumen, seltener am Boden.

▲ Hand und Fuß des Orang-Utans: Man beachte die außerordentlich langen Finger und Zehen und den kurzen Daumen und die kurze große Zehe, die beide opponierbar sind.

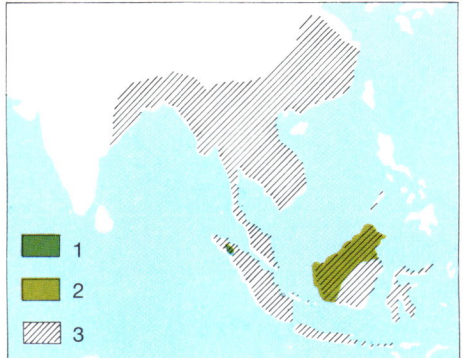

▲ Bei der Fortbewegung im Geäst nimmt der Orang-Utan häufig eine aufrechte Stellung ein, muß aber mit den Armen die Balance halten. Meist hält er sich mit drei seiner vier Gliedmaßen fest, wobei es keine Rolle spielt, ob Hände oder Füße, und pflückt mit der freien Hand Früchte oder Blätter ab.

◀ Der Orang-Utan, ein typischer baumbewohnender Affe, lebt in Baumwipfeln 20-30 m über dem Boden. Allerdings steigt er auch auf niedrigere Äste herunter und kommt gelegentlich sogar auf den Waldboden herab. Die fortschreitende Entwaldung im Verein mit der Jagd haben seine Populationen drastisch schrumpfen lassen, so daß er heute kaum mehr als 1.000 Exemplare übrig sind. Es wird angenommen, daß er heute nur noch im Norden Borneos und an einigen Stellen auf Sumatra vorkommt, während er früher auch über den Rest von Indonesien, Thailand, Laos, Kambodscha, Vietnam und Teile Chinas verbreitet war.
1) Sumatra Orang-Utan (*Pongo pygmaeus abelii*); 2) Borneo Orang-Utan (*P. p. pygmaeus*); 3) Ursprüngliches Verbreitungsgebiet des Orang-Utans.

GORILLA
(GORILLA GORILLA)

Ordnung Primates
Familie Pongidae
Größe Höhe auf vier Beinen stehend 1,2-1,8 m
Gewicht Weibchen 70-120 kg; Männchen 100-250 kg
Zahnformel $\frac{2.1.2.3}{2.1.2.3} = 32$
Tragzeit Ungefähr 260 Tage
Anzahl der Jungtiere 1
Geburtsgewicht 2 kg
Geschlechtsreife Weibchen nach 6-7 Jahren; Männchen nach 8-10 Jahren
Höchstalter 35 Jahre und mehr

Der Gorilla tritt in zwei Unterarten auf: der Tieflandgorilla (*G. g. gorilla*) lebt in den Tieflandregenwäldern von Gabun, Kamerun und dem westlichen Teil von Zaire; der Berggorilla (*G. g. beringei*) bewohnt die Tieflandregenwälder und Bergwälder Zentralafrikas (Zaire, Uganda und Ruanda-Burundi im Bereich der Virunga-Vulkane), wo er in Höhen bis 3.500 m aufsteigt. Die Weibchen und die Jungtiere klettern zwar noch häufig auf Bäume, aber die Männchen sind wegen ihres gewaltigen Gewichtes doch vorwiegend Bodenbewohner.

Die Nahrung der Gorillas besteht fast ausschließlich aus Blättern, Schößlingen und dem Mark bestimmten Pflanzen, vor allem des Bambus. Außerdem vervollständigen Früchte das Nahrungsspektrum. Der Gorilla ist der größte lebende Affe. Wenn er auf allen Vieren steht, erreicht er eine Höhe von 1,2-1,8 m, doch aufrecht auf den Hinterbeinen stehend wird er höher als 2 m. In freier Wildbahn kann er 150-250 kg schwer werden, im Zoo sogar 300 kg. Die gewaltige Spannweite seiner Arme überschreitet 2 m. Das Weibchen ist bedeutend kleiner und wird niemals schwerer als 120 kg. Das Gesicht ist nackt und wirkt sehr massig, weil die Kiefer mächtig entwickelt sind. Die Kaumuskeln sind sehr kräftig und setzen an einem Scheitelkamm an, der von dem Scheitelbein (Parietale) gebildet wird. Die Hand ist groß, der Daumen ist kurz, aber opponierbar und wird im Verein mit den übrigen Fingern zum Abpflücken von Blättern und zum Ergreifen von Ästen benutzt. Der Fuß ist nur mäßig groß, und obgleich die große Zehe den übrigen Zehen teilweise opponierbar ist, ist der Fuß insgesamt besser zum Laufen geeignet als zum Klettern. Die Fellfarbe ist im allgemeinen schwarz oder dunkelgrau. Der Gorilla verbringt etwa 80 % seiner Zeit

▶ Der Berggorilla (*Gorilla gorilla beringei*). Die wichtigsten Merkmale sind opponierbarer Daumen und Großzehe, das an Armen und Schultern besonders dichte Fell, die vorspringenden Augenbrauen und die platte Nase mit den großen Nasenöffnungen. Die Länge der Haare verändert sich mit dem Alter und der Höhenstufe. Mit zunehmendem Alter wird das Fell länger und bei den Berggorillas ist es dichter als beim Tieflandgorilla. Am Rücken ist das Fell ziemlich kurz, an Bauch und Beinen dagegen länger, am längsten aber an den Armen (bis 20 cm). Bei den Männchen nimmt der Rücken von einem bestimmten Alter ab eine silbergraue Färbung an, dies ist das Zeichen dafür, daß die Tiere voll ausgewachsen sind.

▼ 1) *Gorilla gorilla gorilla*;
2) *Gorilla gorilla beringei*.

■	1
■	2

▼ Typische Lebensräume der Gorillas: Flachlandregenwälder und Bergwälder.

am Erdboden. Beim Laufen hält er den Vorderteil des Körpers höher und stützt sich auf die Fingerknöchel. Nur gelegentlich, zum Beispiel wenn er einem Angreifer droht, richtet er sich auf die Hinterbeine auf und trommelt mit den Armen auf die Brust. Auch kurze Sprints werden in aufrechter Haltung ausgeführt, zum Beispiel beim Spielen oder wenn die Hände zur Futtersuche gebraucht werden. Beim Klettern benutzt der Gorilla Hände und Füße. Er klettert ohne Mühe an Baumstämmen empor, bewegt sich aber immer gemessen und bedächtig.

Anders als der Orang-Utan lebt der Gorilla in Familiengruppen unterschiedlicher Größe. In verschiedenen Teilen seines Verbreitungsgebietes wurden Gruppengrößen von 2-8, 10-20 und sogar über 25 Tieren beobachtet. Jede Familie umfaßt normalerweise ein erwachsenes Silberrückenmännchen, ein oder auch mehrere noch nicht voll erwachsene Männchen und eine unterschiedliche Anzahl von Weibchen und Jungtieren verschiedenen Alters. Gruppen von über 10-12 Tieren können auch zwei Silberrückenmännchen enthalten. Immer sind mehr Weibchen als Männchen vorhanden, obgleich das Geschlechterverhältnis bei der Geburt ausgeglichen zu sein scheint.

Der Tagesablauf beim Gorilla beginnt gegen 6 h oder 7 h am Morgen, wenn die ersten Sonnenstrahlen das nächtliche Schlafnest erreichen. Normalerweise richten sich alle Familienmitglieder nach dem dominanten Silberrückenmännchen, das den Aktivitätsrhythmus bestimmt. Meist beginnt die Aktivitätsphase mit kleineren Ausflügen rings um das Nest, um die erste Mahlzeit aus Blättern und Gräsern zu halten. Danach wird eine Ruhepause eingelegt. Im Anschluß an diese Pause nehmen die Gorillas die Nahrungssuche wieder auf und beginnen am späten Nachmittag, gegen 17 h oder 17.30 h, nach einem Platz für das Schlafnest zu suchen. Die erwachsenen Männchen errichten ihr Nest gewöhnlich auf dem Boden oder in den untersten Ästen von Bäumen, doch Weibchen und Jungtiere bevorzugen höher gelegene Äste. Wiederum ist es das dominante Männchen, auf dessen Zeichen hin der Nestbau beginnt.

Auch die Populationen der Gorillas sind in den letzten Jahren durch Zerstörung ihrer Lebensräume und durch Jagd und Wilderei beängstigend zurückgegangen, so daß die Art als äußerst bedroht angesehen werden muß. Strenge Schutzbemühungen haben wahrscheinlich nur eine vorübergehende Wirkung, so daß der Gorilla wohl seiner endgültigen Ausrottung entgegengeht.

▲ Eine Gorillafamilie mit einem Männchen, einem Weibchen und drei Jungtieren. Im Unterschied zum Orang-Utan, der ein Einsiedlerdasein führt, lebt der Gorilla in Familien verschiedener Größe.

▼ Gorilla beim Gehen auf allen Vieren: Im Kreis ein Detail der Hand, das zeigt, wie der Gorilla sich auf die Fingerknöchel stützt.

▲ Ein erwachsenes Silberrückenmännchen.

▲ Ein Gorilla trommelt als Drohgebärde auf die Brust.

▲ Ein Gorilla beim aufrechten Laufen. Die aufrechte Haltung wird nur über kurze Strecken eingenommen, entweder auf der Flucht oder beim Scheinangriff auf einen potentiellen Feind.

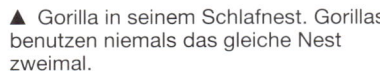

▲ Gorilla in seinem Schlafnest. Gorillas benutzen niemals das gleiche Nest zweimal.

▲ Die Hand eines Gorillas: Man beachte den kurzen Daumen, der von den übrigen Fingern weit getrennt ist.

◄ Der Gorilla ernährt sich vorwiegend von Blättern, sowie von Stengeln und dem Mark bestimmter Pflanzen, zum Beispiel Bambus.

▲ Gorillaweibchen beim Säugen seines Jungen.

387

SCHIMPANSE
(GATTUNG *PAN*)

Ordnung Primates
Familie Pongidae
Größe Höhe auf vier Beinen stehend
80-90 cm
Gewicht 40-50 kg
Zahnformel $\frac{2.1.2.3}{2.1.2.3} = 32$
Tragzeit Ungefähr 240 Tage
Anzahl der Jungtiere 1
Geburtsgewicht 1.500 g
Geschlechtsreife Nach 7-8 Jahren
Höchstalter 35 Jahre und mehr

Nach Meinung der meisten Autoren existieren zwei verschiedene Schimpansen-
arten, der Schimpanse (*Pan troglodytes*)
und der Zwergschimpanse oder Bonobo
(*Pan paniscus*). Der eigentliche Schimpanse zerfällt wiederum in drei Unterarten. Er ist weit über Westafrika und Zentralafrika verbreitet, während der Zwergschimpanse nur in Zentralafrika im Gebiet zwischen dem Kongo und dem Lua-
labafluß vorkommt.
Die Lebensräume der Schimpansen sind
die Tropischen Regenwälder der Tief-
länder und der Gebirge bis in 3.000 m
Höhe, sowie die an die Wälder angrenzenden Savannengebiete. Der Schimpanse kann sowohl als Bodentier wie als
Baumtier angesehen werden, weil manche Populationen vor allem in Bäumen
leben, andere mehr auf dem Boden.
Schimpansen sind vorwiegend Vegetarier, denn 80-90 % ihrer Nahrung bestehen
aus Früchten, doch verzehren sie oftmals
auch Blätter, Schößlinge, Samen und Rinde. Gelegentlich fangen Schimpansen
auch Insekten, vor allem Ameisen und
Termiten, außerdem kleinere Säugetiere
und Fische. Der Schimpanse ist damit von
allen Affen derjenige mit den vielseitig-
sten und am wenigsten spezialisierten
Ernährungsgewohnheiten und kommt
darin dem Menschen am nächsten.
Auf allen Vieren laufend erreicht der
Schimpanse etwa eine Höhe von 80-90
cm, doch wenn er sich auf die Hinterbeine aufrichtet, ist er etwa 150-170 cm groß.
Wie allen Menschenaffen fehlt ihm der
Schwanz. Der Körperbau ist recht untersetzt, allerdings nicht beim Zwergschimpansen. Das Fell ist rauh und an den
Gliedmaßen und am Rücken dichter als
am Bauch. Es kann bräunlichschwarz bis
ganz schwarz gefärbt sein, zeigt aber
manchmal auch rötlichbraune Farbtöne.
Die Arme sind sehr lang, jedoch nicht so
lang wie beim Orang-Utan. Die Finger
sind ebenfalls lang, der Daumen ist je-

▲ Links das Gesicht des gemeinen
Schimpansen (*Pan troglodytes*), rechts das
des Zwergschimpansen (*Pan paniscus*).

▲ Anders als der Orang-Utan und der Gibbon leben Schimpansen (Gattung
Pan) in ziemlich großen Trupps zusammen. Die Abbildung zeigt zwei Mütter
mit ihren Jungen. Diese bleiben bei ihrer Mutter, bis sie 6 oder 7 Jahre alt
sind, werden aber nur etwa zwei Jahre lang gesäugt. Unten rechts verteidigt
sich ein Schimpanse gegen eine Schlange.

◄ Schimpansen haben ein vielfältigeres Nahrungsspektrum als alle anderen
Affen. Es enhält Früchte, Blätter, Samen, Schößlinge und seltener Insekten
(Ameisen und Termiten) und Fleisch (kleine Säugetiere und Vögel).

doch verhältnismäßig kurz und opponierbar. Die Beine sind kürzer als die Arme, aber länger als beim Orang-Utan. Der Fuß ist lang und schmal, die große Zehe ist opponierbar. Wie der Gibbon zeigt auch der Schimpanse kaum merkliche Geschlechtsunterschiede. Obgleich das Weibchen etwas kleiner und leichter ist als das Männchen, sind diese Unterschiede nicht annähernd so groß wie beim Gorilla und beim Orang-Utan.

Am Boden bewegen sich Schimpansen normalerweise auf allen Vieren fort, stehen dabei auf den Fußsohlen und stützen sich mit den Fingerknöcheln der Hand ab. Auf kurzen Strecken oder unter besonderen Umständen, zum Beispiel, wenn sie beide Hände voll Futter haben, laufen Schimpansen auch aufrecht auf den Hinterbeinen.

Schimpansen sind geschickte Kletterer. Wollen sie einen Baum emporsteigen, stemmen sie beide Beine fest gegen den Stamm, halten sich mit den Händen fest und hangeln sich Hand über Hand nach oben. Auf Ästen bewegen sie sich entweder aufrecht gehend, wobei sie mit den Armen die Balance halten, oder hangeln sich nur mit Hilfe der Arme weiter, ganz in der Weise der Gibbons.

Schimpansen leben in größeren Trupps unterschiedlicher Anzahl zusammen und ihr Gemeinschaftsleben ist ziemlich flexibel. Schimpansengruppen bestehen häufig aus 40-50 Tieren, können aber auch bloß 10 oder sogar über 80 Köpfe betragen. Obgleich sie sich längere Zeit hindurch an einem Ort aufhalten, sind Schimpansen nicht eigentlich territorial. Das zeigt sich bei der Begegnung zweier Trupps. Dann lassen sie zwar Zeichen der Erregung erkennen, aber es kommt niemals zum Ausbruch wirklicher Kämpfe. Nicht ein dominantes Männchen führt den Trupp, sondern eine Reihe von "Chefs", die jeweils eine kleine Familiengruppe innerhalb des Trupps anführen. Die Tragzeit dauert beim Schimpansen etwa 240 Tage und das Neugeborene wiegt annähernd 1,5 kg. Die Beziehung zwischen der Mutter und ihrem Jungen ist sehr eng und dauert an, auch wenn dieses schon entwöhnt ist. Das erste Jahr bleibt das Junge fast immer an den Rücken der Mutter geklammert, auch beim Fressen und Herumlaufen. Es wird meist zwei Jahre lang gesäugt, doch beginnt es schon am Ende des ersten Lebensjahres, feste Nahrung zu sich zu nehmen. Auch noch im Alter von drei bis vier Jahren wird das Junge häufig von seiner Mutter herumgetragen, doch wird es nun mehr und mehr unabhängig, bleibt aber immer in der Nähe seiner Mutter.

▲ Menschenähnliches Verhalten beim Schimpansen: Beim Betteln um Nahrung hält der Schimpanse die Handfläche nach oben.

▲ Die Schimpansenmutter geht sehr liebevoll mit ihrem Jungen um. Körperkontakte sind auch bei erwachsenen Tieren häufig und reichen von Küssen bis zum Händeschütteln, das der Festigung freundschaftlicher Beziehungen dient.

▶ Die Gesichtsmuskulatur erlaubt dem Schimpansen ein großes Ausdrucksrepertoire: von oben nach unten Ärger, Freude, Furcht, Traurigkeit.

▼ Um Wasser aus Astlöchern zu schöpfen, benutzt der Schimpanse eine Art Schwamm, den er sich aus zerkauten Blättern hergestellt hat.

▲ Ein Schimpanse beim Fang von Termiten. Er steckt ein Stöckchen in den Bau und zieht es wieder heraus. Dann kann er die Termiten ablecken, die sich am Stöckchen festgebissen haben.

▲ Wie die anderen Menschenaffen baut sich auch der Schimpanse ein Baumnest zum Schlafen.

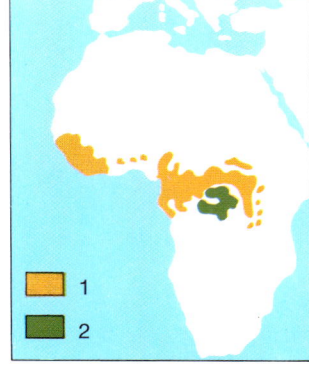

▲ 1) *Pan troglodytes*;
2) *Pan paniscus*.

◀ Einige Beispiele für die Art, wie sich Schimpansen fortbewegen. Von oben nach unten und von links nach rechts: Am Boden bewegt er sich normalerweise auf allen Vieren, seltener in aufrechter Haltung fort (die Anatomie seines Beckengürtels und die Muskulatur erlauben es ihm nicht, diese Haltung mehr als 200-300 m weit einzunehmen, dann muß er sich wieder mit den Fingerknöcheln abstützen); in Bäumen bewegt er sich entweder aufrecht auf einem Ast stehend fort, oder er hängt sich mit den Armen an den Ast und hangelt sich wie ein Gibbon vorwärts. Schimpansen sind geschickte Kletterer und können sich wie Gibbons von Baum zu Baum schwingen. Obgleich sie weniger behende als Gibbons sind, können sie doch Sprünge von über 7 m ausführen. Will ein Schimpanse eine Pfütze oder einen Bach überspringen, macht er es wie ein Mensch, beugt die Knie, holt mit den langen Armen Schwung, springt vorwärts und landet auf der anderen Seite auf den Füßen. Auf diese Weise kann er aus dem Stand 2-2,5 m weit springen.

INDEX

Fettgedruckte Zahlen bedeuten Kapitel und die dazu gehörigen Abbildungen.
Bei den übrigen Abbildungen sind die Seitenzahlen kursiv gedruckt.

394

Bildnachweis

Walter Aquenza, Mailand: 105, 164, 165.

Oliviero Berni, Mailand: 85, 93, 94, 101, 104, 162, 163, 188, 189, 199, 216, 217, 238, 239, 262, 268, 269, 270, 271, 318, 319, 320, 321, 372, 373.

Giambattista Bertelli, Brescia: 46, 60, 66.

Fausto Borrani, Brescia: 25, 116, 117, 145, 192, 193, 196, 197, 230.

Trevor Boyer / The Linden Artists Ltd., London: 170, 171, 178, 179, 180, 181, 182, 183, 184, 185, 200, 201, 222, 223, 228, 229.

Martin Camm / The Tudor Art Agency Ltd., London: 174, 175, 176, 177.

Enzo Carretti, Bagno a Ripoli (Florenz): 76, 77.

Umberto Catalano, Bologna: 202, 203.

Piero Cattaneo, Bergamo: 134, 135, 136, 137, 284, 285, 286, 287, 288, 289, 290, 291, 292, 293, 294, 295, 296, 297, 368, 369, 382, 383.

Luciano Corbella, Mailand: 12, 13, 14, 15, 16, 17, 20, 21, 23, 68, 69, 70, 71, 72, 73, 74, 75.

Piero Cozzaglio, Brescia: Umschlag, 78, 236, 237, 306, 386, 387.

François Crozat, Givors (Frankreich): 28, 29, 30, 31, 32, 33, 34, 35, 36, 37, 38, 39, 40, 41, 42, 43, 44, 45, 47, 52, 53, 54, 55, 56, 57, 58, 59, 61, 62, 63, 64, 65, 79, 156, 157.

Adriana Giangrande, Rom: 160.

Amedeo Gigli, Rom: 378, 379, 384, 385.

Ezio Giglioli, Mailand: 98, 99, 100, 120, 121, 126, 127, 128, 129, 130, 131, 132, 133, 205, 206, 207, 215, 246, 247, 248, 249, 250, 251, 252, 253, 256, 257, 258, 259, 260, 261, 263, 310, 311, 312, 313, 314, 315, 316, 317.

Michel Guy, Noisy-Le-Grand (Frankreich): 95, 115, 158, 161, 204, 304, 305, 338, 339.

Francesca Jacona, Rom: 84, 214, 218, 219.

Jaromir Knotek / Art Centrum, Prag: 108, 146, 147, 152, 153.

Pavel Major / Art Centrum, Prag: 97, 154, 155, 159.

Petr Oriešek / Art Centrum, Prag: 80, 81, 103, 112, 113, 151.

Gabriele Pozzi, Mailand: 22, 48, 49, 50, 51, 67, 88, 89, 118, 119, 194, 195, 212, 213, 242, 243, 244, 245, 264, 265, 298, 299, 307, 308, 309.

John Rignall / The Linden Artists Ltd., London: 106, 107, 109, 110, 111, 166, 167, 168, 169, 172, 224, 225, 226, 227.

Aldo Ripamonti, Mailand: 18, 19, 26, 27, 90, 91, 124, 125, 198, 208, 209, 210, 211, 266, 267, 274, 275, 300, 301, 322, 323, 325, 326, 327, 340, 341, 344, 345, 346, 347, 348, 349, 352, 353, 354, 355, 358, 388, 389.

Giorgio Scarato, Pressana (Verona): 114, 138, 139, 140, 141, 142, 143, 144, 254, 255, 328, 329, 330, 332, 333, 364, 365, 366, 367.

Sergio, Mailand: 24, 82, 83, 86, 87, 92, 102, 122, 123, 148, 149, 150, 173, 186, 187, 190, 191, 220, 221, 231, 232, 233, 234, 235, 240, 241, 276, 277, 278, 279, 280, 281, 282, 283, 302, 303, 334, 335, 336, 337, 342, 343, 351, 356, 357, 359, 360, 361, 362, 363, 376, 377, 380, 381.

George Thompson / The Tudor Art Agency Ltd., London: 350, 370, 371.

Eva Tomkovà / Art Cenrum, Prag: 96.

David Wright / Art Tudor Agency Ltd., London: 331.

Marcello Zamarchi, Verona: 272, 273, 374, 375.